Horst Poller
Die Philosophen

Horst Poller

Die Philosophen
und ihre Kerngedanken

Ein geschichtlicher Überblick

OLZOG

Bibliografische Information der Deutschen Nationalbibliothek

Die Deutsche Nationalbibliothek verzeichnet diese Publikation in der
Deutschen Nationalbibliografie; detaillierte bibliografische Daten sind im
Internet über http://dnb.d-nb.de abrufbar

© Horst Poller Verlag
September 2005

© Lizenzausgabe für den Olzog Verlag, München, 2007
Internet: http://www.olzog.de

ISBN 978-3-7892-8271-3

Das Titelfoto zeigt links oben Platon, rechts oben Aristoteles,
links unten Jean-Jacques Rousseau, rechts unten John Locke.
(AKG-Images, Berlin)

Druck: fgb – freiburger graphische betriebe, 79108 Freiburg

Für Lore

Vorbemerkung

Diese Texte habe ich für mich selbst aufgeschrieben, um die Welt und das Leben besser zu verstehen. Alle Menschen streben nach Glück, behauptete Aristoteles. Was aber bedeutet Glück und wie erlangt man es? An die Frage nach dem Glück schließen sich zwangsläufig die anderen großen Fragen an: nach der rechten Lebensführung, nach Tod und Sterben und ob es Gott wirklich gibt. Was kann ich wissen? Was soll ich tun? Was darf ich hoffen? Was ist der Mensch? – so hat es Kant formuliert. Und nicht zuletzt mussten die Philosophen auf der Suche nach dem Glück der Frage nachgehen, wie können Menschen am besten zusammenleben? So haben sie sich auch intensiv mit dem Staat, der Politik und der Wirtschaft auseinandergesetzt.

Wenn man das alles nachlesen will, hat man allerdings den Eindruck, dass die zeitgenössischen philosophischen Lehrbücher, obwohl sie weit ausholen, doch in gewisser Hinsicht unvollständig sind. Karl Marx zum Beispiel war mehr Revolutionär als Philosoph. Sein philosophisches „System" beschränkte sich auf Geschichtsphilosophie und ökonomische Theorien. Keine Rede von Metaphysik oder Ethik, und schon gar nicht von persönlichem Glück. Gleichwohl ist er für die philosophischen Fachgelehrten ein „klassischer" Philosoph. Das gleiche gilt für Marxens Epigonen, die Neomarxisten der Frankfurter Schule oder der 68er Bewegung.

Große liberale Denker wie Ludwig von Mises oder F. A. von Hayek, die sich nicht weniger intensiv mit Staatsphilosophie und Wirtschaftstheorie beschäftigt haben, kommen hingegen bei den Fachphilosophen gar nicht vor. Sie gelten „nur" als Soziologen oder Wirtschaftswissenschaftler, obwohl auch ihre Ideen, besonders in der zweiten Hälfte des vergangenen Jahrhunderts, die Welt ein Stück bewegt haben. Ich stelle sie deshalb als Sozialphilosophen den „klassischen" Philosophen an die Seite. In die Reihe derer, die als Philosophen zum geistigen Fundus der Menschheit beigetragen haben, gehören ebenso Religionsstifter und große Dichter.

Hegel und Marx sahen den Ablauf der Geschichte als eine zwangsläufige Entwicklung an. Man könnte versucht sein, den Gedanken der Evolution auch auf die Geschichte der Philosophie anzuwenden, doch ginge das sicher zu weit. Wohl aber sieht man, wie einer auf den Schultern des anderen steht. Die späteren Philosophen haben von den Vorfahren gewusst und gelernt, haben ausgewählt, wer ihren eigenen Vorstellungen entsprach und andere verworfen, oder haben Neues erdacht. Dabei zeigt sich, daß das Denken in gewissen Bahnen verlief, die zum Teil schon von der Antike her vorgezeichnet waren.

Zwei Denkrichtungen sind in der westlichen Philosophie erkennbar geworden, die sich deutlich unterscheiden und die sich bis in die unmittelbare Gegenwart hinein auswirken. Für die eine, ausgehend von den utopischen Ideen Platons, ist Gleichheit der höchste Wert, sie findet sich wieder im Sozialismus und Marxismus und hat auch bei den Ideologien des 20. Jahrhunderts Pate gestanden. Für die andere Denkrichtung, die ihren Ursprung im Realismus des Aristoteles hat, ist Freiheit der höchste Wert, sie hat ihren Niederschlag gefunden in Individualismus, Liberalismus und Selbstverantwortung. Auch das grobe Raster der politischen Koordinaten, die wir in der Alltagssprache mit links oder rechts bezeichnen, entspricht der Antinomie dieser Denkrichtungen.

Wer sich einen geschichtlichen Überblick verschaffen will, sieht sich im übrigen vor einigen Schwierigkeiten. Die großen Philosophen haben umfangreiche Werke hinterlassen. Man kann Karl Jaspers nur zustimmen, wenn er zum Beispiel die 12 Folianten, die Augustinus hinterlassen hat, mit einem Bergwerk vergleicht. Um zu den Edelsteinen und Goldadern zu gelangen, muss man sich erst durch die unergiebigen Gesteinsmassen endloser Wiederholungen und rhetorischer Weitschweifigkeiten hindurcharbeiten. „Das Werk insgesamt zu studieren ist eine Lebensaufgabe für Spezialisten." Aber auch neuere Philosophen, vor allem, seit die Philosophie fest in der Hand der Professoren ist, scheinen der Ansicht zu sein, dass die Nachwelt ihre Bedeutung an der Menge der hinterlassenen Wörter messen wird.

Nun gibt es, neben den originären Denkern, natürlich auch ein Heer von Nacharbeitern, die dankenswerter Weise zusammengefasst und interpretiert haben. Aber auch unter den Büchern zur Geschichte der Philosophie habe ich nicht das gefunden, was ich für mich suchte. Teils waren sie mir zu sehr im Fachjargon und zu ausführlich, teils zu lückenhaft. So habe ich mir selbst aufgeschrieben, was mir persönlich wichtig erscheint, als Aide-mémoire für weiteres Nachdenken. Es sind die Gedanken vieler Autoren, die ich mir notiert habe, ihnen allen bin ich zu großem Dank verpflichtet. Ich habe gewissenhaft die Quellen verzeichnet, aus denen ich geschöpft habe. Auf einen wissenschaftlichen Anmerkungs-Apparat habe ich allerdings verzichtet, denn es geht mir ja nicht um wissenschaftliche Anerkennung. Ein unvollständiges Fazit meiner eigenen Eindrücke habe ich in den beiden letzten Kapiteln angefügt.

Der Stoff ist so gegliedert, daß jedem der großen Philosophen ein eigener Abschnitt gewidmet ist in dem die Kernsätze seiner Philosophie knapp geschildert werden und gezeigt wird, wie sein persönliches Schicksal eingebettet war in den Lauf der Geschichte. Ich habe versucht, alles in einfachen Worten verständlich darzustellen und habe auf die „intellektuelle Brillanz" der philosophischen Fachsprache verzichtet.

Wenn meine Aufzeichnungen nun als Buch veröffentlicht werden, so knüpfe ich die Hoffnung daran, dass sie dem Leser so nützlich sein mögen, wie sie es mir sind. Sie sollen nichts weiter sein als eine Ausgangsbasis zum Weiterdenken.

Inhalt

Zeit des Erwachens

Vor rund 2.600 Jahren gab es eine Epoche in der Menschheitsgeschichte, die besonders prägend gewirkt und die man die „Zeit des Erwachens" genannt hat. Der Mensch wurde sich seiner selbst und seiner Grenzen bewusst. Er begann radikale Fragen zu stellen: Wie funktioniert die Welt, was ist der Mensch, wie kann man glücklich werden?

„In diesem Zeitalter wurden die Grundkategorien hervorgebracht, in denen wir bis heute denken und es wurden die Weltreligionen geschaffen, aus denen die Menschen bis heute leben", meint Karl Jaspers, der diese Epoche die „Achsenzeit" genannt hat. Die Menschen begannen über ihre Beziehungen zueinander nachzudenken und althergebrachte Meinungen und Methoden kritisch zu betrachten.

Die dokumentierte Menschheitsgeschichte reicht zwar noch weiter zurück. In der Zeit, von der hier die Rede ist, waren die alten Hochkulturen in Ägypten, Mesopotamien, Indien und China schon Jahrtausende alt. Aber in jener Epoche, etwa um 600 v. Chr., fand ein geistiger Prozess statt, der alte Mythen zerstörte oder umformte, der dem Denken, der Vernunft und dem Zweifel Raum gab und in dem zum ersten Mal einzelne Menschen sich ihr eigenes Bild von der Welt formten. Und dieses geistige Erwachen fand gleichzeitig und unabhängig voneinander in verschiedenen Weltregionen statt, ohne dass sie voneinander wussten.

Durch die Jahrtausende hin waren die Menschen im Kampf mit der Natur ihren Instinkten und ihren Ängsten gefolgt. Die Naturgewalten, denen sie unterworfen waren und denen sie ihren Lebensraum abringen mussten, waren für sie unheimliche Kräfte, um deren Gunst man flehen, die man anbeten musste. Die Naturkräfte wurden zu Gottheiten. Es waren viele Götter, die nicht nur Wind und Wetter geboten, sondern auch in das Schicksal der Menschen eingriffen.

In dieser „Zeit des Erwachens" kam nun etwas Neues auf die Menschen zu. Der Vielzahl der – oftmals nur lokalen – Götter wurden „Systeme" entgegengesetzt, die die Welt erklärten und zum Glauben aufforderten. Das Neue an diesen Glaubenslehren war nicht nur das Systematische, sondern auch der umfassende Anspruch der Gültigkeit für die ganze Welt.

Doch der neu erwachte Geist hielt sich nicht nur an die Bahnen der Glaubenslehren der Religionsstifter. Er erprobte ständig seine Grenzen, versuchte weiter vorzustoßen auf dem Weg des Zweifels und des Fragens. Was hält die Welt zusammen? Was können wir erkennen? Was sollen wir tun? Männer, die diesen Fragen ihr ganzes Leben widmeten, indem sie die Entwicklung ihrer Gedanken und ihre Erkenntnisse aufzeichneten, wurden Philosophen genannt. Die Herausforderung der Philosophen richtete sich an das Denken auf der Grundlage der naturgegebenen Vernunft. Das Ziel des Philosophierens war nicht nur Welterkenntnis, sondern darüber hinaus Glücks – Suche: wie kann der einzelne Mensch, wie kann ich glücklich werden?

In Palästina traten die Propheten auf, in Persien entwarf Zarathustra das Weltbild des Kampfes zwischen Gut und Böse, in China dachten Laotse und Konfuzius und in Indien Buddha über den rechten Weg der Menschen nach und in Griechenland begann die Philosophie des Abendlandes ihren langen Weg.

Jesaja (740 v. Chr.)

Abraham

In der Zeit der „großen Wanderung" waren die Völker Mesopotamiens und Kleinasiens durch den Ansturm der Nomadenhorden aus dem Norden und Osten gehörig durcheinander geraten. So war auch das Volk Israel, ein kleiner Stamm der semitischen Völkerfamilie, auf der Flucht. Es verließ seinen Wohnsitz Ur in Mesopotamien, dem „Zwischenstromland" von Euphrat und Tigris (heute Irak) und sein Stammvater Abraham führte es etwa tausend Kilometer westwärts nach Kanaan, in das „gelobte Land", das heutige Palästina. (ca. 1800 v. Chr.)

Jakob

Dieser schmale gebirgige Landstrich an der Mittelmeerküste war damals nur dünn besiedelt, man musste ständig auf der Hut sein vor räuberischen Nomaden und es war schwer, dem kargen Land den Lebensunterhalt abzuringen. Abrahams Enkel Jakob, der auch „Israel" (der „Glaubenskämpfer") genannt und so zum Namensgeber seines Volkes wurde, sandte in einem Hungerjahr zehn seiner Söhne nach Ägypten, um Getreide zu kaufen. Sie hatten Glück, denn ihr Bruder Joseph hatte es dort inzwischen zum höchsten Würdenträger gebracht und der Pharao lud sie ein, nach Ägypten zu übersiedeln. (Die Geschichte von Joseph und seinen Brüdern kann man bekanntlich nicht nur im Alten Testament, sondern noch ausführlicher bei Thomas Mann nachlesen.)

Moses

Während dieser „ägyptischen Gefangenschaft" der Israeliten wuchsen sie zu einer mehrere tausend Köpfe zählenden Volksgruppe an. Unter den nachfolgenden Pharaonen mussten sie allerdings Frondienste leisten und so beschlossen sie (um 1220 v. Chr.) den Auszug aus Ägypten. Unter der Führung von Moses durchzog das Volk Israel trockenen Fußes das rote Meer und lagerte sich in der Wüste am Berg Sinai. Das dauerte vierzig Jahre, in denen Moses sein Volk auf den Zug zurück ins „gelobte Land" des Stammvaters Jakob vorbereitete. In dieser Zeit schlossen die Kinder Israels den Bund mit Jahwe (Jehova), dem einen Gott, der sie nach ihrem Glauben als sein Volk auserwählt hatte. Und Moses verkündete ihnen die Zehn Gebote ihres Gottes.

Salomo Als die Israeliten, geführt von Moses' Sohn Josua, schließlich im Lande Kanaan anlangten, war es längst von anderen Stämmen besiedelt und sie mussten sich ihre alte Heimat erst wieder neu erobern. Unter ihren Königen Saul und David erlebten sie Siege und Niederlagen und unter dem Sohn Davids, König Salomo, wurde das Land reich und blühte auf. Salomo baute einen Tempel für Jahwe und für sich selbst einen großen Palast. Nach seinem Tod wurde das Land geteilt (925 v. Chr.) in ein Nordreich, das sich „Israel" nannte, und in das Südreich „Juda". Die beiden Reiche bekämpften sich, statt sich wieder zu vereinen und wurden umso leichter eine Beute ihrer äußeren Feinde.

Israel Zweihundert Jahre nach Salomos Tod, im Jahre 722 v. Chr., eroberten die Assyrer das Nordreich Israel, zerstörten die Hauptstadt Samaria und führten 30.000 Einwohner in die Gefangenschaft. Sie wollten auch das Südreich Juda erobern und belagerten die Hauptstadt Jerusalem. Aber die Stadt widerstand und der König von Juda, der sich mit Ägypten verbündet hatte, konnte sein Land einstweilen retten.

Jesaja In dieser Krisenzeit, während der Belagerung Jerusalems, trat ein Mann namens Jesaja auf den Plan, der furchtlos und wortgewaltig gegen Ausbeutung und Habsucht anging und dem Volk ins Gewissen redete. Das Volk Israel habe sein Elend selbst verschuldet, weil es Jahwe nicht treu gewesen sei; er mahnte sein Volk gerecht zu handeln und Jahwe zu gehorchen. Die Juden glaubten, ein Erlöser werde ihre politische Spaltung, ihr Elend und die Unterwerfung beenden, und eine Welt erstehen lassen, die, unter einem einzigen Gott geeint, im Frieden lebt. Jesaja verhieß ihnen die Erfüllung ihrer Sehnsucht und prophezeite ihnen das Erscheinen des Messias (das ist „der Gesalbte" des Herrn).

Babylonische Gefangenschaft Zunächst aber sagte der Prophet Jeremia den Untergang des Staates Juda voraus und seine Prophezeiung erfüllte sich. Rund hundert Jahre nach dem Tod des Propheten Jesaja eroberte der babylonische König Nebukadnezar II. das Südreich Juda und zerstörte die Hauptstadt Jerusalem. Die Bevölkerung wurde weggeführt, für die Juden begann die „Babylonische Gefangenschaft". Sie sollte über vierzig Jahre dauern. Den Juden ging es nicht schlecht in Babylon, sie genossen Religionsfreiheit und gelangten zu Wohlstand. Sie nahmen die lebensfrohen

Sitten der Stadt an und akzeptierten mehr und mehr auch die Götter Babylons. Das konnten die Propheten, die auch in der Verbannung unter den Juden wirkten, nicht gutheißen. Der Prophet Hesekiel versuchte die Integration mit der einheimischen Bevölkerung zu verhindern und weissagte, der Herr werde den Rest der Juden retten und Jerusalem mit einem neuen Tempel wiederauferstehen lassen.

Jesaja 2

Noch ein weiterer Prophet ermahnte diese abtrünnige Generation der Juden, an der alten Religion und ihrer Tradition festzuhalten. Er machte sich daran, das Buch des Jesaja zu vollenden und nannte sich, dem Brauche folgend, ebenfalls Jesaja. Zu dieser Zeit, gegen Ende der Babylonischen Gefangenschaft, war Jesaja schon 160 Jahre tot. Den unbekannten „zweiten Jesaja" nannte man später „Deuterojesaja" und er ist es eigentlich, dem der größere „Jesaja-Ruhm" gebührt. In glänzender, poetischer Prosa verkündete dieser zweite Jesaja den verbannten Juden die erste klare Offenbarung des Monotheismus und verhieß ihnen einen neuen Gott, unendlich viel reicher an „liebender Herzlichkeit" und Erbarmen als der bittere, schreckliche und furchterregende Jahwe des ersten Jesaja. In Worten, die später Jesus angefeuert haben sollen, fluchte er nicht länger dem Volk ob seiner Sünden, sondern brachte ihm Hoffnung. Das war ihm möglich, weil er entdeckte, dass Jahwe kein Gott der Rache, sondern ein liebender Vater war. Er besang ihn mit herrlichen Liedern und weissagte das Erscheinen des neuen Gottes zur Befreiung seines Volkes. Persien, prophezeite er, werde das Werkzeug dieser Befreiung sein.

Jahwe

Und wenig später, nachdem er Babylon erobert hatte (539 v. Chr.), gab der persische König Kyros den verbannten Juden ihre Freiheit zurück, sodass sie nach Palästina zurückkehren konnten. Er erlaubte ihnen auch den Tempel wieder aufzubauen und langsam verwandelte sich Jerusalem wieder in eine jüdische Stadt, wenn es auch unter fremder Herrschaft blieb. Die Juden hatten ihren Staat und ihre Selbstständigkeit verloren. Aber indem sie in der Gefangenschaft ihre Geschichte, ihr Gesetz und ihre Verheißungen aufzeichneten, fanden sie etwas anderes: sie wurden zu einer Religionsgemeinschaft, die durch ihren Glauben stärker zusammengehalten wurde, als es die staatliche Einheit je vermocht hätte. Der Glaube an den einen Gott, Jahwe, unterschied sie von den anderen Völkern des Altertums, die viele Götter verehrten.

Esra

Im Jahre 444 v. Chr., etwa hundert Jahre nach dem Ende der babylonischen Gefangenschaft, berief der Priester Esra eine Versammlung der Juden ein und präsentierte ihnen das „Buch des Gesetzes Moses". Sieben Tage lang lasen er und andere Leviten (so hießen die Priester, weil sie traditionsgemäß aus dem Stamme Levi kamen) aus den Schriftrollen vor und am Ende verpflichtete sich das Volk, diese Gesetzgebung als ihre Verfassung anzuerkennen und sie für alle Zeiten zu befolgen. Bis zu unseren Tagen hat dieses Gesetz den Mittelpunkt im Leben der Juden gebildet.

Die Schriftrollen, die Esra dem Volke vorlesen ließ, enthielten die fünf **Altes** Bücher Moses, (auch „Thora", das heißt „das Gesetz" genannt), die **Testament** Schriften der Propheten und eine Reihe poetischer Bücher, wie die Sprüche Salomos oder die Psalmen. Diese Bücher, die später das „Alte Testament" genannt wurden, sind in hebräischer Sprache abgefasst. Die fünf Bücher Moses (von den Griechen „Pentateuch" – die fünf Rollen – genannt) enthalten die wundersamen Geschichten von der Schöpfung, vom Paradies, der Versuchung und der Sintflut, wie sie ähnlich in den mesopotamischen Sagen und in anderen Menschheits-Legenden überliefert wurden. Vor allem aber enthielten sie die Zehn Gebote: Jahwe allein ist der Herr; der Feiertag und die Familie werden geheiligt; das Verbot zu töten; Verurteilung des Ehebruchs; der Schutz des Privateigentums; das Gebot absoluter Ehrlichkeit; Habgier, Neid und Selbstsucht werden verurteilt. Über die Zehn Gebote hinaus finden sich im Alten Testament Vorschriften und Anweisungen, die einen sehr engen Rahmen für die Lebensführung und das Alltagsleben ziehen.

Die jüdische Religion, wie sie im Alten Testament aufgezeichnet ist, **Judentum** lehrt, dass es nur den einen wahren Gott gibt, dass der Mensch von Gott geschaffen wurde und diesem persönlichen Gott Gehorsam, Dankbarkeit und Liebe schuldet. Wer gottgefällig lebt, darf auf Erlösung hoffen und kann sich glücklich schätzen. Ihm ist verheißen, dass er nach seinem Tod ins Paradies gelangen wird. Wer gegen Gottes Gebote verstößt, lädt Schuld auf sich, doch kann er Gnade und Vergebung erbitten. Jahwe ist ein transzendenter Gott, jenseits menschlichen Begreifens, er leitet die Geschicke der Menschen von oben in unerforschlicher Weise. Dem Judentum gehören heute weltweit etwa 13 Millionen Menschen an, die meisten in Nordamerika und in Israel.

Zarathustra (628–551)

Etwa zu der Zeit, als der babylonische König Nebukadnezar II. Jerusalem eroberte, machte bei den Persern ein Mann namens Zarathustra von sich reden. Die Perser waren damals noch Vasallen der Meder, aber sie waren sozusagen schon im Aufbruch. Etwa 50 Jahre später gründete ihr König Kyros ein eigenes Reich, das sich zu einer Weltmacht entwickeln sollte. Zarathustra, den die Griechen Zoroaster nannten, kam in der Nähe des heutigen Teheran auf die Welt und um seine Jugend ranken sich sagenhafte Geschichten von Wundern und Vorzeichen. Mit zwanzig Jahren zog er sich in die Einsamkeit zurück und mit dreißig hatte er eine Offenbarung. Ahura Mazda, der „weise Herr", erschien ihm und händigte ihm das Avesta, das Buch des Wissens und der Weisheit aus. Fortan fühlte er sich als Prophet des einen Gottes, Ahura Mazda (griechisch Ormuzd), dessen Wort er verkündete. Er verwarf den Aberglauben und das Opferwesen und wandte sich gegen die „Magier", die Priester.

Ahura Mazda Ahura Mazda mit seinem Reich des Guten, der Wahrheit, des unendlichen Lichts, ist allwissend und allgegenwärtig, aber nicht allmächtig, denn gegen ihn wirkt Ahriman, der böse Geist mit seinem Reich des Bösen, der Lüge und der Finsternis. Als Ahura Mazda das Leben schuf, schuf Ahrimann den Tod. Die Welt ist die Stätte des Kampfes zwischen dem Guten und dem Bösen (Dualismus), am Ende aber wird der gute Gott siegen.

Freie Wahl Der Mensch, als Geschöpf Ahura Mazdas, gehört von Natur aus dem Reich des Guten an. Aber er hat in jedem Augenblick seines Lebens die Möglichkeit zur freien Entscheidung. Jeder einzelne Mensch, der in Freiheit und eigener Verantwortung die Wahl zwischen Gut und Böse trifft, bestimmt damit nicht nur sein eigenes Schicksal, sondern auch das der Welt. Denn jede gute Tat erhöht die Macht Ahura Mazdas und jede böse Tat hilft Ahriman und verzögert so den Endsieg des Lichts. Als Lebensgrundsatz galt die „heilige Trias": Gute Gedanken – gute Worte – gute Werke. Für die Perser war Wahrheitsliebe, das Vermeiden der Lüge, das oberste Gebot. Darüber staunten die Griechen, ebenso wie über die persische Ritterlichkeit gegen Feinde und ihre Milde gegenüber Besiegten.

Avesta Im Avesta stand die „goldene Regel", von der noch öfter die Rede sein wird, im Mittelpunkt: „Jenes Wesen allein ist gut, das nichts einem anderen antut, was für es selbst nicht gut wäre." Der Mensch habe eine dreifache Pflicht: „... den Feind zum Freund zu machen, den Bösen gerecht und den Unwissenden gebildet." Die größte Tugend ist die Gottesfurcht und so ist die Verehrung Gottes durch Reinigung, Opfer und Gebet die oberste Pflicht. War der Perser in Gottesfurcht und Wahrheitsliebe ein treuer Streiter Ahura Mazdas gewesen, brauchte er den Tod nicht zu fürchten und gelangte ins Paradies. Die ruchlosen Seelen aber erwartete im Jenseits Hölle und Fegefeuer mit Qualen bis an das Ende der Welt. Der Mensch ist frei, sich zwischen Gut und Böse zu entscheiden. Wer tugendhaft lebt und für das Gute kämpft findet sein Glück in der Verheißung, nach seinem Tod ins Paradies zu gelangen.

Zarathustras Lehre Als Zarathustra begann, seine Lehre zu verkünden, stieß er zunächst auf Widerstand, vor allem der Priester, die ihn auch zeitweise einkerkerten. Es gelang ihm aber, die Gunst des Königs zu gewinnen – er heilte dessen Lieblingspferd – und den Herrscher und seine Gemahlin zu dem neuen Glauben zu bekehren. Doch fehlte es trotzdem nicht an Gegnern und Kämpfen und in einer dieser Auseinandersetzungen soll Zarathustra den Tod gefunden haben. Zarathustras Lehre

breitete sich rasch aus. Später soll auch König Kyros einer ihrer Anhänger gewesen sein und schließlich, unter König Dareios I., wurde
sie zur Staatsreligion.

Das dauerte einige Generationen, dann kam
neben der Verehrung Ahura Mazdas auch immer mehr der Kult des
alten Sonnengottes Mithra auf, der auch noch später im römischen
Reich Anhänger fand. Die Religion Zarathustras wurde zurückgedrängt und schließlich durch die Invasion der Mohammedaner ganz
ausgeschaltet. Nur bei einer kleinen Gruppe von Anhängern hat sie
sich bis auf den heutigen Tag erhalten, bei den Parsen in Indien, die
bekannt sind für ihre hohe Moral und ihren edlen Charakter.

Laotse (604–530)

Noch zu Lebzeiten Zarathustras kam im fernen chinesischen Staate
Tschu (in der heutigen Provinz Honan im nördlichen China) ein
Mann namens Li auf die Welt. Er wuchs dort auf und wurde schließlich Geschichtsschreiber des Staatsarchivs. Später gab man ihm den
Beinamen Lao Tse, das bedeutet „der alte Meister". Laotse lebte lange
in Tschu. Er sah jedoch, wie sein Heimatstaat mehr und mehr verfiel
und beschloss schließlich, davon zu ziehen. Als er an den Grenzpass
kam, sprach ihn der Passaufseher an: „Ich sehe Herr, dass Du in die
Einsamkeit gehen willst. Ich bitte dich, schreibe deine Gedanken in
einem Buche nieder." Und Laotse schrieb ein Buch mit dem Titel
„Tao-Te-King", („Das heilige Buch vom Weg und von der Tugend").
Dann zog er von dannen und niemand weiß, wo er geendet hat.

Tao bedeutet „Weg" und ist ein alter Begriff aus der frühen chinesi- **Yin und Yang**
schen Religion, in der Naturverehrung und Ahnenverehrung eine
große Rolle spielten. Das Universum besteht aus Himmel und Erde,
aus dem männlichen, schöpferischen, hellen Prinzip, das man Yang
nennt, und dem weiblichen, empfangenden und gebärenden, dunklen Prinzip, das als Yin bezeichnet wird. Die beiden gegensätzlichen
Grundkräfte, Yin und Yang, gestalten die Welt und der Mensch muss
sein Leben im Einklang mit ihnen einrichten, er muss in einer Welt
des ewigen Wandels sein Tao finden und ihm folgen.

Die Tao-Lehre ist im I Ging, dem „Buch der Wandlungen" enthalten, **I Ging**
der ältesten Aufzeichnung über chinesisches Denken, ja vielleicht
über philosophisches Denken überhaupt. Wen-Wang, einer der
Gründer der Chou-Dynastie, soll es um etwa 3.000 v. Chr. im Gefängnis geschrieben haben. Dieser legendäre Kaiser erfand die acht mystischen Trigramme, in denen die Haupttugenden mit den Gesetzen und
Elementen der Natur in Verbindung gebracht werden. Die verschiedenen Linien der Trigramme symbolisieren die polaren Kräfte Yin und
Yang. Im Wechselspiel der 64 Kombinationen liegt alle Weisheit des
Lebens verborgen, wer sie beherrscht begreift alle Gesetze der Natur.

Für die Chinesen war das I Ging ein Handbuch der Lebensweisheit und der Weissagung.

Tao

Laotses Philosophie knüpft an die alte Weisheit des I Ging an. Für ihn bedeutet Tao allerdings nicht nur „Weg", es bedeutet zugleich „Vernunft", mehr noch, es ist der unfassliche Urgrund der Welt, das Gesetz aller Gesetze, das Maß aller Maße. Es ändert sich selbst nicht und ist doch die Ursache aller Veränderungen. Es ist in allem und in ihm ist alles. Es ist Ursprung und Ziel aller Dinge und aller Erkenntnis, es ist das „Absolute". Das Tao ist unbegreiflich und nicht nennbar. Laotse beteuert: „Ich weiß seinen Namen nicht, nenne es aber Tao." In dieser mystischen Auffassung liegt auch der Gedanke der letzten Einheit, des göttlichen Seins, jenseits des Dualismus von Yin und Yang. Da das Tao unfassbar ist, ist das höchste, was wir an Erkenntnis erlangen können, die Gewissheit unseres Nichtwissens. „Erkennen des Nichterkennens ist das Höchste". (Mensching)

Selbst-erkenntnis

Wenn wir das Tao auch nicht erfassen können, so können wir seiner doch in der Stille innewerden, indem wir demütig und hingegeben sein Walten in der Natur erfühlen und zum Richtmaß auch unseres menschlichen Lebens machen. Dazu ist es notwendig, dass wir uns auch im Getriebe der Welt innerlich dem öffnen, was Erde und Himmel durchwaltet. So kommen wir zu Ruhe und Erleuchtung. „In Einheit mit dem Tao leben, heißt zugleich Tao erkennen." (Störig) Erkenntnis des Tao wird nicht von außen erworben, sondern erwächst aus dem Inneren. Und nur mit dem Erkennen des Tao ist die eigentliche Selbsterkenntnis möglich. „Wer andere kennt, ist klug; wer sich selbst kennt, ist erleuchtet." (Jaspers) Aus der Selbsterkenntnis aber erwächst die Welterkenntnis: „Ohne aus der Tür zu gehen, kannst du die Welt erkennen …"

Weisheit

Um das Tao zu finden, muss man den Intellekt ausschalten, und einfach und zurückgezogen leben. Wissen bedeutet nicht Weisheit, nichts steht einem Weisen ferner als ein „Intellektueller", der zwar viel redet und immer neue Ideen entwickelt, aber unfähig ist zu handeln. Nicht Vielwissen, sondern Einfachheit und Einfalt machen die Menschen glücklich. „Die Neigung, alles zu reglementieren, zerstört das kosmische Gleichgewicht und das berechnende Denken löst den Menschen aus seiner harmonischen Beziehung zur Natur." (Höffe) So meint Laotse, die Herrscher der alten Zeit, die es verstanden, im Sinne des Tao zu wirken, versuchten nicht, das Volk klug zu machen, sondern es zur Einfalt zu bringen. Denn wenn es zu viel Wissen habe, sei das Volk schwer zu lenken.

Der Weise

Laotses Ideal ist nicht der fromme Gläubige, sondern der reife und abgeklärte Geist, der Mensch, der zu Einfachheit und Schweigen zurückkehrt, obwohl er fähig wäre, eine bedeutende Stellung in der Welt einzunehmen. Der vollkommene Mensch ist bescheiden, falls

22

er mehr weiß als andere, so sucht er es zu verbergen, er ist nicht auf Glanz aus. Reichtum und Macht sind für ihn ohne Bedeutung. Er wünscht, nicht zu wünschen. Und er ist selbstlos. „Wer andere überwindet, hat Stärke; aber wer sich selbst überwindet, ist tapfer." Wer verzichtet, gewinnt. Und der Weise spricht nicht von der Weisheit, auch nicht vom Tao, denn Weisheit kann niemals durch Worte, sondern nur durch Beispiel und Erfahrung vermittelt werden. „Wer das Tao kennt, redet nicht; wer redet, kennt das Tao nicht." Wer so in Gleichmut und Vollkommenheit im Tao wandelt, ist durch keine Gefahren oder Verlockungen mehr zu erschüttern.

Das Kennzeichen des vollkommenen Menschen ist die Stille, eine Art **Wu wei** philosophischen Nicht-Handelns, die Weigerung in den natürlichen Ablauf der Dinge einzugreifen. Dieses „Wu wei" (wörtlich: Nicht-Eingreifen) bedeutet Handeln durch Geschehenlassen, „das Steuer des Lebens jener Macht zu überlassen, die eine Dimension von uns selbst ist", dem Tao. (Fischer) Oder einfacher ausgedrückt: Man soll über ein Problem nicht nachgrübeln, es genügt, es sich anzusehen ohne darüber nachzudenken und den Rest getrost dem Tao zu überlassen. Wenn Handeln erforderlich ist, werden wir spontan durch Intuition dazu angeregt. „Gemeint ist nicht Passivität, sondern ein Handeln, das dank Anerkennung der gegebenen Ordnung ohne Mühen ins Ziel gelangt." Nicht-Handeln siegt öfter als Handeln. „Vergilt Feindschaft durch Tugend ... behandle auch den Nicht-Guten gut, denn so erlangt er Güte ... behandle auch den Nicht-Wahrhaftigen wahrhaftig, denn so erlangt er Wahrhaftigkeit", lehrt Laotse.

Wirken durch Nicht-Tun, durch anstrengungsloses, gelöstes Ruhen im **Regierung** Tao, ist das Gebot nicht nur für den Weisen, sondern auch für den Regierenden. Ohne viel Worte, ohne viel Gesetze, Ge- und Verbote, nur durch die Ausstrahlung seines eigenen ruhevollen und tugendhaften Seins soll der Herrscher regieren. Aber Regieren durch Nichttun „kann nur dem gelingen, der das Regieren nicht begehrt." Wer die Macht begehrt und Angst hat, sie zu verlieren, kann nicht wahrhaft regieren. (Jaspers)

Der Weise strebt danach, einfach, bedürfnislos, zurückgezogen und **Glück** selbstlos zu leben. So erlangt er Gleichmut und Vollkommenheit. Er lebt im Einklang mit dem Tao und in Harmonie mit der Natur. Die Lebenskunst des Tao erfordert, dass man mit seinen Gedanken Vergangenheit und Zukunft meidet, und nur in der Gegenwart verweilt, den Geschehnissen ihren Lauf lässt ohne Widerstand zu leisten und sich zugleich innerlich von allen Bindungen befreit. Dann lebt man glücklich und gelassen im Heute.

Laotse selbst meinte, dass nur wenige berufen sind, den Weg der Tu- **Konfuzia-** gend zu beschreiten. Und in der Tat hat die reine Lehre des Tao-Te-King **nismus** kaum Nachfolge gefunden. Das Leben Chinas wurde vielmehr für lange Jahrhunderte von einer Geistesrichtung bestimmt, die ebenfalls zu jener Zeit entstand, die dem Taoismus verwandt und doch in wesentlichen Punkten von ihm verschieden ist: vom Konfuzianismus.

Konfuzius (551 – 479)

Wenn die unsicheren Lebensdaten stimmen, dürfte Laotse etwa 50 gewesen sein, als in dem kleinen chinesischen Fürstentum Lu im Süden der heutigen Provinz Schantung ein Mann namens Kung-fu-tse („Meister aus dem Geschlecht Kung") geboren wurde, besser bekannt unter der lateinischen Form seines Namens: Konfuzius. Er stammte aus einer verarmten Adelsfamilie und wuchs in bescheidenen Verhältnissen auf. Mit 19 heiratete er, er hatte einen Sohn und zwei Töchter. Mit 23 ließ er sich allerdings wieder scheiden. Er wird als groß und von kräftiger Gestalt geschildert. Mit 22 begann seine Laufbahn als Lehrer, indem er sein Wohnhaus als Schule einrichtete. Bald hatte er großen Zuspruch und im Laufe der Jahre wurden tausende junger Männer seine Schüler und verbreiteten seinen Ruhm. Als Lehrer war er altmodisch und formell, er achtete auf Distanz, den Regeln der Höflichkeit und Etikette maß er großes Gewicht bei. Seine Schüler lehrte er Klarheit und Ehrlichkeit im Denken und im Ausdruck. Mit 33 unternahm er eine Reise in die Hauptstadt. Er soll dabei auch Laotse besucht haben.

Lebensregeln Konfuzius lebte in einer Zeit, in der die staatliche Einheit Chinas vom Zerfall bedroht war. Die Fürsten der kleinen Staaten bekämpften einander und in ihren Ländern versuchten sie mit Gewalt die Ordnung aufrecht zu erhalten. In diesen chaotischen Verhältnissen neigten viele Gebildete dazu, sich aus dem aktiven Leben zurückzuziehen, sie widmeten sich lieber der Kontemplation und der Betrachtung des Schönen. Konfuzius hielt nichts von dieser Zurückgezogenheit, die auch Laotse so sehr am Herzen lag, und zu dessen Philosophie des Nicht-Handelns stand er in direktem Gegensatz, indem er das praktische Handeln betonte. Für Laotse hatte der Begriff des Tao eine mystisch – metaphysische Dimension. Konfuzius aber knüpfte vor allem an das moralische Motiv an das im alten Tao-Begriff lag. Er baute den „Weg" im einzelnen durch genaue Vorschriften des rechten Verhaltens aus. Konfuzius wollte die Menschen lehren, wie man richtig leben und gut zusammenleben soll. Das war nach seiner Meinung nicht mit Gewalt zu erreichen, vielmehr mussten die Menschen aus eigener Einsicht so weit kommen. Er glaubte an das Gute im Menschen; das Böse entspringe nur einem Mangel an Einsicht. Konfuzius wollte die alten Traditionen erneuern und die Menschen dadurch wieder auf den rechten Weg führen. Denn er war überzeugt, dass das politische Chaos seiner Zeit seine Ursache in dem bestehenden moralischen Chaos hatte.

24

„Indem die Alten die ursprünglich reine Natur des Menschen auf der ganzen Erde leuchten lassen wollten, ordneten sie zuerst ihren Staat; indem sie ihren Staat ordnen wollten, einigten sie zuerst ihre Familien; indem sie ihre Familien einigen wollten, bildeten sie zuerst ihre Person. Wer seine Person zu bilden bedacht ist, muss sein bewusstes Seelenleben in Ordnung bringen; um das Seelenleben in Ordnung zu bringen, muss man die Ideen wahrmachen; um die Ideen wahr zu machen, muss die Erkenntnis ans Ziel kommen. Das Ziel der Erkenntnis beruht auf dem Erfassen der Wirklichkeit." In dieser berühmten Stelle aus der „Großen Wissenschaft" kommt der Grundgehalt der konfuzianischen Philosophie und ihr Bemühen, eine vollständige Anleitung zum Leben zu geben, zum Ausdruck. Anders als Laotse hielt Konfuzius viel davon, die Menschen nach Wissen streben zu lassen. Dadurch würde ihr Denken aufrichtiger werden, ihre Herzen würden von maßlosen Wünschen gereinigt. Durch Wissen, Aufrichtigkeit und die Macht des Beispiels werden auch die Familien geordnet und damit ihrerseits den Anstoß zu einer sozialen Ordnung geben, die eine erfolgreiche Regierung ermöglicht. So liegt der Weisheit Anfang im Menschen selbst. Die Grundlage der Gesellschaft ist der disziplinierte Einzelmensch in einer geordneten Familie.

Der Edle, wie Konfuzius sein Idealbild des Menschen nannte, verkör- pert drei Tugenden: Verstand, Mut und guten Willen. Der Edle stellt Anforderungen an sich selbst, der Gemeine stellt Anforderungen an die anderen Menschen. Der Edle ist bescheiden und passt sich dem Weg der Mitte an. Er empfindet Zuneigung zu allen Menschen, obwohl er immer auf einen gewissen Abstand bedacht ist. Er ist aufrichtig und bemüht sich um Klarheit, Wahrheit und Würde. Uneingeschränkt ist der Edle jener Maxime verpflichtet, die man später die „Goldene Regel" nannte, von der schon bei Zarathustra die Rede war und die auch in den folgenden Jahrhunderten von großen Denkern immer wieder in der einen oder anderen Form ausgesprochen wurde. Konfuzius hat sie so formuliert: „Was du selbst nicht wünschest, tu nicht den anderen".

Konfuzius wollte die Grundbeziehung der Menschen zueinander wie- der in Ordnung bringen. Treue und Aufrichtigkeit geben diesen Beziehungen Dauer und Halt. Treue ist auch die Grundlage der Freundschaft. Die Freunde, die man sich auswählt, sollten wenigstens so gut sein, wie man selbst ist. Aber es beginnt in der Familie, mit dem rechten Verhältnis zwischen Eltern und Kindern. Die Kinder schulden den Eltern Ehrerbietung und Gehorsam. Über diesem Gesetz des Gehorsams steht nur noch das Gesetz der Moral. „... wenn der Befehl falsch ist, sollte ein Sohn sich seinem Vater widersetzen und ein Minister sich seinem obersten Herrn." Es muss aber sicher eine sehr schwerwiegende Gewissensentscheidung sein, um eine Einschränkung der beherrschenden Loyalität gegenüber der Familie zu rechtfertigen. Die Familienbande sind stärker als alle anderen gesellschaftlichen Bindungen.

Soziale Bindung	Das Wesen des Menschen kann sich nur in menschlicher Gemeinschaft voll entfalten. Der Einzelne wird nur durch die Tugenden der Gemeinschaft zum Menschen. Dazu ist Ordnung notwendig. Die Ordnung wird durch die Sitten („Li", Gebote des Benehmens) erhalten. Die Li bedeuten die ständige Erziehung aller. „Mensch wird, wer sein Selbst überwindend sich in die Schranken der Gesetze und der Sitte begibt." (Jaspers) Der Konfuzianismus betont deshalb auch die Pflichten, weil der Mensch in ein Netz sozialer Beziehungen eingebunden ist und menschliche Tugenden sich nur in Beziehung zu anderen Menschen entfalten.
Staat	Die Werte der patriarchalischen Familie wollte Konfuzius auch auf den Staat übertragen wissen und er legte Wert auf die überkommen Rituale, ohne die eine Gesellschaft nicht auskommt. Der eigentliche und tatsächliche Träger der politischen Ordnung ist das Volk, denn jede Regierung, die nicht sein Vertrauen genießt, muss früher oder später fallen. Der oberste Grundsatz einer guten Regierung ist die Aufrichtigkeit, und ihr wirksamstes Mittel ist das gute Beispiel. Durch solche Selbstverantwortung muss sie die rechten Männer an sich ziehen und diese dann wirken lassen. Konfuzius' Argument, dass man durch schlechte Regierung den „vom Himmel gegebenen Auftrag" verwirkt, hat manchem Aufstand in der chinesischen Geschichte zur Rechtfertigung gedient.
Politiker	Obwohl Konfuzius durchaus politischen Ehrgeiz hatte, wollte er doch nur eine Stellung annehmen, die er mit seinen moralischen Grundsätzen vereinbaren konnte. So dauerte es bis zu seinem 50. Jahr, bis er Gelegenheit hatte, als Justizminister und Kanzler seines Heimatstaates seine Grundsätze in der Praxis umzusetzen und er soll dabei außerordentlich erfolgreich gewesen sein. Als sein Fürst sich zum Wohlleben verleiten ließ und sich von Konfuzius' Politik abwandte, verließ Konfuzius enttäuscht seinen Heimatstaat und begab sich 13 Jahre lang auf Wanderschaft. Er zog von Staat zu Staat, um irgendwo seine politischen Grundsätze verwirklichen zu können. In einem Gedicht klagte er: „Die Menschen sind ohne Einsicht, schnell vergehen die Jahre." (Jaspers)
Ende	Mit 68 kehrte er schließlich in seinen Heimatstaat zurück. Dort regierte inzwischen ein neuer Fürst, der ihn ehrenvoll zurückberief. Die restlichen 5 Jahre seines Lebens verbrachte er in gelehrter Abgeschlossenheit mit Dichtkunst und Philosophie. Er widmete sich der Herausgabe klassischer Schriften. So gab er auch das „I Ging", das „Buch der Wandlungen" neu heraus und kommentierte es. Von ihm selbst sind keine Schriften erhalten. Seine Schüler haben die Gespräche mit ihm überliefert und in dem Buch „Lun – yu" aufgezeichnet. Konfuzius starb, nachdem er seinen Tod selbst vorausgesagt hatte, in seinem 73. Jahr und wurde von seinen Schülern mit großem Pomp begraben.

Eine Anleitung zu persönlichem Glück findet sich nicht unter den **Glück**
Lebensregeln des Konfuzius. „Treue gegen sich selbst und Gütigkeit
gegen andere: darin ist alles befasst", war seine Maxime. Selbsterziehung und Streben nach Tugend sind seine Ideale. „Weisheit macht
frei von Zweifeln, Sittlichkeit macht frei von Leid, Entschlossenheit
macht frei von Furcht." Nicht nach ferner Vollkommenheit geht sein
Streben, hier und heute muss sich jeder bewähren: „Der Weg war
das Ziel". Im Zentrum des konfuzianischen Denkens steht die Einheit
und Harmonie des Ganzen. Der Einzelne, der seine Tugenden nur in
Beziehung zu anderen entfalten kann, ist deshalb der Gesellschaft
verpflichtet.

Konfuzius' Philosophie war auf praktische Lebensführung und ver- **Agnostiker**
nünftige Regierung gerichtet. Von mystischen Betrachtungen hielt er
nichts. Vom Jenseits können wir nichts wissen, meinte er. Er war also
ein „Agnostiker". Doch ermahnte er seine Schüler, an den traditionellen Riten des Ahnenkults und der Verehrung des Himmels festzuhalten. „Nur der Himmel ist groß", sagte er. Der Himmel, das war für
Konfuzius kein persönlicher Gott, sondern eine unpersönliche Macht.
Und unpersönlich war das von ihm gesandte Schicksal. „Das ist Bestimmung", ist des Konfuzius oft wiederholte Wendung. Die Menschen müssen ihre Rolle im Leben hinnehmen. „Tod und Leben ist
Bestimmung". Der Tod wird ohne Erschütterung hingenommen. Der
metaphysische Aspekt seiner Philosophie beschränkte sich darauf,
nach Einheit in allen Erscheinungen zu suchen und eine dauerhafte
Harmonie zwischen den Regeln des rechten Verhaltens und dem Ablauf der Natur zu finden.

Konfuzius war an seinem Ende enttäuscht darüber, dass die Regieren- **Konfuzia-**
den so wenig auf seine Lehre hörten und seine Grundsätze nicht **nismus**
beachteten. Er ahnte nicht, dass seine Gedanken später um so mehr
Anhänger fanden und er, wie manche meinen, der einflussreichste
Philosoph wurde, der je gelebt hat. (Störig) Der Konfuzianismus beherrschte China 2.000 Jahre lang, bis zum Ende seiner politischen
Macht im Jahre 1912. „Mit Hilfe dieser Philosophie entwickelte
China ein harmonisches Gemeinschaftsleben, eine glühende Bewunderung des Lernens und der Weisheit und eine ausgeglichene und
stete Kultur ... sie verlieh der Nation und jedem ihrer Bürger eine
Würde und Tiefe, wie sie sonst nirgends in der Welt und in der Geschichte wieder erreicht worden sind." (Durant)

Die beiden Glaubensrichtungen des Taoismus und des Konfuzianis- **Chinesische**
mus haben sich heute gegenseitig so durchdrungen, dass zwischen **Religion**
ihnen kein scharfer Trennungsstrich mehr gezogen werden kann.
Man spricht vom „Chinesischen Universismus". (Fiedler) Bei beiden
Lehren liegt der Akzent auf dem Diesseits, beide nehmen das Individuum nicht so wichtig. Der Mensch ist für sie ein winziger Teil des
Großen Ganzen, im ewigen Kreislauf von Werden und Vergehen. Je

mehr sich der Einzelne in Harmonie mit dem Universum befindet, desto näher ist er der Unendlichkeit. In dieser Harmonie liegt der Lohn, nicht in himmlischen Freuden als Anreiz für ein tugendhaftes Leben. Früher standen sich der Konfuzianismus mit seiner Aufforderung zur Aktivität und der Taoismus mit seiner passiven Haltung feindlich gegenüber. Die Chinesen in ihrer betont praktischen Art haben sich aus beiden Glaubensrichtungen die Elemente heraus gesucht, die ihnen für die Lebensbewältigung am geeignetsten erschienen. Der „Chinesischen Religion" gehören heute rund 1.300 Millionen in der Volksrepublik China und weitere rund 175 Millionen Menschen in Vietnam, Südkorea, Taiwan, Nordkorea und Laos an.

Buddha (560–480)

Etwa zur gleichen Zeit als Konfuzius in China wirkte, war in Indien ein Weiser unterwegs um eine neue Lehre zu verkünden, die zwar auch nicht mit den alten Traditionen brach, aber doch zu neuer Erkenntnis führen sollte.

Veda

Rund 1.000 Jahre vorher waren in Indien vom Norden her Eroberer eingedrungen, die sich selbst „aryas", Arier, nannten. Die hellhäutigen Eroberer stießen auf dunkelhäutige, sesshafte Ureinwohner und deren Naturreligion. Die alten Götter wurden von den neuen Herren aber nicht verdammt, sondern neben den eigenen integriert. In den folgenden Jahrhunderten sind religiöse Schriften entstanden, die man unter der Bezeichnung „Veda" („Wissen") oder „die Veden" zusammengefasst hat. Es waren die Handbücher der Priester, nach denen die Opferhandlungen vollzogen wurden. Aus diesen frühen Schriften sind die „Upanishaden" hervorgegangen, die die Gedanken und Lehren vieler Weiser enthalten und von denen Schopenhauer später sagte: „Es ist die belohnendste und erhebendste Lektüre, die in der Welt möglich ist. Sie ist der Trost meines Lebens gewesen und wird der meines Sterbens sein."

Götter

Im Rigveda, dem ältesten Teil der Veden wird das Leben der Indoarier geschildert. Sie waren ein kriegerisches Volk von Bauern und Handwerkern, sie glaubten an Götter, die für sie die Kräfte der Natur verkörperten: Wischnu, der Sonnengott, der Schöpfer und Erhalter und seine Gemahlin Lakshmi, die Göttin der Schönheit und des Glücks, Agni, der Feuergott, Indra, der über Donner und Blitz gebietet. Im Rigveda wird auch die Suche nach einem Urgrund der Welt erkennbar, ob nicht hinter der Vielzahl der Götter eine letzte, alles umfassende Einheit verborgen ist.

Kasten

Die Indoarier bildeten eine Herrenschicht über den Ureinwohnern und daraus entwickelten sich soziale Einrichtungen, die bis heute das indische Leben prägen: Das Kastensystem (mit Fürsten, Königen, Kriegern, Freien und „Unberührbaren", den Parias) und die bevorzugte Stellung des Priesterstandes, der „Brahmanen". Im unübersichtlichen indischen Götterhimmel waren die Brahmanen unverzichtbare Führer und durch ihren Einfluss die mächtigste Kaste.

In den Upanishaden sind die Lehren des Brahmanismus enthalten. **Brahman** „Brahman" (ursprünglich „Gebet" oder „heiliges Wissen") wird zu **Atman** einem umfassenden Begriff für das allgemeine, schöpferische Weltprinzip, die große Weltseele, aus der alles hervorgegangen ist und in der alles ruht. Es ist der Urgrund aller Dinge. Der andere zentrale Begriff des Brahmanismus ist „Atman" (ursprünglich „Hauch oder „Atem"), der unser eigenes Ich, den innersten Kern unseres eigenen Selbst bezeichnet, das was wir Seele nennen. Brahman und Atman aber, so lehren die Upanishaden, sind im Grunde eins. „Die (nicht-individuelle) Seele oder Kraft in uns selbst ist mit der unpersönlichen Seele der Welt identisch". (Durant) So liegt der Zugang zum Wesen der Welt tief in unserem eigenen Innern, wir können ihn durch Versenkung erschließen. Die Welt der Dinge in Raum und Zeit ist demgegenüber unwesentlich, ist nur Trugbild und Illusion, ist „Maya".

Die Frage, was aus dem Menschen nach seinem Tode wird, beant- **Seelen-** worteten die Upanishaden mit der Lehre von der Seelenwanderung. **wanderung** Nachdem die Seele den Leib abgeschüttelt hat, ergreift sie einen an- **Kharma** deren Anfang. Je nach den im jetzigen Leben angesammelten Werken („Kharma") kann sie auf niederer Stufe, um für vergangene Missetaten Buße zu tun, oder auf höherer Stufe wiedergeboren werden. Die Bewährung im letzten Leben bestimmt die Situation, in die ein Mensch hineingeboren wird, er hat also sein Schicksal selbst verursacht und keinen Grund sich zu beklagen. Doch kann er durch seine Lebensführung sein künftiges Schicksal beeinflussen und eine gute Wiedergeburt bewirken oder gar zu einem Ende des Kreislaufs von Leben und Tod gelangen.

In diese indische Welt hinein wurde im Jahre 560 v. Chr. Siddharta **Buddhas** Gautama geboren. Er war der Sohn des Fürsten von Kapilavastu, eines **Leben** kleinen Landes im Süden des Himalajas, etwa 160 Kilometer nördlich von Benares. Sein Vater ließ ihn in Pracht und Reichtum erziehen und war bemüht, ihn von den Übeln der Welt fernzuhalten. Eines Tages aber, er war damals 29, kam Siddharta beim Gang durch die Gassen der Stadt doch mit Elend und Unheil in Berührung und wurde von dem Gedanken gepackt, dass ja Alter, Krankheit und Tod auch vor ihm nicht Halt machen würden. Da beschloss er, sich auf die Suche nach der Erlösung vom Leid der Welt zu machen. In der gleichen Nacht noch verließ er seine schlafende junge Frau und seinen neugeborenen Sohn. In einem fremden Land, in Uruvela, ließ er sich nieder. Sechs Jahre lang übte er sich in strengster Askese bis er nur noch Haut und Knochen und mit Schmutz bedeckt war. Schließlich sah er ein, dass Kasteiung und Selbsterniedrigung ihn nicht weiterge-bracht hatten. Er ließ sich unter einem schattigen Baum nieder und wartete dort auf die Erleuchtung. Da überkam ihn eine Vision, wie der endlosen Folge von Tod und Wiedergeburt, diesem unablässigen Strom des Leidens, Einhalt geboten werden kann. Siddharta war nun zum Erleuchteten, zum „Buddha" geworden und er zog aus, seine Lehre zu verkünden.

Lehre Nach Buddhas Lehre ist alles leiderfüllt („duhkha"), und es ist alles unbeständig („anicca"). Weder der Einzelmensch noch das Univer-sum weisen ein Selbst („anatta") auf. Individualität und Persönlich-keit, die im westlichen Denken eine so große Rolle spielen, hält der Buddhismus für fundamentale Täuschungen, im Haften am „Ich" sieht er die Ursache allen Leids. Buddha lehrte „die vier heiligen Wahrheiten": Alles Leben ist Leiden, die Ursache des Leidens liegt in den Begierden, im „Durst". Wenn wir die Begierden zum Schweigen bringen, erreichen wir die Aufhebung des Leidens und unterbrechen die Kette der Wiedergeburten. Der Weg zu dieser Befreiung ist „der heilige achtteilige Pfad": auf die richtige Weise erkennen, denken, reden, handeln, streben, sein Leben führen und sich versenken. Als seine Schüler ihn baten, seine Auffassung vom rechten Leben näher zu beschreiben, nannte Buddha die „Fünf Sittengesetze": 1. Töte kein Lebewesen. 2. Nimm nicht, was Dir nicht gegeben. 3. Sprich nicht die Unwahrheit. 4. Trinke keine berauschenden Getränke. 5. Sei nicht unkeusch. Und auch Buddha lehrte, wie Laotse und später Jesus: „Überwinde den Zorn durch Herzlichkeit, Böses durch Gutes ... Nie-mals in der Welt hört Hass durch Hass auf; Hass hört durch Liebe auf!"

Nirwana Wer die „vier heiligen Wahrheiten" erkannt und den achtfachen Pfad beschritten hat, wird ein Heiliger („arhat") und kann bereits im Leben „Nirwana" erreichen, die vollständige Gemütsruhe, die dem Erlö-schen der Gier und der Befreiung vom Ich-Wahn folgt. Nach seinem Tod erreicht er Paranirwana, das endgültige Nirwana und wird aus dem Kreislauf der Wiedergeburten („samsara") erlöst.

Religion ohne Dogma Buddhas ursprüngliche Lehre ist kein Dogma, eher eine Philosophie als eine Religion, er kennt keinen Schöpfergott, jeder Mensch muss seinen eigenen Weg finden, ohne Priester, ohne Ritus, er muss ins eigene Innere blicken und dort das richtige Verhältnis zu sich und seinen Mitmenschen erkennen. Dann findet er zu einem Leben, das bestimmt wird von Toleranz, Demut und Ehrfurcht gegenüber ande-rem Leben und dem gesamten Kosmos, dann kann er Angst, Hass und Gier überwinden. Zurückhaltung und Selbstzucht führen zur Harmonie mit dem Ganzen. Buddha, ein Mann von starkem Willen, gebieterisch und stolz, doch freundlich und voller Güte, behauptete, er sei erleuchtet, aber er gab nie vor, dass ein Gott aus ihm spreche. Über Ewigkeit, Unsterblichkeit oder Gott diskutierte er nicht. Frömmigkeit und Zufriedenheit lag für ihn einfach im selbstlosen, wohltätigen Leben. Er kümmert sich um das Verhalten, nicht um Metaphysik. Er glaubte an die Existenz der Götter, da sie Teil seiner Kultur waren, doch er glaubte nicht, dass sie den Menschen viel nützen könnten. (Armstrong) Buddha verwirft jeden Kult, seine Religion ist frei von Dogma und Priesterherrschaft, sein Weg zur Erlösung ist allen zugänglich. Die Erleuchtung, die er gewonnen hat, ist nicht übernatürlichen Ursprungs, sondern gehört zur menschlichen Natur. Mit der Technik des Yoga kann der Mensch das Bewusstsein für seine innere Welt schärfen. Buddha empfahl seinen Schülern eindringlich, sich selbst zu retten, anstatt sich auf einen Gott zu verlassen. „Buddha lehrt die Selbsterlösung des Menschen durch eigene Kraft, zeigt den Weg und gibt das Vorbild. Er hilft dem Menschen sich selbst zu helfen." (Jaspers)

Gott Buddha selbst hatte die Vorstellung von einem Gott zurückgewiesen, zu dem man beten und von dem man Hilfe erwarten könne. Für ihn war das Ideal der Mensch, der zu niemandem Zuflucht sucht als zu sich selbst. Nach seinem Tode wurde Buddha aber schon bald wie ein Gott verehrt. Der Buddhismus wurde zu einer Kirche mit Dogmen und Liturgie. Es entstanden Mönchsgemeinschaften, deren Mitglieder Heimat und Familie verlassen hatten und im gelben Mönchsgewand umherzogen. Sie hatten die erlösende Erkenntnis erreicht, wollten und wünschten nichts mehr in dieser Welt.

Glück Buddha lehrte Befreiung durch Einsicht. Glückseligkeit ist weder hier noch in einem Jenseits möglich. Nur Friede ist möglich, nur „die kühle Stille beendeter Sehnsucht" (Durant), das „Nirvana". Der Sinn des Lebens liegt nicht in der Anhäufung materieller Güter, sondern im Gegenteil, in der Überwindung des Wunsches nach Besitztümern und der Auflösung der Persönlichkeit im alles umfassenden Nichts. Der Mensch kann sich selbst erlösen, durch eigene Kraft, er kann Erleuchtung erlangen, aus seiner Natur heraus, ohne göttliche Hilfe.

Buddhismus Von Indien aus verbreitete sich der Buddhismus über die ganze asiatische Welt. Heute leben die über 500 Millionen Buddhisten vor allem in China, Burma, Thailand, Ceylon und Japan, dort in der Form des Zen-Buddhismus.

Hinduismus In Indien selbst, das den Buddhismus hervorgebracht hat, ist er heute nahezu erloschen. Dort ist die vorherrschende Religion der Hinduismus, der die Tradition des Brahmanismus fortsetzt. In Indien, in Nepal und in Bangladesh leben die über 800 Millionen Hindus.

31

Die Griechen

Für die westliche Philosophie haben die Griechen die wichtigste Rolle gespielt. Das was heute unsere Kultur ausmacht, der Hintergrund unseres Denkens und unsere geistigen Wurzeln, die „Kultur des Abendlandes", hat sich aus den Grundlagen entwickelt, die wir den alten Griechen verdanken. Es ist jetzt rund 4.000 Jahre her, seit die Griechen aus dem Dunkel der Vorzeit in das Licht der Geschichte traten. Das Reich der Sumerer in Mesopotamien bestand damals schon seit über 1000 Jahren, ebenso wie das Alte Reich der Ägypter und die uralte Kultur auf Kreta.

Achäer
Dorier
Jonier

Die Einwanderer, die in Griechenland sesshaft wurden, kamen aus dem Norden. Von den Achäern in Mittelgriechenland und auf dem Peloponnes weiß man etwa seit 1600 v. Chr.; Heinrich Schliemann aus Neubuckow/Mecklenburg fand 1876 die Reste ihrer Burgen und Gräber in Mykenä, zusammen mit reichen Schätzen, offenbar Beutegut von Kreta. Die Achäer waren inzwischen kühne Seefahrer geworden. Die Dorier waren im Süden des Peloponnes (Sparta), an der südlichen Küste Kleinasiens und auf den Inseln Rhodos, Kreta und Sizilien (Syracus) sowie in Unteritalien (Tarent) sesshaft geworden. Die Ionier hatten sich in Attika (Athen), Euböa, den Inseln der Kykladen und auf Samos niedergelassen. An der Westküste Kleinasiens gründeten sie 12 Städte, darunter Ephesus und Milet. Was in dieser Zeit der Beutezüge und der Abenteuer alles passiert ist, wurde mündlich überliefert und erst viel später aufgezeichnet. So entstanden die „Sagen des klassischen Altertums", besonders schön zu lesen in der Fassung von Gustav Schwab aus dem Jahre 1838. Der Stuttgarter Oberkonsistorialrat hat den Stoff aus den Werken vieler klassischer Autoren, von Herodot und Sophokles bis Plutarch und Horaz, zusammengetragen und zu einem großen erzählerischen Zyklus geformt.

Homer (800 v. Chr.)

Unübertroffen in Sprache und Bildern aber sind die ersten, im Original überlieferten schriftlichen Aufzeichnungen. Sie stammen von Homer, der etwa um 800 v. Chr. gelebt hat. Über sein Lebensschicksal weiß man nichts Genaues. Sein Geburtsort soll Smyrna gewesen sein, doch stritten sich noch sechs weitere Orte um diese Ehre. Gelebt und gewirkt haben soll er auf der Insel Chios.

Homer trug die Sagen zusammen, die über den Kampf um Troja, der rund 400 Jahre vorher stattgefunden hatte, in Umlauf waren und fasste sie in Hexameter. Seinem ersten Buch, der „Ilias", schickte er noch einen Folgeband, die „Odyssee", hinterher. Dass Hector und Achilles, die schöne Helena und Odysseus keine erfundenen Sagengestalten waren, hat wieder besagter Heinrich Schliemann nachgewiesen, als er 1870 mit Ausgrabungen in Kleinasien begann und tatsächlich auf die Reste des alten Troja stieß. Unsere klassische Gymnasialbildung verdankt Homer ihre Grundlagen und die Weltliteratur zehrt bis heute von der unendlichen Stoff-Fülle, die Homer und seine späteren Dichter-Kollegen (wie Sophokles, Euripides oder Aischylos) angehäuft haben. **Ilias Odyssee**

Homer hatte mit seinem Werk zugleich die „Bibel" der Griechen geschaffen, in der nicht nur die Taten irdischer Helden besungen wurden, sondern auch die lachenden und zornigen, mit ziemlich menschlichen Eigenschaften ausgestatteten griechischen Götter porträtiert waren. In dieser Religion der Griechen waren die Menschen wirklich das Ebenbild der Götter und in diesem stolzen Bewusstsein lebten sie auch. Nur eines hatten ihnen die Götter voraus: sie waren mächtig und unsterblich. Die Götter zu verehren war nicht „fromm", es war klug. Und das Gute war nicht „moralisch", es war schön. (Fernau) **Die Religion der Griechen**

Homers Heldenepen und ihre Götterwelt verbanden – wie ihre Sprache – die verschiedenen griechischen Stämme und gaben ihnen ein Gefühl der Zusammengehörigkeit gegen die Außenstehenden, die „Barbaren". Zu den weiteren Gemeinsamkeiten, die allen „Hellenen", wie sie sich später nannten, eigen waren, zählten die alle vier Jahre in Olympia stattfindenden Spiele und das Orakel des Apollo in Delphi. **Olympia Delphi**

Hesiod, ein jüngerer Zeitgenosse Homers, fügte in Lehrgedichten noch einiges hinzu, was er im Olymp, dem Sitz der Homerischen Götter, vermisst hatte: Für ihn waren die Götter die höchsten Richter und das Recht die Grundlage jeder menschlichen Gemeinschaft. Solche Erkenntnis zog er aus bitteren Erfahrungen, die er im Streit mit seinem Bruder um das väterliche Erbe gewonnen hatte. **Hesiod** (um 770 v. Chr.)

Sparta und Athen

Das typische Gemeinwesen der Griechen war die „Polis", bestehend aus einer beherrschenden Burg mit Stadt und Ackerland. Griechenland bestand aus vielen solcher Stadtstaaten, die sich in wechselnder Folge gegenseitig befehdeten oder verbündeten. Unter ihnen hatten sich besonders zwei Machtzentren herausgebildet, die in den folgen- **Polis** den Jahrhunderten teils miteinander, öfters gegeneinander, den Lauf der griechischen Geschichte bestimmten: Sparta und Athen.

Spartaner In Sparta, im südlichen Peloponnes, herrschten etwa 8.000 Spartiaten über 60.000 rechtlose Periöken, die als Ackerbürger und Krieger dienten und über 150.000 Heloten (Ureinwohner), die in harter Sklaverei gehalten wurden. Die Spartiaten kannten keine Freiheit für sich selbst, der Staat und sein Gesetz stand über allem. Die „Preußen unter den Griechen" hat man sie genannt. Kriegstüchtigkeit war das oberste Ziel der Erziehung. Das Leben war einfach und hart, eben „spartanisch". Die Rede war knapp und wortkarg, „lakonisch". Doch List und Schläue galten als Vorzüge. Die Spartaner waren harte und mutige Krieger und eher zum Sterben als zum Leben erzogen. „Kein Wunder, dass sie die tapfersten Krieger der Welt sind; denn jeder vernünftige Mensch würde lieber sterben, als ein solch armseliges Leben führen", meinte ein zeitgenössischer Geschichtsschreiber. An der Spitze des aristokratischen Staates standen zwei Könige, die im Krieg die Heerführer waren. Die Aufsicht über das Staatsleben oblag fünf Ephoren. 28 Greise (über 60) bildeten den Rat der Alten, der die Gesetze beriet und vorschlug, über die die Volksversammlung aller Spartiaten, ebenso wie über Krieg und Frieden, beschloss.

Lykurgos Das Gesetz hatte ihnen in grauer Vorzeit Lykurgos verordnet. Er soll
(um 750 v. Chr.) um 750 v. Chr. gelebt und einiges von den Kretern abgeschaut haben. Seine neue Verfassung war besonders streng. Deshalb ließ er die Spartiaten schwören, daran festzuhalten, auf jeden Fall bis zu seiner Rückkehr. Und die Legende berichtet, er habe in der Fremde freiwillig den Hungertod erlitten, um seine Landsleute nicht von ihrem Eid zu lösen.

Gemeinschaft Wie konnte der Einzelne in einer solchen Gesellschaft sein Glück
und Glück finden? Es gab sicher nur wenige, die aus sich selbst heraus ihre Ziele entwickelten und den eigenen Weg suchten. Für die Vielen blieb es wichtig, sich „erfolgreich anzupassen", sich einzufügen in das vorherrschende Gesellschaftsbild. Der Spartiat, also der Angehörige der herrschenden Schicht, suchte sein Glück in der Gemeinschaft, er war stolz darauf ihr anzugehören und fand seine Befriedigung darin, ein nützliches Glied des Staatswesens zu sein. Wer den größten Teil des zwanzigsten Jahrhunderts miterlebt hat, dem fallen dabei zwangsläufig Sätze aus der jüngeren deutschen Vergangenheit ein, vom „Soldatischen Glaubensbekenntnis" („... höchstes Glück und größten Stolz findet der Soldat im Bewusstsein freudig erfüllter Pflicht", oder so ähnlich) bis zur Staatsparole des Dritten Reiches: „Du bist nichts – Dein Volk ist alles."

Athener Die Athener waren von anderer Gemütsart. Ihre Halbinsel Attika, die sich zum Meer hin öffnete, mag dazu beigetragen haben. Aber auch hier gab eine Oberschicht von adeligen Großgrundbesitzern den Ton an. Die armen Bauern, Taglöhner und Handwerker, auch wenn sie sich zu wohlhabenden Gewerbetreibenden hochgearbeitet hatten, besaßen viele Pflichten aber keine Rechte. Rechtlos waren natürlich auch die Sklaven, meist ehemalige Kriegsgefangene. An der Spitze dieser Adelsherrschaft, („Aristokratie") standen neun „Archonten" und der Rat der Ältesten, der Areopag – zugleich das oberste Gericht –, der alles überwachte. Dieses Staatswesen geriet allerdings mit der Zeit aus den Fugen: Die herrschende Klasse verfiel immer stärker der Habgier, wozu auch der florierende Seehandel und die aufkommende Geldwirtschaft beitrugen. Die rechtlosen kleinen Leute gerieten immer tiefer in Armut und in Schuldknechtschaft. So konnten Aufruhr und Aufstände nicht ausbleiben, sodass Bürgerkrieg drohte.

Deshalb versuchte der Archont Drakon den Zustand der Willkür durch geschriebene Gesetze zu beenden (624 v. Chr.). Aber seine Maßnahmen waren zu einseitig im Interesse des Adels und so hart, so „drakonisch", geradezu „mit Blut geschrieben", dass sie Erbitterung und Not noch steigerten.

Drakon
(um 624 v. Chr.)

Solon (640–560)

Dreißig Jahre später fand sich dann endlich ein Mann, der in Athen eine Wende herbeiführte. Der Mann hieß Solon, war selbst ein Adliger, als Kaufmann weitgereist und als Patriot im Volke wohlgelitten. Außerdem schrieb er Gedichte und war auch sonst den Musen zugetan. Er galt als einer der sieben Weisen. Solon, damals 46, wurde von den Athenern 594 v. Chr. zum Archonten gewählt und mit unumschränkten Vollmachten ausgestattet. Er hätte sich in dieser Situation vielleicht sogar zum Alleinherrscher aufschwingen können, aber er widerstand der Versuchung. Er verfügte per Gesetz, dass die Kleinbauern ihre Schulden abschütteln konnten und wer wegen seiner Schulden zum Sklaven geworden war, wurde vom Staat losgekauft. So wurde er zum „Befreier des kleinen Mannes". Als Philosoph war sein Wahlspruch „Alles mit Maß". Er meinte, glückselig seien diejenigen, die, mit äußeren Gütern mäßig bedacht, die schönsten Taten verrichten und besonnen leben.

In Solons Verfassung erhielten alle freien Bürger Rechte und Pflichten, abgestuft nach der Größe ihres Besitzes. Alle Bürger gehörten der neu eingeführten Volksversammlung an, konnten als Redner auftreten, wählten die Beamten und stimmten über Krieg und Frieden und die Gesetze ab. Es gab einen neuen Rat der Vierhundert, der die Gesetze vorbereitete und es gab Volksgerichte, die aus 6.000 Geschworenen aller Stände gebildet wurden. Die Archonten waren auf ein Jahr gewählt und alle Ämter waren Ehrenämter. Damit hatte Solon das oligarchische Gesetz Drakons durch eine demokratische Verfassung ab-

Verfassung

gelöst. Seine Grundsätze als Gesetzgeber hat Solon selbst in einem Gedicht beschrieben: „So viel Teil an der Macht, als genug ist, gab ich dem Volke, nahm an Berechtigung ihm nichts, noch gewährt' ich zu viel …" Das Volk folgt am willigsten seinen Führern, wenn man ihm Freiheit und Zwang maßvoll und richtig bestimmt. Ein Staatswesen, so meinte Solon, sei dann wohlgeordnet, „wenn das Volk den Regierenden gehorcht und die Regierenden den Gesetzen."

Isonomia

Solon gab dem Volk „gleiche Gesetze für die Vornehmen und die Niedrigen", ein Zustand, den man später „Isonomia" nannte, „Gleichheit vor dem Gesetz", wie wir es heute nennen. Isonomia war der Gegensatz zur Willkürherrschaft der Tyrannen und noch für Herodot war es „der schönste aller Namen für eine politische Ordnung". Der Begriff der Demokratie und damit die weitergehende Forderung der Beteiligung aller an der Regierung, scheint erst später aufgekommen zu sein.

Individualisten

Die Athener waren auch schon zu jener Zeit nicht ohne „Nationalbewusstsein". Anders als die Spartaner waren sie aber ausgeprägte Individualisten. In der begüterten Klasse wie auch im Volk mündete dieser Individualismus nicht selten in krassen Egoismus, Gemeinsinn war nur begrenzt erkennbar. Vorherrschend aber war das Bewusstsein der Freiheit, für die man auch jederzeit bereit war zu kämpfen.

Unzufrieden

Wie Lykurg damals in Sparta ließ auch Solon sich von den Athenern schwören, dass sie wenigstens 10 Jahre seine Gesetze befolgen und an der Verfassung nichts ändern würden, ohne ihn zu fragen. Dann ging er vorsichtshalber auf Reisen, damit man ihn nicht fragen konnte. Unterwegs begegnete er übrigens auch dem König Krösus von Lydien, bekannt wegen seines sagenhaften Reichtums. Der fragte ihn, wen er für den glücklichsten Menschen hielte, wohl in der Annahme, dass nur er es sein könne. Aber Solon antwortete mit dem klassischen Satz, dass niemand vor seinem Tod glücklich zu preisen sei. Und diese Wahrheit musste Solon auch an sich selbst erfahren. Als er nach Athen zurückkehrte, musste er feststellen, das weder die Reichen noch die Armen mit seiner Gesetzgebung so recht zufrieden waren. Solon musste noch mit ansehen, wie Peisistratos, damals 40, mit großem Geschick und trotz Solons' Warnungen die Volksversammlung auf seine Seite zog und schließlich seine Alleinherrschaft, die „Tyrannis", ausrufen konnte.

Tyrannis

Solon hatte früher zu dem Jüngling Peisistratos nicht nur ein verwandtschaftliches sondern auch ein freundschaftliches Verhältnis gehabt und der Politiker Peisistratos machte seine Sache auch gar nicht so schlecht, wie Solon im Stillen einräumen musste. Aber Solon ging es ums Prinzip. Man durfte einfach nicht zulassen, dass einer allein die Herrschaft ausübte und die Demokratie auf diese Weise ausgehebelt wurde. In

Versen hat er es so ausgedrückt: „Ein gewaltiger Mann bereitet dem Staate Verderben; tief in der Knechtung Bann fällt das unwissende Volk. Wen gar leicht man erhob, den stürzt man wahrlich so leicht nicht. Alles im Voraus zu schaun, alles zu prüfen tut not." So legte Solon resigniert als Zeichen des Verzichts seinen Schild und seine Waffen vor die Tür und dankte ab. Er kehrte seiner Heimatstadt den Rücken und starb wenig später im Alter von 80 Jahren auf Cypern.

Von der Tyrannis zum Scherbengericht

Peisistratos war der seltene Fall eines guten Diktators. Er war bereits 60, als er nach zwei vergeblichen Versuchen endlich als Tyrann fest im Sattel saß. Bis zu seinem friedlichen Tod hatte er noch 12 Jahre vor sich. Es waren gute Jahre für Athen, die Stadt blühte auf und begann zu strahlen. Die Tyrannis des Peissistratos sei „…wie das Leben im goldenen Zeitalter" gewesen, schrieb Aristoteles 200 Jahre später. Peisistratos ließ Solons Gesetze voll in Geltung, er förderte Handel und Gewerbe ebenso wie die Baukunst und die Kultur. Das Volk war mit ihm zufrieden, denn es ging ihm gut. So blieb Peisistratos bis zu seinem Tod Alleinherrscher und zitierte gerne Homer: „Niemals frommt Vielherrschaft dem Volk, nur einer sei Herrscher, einer König allein." Die Tyrannenherrschaft war damals weit verbreitet. In vielen Städten Griechenlands und auf den Inseln übten Alleinherrscher die Gewalt aus. Aber da nicht alle sich so weise und geschickt verhielten wie Peisistratos, sondern eher launisch, grausam und machtbesessen waren, kam die Tyrannis mehr und mehr in Verruf. Nach Peisistratos Tod lag die Herrschaft in den Händen seiner Söhne Hippias und Hipparchos. Zwölf Jahre später wurde Hipparchos ermordet und Hippias führte nun eine Schreckensherrschaft, die der „Tyrannis" zu ihrem fortdauernden Makel verhalf. Das dauerte vier Jahre, dann wurde er von Kleisthenes vertrieben.

Peisistratos (600–527)

Kleisthenes erweiterte die Solon'sche Verfassung durch mehr Ratsmitglieder, führte für die Archonten die Wahl durch das Los ein und erfand das Scherbengericht. Einmal im Jahr sollte das Volk darüber entscheiden, ob ein Scherbengericht stattfindet. Wenn ja, konnte jeder Teilnehmer an der Volksversammlung den Namen eines Mitbürgers, den er loswerden wollte, in eine Tonscherbe (Ostrakon) ritzen. Wenn einer 6000 Stimmen gegen sich hatte, musste er auf 10 Jahre das Land verlassen. Das Scherbengericht (Ostrakismos) wandten die Athener gegen alle an, „… deren Macht ihnen lästig wurde, weil sie sich nach ihrer Ansicht mit dem Grundsatz der Gleichheit aller in der Demokratie nicht vertrug. Denn der Ostrakismos war eigentlich keine Strafe, er war nur ein Trost für den Neid der lieben Mitbürger", so urteilte Plutarch. Diese „basisdemokratischen" Beschlüsse aus augen-

Kleisthenes (um 510 v. Chr.)

blicklichen, oft aufgeheizten Stimmungen heraus, führten wiederholt zu schicksalhaften Entscheidungen.

Aristides
(550–467)
Aristides, bewährter, untadeliger Archont, den sie den Gerechten nannten, erzählte später, wie er sein eigenes Scherbengericht erlebte. Er stand mitten unter der Volksmenge auf dem Marktplatz, der Agora. Sein Nebenmann, ein biederer Arbeiter oder Bauer, der offenbar nicht lesen und schreiben konnte, gab ihm seine Tonscherbe und bat ihn den Namen Aristides einzuritzen. Aristides fragte ihn, was dieser ihm denn angetan habe. „Gar nichts", meinte der Athener Bürger, „ich kenne ihn gar nicht, aber es ärgert mich, wenn er überall der Gerechte genannt wird". (Fernau)

**Ionien unter
den Persern**
Anders als die Ionier in Griechenland konnten die Ionier an der Küste Kleinasiens ihre Unabhängigkeit nicht bewahren. Das Assyrische Reich, lange Zeit die Vormacht im Zweistromland von Euphrat und Tigris, erlag den verbündeten Medern und Babyloniern. Ein Menschenalter später eroberten die Perser unter Kyros das medische und das lydische Reich des König Krösus und schließlich auch Ägypten. Das Perserreich war nun die einzige Großmacht der damaligen Welt. Auch die Griechenstädte in Kleinasien waren den Persern tributpflichtig geworden. Die persische Herrschaft war nicht übermäßig drückend. Der Perserkönig verlangte pünktliche Zahlung und Heeresfolge im Krieg, ließ den Städten aber sonst ihre Freiheit.

Milet
Die ionischen Städte in Kleinasien waren damals blühende Gemeinwesen. Die mächtigste unter ihnen war die Hafenstadt Milet, an der Mündung des Mäander in die Ägäis (heute Büyük Menderes). Die Milesier trieben Handel im ganzen Mittelmeer und an den Küsten des Schwarzen Meeres gründeten sie 70 Kolonien. In Milet endeten große Karawanenstraßen, auf denen kostbares Handelsgut aus dem Innern Asiens herangeführt wurde. Hier wurden die Schiffe beladen, die die Kostbarkeiten aus dem Orient weiter beförderten in die Häfen Griechenlands und die Küstenstädte des Mittelmeers. Hier in den ionischen Küstenstädten wurde übrigens damals, zu Beginn des 7. Jahrhunderts v. Chr., auch das Geld eingeführt. Bis dahin hatte man mit Naturalien oder mit dünnen Kupferstangen gezahlt, jetzt wurden Münzen geprägt, deren Gewicht durch staatliche Stempel gewährleistet wurde. Aber nicht nur wirtschaftlich, sondern auch geistig und kulturell war Milet ein bedeutendes Zentrum. In den großen griechischen Städten hatte sich eine Schicht von Gebildeten entwickelt, denen der fromme Götterglaube nicht mehr genügte, die nach Erkenntnis und Wissen strebten. Die Herausragendsten unter ihnen wurden „sophoie", das heißt „Weise" genannt. Von den „sieben Weisen" Griechenlands sprach man damals. Solon gehört zu ihnen und auch ein Mann aus Milet, namens Thales.

Thales (625 – 547)

Thales war ein gelehrter Mann, er war Mathematiker und Astronom und er war ein Denker, der versuchte, den Dingen auf den Grund zu kommen. Er war der erste den man später einen „Philosophen" nannte, einen „Freund der Weisheit". Als er im Jahre 625 v. Chr. auf die Welt kam, hatte in Athen Drakon gerade seine Gesetze erlassen. Seine Vaterstadt Milet erlebte damals wirtschaftlich und kulturell ihre höchste Blütezeit. Thales war ein junger Mann von 30 Jahren, als Solon Athen's neue Verfassung verkündete. Und als er mit 77 starb, hatte Peisistratos in Athen gerade seine Regierungszeit als Tyrann begonnen und die Perser schickten sich an, Milet und die anderen Griechenstädte in Kleinasien unter ihre Herrschaft zu bringen. Außerdem: Zur selben Zeit, in der Thales in Milet lebte und forschte, verkündete im fernen Persien Zarathustra seine Lehre, in China wirkten Laotse und Konfuzius und in Indien begann Buddha sich auf den Weg zu machen.

Was wir über Thales wissen, haben uns Platon, Aristoteles und andere berichtet, die allerdings rund 200 Jahre später lebten. Von ihm selbst sind keine Aufzeichnungen überliefert. Er stammte aus einer alten Handelsfamilie und was über ihn erzählt wird, lässt ihn eher als Sonderling erscheinen. Eines Abends, als er wieder einmal ausging, den Kopf im Genick und den Blick auf die Sterne geheftet, kam er ins Stolpern und fiel in einen Brunnen. Das sah eine thrakische Magd, die ihn lachend verspottete: „Du willst wissen, was am Himmel ist, aber was vor Deinen Füßen liegt, bleibt Dir verborgen!" – Diese Anekdote hat Platon aufgezeichnet und seitdem geistert die lachende Thrakerin über die Jahrhunderte hin durch die Literatur. **Sonderling**

Thales war offenbar nicht gerade reich. Daraus zogen seine Mitbürger den Schluss, dass die Philosophie zu nichts nütze sei. Das scheint nun wiederum Thales gewurmt zu haben. Als er aufgrund seiner astronomischen Beobachtungen darauf schließen konnte, dass das nächste Jahr eine gute Olivenernte bringen würde, mietete er schon im Winter für billiges Geld alle Ölmühlen in Milet. Als dann die Erntezeit kam und die Mühlen heiß begehrt waren, konnte er sie für teures Geld weitervermieten. Aristoteles, der diese Geschichte aufgeschrieben hat, knüpfte daran den Schluss, dass es für einen Philosophen leicht sei, Geld zu verdienen, wenn er nur wolle. Aber ein Philosoph habe es ja nicht auf Reichtum abgesehen. Vom Heiraten hielt Thales übrigens nichts, ob – oder vielleicht gerade weil – ihn seine Mutter immer wieder dazu drängte. Sein Argument: „Es ist noch zu früh". Und als das nicht mehr zog: „Jetzt ist es zu spät". **Geschäftsmann**

Doch weder das Bild vom „zerstreuten Professor" noch das vom cleveren Schlitzohr, das solche Anekdoten von ihm zeichnen, dürfte Thales gerecht werden. Thales war ein weitgereister Geschäftsmann **Wissenschaftler**

39

mit politischem Einfluss. Als Naturforscher und Wissenschaftler war er berühmt. Er hat das Wissen des Orients in Mathematik und Astronomie, dem er auf seinen Reisen begegnete, aufgenommen und auf seine eigene Weise weiterverarbeitet. Als Mathematiker entdeckte er eine Reihe von Lehrsätzen, darunter den nach ihm benannten über die rechtwinkligen Dreiecke, (alle Dreiecke über dem Durchmesser eines Kreises sind rechtwinklig), der ihm bis heute einen festen Platz in den Geometriestunden der Gymnasien sichert. Als er in Ägypten war, ermittelte er die Höhe der Pyramiden, indem er ihren Schatten maß und zwar zu der Tageszeit, wo der Schatten des Menschen genau so lang ist wie seine Höhe. Als Astronom hat er den Zeitpunkt der Sonnenfinsternis am 28.5. im Jahre 585 v. Chr. exakt vorausgesagt, wie der Geschichtsschreiber Herodot berichtet.

Wasser, der Urstoff

Und Thales stellte Fragen, wie sie bisher noch nie gestellt worden waren. Während das Denken seiner Zeitgenossen einerseits auf die praktischen Lebensumstände und andererseits auf die Mythen begrenzt war, fing Thales an, darüber hinaus zu denken. Es genügte ihm nicht, das Unbegreifliche mit dem Walten menschenähnlicher Götter zu erklären. Als erster fragte er nach dem Urgrund aller Dinge, nach dem „Prinzip des Seienden", der „Arché", wie es die Griechen nannten. Er wollte wissen, „... was die Welt im Innersten zusammenhält". (Goethe) Er dachte darüber nach, wie die Dinge entstehen, warum sie sich wandeln und wieder vergehen. Thales kam zu dem Ergebnis, dass es einen Urstoff gibt, der an allem Entstehen und Vergehen beteiligt ist: das Wasser, „Alles ist aus und auf dem Wasser". Er fand, alles sei aus dem Wasser entstanden und werde durch das Wasser belebt, das mit göttlicher Kraft erfüllt sei: „alles ist voller Götter", nannte er das.

Lebensführung

Als Philosoph dachte Thales vor allem über die rechte Lebensführung nach. Er soll das Wort geprägt haben, das über dem Portal des Apollo-Tempels in Delphi stand: „Erkenne Dich selbst". Überliefert sind die Antworten, die er in einem „Interview" gegeben haben soll: Was ist das schwerste von allen Dingen? „Sich selbst kennen." – Was ist das leichteste? „Anderen Rat geben." – Was ist Gott? „Das, welches weder Anfang noch Ende hat."- Wie können wir tugendhaft leben? „Indem wir niemals das tun, was wir an anderen verurteilen." (Störig) Das klingt sehr nach der „goldenen Regel", von der bereits die Rede war.

Bias
(um 570 v. Chr.)

Ein etwas jüngerer Zeitgenosse des Thales, der auch den Sieben Weisen zugerechnet wurde, war Bias aus Priene (nahe Milet gelegen). Von ihm sind eine ganze Reihe von Lebensweisheiten überliefert, die uns heute zum Teil wie Gemeinplätze vorkommen mögen, für die Zeitgenossen aber als erstrebenswerte Lebensregeln galten. Sein Leben muss man so abmessen, dass es sowohl einer kurzen wie einer langen Lebenszeit gerecht werden kann. Die Weisheit ist das einzige unverlierbare Eigentum des Menschen und sein größter Reichtum ist:

nichts zu wünschen. Und Bias' brisantestes Motto war: „Die meisten sind schlecht."

Zu jener Zeit lebte in Milet noch ein anderer berühmter Philosoph: Anaximander. Er war 15 Jahre jünger als Thales und gut mit ihm bekannt. Anders als von Thales sind von ihm Schriften erhalten geblieben, die oft zitiert und immer wieder abgeschrieben wurden. Sie erregten Aufsehen, auch wegen ihrer Form, denn sie waren nicht wie die bekannten Dichtungen und Göttergesänge in Versen geschrieben, sondern in Prosa. Eine „prosaische" Weltdeutung hatte begonnen. (Goebel) Anaximander war ein hervorragender Naturwissenschaftler. Er soll die erste Erdkarte entworfen und sogar einen Himmelsglobus konstruiert haben. Und er hat die Sonnenuhr eingeführt, die er von Babylon übernommen hat. Und als erster fasste er den Gedanken, dass die Erde frei im Weltraum schwebt und dass Sonne und Sterne sich auf ihrer anderen Seite bewegen, wenn sie nachts untergegangen sind.

Anaximander (610–546)

Auch Anaximander suchte nach einer Erklärung für das unablässige Werden und Vergehen, das in der Natur zu beobachten ist. Er fand jedoch, dass das Wasser als Ur-Sache, wie es Thales angenommen hatte, als Stoff noch zu bestimmt war. Er stellte sich vor, dass ein nicht-stofflicher Urgrund für alles Sein existiert, aus dem alles hervorgeht und in den alles zurückkehrt. Er nannte diese Grundsubstanz des Universums, in der Stoff und Geist noch nicht getrennt sind, „Apeiron", das Unendliche, das Unbegrenzte. Er war damit der Erste, der vom Göttlichen als Urgrund alles Seienden sprach, und zwar nicht aufgrund religiöser Überlieferungen, sondern als Ergebnis seines Denkens. (Jaspers) Aristoteles, der 200 Jahre später in seiner „Metaphysik" über Thales und die ersten Philosophen berichtete, sprach von der „Weltseele". Bei ihm kann man auch nachlesen, dass diese ersten Naturphilosophen trotz unterschiedlicher Annahmen über den Ur-Stoff doch alle glaubten, dass weder etwas aus dem Nichts entstehe, noch sich in nichts auflöse. „Kein Wesen kann zu Nichts zerfallen, das Ew'ge regt sich fort in allem", wie es Goethe später formuliert hat.

Apeiron

Der dritte der berühmten milesischen Philosophen hieß Anaximenes. Er war ein Schüler Anaximanders und als dieser mit 64, ein Jahr später als Thales, starb, war Anaximenes 29 Jahre alt. Anaximenes war zu seiner Zeit nicht weniger berühmt als sein Lehrer. Er lebte und lehrte in einer bewegten Zeit. 540 v. Chr. rückten die Perser in die ionischen Städte ein und obwohl alles ziemlich friedlich vor sich ging, war das für die freiheitsliebenden Griechen doch ein auf die Dauer unerträglicher Zustand, der später auch zum Aufstand führte. Anaximenes führte Anaximanders Lehre fort, aber seine Hypothese baute auf der Annahme auf, der Ur-Stoff sei die Luft. Wenn die Luft gleichmäßig verteilt ist, ist sie unsichtbar, aber durch Verdichtung und Verdünnung entstehen aus ihr die anderen Stoffe. „wie unsere Seele,

Anaximenes (575–525)

die Luft ist, uns zusammenhält, so erfüllen Atem und Luft die ganze Welt". (Russell) Er hielt die Erde für eine runde Scheibe, die auf der Luft schwimmt, und die Gestirne drehen sich um die Erde. Anaximenes, der auf viele zeitgenössische Denker großen Einfluss hatte, überlebte seine Lehrer Thales und Anaximander um rund 20 Jahre und starb 60 jährig in seiner Heimatstadt Milet.

Pythagoras (580 – 496)

Zu den Wissenschaftlern, die Anaximenes Lehre mit großem Interesse verfolgt hatten, gehörte auch ein junger Grieche, der, nur wenige Seemeilen von Milet entfernt, auf der Insel Samos aufwuchs. Er war der Sohn eines Goldschmieds und hieß Pythagoras.

Polykrates
(580 – 522)

Als die Perser die ionischen Küstenstädte besetzten, nutzte auf der Insel Samos ein Mann namens Polykrates die Verwirrung und schwang sich zum Alleinherrscher der Insel auf. Er baute sich eine starke Flotte auf und beherrschte mit seinen Kaperfahrten die Küstengebiete. Er schien vom Glück geradezu verfolgt, wie Herodot berichtete und Schiller in seinem Gedicht „Der Ring des Polykrates" besang. Den Persern behagte das wenig, sie lockten ihn schließlich in eine Falle und schlugen ihn ans Kreuz.

Pythagoras

Als Polykrates an die Macht kam, war Pythagoras 32 Jahre alt. Er hatte sich bereits in der Welt umgesehen, bei den ägyptischen Priestern hatte er aus erster Hand alles über Mathematik erfahren und in Persien soll er Zarathustra begegnet sein, der ihn mit seiner Theorie der Gegensätze bekannt machte. Unter der Tyrannenherrschaft in Samos fühlte sich Pythagoras offenbar nicht mehr wohl, denn als er 40 war, wanderte er aus. In Kroton (heute Cotrone) in Unteritalien ließ er sich nieder.

Zahlen

Pythagoras war fasziniert von Zahlen. Die Zehn war für ihn die vollkommene und deshalb heilige Zahl: es ist die Summe der ersten vier Zahlen, dargestellt als ein gleichseitiges Dreieck aus je einer Vier, der heiligen Vierheit. Und der Lehrsatz vom rechtwinkligen Dreieck, der seinen Namen trägt, ist noch heute jedem Gymnasiasten geläufig. „Die Zahl ist das Wesen aller Dinge", sagte Pythagoras und meinte damit die Verhältniszahlen, die die Dinge bestimmen. Er entdeckte eine mathematische Struktur in der Musik ebenso wie bei den Himmelskörpern, deren regelmäßige Bewegungen in Zahlen ausgedrückt werden können. In erhabener Gesetzmäßigkeit durchlaufen sie ihre Bahn, jeder in seiner Sphäre, begleitet von den Klängen der „Sphärenmusik", die nur wir nicht wahrnehmen. Hatten sich die milesischen Philosophen mit dem Problem des Stoffes auseinandergesetzt, so geht Pythagoras nun einen Schritt weiter: Er betrachtet vor allem das Gesetzmäßige und damit die Form. Hier wird zum ersten Mal der Gedanke erkennbar, der in der modernen Naturwissenschaft eine so große Rolle spielt: dass man Naturgesetze mathematisch formulieren kann.

Für Pythagoras beruht die Harmonie der Welt darauf, dass alles in ihr nach Zahlenverhältnissen geordnet ist. Die Welt, als ein harmonisches Ganzes, war für ihn ein ewiges, lebendiges, göttliches Wesen: der „Kosmos", wie er es nannte. Seine Zahlenlehre und das Streben nach Harmonie, das er daraus ableitet, steht auch im Zentrum seiner Philosophie. Er soll übrigens der erste gewesen sein, der das Wort „Philosophie" in dem uns geläufigen Sinne gebrauchte. Einen „sophos", das heißt einen Weisen wollte er sich nicht nennen, das schien ihm zu anmaßend. So nannte er sich bescheidener einen „Freund der Weisheit", einen „Philosophen". **Kosmos**

Vom Gedanken der Harmonie geleitet entwickelte er seine ethischen Anschauungen. Sein sittliches Ziel ist die Tugend. Und Tugend ist für ihn die Harmonie des Vernünftigen und des Unvernünftigen in der Seele. Um dieses Ziel zu erreichen, muss man ein streng geregeltes Leben führen, seine Seele reinhalten, Selbstbeherrschung üben und sich täglich selbst prüfen. **Tugend**

Pythagoras lehrte, dass die Seele unsterblich sei und nach dem Tod des Körpers in anderen lebenden Wesen wiedergeboren wird. Das bedeutete die Aussicht auf ein neues Leben nach dem Sterben und nahm dem Tod seinen Schrecken, wenn nur der Körper zerfiel, die Seele aber in anderen Wesen weiterlebte. Es bedeutet aber auch, dass der Leib das „Grab der Seele" ist, die aus einer anderen Welt stammt. Sie ist an den Leib gekettet, bis es ihr gelingt, durch Reinigung und Askese vom Leib und seiner Sinnlichkeit frei und wieder ganz Geist zu werden. Durch die Seelenwanderung (Reinkarnation) werden die Seelen geläutert, wenn sie in diesem Leben nicht den nötigen Grad der Reinheit erlangen konnten. Sie werden immer wieder in einen Körper eingesperrt, bis sie sich völlig gereinigt haben und sich dann mit dem Kosmos vereinigen können. **Seelen- wanderung**

Es wird angenommen, dass diese Seelenwanderungslehre des Pythagoreismus orphischen Ursprungs ist. Orphik nannte man eine Mysterienreligion, die der Sage nach von Orpheus gegründet wurde und lehrte, der Mensch habe eine unsterbliche Seele, die durch Askese vom Körper erlöst werden kann. Und Mystik bedeutet die unmittelbare Erfahrung einer göttlichen Realität, die das alltägliche Bewusstsein und die verstandesmäßige Erkenntnis übersteigt. Mystiker streben nach Erlösung durch die „Vereinigung" mit der Gottheit, z. B. durch Meditation oder Askese. Pythagoras dürfte auch den indischen Seelenwanderungsglauben gekannt haben. Er behauptete angeblich, schon viermal gelebt zu haben. **Orphik Mystik**

Freundschaft Pythagoras hatte in seiner neuen Heimat Kroton rasch Bewunderer und Anhänger gefunden, die ihn zum Teil wie einen Heiligen verehrten. Er gründete einen religiösen Orden, der den Idealen von Freundschaft, Ordnung, Maß und Gerechtigkeit nachstrebte. Es galten strenge Regeln, die zum Teil absurd anmuteten (Die „Pythagoreer" durften z. B. keine Bohnen zu essen, ein von den ägyptischen Priestern übernommenes Verbot, weil die Bohnenblüten als Todessymbol galten), und zugleich herrschten mystische Vorstellungen, die einen merkwürdigen Kontrast zur strengen Rationalität der Mathematik bildeten. Besonders die Freundschaft hatte für Pythagoras einen hohen Rang, unter Freunden sei alles gemeinsam und Freundschaft sei Gleichheit. So legten seine Schüler ihr Vermögen zu gemeinsamem Besitz zusammen. Der Orden nahm auch Frauen auf. Die erste von ihnen, und damit auch die erste Philosophiestudentin, war Theano. Sie wurde Pythagoras' Frau.

Wirkung Etwa zwei Jahrzehnte lang beherrschten die Pythagoreer Kroton und sein Umland. Dann scheint es einen politischen Umsturz gegeben zu haben, eine demokratische Bewegung, die sich gegen den streng aristokratisch organisierten pythagoreischen Orden richtete. Pythagoras verließ die Stadt und im nahen Metapontum starb er im Alter von 84 Jahren. Diogenes Laertius berichtet, Pythagoras habe drei Schriften verfasst, über Erziehung, über Politik und über Physik, die aber offenbar nicht erhalten geblieben sind. Doch seine Jünger bewahrten seine Worte sorgfältig im Gedächtnis auf und es war eine besondere Bestätigung für eine Behauptung, wenn man sie mit den Worten bekräftigen konnte: „Er hat's gesagt"; woraus bei den Lateinern das bekannte „ipse dixit" wurde. Der Pythagoreismus als Schule blieb noch etwa 200 Jahre lebendig.

Glück Für Pythagoras findet der Mensch Glück im Streben nach Tugend. Seine unsterbliche Seele verlässt die sterbliche Hülle und durchwandert andere Körper, bis sie, geläutert, im Kosmos aufgeht.

Xenophanes (570 – 480)

In der unruhigen Zeit, als Milet unter persische Herrschaft kam (546 v. Chr.), machte sich in der kleinen Stadt Kolophon nördlich von Milet ein junger Mann auf die Wanderschaft. Er hieß Xenophanes, war 25 und wollte die Welt sehen. Seine Eltern waren ganz gewöhnliche Leute. Er war offenbar ein Unterhaltungstalent, trug bei Festen und Gelagen Homer vor und wurde als Liedermacher sehr populär. Auf diese Weise konnte er sich seinen Lebensunterhalt verdienen. Als Wandersänger hatte er sich eingehend mit Homer beschäftigt und war dabei zum Kritiker geworden. Dass Homer und Hesiod den Göttern alle menschlichen Unarten andichteten wie Diebstahl, Ehebruch,

Arglist und Prahlerei, das fand Xenophanes nicht gut. Auch hatte er auf seinen Reisen gesehen, dass die Menschen ihre eigenen Vorstellungen in ihre Götter hineinlegen. Die Äthiopier stellten sich ihre Götter schwarz vor und wenn Pferde malen könnten, würden sie ihren Gott sicher als Pferd malen, spottete er. Er fing an, über die olympische Götterversammlung zu lästern.

Stattdessen begann er das Lob des *einen* Gottes zu singen. Er stellte sich einen einzigen Gott vor, „... unter Göttern und Menschen der Größte, weder an Aussehen den Sterblichen ähnlich, noch an Gedanken". (Göbel) Es kann nicht eine Vielzahl von Göttern geben, von denen einer über den anderen herrscht. Das Höchste kann nur eines sein. Dieser eine Gott ist allgegenwärtig und zugleich identisch mit der Einheit des Weltganzen. „Das Eine ist Alles", war sein Wahlspruch. Diese gestaltlose, bewegende Kraft war eigentlich das gleiche wie das „Apeiron" des Anaximander, nur dass ihm Xenophanes den vertrauten Namen „Gott" beliess. „Auf das All hinblickend, nannte er das Eine ‚Gott'", schrieb Aristoteles später. **Monotheist**

Auch Thales hatte schon Gott in allen Dingen gesehen, insofern war die pantheistische Weltsicht nicht neu. Aber Xenophanes stellte als erster den überkommenen Göttervorstellungen streng monotheistisch den *einen* Gott gegenüber, der, frei von menschlichen Meinungen, sich nach Gestalt und Geist völlig von den Menschen unterscheidet. Das war „eine Geistestat von höchster Neuheit und Kühnheit" (Friedell). Und indem er das höchste Wesen mit der Einheit des Weltganzen gleichsetzt, begründet er zugleich die Lehre von einem ewigen, unveränderlichen Sein hinter der Mannigfaltigkeit der Erscheinungen, wie sie später von seinen Schülern weiter ausgebildet wurde. **Pantheist**

Im modernen Sinne war Xenophanes mehr Theologe als Philosoph. Er war Monotheist, also jemand, der an nur an einen Gott glaubt, er war Pantheist, insofern er Gott in allen Dingen sah, also das Seiende und Gott eine Einheit bilden und nicht voneinander getrennt werden können. Zugleich aber war er Agnostiker, gehörte also zu denen, die behaupten, dass man nicht wissen könne, ob es einen Gott gibt, dass das jenseits unserer Erfahrung liegt, die damit aber nicht seine mögliche Existenz leugnen. Xenophanes meint, volle Gewissheit über Gott und Natur habe noch keiner erlangt und werde auch keiner erlangen, denn Schein ist über alles gebreitet. **Agnostiker**

Als er des Umherziehens müde war ließ Xenophanes sich in Elea, einer griechischen Siedlung in Unteritalien, südlich des heutigen Neapel, nieder. Auf ihn geht die Schule der „Eleaten" zurück, die später vor allem unter seinem Schüler Parmenides zu hohem Ansehen kam. Xenophanes starb hochbetagt, im Alter von 90 Jahren, in Elea **Eleaten**

Parmenides (540–470)

Über das Geburtsjahr von Parmenides gibt es unterschiedliche Angaben, es mag 540 v. Chr. gewesen sein, vielleicht aber auch erst 515. Jedenfalls wuchs er in Elea auf und war ein Schüler von Xenophanes. Parmenides war in seiner Heimatstadt auch politisch tätig, er hat Gesetze formuliert und galt als Autorität. Er soll zusammen mit seinem Schüler Zenon auch einmal eine Reise nach Athen gemacht haben, vielleicht in diplomatischer Mission, um mit Perikles zu verhandeln, und dabei soll er auch Sokrates getroffen und mit ihm diskutiert haben. So jedenfalls berichtet Platon. Sein philosophisches Credo hat Parmenides in einem langen Lehrgedicht, in Hexametern gefasst, niedergelegt. Es trug den Titel „Über die Natur" und ist uns in großen Teilen erhalten geblieben.

Vernunft Im ersten Teil seines Werkes befasst sich Parmenides mit der Wahrheit und dem Seienden, mit dem was ist. Er kommt zu dem Schluss, nur der Logos, die Vernunft, erschließt die wahre Erkenntnis. Das Sein wird allein durch das Denken erfasst. Denken und Sein ist deshalb für ihn dasselbe. Nichtseiendes gibt es nicht, denn es ist undenkbar. Außerdem gibt es kein Werden, denn was erst werden soll, ist zuvor noch nicht. Es gibt keine Vielheit und keine Bewegung, die Sinne trügen. Es gibt nur unveränderlich beharrendes Sein, und zwar nur *ein* Sein, in dem Materie und Geist zusammenfallen. Aus der Unveränderlichkeit des Seins schloss er auch, dass die Welt immer schon existiert haben müsse, denn aus dem Nichts könne nicht plötzlich etwas entstehen. Darüber hinaus glaubte er, dass die Welt ewig existieren werde.

Erfahrung Der zweite Teil seines Werkes handelt von der trügerischen Meinung der Sterblichen. Die Welt kann nicht so beschaffen sein, wie sie von den Sinnen aufgefasst wird, dazu sind die Auffassungen zu verschieden und außerdem verändern sie sich ständig. Die äußeren Erfahrungen sind nichts als Schein. Die Sinne, die uns eine Welt ständigen Werdens und Vergehens zeigen, täuschen; sie sind die Quelle allen Irrtums. Parmenides weigerte sich, die Welt, die wir mit unseren Sinnen erfahren können, für wahr zu halten. Wahres Wissen kann man nur durch Vernunft erlangen.

Schein und Vernunft Der Weg der Wahrheit führt zum Sein – der Weg der Meinung führt zum Schein. Das Sein ist, das Nichts aber ist nicht. Solche Sätze klingen nach Leerheit und Tautologie, aber für Parmenides ist es eine Offenbarung des Denkens durch das Denken selber. (Jaspers) Indem er das Urteil der Sinne in Frage stellt und allein dem Urteil der Vernunft vertraut, ist er der erste griechische Philosoph, der Wahrnehmung und Vernunft in einen Gegensatz bringt. Diese Gegenüberstellung von Sein und Schein, von Wesen und Erscheinung, wie sie Parmenides zum ersten Mal vornimmt, wie überhaupt das Denken in abstrakten Begriffen, hat sich für die Philosophen als sehr fruchtbar erwiesen. Parmenides' Begriff des reinen Seins ohne Beziehung zu unserer Erfahrungswelt bedeutete allerdings auch einen Konflikt, mit dem sich die Philosophie noch lange beschäftigte.

Was unsere Sinne wahrnehmen, ist nur Schein, meint Parmenides. **Ontologie** Nur unsere Vernunft kann das Seiende erfassen. Parmenides begründete damit in der Philosophie die Lehre von dem, was ist (griechisch: on) die Lehre vom Seienden, die Ontologie. Platon wird später daran anknüpfen und sie ausbauen. Er widmete Parmenides in seinen „Dialogen" ein eigenes Kapitel und sagte von ihm: „Parmenides erscheint mir ... zugleich ehrwürdig und furchtgebietend. Es trat mir an ihm eine mit hohem Seelenadel verbundene Tiefe des Geistes entgegen. Ich fürchte, dass wir seine Worte nicht verstehen und noch weit mehr unfähig sind, ihren wahren Sinn zu ergründen."

Heraklit (544–483)

Heraklit ist der Mann, der gesagt hat „Pantha rhei – Alles fließt" und „Der Krieg ist der Vater aller Dinge" (ein zum Schlagwort verkürztes Zitat) und der deshalb in keinem Zitatenlexikon fehlt. Man nannte ihn „den Dunklen", weil seine Thesen oft vieldeutig und schwer verständlich schienen – angeblich mit Absicht, damit nur die wirklich Berufenen sich mit ihnen beschäftigen. Nietzsche allerdings sah das anders: „Wahrscheinlich hat nie ein Mensch heller und leuchtender geschrieben. Freilich sehr kurz und deshalb allerdings für die lesenden Schnellläufer dunkel." Heraklit kam 544 v. Chr. in Ephesus zur Welt, das, wie Milet, dem Bund der ionischen Städte in Kleinasien angehörte. Auch Ephesus war damals eine blühende Stadt, sein berühmter ionischer Tempel wurde zu den Sieben Weltwundern gerechnet. Man nannte es einen „Marktplatz der Religionen", in dem viele kulturelle Strömungen zusammentrafen und sich manifestierten, wie in dem vielgerühmten Kult der Diana zu Ephesus oder im Artemistempel. Es war eine schwierige Zeit, in die Heraklit hineingeboren wurde: Die Perser hatten die ionischen Küstenstädte gerade ihrer Herrschaft unterworfen, es gab den Wettbewerb der großen Hafenstädte untereinander und im griechischen Mutterland lagen sich Athen und Sparta in den Haaren.

Heraklit entstammte einer vornehmen Familie und war ein Aristokrat **Verächter der** vom Scheitel bis zur Sohle. Er war stolzen Sinnes, ein Feuergeist und **Massen** zugleich ein ausgesprochener Einzelgänger. Für die Masse, die Unwissenden, empfand er nur Verachtung. „Sie stopfen den Wanst wie das Vieh", meinte er. Sein Lieblingszitat war der Ausspruch, den Bias von Priene, einer der „Sieben Weisen", getan hatte: „die meisten sind schlecht"; obwohl es Heraklit noch etwas anders formuliert hätte: Er hielt die meisten Menschen für dumm. Er meinte, man könne die Leute nur mit Gewalt dazu zwingen, zu ihrem eigenen Besten zu handeln. Auch die Demokratie verachtete Heraklit: „Einer ist mir so viel wert wie zehntausend, wenn er der Beste ist". Nur die Besten, die zudem ständig sich als die Besten erweisen müssen, indem sie „den immerwährenden Ruhm den sterblichen Dingen vorziehen", sind mehr als bloße Lebewesen; die vielen sind zufrieden mit dem, was die Natur ihnen gewährt, sie leben und sterben wie Tiere.

Einzelgänger Was die anderen über ihn dachten, kümmerte ihn nicht, er war Rationalist, sparte nicht mit Kritik und sprach sie unumwunden aus. Als man seinen Freund Hermodoros, einen weisen Staatsmann, der später an der Zwölftafel-Gesetzgebung der Römer mitwirkte, des Landes verwies, schalt er seine Landsleute, die Ephesier, sie sollten sich alle aufhängen, nach dem sie den Besten aus der Stadt gejagt hätten nach dem Motto „von uns soll keiner der Wackerste sein, oder wenn schon, dann anderswo und bei anderen." (Diogenes Laertius) Man wollte ihn zur Teilnahme an den Staatsgeschäften drängen, er sollte den Ephesiern Gesetze geben, aber er lehnte ab. Darius, der persische Großkönig, lud ihn an seinen Hof ein, aber Heraklit antwortete, er übe strenge Entsagung gegenüber jeder Schlechtigkeit, meide die Befriedigung jedes Neides und gehe jeder Überhebung aus dem Wege. Darum könne er sich nicht entschließen, nach Persien zu kommen, denn er sei mit wenigem zufrieden, wie es seinem Wunsche entspreche.

Fragmente Seine Ideen zeichnete er in einer Schrift auf, die er im Tempel der Artemis niederlegte. Sie ist bruchstückweise erhalten. Es war nicht das übliche langatmige Lehrgedicht, sondern Heraklit offenbarte seine Gedanken in scharf formulierten, eindrucksvollen Aphorismen, im Stil feierlich, im Ausdruck knapp und zur Deutung herausfordernd. Vielwisserei bedeutet noch nicht, dass man auch Verstand hat, „sonst hätten auch Hesiod, Pythagoras und Xenophanes welchen besessen", meinte er. Für ihn kam es darauf an, den einen Gedanken zu finden, der das Geheimnis der Welt erschließt.

Werden Das „archè", das Ursprüngliche, war für ihn weder Wasser noch Luft noch Apeiron, sondern das Werden. Alles ist dem Gesetz des ewigen Wandels unterworfen: „Wir können nicht zweimal in denselben Fluss steigen", denn neue Wasser sind inzwischen herangeströmt und auch wir selbst sind nicht mehr die gleichen. „Alles fließt – nichts besteht". Dieses ständige Werden und Vergehen hält Heraklit für die einzige Aussage die wir mit Sicherheit über die Welt treffen können. Das Werden im ständigen Kampf der Gegensätze, spielte zur gleichen Zeit, in der Heraklit lebte, auch eine Rolle bei Zarathustra und Laotse, ohne dass diese von einander gewusst haben könnten.

Urfeuer Aber hinter diesem unaufhörlichen Fließen sieht Heraklit doch eine Einheit, ein einheitliches Gesetz; Einheit in der Vielheit und Vielheit

48

in der Einheit. (Störig) Er nimmt offenbar auch eine Art Ursubstanz an, denn er spricht von einem Urfeuer, einer Ur-Energie, in dem er das Göttliche sieht, das sich auch in der menschlichen Seele findet. „Diese Welt hat kein Gott und kein Mensch erschaffen, sondern sie war immer und ist und wird sein, ein ewig lebendiges Feuer, nach Maßen erglimmend und nach Maßen erlöschend".

Dieses eine göttliche Geistesfeuer ist das Ewige in allen Einzeldingen. **Gegensätze** Und das große Gesetz, nach dem sich aus der Ur-Energie unablässig die Vielheit entfaltet, ist die Einheit der Gegensätze. In allem sind Gegensätze vereint: Leben und Tod, Wachen und Schlafen, ohne Winter kann es keinen Sommer geben, ohne das Böse nicht das Gute. Alle Entwicklung entspringt dem polaren Zusammenwirken gegensätzlicher Kräfte. In diesem Kampf der Gegensätze sondert sich alles aus dem einen, göttlichen Logos aus und wird zu etwas Bestimmtem, Einzelnem. „Man muss wissen, dass der Krieg das Gemeinsame ist, und dass alles durch Streit und unentrinnbare Gesetzmäßigkeit zum Leben kommt ... Kampf ist der Vater von allem, der König von allem; die einen macht er zu Göttern, die anderen zu Menschen, die einen zu Sklaven, die anderen zu Freien". Heraklits Modell der dialektischen Entwicklungslehre wird zwei Jahrtausende später in der Philosophie von Hegel und Marx eine große Rolle spielen.

Das Weltgesetz, das Einheit und Vielheit, Dauer und Wechsel um- **Logos** schließt, nennt Heraklit „Logos", was soviel wie „vernünftige Rede" und später „Vernunft" überhaupt bedeutet. Diese alles durchwaltende Weltvernunft zu erkennen, das ist die Aufgabe des Menschen und es ist weise, sich ihren Gesetzen zu beugen. Der Weise erkennt den Logos auch in sich selbst und richtet sein Handeln danach aus.

Unsere Seele ist nur ein Teil des allgewaltigen Logos, in den sie nach **Glück** dem Tode zurückfällt, so wie ein Licht in der Nacht verlöscht. Wenn wir das erkennen, werden wir auch lernen, unseren Eigenwillen in freiwilliger Ergebung dem göttlichen Logos unterzuordnen. Nur so erlangen wir jenen Seelenfrieden, in dem allein der Mensch Glück finden kann. „Denn für Gott sind alle Dinge schön und gut und gerecht, während die Menschen das eine für gerecht, das andere für schlecht halten." Heraklit schätzt die Kraft, die aus Selbstbeherrschung gewonnen wird, er verachtet die Leidenschaften, die die Menschen von ihrem eigentlichen Streben ablenken.

Heraklit geht weiter als seine Vorgänger, die sich hauptsächlich mit **Selbst-** der stofflichen Welt und ihren Ursachen befassten. Für ihn ist der **erkenntnis** Kosmos kein riesiges Weltgebäude sondern eher ein ungeheurer Prozess, die Gesamtheit der Ereignisse und Veränderungen. (Popper) Und er blickt in die Tiefen der menschlichen Seele, ordnet das menschliche Verhalten in einen metaphysischen Sinnzusammenhang ein. „Mich selbst habe ich erforscht," ist sein stolzes Bekenntnis.

Gott

Heraklit spricht wiederholt von Gott, nicht von „den Göttern", wie üblich. Wie Xenophanes ist auch Heraklit Pantheist, Gott und die Natur sind für ihn dasselbe, wir haben teil am Göttlichen. Und Heraklit folgert: „Denn in einem nur besteht die Weisheit: Den göttlichen Ratschluss erkennen, der alles in allem durchwaltend lenkt." Im Alter soll sich Heraklit in die Berge zurückgezogen und als Einsiedler gelebt haben. Es heißt, er litt zuletzt an Wassersucht und eine selbstverordnete Gewaltkur habe seinen Tod herbeigeführt. Er war erst 61, als er starb.

Heraklit und Parmenides

Mit seinem älteren Zeitgenossen Xenophanes verband Heraklit die Ablehnung der Göttermythen, wie sie Homer und Hesiod besungen hatten. Mit Parmenides, dem etwa gleichaltrigen zeitgenössischen Philosophen, musste er im Streit liegen. Parmenides lehrte das Sein, Heraklit das Werden. Für Parmenides war das unveränderliche Seiende der Schlüsselbegriff und alles Wirkliche nur Schein. Für Heraklit hingegen steht der ständige Wandel und das Werden im Mittelpunkt und er ist überzeugt von der „Anwesenheit des Göttlichen im Wirklichen". (Weischedel) So sind Heraklit und Parmenides im Altertum als Gegner und Antipoden gesehen worden, doch sie hatten auch einiges Gemeinsame. Beide vertrauten auf die Tragkraft des reinen Denkens. Beiden gemeinsam ist ihr hohes Maß an Selbstgewissheit und ein gewisses Sendungsbewusstsein. Sie sehen den unüberbrückbaren Abstand zwischen ihrer Einsicht in den Grund der Dinge und der gewohnten Denkungsart aller anderen Menschen. (Jaspers) Beide kannten die Lehren ihrer Vorgänger und wussten voneinander. Ob sie sich allerdings je persönlich begegnet sind, ist ungewiss und bleibt eine Streitfrage der Gelehrten.

Wirkung

Im Gedächtnis der Menschen aber ist Heraklit lebendig geblieben. Bis in unsere Tage haben sich Philosophen immer wieder intensiv mit ihm beschäftigt. Für Nietzsche war er ein Geistesverwandter und für Heidegger ein Quell der Weisheit, aus dem immer wieder neu geschöpft werden kann. „Erst mit Heraklit und Parmenides haben wir Texte, mit denen wir noch heute unmittelbar zu philosophieren vermögen. Sie bringen in ihrer Einfachheit unerschöpfliche Gedanken. Ihr Gehalt spricht an, wie eine unendliche Aufgabe", meint Karl Jaspers. Heraklit sieht die Welt als einen ewigen Prozess des Werdens und Vergehens. Der göttliche Funke des allgewaltigen Logos wirkt in allen Dingen, auch unsere Seele ist ein Teil von ihm. Wenn wir uns ihm in freiwilliger Ergebung unterordnen, finden wir unser Glück im Frieden der Seele.

Empedokles (495 – 435)

Empedokles wurde 495 v. Chr. in Akragas (heute Agrigent) auf Sizilien geboren. Er war ein Mann mit vielerlei Talenten: Staatsmann, Dichter, Prophet, ein sehr guter Arzt soll er auch gewesen sein, er galt sogar als Wundertäter und war ein glänzender Redner. Aristoteles hielt ihn sogar für den Erfinder der Rhetorik. Wie Pythagoras war er eine schillernde und zugleich faszinierende Gestalt, eine Mischung aus Wissenschaftler und Scharlatan. Hölderlin schrieb ein unvollendetes Trauerspiel „Der Tod des Empedokles" und von Nietzsche ist ebenfalls der Entwurf zu einem Empedokles-Drama überliefert.

Zu seinen Leistungen als Wissenschaftler zählt die Entdeckung, dass die Luft ein Stoff für sich ist. Auch entdeckte er die Zentrifugalkraft. Er wusste, dass der Mondschein nur reflektiertes Licht ist und dass eine Sonnenfinsternis entsteht, weil sich der Mond vor die Sonne schiebt. Außerdem erkannte er, dass das Licht für seine Reise eine gewisse Zeit braucht. (Russell) Empedokles hat zwei große Lehrgedichte verfasst, die in so ausgezeichneten Versen geschrieben waren, dass Aristoteles und Cicero ihn zu den besten Dichtern zählten. **Wissenschaftler**

Eine Zeitlang ging Empedokles bei den Pythagoreern in die Lehre und wie Pythagoras lehrte er die Seelenwanderung und die Befreiung der Seele durch Reinigung. In seiner Jugend war er auch Xenophanes begegnet, später besuchte er Elea und bekam Parmenides zu Gesicht. Als Philosoph war Empedokles ein „Eklektiker", der aus jedem System auswählte, was er für brauchbar hielt. Auf diese Weise gelangte er auch in den Ruf, die Kontroverse zwischen Parmenides und Heraklit gelöst, das Seiende des Parmenides mit dem Werden Heraklits verbunden zu haben. Der Weg, den Empedokles aufzeigte, bestand darin, dass das Werden aus dem Sein hervorgeht und doch zugleich dessen Unveränderlichkeit erhalten bleibt. (Göbel) **Eklektiker**

Er schließt sich zwar der zentralen Erkenntnis des Parmenides an: Nichts was ist kann aus dem Nichts entstehen. Doch schließt er daraus nicht, dass die Wirklichkeit eine bewegungslose Einheit ist, sondern sieht sie als Mischung von vier unzerstörbaren Elementen, die beweglich und teilbar sind. Seine Vorgänger hatten nur von drei, Empedokles spricht nun von vier Urstoffen: Feuer, Wasser, Luft und Erde. Durch Mischung und Trennung ist aus ihnen alles geworden, was es an Seiendem gibt. Sie selbst aber sind unveränderlich, sind weder geworden, noch können sie vergehen. Nur Teilchen splittern sich von ihnen ab und gehen mit anderen Teilchen neue Verbindungen ein. Was die Menschen Werden und Vergehen heißen, ist also nur Mischen und wieder Trennen. Die Lehre von diesen „vier Wurzeln des Seins", den „vier Flementen", wie wir heute sagen, war von überzeugender Einfachheit. Aristoteteles übernahm sie und verhalf ihr zur Geltung bis ins Mittelalter. Empedokles hat also die Grundidee der **Vier Elemente**

51

Elemente bereits richtig gesehen, wenn er auch deren Zahl und Art, wie wir sie heute kennen, noch nicht ahnen konnte.

Dem Stoff stellt Empedokles die Kraft an die Seite. Auf die Elemente wirken treibend und formend zwei Kräfte ein: Die Liebe die anziehend, vereinigend, und der Hass (oder Streit), der abstoßend, trennend, wirkt. Die Entstehung der Welt erklärt er aus der Verbindung und der Trennung dieser Elemente. Und die Entstehung der Lebewesen ist so vor sich gegangen, dass erst niedere Organismen entstanden, aus denen dann höhere hervorgingen – ein Vorgriff auf die Darwinsche Entwicklungslehre. Im Entwicklungsgang der Welt herrscht abwechselnd die eine oder die andere Kraft vor. Dieser Wandel in der Welt, bedingt durch Zufall und Notwendigkeit, stellt einen unablässigen Kreislauf dar. Es gibt Perioden in denen die Liebe siegreich ist, bis dann der Hass wieder die Oberhand gewinnt. Was die Erkenntnis anbelangt, so meinte Empedokles, dass jedes Element der Außenwelt durch ein gleichartiges Element in uns erkannt wird, so wie es Goethe später ausgedrückt hat: „Wär' nicht das Auge sonnenhaft, / die Sonne könn' es nie erblicken; / Läg' in uns nicht des Gottes eigene Kraft, / wie könnt' uns Göttliches entzücken?"

Nach dem Sturz eines Tyrannen in seiner Heimatstadt wirkte Empedokles an der Wiederherstellung der Demokratie mit, wurde aber später verbannt und lebte dann auf dem Peloponnes im Exil, wo er im Alter von 60 Jahren starb. Empedokles genoss hohes Ansehen unter seinen Zeitgenossen, manche hielten ihn für göttlich, er sich selbst übrigens auch. So nimmt es nicht Wunder, dass sich die Legende seiner bemächtigte: Er soll sich in den Krater des Ätna gestürzt haben, auf dass jede Spur von seinem Tode getilgt und damit seine Göttlichkeit bestätigt werde. Der Ätna soll diese Absicht allerdings vereitelt haben, indem er einen Schuh des Empedokles wieder ausspie. Was von Empedokles blieb, war die Kühnheit seines Kerngedankens: Vier Elemente werden im Weltprozess ständig gemischt und wieder getrennt, darin besteht das, was wir Werden und Vergehen nennen. Die bewegenden Kräfte in diesem ewigen Kreislauf sind Liebe und Hass.

Demokrit (460–370)

Etwa zur gleichen Zeit, als Empedokles starb, wurde die Lehre von den Urstoffen durch Demokrit von Abdera noch ein wesentliches Stück weiterentwickelt. Demokrit, dieser erste „Atomist", war ein universeller Geist, gemessen an den Themen, die sich aus der langen Liste seiner Schriften entnehmen lassen. Er lebte im Norden der Ägäis, in Abdera, in Thrakien, wo er 460 v. Chr. geboren wurde, war also 35 Jahre jünger als Empedokles. Seine Reisen führten ihn bis nach Ägypten und Indien, er meint selbst, er sei von allen am meisten in der Welt herumgekommen. Das kostete ihn sein ererbtes Vermögen und als er nach Abdera zurückkam, war er auf die Hilfe seiner Brüder angewiesen. Dennoch bewahrte er sich ein heiteres und gelassenes Wesen, was ihm den Beinamen „der lachende Philosoph" einbrachte. Demokrit muss ein leidenschaftlicher Wissenschaftler gewesen sein; einen ursächlichen Zusammenhang zu entdecken hielt er für beglückender als König über die Perser zu sein. Er reiste auch einmal nach Athen, sah dort seinen Landsmann Protagoras und den 40 Jahre älteren Anaxagoras, soll sich aber selbst aus Bescheidenheit nicht als Philosoph zu erkennen gegeben haben. Er war so vielseitig wie Aristotels und sein Stil wurde so bewundert wie derjenige Platons.

Atomtheorie Demokrit ging nicht mehr von vier Urstoffen aus, sondern er nimmt an, das Seiende besteht aus einer unendlichen Menge kleinster, nicht mehr teilbarer Teilchen, den Atomen (atomos = nicht teilbar), die sich im leeren Raum bewegen. In der Qualität sind die Atome alle gleich, (das Sein ist, wie bei Parmenides, eingestaltig), in Form, Größe und Lage sind sie unterschiedlich. Sie können verschieden angeordnet sein und daraus erklären sich die Verschiedenheiten der Dinge. Dabei entsteht nichts planlos, sondern alles „aus Sinn und Notwendigkeit". (Leukipp) Demokrits Atom-Theorie stellte einen wichtigen Schritt auf dem Wege zu den modernen Naturwissenschaften dar.

Ethik Aber Demokrit war nicht nur Naturwissenschaftler, auch seine ethischen Prinzipien sind als praktische Lebensregeln überliefert: „Wer sich wohlgemut zu Taten hingetrieben fühlt, die gerecht und gesetzlich sind, der ist Tag und Nacht froh und stark und unbekümmert ... Die Glückseligkeit kommt nicht von äußeren Gütern, man muss sich daran gewöhnen, aus sich selbst die Freude zu schöpfen ... Kultur ist besser denn Reichtum ... Bildung des Geistes ist im Glück ein Schmuck, im Unglück eine Zufluchtsstätte ... Unrechttun macht unglücklicher als Unrechtleiden ..." Dabei ging er von dem Grundsatz aus, dass allein die Vernunft gültige Erkenntnisse zu entwickeln vermag.

Ataraxia und Glückseligkeit Das höchste und erstrebenswerteste Ziel eines Weisen sah er in der „Ataraxia" (wörtlich „Unverwirrtheit"), dem unerschütterlichen Gleichmut der Seele. Erlangen kann man diese Gelassenheit, diese heitere Zufriedenheit des Gemüts, indem man sich von allen Affekten (Furcht, Hoffnung usw.) frei macht. Man muss sich Einblick in den natürlichen Verlauf und den Zusammenhang der Dinge verschaffen, Genügsamkeit und Mäßigkeit sowie Wohltätigkeit und Milde gegenüber seinen Mitmenschen üben. Epikur, die Skeptiker und die Stoiker werden später diesen Begriff der Ataraxia als Vorbedingung der Glückseligkeit wieder aufgreifen.

Ein langes Leben Demokrit lebte bescheiden und sehr lange. Nach dem Geheimnis seiner Langlebigkeit befragt, antwortete er, er esse täglich Honig und bade sich in Öl. Als er schließlich des Lebens müde wurde, nahm er

53

jeden Tag weniger Nahrung zu sich, um sich selbst langsam auszuhungern. Als er sich dem Tode nahe fühlte, war seine Schwester allerdings sehr betrübt, weil er gerade in den bevorstehenden Festtagen sterben würde, sodass sie nicht an den Mysterien würde teilnehmen können. Da ließ er sich frischgebackenes Brot bringen und hielt sich durch dessen Geruch am Leben. Als die drei Festtage vorüber waren, gab er völlig schmerzlos seinen Geist auf; er war 109 Jahre alt geworden. Seine Stadt ehrte ihn mit einem Staatsbegräbnis.

Leukipp
(um 500 v. Chr.)

In seiner Jugend wurde Demokrit von Lehrern unterrichtet, die der Perserkönig Xerxes seinem Vater zurückgelassen hatte. Xerxes war Gast bei Demokrits Vater gewesen, wie Herodot berichtet. Sein wichtigster Lehrer war aber wohl Leukipp, von dem man nicht genau weiß, ob er aus Milet oder aus Elea stammte. Sicher ist jedoch, dass Leukipp in der Schule der Eleaten lernte und dann später in Abdera eine eigene Philosophenschule gründete. Mit seinem Schüler Demokrit wurde er bald nur noch in einem Atemzug genannt und schon zu seinen Lebzeiten erschienen beider Schriften gemeinsam unter Demokrits Namen.

Die Perserkriege

Persische Großmacht

Für die Griechen hatte inzwischen eine neue Epoche begonnen. Die Vormächte Sparta und Athen hatten sich, jede auf ihre Art, etabliert. Sparta als Krieger-Staat und straff hierarchisch organisierte Aristokratie, Athen als Demokratie, sozusagen in ihrer extremsten Ausprägung. Die persische Großmacht, die inzwischen entstanden war, und von Ägypten bis zum Schwarzen Meer die östliche Hälfte der bekannten Welt beherrschte, blieb landhungrig und angriffslustig und hatte es nun auf die Griechen abgesehen. Im Jahre 540 v. Chr. kamen die 12 Städte des Ionischen Städtebundes in Kleinasien unter persische Herrschaft. Der persische Großkönig Darius war ihnen zwar ein milder „Schutzherr" und die Perser traten kaum in Erscheinung. Milet und Ephesos, Pergamon, Samos und Chios waren herrliche, blühende Städte und der alten griechischen Heimat lange Zeit weit voraus. Sie gediehen auch unter der persischen Schutzherrschaft weiterhin prächtig.

Fremdherrschaft

Aber die Griechen empfanden die neuen „Schutzherren" trotz allem als Fremdherrschaft und außerdem „lagen" ihnen die Perser nicht. Sie waren zwar an fremde Nachbarn gewöhnt, aber die Perser blieben ihnen besonders unverständlich. Zarathustras monotheistische Lehre empfanden sie als kümmerlich, die sprichwörtliche persische Wahrheitsliebe erschien ihnen witzlos und ihr düster-strenges Erscheinungsbild despotisch. Und am ärgerlichsten fanden sie es, dass diese Perser von ihrer Hauptstadt Susa aus auf ihrer „Königsstrasse" mit 111

Poststationen in unvorstellbar kurzer Zeit bis an die Küste rasen konnten. Die Griechen wünschten sich ihre Unabhängigkeit zurück und im Jahre 500 v. Chr. begann der Aufstand der ionischen Städte in Kleinasien.

Den Freiheitskampf der Griechen gegen die Perser während der folgenden 50 Jahre haben Herodot und Plutarch ausführlich beschrieben. Herodot (484 –424 v. Chr.) aus Halikarnassos in Kleinasien, gilt als der „Vater der Geschichtsschreibung". Seine „Griechische Geschichte", die er 445 v. Chr., er war damals 40 Jahre alt, in Athen publizierte, beschreibt die Zeit der Perserkriege, berichtet aber auch über die Völker und Staaten der griechischen Welt, die er auf seinen Reisen kennenlernte. Herodot lebte zur Zeit des Perikles in Athen und gehörte zum Zirkel der prominenten Zeitgenossen.

Herodot
(484 – 424)

Plutarch (46 – 125), im griechischen Chaironeia geboren, mit einem ausgeprägten Sinn fürs Heroische, machte sich 500 Jahre später daran, die alten Quellen auszuschöpfen, den Stoff zu ordnen und eindrucksvoll darzustellen. Seine „griechischen und römischen Heldenleben" und seine vergleichenden Biographien sind auch heute noch eine lohnende Lektüre. Über seinen Geschichtsbetrachtungen war er zugleich zum Philosophen geworden. Vielleicht hat er sich auch als Philosoph veranlasst gesehen, den geschichtlichen Wurzeln nachzugehen. Aber wie dem auch sei, seine Bestseller dienten vielen berühmten Männern als gedankliche Vorlage, bis hin zu Napoleon.

Plutarch
(46 – 125)

Die aufständischen ionischen Städte suchten bei ihrem Kampf gegen die Perser Unterstützung im Mutterland. Die Spartaner zeigten ihnen die kalte Schulter, die Athener aber schickten Schiffe und Truppen. Die Griechen steckten Sardes in Brand, den Sitz des persischen Statthalters. Aber die Perser schlugen mit ihrem mächtigen Heer hart zurück. Die Ionischen Städte wurden erneut unterworfen und hart bestraft. Milet wurde zerstört. (494 v. Chr.)

Milet

Auch die Athener hatten den Zorn des Perserkönigs Darius erregt. Bei jeder Mahlzeit ließ er sich von einem Sklaven mahnen: „Herr, gedenke der Athener". Zwei Jahre lang rüstete er auf, dann schickte er ein Landheer über den Hellespont, das aber nur bis Thrakien kam. Weitere zwei Jahre später unternahm Darius einen neuen Versuch. 490 v. Chr. landete seine Flotte ein großes Heer in der Küstenebene bei Marathon, um von dort aus nach Athen vorzurücken.

Angriffskrieg
der Perser
(492 – 479)

Die Athener konnten den Persern nur ein zahlenmäßig unterlegenes Heer entgegenstellen, aber sie hatten einen tüchtigen Feldherrn, Miltiades, damals 50. Er setzte seine schwerbewaffneten Hopliten so geschickt ein, dass die Perser zu ihren Schiffen zurückfluteten. Die Griechen waren zu müde, um sie noch zu verfolgen. Aber sie schickten einen Boten mit der Siegesbotschaft nach Athen, der die 42 Kilometer

Marathon

in einem Zug durchlief und in Athen tot zusammenbrach. Die heutigen „Marathonläufer" brauchen für diese Strecke zweieinhalb Stunden, gut möglich, dass der erste Marathonläufer sie damals auch so schnell schaffte. Die Perser waren inzwischen schleunigst mit ihren Schiffen in Richtung Athen losgesegelt, um die Stadt einzunehmen. Aber Miltiades war auch da schneller. In einem Gewaltmarsch führte er seine Truppen nach Athen und als die Perser sich den griechischen Hopliten gegenübersahen, wagten sie gar nicht erst zu landen, sondern segelten zurück nach Kleinasien.

Miltiades
(540–489)

Miltiades, der Sieger von Marathon und Retter Athens, sonnte sich in seinem Ruhm, nicht ohne eine gewisse Selbstherrlichkeit. In dieser euphorischen Stimmung kam er auf die Idee, sich nach einer eigenen Herrschaft umzusehen. Er dachte an eine der Inseln in der Ägäis. Athen sollte ihm privat Heer und Flotte dazu leihen und mit diesem Hintergedanken unternahm er einen Straffeldzug gegen die Insel Paros, die sich zu perserfreundlich gezeigt hatte. Die Parer aber waren auf der Hut, riefen ihre Nachbarn zu Hilfe und leisteten heftigen Widerstand. Miltiades selbst wurde verwundet und musste wieder abziehen. Der große Feldherr war geschlagen, die Kriegskosten vergeudet. Die Athener leiteten eine Untersuchung ein und steckten Miltiades trotz seiner Verwundung erst einmal ins Gefängnis. Dann verurteilten sie ihn dazu, die Kosten des Feldzugs zu ersetzen. Miltiades starb, 51 Jahre alt, an seiner Verwundung im Gefängnis.

Themistokles
(525–460)

Nach dem Sieg bei Marathon im Jahre 490 v. Chr. hatten die Athener zunächst Ruhe vor den Persern, aber sie trauten dem Frieden nicht. Besonders Themistokles mahnte sie immer wieder, die Perser würden bestimmt wiederkommen um ihre Niederlage zu rächen, und dann könne sich Athen nur retten, wenn es eine starke Flotte besitze. Themistokles war 3 Jahre vor der Schlacht bei Marathon Archont geworden und hatte den Ausbau des Hafens Piräus ins Werk gesetzt. Schließlich konnte er die Volksversammlung von seiner Flotten-Theorie überzeugen. Der Schiffsbau wurde forciert und bald hatte Athen die stärkste Flotte aller Griechen.

Aristides
(550–467)

Einer der gegen den Flottenbau argumentiert hatte, war Aristides. Er war davon überzeugt, dass man sich der Perser nur mit Hilfe eines großen Landheeres erwehren könne. Aber das Volk entschied sich für Themistokles und Aristides wurde durch das Scherbengericht verbannt.

Thermopylen

Bei den Persern hatte inzwischen ein Führungswechsel stattgefunden. König Darius war gestorben und nun rüstete sein Sohn Xerxes zum Feldzug gegen die Griechen. Im Jahre 480 v. Chr. überschritt sein riesiges Landheer den Hellespont und eroberte Nordgriechenland, zur See begleitet von einer mächtigen Flotte. Die griechischen Staaten waren sich angesichts der Übermacht der Perser ausnahmsweise einmal einig. Sparta übernahm die Führung. Beim Engpass der Thermopylen, dem Zugangstor nach Mittelgriechenland, brachte der Spartanerkönig Leonidas das griechische Heer in Stellung. Zwei Tage lang leistete er Widerstand, dann konnten ihn die Perser umgehen und ihm in den Rücken fallen. Leonidas und seine 300 Spartaner, den sicheren Tod vor Augen, kämpften bis zum letzten Mann. An der Stelle, an der sie fielen, errichteten die Spartaner später ein Denkmal mit der Inschrift: „Wanderer, kommst Du nach Sparta, verkündige dorten, du habest uns hier liegen gesehen, wie das Gesetz es befahl."

Die Perser eroberten Mittelgriechenland, Athen wurde niedergebrannt, die Bewohner waren auf die benachbarte Insel Salamis geflüchtet. Das Landheer der Griechen riegelte die Landenge von Korinth ab. Um auf den Peloponnes zu gelangen, mussten die Perser mit Schiffen übersetzen. Und nun kam der weitsichtige Themistokles zum Zuge. Er hatte die griechische Flotte bei Salamis zusammengezogen und erzwang nun eine Seeschlacht, bei der die Perser vernichtend geschlagen wurden. Xerxes, der das Schauspiel vom Ufer aus verfolgte, befahl den Rückzug. **Salamis**

Griechenland war wieder frei. Die Griechen gingen nun ihrerseits zum Angriff über und die Athener mit ihrer starken Flotte waren fortan die treibende Kraft im Krieg gegen die Perser. Die ionischen Städte in Kleinasien wurden zurückerobert. Nach der Zerstörung durch die Perser im Jahre 479 v. Chr. wurde auch Milet wieder aufgebaut, doch erlangte es nie mehr seine alte Bedeutung. **Angriff der Griechen**

Die Athener hatten sich auch gleich daran gemacht ihre Stadt wieder aufzubauen und der weitsichtige Themistokles setzte gegen den Einspruch Spartas durch, dass Athen mit starken Mauern umgeben und der Hafen ausgebaut wurde. Athen schloss sich mit seinen Nachbarn im attischen Seebund zusammen, der gerechte Aristides, inzwischen zurückgekehrt, verwaltete untadelig korrekt die Bundeskasse. Sparta musste neidvoll erkennen, dass es seine Vormachtstellung an Athen verloren hatte. **Athen**

Und Themistokles, der große Staatsmann, dem die Athener so viel zu verdanken hatten, wurde vom Scherbengericht verbannt, die Spartaner hatten da im Hintergrund noch etwas nachgeholfen. Aber Themistokles war auch bei den Athenern nie wirklich beliebt. Er war ihnen zu distanziert, zu aristokratisch, die Masse hatte offenbar eine „Allergie gegen Qualität" (Fernau). Themistokles irrte eine Zeitlang heimatlos in Griechenland umher, dann folgte er einem Ruf des neuen persischen Großkönigs Artaxerxes, der den Besieger seines Vaters mit Ehrfurcht empfing und ihm drei Städte zum erblichen Lehen schenkte. Nach wenigen Jahren starb Themistokles, in seinem 65. Jahr, in Kleinasien. **Themistokles**

Kimon   Den Perserkrieg brachte schließlich der Athener Kimon zu einem glücklichen Ende. Kimon, der Sohn des Miltiades, war 478 v. Chr. Stratege, neben Aristides, und als Feldherr gegen die Perser zu Lande und zu Wasser erfolgreich. Als er 462 v. Chr. auch das abgefallene Thasos wieder unterwarf, stand er in Athen auf der Höhe seines Ruhmes. Außerdem war er reich und freigiebig, sodass er nach der Verbannung des Themistokles der mächtigste Mann in Athen war. Das war den Athenern aber schon wieder zu viel und so konnten seine Gegner seine Verbannung durchsetzen. Als dann die Auseinandersetzung mit Sparta offen ausbrach wurde er wieder zurückgerufen. Kimon bewirkte einen Waffenstillstand mit Sparta, aber vor allem zog er wieder gegen die Perser zu Felde. Er starb bei der Belagerung Cyperns, kurz vor dem entscheidenden Sieg zur See bei Salamis (449 v. Chr.), der als Erfolg seiner Kriegskunst galt und den Schlussstrich unter die Perserkriege zog.

Perikleisches   Dann hatten die Griechen für zwanzig Jahre Ruhe, bis 429 v. Chr.
Zeitalter   Diese zwanzig Jahre unter der Vorherrschaft Athens hat man später zurecht die Glanzzeit Griechenlands genannt. Und in der Tat war dieses „Perikleische Zeitalter" der Höhepunkt der griechischen Geschichte. Anschließend ging es nur noch abwärts.

Perikles (500–429)

Als Perikles, der aus einem vornehmen Geschlecht stammte, im Jahre 500 v. Chr. auf die Welt kam, hatte mit dem Aufstand der ionischen Städte in Kleinasien gerade die Zeit der Perserkriege begonnen. Als junger Mann nahm er unter Kimon an mehreren Feldzügen mit Auszeichnung teil. Seine politische Laufbahn begann Perikles nach dem Tod des Aristides, er war damals Mitte 30. Er bewirkte Kimons Verbannung wegen dessen spartafreundlicher Einstellung, nachdem aber die Auseinandersetzung mit Sparta offen ausgebrochen war, veranlasste er Kimons Zurückberufung. Perikles beendete die Auseinandersetzung mit Sparta durch den sogenannten 30 jährigen Perikleischen Frieden.

Staatsmann   Nach Kimons Tod war Perikles, damals in seinem 50. Lebensjahr, unangefochten der erste Mann des Staates. Er war zwar nicht nominell Staatsoberhaupt oder Regierungschef. Aber durch die Macht seiner Rede und die Überzeugungskraft seiner Persönlichkeit gelang es ihm immer wieder in die höchsten Ämter gewählt zu werden. 14 Jahre lang hintereinander wurde er in das Amt des Strategen gewählt, leitete die Finanzverwaltung und das Bauwesen und lenkte die Wahlen zu den übrigen einflussreichen Ämtern nach seinen Vorstellungen. Athens Staat sei nur dem Namen nach eine Volksherrschaft, in Wahrheit aber die Herrschaft des besten Mannes, meinte Perikles' jüngerer Zeitgenosse, der große Geschichtsschreiber Thukydides. Und Plutarch rühmt an Perikles, dass er den Stolz der Gesinnung mit der Kraft der Tat verband. Das Volk vertraute Perikles, denn er war unbestechlich und missbrauchte seine Macht nicht, um sich selbst Vorteile zu verschaffen. Als Politiker war er der Überzeugung, dass Athen nur unter einer demokratischen Verfassung zu höchster Macht und Blüte gelangen könne. Zu den öffentlichen Ämtern aber sollte jeder herangezogen werden können, einzige Voraussetzung war seine Tüchtigkeit, die Armut dürfe dabei kein Hindernis sein. Und damit jedermann sich dem Staatswohl widmen könne, erhielten die Bürger für die Teilnahme an der Volksversammlung ebenso eine Vergütung in Geld wie die Richter und die Krieger einen Sold bekamen.

In seiner von Thukydides überlieferten „Rede auf die Gefallenen" zu Beginn des Peloponnesischen Krieges hat er sein staatspolitisches Credo formuliert: „Wir leben in einem Staat, der ohne Beispiel ist. Er trägt den Namen Demokratie mit Recht, denn die Macht liegt nicht in den Händen einiger weniger, sondern ist Sache der großen Mehrzahl ... Hinsichtlich ihrer persönlichen Belange sind alle Bürger vor dem Gesetz gleich ... Das öffentliche Ansehen des einzelnen beruht auf seiner Tüchtigkeit, nicht auf Reichtum oder Herkunft ... Unser Geist betet das Schöne an ... Wir lieben Feste und Spiele, wir lieben Kunst und Wissenschaft und wahren das Maß ... Wir lieben das schöne Leben, das ist wahr. Aber schönes Leben ist für uns nicht Reichtum. Man kann auch arm sein und das Leben lieben. Schlecht ist nur ein Leben, in dem die Armut aus der Trägheit kommt ... Reichtum dient uns zum Wirken und Schaffen, nicht zum Prunken und Raffen ... Schneidiger Sinn ist uns wichtiger als harter Drill, wir bauen weniger auf befohlenen, als auf angeborenen Mut ... Das Geheimnis des Glücks ist die Freiheit, das Geheimnis der Freiheit aber ist der Mut ..."

Rede auf die Gefallenen

Perikles war hochgebildet, auch mit den Lehren der Philosophen vertraut und von fortschrittlicher Gesinnung. Er hatte Telesippe, eine geschiedene Frau geheiratet, mit der er zwei Söhne hatte. Dann begegnete ihm eine Frau, deren Schönheit und Geist gleichermaßen erstrahlten und gerühmt wurden und die die große Liebe seines Lebens wurde. So ließ er sich mit 55 scheiden und heiratete Aspasia, eine Hetäre aus Milet. Aspasia war eine höchst ungewöhnliche Frau, ein starker Charakter, klug und gebildet. Sie hatte eine Hetärenschule eingerichtet, um die Liebeskunst zu lehren; und sie war das, was wir heute eine Frauenrechtlerin nennen würden. Sie sah ihren Ehrgeiz auch darin, den Frauen in Athen zu mehr Gleichberechtigung zu verhelfen, allerdings ohne dass sie dabei auf das Verständnis ihrer Geschlechtsgenossinnen zählen konnte. Bei Ausgrabungen in Alexandria auf der Suche nach Resten der berühmten Bibliothek soll man Schriftrollen mit Aspasias Aufzeichnungen über feine Lebensart und Liebeskunst gefunden haben.

Aspasia

Athen hatte zu jener Zeit etwa 230.000 Einwohner. Unter Perikles Ägide wurde Athen die stärkste Festung, die reichste Handels- und Industriemetropole und mit den Bauten auf der Akropolis die schönste Stadt Griechenlands. Phidias, der begnadete Bildhauer und Iktinos, der große Baumeister, waren ebenso mit Perikles befreundet wie die Tragödiendichter Sophokles und Euripides. Und neben der Kunst blühte die Wissenschaft. Herodot veröffentlichte die neun Bände seiner „Griechischen Geschichte". Hippokrates, der berühmte Arzt, der die Medizin als Erfahrungswissenschaft begründete und mit Demokrit befreundet war, wirkte eine Zeitlang in Athen, der „hippokratische Eid" erinnert noch heute an ihn. Zu Perikles Ratgebern und Freunden gehörten die Philosophen Anaxagoras, Protagoras und Sokrates.

Niedergang
Doch die radikale Volksherrschaft, deren Vollender Perikles im Grunde war, trug den Keim der Selbstzerstörung in sich. Auch der weise Herrscher Perikles blieb von Neidern und Feinden nicht verschont. Solange er noch in der Gunst des Volkes stand, richteten sie ihre Angriffe gegen seine Umgebung. Anaxagoras, der greise und weise Philosoph, musste außer Landes fliehen, um dem Todesurteil wegen Leugnung der Götter zu entgehen. Der ehrwürdige Phidias wurde der Unterschlagung beschuldigt und starb im Gefängnis. Aspasia, des Perikles bewunderte Gemahlin, wurde angeklagt, sie verderbe die Jugend und Perikles konnte sie vor dem Todesurteil nur bewahren, weil es ihm gelang, mit Tränen das Mitleid der Volksversammlung zu erregen. Schließlich wurde Perikles selbst des Amtsmissbrauchs und der Unterschlagung angeklagt und zu einer hohen Geldstrafe verurteilt. Er trat von allen seinen Ämtern zurück, offenbar zu müde um aufzubegehren. 32 Jahre lang hatte er in Athen regiert und im Grunde war er längst am Ende. Er hatte seinen Ruhm überlebt.

Pest und Tod
Das athenische Staatsschiff trieb nun führerlos dahin, der verwöhnte athenische Plebs sah überall Schuldige, außer bei sich selbst. Und als das spartanische Heer vor den Toren erschien, war die Ratlosigkeit der „regierenden Hammelherde" (Fernau) so groß geworden, dass man die Schamlosigkeit auf die Spitze trieb und Perikles wieder zum Strategen berief. Und Perikles nahm tatsächlich an, aber er wusste offenbar so wenig einen Ausweg wie alle anderen. Außerdem war er krank, die „Pest" (heute vermutet man, es könnte eine Typhus-Epidemie gewesen sein), die Athen heimsuchte, als eines der letzten Opfer auch ihn ergriffen. Er starb im August 429 v. Chr. in seinem 71. Jahr. Plutarch schrieb über ihn „... so verdient denn dieser Mann Bewunderung wegen seiner Güte und Milde, die er auch im Drang der Geschäfte und in einer Welt voll Anfeindungen bewahrte, vielleicht noch mehr wegen seines Seelenadels, denn unter allen seinen edlen Taten galt ihm als schönste, dass er in der Fülle seiner Macht dem Hass und Neid keinen Einfluss auf seine Handlungen eingeräumt und Unversöhnlichkeit einem Gegner gegenüber nicht gekannt

hat ... sodass sein hochtrabender Spottname ‚der Olympier' ... zum Ehrennamen wurde."

Anaxagoras (500 – 428)

Das freie philosophische Denken der Griechen hatte sich bis dahin vor allem in den Kolonien, in Kleinasien und Unteritalien, entfaltet, die dafür offenbar ein günstigeres geistiges Klima boten, als das in starken Traditionen befangene Mutterland. Der Mann der die Philosophie schließlich nach Athen brachte, wo sie später ihre höchste Blüte entfaltete, hieß Anaxagoras. Er war in Klazomenai (nahe Izmir) in Kleinasien aufgewachsen. Als er 464 v. Chr. nach Athen kam, war er 36 Jahre alt, im gleichen Alter wie Perikles. Er wurde dessen enger Freund, Lehrer und Ratgeber, über drei Jahrzehnte hin.

Geist und Materie

Auch Anaxagoras begann als Naturphilosoph und suchte nach dem Urstoff. Er kam zu dem Schluss, es könne nicht nur einen oder mehrere geben, sondern es müsse eine unbegrenzte Vielheit voneinander qualitativ verschiedener Urstoffe geben, die er „Samen" oder „Keime" der Dinge nannte. Neben den Urstoffen aber gibt es etwas, das bewirkt, dass sie sich mischen und sich aus dem ursprünglichen Chaos das schöne und zweckvoll geordnete Ganze der Welt bildet. Es ist das „Nous", ein denkender, vernünftiger Geist, den sich Anaxagoras ganz unpersönlich vorstellte. Er ist mit nichts vermischt und ist das „reinste und feinste von allen Dingen". Es ist diese rationale Kraft des Geistes, die den kosmischen Prozess lenkt. Anaxagoras zieht eine klare Trennung zwischen dem Geist als bewegender Ursache und der bewegten Materie. Mit diesem abstrakten philosophischen Prinzip, das Anaxagoras erstmals eingeführt hat, wird seine eigentliche Bedeutung begründet und Aristoteles, dem dieser Gedanke eines die Materie formenden und beherrschenden Geistes ohnehin sehr nahe lag, hat später gesagt, mit diesem Begriff eines weltordnenden Geistes sei Anaxagoras unter die Philosophen getreten wie ein Nüchterner unter die Trunkenen. Anaxagoras habe begriffen, was seine Vorläufer alle nicht verstanden hätten: Ordnung und Schönheit des Kosmos könne nicht auf ein stoffliches Prinzip, wie z. B. das Feuer, zurückgeführt werden.

Naturerklärung

Anaxagoras hat diesen göttlichen Geist als den „ersten Beweger" gesehen, der Ordnung in das Chaos der Ursamen brachte, indem er sie in wirbelnde Bewegung versetzte. Daraus leitete er die Erklärung für viele Naturphänomene ab, wie er überhaupt mit nüchternem Sinn immer nach natürlichen, mechanischen Ursachen suchte. So erklärte er, die Sonne sei kein Gott, sondern eine glühende Steinmasse. Auch die Sonnenfinsternisse und den Fall der Meteore deutete er als physikalische Erscheinungen. Er beschrieb die Grundlagen der Meteorologie, entwarf eine Hypothese über die Entstehung der Planeten und die Entwicklungsgeschichte tierischen und menschlichen Lebens. Seine Schrift „Über die Natur", die nur unvollständig erhalten ist, war das erste griechische Buch, das mit „Diagrammen", mit erläuternden Zeichnungen, ausgestattet war.

Ende   Aber das Volk in Athen stand solcher rationalen Naturerklärung eher feindselig gegenüber. Besonders den Priestern war Anaxagoras verhasst und es gab Übelwollende genug, die mit ihm zugleich Perikles treffen wollten und ihn schließlich wegen Gottesleugnung anklagten. Das bedeutete das Todesurteil und Perikles soll ihm zur Flucht verholfen haben. Anaxagoras ging nach Lampsakos, wo er Freunde und Verehrer fand, aber er starb bald darauf in seinem 72. Jahr und manche meinen, er habe freiwillig den Tod gesucht.

Protagoras (485 – 415)

Noch ehe Abdera an der thrakischen Küste durch Demokrit bekannt wurde, sprach man von einem anderen Philosophen aus Abdera, von Protagoras. Als er 30 war verließ er seine Heimatstadt und machte sich auf die Wanderschaft, die eigentlich sein ganzes Leben lang anhielt. Im Jahre 450 v. Chr., er war 35, kam Protagoras nach Athen und soll dort begeistert empfangen worden sein. In Athen ist er auch eine Zeitlang sesshaft geworden. Er stand in hohem Ansehen, gewann die Freundschaft des Perikles und hatte Umgang mit dessen Freunden, mit Anaxagoras, mit Euripides und Sophokles, auch mit Aspasia und Sokrates soll er diskutiert haben. Durch Perikles erhielt er den Auftrag, für die neugegründete Kolonie Thurioi in Unteritalien eine Verfassung auszuarbeiten. Dort und in Sizilien verbrachte er lange Jahre; er war 54, als er schließlich nach Athen zurückkehrte.

Tugendlehrer   Protagoras hat sich selbst als „Sophist" („Lehrer der Weisheit") bezeichnet. Er sah sich als Erzieher und Lehrer der bürgerlichen Tugend. Für ihn ist der tugendhafte Mann ein guter Bürger und ein guter „Politiker". Nicht um den „idealen Staat" ging es Protagoras, sondern um die Erziehung der Bürger als notwendige Bedingung menschlichen Zusammenlebens im Staat. Die Menschen schlossen sich zum Schutz zusammen, aber die staatliche Gemeinschaft kann nur Bestand haben, wenn eine „politike techne" (Respekt vor dem Anderen, Gerechtigkeit und Besonnenheit) besteht. Diese Tugenden müssen durch Fleiß, Übung und Belehrung erworben werden. Das Maß für gut und schlecht, für gerecht und ungerecht, setzt die Bürgerschaft. Gesetz, Sitte und Brauch sind nicht Gaben der Götter, sondern Menschenwerk.

Rhetorik   Deshalb hält Protagoras auch die Fertigkeit, seine Mitbürger vom eigenen Standpunkt zu überzeugen, für eine wichtige, erlernbare Tugend. Er schrieb über die Kunst der Rede und galt als hervorragender Rhetorik-Lehrer. In seinen „Antilogien" gibt er eine methodische Anleitung zur Disputierkunst mit dem Ziel, die Meinung des Gegners zu relativieren. Er verficht die These, dass über jeden Gegenstand zwei gegensätzliche Meinungen möglich sind, dass also von zwei antithetischen Sätzen nicht nur einer wahr sein könne, sondern es können beide wahr sein. Damit hat er gewissermaßen die Hegelsche Dialektik vorweggenommen. Er stellte Untersuchungen über die Sprache an, unterschied als erster zwischen drei Geschlechtern bei den Hauptwörtern, sowie zwischen Zeiten und Modi bei den Zeitwörtern und begründete so die europäische Philologie und Grammatik.

Als Philosoph verfasste Protagoras unter dem Titel „Über das Seiende" eine Streitschrift gegen Parmenides und seine Schüler, die das Seiende als Eines bezeichnet hatten. Diese Schrift soll mit dem Satz begonnen haben „Aller Dinge Maß ist der Mensch, der seienden, dass sie sind, der nicht seienden, dass sie nicht sind." Protagoras wollte damit zum Ausdruck bringen, dass es nach seiner Ansicht nur eine augenblickliche, subjektive Wahrheit gibt, für den Einzelnen wie auch für die Gemeinschaft der Bürger. Zum Schlagwort verkürzt hat dieser sogenannte „Homo-mensura-Satz": „Der Mensch ist das Maß aller Dinge", Kontroversen ausgelöst, die über die Jahrhunderte hin andauerten. Für Protagoras war, wie später für Locke, die Sinnesempfindung der einzige Weg zum Wissen. Eine absolute Wahrheit lässt sich nicht finden, jede Wahrheit ist subjektiv. Der Mensch urteilt nach seinen Wahrnehmungen und Stimmungen, also subjektiv, jeder auf seine Weise, sodass sich nichts Allgemeingültiges behaupten oder beweisen lässt. **Maß aller Dinge**

Im Hause seines Freundes, des Tragödiendichters Euripides, las Protagoras aus seinem Werk „Über die Götter" vor. Es begann mit dem Satz: „Hinsichtlich der Götter kann ich nichts erkennen, weder ob sie sind, noch ob sie nicht sind, noch von welcher Gestalt sie sind. Denn vieles steht dem im Wege: sowohl die Dunkelheit der Sache als auch die Kürze des menschlichen Lebens." Protagoras war also „Agnostiker": Er leugnet zwar die Existenz der Götter nicht, aber nach seiner Meinung sind sie dem menschlichen Erkennen nicht zugänglich. Damit ist der Mensch auf sich selbst verwiesen und gezwungen, die Lebenspraxis aus eigener Kraft zu bewältigen. Trotz dieser Ungewissheit über das Jenseits erkannte Protagoras durchaus an, dass die Religion, dass Frömmigkeit und Verehrung der Götter, für den Menschen eine große Bedeutung haben. Diese Schrift brachte ihm später einen Prozess „wegen Leugnung der Götter" ein. Protagoras musste mit dem Todesurteil rechnen und floh. Auf der Überfahrt nach Sizilien soll er, von athenischen Ruderbooten verfolgt, Schiffbruch erlitten haben und ertrunken sein. Seine Abhandlung „Über die Götter" wurde in Athen auf dem Marktplatz verbrannt. Von seinen vier Schriften sind **Über die Götter** nur Fragmente erhalten geblieben. Allerdings hat Platon – freilich aus der Sicht des Kritikers – später über ihn ausführlich berichtet und ihm einen ganzen „Dialog" gewidmet.

Die Sophisten Protagoras war zum Prototyp einer neuen Art von Philosophen geworden. Damals, in der Blütezeit Athens, wuchs neben Wohlstand und Reichtum auch das Bedürfnis nach höherer Bildung. Philosophische Fragen und Widersprüche wurden diskutiert. Außerdem gewann die Kunst der öffentlichen Rede aufgrund der demokratischen Verfassung immer mehr an Bedeutung, in der Volksversammlung und vor den Volksgerichtshöfen zählten die Argumente der geschicktesten Redner. So war ein neuer Beruf entstanden, nämlich die Wanderlehrer für Rhetorik und Philosophie, die für ihre Unterweisungen auch ein Honorar verlangten. So wie Protagoras selbst sich als „Sophist", als „Lehrer der Weisheit" bezeichnet hatte, so wurden sie alle „Sophisten" genannt. Das Wort entsprach in seiner ursprünglichen Bedeutung etwa unserem heutigen „Professor".

Gorgias Ein anderer bekannter Sophist und Zeitgenosse Protagoras' war Gor-
(483–375) gias, der aus Leontinoi in Unteritalien stammte und als Gesandter seiner Vaterstadt nach Athen kam. Er beeindruckte die Athener, weil er ein mitreißender Redner war. Er war bekannt dafür, dass er aus dem Stand zu jedem Thema, das ihm gestellt wurde, eine Rede halten konnte. Und er soll so viel verdient haben, dass er einer der reichsten Männer Griechenlands wurde.

Aufklärer Die Sophisten waren „Aufklärer", fortschrittliche Denker, die an die Stelle des blinden Gehorsams gegenüber religiösen Autoritäten die Mündigkeit des Menschen und seine Selbstbestimmung setzten. Sie markierten damit zugleich eine Wende in der Philosophie: Bisher stand vor allem der Kosmos im Mittelpunkt der Betrachtung, nun ist es der Mensch, sein Reden, sein Handeln, sein Gemeinwesen. (Höffe) Ja, das Denken selbst wird zum Gegenstand des Nachdenkens gemacht, die Vernunftkritik setzt ein. Aber mit den Sophisten zog auch der Zweifel ein: Wenn der Mensch das Maß aller Dinge ist, gibt es keinen äußeren, objektiven Maßstab mehr, sondern nur noch die jeweilige subjektive Meinung. Dieser Relativismus gilt dann nicht nur für die Erkenntnis, sondern auch für die Ethik. Lässt sich Gut und Böse nach objektiven Maßstäben beurteilen, oder bestimmen wir, was gut und böse ist? Es gab auch eine Grauzone und man musste immer auch die Kehrseite der Medaille sehen.

Advokaten Ein Sophist verdiente sich seinen Lebensunterhalt damit, junge Menschen Dinge zu lehren, die ihnen im praktischen Leben nützlich sein konnten. Außerdem konnte man bei Prozessen Hilfe von ihnen bekommen. Vor den gewählten Geschworenengerichten musste man sich zwar selbst verteidigen, aber wer mit rednerischem Geschick an die Vorurteile der Menge appellieren konnte, war im Vorteil. Da war es gut, wenn einem ein Sophist die Rede entworfen hatte. Antiphon soll für ein und denselben Prozess vier Reden geschrieben haben: Eine für und eine gegen die Anklage und eine für und eine gegen die Verteidigung. Auch Reden mit doppelter Beweisführung waren beliebt. Man vertrat zuerst eine bestimmte These und behauptete anschließend mit ebenso unbestreitbaren Argumenten das Gegenteil.

Protagoras wurde nachgesagt, er habe einmal mit einem Schüler vereinbart, das Honorar für den Unterricht sei erst fällig, wenn der Schüler seinen ersten Prozess gewonnen habe. Der aber führte keinen Prozess. Daraufhin verklagte ihn Protagoras auf Honorarzahlung und argumentierte, der Schüler muss auf jeden Fall zahlen, aufgrund der Vereinbarung, wenn er diesen, seinen ersten Prozess gewinnt, oder aufgrund des Richterspruchs, wenn er ihn verliert. Der Schüler hingegen fand, er müsse auf keinen Fall zahlen, aufgrund des Richterspruchs, wenn er den Prozess gewinnt, aufgrund der Vereinbarung, wenn er ihn verliert. Der Prozess soll vertagt worden sein. Es gab nicht wenige Sophisten, die durch übertriebene Spitzfindigkeiten, zweifelhafte Praktiken in Rechtsfällen, leere Wortstreitereien und dialektische Kunstgriffe den Sophismus in Misskredit brachten. So sprach man schließlich von Sophisten, wie man heute von Winkeladvokaten und Rechtsverdrehern spricht. Vollends negativ belegt wurde die Bezeichnung „Sophist" schließlich durch die Kritik Platons und so ist es bis heute geblieben.

Sophisterei

Sokrates (470 – 399)

Als Sokrates 470 v. Chr. in Athen geboren wurde, neigte sich der Abwehrkampf der Griechen gegen die Perser gerade seinem siegreichen Ende zu. Themistokles war durch das Scherbengericht verbannt worden und Perikles begann seine politische Laufbahn. Sokrates' Vater war Steinmetz und Bildhauer, seine Mutter Hebamme. Der junge Sokrates erlernte das Handwerk seines Vaters und wurde ebenfalls Steinmetz. Später heiratete er und hatte drei Söhne. Seine Frau Xanthippe galt als böse und zänkisch, doch tut man ihr damit wahrscheinlich Unrecht. Dass sie mit ihrem Mann schimpfte, war schließlich verständlich, denn Sokrates kümmerte sich kaum um Familie und Haus, für den Lebensunterhalt musste Xanthippe sorgen. Es wird sogar berichtet, er habe noch eine zweite Frau gehabt, weil die Athener damals eine zweite Ehe erlaubten, um die Lücken in der männlichen Bevölkerung aufzufüllen. Wenn Sokrates auf dem Markt an den vielen Waren vorbeiging, sagte er oft: „Wie zahlreich sind doch die Dinge, deren ich nicht bedarf!" Er konnte „saufen wie ein Loch", aber niemals hat ihn jemand betrunken gesehen. Außerdem achtete er nicht auf seine Kleidung, lief barfuss und ziemlich abgerissen herum.

Freunde

Wenn man bedenkt, dass er dazuhin als ausgesprochen hässlich galt, klein, dickbäuchig, kahlköpfig, mit Knollennase und Glubschaugen, wundert man sich, dass er trotzdem zum geliebten Lehrer der vornehmen Athener Jugend wurde und mit vielen prominenten Leuten bekannt und befreundet war. Mit Alkibiades, dem glänzenden Jüngling, der in Perikles Haus aufwuchs, verband ihn eine enge Freundschaft, mit Anaxagoras, Protagoras und Aspasia hat er diskutiert, mit Euripides, dem Tragödiendichter, war er befreundet. Xenophon, der berühmte Historiker, hat ihm eine Schrift mit dem Titel „Erinnerungen an Sokrates" gewidmet. Sokrates verbrachte sein ganzes Leben in Athen, abgesehen von einigen Feldzügen, an denen er als Hoplit teilnahm, also als „Infanterist", der Helm, Lanze, Schwert, Rundschild und sonstige Ausrüstung selbst stellen musste. Bei der Belagerung von Potideia rettete Sokrates dem verwundeten Alkibiades das Leben. In der Schlacht bei Delion soll er Xenophon in der gleichen Weise beigesprungen sein.

Lehrer

Auch nach der Rückkehr aus dem Felde übte Sokrates eine Art Lehrtätigkeit aus, indem auf dem Markt und in den Straßen die Leute ansprach und mit ihnen diskutierte. Dadurch wurde er berühmt und erwarb sich den Ruf eines Weisen. Pythia, die Priesterin des delphischen Orakels, soll bestätigt haben: „An Weisheit nimmt es niemand auf mit Sokrates." (Diogenes Laertius) Als Perikles starb und der Niedergang Athens begann, war Sokrates 41. Eine Zeitlang war er Prytane, eine Art Regierungsrat, das Los hatte ihn turnusmäßig dazu bestimmt. In seine Amtszeit fiel die Seeschlacht der Athener gegen die Spartaner, bei den Arginusen (406 v. Chr.), bei der viertausend Athener ertranken. Man warf den Kapitänen vor, sie hätten zu wenig für die Schiffbrüchigen getan und verurteilte sie zum Tode. Sokrates war damals der einzige, der es wagte, der Anklage und dem Plebs zu widersprechen, aber er wurde niedergeschrieen.

Philosophie als Lebenskunst

Auch in diesen schwierigen Jahren ging er umher und diskutierte mit den Leuten, mit seinen Freunden und seinen Schülern, die sich inzwischen um ihn versammelt hatten. Zu ihnen gehörte auch ein junger Mann namens Platon, damals 20, der später aufschrieb, was Sokrates lehrte. Denn Sokrates selbst hat nichts aufgezeichnet. Für Sokrates war Philosophie vor allem angewandte Lebenskunst. Er hatte kein System, sondern entwickelte seine Gedanken während des Gesprächs, etwa so wie es Heinrich von Kleist (1777–1811) später in seinem berühmten Aufsatz „Über die allmähliche Verfertigung der Gedanken beim Sprechen" schilderte. Sokrates' „Markenzeichen" waren seine hartnäckigen Fragen. Erich Kästner hat dazu einen Vers verfasst: „Sokrates zugeeignet: / Es ist schon so: Die Fragen sind es, / aus denen das, was bleibt, entsteht. / Denkt an die Frage jenes Kindes: / „Was tut der Wind, wenn er nicht weht?" Mit seiner „Lehrmethode" des unablässigen Fragens trieb er die Leute in die Enge, bis an den Punkt, an dem ihnen klar wurde, dass sie das, was sie zu wissen glaubten, gar nicht begründen konnten. Er meinte, nur wer seine Auswegslosigkeit (Aporie) einsieht, ist bereit, sich auf die Suche zu machen und kritisch nachzudenken. In der Dialektik des Dialogs versuchte Sokrates, das Wahre zu finden und es an den Tag zu bringen, eine Art Hebammenkunst, wie er es in Erinnerung an seine Mutter selbst bezeichnete.

Den Vorwurf, er solle statt nur immer zu fragen selbst Stellung nehmen und Problemlösungen anbieten, ließ er nicht gelten, denn seine wichtigste Aussage war: „Ich weiß, dass ich nichts weiß". Er sah durchaus die Grenzen seiner Möglichkeiten und hat das auch ausgesprochen: „Geburtshilfe zu leisten nötigt mich der Gott, zu erzeugen aber hat er mir verwehrt." Er widersprach damit dem Ansinnen, die Philosophie möge uns sagen, was wir tun sollen, denn das kann sie nicht leisten. Für Sokrates war vielmehr das dringendste Gebot, dem sich der Mensch stellen muss, die Maxime, die über dem Apollotempel in Delphi stand: „Erkenne dich selbst!". Und das Mittel zur Selbsterkenntnis ist die Vernunft (Logos). **Ich weiß, dass ich nichts weiß**

Sokrates wollte nicht belehren, aber erziehen. Er verlangte keinen Glauben, weder an sich noch an eine Lehre. Aber er verlangte Denken, Fragen und Prüfen. Der Mensch sollte sich auf sich selbst stellen. Erkenntnis muss jeder aus sich selbst finden. (Jaspers) Jeder muss selbst die Last und die Lust der Wahrheitsfindung auf sich nehmen, keine Religion, kein Staat und keine Gemeinschaft kann ihm letztlich das Denken und die moralische Entscheidung abnehmen. Jeder muss selbst seine Antwort auf die Frage finden „Was soll ich tun?", auch mit der Bereitschaft sich zu ändern. Wir brauchen freie Menschen, die selbst denken und keine sozialisierten Menschen, die nur gut funktionierende Rädchen darstellen, meint Heinrich Blücher in seinem Sokrates-Kommentar. Jeder muss seinen eigenen Weg finden durch Selbsterkenntnis und das Ausloten seiner Fähigkeiten und Grenzen. Die Fähigkeit, zwischen Recht und Unrecht zu unterscheiden, liegt in unserer Vernunft. Das Ziel ist ein Leben in Übereinstimmung mit sich selbst, nach Wahrheit strebend, gesetzestreu und zuverlässig. „Werde, der Du bist". **Erkenne dich selbst**

Die Fragen nach dem Geheimnis des Universums hingegen, die die Naturphilosophen bewegt hatten, interessierten Sokrates nur am Rande. Wie bei den Sophisten stand auch bei ihm der Mensch im Mittelpunkt der Betrachtung. Für ihn bestand die Aufgabe der Philosophie in der Selbsterleuchtung und Willensläuterung, in der Erkenntnis des Ich und des Guten. Sokrates bemühte sich, zu festen, allgemeinen Begriffen zu kommen: was bedeutet Gerechtigkeit? Was ist Weisheit, was ist das Gute? Eine Sache verstehen bedeutete bei ihm, einen klaren Begriff von ihr haben. Er wollte die Menschen dazu bringen, die in ihnen ruhenden Begriffe aus sich heraus zu entwickeln. **Begriffe**

Das Gute   Sokrates ging von der Annahme aus, dass die sittliche Natur, die den Wesenskern des Menschen bildet, in allen Menschen gleich ist, dass also die sittlichen Begriffe, wenn auch vielleicht nur unbewusst, in allen Menschen in gleicher Weise lebendig sind. Damit gab es für ihn auch ein allgemein gültiges, objektives Kriterium, was wahr oder falsch, was gut oder böse ist. Sokrates war überzeugt, dass der Mensch gut ist und dass das Streben nach Tugend zu seiner Natur gehört. Wer das Gute kennt, wird es auch tun. Niemand tut gegen sein besseres Wissen freiwillig Böses. Das wahre Übel ist Unwissenheit.

Tugend   Tugendhaft sein heißt, nach klar erkannten Begriffen handeln. Deshalb ist alle Tugend lehrbar und lernbar, denn sie ist ein Wissen. Das gilt nicht nur für die Besonnenheit und die Gerechtigkeit, sondern auch für die Güte und die Tapferkeit. Sokrates fordert zum Gebrauch der Vernunft durch eigenes, selbständiges Denken auf. Wer denkt, steht im Einklang mit der göttlichen Weltvernunft. Deshalb ist jede Handlung, die aus dem Denken entspringt, sittlich und gut, denn sie stimmt mit dem Göttlichen überein. Zur Tugend gehört auch, dass niemand Böses mit Bösem vergelten sollte. Und Sokrates betonte: „Unrecht zu leiden ist besser als Unrecht zu tun".

Glück   Der tugendhafte Mensch wird jederzeit innerlich und äußerlich zufrieden, also glücklich sein. Glück kann nur dann entstehen, wenn man ein gutes Leben führt. Die Glückseligkeit, dieses Ziel alles irdischen Strebens, wird nur erreicht durch Wissen und Tugend. Nur durch die Erkenntnis des Guten ist wirkliches Glück möglich. Und wer gegen seine Überzeugungen handelt, kann nicht glücklich werden.

Dämonion   Weshalb ist sich Sokrates so sicher, dass man nicht Unrecht tun darf? Er kann es nicht beweisen, aber im Grunde bedarf es für ihn dafür auch keines Beweises. Sokrates beruft sich auf seinen „Dämonion" (wörtlich „das Göttliche"), eine innere Stimme, die ihn warne, wenn er im Begriff stehe, etwas Unrechtes zu tun. Es ist die tief verwurzelte „Gewissheit des Herzens", die ihn leitet und in der wohl auch das Geheimnis seiner Wirkung liegt. Diese unbedingte Verpflichtung zum Rechttun, das ist seine große Entdeckung, der er bis in seinen Tod treu ist, um ihretwillen weicht er seinem Schicksal nicht aus. (Weischedel)

Vor Gericht   Sokrates, dem lästigen Frager, begegneten viele eitle Herren, die er der Torheit überführt hatte, mit Gehässigkeit. Man setzte ihn mit den Sophisten gleich, denen man vorwarf, die Sitten zu verderben und Recht und Unrecht zu verdrehen. Im Jahre 399 v. Chr. wurde er angeklagt, die Götter zu leugnen und die Jugend zu verführen. In seiner Verteidigungsrede ging Sokrates gar nicht auf die Anschuldigungen ein, er verteidigte eher die Ankläger wegen ihres Irrtums. Seine Apologie gipfelte in dem Satz, Gott habe ihm den Auftrag gegeben, sein

68

Leben der Prüfung seiner selbst und der der anderen zu widmen und er werde nicht aufhören, nach der Wahrheit zu forschen und zu mahnen und aufzuklären. Solche Argumente, vorgetragen in einer selbstbewussten und ironischen Attitüde, wirkten allerdings auf die versammelten Volksrichter eher provozierend. Statt um Gnade zu bitten, schlug er vor, ihm ein Standbild auf dem Marktplatz zu errichten und ihm freie Kost im Prytaneium (wo Gesandte und Staatsgäste speisten) zu gewähren. So wurde er zum Tod durch den Schierlingsbecher verurteilt.

Freunde wollten ihm zur Flucht verhelfen, aber er lehnte ab. Es sei **Standhaft** nicht recht, sein Leben lang an den Wohltaten des Staates teilzunehmen und dann, wenn einem die Sache unangenehm werde, den Gesetzen den Gehorsam aufzukündigen. Denn er wisse gewiss: gesetzwidrig zu handeln sei nichtswürdig und schändlich. In seinem letzten Gespräch mit seinen Freunden demonstrierte Sokrates „die Philosophie als die Kunst, Sterben zu lernen." Xanthippe und seine Kinder kamen zu ihm ins Gefängnis, ebenso wie seine Freunde. Sokrates hatte noch ein langes Gespräch mit ihnen und gegen Abend rief er dann nach dem Schierlingsbecher. Er ließ sich die Wirkung erklären, setzte den Giftbecher an und trank ihn leer. Die Freunde konnten die Tränen nicht mehr zurückhalten, nur Sokrates blieb gefasst. „Haltet Euch standhaft!" rief er. Er ging umher und als er merkte, dass ihm die Schenkel schwer wurden, legte er sich hin. Der Wärter betastete seine Glieder, die von unten her immer fühlloser wurden. Wenn die Kälte das Herz erreichte, würde er tot sein. Seine letzten Worte waren: „Ach Kriton, ich bin Gott Asklepios einen Hahn für meine Genesung schuldig, versäumt doch nicht, ihn für mich zu opfern!" „Das soll geschehen", entgegnete Kriton. „Hast Du uns sonst noch etwas zu sagen?" Aber Sokrates antwortete nicht mehr. Kriton schloss ihm die Augen.

Sokrates hatte keine Furcht vor dem Tod. Er meinte, die den Tod **Tod und** fürchten, bilden sich ein zu wissen, was man nicht wissen kann. **Sterben** Denn vielleicht ist der Tod nicht das größte Übel, sondern das größte Glück. Doch wie dem auch sei, für den guten Menschen gibt es kein Übel, weder im Leben noch im Tod. Platons „Phaidon", seine Aufzeichnungen über die Apologie und das Sterben des Sokrates, gehört zu den unersetzlichen Dokumenten der Menschheit, meint Karl Jaspers. Die Menschen lasen ihn bis in späte Jahrhunderte und lernten an ihm, zu sterben in der Ruhe des Hinnehmens, weil sie ihr Schicksal annahmen, sei es auch noch so unheilvoll.

Sokrates starb für seine Überzeugungen. Dem Gewissen zu folgen, **Wirkung** war für ihn oberstes Gebot. Er war im Reinen mit sich selbst. Das Beispiel, das er mit seinem Charakter, seinem Leben und Sterben gab, wirkte über die Jahrtausende hin und hatte eine unermessliche geschichtliche Wirkung. Sokrates verkörperte die unerschütterlich in sich selbst gegründete sittliche Persönlichkeit; ein innerlich freier Mensch, der das Gute um seiner selbst willen tut. Er kämpfte für Gedankenfreiheit, Freiheit war für ihn die einzig lebenswerte Form des Lebens, er war frei, weil sein Geist nicht unterjocht werden konnte und sein Tod hat die Idee des freien Menschen zu einer lebendigen Wirklichkeit gemacht, meint Karl Popper.

Bruderkrieg und Niedergang

Noch zu Lebzeiten des Perikles, drei Jahre vor seinem Tod, hatte die offene Auseinandersetzung zwischen Sparta und Athen um die Vorherrschaft in Griechenland begonnen. Es wurde ein langer blutiger Kampf, der dreißig Jahre dauerte. Die Geschichte des „Peloponnesischen Krieges" (431–404 v. Chr.), wie er in den Geschichtsbüchern genannt wird, hat Thukydides aufgezeichnet.

Thukydides
(460–395)

Thukydides (460 –395 v. Chr.) stammte aus einer vornehmen, reichen Familie. Bei Beginn des Krieges war er 30 Jahre alt. Er stieg in der athenischen Flotte bis zum Admiral auf. Als er zum Entsatz des von den Spartanern belagerten Amphipolis mit seiner Flotte zu spät kam, wurde er wegen Hochverrats in die Verbannung geschickt. Erst am Ende des Krieges konnte er nach Athen zurückkehren und kurze Zeit später soll er ermordet worden sein. Er gilt als der größte Geschichtsschreiber des Altertums.

Alkibiades
(450–404)

Nach Perikles Tod kamen in Athen Demagogen ans Ruder, die den Krieg kurzsichtig und ungeschickt führten. Das Kriegsglück wechselte wiederholt, bis nach 10 Jahren ein Friede zustande kam. Der sich anschließende Sizilische Feldzug war das Werk des Alkibiades. Er war ein Neffe des Perikles, elternlos in dessen Haus aufgewachsen, war schon als Jüngling ein Ausbund an Schönheit, Charme und Verrücktheit, hochbegabt und zugleich maßlos ehrgeizig und leichtsinnig. Alkibiades verkörperte wie kein anderer die „Jeunesse dorée" von Athen. Sokrates war sein Lehrer und Freund. Bei allem Übermut war Alkibiades aber auch ein tapferer Soldat. Als er 18 jährig am Feldzug gegen Potidäa teilnahm, rettete ihm Sokrates das Leben. Und acht Jahre später war es Alkibiades, der nun Sokrates in gleicher Weise im Felde heraushaute. Mit 29 begann er seine politische Laufbahn, ein Jahr später wurde er zum Strategen gewählt, war also nun General und Regierungsmitglied. Dazwischen gewann er das Wagenrennen in Olympia. Im Jahre 415 v. Chr., Alkibiades war nun 35 und gerade wieder zum Strategen gewählt worden, erreichte die Athener ein Hilferuf aus Sizilien, wo die großen dorischen, mit Sparta verbündeten Städte die kleinen, die sich Athen angeschlossen hatten, zu schlucken drohten. Alkibiades sah das als eine Chance, auch für sich persönlich, womöglich um sich sogar zum ersten Mann in Athen aufzuschwingen. Der Liebling des Volkes war er ohnehin, trotz oder gerade wegen seines Leichtsinns und seiner Freigebigkeit.

Sein Plan war, Syrakus und die anderen reichen dorischen Städte in Sizilien zu erobern und, nebst reicher Beute, dem athenischen Seereich einzuverleiben. Die Volksversammlung stimmte zu und Alkibiades und seine beiden Mit-Strategen sollten mit einer mächtigen Flotte lossegeln. Es gab allerdings auch Leute, die das ganze Unternehmen gerne vereitelt hätten, weil sie annahmen, Alkibiades könnte zu sehr seinen eigenen Nutzen im Auge haben. Jedenfalls, in der Nacht vor dem Auslaufen der Flotte wurden vielen Götterstatuen (Hermen) in der Stadt die Köpfe verstümmelt und das Volk sah darin ein böses Omen für den Feldzug. Man ließ Alkibiades mit seiner Flotte dann trotzdem auslaufen, aber noch bevor er in Sizilien ankam, hatte es sich die Volksversammlung anders überlegt und verurteilte ihn wegen Götterfrevels zum Tode. Alkibiades entkam nach Sparta und brachte die Spartaner dazu, die athenische Flotte bei Syrakus einzuschließen und das Landheer zu vernichten. Damit war Athens Ansehen für immer dahin.

Sizilischer Feldzug

Alkibiades riet den Spartanern auch, sich mit den ehemaligen griechischen Todfeinden, den Persern, zu verbünden und sich auf diese Weise auch eine Flotte zu verschaffen. Die Perser gingen auch wirklich darauf ein, doch die Zeche zahlten die griechischen Kolonien in Kleinasien, die nun wieder tributpflichtig wurden. Die Athener in ihrer Bedrängnis riefen nun wieder den Alkibiades zurück, der sich inzwischen mit Sparta verkracht hatte. Alkibiades besiegte auch tatsächlich wiederholt die spartanisch-persische Flotte und brachte reiche Beute nach Athen. Das war den Athenern aber nicht genug und als ein Unterfeldherr eine Niederlage erlitt, entzogen sie Alkibiades den Oberbefehl. Er ging in die Verbannung nach Persien, dort wurde er auf Veranlassung der Spartaner ermordet.

Rückkehr und Ende

Das letzte Kapitel des dreißigjährigen Bruderkrieges schrieb der spartanische Feldherr Lysander, der 405 v. Chr. die athenische Flotte am Hellespont vernichtete und Athen eroberte. Korinth und Theben wollten die Stadt zerstört sehen, aber die Spartaner begnügten sich damit, die Mauern schleifen zu lassen die Akropolis zu besetzen und den Athenern alle fremden Territorien wieder wegzunehmen.

Lysander

Athen lag am Boden und damit war auch das Ende der Demokratie gekommen. 404 v. Chr. gab man sich eine neue Verfassung, die Macht lag in den Händen der „dreißig Tyrannen", eines Direktoriums mit einem Mann namens Kritias an der Spitze, einst ein Schüler von Sokrates, gebildet und begabt, der aber bald eine Schreckensherrschaft ausübte und innerhalb eines Jahres 1500 Bürger hinrichten ließ. Die Spartaner machten dem ein Ende und setzten wieder einen „Rat der Fünfhundert" ein. Damit war die Demokratie wieder herge-

Dreißig Tyrannen

stellt. Das Volk konnte wie ehedem seine Entscheidungen treffen. Eine der bedeutendsten war kurze Zeit später das Todesurteil für Sokrates, 399 v. Chr.

Zerfall Athens Macht jedoch war für immer dahin. Auch im Inneren war der Verfall offensichtlich, Eigennutz und Sittenlosigkeit dominierten. .Die Bürger waren zu bequem zum Heeresdienst, wenn es notwendig war, schickte man Söldner ins Feld. In der Volksversammlung entschied die Masse des niederen Volkes, der „Plebs", wie er später in Rom genannt wurde. Bei den Geschworenengerichten waren fälschliche Anklagen an der Tagesordnung, das brachte Richtersold und Geschworenengeld und eingezogene Vermögen. Bei den Beamten war Unfähigkeit und Bestechlichkeit nichts Ungewöhnliches. Dennoch, als Zentrum griechischen Geistes und der Wissenschaft blieb Athen auch künftig nicht ohne Glanz. Die Vorherrschaft Spartas, die es mit Hilfe der Perser gewonnen hatte, dauerte etwa 30 Jahre (404– 371 v. Chr.). Dann hatten die Thebaner unter Epaminondas die Hegemonie an sich gezogen, aber auch nur für 10 Jahre bis zu dessen Tod. Griechenland war nun wieder in einzelne kleine Staaten zerfallen.

Philipp II von Makedonien (382–336) Inzwischen hatte sich im Norden Griechenlands König Philipp von Makedonien (382–336) ein starkes Heer aufgebaut und sich vorgenommen, Griechenland zu erobern. In seinen jungen Jahren hatte er als Geisel in Theben die griechischen Verhältnisse lange genug studiert. Natürlich widersetzten sich die Griechen diesen Eroberungsplänen. In Athen wetterte besonders Demosthenes (384–322) gegen Philipp. Diese „Philippikas" brachten ihm zwar den Ruhm als „Größter Redner des Altertums" ein, aber Philipp gewann die Schlacht bei Chäroneia (338) und die Griechen verloren ihre Freiheit. Nach zwanzig Jahren hatte er Griechenland erobert und die Griechen unter Führung Makedoniens im Hellenischen Bund zusammengeführt. Philipp, 46, wollte nun einen Kriegszug gegen die Perser führen. Da wurde er von einem Hauptmann seiner Leibwache ermordet.

Platon (427–347)

Zwei Jahre bevor Perikles starb kam in einer vornehmen, oligarchisch gesinnten Athener Familie ein Junge auf die Welt, dem man den Namen Aristokles gab. Später nannte man ihn wegen seiner breiten Stirn Platon. Als Junge hatte Platon vor, wie viele seiner Freunde, in die Politik zu gehen. Aber er erlebte die letzte Phase des griechischen Bruderkrieges mit. Während seiner Kindheit und seiner Jugendzeit, bis zu seinem 23. Jahr, herrschte Krieg. Er sah die Wirren und den Umsturz in Athen mit der Oligarchie der „Dreißig Tyrannen", die ihn noch mehr enttäuschten als die Demokratie vorher. Ungerechtigkeit und Korruption stießen ihn ab. So mied er die Politik. Als Platon 20 war schloss er sich diesem seltsamen Philosophen Sokrates an und blieb bis zu dessen Tod, acht Jahre später, dessen Schüler. Er erlebte den Prozess gegen Sokrates mit. In der Gerichtsversammlung versuchte er vergeblich zu Wort zu kommen, er bot auch an, die geforderte Strafsumme zu hinterlegen. An Sokrates Todestag war er krank, er konnte nicht dabei sein, als sein Lehrer den Schierlingsbecher nahm.

Sokrates Tod war ein großer Schock für Platon. Er sah in Sokrates **Reisen** seinen Lehrer und „vielgeliebten älteren Freund ... den gerechtesten unter seinen Zeitgenossen." Nach Sokrates' Hinrichtung hielt er sich vorsichtshalber eine Zeitlang in Megara auf. Dann trat er eine lange Bildungsreise an, die ihn auch nach Unteritalien führte, wo er mit Pythagoreern zusammenkam. In Sizilien suchte Platon, gemeinsam mit seinem engen Freund Dion, dessen Verwandten, den Tyrann von Syrakus, Dionysos den Älteren, dazu zu bewegen, das Staatswesen im Sinne seiner Theorie neu zu gestalten. Es kam aber zum Zerwürfnis, Platon wurde gefangengesetzt und auf den Sklavenmarkt gebracht, wo ihn glücklicherweise ein Verehrer loskaufte.

Nach Athen zurückgekehrt kaufte Platon ein Grundstück, das dem **Akademie** Heros Akademos geweiht war, und gründete dort eine Schule, die bald hohes Ansehen genoss und zahlreiche junge Leute anzog. Die Platonische „Akademie" sollte jahrhundertelang bestehen. In den folgenden 20 Jahren, die Platon an seiner Akademie lehrte, entstanden die meisten seiner 41 Schriften, von denen 36 in der Form des Dialogs abgefasst waren. Die meisten dieser Dialoge schildern fiktive Gespräche von Verwandten oder Freunden mit Sokrates zu bestimmten Themen.

So befasste sich die „Politeia" („Staat"), die man als sein Hauptwerk **Werke** bezeichnen kann, mit Platons Vorstellungen vom idealen Staat; die Dialog-Trilogie „Theaitetos" behandelte die Erkenntnistheorie, „Sophistes" die Lehre vom Sein (Ontologie) und „Politikos" die politische Theorie; im „Gorgias" setzt sich Platon mit den Sophisten auseinander, im „Laches" mit der richtigen Erziehung, im „Protagoras" schildert er das kulturelle Leben in Athen und das „Symposion" handelt von der Erotik. Seine Naturphilosophie legte Platon im „Timaios" dar. Zu den ergreifendsten Dialogen gehören die „Apologie", mit der Verteidigungsrede des Sokrates, der „Kriton" mit Sokrates' Argumenten gegen eine Flucht und der „Phaidon" mit dem Bericht über Sokrates' letzte Stunden und sein Sterben.

Von den Frauen hielt Platon offenbar nicht viel, er behauptete, sie **Diotima** stünden an Tugend weit hinter den Männern zurück. Und auch die Liebe zu Frauen scheint ihn kalt gelassen zu haben. Er blieb sein Leben lang Junggeselle. Die Ehe war für ihn vor allem eine Veranstaltung um tüchtigen Nachwuchs hervorzubringen. Und doch lässt er in seinem Dialog „Symposion" den Sokrates in anrührenden Worten über die sinnliche Liebe berichten. Diotima, die Seherin aus Mantinea, habe ihn über das wahre Wesen des Eros belehrt: die Sehnsucht nach dem Schönen. Und wer nach dem Schönen strebe, der wolle es für immer besitzen; so trachtet der Liebende nach Dauer und Unsterblichkeit.

Sophisten Platons Bestreben als Philosoph war zunächst, die Sophisten zu bekämpfen und zu überwinden. Protagoras' These, dass es keinen allgemeinen Maßstab gebe und der Mensch das Maß aller Dinge sei, hielt er für falsch und verderblich, weil sie die Grundlagen der Sittlichkeit zerstört. Platon hingegen wollte zeigen, dass es doch ein allgemeingültiges Richtmaß gibt und wie man zu ihm gelangt.

Ideenlehre So entwickelte er seine Ideenlehre, das Kernstück seiner Philosophie. Wenn sich alle Dinge fortwährend verändern, wie Heraklit gezeigt hatte, dann ist es unmöglich, etwas Bestimmtes über sie auszusagen. Platon hoffte dennoch dem Geheimnis ständiger Veränderungen auf die Spur zu kommen. Er war beeindruckt von Parmenides' Lehre einer unveränderlichen vollkommenen Welt hinter der Welt der Erscheinungen, aber sie stand in keiner Verbindung zu den wahrnehmbaren Dingen. In diesem Zusammenhang erinnerte er sich an seinen Lehrer. Wenn Sokrates als Begründung für ein bestimmtes Handeln zum Beispiel die Antwort erhalten hatte, weil es „gerecht" sei, dann hatte er immer gleich nachgefragt, was Gerechtigkeit eigentlich sei. Sokrates suchte nach dem gemeinsamen Wesentlichen verschiedener gerechter Handlungen, er wollte den Allgemeinbegriff definieren. Platon ging noch einen Schritt weiter und war der Ansicht, dass es hinter allen Dingen solche ewigen Wahrheiten gebe. Er nannte sie „Ideen" (Idea = Aussehen, Gestalt).

Urbilder und Höhlengleichnis Zu jeder Gattung von Dingen gehört eine solche Idee, hinter den verschiedenen Bäumen z. B. steht die Idee „Baumheit". Und ebenso existiert für abstrakte Begriffe wie Mut oder Schönheit eine Objektivität in Form ihrer Idee. Platon versteht unter der Idee die reine, selbst nicht sichtbare aber allen Sichtbaren zugrunde liegende Gestalt. Die Ideen sind die unwandelbaren Urbilder, die wahrnehmbaren Dinge nur ihre flüchtigen, unzulänglichen Abbilder. Was es bedeutet, aus der Scheinwelt der Wahrnehmungen in die wirkliche Welt der Ideen zu gelangen, beschreibt Platon in seinem berühmten „Höhlengleichnis". Gefangen in der Höhle der sinnlichen Welt nehmen die Menschen die Wirklichkeit nur als Schatten wahr. Und es gleicht dem Aufstieg ans Tageslicht, wenn sich die Seele in die Welt der Ideen aufschwingt. Der Philosoph ist einer der wenigen, dem es gelungen ist, aus der Höhle herauszukommen und damit zur Erkenntnis der unveränderlichen Ideen zu gelangen.

74

So war die sichtbare Welt für Platon nur eine Scheinwelt, ein bloßes Abbild der wahren Welt, die hinter den äußeren Erscheinungen steht. Auch der Mensch ist zweigeteilt (Dualismus) und gehört beiden Welten an: mit seiner Seele und ihrer Vernunft der Ideenwelt, mit seinem Leib der Körperwelt. Mit dem Tod wird die Seele vom Leib getrennt. Die Seele ist unsterblich. In seiner Seele trägt der Mensch die Urbilder der Tugenden, die sein Handeln bestimmen sollen. Die Seele hat vor dem Eintritt in den menschlichen Leib dem Reich der Ideen angehört und dort die Ideen geschaut. Durch die Vernunft, die den Anteil der Seele am göttlichen Wesen darstellt, wird in der Seele die Erinnerung an die vor der Geburt geschauten Ideen ausgelöst. Erkenntnis ist Wiedererinnern. Durch die Vernunft gehört die Seele der Ideenwelt an, zugleich aber durch ihre sinnlichen Fähigkeiten der Sinnenwelt. Mit Hilfe der Vernunft strebt die Seele danach, sich der Fesseln der Sinnenwelt zu entledigen und ganz ins Reich der Ideen zurückzukehren. Gelingt ihr dies nicht in einem Menschenleben, muss sie so lange durch menschliche Leiber wandern, bis sie ihre Reinheit wiedererlangt hat. Diesen Glauben an die Seelenwanderung hat Platon wahrscheinlich von den Pythagoreern übernommen.

Zwei Welten, Seele und Seelenwanderung

Die höchste Idee ist die Idee des Guten. Die Seele sehnt sich nach immer größerer Vollkommenheit, wie sie in der höchsten Schönheit zum Ausdruck kommt. Sie strebt dorthin, „wo die Vollkommenheit schon immer Wirklichkeit ist, nach dem Jenseits der zweiten, idealen Welt." Dieses Streben, vom Sinnlichen zum Geistigen fortzuschreiten nennt Platon „Eros". Es umfasst die Freude am Schönen ebenso wie die Musik, die reinen Formen der Mathematik und den Drang, sich zur Unsterblichkeit zu erheben. Der Weg zum Glück führt über die ewigen Ideen. Unwissenheit ist darum die eigentliche Krankheit der Seele. Das Ziel des Menschen ist es, durch Erhebung in die übersinnliche Welt jene höchste Idee des Guten zu erlangen. Leib und Sinnlichkeit sind die Fesseln, die ihn daran hindern: „Der Leib ist das Grab der Seele." Mit Hilfe der Tugend kommt er diesem Ziel näher. Platon unterscheidet vier Kardinaltugenden: Weisheit als die Tugend des Verstandes, Tapferkeit als die Tugend des Willens, Besonnenheit („Sophrosyne") und Gerechtigkeit als das abgewogene Verhältnis zwischen den Tugenden.

Eros und Tugend

Für Platon stellte die Gerechtigkeit einen Seelenzustand dar, der für das Individuum ein besonderes Glück mit sich bringt. Gerecht ist, wer seine eigene Aufgabe erfüllt und sich nicht in anderer Leute Angelegenheiten mischt. Neben der Gerechtigkeit zählen Schönheit und Wahrheit zu den wertvollsten Dingen. Der Anblick der Schönheit beschert dem Menschen ein hohes Glück. Die höchste Liebe ist „die Liebe zum ewigwährenden Besitz des Guten", die die absolute Schönheit der ewigen Ideen sucht. Das, und nicht die Zuneigung zwischen Mann und Frau ohne körperliche Annäherung, ist übrigens die „platonische Liebe".

Gerechtigkeit Glück Liebe

Mystik und Zahlen

Platons Überzeugungen wurzeln, wie die der Mystiker, in einer inneren Gewissheit, die sich anderen überhaupt nicht vermitteln lässt, es sei denn durch die Lebensweise. Im Grunde will er, wie die Pythagoreer, eine Lebensregel für Eingeweihte aufstellen, meint Russell. Aristoteles meinte, für Platon seien die Ideen dasselbe wie für Pythagoras die Zahlen. Die Mathematik war auch für Platon die höchste Form der Philosophie. Deshalb schrieb er wohl auch über das Tor zu seiner Akadamie die Worte: „Kein der Geometrie Unkundiger wage hier einzutreten."

Schöpfung

Im Dialog „Timaios" schildert Platon, wie er sich die Weltschöpfung vorstellt. Der Schöpfer (Demiurg) schuf durch Mischung der Ideenwelt und der ungeformten Materie zuerst die Weltseele die sich über alles wölbt. Aus der chaotischen, auf diese Weise beseelten Urmasse bildeten sich die vier Elemente und aus diesen wiederum die Einzeldinge. Platons Gott hat also die Welt nicht aus dem Nichts erschaffen, wie der jüdische und der christliche Gott, sondern hat bereits vorhandenen Stoff neu geordnet. Die Welt ist ein sichtbares Wesen in der Gestalt einer Kugel. Denn gleich ist besser als ungleich und nur eine Kugel ist überall gleich. Sie dreht sich, weil die Kreisbewegung die vollkommenste Bewegung ist. So wie die Weltseele schaffte der Demiurg auch die Menschenseelen. Er verlieh dem Leib die Seele und der Seele Verstand. Platon ist also kein Pantheist. Jede Seele ist etwas Individuelles, jede hat ihren Stern, dort ist ihre Heimat und es gibt so viele Seelen, wie es Sterne gibt. Der Dialog Timaios, der von Cicero ins Lateinische übersetzt wurde, war der einzige Dialog, den das Abendland im Mittelalter kannte und hatte deshalb großen Einfluss.

Gott

Als den eigentlichen Grund der Welt und des Werdens sieht Platon Gottes Wille, „dass alles ihm selbst so ähnlich wie möglich werde", das heißt: gut, schön und vollkommen. Platon ist überzeugt, ein Volk könne nicht groß sein, sofern es nicht an Gott glaubt und eine Religion hat. Doch ist Gott für Platon nicht etwa bloß Gegenstand des Glaubens. So etwas ist dem antiken Menschen noch fremd. Dass Gott existiert, ist hier vielmehr Gegenstand des Wissens.

Oligarchie

Nach den Erfahrungen in seiner Vaterstadt, dem Prozess gegen Sokrates und seinen Erlebnissen in Sizilien ist es nicht verwunderlich, dass Platon sein ganzes Leben lang mit dem Problem, wie der richtige Staat beschaffen sein muss, gerungen hat. Tugend und Sittlichkeit, die vom Einzelnen gefordert werden, kommen erst zur vollen Entfaltung in einem geordneten Staatswesen. Platon untersuchte die verschiedenen Staatsformen. In der Oligarchie herrschen die Reichen, die Armen sind von der Regierung ausgeschlossen. Das hat zur Folge, dass keineswegs immer die Fähigsten ans Ruder kommen, dass die Menschen statt nach Weisheit und Gerechtigkeit nur nach Reichtum streben und dass Klassenkampf die Gesellschaft trennt.

Eine Demokratie entsteht, „... wenn die Armen den Sieg davontra- **Demokratie**
gen, und von der Gegenpartei die einen hinrichten lassen, die anderen verbannen und den übrigen Bürgern gleichen Anteil an den Ämtern geben ... unter dem Schlagwort der Freiheit ... Man ist nicht
gezwungen am Regieren teilzunehmen, noch zu gehorchen, noch
im Krieg mitzutun ... oder Frieden zu halten, wenn man keine Lust
hat, also eine vergnügliche Verfassung, ohne Regierung ... Müssen
da nicht Zügellosigkeit und allgemeine Auflösung um sich greifen?
Wie soll man die Jugend erziehen, wenn alle gleich und alle gleich
frei sind? Der Lehrer zittert vor seinen Schülern und schmeichelt
ihnen, die Schüler aber machen sich nichts aus den Lehrern ... Die
Jüngeren stellen sich den Älteren gleich und setzen sich
unter die Jugend, damit man sie nicht für missvergnügt oder herrisch
hält." Das Grundprinzip der athenischen Demokratie, das gleiche
Recht aller, Ämter zu bekleiden und die Staatsgeschäfte zu bestimmen, scheint „auf den ersten Blick ein herrlicher Zustand, ... wird
aber dadurch katastrophal, dass das Volk nicht genügend mit
Bildung ausgestattet ist, um die besten Führer und die weiseste
Richtung zu wählen ... Was das Volk betrifft, so hat es keinen
Verstand und wiederholt nur, was seine Führer ihm zu sagen belie-
ben."

Der Demokratie folgt als Reaktion auf das Übermaß an Freiheit die **Tyrannis**
Tyrannis. Das Volk stellt einen Führer an die Spitze, der von der
Macht kostet und davon berauscht wird, Verbannungs – und Todesur-
teile ausspricht, bis er durch seine Feinde untergeht. Jede Regierungsform führt zur Selbstaufhebung durch Überspannung des eigenen
Grundprinzips. Das Übel besteht darin, dass es die Regierenden und
die Bürger an Einsicht fehlen lassen und krasser Egoismus herrscht.

Wie sollte demgegenüber der ideale Staat aussehen? Platon entwirft **Der ideale**
ein Idealbild, in seinem Buch „Der Staat" (Politeia), das zum Urbild **Staat**
aller Utopien wurde. Die zum Regieren Berufenen müssen durch
Auslese herausgefunden werden. Der Staat muss jedem Kind die gleichen Bildungsmöglichkeiten bieten. Im 20. Jahr werden die Besten
herausgeprüft und weitere 10 Jahre erzogen. Dann wird nochmals
gesiebt und wer durchkommt wird 5 Jahre lang in Philosophie ge-
schult. Anschließend müssen sie sich 15 Jahre lang im praktischen
Leben bewähren, um dann mit 50 in die führenden Stellungen einzu-
rücken, automatisch, ohne Wahl, denn die Besten sind ja schon er-
mittelt. Sie sind dann die Philosophenkönige oder königlichen Philosophen, von denen Platon träumt, die Macht und Weisheit in sich
vereinen. „Die Philosophen müssen Könige werden oder die Könige
Philosophen, sonst wird es kein Ende des Übels geben auf Erden."
Sie haben „die Idee des Guten erkannt und als Norm verinnerlicht."
Platon hielt es für ausgeschlossen, dass sich die breitere Bevölkerung
dieses Wissen aneignen könnte.

**Kommu-
nismus**

Platons ideale Verfassung ist eine Aristokratie im wörtlichen Sinne: die Herrschaft der Besten. Um die Krieger dieses Staates und die Herrschenden (die „Wächter") vor den Versuchungen zu schützen, die von „Hunger und Liebe", von Geld, Besitz und Frauen ausgehen, schlug Platon vor, dass keiner von ihnen Eigentum besitzen darf, sie bekommen vom Staat nur so viel, wie sie im nächsten Jahr für ihren Unterhalt brauchen und sie werden wie Soldaten zusammen wohnen und ihre Mahlzeiten gemeinsam einnehmen und die Gemeinsamkeit wird sich auch auf die Frauen erstrecken. Die Kinder wachsen in der Gemeinschaft auf. Dieser vollkommene Kommunismus gilt für die Elite an der Spitze. Die breite Masse der Erwerbstätigen darf allerdings Privateigentum und private Familien beibehalten, dafür haben sie aber keinerlei Einfluss auf die Politik.

**Der gute
Staatsmann**

Um ein guter Staatsmann werden zu können, muss ein Mensch das Gute kennen; das kann er nur durch geistige und moralische Disziplin erreichen. Platon hielt Muße für die unerlässliche Vorbedingung der Weisheit. Muße findet sich nur bei unabhängigen Menschen ohne Existenzsorgen. Und Lügen, sagt Platon ausdrücklich, muss ein Vorrecht der Regierung sein.

**Gegen Indi-
vidualismus**

In Platons' Staatslehre hat der soziale Gedanke besonderes Gewicht: der Einzelne darf sich nicht individualistisch oder gar egoistisch „ausleben", sondern er muss sich als Glied der Gemeinschaft fühlen und in ihrem Dienst sich betätigen. Platon setzt Individualismus mit Egoismus gleich und argumentiert so für den Kollektivismus. Platons Hass gegen das Individuum und seine Freiheit werde allerdings ständig als menschlich, selbstlos und christlich idealisiert, meint Popper. Perikles hatte das anders gesehen. Für ihn war Individualismus in Verbindung mit Altruismus ein hohes Ziel und in dieser Form ist der Individualismus auch „die Grundlage unserer abendländischen Zivilisation geworden". (Popper)

Gesetze

Die krassen Einseitigkeiten seines Konzepts hat Platon wohl im Laufe der Jahre auch selbst eingesehen, denn in seinem Alterswerk, den „Nomoi" (Gesetze), ist vieles gemildert und lebensnäher gefasst. Dort läuft es auf eine Mischung aus den verschiedenen Verfassungen hinaus und auf eine Herrschaft durch Gesetze. Die Bürger sollen freundlich miteinander verkehren und da Platon befürchtet, dass Auseinandersetzungen um Geld und Gut dieses Staatsziel gefährden könnten, warnt er immer wieder vor Reichtum und Wohlstand.

Utopie

Die ideale Staatsverfassung, die Platon sich vorstellte, haben schon seine Zeitgenossen für eine Utopie gehalten. Gleichwohl ist man ihr gelegentlich sehr nahe gekommen. Tausend Jahre hindurch wurde Europa von einer „Wächterklasse" beherrscht, die Platons Vision ziemlich ähnlich sah. Die katholische Geistlichkeit hatte praktisch das Bildungsmonopol, war frei von Besitz- und Familiensorgen und gelangte ohne Wahl in Schlüsselpositionen der Macht. Russell nennt als weitere Beispiele die kommunistische Partei der UdSSR und die totalitären Staaten, die wir im 20. Jahrhundert erlebt haben.

Als Platon 60 war, unternahm er noch einmal zwei abenteuerliche **Ende** Reisen nach Sizilien, zu denen ihn sein Freund Dion bewogen hatte, um mit dem neuen Tyrannen von Syrakus, Dionysios II., die Idee eines Philosophenkönigtums zu verwirklichen. Das Unternehmen schlug wieder gründlich fehl und Platon gelangte nur mit großem Glück zurück nach Athen. Die letzten Jahre seines langen Lebens verbrachte Platon friedlich mit ruhiger Lehrtätigkeit und wissenschaftlicher Arbeit in seiner Akademie. Seine zahlreichen Schüler, verstreut in alle Welt, brachten ihm Ehre ein. Als einer seiner Schüler ihn zu seiner Hochzeitsfeier einlud, soll der 80-Jährige fröhlich mit gefeiert haben und erst zu später Stunde sich in einen stillen Winkel des Hauses zurückgezogen haben und eingeschlummert sein. Am Morgen wollten ihn die aufbrechenden Gäste wecken, aber er war während der Nacht aus einem kurzen Schlummer in den ewigen Schlaf versunken.

Die Nachwirkungen von Platons Philosophie sind über die Jahrhun- **Wirkung** derte hin bis zur Gegenwart unvergleichlich. Noch heute gibt es keinen Philosophen, der so häufig zitiert wird. „Die philosophische Tradition Europas ... besteht aus einer Folge von Fußnoten zu Platon," meinte A. N. Whitehead. In allen Gebieten seiner Philosophie war Platon Idealist. Höhere, ideale Ziele sind es, auf die das Leben des Einzelnen und der Gesamtheit gerichtet ist, denen alle Wesen zustreben. So hielt man sich immer für verpflichtet, „... Platon in den Himmel zu heben, nicht aber, ihn zu verstehen." (Russel) Auch seine Ethik war von hochstrebendem Idealismus geprägt, aber die scharfe Trennung zur Erfahrungswelt hat ihr „einen weltflüchtigen, lebensverneinenden Charakter gegeben." (Messer) Seine Lehre, dass die „jenseitige" Welt die eigentlich wahre und wertvolle sei, – eine Ansicht die in schroffem Gegensatz zu der Daseinsfreude der alten Griechen stand – musste ihn geradezu als einen Vorläufer des Christentums erscheinen lassen. Der Eros Platons kennt allerdings nicht die „Agape", die Liebe zum Mitmenschen, zum Nächsten. Und in seinem politischen Denken fehlt die Idee der politischen Freiheit, die in Europa seit dem Mittelalter eine so große Rolle gespielt hat. (Jaspers)

Aristoteles (384–322)

Martin Heidegger soll seine Vorlesungen über Aristoteles mit den Worten begonnen haben: „Aristoteles wurde geboren, arbeitete und starb." Doch wenn auch nur wenige Einzelheiten über ihn bekannt sind, etwas mehr über ihn weiß man schon. Aristoteles kam aus dem

Norden, aus Stagira (heute Stavro) in Thrakien. Sein Vater war Leibarzt des Königs von Makedonien. Seine Eltern starben früh. Mit 17 ging er nach Athen – es war in der Zeit der thebanischen Vorherrschaft – und trat in die Akademie Platons ein. Platon war damals bereits 60. Es zeigte sich bald, dass es außer den 40 Jahren Altersunterschied auch noch andere Gegensätze zwischen den beiden Genies gab. Aber dennoch waren Lehrer und Schüler so eng verbunden, dass Aristoteles 20 Jahre lang, bis zu Platons Tod, an der Akademie blieb.

Platons Schüler

Platon hat die ungewöhnliche Begabung des jungen, bereits sehr belesenen und in medizinischen Kenntnissen bewanderten Aristoteles offenbar sehr früh erkannt und ihm eine gewisse Sonderstellung in der Akademie eingeräumt. Platon soll ihn „die Intelligenz der Schule" genannt und seine Wohnung als „das Haus des Lesers" bezeichnet haben. Er sprach aber auch von einem Füllen, das die Milch der Mutter trinke und dann gegen sie ausschlage. Aristoteles war derjenige unter den Schülern Platons, der ihm an Geisteskraft am nächsten stand. Er stieß beim Sprechen mit der Zunge etwas an, auch war er „schwach auf den Beinen, und kleinäugig, kleidete sich aber stattlich und ließ es an Fingerringen und Haarpflege nicht fehlen", wie Diogenes Laertius berichtet. Er war weltzugewandter und den Genüssen des Lebens zugeneigter, weniger auf „grimmige Askese" und aufdringliche Tugendhaftigkeit aus als die meisten anderen Platoniker. Aristoteles hat aber nie etwas Schlechtes über seinen Lehrer gesagt, erst nach dessen Tod fühlte er sich frei, seine abweichenden Ansichten nicht mehr herunterzuspielen. „Platon ist ein Freund. Eine bessere Freundin ist die Wahrheit.", soll er gesagt haben.

Wanderjahre

Nach Platons Tod wurde jedoch nicht Aristoteles an die Spitze der Akademie berufen, wie er es gehofft haben mag, sondern Platons Neffe Speusippos, womit der Familie das Eigentum an der Akademie gesichert war. Aristoteles war für die Athener schließlich ein „Metöke", ein Ausländer. Zu jener Zeit war man in Athen ohnehin auf Makedonien nicht gut zu sprechen. Man fühlte sich bedroht und Demosthenes hielt seine „Philippikas" gegen den makedonischen König. Das mag Aristoteles bewogen haben, der Einladung seines Studienkollegen Hermias nach Assos an die kleinasiatische Küste zu folgen, der es dort zum Diktator gebracht hatte. Aristoteles heiratete Hermias' Nichte Pythias. Wenig später wurde Hermias von den Persern ermordet. Aristoteles floh mit Pythias nach dem nahegelegenen Lesbos. Dort gebar ihm Pythias eine Tochter, starb aber im Kindbett. Aristoteles bewahrte Pythias stets ein zärtliches Angedenken; in seinem Testament verlangte er, neben ihr beigesetzt zu werden. Später lebte Aristoteles mit der Hetäre Herpyllis zusammen, die die Mutter seines Sohnes Nikomachos wurde.

Alexanders Lehrer

Aristoteles hatte offenbar noch immer Beziehungen zum makedonischen Königshof, denn hier in Mytilene auf Lesbos erreichte ihn der

Ruf König Philipps von Makedonien, als Erzieher seines Sohnes Alexander nach Pella, an den makedonischen Hof zu kommen. Alexander war damals 13, leidenschaftlich, epileptisch und trunksüchtig. Aristoteles war 3 Jahre lang sein Lehrer. Als Alexander 20 war, wurde sein Vater Philipp ermordet und Alexander war nun König. Ein Jahr später kehrte Aristoteles zusammen mit Theophrast, seinem Schüler und späteren Nachfolger, nach Athen zurück. Er war nun 53 Jahre alt und eröffnete eine eigene Schule, das Lykeion (Lyzeum), das bald viele Schüler gewann. Die folgenden Jahre widmete Aristoteles intensiv der Forschung, er legte sich eine große Bibliothek und umfangreiche naturwissenschaftliche Sammlungen an. Auch 158 Staatsverfassungen soll er gesammelt haben.

Werke Aristoteles war „unvergleichlich arbeitsam und erfinderisch", meint Diogenes Laertius und zählt 146 Buchtitel auf. Insgesamt habe Aristoteles 400 Bücher geschrieben. Von diesem umfangreichen Werk ist nur ein Teil erhalten geblieben. Es umfasst Bücher zur Logik (die schon im Altertum unter dem Titel „Organon" = Werkzeug zusammengefasst wurden), zur Naturwissenschaft, zur Metaphysik, zur Ethik (sein Sohn Nikomachos hat sie nach seinem Tode herausgegeben, man nannte sie deshalb „Nikomachische Ethik") und Schriften zur Politik, Kunst, Literatur und Rhetorik. Er war der erste, der in seinen wissenschaftlichen Werken „wie ein Professor" schrieb, seine Abhandlungen sind systematisch gegliedert, sein Stil ist kritisch, sorgfältig und trocken. In populärem Stil verfasste er etwa 27 „Dialoge", die Cicero als den platonischen ebenbürtig erachtete. Sie sind leider im Trubel der Eroberung Roms durch die Barbaren verloren gegangen.

Logik Aristoteles befasste sich eingehend mit dem richtigen Denken, den Methoden und Werkzeugen, mit deren Hilfe man zu folgerichtigen Ergebnissen kommen kann. Er nannte diese Wissenschaft, die er neu begründete, Analytik, später wurde sie Logik genannt. Die Elemente der aristotelischen Logik sind uns bis heute vertraut: Durch Definitionen gewinnt man Begriffe, diese lassen sich in Kategorien einordnen, von denen Aristoteles zehn benennt. Die vier wichtigsten sind Substanz, Quantität, Qualität, Relation. Begriffe verknüpft man zu Urteilen, in diesen wird über einen Begriff (Subjekt) etwas Bestimmtes ausgesagt (Prädikat). Urteile wiederum werden zu Schlüssen verbunden. Aus gewissen Voraussetzungen (Prämissen) wird etwas Neues abgeleitet (Konklusion). Diese „Kunst des Schlüsseziehens" und des Beweises nannte er Syllogistik. Die Methode, von einem allgemeinen Begriff aus die einzelne Erscheinung abzuleiten, vom Allgemeinen auf das Besondere zu schließen (Deduktion), reicht aber für unsere Erkenntnis, besonders in den Naturwissenschaften, nicht aus. In der Praxis muss in der Regel umgekehrt von Einzelbeobachtungen ausgehend auf das Allgemeine geschlossen werden. Auch mit dieser Methode, der Induktion, hat sich Aristoteles befasst.

Metaphysik   Aristoteles unternahm erstmals den Versuch, die Philosophie systematisch darzustellen und auf allgemein gültigen Prinzipien aufzubauen. Den 14 Büchern, in denen er die philosophischen Begriffe, Methoden und Probleme sowie die Lehren früherer Philosophen schilderte, hat man später die Bezeichnung „Metaphysik" gegeben. In der ersten Ausgabe des aristotelischen Gesamtwerks standen sie hinter den Büchern über Physik und Naturwissenschaften, also „meta ta physika" – daher der Name. Die Bezeichnung Metaphysik umfasste die ganze Philosophie, die in dieser Bedeutung jahrhundertelang als die „Königin der Wissenschaften" galt. Später wurde der Begriff auch in einem engeren Sinne gebraucht für alle Aussagen, die unsere möglichen Erfahrungen überschreiten.

Ideenlehre   Mit seiner eigenen Philosophie befand sich Aristoteles vor allem in einem Punkt im Gegensatz zu seinem Lehrer. Er betrachtete die Platonische Ideenlehre als eine durchaus willkürliche Konzeption, die mit den Tatsachen der Erfahrung nicht in Einklang gebracht werden konnte. Für Platon war das Allgemeine, die Idee das Wirkliche, die Einzeldinge waren nur unvollkommene Nachbildungen. Aristoteles jedoch vertraut der Wahrnehmung durch unsere Sinne mehr als Platon und geht von den Einzeldingen aus, wenn er auf Allgemeines schließt.

Stoff und Form   Aber er ist sich einig mit Platon, dass wir mit unserer Erkenntnis des Allgemeinen auch etwas vom Wesen des Seienden erfassen. Und wie Platon kommt er zu dem Ergebnis, dass es neben den wechselnden Einzelerscheinungen auch etwas Unveränderliches gibt. Er nennt es „Form". Die Form wirkt auf die Materie (Stoff) gestaltend ein. Der Stoff wird dadurch zu einem bestimmten Ding und darin liegt die Wesenheit des Dinges. Die Form existiert jedoch nicht losgelöst von den Dingen, sondern sie ist in den Dingen, sie ist die allgemeine Gestalt, die das Wesen des Einzeldings ausmacht. Stoff und Form gehören zu den „vier Gründen des Seienden", die anderen beiden sind Ursache und Zweck.

Entelechie   Die Dinge sind dazu geschaffen, ihren Zweck, die mit ihrer Gestalt verbundene Funktion, zu erfüllen, sie bilden ein „Stufenreich der Zwecke" (Teleologie). Als Naturforscher hat Aristoteles das Weltgebäude mit Raum, Zeit, Materie, Ursache und Bewegung eingehend beschrieben, seine vergleichende Pflanzen- und Tierkunde war grundlegend. Und überall in der Natur erkennt er eine wunderbare Zweckmäßigkeit. Form und Stoff bilden die Dinge. Die prägende und geprägte Form bestimmt zugleich den beabsichtigten Zweck eines Dinges, der durch die Gestalt seine Verwirklichung findet. Die sich im Stoff verwirklichende Form, diese im Organismus liegende Kraft, die seine Entwicklung und Vollendung bewirkt, nennt Aristoteles „Entelechie". (Mit den Worten Goethes: „Geprägte Form, die lebend sich entwickelt.")

Kennzeichnend für das Lebende ist die Fähigkeit, sich selbst zu bewe- **Gott**
gen. Wo Bewegtes ist, muss auch ein Bewegendes sein. Das Bewegte
ist der Leib, das den Leib Bewegende, Formende und Gestaltende ist
die Seele. Die Seele ist die „Entelechie" des Körpers. Form und Stoff
wirken aufeinander durch Bewegung. Bewegung erfordert immer
eine Bewegendes und ein Bewegtes, aber am Anfang muss der Anstoß einmal von einem Bewegenden ausgegangen sein, das sich
selbst nicht bewegt. Das kann nur die reine Form ohne Stoff sein, das
schlechthin Vollkommene. Dieses reine Denken, dieser reine Geist,
ist Gott. Gott, die reine, stofflose Form, der erste Beweger, war von
Ewigkeit an. Er durchdringt die Welt und treibt sie zur Entwicklung
nach höheren Formen. So wie die Seele die Gestalt des Körpers ist,
so ist Gott die Gestalt oder die „Entelechie" der Welt, ihre innere
Natur, ihre Funktion, ihre Sinngebung. Er ist die Summe und das Ziel
aller Zwecke der Natur. Gott ist nicht der Schöpfer der stofflichen
Welt, sondern ihre kraftspendende Gestalt. Er bewegt sie nicht von
außen, sondern als innere Richtung.

Die Seele ist ein Teil dieser schöpferischen Kraft des Universums, die **Seele**
Gott ist, und als solche ist sie unsterblich. Diese Unsterblichkeit ist
jedoch unpersönlich. Was erhalten bleibt ist die Kraft, nicht die Persönlichkeit. Das Individuum ist eine einzigartige und sterbliche Mischung ernährender, wahrnehmender und vernunftmäßiger Anlagen.
Es gelangt nur zu einer relativen Unsterblichkeit, nämlich durch die
Fortpflanzung und zu einer unpersönlichen, durch den Tod.

So wie die Metaphysik soll auch die Kunst die Wesensgestalt der **Kunst**
Dinge erfassen. Sie ist eine Nachahmung des Lebens, aber nicht eine
mechanische Kopie. Was sie nachahmt ist die Seele der Materie, nicht
die Materie oder den Körper, und durch diese Schau und Spiegelung
des Wesentlichen kann selbst die Darstellung eines hässlichen Gegenstandes schön sein. Schönheit ist Einheit, das Zusammenwirken
und die Symmetrie der Teile in einem Ganzen. Beim Drama ist es
vor allem die Einheit der Handlung, in der das zum Ausdruck kommt.
Die Tragödie wühlt unsere Gefühle auf, um sie dann in der Lösung
des Knotens wieder zur Ruhe zu bringen und bewirkt damit eine
„Katharsis" (Reinigung). Sie zeigt uns Leiden und Kümmernisse, die
schwerer sind als die unseren und entlässt uns geläutert und von einer
Bürde befreit. So würdigt Aristoteles das Wirken der Dichter in seiner
„Poetik", auch hier im Gegensatz zu Platon, der trotz aller Liebe zur
Poesie die Dichtung aus moralischen Gründen verwirft. (Höffe)

Auch in seiner Ethik grenzt sich Aristoteles folgerichtig von seinem **Ethik**
Lehrer Platon ab. Für ihn sind das Gute und die Tugend nicht wie
bei Platon etwas Absolutes, das in unendlicher Ferne liegt, für unser
irdisches Sehnen und Streben nur ein jenseitiges Ziel. Aristoteles bezieht sich nicht aufs Jenseits, für ihn sind Begriffe wie Tugend und
Glück immer am realen menschlichen Leben orientiert, sodass sie

auch im Diesseits erreicht werden können. Ethik ist für Aristoteles „praktische" Philosophie. Sie fordert nicht den perfekten Menschen und gibt keine Anleitung zum vollkommenen Leben. Im Verzicht auf unerreichbare Ideale wird eine präzise Analyse ethischen Verhaltens möglich, wie es in der Wirklichkeit des Alltagslebens sichtbar ist.

Glück Was ist das Ziel menschlichen Strebens? Für Aristoteles ist die Antwort eindeutig: Der Mensch strebt nach Glück. Glück, das ist Freude haben, an dem was man tut, Lust am rechten Tun und an der Erkenntnis. Das Geheimnis der Glückseligkeit ist die Tat, Kraft auszuüben in einer Weise, die der Natur und den Lebensbedingungen des Menschen angemessen ist. Der Mensch wird nur glücklich, wenn er alle seine Fähigkeiten und Möglichkeiten entfalten und benutzen kann. Das beste Leben besteht für ihn in der Entfaltung dessen, wozu er sich am besten eignet.

„Glückselig ist derjenige, der ununterbrochen tugendhaft handelt und mit den äußeren Lebensgütern in hinlänglichem Maße ausgestattet ist, und zwar beides nicht nur während irgend einer beliebigen Zeit, sondern ein volles Leben lang," heißt es in der Nikomachischen Ethik. Aristoteles ist also realistisch genug einzuräumen, dass ein Mensch, um glücklich zu sein, auch „in guten äußeren Verhältnissen" leben muss. Das heißt nicht, dass man reich sein muss. Auch mit mäßigen Mitteln lässt sich tugendhaft und edel handeln. Aber man muss sich das Glück erarbeiten. Aristoteles zitiert Solon, wonach glückselig sei, wer, mit äußeren Gütern mäßig bedacht, die schönsten Taten verrichtet und besonnen lebt. So besteht das Glück in einem guten, gelungenen Leben, wie es den meisten offen steht und für viele erreichbar ist.

Eudaimonia Für Aristoteles ist die Glückseligkeit (Eudaimonia) das höchste Gut des Menschen. Denn das letzte Ziel unseres Handelns muss etwas sein, das nicht als Mittel zu einem anderen Zweck, sondern nur um seiner selbst willen erstrebt wird. Die Glückseligkeit ist der „Zweck aller Zwecke", ein Zustand, in dem der Mensch mit sich selbst in Einklang ist, und sein Streben zur Erfüllung kommt. (Bien) „So erweist sich denn das Glück als etwas Vollendetes, für sich allein Genügendes: es ist das letzte Ziel des uns möglichen Handelns und des ganzen Daseinsvollzuges."

Erfüllung Die höchste Erfüllung erlangt der Mensch, wenn er sein Leben der Erkenntnis widmet. Im philosophischen Denken, in der Tugend der Weisheit, ahmt der Mensch die Tätigkeit Gottes nach. Hier erlangt er das höchste Gut: Glückseligkeit durch die Tätigkeit der Vernunft. Er fragt nicht mehr nach dem Nutzen, sein Denken genügt sich selbst. (Spierling)

Tugend Der Weg zum Glück führt über ein tugendhaftes Leben. Tugend kann man erlernen. Es ist die Fertigkeit, vernunftgemäß zu handeln. Tugend

84

ist die Gewohnheit, das Rechte zu tun. Sie muss zuerst durch diszipli-
narische Maßnahmen beigebracht werden, da die jungen Leute in
diesen Dingen keine weisen Entscheidungen zu treffen vermögen.
Mit der Zeit wird dann das, was ein Zwang war, zur Gewohnheit, zur
„zweiten Natur". Das Idealbild ist der Mensch, der das tut, was er
tun soll und der es tut, weil er es zu tun wünscht.

Tugend ist eine praktische Weisheit, eine vernünftige Wertschätzung **Mittelweg**
dessen, was für einen selber gut ist. Gewöhnlich ist sie der goldene **Und Kairos**
Mittelweg zwischen zwei Extremen; Mut ist die Mitte zwischen Feigheit und Tollkühnheit, Selbstbewusstsein zwischen Eitelkeit und
Selbsterniedrigung, Freigebigkeit zwischen Verschwendungssucht
und Knauserigkeit. Man braucht Verstand, um die Mitte zu finden,
und Selbstbeherrschung, „innere Kraft", um ihr zu folgen. Zu einer
gelungenen Lebensführung gehört es auch, sachgerecht und situati-
onsgerecht zu handeln. Im Griechischen gibt es dafür den Ausdruck
„kairós", das heißt zu handeln „zur rechten Zeit, am rechten Ort, im
rechten Maß". (Friedrich)

Für Aristoteles ist auch die Freundschaft eine Tugend, er hat ihr in der **Freundschaft**
Nikomachischen Ethik ein eigenes Kapitel gewidmet. Freundschaft
gehört zum Notwendigsten im Leben, denn keiner möchte ohne
Freunde leben, auch wenn er alle übrigen Güter besäße.

Der Mensch, lehrt Aristoteles, ist von Natur aus ein „zoon politikon", **Politik**
ein geselliges (politisches) Wesen. Er bedarf zur Erhaltung und Vervollkommnung des Lebens der Gemeinschaft mit anderen. Wie für
Platon ist auch für Aristoteles die sittliche Gemeinschaft der Bürger
in einem auf Gesetz und Tugend gegründeten guten Staat die höchste
und eigentliche Form der Sittlichkeit. Und Politik ist nichts anderes
als angewandte Ethik. Wie die Ethik die Wissenschaft von der individuellen Glückseligkeit, so ist die Politik die Wissenschaft von der
gemeinschaftlichen Glückseligkeit. Der Staat hat die Funktion, eine
Gesellschaft zu bilden, die der größten Anzahl die größtmöglichste
Glückseligkeit verschafft.

Mit Platons idealem Staat kann sich Aristoteles allerdings nicht an- **Platons Staat**
freunden. Der Gedanke an einen Staat, in dem alle Menschen Brüder
seien und eine wundervolle Liebe aller zu allen eintreten werde,
könne zwar Begeisterung erwecken. Aber die Staatskunst könne nicht
die Menschen machen, sondern sie empfängt sie als Stoff von der
Natur. Die große Mehrzahl der Menschen seien von Haus aus
Dummköpfe und Faulenzer, die man im Staat regieren und in der
Arbeit leiten müsse. Was Aristoteles besonders missfällt, ist der Kommunismus, obwohl ihn Platons Konzept nur für die „Wächterklasse"
vorsieht. Um das Eigene kümmern sich die Menschen am meisten.
Durch das gemeinsame Eigentum aber wird das Verantwortungsge-
fühl aufgelöst, der Anreiz des Besitzes, durch den Fleiß, Sparsamkeit

und Vorsorge lebendig gehalten werden, entfällt. Außerdem bringt der Kommunismus eine Berührungsnähe mit sich, die keinen Platz mehr lässt für private Abgeschiedenheit und Individualität und erfordert damit eine Geduld, wie man sie nur bei Heiligen finden kann. „Wir sollten nicht mit einem Stand der Tugend rechnen, der das gewöhnliche Maß überschreitet – wir müssen vielmehr ein Leben in Betracht ziehen, an dem die Mehrzahl teilhaben kann und eine Regierungsform, die den Staaten im allgemeinen erreichbar ist."

Staatsziele Der Staat, den Aristoteles anstrebt, zielt nicht auf eine Utopie, sondern auf eine in vernünftigem Umfang bessere Gesellschaft. Er muss der Tatsache Rechnung tragen, dass alle Menschen von Geburt aus ungleich sind. Die Regierenden brauchen Spezialkenntnisse, sie müssen sich durch Charakter, Bildung und Urteilskraft auszeichnen. Die Verfassung soll den Mittelweg zwischen den Extremen vorzeichnen, der Mittelstand sollte den Schwerpunkt bilden, um Stetigkeit zu gewährleisten. Jede Regierungsform ist gut, wenn die Machthaber nach dem Gemeinwohl streben und jede entartet, wenn sie zur Regierung für die Regierenden und nicht für die Regierten wird. Unter diesen Gesichtspunkten prüft Aristoteles die bekannten Staatsformen.

Staatsformen Das Königtum funktioniert, solange der Tüchtigste König ist. Herrscht aber der Gewaltigste, entartet es zur Tyrannis. Wenn dann mehrere Edle den Tyrannen beseitigen und gemeinsam regieren, besteht die Gefahr, dass diese Aristokratie allmählich umschlägt in eine Oligarchie, in der nicht mehr die Edlen, sondern die Vermögenden die Herrschaft an sich reißen. Schließlich dürfte dann das Volk selbst der Oligarchie ein Ende machen und eine „Politie" errichten, die Herrschaft der Vielen, der „Gemeinschaft freier Leute". (L.Marcuse) Aber auch diese Staatsform degeneriert schließlich zur Demokratie. (Aristoteles verstand unter Demokratie die Herrschaft der armen Masse, des Pöbels). Bis dann ein neuer König das zerrüttete Staatswesen rettet und der Kreislauf von neuem beginnt.

Wohlstand „Wenn eine Demokratie von den unteren Schichten geleitet wird, werden die Reichen besteuert, um die Armen mit Geldmitteln zu versehen. Die Volksführer verteilen den Überschuss ... und die Leute empfangen und verlangen sofort wieder nach demselben. Eine solche Hilfe an die Armen ist wie ein durchlöchertes Fass ... Und doch wird ein weiser Konservativer das Volk nicht hungern lassen ... Man muss es also so einrichten, dass eine dauernde Wohlhabenheit entstehe, denn diese nützt auch den Wohlhabenden ... Der wahrhafte Demokrat muss also vielmehr darauf schauen, dass das Volk nicht gar zu arm werde. Denn dies ist die Ursache, wenn eine Demokratie schlecht wird ... Man soll den Ertrag der Staatseinkünfte ... an die Armen verteilen, möglichst so viel, dass es zum Ankauf eines Stückes Land oder als Anfangskapital für ein Geschäft reicht."

Aristoteles zieht aus alledem den Schluss, dass sich die Verfassung nach den konkreten Bedürfnissen und den Zeitumständen richten muss, sodass es in der Praxis meistens auf eine Mischung aus den verschiedenen Staatsformen hinauslaufen wird. Am günstigsten werden aristokratische und demokratische Elemente zu mischen sein. Die Bürger sollen die Staatsbeamten wählen und jeden am Schluss seiner Amtszeit zur Rechenschaft ziehen. „Rechtmäßig erlassene Gesetze sollen so weitgehend wie nur möglich alle Streitfälle entscheiden und der Willkür der Richter so wenig wie nur möglich überlassen." **Gemischte Verfassung**

Aristoteles gilt zurecht als der kenntnisreichste aller Philosophen und noch heute fragt man sich, woher er all das wusste, was in seinen Werken niedergelegt ist. Noch niemals zuvor hatte ein Mensch ein so eindrucksvolles Gedankengebäude errichtet. Er hat eine kaum übersehbare Fülle von Tatsachen erstmalig gesammelt und in eine vorläufige Ordnung gebracht. Die Wissenschaft verdankt ihm zahlreiche Wortschöpfungen, die bis heute das Denken erleichtert haben. Jahrhunderte haben von ihm ihr Wissen bezogen, so sehr, dass sie darüber fast die unmittelbare Beobachtung der Natur vergaßen. Seine in viele Sprachen übersetzten Schriften wurden als unfehlbar angesehen. **Wirkung**

Zwölf Jahre wissenschaftlicher Arbeit an seinem Lyceum waren Aristoteles vergönnt. 323 v. Chr., nach Alexanders Tod, begann man in Athen, wie in den anderen griechischen Städten, sich wieder gegen Makedonien aufzulehnen. Der Hass gegen die „makedonische Partei" suchte sich seine Opfer und Aristotels, als Alexanders Freund, gehörte als erster dazu. Er wurde, wie Sokrates, der Gottlosigkeit angeklagt, entzog sich aber dem drohenden Todesurteil durch die Flucht nach Chalkis. Er wolle den Athenern nicht Gelegenheit geben, sich zum zweiten Mal gegen die Philosophie zu versündigen, soll er gesagt haben. Wenige Monate, nachdem er Athen verlassen hatte, erkrankte der einsame Aristoteles schwer an einem Magenleiden und starb in seinem 63. Lebensjahr. Diogenes Laertius berichtet, der greise Philosoph habe sich, von der Wendung des Schicksals enttäuscht, mit Schierling vergiftet. Jedenfalls war seine Krankheit tödlich. **Exil Flucht Tod**

Aristoteles' Schule in Athen hat mit großem Erfolg sein hervorragendster Schüler und Nachfolger Theophrast weitergeführt. Er wird als besessener Arbeiter geschildert, der mehrere umfangreiche wissenschaftliche Werke verfasste. Er hatte deshalb wohl auch keine Zeit zum Heiraten, schrieb aber einen kleinen Traktat über die Ehe. Noch heute gelesen wird sein kleines Bändchen „Charaktere". Er starb 85 jährig hochgeehrt in Athen. **Theophrast** (371–287)

Platoniker oder Aristoteliker?

Gegensätze Von allen Philosophen haben, bis in die Neuzeit hinein, Platon und Aristoteles den größten Einfluss gehabt. Doch an den beiden, die einander so nahe standen, scheiden sich die Geister. Wer sich eingehend mit ihnen beschäftigt, fühlt sich zum Vergleich bewogen. Die deutlichsten sachlichen Gegensätze lassen sich mit den Stichworten Ideenlehre und Staatsphilosophie umreißen. Aber was viel stärker zur Stellungnahme und Etikettierung herausfordert, sind die Unterschiede in Denkweise und Naturell. Die beiden rivalisierende Strömungen in der Geschichte des Denkens – die idealistische und die rationalistische – prallten beim Zusammentreffen der beiden aufeinander.

Idealismus Platon, das ist der Idealist und Utopist, eine Künstlernatur, mehr Dichter als Philosoph, ausdrucksstark, voll mitreißender Phantasie und bezwingender Beredsamkeit, der kühne Gedankenflug paart sich mit Tiefsinn und mystischer Phantasie. Seine „erhabene Einbildungskraft" geht einher mit „der Fähigkeit zu edler Selbsttäuschung". (Durant)

Realismus Aristoteles dagegen war ein Realist und Rationalist, als Naturforscher ein nüchterner und strenger Wissenschaftler, im Ausdruck betont logisch und damit eher langweilig und „trocken", gelassen, dem „gesunden Menschenverstand" verpflichtet, der „erste Professor". Er besaß ein umfangreiches Tatsachenwissen wie kein zweiter im Altertum, war scharfsinnig und stets systematisch. Seine Philosophie erweckte nicht solche Begeisterung wie der Neuerungseifer Platons, dazu fehlt es ihr an Pathos. Und die Menschen brauchen mitunter Pathos, um schwierige Situationen zu bewältigen, denn die unerfüllbaren Forderungen haben sie seit jeher viel mehr zum Handeln getrieben als die erfüllbaren. Und doch galt Aristoteles bis weit in das Mittelalter hinein als „der" Philosoph, Dante nannte ihn den „Meister aller Wissenden". In der Renaissance folgte man dann wieder eher dem Aufruf Petrarcas, dem poetischen, eher Jenseits- orientierten Platon die geistige Führerschaft zuzuerkennen.

Goethe
Hegel Goethe nannte Aristoteles einen „baumeisterlichen Mann", der Materialien von allen Seiten heranschafft, ordnet, in pyramidenartiger Form aufschichtet und in die Höhe wachsen lässt, während Platons Werk einem Obelisken gleicht, der wie eine spitze Flamme den Himmel sucht. Für Hegel war Aristoteles eines der reichsten, umfassendsten und tiefsten wissenschaftlichen Genies, die je erschienen sind, ein Mann, dem keine Zeit ein Gleiches an die Seite zu stellen hat.

Schopenhauer Schopenhauer hingegen attestierte Aristoteles zwar allergrößten Scharfsinn, Umsicht und Beobachtungsgabe, aber auch einen ausgesprochenen Mangel an Tiefsinn. Seine Metaphysik beschränke sich auf Hin- und Herreden über seine Vorgänger, eigene Dogmen stelle er nur wenig auf. Vor allem nimmt ihm Schopenhauer übel, dass er Platons Ideenlehre nicht gelten lasse, offenbar habe er sie nicht verdaut. Aristoteles verfolge die Gedankengänge nicht bis zum Ende, sondern er „denke mit der Feder in der Hand", käme vom Hundertsten ins Tausendste. Hingegen Platon, dem merke man an, dass er vor dem Schreiben alles reiflich überdacht habe, wenn er auch, wie Schopenhauer einräumt, die Probleme meistens nicht zu einer Lösung führe, sondern es bei einer gründlichen Diskussion bewenden lasse.

Jaspers meinte, außer der radikalen Frontstellung zwischen Platonis- **Jaspers** mus und Aristotelismus gebe es noch die Vorstellung, beide seien im Grunde einig und eins. Wenn man Aristoteles vor allem als Logiker und Systematiker sieht, kommt Platon die größere Bedeutung zu. Man kann aber auch Platon als Vorläufer sehen, dann hat Aristoteles „... in reinerer und klarer Form bewahrt, was Platon in der Vereinigung von Denker und Dichter zwar schön, aber nur in Ansätzen gegeben habe" und mit Irrtümern, die Aristoteles in seinem Sinne in Ordnung brachte. Doch sei die Aristotelische Philosophie eine reine Verstandesphilosophie, die als nicht existent behandelt, was sie nicht sieht.

Popper sah in Platon einen genialen Philosophen, setzte es sich aber **Popper** zur Aufgabe, jene Elemente seiner Philosophie zu zerstören, die seiner Ansicht nach Unheil anrichten. Er hielt Platon für den geistigen Vater des Totalitarismus und für einen Feind der Freiheit. Er sah in ihm den Prototyp des Gegners einer „offenen Gesellschaft" und zitierte aus Platons „Staat": „... Niemand ... soll jemals ohne Führer sein ... er soll aufstehen, sich bewegen ... nur, wenn es ihm befohlen wird ... dass (er) nicht auf den Gedanken kommt, unabhängig zu handeln ..." Trotz aller Gedanken über das Gute und die Gerechtigkeit, die sich bei Platon finden, empfand Popper dessen politische Forderungen als totalitär und antihumanitär. Von Aristoteles meinte Popper, er werde, trotz allen Widerspruchs, doch von den Ideen Platons beherrscht und neige zu Kompromissen. Er hielt Aristotels, ungeachtet seiner erstaunlichen Gelehrsamkeit, nicht für einen besonders originellen Denker.

In der deutschen Philosophie ist eine Neigung erkennbar, Platon ge- **England** genüber Aristoteles den Vorzug zu geben. In der angelsächsischen Welt hingegen ist die Vorliebe für Aristoteles größer. Jahrhundertelang wurde an den führenden englischen Universitäten Ethik und Politik des Aristoteles über alles gestellt. Und es ist schwer zu sagen, wieweit die nüchterne, skeptische, realistische Art des Aristoteles dem englischen Charakter besonders entgegenkam oder wieweit umgekehrt die Eigenart des englischen Geistes auch durch Aristoteles mit geformt sein mag. 300 Jahre hindurch hat die Nikomachische Ethik, von der, wie es heißt, die Studenten jedes Wort lesen mussten, und die „Politik" des Aristoteles den Geist der herrschenden Klasse in England gestaltet, vielleicht in der Richtung auf große Taten, aber sicher auch zu harter Pflichterfüllung.

Diogenes (412–323)

Etwa zu der Zeit als Aristoteles nach Athen kam, – die Spartaner hatten als Vormacht abgedankt und die Thebaner gaben in Griechenland den Ton an – kam auch ein junger Mann nach Athen, der aus Sinope am Schwarzen Meer stammte. Sein Name war Diogenes und es hieß, er sei ein bankrotter Bankier und in seiner Heimat wegen Falschmünzerei verbannt worden. Diogenes wollte Philosoph werden und suchte sich als Lehrer den bekannten Philosophen Antisthenes (444–368), einen Schüler des Sokrates, aus. Anthistenes, der im Gymnasion Kynosarges lehrte, wollte nichts von ihm wissen, aber Diogenes erwies sich als so beharrlich, dass ihn Anthistenes schließlich als Zuhörer akzeptierte.

Kyniker

Als armer Flüchtling musste Diogenes so sparsam wie möglich leben. So machte er offenbar aus der Not eine Tugend und lebte die Bedürfnislosigkeit, die Anthistenes predigte, in radikaler Weise vor. Er hauste in einer Tonne und als er einen Knaben beobachtete, der aus der hohlen Hand trank, warf er auch noch seinen Becher weg. Gerühmt wurde seine Überredungskunst, aber vor allem war er ein Spötter, vor dessen beißendem Hohn niemand sicher war. Am helllichten Tag ging er mit der brennenden Laterne umher und antwortete auf die Frage, was er denn suche: „Einen wirklichen Menschen". Auf die Frage, was für ein Landsmann er sei, antwortete er mit einem von ihm geschaffenen Wort, er sei „kosmopolites", ein Weltbürger. Auch mit Platon hat er sich immer wieder angelegt, der ihn einmal einen Hund (kyon) genannt haben soll. Der Name blieb an Diogenes und seiner Philosophie hängen. Man nannte ihn und seine Kollegen künftig „Kyniker" und noch heutzutage gilt als Zyniker, wer verletzenden Spott von sich gibt.

Glück

Für die Kyniker war das höchste Ziel des Lebens das Glück (Eudaimonia). Der Mensch kann es nur erlangen, indem er nach seiner Natur und seinen natürlichen Bedürfnissen lebt. Er muss sich unabhängig machen von äußeren Gütern. Wer nichts besitzt, dem kann auch nichts genommen und dadurch Unglück zugefügt werden. Und er muss sich frei machen von gesellschaftlichen Konventionen. Es komme beim Menschen nicht darauf an, was er hat (Reichtum, Amt und Würden), sondern was er ist, was ihm geistig zu eigen ist. Die Kyniker waren Individualisten, missachteten soziale Normen und Schranken, suchten das persönliche Glück im Privaten und nicht in der gesellschaftlichen Ordnung. Für sie zählte nur die innere Freiheit. Der einzige Weg zu bleibender Zufriedenheit war ein bescheidenes und tugendsames Leben, Reichtum zerstört den Seelenfrieden und Neid frisst wie Rost an der Seele.

Ein Original

Auch Alexander der Große besuchte Diogenes, stand vor ihm, als er gerade in der Sonne lag, und wollte ihm eine Gunst gewähren: „Fordere, was Du wünschest!" Und Diogenes entgegnete ihm: „Geh mir ein wenig aus der Sonne!" Das soll Alexander so beeindruckt haben, dass er sagte, wenn er nicht Alexander wäre, möchte er Diogenes sein. Diogenes war ein Original, von dem seitenlang Anekdoten berichtet werden, durch sie wurde er berühmter als durch seine Philosophie. Er war fast 90, als er starb, weil er, wie es heißt, sich selbst „den Atem verhalten" habe. Das war im gleichen Jahr (323 v. Chr.) und am gleichen Tag, an dem auch Alexander starb.

Der Wunsch, sich von den politischen Erschütterungen der Zeit fernzuhalten und in der Philosophie das Heil zu suchen, wird auch bei einer anderen Denkrichtungen jener Zeit erkennbar. Pyrrhon von Elis (360–270 v. Chr.) war ein „Skeptiker", er zweifelte, ob wir überhaupt zu sicheren Erkenntnissen gelangen können, sei es durch Erfahrung oder durch Denken. Er zog daraus den Schluss, dass es das Beste sei, sich aller Urteile zu enthalten und sich den bestehenden Gesetzen und den überkommenen sittlichen Anschauungen zu unterwerfen. Das sei die sicherste Möglichkeit, innere Ruhe und Seelenfrieden zu erreichen. Auch der „Skeptizismus" strebte auf diese Weise die „Ataraxia" an, von der schon bei Demokrit die Rede war.

Skeptiker Pyrrhon (360–270 v. Chr.)

Epikur (341–271)

Epikur wurde auf der Insel Samos geboren, wohin seine Eltern als attische Kolonisten gekommen waren. Der Vater war als Lehrer tätig. Zusammen mit 3 Brüdern wuchs Epikur in Samos auf. Bereits mit 14 soll er sich für Philosophie interessiert haben. Später ging er nach Teos an der kleinasiatischen Küste um sich dort bei Nausiphanes, einem Studienkollegen des Skeptikers Pyrrhon von Elis, philosophisch weiterzubilden. Als er 18 war musste er nach Athen, um dort seinen Militärdienst abzuleisten. Für einen angehenden Philosophen bot Athen damals mehr Anregung als jede andere Stadt, mit Platons Akademie, Aristoteles' Lyceum und vielen anderen Philosophen. Inzwischen hatte Athen die Herrschaft über Samos verloren und Epikurs Familie flüchtete nach Kolophon in Kleinasien. Dorthin folgte ihr auch Epikur der ein paar Jahre trug er als Lehrer neben seinem Vater zum Unterhalt der Familie bei. In dieser Zeit studierte er besonders Demokrit und Aristoteles und entwarf die Grundlagen für sein eigens System. Als Epikur 32 war, gründete er seine eigene Schule, zunächst in Mytilene auf Lesbos, dann in Lampsakos am Hellespont. Im Jahre 306 v. Chr., er war nun 35, übersiedelte er mit seiner Schule nach Athen und viele seiner Schüler folgten ihm dorthin. Er erwarb ein Gartengrundstück für seine Schule, die deshalb häufig nur „der Garten" genannt wurde. 35 Jahre lang, bis zu seinem Tode, steuerte er seine Schule durch die schwierigen Zeiten.

Einfaches Leben

Epikur führte ein einfaches Leben. Von der Politik und den öffentlichen Angelegenheiten hielt er sich fern, an den religiösen Zeremonien nahm er pflichtgemäß teil. Er lebte mit der Hetäre Leontion zusammen, die auch ein Kind von ihm hatte, seine Schülerin war und mehrere Bücher schrieb. Epikur selbst soll 300 Bücher geschrieben haben, die alle verloren gingen, nur einige Briefe und Fragmente sind von ihm erhalten. 200 Jahre später hat der römische Dichter Lukrez in poetischer Form Epikurs Lehre aufgezeichnet.

Zeitgemäße Lehre

Epikur war ein erfolgreicher Philosoph. Er verstand es mit Menschen umzugehen, hatte viele Freunde und wurde von seinen Schülern hoch verehrt. Seine Lehre, von der er felsenfest überzeugt war, lag voll im Trend der Zeit. Die Menschen fühlten sich unsicher, misstrauten den Politikern und waren geneigt, sich ins Private zurückzuziehen. Aus dem Zoon Politikon des Aristoteles wird das Individuum, das Sicherheit und Glück in seinem Innern sucht.

Glück

Für Epikur hat die Philosophie die Aufgabe, den Weg zum Glück zu weisen. Glückseligkeit (Eudaimonia) war für Aristoteles ein Zustand, in dem der Mensch seinem Wesen und seinem von der kosmischen Ordnung vorgesetzten Zweck entspricht. Auch für Epikur besteht die Glückseligkeit darin, den vorgesetzten Zweck zu erreichen, doch bei ihm setzt sich der Mensch die Ziele selbst. Das Glück liegt nicht in äußeren Dingen, sondern in einem seelischen Gleichgewicht. Das höchste Gut, die individuelle Glückseligkeit, besteht aus dem Bewusstsein, dass alle eigenen Wünsche erfüllbar sind und führt zum inneren Frieden. Diesen Zustand der Ruhe und Ausgeglichenheit des Gemüts nennt Epikur „Ataraxia" („Seelenruhe"), wie es auch schon Demokrit getan hatte.

Lust

Damit die Zwecke, die man sich setzt, auch erreichbar sind, darf man sich nicht zu viel vornehmen. Lust und Schmerz zeigen an, was der menschlichen Natur gemäß ist. Wir streben nach Lust (hedone) und suchen Unlust zu vermeiden. Lust, das heißt die Befreiung von Schmerz, ist die Grundlage der Glückseligkeit. „Wenn wir also sagen, Lust sei das höchste Gut, dann meinen wir nicht die Lüste der Prasser und des Genießens, wie einige Unwissende und Andersdenkende oder Missverstehende glauben, sondern das Freisein von körperlichem Schmerz und seelischer Aufregung", schreibt Epikur. Das Missverständnis um den Epikur spricht, besteht allerdings fort. Noch heute wird ein reiner „Genussmensch", der nach jeder Lust jagt, „Epikureer" genannt. In diesem Sinne war Epikur kein Epikureer. Er strebte danach, den inneren Frieden durch eine bedachte Lebensführung zu erreichen und er sah sich auch nicht als „Hedonist" (hedone = Lustgefühl, Genuss), als ein Mensch, der nur nach Lust strebt.

Selbstgenügsamkeit

Für Epikur hat man alles erreichbare Glück erlangt, wenn man die notwendigen Bedürfnisse gestillt hat, und das kann jederzeit und mit wenigem geschehen. „Alles, was der Körper will, ist: nicht frieren, nicht hungern, nicht dürsten. Alles was die Seele will, ist: Nicht Angst haben." Deshalb hält Epikur die Selbstgenügsamkeit für ein hohes Gut, „… doch nicht, damit wir uns unter allen Umständen am wenigen genügen lassen, sondern damit wir uns mit wenigem zu begnügen vermögen, wenn wir nicht viel haben." Man muss also nicht dem Luxus entsagen, wenn er sich bietet. Man nimmt, was kommt, aber man vermisst nicht, was man nicht erlangen kann. Den Luxus genießt am meisten, wer seiner am wenigsten bedarf.

Der Weise verzehrt sich nicht in Ehrgeiz oder Ruhmsucht, er befreit sich aus dem Zwang der Geschäfte und hält sich fern von der Politik. Er beherrscht seine Begierden, lebt anspruchslos und zurückgezogen, genießt auch die einfachen Dinge, schiebt Angst und Furcht beiseite und findet so die „natürliche Süße des Lebens". Auch physischen Schmerz erträgt er durch geistige Disziplin und die Gewohnheit, an glückliche Dinge zu denken. Aber der Weise schiebt auch das, was Freude macht, nicht auf, denn wir sind nur ein einziges Mal geboren und über dem Aufschieben schwindet das Leben dahin. Er richtet sein Leben so ein, dass Lust und Freude nach Möglichkeit Schmerz und Leid überwiegen, etwa so, wie es Gellert formuliert hat: „Lebe, wie du, wenn du stirbst, wünschen wirst gelebt zu haben." Nicht der Jüngling ist glücklich zu preisen, sondern der Greis, der richtig gelebt hat. **Der Weise**

Wer nach Lust strebt, muss auch mit Gefahren rechnen, vor allem seitens seiner Mitmenschen. Deshalb rät Epikur: „Lebe im Verborgenen!" Er meint damit, sich unauffällig zu verhalten, sich nicht zu exponieren, sich nicht an die Wertmaßstäbe der Menge zu binden, sich von der Masse abzusondern. Außerdem geht in der Zurückgezogenheit, der Stille der Innerlichkeit, dem Menschen eine neue Wirklichkeit auf. „Die Krone der Seelenruhe ist unvergleichlich wertvoller als hohe Führerstellungen." **Lebe im Verborgenen**

Auch Epikur preist, wie die meisten Philosophen der Antike, die Freundschaft, hält sie um ihrer selbst willen für erstrebenswert. „Von allem, was die Weisheit zum Glück des Lebens beiträgt, ist nichts größer, nichts fruchtbarer, nichts freudvoller als die Freundschaft." Ihr Wert besteht weniger in ihrem unmittelbaren Nutzen als in der Gewissheit, dass wir sie in Anspruch nehmen, wenn wir sie bräuchten. „Man wählt die Freunde um der Lust willen, aber für seine Freunde nimmt man die größten Schmerzen auf sich." **Freundschaft**

In seiner Naturlehre kommt es Epikur darauf an, den Menschen die Furcht vor überirdischen Mächten zu nehmen. Nach seiner Vorstellung gibt es viele Welten, „grenzenlos an Zahl, teils unserer ähnlich, teils unähnlich." Er schließt sich eng an die Atomlehre Demokrits an. In einem Punkt geht er allerdings weiter als Demokrit. Er meint, dass **Naturlehre** die Atome mitunter plötzlich von ihrer geraden Falllinie abweichen und dann zusammenprallen würden. Damit führt er den Begriff des ursachlosen Zufalls ein.

Willensfreiheit

Aufgrund dieses Zufallsbegriffs sehen die Epikureer auch die Menschen vom Druck des „Fatums" befreit, eines vorherbestimmten Schicksals, wie es die Stoiker lehrten. Im Gegensatz zu den Stoikern, die ständig mit ihnen im Streit lagen und sie voller Hass verleumdeten, waren die Epikureer Anhänger der Willensfreiheit. Der Mensch ist Herr seines Lebens und kann es in Freiheit gestalten, wie es ihm beliebt.

Götter

Epikur leugnet nicht, dass es Götter gibt, „weil die Natur die Vorstellung von ihnen allen Seelen eingepflanzt hat." Aber sie nehmen keinen Einfluss auf das Schicksal der Menschen, deshalb hält Epikur die Furcht vor Göttern für unbegründet und wendet sich gegen die religiösen Mythen.

Tod

Für Epikur kommt Erkenntnis nur aus der Sinneswahrnehmung, „alles Gut und Übel (ist) ... in der Empfindung". Daraus folgert er, dass der Tod kein Übel sei. Der Tod bedeutet, dass sich die Seele auflöst und damit unsere Empfindung erlischt. Mit dem Tod ist für den Menschen alles zu Ende. Wir können also nicht mehr wahrnehmen, ob der Tod gut oder übel ist, er betrifft uns überhaupt nicht. Solange wir sind, ist der Tod nicht da, und sobald er da ist, sind wir nicht mehr.

Sterben

Im Jahre 270 v. Chr., er war 72, erkrankte Epikur an einem Nierenstein, der ihm die Harnröhre versperrte. Seiner Philosophie getreu ertrug er die heftigen Schmerzen gelassen und heiter, hatte er doch als erster behauptet, der Mensch könne selbst auf der Folterbank glücklich sein. Vom Krankenlager aus schrieb er seinen letzten Brief an seinen Schüler Idomeneus: „An diesem wahrhaft glücklichen Tag meines Lebens, da es für mich ans Sterben geht, schreibe ich dir dieses. Mein Blasen- und Magenleiden nimmt mit der üblichen Heftigkeit seinen Verlauf; dem steht aber meine Herzensfreude bei der Erinnerung an meine Gespräche mit Dir gegenüber ..." Vierzehn Tage lang hatte er die schmerzvolle Tortur ausgehalten, nun ließ er sich ein warmes Bad richten. Dazu verlangte er starken Wein, den er begierig trank. Ein letztes Mal ermahnte er seine Freunde, seine Lehren zu befolgen, dann verschied er.

Wirkung

Epikurs Philosophie wirkte noch über Jahrhunderte hin bei gebildeten Griechen und Römern als ein „... konsequenter und in sich stimmiger großer Entwurf einer Lebensform." (Jaspers). Und Ludwig Marcuse formulierte Epikurs Botschaft so: Es kommt alles darauf an, dass Du, Mensch, der Du heute und hier lebst, glücklich lebst; du bist da, um dein einziges, einmaliges Leben mit Glück zu füllen.

94

Zenon der Stoiker (340–260)

Epikurs gleichaltriger philosophischer „Gegenspieler" war Zenon. Beide hatten vieles gemeinsam, in einigen entscheidenden Punkten aber waren sie die schärfsten Gegner. Zenon war ein Jahr Jünger als Epikur. Er wurde in der Griechenstadt Kition auf der Insel Zypern geboren. Seine Vorfahren waren teils griechisch, teils semitisch. Er wird als mager, hochgewachsen und dunkelhäutig geschildert. Es heißt, er sei nicht auf Vergnügungen aus gewesen und hätte sich als Kaufmann rasch ein Vermögen angehäuft. Er dürfte etwa 30 gewesen sein, als er sich nach Athen aufmachte. Damals soll er über tausend Talente besessen haben, aber er erlitt an der attischen Küste Schiffbruch und landete schließlich fast ohne einen Heller. In Athen kamen ihm an einem Bücherstand Xenophons „Erinnerungen an Sokrates" in die Hände und er fragte den Buchhändler, wo man solche Männer finden könne. Der verwies ihn an den Philosophen Krates, einen Kyniker, der gerade vorüber ging. Zenon wurde dessen Schüler und pries nun seine Reise trotz Schiffbruch als glücklich, weil er dadurch die Philosophie entdeckt habe.

Die strenge Einfachheit der Kyniker beeindruckte ihn. Er studierte **Stoa poikile**
dann noch eine Zeitlang an der Akademie und befasste sich mit Sokrates und mit Heraklit. Etwa um das Jahr 300 v. Chr., er war damals 40, gründete er in Athen seine eigene Schule. Er lehrte in einer bunt ausgemalten Wandelhalle am Marktplatz, der „stoa poikile", die seiner Schule und seiner Philosophie den Namen gab: die „Stoa". Seine Schüler und Anhänger nannte man dementsprechend „Stoiker". Noch heute spricht man von einem Stoiker, wenn ein Mensch sein Unglück ruhig und gelassen hinnimmt.

Wie Aristoteles waren die Stoiker der Ansicht, dass die Erkenntnis **Erkenntnis**
von der Wahrnehmung der Einzelobjekte, von der Erfahrung, ausgehen müsse. Sie waren „Empiriker". Der menschliche Geist sei bei der Geburt wie eine unbeschriebene Tafel („tabula rasa"), die erst durch die Erfahrung mit Vorstellungsinhalten angefüllt wird.

In ihrer Naturlehre gingen sie in Anlehnung an Heraklits Lehre vom **Fatum**
Urfeuer von der Vorstellung aus, dass dem Weltganzen eine strenge Gesetzlichkeit innewohnt. Diese von innen wirkende Kraft nannten sie Logos, Seele, Notwendigkeit oder auch Gott. Im Hinblick auf diese Vorstellung von einer alles regierenden göttlichen Vernunft kann man sie als Pantheisten bezeichnen. Die Stoiker waren die ersten Philosophen, die an einen großen Weltplan glaubten, demzufolge alles seine Bestimmung habe (Determinismus). Das Schicksal (Fatum) ist „das Gesetz des Kosmos, nach dem alles Geschehene geschah, alles Geschehende geschieht und alles noch Kommende kommen wird." Im Gegensatz zu den Epikureern leugneten sie den Zufall und die Willensfreiheit. Alles vollzieht sich nach einer festen Schicksals-

ordnung. Aber wenn uns auch das Schicksal vorbestimmt ist, so enthebt uns das nicht der eigenen moralischen Verantwortung. Als Zenon einen Sklaven beim Diebstahl ertappte und ihn mit Geißelhieben bestrafte, rief dieser aus: „Es war mir vom Schicksal so bestimmt, ich musste stehlen!" Und Zenon entgegnete: „Und ich dich auspeitschen!"

Ethik

Sein Schicksal kann der Mensch nicht ändern. Aber die Art, wie er dies Schicksal aufnimmt und betrachtet, hängt von ihm ab. Und in dieser Art, wie er dem eigenen Schicksal gegenübersteht, ob ungeduldig und klagend mit Gott und der Welt hadernd, oder geduldig und freudig sich fügend, darin unterscheiden sich die Weisen von den Toren. Aber die stoische Ethik verlangt nicht nur die Einsicht, das Schicksal hinzunehmen, sondern seine aktive Erfüllung. Sie besteht nicht nur auf Duldung und Haltung, sondern auch auf Charakter und Pflicht. Es ist diese Einsicht, das Notwendige aus freiem Willen zu tun, aus der der Mensch auch Selbstgewissheit und Würde schöpft. Zenon soll den Begriff der Pflicht geprägt haben, so nennt er alles, wofür sich die Vernunft entscheidet.

Tugend und Glück

Nur der von Natur aus mit Vernunft begabte Mensch ist in der Lage, die göttliche Gesetzmäßigkeit zu erkennen und sich durch bewusstes Handeln nach ihr zu richten. Im vernunftgemäßen Handeln, das zugleich naturgemäßes Handeln bedeutet, besteht die einzige Tugend und zugleich die einzige Glückseligkeit. Gesundheit und Besitz sind daneben bedeutungslos. Diesem einzigen Gut steht das einzige Übel gegenüber, nämlich die Schlechtigkeit, die darin besteht, nicht vernunftgemäß zu handeln. Alles andere, ist für den Stoiker weder gut noch schlecht, sondern einfach gleichgültig. Das Glück findet der Mensch in einem naturgemäßen, nach Gesetz und Vernunft geregelten Leben. Es ist diese Tugend, in der sich das Glück findet; sie bedeutet Gesetzestreue, Pflichtbewusstsein, Entsagung und Härte gegen sich selbst. Glück als Selbstüberwindung in jeder Lage, („stoische Ruhe") und als Pflichterfüllung im Dienste der Menschheit.

Affekte Apatheia

Es kommt also darauf an zu erkennen, was gut, was schlecht und was gleichgültig ist. In dem Bestreben, das Richtige zu erkennen und dann danach zu handeln, werden wir durch die Affekte (Triebe, Leidenschaften) behindert. Wir müssen die Affekte deshalb immer wieder bekämpfen, Gefühle und Gemütsbewegungen unterdrücken. Erst wenn die Seele frei von Emotionen und Leidenschaften ist, kann der Mensch ein tugendhaftes Leben führen. Diesen Zustand der Leidenschaftslosigkeit nennen die Stoiker „apatheia" (daher stammt unser Wort „Apathie"). Wer die „apatheia" erreicht hat, ist weise. Er sieht das Notwendige ein und tut es. Alle anderen – und das ist die große Mehrzahl – sind Toren.

Gott

Das Weltgeschehen ist in einem höchsten Wesen verkörpert, angebetet unter vielen Namen, ob Zeus, Vater, Vorsehung, Gott, es ist der

96

Anfang und das Ende, das Göttliche ist eins mit dem lebendigen Weltganzen. Gott ist ewig und allmächtig, der Herr der Natur, die Seele der Welt, er regiert alle Dinge. Die Stoiker waren überzeugt von der Notwendigkeit der Religion als Grundlage der Moral. Sittliches Verhalten bedeutete für sie gewollte Unterwerfung unter den göttlichen Willen. Das Gute ist das Zusammenwirken mit Gott, oder, was dasselbe ist, der Natur oder dem Weltgesetz.

Humanität

Ihre zum großen Teil von den Kynikern übernommene Ethik haben die Stoiker später unter römischem Einfluss doch noch etwas weiterentwickelt, vor allem im Hinblick auf die Gemeinschaften, wie Ehe, Familie, Staat, in die der Mensch eingeordnet ist und denen er verpflichtet ist. Auch dass die Kyniker nur auf die innere Freiheit der eigenen Person bedacht und deshalb im Grunde egoistisch waren, genügte den Stoikern später nicht mehr. Sie preisen nun die Freundschaft und fordern Gerechtigkeit und Menschenliebe -und zwar nicht nur für die freien Bürger, sondern auch für Sklaven und Barbaren. So entwickelten die Stoiker, aus den Umwälzungen der Zeit heraus, in der ehemals als Barbaren geltende Völker das römische Bürgerrecht forderten, die Ideen der Humanität und des Weltbürgertums (Kosmopolitismus). Der Humanitätsgedanke, der sich unter der Einwirkung der Stoa verbreitete, hatte griechisch-orientalischen Charakter. Es war der großartige Versuch, die Konflikte aus der andauernden Kultur- und Rassenmischung zu der Überzeugung zu entwickeln, dass das menschlich Gemeinsame doch stärker ist als alle Unterschiede. Und dass dieses Allmenschentum auch die Unfreien, die Sklaven und die Barbaren umfasst

Die Stoa

40 Jahre lang stand Zenon seiner Schule vor. Als er merkte, dass er altersschwach wurde, soll er sich aus eigenem Entschluss zu Tode gehungert haben. Er war 80, als er starb. Die Athener haben ihn besonders geehrt und auf sein Denkmal schrieben sie: „Sein Leben war seiner Lehre vollkommen gleich." Zenons Lehre aber lebte weiter: Weise ist, wer frei von Leidenschaften ist und sich selbst überwindet, wer der Natur gemäß lebt und mit sich selbst übereinstimmt. Die Glückseligkeit besteht in einem harmonischen Leben, zu dem man durch das Streben nach Vollkommenheit gelangt. Alles was geschieht ist Schicksal, aber in unserer Hand liegt es, wie wir das Schicksal tragen. Die Stoa als eine Lehre, die „in den Leiden des Daseins die Ruhe der Seele sucht" (Jaspers), die Stoa lebte weiter und gelangte Jahrhunderte später bei den Römern durch Cicero, Seneca, Epiktet und Marc Aurel zu neuen Höhepunkten.

Alexander der Große (356 – 323)

Als König Philipp II von Makedonien starb, war sein Sohn Alexander 20 Jahre alt. Alexander war sorgfältig erzogen worden, von seinem 13. Jahr ab war Aristoteles sein Lehrer. Durch ihn wurde er zu einem Freund und Verehrer griechischer Kunst und Wissenschaft. Alexanders Vorbild war Achilleus. Ein Exemplar der Ilias, mit Anmerkungen des Aristoteles versehen, begleitete ihn später auf allen Feldzügen. Er erlebte die Siege seines Vaters mit und beklagte sich, dass ihm selbst nichts mehr zu tun bleibe. Doch die Schlacht bei Chäroneia (338), an der er als Achtzehnjähriger teilnahm, wurde durch seine persönliche Tapferkeit gewonnen. Als der jugendliche Alexander König wurde, glaubten die Griechen, ihre Freiheit zurückgewinnen zu können. Aber Alexander rückte in Eilmärschen an, eroberte Theben und zerstörte es. Nur die Tempel und das Haus des Dichters Pindar ließ er unversehrt.

Feldzug gegen die Perser

Alexander, den die Römer „den Großen" nannten, führte aus, was sich sein Vater vorgenommen hatte. Im Frühjahr 334 – er war 22 – brach er an der Spitze von 30.000 Mann zu Fuß und 5.000 Reitern zum Feldzug gegen die Perser auf. Er wählte den Weg, auf dem einst Xerxes hergekommen war, über Thrakien und den Hellespont nach Kleinasien. Alexander sollte noch elf Jahre zu leben haben, aber seine Heimat nie mehr wiedersehen. Seinen ersten Sieg errang er am Fluss Granikos. Den Winter verbrachte er in Gordium. Dort wurde ein Wagen aufbewahrt, dessen Deichsel mit einem vielfach verschlungenen Knoten befestigt war und es ging die Sage, wer diesen Knoten löst, wird König von Asien. Alexander zerschlug den „gordischen Knoten" mit seinem Schwert. Alexander war kein bedeutender Feldherr, aber ein überaus tapferer Krieger, ein tollkühner Draufgänger. Seine hartnäckige Ausdauer und seine kindliche Unbekümmertheit führten ihn zu beispiellosen Siegen.

Alexanders Reich

Bei Issus traf er auf den Perserkönig Darius III. und besiegte ihn. (333) Er zog nach Ägypten und gründete dort die Stadt Alexandria. Dann brach er mit seinem Heer nach Persien auf und siegte bei Gaugamela, in der Nähe des alten Ninive. Bald war ganz Persien in seiner Hand. Sein nächstes Ziel war Indien: Er besiegte König Porus und wollte weiter bis an den Ganges und das Meer im Osten vordringen. Aber seinen Soldaten war das zuviel und er musste umkehren. In Babylon hielt Alexander Hof, er beherrschte nun Morgen- und Abendland. Seine Offiziere und Beamten waren sowohl Griechen als auch Perser. Die persischen Adligen beeindruckten ihn durch ihre verfeinerten Sitten. Perser und Griechen sollten gleichberechtigt nebeneinander leben. Alexanders Ziel war, die Völker auszusöhnen und zu verschmelzen, griechische und morgenländische Kultur zu verbinden.

Alexander war nun seit 9 Jahren in Asien, doch hatte er den Kontinent mit seinen Siegen weniger verändert, als der Kontinent mit seiner Lebensart ihn selbst verändert hatte. Er trug nun persische Tracht und verkündete seine eigene Göttlichkeit. Nach orientalischer Hofsitte mussten sich auch seine Soldaten und Offiziere zur Begrüßung vor ihm auf den Boden werfen. Er selbst wurde mehr und mehr ausschweifend und selbstherrlich. Er hatte es nicht gelernt, seine eigenen Grenzen und Fehler zu erkennen. Er war empfänglich für Lobsprüche und Schmeicheleien und konnte sein eigenes Temperament nicht im Zaume halten. Er litt unter Ausbrüchen blindwütiger Grausamkeit, denen dann verzweifelte Gewissensbisse folgten. Seine Soldaten wurden immer unzufriedener, Alexander immer misstrauischer und einsamer. Er trank immer maßloser und bei einem Gelage tötete er im Jähzorn Kleitos, der ihm am Granikos das Leben gerettet hatte, mit dem Speer. Von Gewissensbissen überwältigt schloss sich der König drei Tage ein.

Vom Feldherrn zum Despot

Seinen Geschichtsschreiber Kallisthenes, einen Neffen des Aristoteles, der ihn wegen seiner orientalischen Lebensart kritisierte und sich nicht vor ihm auf den Boden werfen wollte, ließ er einkerkern. Kallisthenes starb im Gefängnis und daran zerbrach auch die Freundschaft mit Aristoteles, der sich in Athen immer wieder mutig für Alexander eingesetzt hatte. Schließlich kam Alexander auf die Idee, Europa und Asien in einem gigantischen Hochzeitsfest zu versöhnen. Er hatte bereits die baktrische Prinzessin Roxane geheiratet, nun wollte er Stateira, die Tochter des Dareios ehelichen. Und gleichzeitig sollten 80 seiner Offiziere und tausend seiner Soldaten persische Frauen heiraten. Das gewaltige Hochzeitsfest fand tatsächlich im Jahre 324 v. Chr. in Susa statt. Im Jahr darauf erkrankte Alexander in Babylon an einem heftigen Fieber. Zehn Tage lang rang er mit dem Tod. Seine Feldherrn fragten ihn, wem er das Reich vermache und er antwortete: „Dem Stärksten". Am elften Tag verschied er, in seinem 33. Lebensjahr.

Ende

Das Werk, das Alexander zurückließ, war unvollendet. Dennoch war sein Leistung gewaltig und dauerhafter, als es den Anschein hatte. Mit ihm ging die Zeit der Stadtstaaten zu Ende, die sich als unfähig erwiesen hatten, die Probleme der Staatsführung zu lösen. Alexander riss die Schranke zwischen Griechentum und „Barbarentum" nieder, er wollte die Völker wie in einem „Schmelztiegel" zusammenführen und bereitete so den Weg für das Weltbürgertum der hellenistischen Zeit. „Er brachte die griechische Literatur, Kunst und Philosophie nach Asien und starb, bevor er gewahr werden konnte, dass er auch den religiösen Sieg des Ostens über den Westen vorbereitet hatte." (Durant) Seine Vision vom Völkerfrieden faszinierte Zeitgenossen und Nachwelt, besonders die Römer. (Demandt)

Wirkung

Hellenismus (323 – 133)

Alexanders Erben

Nach Alexanders jähem Tod begann sein Weltreich zu zerfallen. Nachfolger Alexanders waren seine Feldherrn und Statthalter in den verschiedenen Teilen des Reiches. Diese „Diadochen" stritten sich viele Jahre um die Herrschaft. Zwei Menschenalter später begann dann allmählich eine Friedensperiode, in der die Griechen politisch keine Rolle mehr spielten, aber das Griechentum wirtschaftlich und kulturell einen gewaltigen Aufschwung nahm. In den Geschichtsbüchern hat man sie das Zeitalter des Hellenismus genannt. (323 – 133 v. Chr.)

Alexandria

Das medisch-persische Reich unter den Seleukiden und das ägyptische Reich unter den Ptolemäern entwickelten unter griechischer Führung großartige Kulturen. Kleinasien mit Ephesus und Milet und Makedonien blühten auf, während das griechische Mutterland relativ bescheiden blieb. Athen allerdings blieb Zentrum der griechischen Kultur und des Handels. Alexandria, unter den Ptolemäern zur Großstadt herangewachsen, war das andere große Kulturzentrum, eine Stadt der Wissenschaften. Seine sagenhafte Bibliothek mit 700.000 Schriftrollen war die größte der Antike. Viele Gelehrte waren dort heimisch, unter ihnen der Mathematiker Euklid, der Physiker und Ingenieur Archimedes, und Aristarch von Samos, der entdeckte, dass sich die Erde um die Sonne dreht. Straßen, Verkehrs- und Nachrichtenmittel wurden gebaut. Die Architektur bekam Aufgaben wie nie zuvor. Rathäuser, Markthallen, private Paläste und viele andere Profanbauten mussten errichtet werden. In Alexandrien wurde 290 v. Chr. ein Leuchtturm errichtet, der 180 Meter hoch gewesen sein soll. Malkunst und Bildhauerei entstanden in Fülle und Schönheit.

Sprache und Bildung

In der politischen Landschaft herrschte der monarchische Autoritätsstaat mit Söldnerheer und Berufsbeamtentum vor. Die griechischen Stadtrepubliken konnten sich mit mehr oder weniger Glück gegenüber Makedonien behaupten. Wer irgendwie konnte, verließ die engen und kargen Verhältnisse des griechischen Mutterlandes und hatte in den großen Monarchien des Ostens als Kaufmann, Offizier oder Künstler gute Karrierechancen. In der hellenistischen Zeit entstand eine einheitliche griechische Schriftsprache; die Sprache des Handels und der Bildung war ein volkstümlich abgeschliffenes Griechisch, das auch im ganzen Orient bis hin nach Indien gesprochen wurde. Die Verwaltungssprache des Perserreiches war Aramäisch, das der semitischen Sprachfamilie angehörte.

Weltbürger

Die hellenistischen Städte strahlten in Glanz, Fülle und Behaglichkeit. Viele Generationen führten dort ein friedliches Dasein ohne große geschichtliche Erschütterungen, ohne den ständigen Anblick und das bis dahin selbstverständliche Erlebnis von Zerstörung, Plünderung und Zusammenbruch. Im Hellenismus erlebten die Menschen im östlichen Kulturkreis zum ersten Mal eine Lebenssicherheit, die bis in die unteren Schichten reichte. Es gab Weltkenntnis, Reisen, Luxus, eine Verfeinerung der Lebensformen, von Sitte und Geschmack. Über die Zufälligkeiten des Schicksals und der Herkunft hinweg entwickelte sich die Überzeugung von der Humanitas der Weisen und Tugendhaften als eine Art Weltbürgertum. Auch in den Lehren der Philosophen kam dieser kosmopolitische Zug zum Ausdruck.

Die Römer

Nach dem Zerfall des Alexander-Reiches, während der Blütezeit des Hellenismus, entwickelte sich in Italien ein Stadtstaat, der von realistischer Härte und Machtwillen geprägt war. Die Römer traten auf den Plan der Weltgeschichte.

Äneas
(um 753)

Der Sage nach reichen die Anfänge Roms bis zum Jahr 753 v. Chr. zurück. Damals soll König Äneas aus dem brennenden Troja geflüchtet und nach langen Irrfahrten nach Latium in Italien gelangt sein. Seine Nachkommen, Romulus und Remus, gründeten dort die Stadt Rom. In ältester Zeit herrschten Könige über die Stadt, die sich durch die Ansiedlung fremder Einwanderer rasch ausdehnte.

Verfassung

Die Königsherrschaft wurde durch eine Verfassung abgelöst, bei der das Volk die Staatsgewalt, die bisher die Könige besessen hatten, an zwei Konsuln übertrug. Sie waren jeweils für ein Jahr gewählt, führten das Heer und leiteten den Staat. In Zeiten besonderer Gefahr wurde statt der beiden Konsuln ein Diktator gewählt, aber auch nur für ein halbes Jahr. Die Konsuln führten den Vorsitz im Senat, der Ratsversammlung, die die Gesetze vorbereitete und beriet. Das oberste Organ war die Volksversammlung, die die Konsuln wählte, über die Gesetze abstimmte und über Krieg und Frieden entschied. Die Staatsämter waren unbezahlte Ehrenämter. Unter den Konsuln gab es die Prätoren, das waren die Richter, die Censoren, die die Vermögen der Bürger schätzten und die Steuern eintrieben, die Aedilen, denen die Polizei unterstand und die Quästoren, die Schatzmeister der Kriegs- und Staatskasse.

Patrizier und Plebejer

Von alters her hatten sich zwei Stände herausgebildet, ähnlich wie die Spartiaten und Heloten im alten Sparta. Die Patrizier waren die Nachkommen der ältesten Eroberer, sie besaßen den größten Teil des Bodens und nur sie galten als vollberechtigte Bürger. Der zweite Stand waren die Plebejer. Sie waren die unterworfenen Ureinwohner oder zugewanderte Neubürger und bildeten die große Masse des Volkes. Ihre Zahl wuchs ständig, daher auch ihr Name (plebs = Menge). Sie wurden zu Staatsämtern nicht zugelassen, mussten aber mit in den Krieg ziehen und Abgaben leisten. Sie litten mehr und mehr unter Armut, Landnot und Schuldknechtschaft. Aus dieser Ungleichheit der Stände entwickelte sich ein Ständekampf, der etwa zweihundert Jahre lang (500–300 v. Chr.) dauerte. Ein erster Schritt zur Gleichstellung war die Einrichtung der Volkstribune, Männer aus dem Volk die darüber wachten, dass den Plebejern kein Unrecht geschah. Sie waren durch Gesetz unverletzlich und konnten gegen Gesetze oder Urteile Einspruch erheben mit dem Worte „veto" (= „Ich verbiete").

Ein weiterer Schritt war die Aufzeichnung der bisher nur mündlich von den Patriziern überlieferten Gesetze auf zwölf kupfernen Tafeln. Diese „Zwölftafelgesetze" sollen nach dem Vorbild von Solons Gesetzgebung in Athen entstanden sein. Später wurde dann auch noch das strenge Schuldrecht gemildert, der Besitz an Staatsland wurde begrenzt und schließlich wurden die Plebejer auch zu allen Ämtern zugelassen. Ein neuer Beamtenadel, bestehend aus Patriziern wie Plebejern, bildete sich heraus, die „Nobilität" (nobilis = angesehen). In den folgenden Jahren gelang es den Römern, ihren Herrschaftsbereich immer weiter auszudehnen. Sie eroberten Mittelitalien und im Jahre 266 v. Chr. war auch Unteritalien in ihrer Hand. Römische Tapferkeit und Kriegszucht machten den Staat stark. Jeder römische Bürger war vom 17. bis zum 60. Lebensjahr zum Kriegsdienst verpflichtet. Je nach Vermögen diente er als Reiter, als Schwerbewaffneter oder als Leichtbewaffneter. **Zwölftafel-Gesetze**

Durch die Ausdehnung des römischen Herrschaftsbereiches kam es zum Zusammenstoß mit Karthago. Die Karthager beherrschten das westliche Mittelmeer, hatten sich auch im Westen Siziliens festgesetzt und versuchten die ganze Insel für sich zu gewinnen. Die Römer wollten das nicht dulden und so kam es zum ersten Punischen Krieg (264–241). Er endete mit dem Sieg der Römer, Sizilien wurde die erste römische Provinz. Bald darauf nahmen die Römer den Karthagern auch die Inseln Sardinien und Korsika weg und setzten sich im diesseitigen Gallien fest. **1. Punischer Krieg**

Die Karthager setzten sich ihrerseits in Spanien fest und das führte zum zweiten Punischen Krieg (218–201). Karthago verfügte mit Hannibal (247–183 v. Chr.) über einen genialen Heerführer, der von Spanien aus die Alpen überschritt, ganz Italien eroberte und vor den Toren Roms stand. Bei Cannä in Apulien kam es zur Schlacht und Hannibal schlug die Römer trotz ihrer Übermacht vernichtend. Dann wendete sich das Kriegsglück, die Römer gewannen Boden zurück und der junge Römer Scipio, dem man später den Beinamen Africanus gab, konnte auch Hannibal besiegen. Die Ost- und Südküste Spaniens blieb in römischer Hand, die Römer diktierten einen harten Frieden. Dennoch fühlte sich Rom vor Karthago nicht sicher, der Senator Cato mahnte immer wieder „… im übrigen bin ich dafür (= ceterum censeo), dass Karthago zerstört werde". Das geschah dann 50 Jahre später. (146 v. Chr.) Karthago wurde zur römischen Provinz Afrika, und auch ganz Spanien war inzwischen römische Provinz. Die Römer hatten die Herrschaft über das westliche Mittelmeer. **Hannibal (247–183 v. Chr.)**

Im gleichen Jahr in dem Karthago zerstört wurde, gelang es den Römern Makedonien zu erobern und bald darauf auch Griechenland **Römisches Weltreich** als Provinz Achaia dem römischen Reich einzuverleiben. Schritt für Schritt verfolgten die Römer ihr Ziel weiter, auch das östliche Mittelmeer unter ihre Herrschaft zu bringen. Mit der Eroberung Kleinasiens entstand 133 v. Chr. die römische Provinz Asien. Rom war zum Weltreich geworden. Die Eroberung des hellenistischen Ostens veränderte allerdings auch Rom selbst. Die alte einfache Lebensart der Römer begann zu schwinden und machte einer verfeinerten, aufwendigen Lebensweise Platz. Hellenistische Kunst und Wissenschaft breitete sich in Rom aus, Rom war eine reiche Weltstadt geworden, wie es keine andere gab. Die Römer nannten ihre Stadt „Urbs" d. h. Stadt, also Stadt schlechthin. Noch heute spendet der Papst seinen Segen „urbi et orbi", der Stadt und dem Erdkreis.

Bürgerkrieg Doch zugleich verschärften sich die sozialen Gegensätze. Es gab auf der einen Seite die Optimaten (= die Besten), zu denen die Vornehmen, die Reichen, die Nobiles und der Ritterstand gehörten. Auf der anderen Seite stand die große Masse der Besitzlosen und Kleinbauern, deren einziger Reichtum ihre zahlreiche Nachkommenschaft (= proles) war und die man deshalb Proletarier nannte. Ein gesunder Mittelstand fehlte. Die krassen Gegensätze führten schließlich zum Bürgerkrieg, der hundert Jahre dauern sollte. (133–31 v. Chr.)

Die Gracchen Zwei Brüder, aus dem vornehmen Geschlecht der Gracchen, versuchten den drohenden Verfall des Staates aufzuhalten und dem armen Volk zu helfen. Tiberius Gracchus (162–133 v. Chr.), der Ältere, ließ sich zum Volkstribun wählen und wollte eine Bodenreform durchsetzen. Aber die Optimaten drangen in die Volksversammlung ein und erschlugen ihn. Sein jüngerer Bruder Gaius Gracchus (153–12 v. Chr.) unternahm 10 Jahre später, auch als Volkstribun, einen neuen Versuch, das Staatsland neu zu verteilen und das Bürgerrecht auszudehnen. Aber seine Partei wurde im Straßenkampf von den Optimaten überwältigt und Gaius Grachus ließ sich von seinem Sklaven das Schwert in die Brust stoßen, um nicht seinen Feinden in die Hände zu fallen.

Marius
(156–86
v. Chr.) An die Spitze der Volkspartei trat schließlich ein neuer Führer, Gajus Marius (156–86 v. Chr.), Sohn eines armen Bauern, der sich vom einfachen Soldaten bis zum Feldherrn hochgedient hatte. Das Volk liebte ihn und wählte ihn im Jahre 107 v. Chr. zum Konsul. Er beendete in Afrika siegreich den Krieg gegen die Numidier und schlug die Einfälle der germanischen Kimbern und Teutonen im Norden zurück. Da die verweichlichten Römer sich vielfach dem Kriegsdienst entzogen, hatte sich Marius ein tüchtiges Söldnerheer aufgebaut. Die Berufssoldaten waren ihrem Feldherrn, der für sie sorgte, treu ergeben.

Sulla
(138–78
v. Chr.) Auch der Senatspartei, der Partei der Optimaten, war inzwischen ein neuer Führer erwachsen. Es war Cornelius Sulla (138–78 v. Chr.), der aus einer altadeligen Familie stammte. Auch er hatte sich als Feldherr

104

ausgezeichnet, zunächst im afrikanischen Krieg unter Marius, später in einem Feldzug gegen die römischen Bundesgenossen, die um das Bürgerrecht kämpften.

Zwischen den Rivalen Marius und Sulla brach schließlich ein Macht- **Bürgerkrieg** kampf aus, der zum Bürgerkrieg führte. Von den Optimaten war Sulla zum Heerführer gegen den aufständischen König Mithradates in Kleinasien ernannt worden. Die Volkspartei aber wollte Marius den Oberbefehl geben. Sulla jedoch besiegte die Volkspartei durch einen kühnen Staatsstreich. Er führte seine Soldaten gegen Rom und nahm die Stadt ein. Marius wurde geächtet und musste fliehen. Sulla ging nun mit seinem Heer nach dem Osten. Während seiner Abwesenheit rief die Volkspartei Marius zurück und wählte ihn zum Konsul. Er nahm an seinen Gegnern entsetzliche Rache, fünf Tage lang brachte man die vornehmsten Bürger um. Als Marius kurz darauf starb, behielten seine Anhänger die Macht in Rom in den Händen, bis Sulla aus Asien zurückkehrte. Sulla ließ nun seinerseits durch „Proskriptionen" Tausende seiner Gegner für vogelfrei erklären. Ihre Namen wurden auf öffentlichen Tafeln verzeichnet, jedermann durfte sie töten. Sulla ließ sich zum Diktator ohne zeitliche Begrenzung ernennen. Nachdem er die Herrschaft des Senats wieder hergestellt hatte, legte er die Diktatur freiwillig nieder und zog sich auf sein Landgut bei Neapel zurück, wo er ein Jahr später im Alter von 60 Jahren starb. Aber Rom kam trotzdem nicht zur Ruhe.

Caesar (100–44)

Gaius Julius Caesar entstammte der Familie der Julier, einem der vornehmsten alten Adelsgeschlechter. Als er geboren wurde, hatte Marius gerade die Kimbern und Teutonen besiegt. Und Julia, die Frau dieses Marius, war Caesars Tante. So kam es, dass Caesars Familie in enger Verbindung zu den führenden Kreisen der Volkspartei stand. Caesar war ein hochbegabter Junge und genoss die beste Ausbildung. Wie üblich empfing er in seinem 16. Lebensjahr aus der Hand seines Vaters, die „toga virilis", die Männertoga, doch kurze Zeit später starb der Vater. Seine Tante Julia mag dazu beigetragen haben, dass er noch im gleichen Jahr Cornelia, eine Tochter Cinnas heiratete. Cinna, der ebenfalls der Volkspartei angehörte, war damals Konsul und hatte Marius zurückgeholt. Als in diesem ereignisreichen Jahr 84 v. Chr. schließlich der siegreiche Sulla seine Rückkehr nach Rom ankündigte, wollte ihm Cinna entgegenziehen, aber seine Soldaten meuterten und ermordeten ihn. Caesars Verbindung mit Cornelia war übrigens keine „politische" Ehe, sondern eine Liebesheirat und die Tochter Julia, die ihnen übers Jahr geboren wurde, stand Caesar besonders nahe.

Verbannung

Nachdem Sulla die Macht in Rom wieder an sich gerissen hatte und als Diktator eine neue Verfassung erließ, die dem Senat und der Nobilität die dauernde Herrschaft sichern sollte, hatte Caesar eine schwierige Zeit vor sich. Sulla befahl ihm die Scheidung von Cornelia, aber Caesar blieb seiner Gattin treu. Er wurde geächtet, verlor Mitgift, Vermögen und seine Stellung. Er floh in die Sabiner Berge, bis Verwandte bei Sulla seine Begnadigung erreichten, die dieser nur ärgerlich zugestand. „Dieser lose gegürtete Knabe ... wird unsere Herrschaft gefährden ... in ihm steckt mehr als ein Marius!", warnte er die Bittsteller.

Redner

Caesar war gerettet, blieb aber vorsichtshalber nicht in Rom. Nach Sullas Tod (78 v. Chr.) konnte er zurückkehren. Er betätigte sich als Anwalt und erwarb sich den Ruf eines hervorragenden Redners. Er war nun 26 Jahre alt und begann systematisch sich eine politische Position aufzubauen. Er unterstützte materiell radikale Gegner der Senatspartei, beteiligte sich großzügig an Zirkusspielen und Wagenrennen und konnte sich damit einen starken Rückhalt beim Volk sichern. Er begleitete mehrere Ämter bis hin zum Pontifex Maximus, der letzten Stufe vor dem Konsulat. Im Jahre 68 v. Chr. trafen ihn zwei Todesfälle. Zuerst starb seine Frau Cornelia, dann sein Tante Julia, die Witwe des Marius. Für beide hielt er, entgegen der Sitte, die dies jüngeren Frauen nicht zugestand, auf dem Forum eine Leichenrede. Ein Jahr später heiratete er Pompeia, eine Verwandte des Pompejus, von der er sich 5 Jahre später wieder trennte, als sie in einen Skandal verwickelt wurde.

Statthalter

Im Jahre 61 v. Chr., Caesar war 39, konnte er die Verwaltung der Provinz Südspanien übernehmen, allerdings nur weil ihn der reiche Crassus durch eine Bürgschaft gegen seine Gläubiger abgesichert hatte. Als Statthalter war er dann in der Lage seinen großen Schuldenberg abzutragen und sich zu sanieren. In Spanien soll beim Besuch eines armen Dorfes einer seiner Begleiter zu Caesar scherzend gesagt haben, auch hier gebe es politischen Ehrgeiz und Gerangel um den ersten Platz, worauf Caesar erwiderte: „Und ich möchte lieber unter diesen der erste, als in Rom der zweite sein!" Caesar war sich bewusst, dass politischer Einfluss und Beliebtheit beim Volk nicht ausreichen, um wirklich etwas zu bewegen. Dazu brauchte man reale Macht, die nur ein militärisches Kommando bot. Der Weg dahin führte über das Konsulat und eine anschließende Statthalterschaft. Die Senatspartei jedoch versuchte, Caesars Bewerbung um das Konsulat zu verhindern. Denn der Senat erinnerte sich nur zu gut daran, dass die siegreichen Feldherrn, die das Heer gegen die äußeren Feinde führten, auch die Macht im Inneren an sich reißen konnten.

Pompejus
(106 – 48)

Deshalb sah man auch der Rückkehr des Pompejus von seinem siegreichen Feldzug in Kleinasien mit einiger Besorgnis entgegen. Pompejus war damals 45, 6 Jahre älter als Caesar. Er war seit 20 Jahren ein mutiger und erfolgreicher Feldherr, der Liebling des Volkes, obwohl auch er aus einer altadligen Familie stammte. Er hatte die Seeräuber vernichtet und den Sklavenaufstand des Spartakus beendet, zuletzt Mithridates in Kleinasien besiegt, sowie die neuen Provinzen Armenien, Syrien und Palästina für Rom gewonnen. Und nun stand er mit seiner Armee vor Rom. Aber Pompejus war loyal und entließ sein Heer. Er verlangte nur, dass man seinen Veteranen Land zuweise. Doch der Senat enttäuschte ihn und lehnte das ab.

Caesar suchte nun die Verbindung zu Pompejus, und schloss schließlich mit ihm und dem reichen Crassus ein privates, geheimes Bündnis, das Triumvirat, in dem sie sich zu gemeinsamem Vorgehen verpflichteten. Die Verbindung wurde noch verstärkt, als im nächsten Jahr Pompejus Julia, Caesars einzige Tochter, heiratete und Caesar Calpurnia, die Tochter Pisos, eines Anhängers des Pompejus, zu seiner dritten Frau nahm. Das Triumvirat setzte durch, dass die Veteranen Land bekamen, Pompejus die Provinz Spanien und Crassus die Ostprovinzen zugesprochen wurden. Caesar wurde im Jahr 59 v. Chr. Konsul und erhielt im Jahr darauf als Provinz das diesseitige Gallien. **Triumvirat**

Caesar war nun 42 und in den folgenden 8 Jahren als Statthalter in Gallien bewies er, dass er nicht nur ein hervorragender Politiker, sondern auch ein großer Feldherr war. Er eroberte das jenseitige Gallien von den Alpen bis zum Atlantischen Ozean, zweimal landete er in Britannien und zweimal stieß er über den Rhein nach Germanien vor. Er besiegte den Suebenfürst Ariovist und den gallischen Freiheitshelden Vercingetorix. Er schrieb darüber auch einen Kriegsbericht, („De bello Gallico"), der durch seine präzise und schöne Sprache bestach und noch nach Jahrhunderten die Gymnasiasten beschäftigte. Während Caesar in Gallien war, erneuerte er das Triumvirat mit Pompejus und Crassus. Drei Jahre später fiel Crassus bei einem Feldzug gegen die Parther (Perser) und im selben Jahr (53 v. Chr.) starb Julia, die Frau des Pompejus, Caesars geliebte Tochter, im Kindbett. Sie war ein starkes Band zwischen den Beiden gewesen. Ein Jahr später heiratete Pompejus wieder, und zwar die Tochter eines Optimaten. Er war inzwischen als alleiniger Konsul voll damit beschäftigt, die inneren Verhältnisse Roms zu stabilisieren, denn die Anarchie, die durch politische Banden verursacht wurde, hatte sich ausgebreitet. So kam es, dass sich Pompejus schließlich immer mehr der Senatspartei annäherte. Caesar und Pompejus wollten beide die oberste Gewalt auf legalem Wege erringen und standen sich nun gegenseitig als Rivalen im Wege. **Gallien**

Im Jahr 49 v. Chr. bewarb sich Caesar erneut um das Konsulat. Der Senat verlangte von ihm, er müsse zuvor sein Heer entlassen und seine Provinz abgeben. Caesar war dazu nur unter der Bedingung bereit, dass auch Pompejus das gleiche täte, aber der ging nicht darauf ein. Caesars Bemühen, legal an die Spitze des Staates zu gelangen, war damit gescheitert. Nun entschloss er sich, sein Heer gegen **Rubikon**

Rom zu führen. Am Flüsschen Rubikon überschritt er die Grenze seiner Provinz: „Der Würfel ist gefallen!" zitierte Caesar auf griechisch. Pompejus, der mit diesem Überraschungscoup offenbar nicht gerechnet hatte, floh mit den angesehensten Mitgliedern der Senatspartei nach Griechenland. Caesar nahm kampflos Rom ein, der ganze Staatsschatz fiel in seine Hände. Ansonsten ließ er Milde (clementia) gegen seine Feinde walten, wie später noch so oft, niemand wurde geächtet, es gab keine „Proskriptionen" wie früher bei Marius und Sulla. Dann setzte er mit seinem Heer nach Griechenland über und brachte Pompejus bei Pharsalos im südlichen Thessalien eine vernichtende Niederlage bei. Pompejus floh nach Ägypten, Caesar folgte ihm.

Ägypten

Als Caesar in Ägypten an Land ging, wurde ihm zu seinem Entsetzen das abgeschlagene Haupt des Pompejus präsentiert, denn die Ägypter hofften dadurch seine Gunst zu gewinnen. In Ägypten entschied Cäsar den Thronstreit zugunsten der Königin Kleopatra. Einem Aufstand in Alexandria, bei dem auch die berühmte Bibliothek niederbrannte, entging er nur knapp. Von Ägypten aus unternahm er noch einen erfolgreichen Feldzug nach Kleinasien und berichtete an den Senat: „veni, vidi, vici" („Ich kam, sah und siegte"). Anschließend war er für kurze Zeit in Rom, um einiges an entstandener Unordnung zu beseitigen, dann brach er in die Provinz Africa auf, um dort die letzten Anhänger des Pompejus, unter ihnen Scipio und Cato, zum Kampf zu stellen. Er besiegte sie bei Thapsus, aber Cato, dem er gerne vergeben hätte, hatte den Freitod gewählt.

Cato
(95–46)

Marcus Porcius Cato, der Urenkel des Cato „Censorius", war Caesars Gegner im Senat gewesen und ein unbeugsamer Republikaner. Er verkörperte wie kein anderer die sprichwörtlichen altrömischen Tugenden, Gesetzestreue, Genügsamkeit und Mut, ein sittenstrenger Stoiker. Am Abend nach der Niederlage bei Thapsos, bevor der heranrückende Cäsar seine Stellung in dem Städtchen Utica erreichen konnte, zog er sich in sein Zimmer zurück und las Platons „Phaidon". Seine Freunde ahnten, was er vorhatte und entwendeten ihm seine Waffe. Später konnte er seinen Diener bewegen, ihm sein Schwert wiederzubringen und er stieß es sich in den Unterleib. Die Freunde stürzten herbei, ein Arzt drängte die herausquellenden Eingeweide zurück und vernähte die Wunde. Als er wieder allein war, entfernte Cato den Verband, riss die Wunde wieder auf und verschied.

Diktator

Im Jahre 46 v. Chr. kehrte Caesar nach Rom zurück. Er war nun 54. Vom eingeschüchterten Senat ließ er sich zum Diktator auf Lebenszeit bestellen. Das enttäuschte viele, die gehofft hatten, er werde dem Beispiel Sullas folgen, die Verhältnisse ordnen, die Republik wiederherstellen und sich dann ins Privatleben zurückziehen. Aber Caesar hielt die Republik für eine überlebte Staatsform: „Die res publica ist ein Nichts, ein bloßer Name ohne Substanz und Gestalt", soll er gesagt haben. Anstelle des alten res-publica-Ideals der „gemeinsamen Sache" setzte er seine eigene Person. Die immer neuen Ehren, mit denen er sich ausstatten ließ, vergrößerten allerdings die Kluft zwischen ihm und seinen Mitbürgern. Caesar war nun Alleinherrscher; er war es nur zwei Jahre – bis zu seinem Tod. Caesar verzichtete auf Rache und versuchte die Parteien zu versöhnen. Den Königstitel, den man ihm antragen wollte, lehnte er ab. Er ordnete die Staatsfinanzen, baute die Verwaltung aus, gründete Kolonien, brachte große Bauvorhaben in Gang, bereitete eine Justizreform vor, führte den julianischen Kalender ein, und entwarf große Pläne für die Zukunft. Dennoch spürte er die wachsende Entfremdung und war sich über die unbewältigten Probleme klar. Ein großer Feldzug sollte ihm aus den innenpolitischen Problemen heraushelfen.

So bereitete er einen Krieg gegen die Parther vor, um die Ostgrenze **Asien-Plan** des Reiches zu sichern. Auf dem Rückweg wollte er am Schwarzen Meer entlangziehen und Skythien, anschließend das Donaugebiet und Germanien für Rom erobern. Dann wäre das Reich nach allen Seiten gesichert, er würde mit Ruhm und Reichtum beladen nach Rom zurückkehren, stark genug um alle Wirtschaftskrisen zu überwinden und jeder Opposition zu trotzen. Er würde selbst seinen Nachfolger ernennen und bei seinem Tode als sein Vermächtnis der Welt die „pax romana" hinterlassen. (Durant)

Inzwischen hatten sich jedoch die Unzufriedenen, unter ihnen viele **Verschwö-** einflussreiche Männer, formiert. Teils wohl aus Neid und Missgunst, **rung** mehr noch aber waren es Gegner einer Monarchie und Anhänger der alten Republik, die sich schließlich gegen ihn verschworen. Über 60 Mitglieder der Nobilität, fast alles Senatoren, fanden sich zu einer Verschwörung zusammen, weil sie die Alleinherrschaft Caesars als Tyrannis empfanden. Brutus und Cassius waren die Anführer

Marcus Iunius Brutus, der den ersten Konsul der Republik zu seinen **Brutus** Ahnen zählte, hoch angesehen als Redner und Philosoph, befreundet (85–42) mit Cicero, war Republikaner aus tiefer Überzeugung. Die außerordentlichen Machtbefugnisse und fast göttlichen Ehren, die Cäsar zuteil wurden, er nicht gutheißen. Er hatte auf Pompejus Seite gekämpft, Caesar aber hatte ihm verziehen und ihn seiner Freundschaft gewürdigt, vielleicht nicht ganz ohne Rücksicht auf seine alte Freundin und Jugendgeliebte Servilia, die Mutter des Brutus und Schwester des Cato. Vielleicht war Brutus sogar sein Sohn. Für die Verschwörer war Brutus, der beim Adel wie beim Volk gleichermaßen beliebt war, verehrt wurde und als moralische Autorität galt, der Garant für die Gerechtigkeit ihrer Sache.

Am Vorabend der Iden des März 44 v. Chr. war Caesar bei einer **Die Iden des** Abendgesellschaft und man sprach auch über das Thema, welches **März** der beste Tod sei. Cäsar meinte: „der plötzliche, unerwartete." Am

109

nächsten Tag sollte die letzte Senatssitzung vor dem Aufbruch Cäsars nach Asien stattfinden. Das schien den Verschwörern der richtige Zeitpunkt. Cäsar wollte schon der Warnung seiner Frau Calpurnia folgen und der Sitzung fernbleiben, aber Brutus konnte ihn überreden, doch zu kommen. Im Senatssaal streckten ihn die Verschwörer mit 23 Dolchstichen nieder. Caesar verhüllte sein Haupt und brach an der Bildsäule des Pompejus tot zusammen.

Fazit

Von Jugend an hatte Cäsar an seine Bestimmung geglaubt: Er musste Macht gewinnen und der Erste sein. Sein Weg dahin war blutig und keineswegs immer makellos. Aber es war nicht die schiere Machtgier, die ihn antrieb. Er hatte eine Vision. Er wollte die Verhältnisse des Staates neu ordnen, verbessern und stabilisieren. Er traute sich zu, Rom groß zu machen und zu zeigen, wie effizient der Staat zum Wohl seiner Bürger arbeitet und wirkt, wenn ihn ein einheitlicher Wille lenkt. Weniger pathetisch ausgedrückt: Er wollte Diktator sein, aber ein guter. Vielleicht dachte er an Peisistratos oder an Perikles. Seine Mitbürger haben ihm nicht Zeit gelassen, seinen Traum zu verwirklichen. Sie glaubten an das Prinzip ihrer Republik, dass die Macht einzelner immer begrenzt werden müsse, wenn die Freiheit nicht eingeschränkt werden soll. Geschichte und Erfahrung sprachen für diesen Grundsatz. Immer wieder hatte man erfahren können, wie Macht korrumpiert und zu Unterdrückung führt. Auch bei Cäsar waren Ansätze dazu erkennbar gewesen. So musste Caesar sterben, obwohl die Verschwörer über die Iden des März nicht hinausgedacht hatten.

Augustus (63 v. Chr. – 14 n. Chr.)

Nach der Ermordung Caesars ging im Senat nicht alles normal weiter, wie die idealistischen Freiheitshelden wohl erhofft hatten. Die Verschwörer hatten keine klare politische Konzeption, die die Bürger hätte mitreißen können. So empfand das Volk Caesars Tod nicht als Befreiung, sondern als großes Unglück. Antonius hatte es mit seiner Leichenrede auf dem Forum davon überzeugt. Er gab Caesars Testament bekannt, in dem alle Bürger bedacht waren, und schürte den Hass auf die Verschwörer so sehr, dass sie Rom verlassen mussten und nach dem Osten flohen.

Antonius
(82 – 30)

Als Caesar ermordet wurde, war Marcus Antonius, damals 38, neben ihm der zweite Konsul. Er war Caesars Interessenvertreter im Senat und sein bewährter Reiterführer und Mitstreiter aus Kriegszeiten. Nun, nach Caesars Tod, fühlte Antonius sich als der starke Mann der Stunde und ging selbstherrlich mit Caesars Nachlass um. Doch er hatte nicht mit Octavian gerechnet.

Gaius Octavius war ein Großneffe Caesars, sein nächster männlicher **Octavius**
Verwandter. Er war im Jahr 63, als Cicero Konsul war, geboren. In
den folgenden Jahren, in denen er aufwuchs, gab es die vielgerühmte
freie „res publica" schon nicht mehr, die Macht von Einzelpersönlichkeiten bestimmte die politische Szene. Der mächtige Großonkel
wollte ihn vor allem zum Kriegsmann erziehen, was für den etwas
kränklichen jungen Mann nicht einfach war. Im Zuge der Vorberei-
tungen des Parther-Feldzugs schickt ihn Caesar nach Apollonia (im
heutigen Albanien), dort sollte Octavius seine Studien fortsetzen und
sich später Caesar auf dem Weg zu den Parthern anschließen. Octavius hatte ein paar Freunde bei sich, unter ihnen zwei, die ihn sein
ganzes Leben begleiten sollten: Maecenas und Agrippa.

In Apollonia erreichte Octavius ein Brief seiner Mutter mit der Nach- **Caesars Erbe**
richt von der Ermordung Caesars. Er setzte sofort nach Italien über
und traf seine Mutter auf ihrem Landgut bei Neapel, wo sie mit ihrem
zweiten Gatten lebte. Er erfuhr, dass Caesar ihn in seinem Testament
an Sohnes statt angenommen und zu seinem Erben bestimmt hatte.
Er erfuhr auch, dass die Zustände in Rom ziemlich verworren waren
und dass Antonius die Stadt beherrsche. Seine Verwandten rieten
ihm, auf Caesars Erbe, das auch mit großen materiellen Verpflichtungen verbunden war, zu verzichten und die Adoption abzulehnen. Octavius, damals 18 und allein auf sich gestellt, musste sich entscheiden. Caesar Octavianus, wie er sich fortan nannte, entschloss sich,
Caesar zu rächen, sein politisches Erbe zu übernehmen und machte
sich auf den Weg nach Rom.

Octavian verlangte von Antonius die Herausgabe von Caesars Vermö- **Triumvirat**
gen, das ihm dieser jedoch hochmütig verweigerte, zumal er es schon
zum größten Teil verbraucht hatte. Octavian wollte sich zunächst
nicht auf einen Streit mit ihm einlassen, denn vor allem sollten Caesars Mörder bestraft werden. Deshalb arrangierte er sich mit Antonius
und schloss mit ihm und Lepidus ein Triumvirat. Durch neue Proskriptionen wurden die gefährlichsten Gegner in Rom – darunter Cicero – ausgeschaltet und Geld für die Aufstellung eines Heeres gewonnen. Octavian verfügte bald über eine ansehnliche Armee, denn
er konnte sich auf die Anhänglichkeit von Caesars Veteranen stützen.
Bei Philippi in Makedonien kam es im Jahre 42.v. Chr. zur Schlacht.
Brutus und Cassius wurden vernichtend geschlagen und gaben sich
selbst den Tod.

Antonius und Octavian teilten sich nun die Herrschaft. Antonius **Teilung**
herrschte im Osten und in Ägypten, Octavian in Italien und im Westen. Im gleichen Jahr noch heiratete Antonius Octavia, die Schwester
Octavians. Auch Octavian heiratete. Er galt als schöner Mann, wenn
er mit 1,66 auch etwas untersetzt war, er soll auf Frauen ausgesprochen anziehend gewirkt haben und Frauen von Freunden wie von
Gegnern verführt haben. Er war schon zum zweiten Mal verheiratet,

als ihm eine schöne Frau begegnete, in die er sich sofort verliebte. Es war Livia Drusilla aus dem Geschlecht der Claudier, sie war 19, hatte einen kleinen Sohn und war im sechsten Monat schwanger. Ihr schwer kranker Mann war gerade mit ihr aus Griechenland zurückgekehrt, wo er Jahre der Verbannung verbracht hatte. Octavian schickte seiner Frau Scribonia den Scheidebrief und Livias Mann, der kurze Zeit später starb, willigte ein, dass sie Octavians Frau wurde. Es ging ihm wohl auch um die Zukunft seiner Kinder. Drei Monate später kam dann Livias zweiter Sohn, Drusus zur Welt. Ihr älterer Sohn hieß Tiberius und wurde später Octavians Nachfolger. Octavian lebte glücklich mit Livia, über fünfzig Jahre lang, bis an sein Lebensende.

Kleopatra
(69–30)

Antonius regierte in Ägypten wie ein orientalischer König. Seine Gemahlin, die Schwester Octavians, hatte er verstoßen, was Octavian um der Ehre seines Hauses willen tief verletzte. Antonius heiratete die ägyptische Königin Kleopatra, an deren Kinder er ganze Provinzen verschenkte, was in Rom große Empörung auslöste. Gegen die Parther, die schlimmste Bedrohung für Rom im Osten, hatte er jedoch keinen Erfolg. Octavian bewirkte einen Beschluss des Senats, in dem Antonius der Krieg erklärt und Octavian zum Feldherrn bestimmt wurde. Die entscheidende Seeschlacht fand bei dem Vorgebirge Actium an der Westküste Griechenlands statt. Antonius und Kleopatra flohen nach Ägypten, wo sie sich selbst töteten.

Allein-
herrscher

Octavian war nun, im Jahre 31 v. Chr., 13 Jahre nach Caesars Tod, Alleinherrscher. Er war 32 Jahre alt und sollte noch 45 Jahre fruchtbarer Regierungszeit vor sich haben. Octavian behielt die Formen der Republik bei, vereinigte aber die höchsten Ämter in seiner Person. Er wollte kein König sein und lehnte den Titel Diktator ab. Er ließ sich „Princeps" (= der Erste) nennen und man verlieh ihm den Ehrentitel „Augustus" (= der Erhabene). Als Imperator war er Oberbefehlshaber der Streitkräfte, seinem persönlichen Schutz diente die Leibwache der Prätorianer. Er wohnte in einem schlichten Haus auf dem Palatin, zu Fuß ging er über die Straßen und jedem Bittsteller war der Zugang offen. Und doch war Augustus der mächtige Herrscher eines Weltreiches, größer als das Alexanders, und genoss göttliche Verehrung, er erfüllte die Friedenssehnsucht einer kriegsmüden Welt.

Princeps

Nach seiner eigenen Vorstellung hat er auch die alte Forderung erfüllt und die Republik wieder hergestellt. Am 16. Januar 27 v. Chr. trat er von allen Ämtern zurück, aber die Senatoren bestürmten ihn, die Leitung des Staates in der Hand zu behalten. Manche sahen das als geschickte Inszenierung an, Octavian selbst schrieb später in seinem „Tatenbericht", er habe damals „... nachdem ich die Flammen der Bürgerkriege gelöscht hatte und mit der einmütigen Zustimmung der gesamten Bevölkerung in den Besitz der staatlichen Allgewalt gelangt war, das Gemeinwesen aus meiner Machtbefugnis wieder der Ermessensfreiheit des Senats und des römischen Volkes überantwortet. Für dieses mein Verdienst wurde mir auf Beschluss des Senats der Name Augustus gegeben." Fortan sah er sich als Erster unter Gleichen (princeps), der nicht mehr Amtsgewalt besaß als seine Kollegen, der alle anderen aber an Autorität (auctoritas) überragte. Mit dem Prinzipat und der „Pax Romana" gab Augustus dem Reich eine Verfassung, die Jahrhunderte lang Bestand hatte und über das Imperium Romanum hinaus die politische Ordnung in Europa beeinflusste. (Demandt)

Augustus war ein Friedenskaiser, Kriege führte er nur zur Sicherung der Grenzen, im Osten gegen die Perser am Euphrat, im Norden gegen die Germanen an Rhein und Donau. Vom Rhein her waren die Römer nach Germanien vorgedrungen und als Quintilius Varus, ehemals Statthalter in Syrien, dort das Kommando übernahm und die Germanen wie Orientalen unterdrücken wollte, wurde die Römerherrschaft zwischen Rhein und Elbe durch Arminius in der Schlacht im Teutoburger Wald (9 n. Chr.)) mit einem Schlag beseitigt. „Varus, Varus, gib mir meine Legionen wieder!", soll Augustus verzweifelt ausgerufen haben. Unter Augustus wurde die Infrastruktur ausgebaut, prächtige Bauten verschönerten die Stadt, Agrippa baute das Pantheon und großartige Thermen, die die einzigartige römische Badekultur begründeten, die Wirtschaft florierte. Der Staatshaushalt wurde geordnet, zum ersten Mal ein Budget aufgestellt. Es gab Statistiken zur Übersicht, Volkszählungen wurden durchgeführt.

Friedenskaiser

Doch der Wohlstand bewirkte auch manche Übertreibungen, förderte eine Besitz-und Lebensgier, die weit entfernt war von der angestrebten Rückkehr zu den Vätersitten. So sah sich Augustus zu umfangreichen Reformgesetzen veranlasst, gegen Amtsmissbrauch, Korruption und übertriebenen Luxus. Besonders die Erneuerung der Familie lag ihm am Herzen, Ledige sollten härter besteuert, die Eheschließung sollte erleichtert und Ehebruch hart bestraft werden. Die Problematik seiner Sittengesetzgebung, die wenig Anklang fand, sollte er allerdings in der eigenen Familie erfahren. „Ich habe zwei Töchter, die mir schwer zu schaffen machen, die res publica und Julia", soll Augustus gesagt haben. Julia war das einzige Kind, das er von seinen drei Gattinnen hatte. Sie machte ständig durch Skandalgeschichten von sich reden. Ihr Vater hatte allerdings auf ihre Gefühle keine Rücksicht genommen und sie dreimal in politische Ehen getrieben. Zuerst verheiratete er sie mit seinem Neffen Marcellus, der früh starb, dann mit seinem Freund Agrippa, den er noch stärker an sich binden wollte und nach dessen Tod schließlich mit Tiberius, Livias Sohn. Augustus war verbittert, dass gerade seine Tochter seine Gesetze so grob missachtete und ließ sie deren ganze Härte spüren. Sie wurde verbannt und starb 16 Jahre später in der Verbannung.

Reformgesetze

Auch die Künste blühten auf: Vergil (70–19) schrieb die „Äneis", ein großes, zu Ehren des Augustus abgefasstes Epos, das die Flucht des Äneas aus Troja schilderte, die später zur Gründung Roms führte.

Vergil (70–19)

Horaz
(65–8)

Horaz (65–8) pries in seinen Oden (Lieder) die Schönheit der Natur, die Götter und das Vaterland („Süß und ehrenvoll ist es, fürs Vaterland zu sterben"). Augustus Angebot, ihn zu seinem Privatsekretär zu machen, lehnte er ab. Er verspottete in seinen Satiren Üppigkeit, Trunksucht und Geldgier. Mäcenas schenkte ihm ein Landgut, damit er sorgenfrei leben und schaffen könne und begründete damit die Zunft der Mäzene.

Ovid
(43 v. Chr. –
18 n. Chr.)

Ovid (43 v. Chr. – 18 n. Chr.) besang Liebeskunst und Lebensfreude, wurde aber auch durch seine „Metamorphosen" bekannt, in denen er antike Mythen aufgriff. Durch seine dritte Heirat war er mit dem Hause des Augustus verwandt. Als er 50 war, wurde er in die Verbannung geschickt. Warum, weiß man bis heute nicht genau, Ovid selbst beließ es bei dunklen Andeutungen. Doch wurde zur gleichen Zeit Augustus Enkelin Julia, die sich vom Schicksal ihrer Mutter Julia nicht hatte abschrecken lassen, wegen ihres lockeren Lebenswandels verbannt, vielleicht war sie sogar in eine Verschwörung verwickelt und Ovid war ein Mitwisser. Augustus blieb hart gegen alle Gnadengesuche Ovids, ihm doch wenigstens einen anderen Verbannungsort als dieses unwirtliche Tomi am Schwarzen Meer (heute Konstanza in Rumänien) zu gewähren. Ovid schrieb seine Klagelieder, zehn Jahre lang hielt er es noch aus, bevor er verzweifelt in der Verbannung starb.

Ende

Augustus verbrachte seine letzte Zeit in gelassener Heiterkeit und in dem Bewusstsein, seine Aufgabe erfüllt zu haben. Es war in Nola in Kampanien, im Haus seiner Familie, wo ihn ein altes Leiden aufs Lager zwang. Sein Haus war bestellt, er hatte Tiberius, den ungeliebten, aber unentbehrlichen Feldherrn, zu seinem Nachfolger bestimmt. Er rief Livia und seine Freunde an sein Lager und fragte sie: „Hab' ich die Komödie, die man Leben nennt, gut gespielt, dann spendet mir Beifall!" In den Armen Livias verschied er, in seinem 77. Jahr.

Wirkung

In seinem „Tatenbericht" konnte er mit Recht von sich sagen: „Durch neue … Gesetze habe ich viele vorbildliche Einrichtungen der Vorfahren, die schon aus dem Gedächtnis unseres Zeitalters schwanden, wieder erneuert und selbst für viele Dinge nachahmenswerte Vorbilder der Nachwelt überliefert." Und Cassius Dio, ein römischer Geschichtsschreiber, urteilt über den Prinzipat des Augustus: „Er hat die Monarchie mit der Demokratie verbunden und es den Römern ermöglicht, ohne demokratische Willkür, aber auch ohne tyrannische Übergriffe, in maßvoller Freiheit und unter einer Alleinherrschaft ohne Furcht in Frieden zu leben, als Untertanen ohne Knechtschaft und als Bürger ohne Zwietracht."

Rom als Kaiserreich (Imperium Romanum)

Augustus Nachfolger, sein Stiefsohn Tiberius (42 v. Chr.–37 n. Chr.) aus dem Geschlecht der Claudier, regierte 23 Jahre lang mit Klugheit und Umsicht. Im Alter wurde er zunehmend argwöhnisch und misstrauisch, ein einsamer Menschenverächter. Sein leiblicher Erbe war noch zu Lebzeiten vergiftet worden, sein Nachfolger wurde sein Großneffe Caligula (12–41). In den Jahren nach Tiberius regelten vor allem Gift und Dolch die Nachfolge, auch die Prätorianergarde gewann mehr und mehr Einfluss auf die Nachfolgeregelung. Auf Caligula folgte Claudius (10 v. Chr.–54 n. Chr.), dann Nero (37–68).

Der ungeheure Reichtum, der aus den Provinzen nach Rom floss, **Sittenverfall** verleitete zu Verschwendung und Luxus. Gastmähler und Trinkgelage bei den Reichen, „Brot und Spiele" („panem et circenses") für die Armen. Die Sitten verfielen, auch der Glaube an die alten Götter ging immer mehr verloren, neue Kulte und religiöse Lehren aus dem Osten drangen vor.

Nach Neros Tod stritten mehrere Feldherrn um den Kaiserthron, **Flavische Kai-** schließlich setzte sich Vespasian (9–79) durch, ihm folgte Titus (39– **ser** (69–96) 81), dann Domitian (51–96). In dieser Zeit (79 n. Chr.) wurden durch einen schrecklichen Ausbruch des Vesuv die Städte Pompeji und Herculaneum zerstört.

Nach der grausamen Herrschaft des Domitian folgten rund hundert **Gute Kaiser** Jahre mit guten Kaisern, unter ihnen Trajan (53–117), in dessen Zeit (96–180) das römische Weltreich seine größte Ausdehnung erreichte, Hadrian (76–138) und Marc Aurel (121–180). Man hat diese hundert Jahre als die glücklichste Zeit des römischen Kaiserreiches bezeichnet.

Von da an begann das römische Weltreich zu verfallen. Auf Marc **Soldaten-** Aurel folgte ein Jahrhundert schlimmster Wirrnis mit rund 30 Kaisern, **kaiser** den „Soldatenkaisern".

Kaiser Diokletian (243–316) unternahm noch einmal eine große An- **Diokletian** strengung, um, wie schon sein Vorgänger Aurelian, den Verfall aufzu- (243–316) halten und der Kaiserwürde zu neuem Ansehen zu verhelfen.

Aus den langjährigen Thronstreitigkeiten, die nach Diokletians Ab- **Konstantin** dankung ausbrachen, ging Konstantin der Große (288–337) als Sie- (288–337) ger hervor. Er gewährte den Christen volle Religionsfreiheit und bestimmt Byzanz, das fortan Konstantinopel hieß, zu seinem Regierungssitz. Auf dem Totenbett ließ er sich taufen. Rom verlor seine Bedeutung als Hauptstadt des Reiches, wurde aber zur Hauptstadt der christlichen Kirche, weil der Bischof von Rom, der Nachfolger des Apostels Petrus, als Papst das Oberhaupt der Kirche wurde.

Nach Konstantins Tode wurde das Reich geteilt (395). Die oströmischen Kaiser regierten von Konstantinopel aus, die weströmischen residierten in Ravenna, das ihnen sicherer als Rom erschien. Das weströmische Reich ging 80 Jahre später unter dem Ansturm der Germanen unter, als Odoaker sich zum König von Italien ausrufen ließ, das oströmische Reich dauerte noch tausend Jahre länger, bis es 1453 unter dem Ansturm der Türken zerbrach.

Cicero (106–43)

Marcus Tullius Cicero, ein Zeitgenosse Caesars und nur 6 Jahre älter als dieser, kam auf dem Landgut seiner Eltern in Arpinum, einem kleinen Städtchen auf halbem Wege zwischen Rom und Neapel, auf die Welt. Sein Vater gehörte dem römischen Ritterstand an, und das bedeutete, dass die Familie nicht zur Nobilität zählte. Der begabte junge Cicero, der in Rom Karriere machen wollte, war dementsprechend ein „homo novus", ein Emporkömmling, der sein Leben lang um die Anerkennung der adelsstolzen Aristokraten kämpfen musste. Seine Jugendjahre verbrachte er in Rom, dort hatte er Gelegenheit, sich gründlich im Rechtswesen auszubilden und die politische Praxis kennenzulernen. Er leistete seinen Militärdienst ab und wurde Anwalt. Schon damals war er bekannt wegen seiner mutigen und wortgewaltigen Reden, die ihm die Zuneigung des Mittelstands und des Plebs eintrugen.

Studien in Griechenland Es war die Zeit, in der Marius und Sulla um die Macht kämpften und durch die Bürgerkriegswirren zog sich auch Ciceros Ausbildung in die Länge. Er war schon 27 und hatte bereits seinen ersten aufsehenerregenden Prozess, in dem er die Anklage gegen einen Günstling Sullas vertrat, hinter sich, als er endlich zu einem Studienaufenthalt in Griechenland aufbrechen konnte. Vielleicht war es auch ganz gut für ihn, eine Zeitlang aus dem Blickfeld des Diktators Sulla zu verschwinden. Auf Rhodos widmete er sich besonders der Redekunst und studierte bei einem berühmten Stoiker, in Athen besuchte er die platonische Akademie und hörte Epikureer.

Politische Karriere Cicero war 30, als er nach Rom zurückkehrte. Er arbeitete wieder als Anwalt und heiratete Terentia, deren reiche Mitgift es ihm erlaubte, sich eine Karriere in der Politik aufzubauen. Mit 31 wurde er Quaestor in Sizilien und wurde gerühmt wegen seiner Gerechtigkeit. Mit 40 war er Praetor, also Richter und Gerichtsvorsitzender. Drei Jahre später bewarb er sich um das Amt eines Konsuls – mit Erfolg, was für einen, der nicht dem Adel angehörte, ziemlich ungewöhnlich war.

Konsul Für Cicero war dieses Jahr als Konsul die Erfüllung seines Strebens nach der „Eintracht der Stände" als deren Sprecher er sich fühlte.

Außerdem gelang es ihm, den Umsturzversuch des Catilina, eines korrupten Adeligen, aufzudecken. Fünf von dessen Mitverschwörern waren ergriffen worden und Cicero setzte im Senat ihr Todesurteil durch, das er auch unverzüglich vollstrecken ließ. Das Volk feierte ihn deshalb als Retter Roms, ein Senatssprecher begrüßte ihn als „pater patriae", als „Vater des Vaterlandes".

Res Publica Cicero, der immer wieder die moralische Erneuerung und die Einigkeit des Senats angemahnt hatte, sah sich in seinen Bemühungen bestätigt. Die politische Krise, die durch den Ehrgeiz einzelner Männer und die Korruptheit und Uneinigkeit der Senatsregierung zum Ausbruch gekommen war, stellte nach Ciceros Ansicht vor allem ein moralisches Problem dar. Ohne den Glauben an den guten Willen der Bürger und an ihre Bereitschaft, nach gemeinsamen moralischen Werten zu handeln, kann eine Demokratie nicht funktionieren, und Cicero war davon überzeugt, dass man die Menschen dazu bringen musste und konnte, im Sinne dieser staatsbürgerlichen Verantwortung zu handeln. Die Alleinherrschaft, so effizient sie auch erscheinen mochte, war für ihn keine Alternative zu der Staatsform der res publica, an die er glaubte, die er aufgrund der römischen Tradition und aus seinen philosophischen Überzeugungen heraus für richtig hielt. Nur des besseren Funktionierens wegen, durfte man die Diktatur nicht der Demokratie vorziehen.

Verbannung So wie Cicero dachten nicht alle, manche hielten ihn für einen „gestrigen" Politiker, der sich an einer überholten Regierungsform festklammerte. Sie waren ihrerseits überzeugt, dass die korrupte Senatsregierung, festgefahren in engen Denkkategorien, nicht mehr fähig war, ein Weltreich, wie es Rom inzwischen geworden war, zu regieren. Zu ihnen gehörten Cäsar und Pompejus, die zusammen mit Crassus im Jahre 60 v. Chr. ein Triumvirat bildeten und die Macht an sich rissen. Sie sorgten dafür, dass Cicero im Jahre 58 v. Chr., er war jetzt 48, in die Verbannung gehen musste. Seine Güter wurden beschlagnahmt, sein Haus auf dem Palatin niedergerissen.

Innere Emigration Das Exil in Mazedonien war für Cicero eine Zeit der Verzweiflung, aus der er ein Jahr später durch die von Pompejus veranlasste Rückberufung erlöst wurde. Auch jetzt noch glaubte Cicero an die Möglichkeit der moralischen Erneuerung und hielt am Senatsregime fest. Aber Caesar, Pompejus und Crassus erneuerten ihr Triumvirat und unter ihrem Druck schwenkte Cicero auf die Linie der Triumvirn ein, zumal er ihnen für die Rückberufung aus der Verbannung dankbar sein musste. So langsam wurde ihm klar, dass seine Rolle in der Politik ausgespielt war. In dieser Zeit der „inneren Emigration", die er meistens auf seinem reich mit Büchern und Kunstwerken ausgestatteten Lieblings-Landgut in Tusculum – in den Albaner Bergen nahe dem heutigen Frascati – verbachte, widmete er sich ganz seinen philosophischen Arbeiten. Je tiefer er in die Philosophie eindrang, desto

117

mehr gewann er Abstand von der Tagespolitik und war glücklich darüber, dass ihn „. . . dieses ganze Elend des Staates und die Willkür dieser Frechen, die mich bisher so empfindlich verletzen konnte, . . . nun überhaupt nicht mehr berührt." Unter dem Druck der politischen Veränderung hatte er den Rückzug aus der vita activa in die vita contemplativa vollzogen.

Philosophie Als philosophischer Schriftsteller war es sein Ziel, dass es kein Gebiet der Philosophie mehr geben sollte, das nicht auch in lateinischer Sprache zugänglich war. Das zeitgemäße Klischee schrieb den Griechen den Vorrang in den Künsten und Wissenschaften zu und den Römern die militärisch-politische Dominanz. Man studierte Philosophie und Rhetorik nur auf Griechisch und Cicero wollte erreichen, dass man auch in Lateinisch den Griechen ebenbürtig werden könnte. So hat er viele philosophisch-wissenschaftliche Begriffe geschaffen, die die lateinische Sprache, auch in der Literatur, bis in die Neuzeit hinein bereicherten. (Giebel)

Vom Staat Es entstanden die Werke „de oratore" (vom Redner), „de divinatione" (von der Weissagung), „de re publica" (vom Staat) und „de legibus" (von den Gesetzen). In seiner Schrift vom Staat folgte er den Spuren Platons und kam zu dem Ergebnis, dass die ideale Verfassung aus demokratischen (Volksversammlung), aristokratischen (Senat) und Monarchischen (auf ein Jahr gewählte Konsuln) Elementen gemischt sein sollte. Sein Ideal war die „res publica", ein echtes Gemeinwesen, gegründet auf Gerechtigkeit und auf der Sache des Volkes, der „res populi". Die Lenker des Staatswesens sollten „. . . für den Nutzen des Volkes mehr Sorge tragen als für die Durchsetzung des eigenen Willens."

Redner Cicero galt als der größte Redner seiner Zeit. Die 57 Reden, die von ihm erhalten sind, waren ebenso leidenschaftlich und drastisch wie humorvoll und elegant, seine geistvolle Rhetorik übertraf auch sein Vorbild Demosthenes. Niemand sprach ein Latein von solcher Anmut, Brillanz und Ausdruckskraft, mit ihm erreichte die lateinische Prosa ihren Höhepunkt. Caesar gestand ihm darob den „allerschönsten Ruhm" zu und noch Jahrhunderte später schwärmte Petrarca davon. Cicero war in den folgenden Jahrhunderten, in denen Latein die Gelehrtensprache war, der meistgelesene Autor. Auch die 864 Briefe, die er hinterlassen hat, sind einzigartige Zeugnisse seines Empfindens und seiner Zeit. Cicero diktierte sie seinem Sekretär, ohne sie nochmals durchzusehen und sicher ohne an eine Veröffentlichung zu denken. So gibt es wohl keinen Zeitgenossen, über den die Nachwelt genauer Bescheid weiß.

Kilikien Es gab noch einmal ein Zwischenspiel in der aktiven Politik für ihn. Als ehemaliger Konsul musste er zwei Jahre lang als Statthalter nach Kilikien in Kleinasien gehen. Und als er zurückkam, schickte sich

118

Caesar gerade an, den Rubikon zu überschreiten. Cicero zauderte, auf wessen Seite er sich schlagen sollte und folgte schließlich Pompejus nach Griechenland. Zwei Jahre später konnte er nach Rom zurückkehren, Caesar war inzwischen Diktator und hatte ihm verziehen. Cicero zog sich wieder in die ländliche Stille zurück und widmete sich erneut der Philosophie und dem Schreiben.

In dieser zweiten Periode schriftstellerischer Tätigkeit entstand eine ganze Reihe philosophischer Werke, darunter „Über das Alter", „über die Freundschaft", „Über das Schicksal", „Über die Ziele des menschlichen Handelns", „Von den Pflichten" und die „Gespräche in Tusculum", die besonders davon handeln, wie der Philosoph dem Tod begegnen und den Schmerz bewältigen kann. Glückseligkeit kann der Weise nur erreichen, wenn er sich weder durch Todesfurcht und körperliche Schmerzen, noch durch Leidenschaften oder äußere Übel aus der Bahn werfen lässt. Und die „Untersuchung des glücklichen Lebens" war für Cicero „der einzige Gegenstand, den sich die Philosophie zum Zweck setzen muss". (Bien) Die Philosophie ist für Cicero zur geistigen Führerin, zur Trostspenderin und zur stärksten Stütze im Leben geworden. Der Weise, so meinte er, bleibt in allen Anfechtungen und Nöten des Lebens unverletzlich, die Tugend reicht zur Glückseligkeit aus. **Glück-seligkeit**

Vielfach sah man Ciceros Bedeutung als Philosoph vor allem darin, dass er durch seine Werke die hellenistische Philosophie wieder erschloss. Er selbst schloss sich auch keiner der dogmatischen Denkrichtungen an, er war ein „Auswähler" („Eklektiker"). In der Erkenntnislehre folgte er den Skeptikern, die der Ansicht waren, dass die Sinneswahrnehmungen keine sichere Erkenntnisse zulassen und man deshalb mit seinem Urteil zurückhaltend sein müsse. In seinen ethischen Anschauungen stand er den Stoikern am nächsten. Er galt nicht als origineller Denker, aber er war ungemein belesen und vermittelte immer wieder neues Gedankengut. Er sagte selbst, seine Schriften seien abgeschrieben, er tue nur die Worte hinzu, die ihm gerade in den Sinn kämen. Cicero sah jeden einzelnen zur Wahrheitssuche verpflichtet und damit zugleich auch zur Toleranz Andersdenkenden gegenüber. Er wandte sich gegen Autoritätsgläubigkeit und verteidigte leidenschaftlich die Freiheit der Persönlichkeit. Darin wurzelte auch seine politische Überzeugung und sein Eintreten für eine Staatsform, die die freie Entfaltung des einzelnen innerhalb einer von ihm selbst anerkannten Ordnung gewährleistet. **Eklektiker**

Seine umfangreichen Werke stellen an den Leser hohe Anforderungen. Die Sprache ist zwar klar und verständlich, aber es bedarf großer Geduld, um sich durch die ausgebreitete Fülle an Belesenheit und Für und Wider durchzuarbeiten. Cicero schwelgt in der Kunst des „Philosophierens", wie es viele aus der Zunft der Philosophieprofessoren noch heute als obligatorisch ansehen. **„Philosophieren"**

Lukrez
(96–55)

Aus seinem Bemühen heraus, der griechischen Philosophie den Weg zu öffnen, wird auch verständlich, dass er sogar das Lehrgedicht des Epikureers Lucretius Carus (96–55) „De rerum natura" herausgegeben haben soll, obwohl er es kaum gebilligt haben dürfte. Lukrez behandelt darin ausführlich die Ansichten Epikurs und seine kunstvolle Darstellung gilt als die verlässlichste und vollständigste Quelle für Epikurs Philosophie.

De officiis

Besonders Ciceros Schrift „vom pflichtgemäßen Handeln" („de officiis"), die er nach Caesars Tod verfasste und in der er systematisch die gesamte Ethik behandelte, hatte eine große Wirkung auf die Nachwelt. Cicero betonte darin den unbedingten Vorrang des sittlichen Handelns vor allen Nützlichkeitserwägungen und die Notwendigkeit der sozialen Integration des Individuums.

Tullia

In dieser Zeit traf ihn ein schwerer Schicksalsschlag, seine geliebte Tochter Tullia starb im Kindbett. Sie war der Mensch, der ihm am nächsten stand. Von Terenia, seiner langjährigen Gattin hatte er sich getrennt und sich dadurch auch seinem Sohn entfremdet. Seine zweite Ehe mit einer jungen Erbin war nicht glücklich und dauerte nicht lange. So traf ihn Tullias Tod besonders hart.

Ermordung

Und noch einmal wurde Cicero in den Strudel der Politik gezogen. Er hatte freundschaftlichen Kontakt zu Brutus, war aber an dem Attentatsplan nicht beteiligt. Nach der Ermordung Caesars hoffte er gleichwohl, dass nun die alte res publica wiederhergestellt werden könnte und funktionsfähig wäre. Aber ihm wurde schnell klar, dass die Verschwörer einen großen Fehler begangen hatten, indem sie Antonius verschonten. Es folgte der Kampf gegen Antonius, der inzwischen die Macht an sich gerissen hatte. Cicero führte ihn mit einer Reihe von mitreißenden Appellen, die er in Anlehnung an Demosthenes „Philippische Reden" nannte. Antonius war es jedoch gelungen, Octavius und Lepidus auf seine Seite zu ziehen. Sie schlossen ein zweites Triumvirat und begannen ihre Machtübernahme mit blutigen „Proskriptionen" in Rom. Gegen Octavius Widerstand beharrte Antonius darauf, dass an der Spitze der schwarzen Liste der Name Ciceros stehen müsse. Cicero, nun 63, versuchte zunächst zu fliehen, kehrte dann aber zurück. Auf seinem Landgut bei Formiae erreichten ihn die Häscher. Der Anführer des Kommandos hieb ihm das Haupt und die Hand ab und brachte sie Antonius, der sie in Rom auf der Rednerbühne aufstecken ließ.

Wirkung

Von Octavius, dem späteren Augustus, berichtet Plutarch, er sei viele Jahre später einmal in das Zimmer seines Enkels gekommen, der eine Schrift Ciceros in der Hand hatte und sie vor ihm verstecken wollte. Augustus nahm das Buch, las lange darin und sagte dann zu seinem Enkel: „Er war ein Meister des Wortes, mein Kind, und ein wahrer Freund seines Vaterlandes." Was an Cicero besonders beeindruckt, ist seine philosophisch fundierte politische Überzeugung, er war sozusagen „der letzte Republikaner". Als Philosoph hat er vor allem der griechischen Philosophie den Weg in den lateinischen Sprachraum geöffnet. Frei von dogmatischer Bindung, sah er das Glück der Menschen vor allem durch die Furcht vor dem Tod und die zerstörerischen Kräfte der Affekte bedroht. Sein Ideal war die sittlich autonome Persönlichkeit.

Seneca (4 v. Chr. – 65 n. Chr.)

Die Rhetorik war die Leitwissenschaft des römischen Erziehungssystems und der brillante Redner Cicero mit seiner umfassenden Bildung war für viele junge Römer das große Vorbild. So auch für Lucius Annaeus Seneca, der 40 Jahre nach Ciceros Tod in Corduba (heute Cordoba in Andalusien) auf die Welt kam. Seine Familie stammte von römischen Siedlern ab, sie war begütert und sein Vater war auch in Rom angesehen, wo er sich immer wieder längere Zeit aufhielt. Auch der junge Seneca wurde schon als Kind nach Rom geschickt, um die Möglichkeiten der Hauptstadt für seine Erziehung und Ausbildung zu nutzen. Als Seneca 20 war, hatte er mit Bronchialasthma zu kämpfen, er musste seine Studien unterbrechen und ging zu Verwandten nach Ägypten. Die trockene Luft dort brachte ihm schließlich Heilung und er konnte nach Rom zurückkehren. Seneca war nun Mitte dreißig, er wurde Quaestor und damit zugleich Mitglied des Senats. Kurz darauf heiratete er Pompeia Paulina, mit der er bis zu seinem Tode in glücklicher Ehe lebte.

Während seiner gesundheitlichen Krise war Seneca tief deprimiert gewesen und hatte sogar an Selbstmord gedacht. Da war es die Philosophie, durch die er neuen Lebensmut gewann. Sich mit den großen Geistern der Vergangenheit zu befassen, das war für ihn, als würden der eigenen Lebenszeit weitere Zeitalter hinzugewonnen. Unter den griechischen Philosophen interessierte ihn besonders Epikur, den er häufig zitierte, wobei er wohl zu unterscheiden wusste zwischen dessen wahrer Lehre und dem hemmungslosen Luststreben der „Epikureer". Er war beeindruckt, wie Epikur alle Äußerlichkeiten gering schätzte, von seinem Streben nach innerer Freiheit und seinem Lob der Freundschaft. Auch bei Zenon, dem Stoiker, fand er ähnliche Einsichten, wenn auch nicht so gefühlsbetont wie bei Epikur. Aber ein Unterschied schien ihm wesentlich: „Epikur sagt, der Weise wird sich nicht dem Staatsdienst widmen, außer, wenn ihn etwas dazu zwingt. Zenon sagt, er wird sich dem Staatsdienst widmen, außer wenn ihn etwas daran hindert." Seneca wurde zum Stoiker. Wie seinerzeit Cicero war auch Seneca eine „homo novus", der es schwerer hatte, sich seinen Weg zu bahnen, als die Söhne der alten Adelsfamilien. Und wie zu Ciceros Zeiten, war auch Seneca sein Talent als Redner dabei besonders dienlich.

Philosoph und Redner

Caligula
(12–41)

Als Kaiser Tiberius starb, wurde sein Großneffe Caligula, der Sohn des berühmten, früh verstorbenen Germanicus, sein Nachfolger. Caligula war machtbesessen und grausam, seinen Schwager ließ er hinrichten, seine Schwestern schickte er in die Verbannung. Er regierte im Stil asiatischer Despoten. Selbstbewusste Männer waren ihm suspekt. So zog auch Seneca, der als Redner und Verteidiger in Majestätsprozessen seine Senatskollegen überragte und berühmt wurde, des Kaisers Missgunst auf sich. Als Seneca im Senat im Beisein des Kaisers eine treffliche Rede hielt, war das für Caligula Anlass genug, seine Ermordung zu befehlen. Nur der Hinweis, Seneca werde ohnehin bald an Schwindsucht sterben, bewahrte diesen vor dem Tode. Nach vier Jahren Schreckensherrschaft wurde Caligula ermordet. Neuer Kaiser wurde Claudius, damals 50, als Bruder des Germanicus Caligulas Onkel. Claudius hinkte, stotterte und galt als harmlos und war wohl nur deshalb dem Wüten Caligulas entgangen.

Claudius
(10–54)

Claudius wollte sich seines hochgeschätzten Bruders Germanicus würdig erweisen und rief seine beiden Nichten Julia und Agrippina aus der Verbannung zurück. Seine Gattin Messalina freute sich darüber allerdings nicht, denn sie hasste Julia, in der sie eine Rivalin sah, die ihren Einfluss schmälern könnte. Messalina brachte ein Drama in Gang, das an Ovid erinnerte: Sie setzte durch, dass Julia erneut verbannt und später ermordet wurde. Der Verbannung lag die Anklage wegen Ehebruchs zugrunde und der angebliche Liebhaber Julias wurde ebenfalls in die Verbannung geschickt: Es war Seneca, den der Bannstrahl wie ein Blitz aus heiterem Himmel traf.

Verbannung

Im Exil auf Korsika bewährte sich Senecas stoische Philosophie, sie half ihm über die Trostlosigkeit auf der kargen Insel hinweg. Er nutzte die Zeit zu naturwissenschaftlichen Studien („Naturales Quaestiones"), aber auch zu philosophischen Schriften, die in Rom gelesen wurden, so dass er nicht in Vergessenheit geriet. In einer Abhandlung „Vom Zorn" (De ira) befasste er sich als Stoiker mit den Affekten und der Erziehung: Wir alle sind fehlbar und müssen deshalb an uns arbeiten. Was man bei anderen tadelt, findet jeder auch in seiner eigenen Brust. „Ist jemand zornig auf Dich? Fordere Du ihn dagegen heraus durch Wohltaten!" Vor allem diese Schrift trug ihm Ruhm und Aufmerksamkeit ein, auch in der kaiserlichen Familie, nämlich bei Agrippina.

Agrippina

Messalina hatte es schließlich so bunt getrieben, dass man von Claudius verlangte, sie hinrichten zu lassen. Siegerin in den Machtkämpfen der Frauen, denen es darum ging, die Herrschaft für ihre Söhne zu sichern, wurde Agrippina, Julias Schwester, die andere Tochter des Germanicus. Nach Messalinas Tod heiratete sie ihren Onkel Claudius und war nun Kaiserin. Dann brachte sie Claudius auch noch so weit, Nero, ihren Sohn aus erster Ehe, zu adoptieren und damit zu seinem

Nachfolger zu bestimmen. Noch im Jahr ihrer Vermählung mit Claudius ließ Agrippina Seneca aus der Verbannung zurückrufen, denn sie sah in ihm den geeigneten Erzieher für ihren Sohn Nero, den künftigen Kaiser. Fünf Jahre später, fügte es sich, dass Claudius das Zeitliche segnete, er hatte ein Gericht mit giftigen Pilzen nicht vertragen. Nero war nun Kaiser.

Als Seneca im Jahre 49 nach acht Jahren aus der Verbannung zurückkehren konnte, war er 53. Er wurde Praetor und später Konsul, vor allem aber war er der Erzieher von Agrippinas Sohn. Sein Schüler Nero war damals 13 Jahre alt. Mit 16 vermählte er sich mit seiner Stiefschwester Octavia, mit 17 wurde er Kaiser. Vom Regieren hielt er damals noch nichts, er widmete sich seinen Liebhabereien. Für Seneca bedeutete das, dass er praktisch auch die Staatsgeschäfte des römischen Weltreiches führen musste, er tat es zusammen mit dem Prätorianer-Präfekten Burrus. Fünf Jahre lang war Seneca „Kaiser ohne Purpur". Dann war Nero seiner Aufpasser und Moralprediger überdrüssig. Er ließ seine Mutter Agrippina ermorden, trennte sich von seiner Frau Octavia, ließ auch sie ermorden und heiratete die schöne und ehrgeizige Poppäa. Unter diesem Regime war für Seneca kein Platz mehr. Er bat Nero um seinen Abschied und zog sich auf sein Landgut zurück. **Nero** (37–68)

Auch als aktiver Staatsmann hatte Seneca noch Zeit zum Schreiben gefunden. Für Nero schrieb er die Abhandlung „Über die Milde" (De clementia), in der er die Tugenden des Herrschers beschrieb, für den der Nutzen des Volkes Vorrang vor seinen eigenen Wünschen haben soll. Er schrieb ferner „Von der Kürze des Lebens" (De brevitate vitae), „Von der Ruhe des Gemüts"(De tranquillitate animi), „Von der Standhaftigkeit des Weisen" (De constantia sapentis) und „Vom glücklichen Leben" (De vita beata). Außerdem verfasste er eine Reihe von Tragödien über Gestalten der griechischen Mythologie, darunter Hercules, Medea, Phaedra, Ödipus und Agamemnon. Später dann, auf seinem Landgut, konnte sich Seneca ganz dem Schreiben widmen. Er tat es in dem Bewusstsein, dass ihm nicht mehr viel Zeit verblieb. Zum einen quälte ihn sein altes Lungenleiden, zum anderen wusste er, dass Nero nur auf eine Gelegenheit wartete, ihn, als einen unbequemen Mahner, auszuschalten. Es war seit langem ein großer Schmerz für Seneca, dass sein Zögling, trotz aller guter Lehren, zu einem Monster geworden war. Drei Jahre sollten Seneca noch beschieden sein, in denen sein Philosophisches Hauptwerk entstand. Neben „Leben heißt kämpfen" (Vivere militare est) und „Über die Muße" (De otio) waren es vor allem die 124 „Epistolae morales", die Briefe an seinen Freund Lucilius über Ethik, in denen er seine Philosophie zusammenfasste. **Werke**

Seine Einstellung entsprach den Grundzügen der stoischen Philosophie: Frei von allem Äußerlichen, im Einklang mit sich selbst und der **Stoiker** göttlichen Weltordnung,, ohne Todesfurcht, daraus entsteht innere Ruhe und Freude und das Bewusstsein geglückten Lebens. Aber Seneca hat alles für sich neu durchdacht und setzte seine eigenen Akzente.

Glück
Vernunft
Tugend

Auch für Seneca stand die Suche nach dem Glück obenan. Glücklich ist, wer mit den gegebenen Verhältnissen, wie immer sie sind, zufrieden ist und ja sagt zu seiner eigenen Lage. Glücklich ist ein Leben, das mit unserem eigenen Wesen übereinstimmt. Voraussetzung für die Glückseligkeit ist die sittliche Vollkommenheit, die Tugend (virtus), die das höchste Gut (summum bonum) darstellt. Sie ist nichts anderes als der rechte Gebrauch der Vernunft. Und da allein die Vernunft den Mensch zum Menschen macht, macht allein die Vernunft vollkommen glücklich. Mit Hilfe der Vernunft, dieser göttlichen Gabe, verschafft er sich die rechte Einsicht in das Wesen der Dinge. Tugend bedeutet konkret, Unabhängigkeit von den Äußerlichkeiten des Schicksals, die Abkehr von den Alltagsdingen, wie wichtig sie auch scheinen mögen, Distanz zu den eigenen Lust- und Unlust-Regungen, Besonnenheit im Handeln. Nur wer sich nicht von seinen Begierden, von der Sucht nach Macht, Ehre, Ruhm und Reichtum treiben und beherrschen lässt, kann die innere Ruhe (apathia) finden.

Weisheit und Freundschaft

Reichtum (und Seneca war reich) ist der Armut vorzuziehen, da er die Möglichkeit bietet, Gutes zu tun, zumal der Mensch zum Helfen veranlagt ist. Der Weise wird deshalb den Reichtum sinnvoll gebrauchen, jedoch nicht von ihm abhängig sein und seinen Verlust ohne Regung hinnehmen. Der Weise macht sich auch nicht abhängig vom Urteil der Masse. Der Mehrheit gefällt nicht das Bessere, die Masse neigt eher zum Schlechteren, sie ist der schlechteste Anwalt der Wahrheit. Zur Masse aber können auch Menschen im Prunkgewand oder gekrönte Häupter gehören, meinte Seneca. Und mit Epikur verbindet den Stoiker Seneca besonders die Überzeugung: Nichts erfreut das Herz mehr als aufrichtige und herzliche Freundschaft.

Humanismus

Da in allen Menschen der göttliche Funke lebt, sind sie Bürger einer Welt. Das schließt auch Sklaven und Barbaren ein. Auch dieser revolutionäre stoische Gedanke eines humanitären Kosmopolitismus deckte sich mit Senecas eigenen Vorstellungen. Wegen seiner humanen Haltung den Mitmenschen gegenüber, die auch dem christlichen Denken entsprach, hat man Seneca mit seinem Zeitgenossen, dem Apostel Paulus in Verbindung gebracht und den beiden Jahrhunderte später sogar einen Briefwechsel angedichtet. Verbürgt ist jedoch, dass Senecas älterer Bruder Gallio, als er im Jahre 52 Statthalter der Provinz Achaia (Griechenland) war, über den Apostel Paulus richten musste, der von den Juden angeklagt war. Gallio verfuhr jedoch anders als weiland Pilatus, er wies die Klage ab, mit der Begründung, es handle sich um eine religiöse Streitfrage.

Solche Lebensführung im Einklang mit der Vernunft und der Natur bedarf der Einübung. Seneca war überzeugt: „Leben muss man ein Leben lang lernen, und ein Leben lang muss man Sterben lernen." Den einen hält seine unersättliche Habgier gefangen, der andere verwendet überflüssige Anstrengungen auf mühevolle Geschäftigkeit. Der eine dämmert in Untätigkeit dahin, einen anderen ermüdet sein ewig von fremden Urteilen abhängiger Ehrgeiz. Viele leben nicht, sie sind nur beschäftigt. Sie haben zu wenig Zeit und verlieren sich dabei selbst. Sehr kurz und voller Sorgen ist das Leben derer, die das Vergangene vergessen, das gegenwärtige Gute vernachlässigen oder aufschieben und vor der Zukunft Angst haben. Aber wenn man das Leben zu gebrauchen versteht, ist es lang. Wir haben nicht zu wenig Zeit, sondern verwenden sie oft sinnlos. Um uns dem Wesentlichen zuzuwenden, müssen wir uns der Vergänglichkeit und des immer drohenden Todes bewusst sein. Wer seine Zeit nicht an andere vergeudet sondern nur zum eigenem Gebrauch verwendet, wer alle Tage wie sein ganzes Leben ordnet, der fürchtet nicht das Morgen, und giert nicht nach immer neuen Vergnügungen, er hat die Freuden und die Leiden durchkostet, sein Leben ist bereits in Sicherheit. Ihm kann man noch etwas geben, aber nichts mehr nehmen. Über das übrige mag das Schicksal verfügen. So wird der Weise, wenn der letzte Tag kommt, nicht zögern, festen Schrittes zum Tode zu gehen.

Nicht lange Zeit, sondern genug zu leben sei unsere Sorge. „Denn um lange zu leben bedarfst du des Schicksals, um genug zu leben deines Entschlusses." Entscheidend ist nicht die Länge des Lebens, sondern die Qualität. Jeden Tag soll man sinnvoll nutzen, um am Abend sagen zu können „Ich habe gelebt". „Carpe diem" (nutze den Tag), wie es Horaz ausgedrückt hatte. Seneca nahm das auch von der praktischen Seite her durchaus ernst. Er hatte den alten Brauch der Pythagoreer, die tägliche Gewissensprüfung, übernommen. Allabendlich betrieb er Selbsterforschung und gab sich schonungslos Rechenschaft über seinen Tageslauf.

Wie Zenon war auch Seneca davon überzeugt, dass ein unabänderli- ches Schicksal über uns waltet. Der Mensch kann seinem Schicksal nicht entgehen, aber entscheidend ist, wie er dieses Schicksal trägt, sei es gottgewollt oder selbstverschuldet. Nur wenn Glück und Unglück im eigenen Bewusstsein liegen, ist der Mensch frei. Dazu muss er überzeugt sein, dass ihm die Widrigkeiten des Schicksals nichts anhaben können, weil es nur ein einziges Übel gibt: das moralisch Schlechte, das er vermeiden kann. Alles andere aber muss der Mensch als vom Schicksal verhängt mit Gelassenheit annehmen.

Wenn die Welt von einer Vorsehung gelenkt wird, warum erleiden dann gerade die Guten so viel Böses? Mit dieser Frage der „Theodizee", wie sie später von den Philosophen genannt wurde, setzte sich Seneca in seiner Schrift „Von der Vorsehung" (De providentia) auseinander. Er kam zu dem Schluss: Kampf und Leiden sind die Prüfungen, in denen der Mensch geläutert wird. „Das Unglück gibt Gelegenheit zur Erprobung der Vortrefflichkeit".

Tod
Im April des Jahres 65 wurde eine Verschwörung gegen Nero aufgedeckt, an der angeblich auch Seneca beteiligt war. Der Kaiser schickte ihm ein Kommando mit dem Befehl zum Selbstmord ins Haus. Seneca tröstete die anwesenden Freunde und ermahnte sie zur Standhaftigkeit. Das kostbarste Erbe, das er ihnen hinterlasse, sei „Das Bild meines Lebens". Seine geliebte Frau Paulina wollte mit ihm sterben und so ließen sich beide die Pulsadern öffnen.

Wirkung
Man hat Seneca vorgeworfen, dass er an Neros Hof viele Schändlichkeiten hinnahm und deckte. Dass er ein unvollkommener Weiser war, hat er auch selbst eingeräumt: „Ich preise ein Leben, nicht wie ich es führe, sondern wie ich weiß, dass es geführt werden müsste." Als Philosoph war es sein Verdienst, die stoische Philosophie umfassend und vollkommen als eine Weltanschauung darzustellen, die sich praktisch leben ließ und in dieser Form auch ein Wegbereiter des Christentums war.

Epiktet (55–135)

Epiktet war der Sohn einer Sklavin und kam in Hierapolis (heute das türkische Pamukkale in Kleinasien) zur Welt. Er wurde nach Rom verkauft und verbrachte dort seine Jugend. Sein Herr, ein Freigelassener Neros, erkannte seine Begabung und ermöglichte ihm eine philosophische Ausbildung bei einem bekannten Stoiker. Später schenkte er ihm die Freiheit und Epiktet begann nun selbst Philosophie zu lehren.

Domitian
(51–96)
Seit Senecas Tod waren inzwischen 25 Jahre vergangen. Nach Nero war Vespasian (9–79) Kaiser, den seine Legionäre nach Neros Tod zum Kaiser ausgerufen hatten. In den 10 Jahren seiner Regierung kam das Reich zur Ruhe, es herrschte schließlich Friede an allen Fronten. Nach seinem Tod wurde sein Sohn Titus Kaiser, der allerdings nach zwei Jahren starb. Sein Bruder Domitian (51–96) folgte ihm nach. Anfangs ging alles gut aber dann wurde Domitian zunehmend herrschsüchtig und grausam. Er verfolgte nicht nur vornehme Römer als Verschwörer, sondern auch Juden und Christen und im Jahre 94 ließ er alle Philosophen aus Rom vertreiben.

Nicopolis
Da musste sich auch Epiktet, der damals 39 war, auf den Weg machen. Er ging nach Nicopolis an der Westküste Griechenlands und machte dort seine eigene Schule auf. Bald war er so bekannt, dass selbst aus Rom Schüler kamen, um den fesselnden Redner zu hören.

Als er mit 80 in Nicopolis starb hinterließ er allerdings nichts Geschriebenes. Doch einer seiner Schüler, der Historiker Arrian, hat aufgezeichnet, was er von ihm hörte: Die „Gespräche" (Diatriben) und das „Handbüchlein der Moral" (Encheiridion) fanden weite Verbreitung.

In der Zeit des Hellenismus hatte sich die Orientierung der Menschen verschoben. Die politische Unsicherheit bewog viele eher zu einem Rückzug aus der Politik. Nicht mehr die Freiheit des ganzen Volkes stand im Vordergrund, sondern das Glück des einzelnen und sein innerer Friede war nun das vor allem angestrebte Ziel. Auch die stoische Philosophie stellte sich in erster Linie die Aufgabe der Selbsterziehung und der Wegweisung zum glücklichen Leben. Für Epiktet lag der Anfang allen Philosophierens in der Erkenntnis der eigenen Schwäche und Unzulänglichkeit. Man musste sich nach Regeln umsehen und sie festlegen. Epiktet hat diese Regeln in der Stoa gefunden und nach seinen Erkenntnissen die Schwerpunkte gesetzt. **Ziel der Philosophie**

Der Punkt, in dem er sich am deutlichsten von anderen Stoikern abhebt, ist die Willensfreiheit. Im Grunde hat er den Fatalismus, die Schicksalsergebenheit der frühen Stoa, aufgegeben. Für Epiktet ist der Mensch als völlig freies Willenswesen in die Welt gestellt. Ihm ist als einzigem von allem, was auf Erden lebt, die Gestaltung seines Daseins selbst überlassen. Er hat die Freiheit, abzulehnen, was er für falsch hält, zu verwerfen, was ihm als schlecht und zu begehren, was ihm als gut erscheint. **Willensfreiheit**

Hatte Seneca noch Gott und Welt pantheistisch gleichgesetzt, so mein Epiktet, Gott sei allein im Geistigen zu finden, für ihn ist Gott nur Geist, Wissen und rechte Vernunft. Die Verwandtschaft mit Gott, der das wahrhaft Gute ist, hat zur Folge, dass der Mensch von Anfang an eine Vorstellung vom Guten und Schlechten mitbekommen hat, dass er natürliche oder eingeborene Begriffe von Motiven wie Gerechtigkeit, Treue, Scham oder Ehre besitzt. Die Hinwendung zum Rechten und die Abwendung vom Schlechten ist das Prinzip jeder Bewegung, im Moralischen steckt das, was das eigentlich Menschliche ausmacht. Das ganze sittliche Verhalten und damit auch das ganze Glück des Menschen beruht darum zuletzt darauf, dass er von den angeborenen Vorstellungen den rechten Gebrauch macht. Er muss das Begehren zurückstellen bis er sich die nötige Bildung erworben hat. Zur Bildung gehört die Klarheit über den Sinn dessen, was dem Menschen angeboren ist. **Das Gute**

Aber als vernünftiges Wesen ist der Mensch zugleich ein Bürger der Welt, nimmt teil an dem Schauspiel, das der Weltprozess darstellt. Gott hat ihm darin eine besondere Rolle zugeteilt, sei es die des Herrn, sei es die des Sklaven, mit der Aufgabe, sie immer und überall so zu spielen, wie es einem vernünftigen Wesen entspricht. Jeder hat **Vernunft und Aufgabe** seinen Platz als einen ihm von Gott zugewiesenen Posten anzusehen. Obwohl frei, hat jeder doch seine Aufgabe zugewiesen bekommen, durch deren Erfüllung er dem Ganzen nützen soll.

Glück
Das also ist der Mensch und so ist seine Lage und nur wenn er sich darüber klar ist, kann er sein natürliches Ziel, die Glückseligkeit erreichen. Epiktet hat besonders immer wieder den Gedanken betont, wer frei und glücklich sein will, darf nur nach Dingen streben, die in seiner Verfügungsgewalt stehen. Wir müssen aus den Dingen, die in unserer Macht stehen, das Beste machen und alles so nehmen, wie es ist. Und es ist so, wie es Gott gefällt. Für Epiktet ist besonders schlimm dran, wer nicht fähig ist, Unrecht zu ertragen und wer den Genüssen nicht entsagen kann. „Ertrage und entsage!" war sein Motto.

Gott
Obenan steht für Epiktet der Glaube an Gott, er verlangt ihm zu danken und ihn zu preisen, von ihm aus entwickelt er auch die Grundsätze für das Streben nach Glückseligkeit. Dazu gehört auch, dass man nur ein Teil der Welt ist und sich daher in das Ganze zu fügen hat, dass man dem Herrn des Ganzen folgen und ihm mehr gehorchen muss als den Mächtigen auf Erden, dass man als Verwandter Gottes mit göttlicher Vernunft begabt und deshalb verpflichtet ist, nicht niedrig von sich zu denken und sich bewusst zu sein, dass nichts weiter als der Wille in die Hand des Menschen gelegt ist, alles übrige ihm dagegen fremd und nur geliehen ist.

Marc Aurel (121–180)

Hadrian
(76–138)
Der grausame Domitian war der letzte aus dem Kaiserhaus der Flavier. Seine Nachfolger waren nicht mehr miteinander verwandt, der Kaiser bestimmte seinen Nachfolger durch Adoption. Nach Domitians Tod regierte 2 Jahre lang Nerva, dann 19 Jahre lang Trajan (53–117), ein erfolgreicher Feldherr, unter dem das römische Weltreich seine größte Ausdehnung erreichte. Auf ihn folgte Hadrian, ein Friedenskaiser, der das Reich in den 20 Jahren seiner Regierung nach außen und innen befestigte. Als Hadrian schwer erkrankte, adoptierte er Aurelius Antoninus als Sohn und Nachfolger und bewog diesen gleichzeitig, seinerseits seinen Neffen Marcus Aurelius Verus zu adoptieren.

Marc Aurel
Marcus war noch ein kleines Kind, als sein Vater starb. Er wuchs im Hause seines reichen Großvaters Annius Verus, mehrmaliger Konsul und Präfekt von Rom, auf. Hadrian war oft in dessen Haus, sah den Knaben Marcus heranwachsen, gewann ihn lieb und hielt große Stücke auf ihn. Marcus genoss eine hervorragende Erziehung und war sich auch, wie er später schrieb, dieses Glücks bewusst. Abweichend

vom Gehabe reicher Leute lernte er Einfachheit in der Lebensweise, obwohl er doch selbst von Reichtum umgeben war. Er war lernbegierig, wahrheitsliebend und neigte zum Grübeln. Kaum zwölf Jahre alt beschäftigte er sich mit der Philosophie der Stoiker, nahm ihre Kleidung und strenge Lebensart an. Er schlief auf der bloßen Erde und seine Mutter konnte ihn nur mit Mühe dazu bringen, sein Lager wenigsten mit Fellen auszustatten. Er hatte viele und gute Lehrer, knüpfte Kontakt mit anderen bekannten Stoikern und wurde auf diese Weise auch mit Epiktet und den Aufzeichnungen über dessen Lehre bekannt.

Marcus war siebzehn als Hadrian starb und Antoninus (86–161), damals 53, Kaiser wurde. Die 23 Jahre seiner Regierungszeit waren für Rom eine glückliche Zeit, „Weisheit führte das Szepter, die Welt wurde wie von einem Vater regiert." (Durant) Der Senat nannte ihn „Pius", den Frommen, Gütigen, und verlieh ihm das Prädikat des „Optimus Princeps", des vorzüglichsten Herrschers. Antoninus Pius ernannte Marcus Aurelius Verus zum Mitregenten und gab ihm seine Tochter Faustina zur Frau. Marcus, der sich seinem Amt voller Hingabe widmete, fand neben den Staatsgeschäften doch noch Zeit, sich auch weiterhin mit Philosophie zu beschäftigen. Es waren schöne Jahre für ihn, die er in ungetrübter Harmonie an der Seite des von ihm hochverehrten Antoninus Pius verleben konnte, dessen Vorbild ihn beeindruckte und prägte. Als Antoninus sein Ende nahe fühlte, rief er Marcus Aurelius an sein Lager und übertrug ihm die Sorge um den Staat. Die goldene Statue der Fortuna, die viele Jahre in seinem Schlafzimmer gestanden hatte, ließ er in Marcus' Zimmer tragen.

Antoninus (86–161)

Marc Aurel war 40, als er nach Antoninus' Tod im Jahre 161 Kaiser wurde. Damit ereignete sich, was Platon als Idealfall gepriesen hatte: ein Philosoph als Herrscher. Man jubelte ihm als Philosophenkönig zu, aber er hatte nicht vor, im Sinne Platons eine Utopie zu schaffen, sondern blieb konservativ und ein Stoiker. Ihm war längst klar, dass nicht alle Menschen Heilige sein oder werden wollen und bekümmert fand er sich mit einer Welt der Verderbtheit und Niedertracht ab. Er wollte durch sein Vorbild wirken, gestattete sich keinen Luxus, behandelte alle Menschen gleich, war für jeden da und arbeitete bis zur Erschöpfung.

Marc Aurel Kaiser

Marc Aurel war noch keine drei Jahre im Amt, als in Britannien ein Aufstand losbrach. Die Zeit von Antoninus' milder Herrschaft war offenbar als Schwäche missverstanden und zur Vorbereitung von Aufständen genutzt worden. Im Osten bedrohten die Parther, im Norden die Germanen die Grenzen. Aufstände in Spanien und Ägypten, Erdbeben und Epidemien brachten weitere Erschütterungen. Marc Aurel, der im Grunde den Krieg hasste, musste viele Jahre im Feldlager seiner Legionen verbringen. Er litt an Magenbeschwerden und erlaubte sich dennoch keine Schonung. Mit dem Pflichtgefühl des stoischen

Feldherr

Philosophen wurde er zum erfolgreichen Feldherrn, der die Grenzen des Reiches unermüdlich verteidigte. Im Herbst 176 kehrte er nach 7 Jahren Kriegführung im Triumphzug nach Rom zurück. Der Friede schien gesichert, die Pest, die auch im Heer gewütet hatte, war überstanden, die Römer begannen sich wieder glücklich zu fühlen. Rom stand auf dem Höhepunkt, der Kaiser genoss eine unübertreffliche Beliebtheit.

Wieder im Feld

Aber nach zwei Jahren musste Marc Aurel erneut gegen die Markomannen ins Feld ziehen. Sein Ziel war, die Nordgrenze des Reiches auszudehnen um damit der germanischen Invasion ein Ende zu setzen. Er errang erneut den Sieg nach einem langen Feldzug und schickte sich an, die neugewonnen Gebiete als Provinzen einzugliedern. Er wollte das Reich durch eine neue Ordnung stabilisieren. Doch es blieb ihm versagt, sein Werk zu vollenden. Eine Krankheit warf ihn plötzlich nieder, wahrscheinlich die Pest. Er starb im Alter von 59 Jahren im Feldlager der Zehnten Legion in Vindobona (Wien). Mit letzter Kraft hatte er vorher dem Heer seinen Sohn Commodus als Nachfolger vorgestellt.

Stoiker

Die Grundzüge seiner auf praktische Lebensführung ausgerichteten stoischen Philosophie hat Marc Aurel in seinen „Selbstbetrachtungen" aufgezeichnet. Er schrieb sie im Feldlager, in Griechisch, der Gelehrtensprache seiner Zeit. Noch heute werden sie mit Gewinn gelesen. Die stoische Ethik verlangt zwar die einsichtige Hinnahme des Schicksals, aber auch seine aktive Erfüllung. Marc Aurel hatte gezeigt, dass sie nicht nur Duldung und Haltung, sondern auch Charakter und Pflicht fordert. Marc Aurel sah, dass die Erkenntnis der Wahrheit vielen Philosophen als unerreichbar gegolten hatte. Er zog daraus den Schluss, dass man bereit sein muss, sich besserer Einsicht nicht zu verschließen und auch einmal seine Meinung zu ändern. Die Fähigkeit, sich umstellen zu können, gehörte für ihn zu den wesentlichen Eigenschaften des Menschen. Zugleich war er überzeugt, dass es möglich ist, den notwendigen tiefen Einblick in die Natur, in die eine Wahrheit, zu gewinnen und er meinte, dass dieser Versuch den Stoikern im ganzen gelungen ist.

Vorsehung und Pflicht

Der das ganze Sein umfassende Weltgeist ist die Ursache alles Wahren, er hat nach einem wohlgeordneten Plan alles dem Wohle des Ganzen unterworfen. Die sichtbare Ordnung der Welt schloss ihr zufälliges Entstehen aus und war für Marc Aurel der sicherste Beweis für die stoische Lehre vom Walten einer Vorsehung. Auch der Mensch ist ein Teil des Ganzen, dem Ziele der Welt unterworfen. Die Natur hat alle Teile der Welt zum Wohle des Ganzen geschaffen und dem Einzelnen seine spezielle Aufgabe im Rahmen des Ganzen zugewiesen. Sie hat jeden auf seinen Posten gestellt, den er unter allen Umständen, auch auf die Gefahr seines Lebens hin, halten muss. Den Blick fest auf sein Ziel gerichtet, sollte der Mensch in Freiheit sich in sein Schicksal finden und ruhig und heiter immer das tun oder leiden, was der Augenblick verlangt. Auch seine Pflichten als römischer Kaiser hat Marc Aurel nicht anders gesehen. Er war eher pessimistisch eingestellt und deshalb jeder politischen Utopie, wie dem Idealstaat Platons, abgeneigt. Die Forderungen des Tages – im Geiste der Philosophie – zu erfüllen hielt er für seine wichtigste Aufgabe. „Vollkommenheit des Charakters heißt, jeden Tag so zu verbringen, als ob es der letzte wäre, und weder umherzurennen, noch schlapp zu machen, noch scheinheilig zu sein", schreibt Marc Aurel in seinen Selbstbetrachtungen. Wie Seneca betreibt er täglich Gewissenserforschung, ist auf strenge Selbsterziehung bedacht. Auch der Tod ist etwas Natürliches, man soll ihn deshalb nicht fürchten, oder wie die Christen, trotzig erdulden, sondern freudig zu ihm bereit sein. Deshalb findet Marc Aurel auch am Freitod nichts besonderes.

Glück

Der Mensch muss sich bemühen, im irdischen Dasein das zu werden, was er von Natur aus seinem Wesen nach ist: Wahr, gerecht, fromm, menschenfreundlich. Er muss seiner Vernunft folgen, sodass ihm nur das Schöne als gut und alles Schändliche als schlecht erscheint. Je mehr ihm das gelingt, je mehr er dem göttlichen Teil in sich folgt, sich auf seine wohlbeschaffene Seele stützt, in die er sich jederzeit zurückzuziehen vermag, um so größer ist seine Glückseligkeit, die ja nichts anderes ist als die rechte Beschaffenheit der Vernunft.

Gesellschaft und Staat

Seinen Mitmenschen gegenüber soll man versuchen, sich in Einklang zu setzen. Man darf ihnen nicht zürnen und sie nicht hassen, ihnen aber auch nicht schmeicheln und für das Gute, das man ihnen tut, darf man keine Belohnung erwarten. Auch die, die man für unwissend und schlecht hält, muss man immer als Menschen behandeln. Man kann nur versuchen, sie zu belehren und wenn das nicht gelingt, muss man sie gelassen ertragen. Was den Staat anbelangt, so ist für Marc Aurel die beste Verfassung die, die auf der Gleichheit des Rechts und der Freiheit der Meinung beruht und bei der die Macht in der Hand eines Fürsten liegt, der die Freiheit der Beherrschten über alles achtet. Die Menschen leben in Staaten getrennt, aber jeder Herrscher muss sich vor Augen halten, dass alle doch dem einen Weltstaate, dem Reich der Vernunft angehören. Er darf nicht nur an die engeren, vaterländischen Pflichten denken, sondern muss stets auch die Verpflichtung gegenüber der alle umfassenden größeren Gemeinschaft im Auge behalten.

Stoizismus

Die stoische Lehre von der stolzen und unzerbrechlichen Würde der Persönlichkeit und der unbedingten sittlichen Pflichterfüllung hat in Marc Aurel ihren sichtbarsten Ausdruck gefunden. Sein Leben war „der edelste Kommentar" zu den Lehren der Stoa. Fast 500 Jahre lang war der Stoizismus eine beherrschende geistige Kraft. Er entsprach in vollkommener Weise der Geisteshaltung der führenden Schicht des Römertums. (Störig) Mit seiner strengen, asketischen Moral, seiner

Geringschätzung äußerer Güter, seiner Forderung nach einer die Grenzen überschreitenden Menschenliebe hat er schließlich den Boden bereitet für den Siegeszug der neuen heraufziehenden Glaubenslehre, des Christentums.

Jesus (0–30)

Quellen

Über die historische Person des Jesus von Nazareth weiß man sehr wenig – weniger als beispielsweise über Sokrates. Beide haben selbst keine schriftlichen Aufzeichnungen hinterlassen. Aber bei Sokrates waren es Zeitgenossen, die über sein Leben berichteten. Die Hauptquellen für die Lebensgeschichte von Jesus sind die vier Evangelien des Neuen Testaments. Abgesehen davon, dass sie nicht in allem übereinstimmen, wurden sie auch erst zwei bis drei Generationen nach Jesu Tod in der griechischen Schriftsprache niedergeschrieben. Jesus selbst sprach, wie das einfache Volk, aramäisch, die damals im Orient gebräuchliche ursprüngliche Verwaltungssprache des Perserreiches. Hebräisch war zu jener Zeit die Sprache der Priester und Gelehrten.

Leben-Jesu-Forschung

Erst in neuerer Zeit versuchte man, sich darüber klar zu werden, was an Jesu bekannter Lebensgeschichte Legende und was Wirklichkeit war. Die „Leben-Jesu-Forschung" entstand und sorgte zu ihrer Zeit für große Aufregung. Der aus Ludwigsburg stammende Repetent am Tübinger Stift, David Friedrich Strauß, veröffentlichte 1835 sein großes Werk „Das Leben Jesu – kritisch bearbeitet". Das kostete ihn seine Stellung und seine Laufbahn als Theologe. In Frankreich war es Ernest Renan, der 1863 sein Werk „Das Leben Jesu" veröffentlichte. Auch ihn kostete es seine Professur am Collège de France, doch wurde er später rehabilitiert und zum Mitglied der Académie francaise ernannt.

Christi Geburt

Nach den Erkenntnissen der Historiker hat „Christi Geburt", die mit dem Jahre Null die Zeitenwende markiert, schon vorher stattgefunden, wahrscheinlich im Jahr 4 v. Chr. Der Name Jesus ist die griechische Form von Josua (auch Jeschua oder Jeschu ausgesprochen), ein unter den Juden damals üblicher Name. Später erhielt er den Beinamen Christus („der Gesalbte", die griechische Übersetzung des hebräischen „Messias").

Jugend

Jesus wurde geboren in Nazareth, einem kleinen Ort in Galiläa. Dort wuchs er auch auf und erlernte das Handwerk seines Vaters, eines Zimmermanns. Sein Vater hieß Joseph, seine Mutter Maria, er hatte vier Brüder und mehrere Schwestern. Zu seiner Familie hatte er später ein gespanntes Verhältnis, seine Angehörigen hielten ihn eher für verrückt.

Als er 30 war machte ein Einsiedler am Jordan großen Eindruck auf ihn. Dieser „Johannes der Täufer" predigte Buße zu tun, denn das Gottesreich sei nahe und er verhieß den Menschen, durch die Taufe ihre Sünden zu tilgen. So ließ sich auch Jesus von ihm taufen. Von da an zog Jesus als Wanderprediger in Galiläa, am Westufer des Sees Genezareth, von Ort zu Ort und verkündete: „Tut Buße, denn das Reich des Himmels ist nahe". Er hatte viel Zulauf und auch eine Gruppe von Schülern (Jünger), die mit ihm zog. Etwa zwei Jahre lang wirkte er so in der Öffentlichkeit, als Jude unter Juden, nur darauf kam es ihm an. **Johannes Der Täufer**

Jesus kritisierte nicht das jüdische Gesetz. Er sei nicht gekommen, das Gesetz aufzulösen, sondern es zu erfüllen. Moses und die Propheten seien durch Johannes den Täufer und die frohe Botschaft vom Reich Gottes abgelöst worden. Seinen Jüngern sagte er „gehet nicht auf der Heiden Straße ... sondern gehet hin zu den verlorenen Schafen aus dem Hause Israel". Später jedoch gab er ihnen auf, alle Menschen zu taufen und wandte sich damit an Juden wie an Nichtjuden. Die jüdischen Tabuvorschriften, wie beispielsweise die Sabbatruhe, erschienen ihm jedoch nicht so wichtig wie das radikale Liebesgebot, das er verkündete, es sei kein anderes Gebot größer als dieses: Du sollst Gott lieben und deinen Nächsten lieben wie dich selbst; du sollst deinen Feinden verzeihen und auch sie lieben. Er warnte vor dem „Mammon" und der Besitzgier, „es ist leichter, dass ein Kamel durch ein Nadelöhr gehe, als dass ein Reicher in das Reich Gottes komme", und pries ein Leben in Armut und Gottvertrauen. Auch Jesus zitierte die „Goldene Regel", die als moralische Maxime bei vielen Völkern bekannt ist: „Alles, was ihr wollt, dass euch die Menschen tun, so tut auch ihr ihnen." **Lehre**

Das Revolutionäre an seiner Verkündigung war außer dem umfassenden Liebesgebot vor allem die Idee vom Gottesreich. Das Weltende sei nahe, noch in dieser Generation werde Gott sein Reich auf Erden aufrichten und Gericht halten. Um in das Gottesreich zu gelangen, muss man glauben. Im Glauben liegt das Heil, der Glaube ist eigentlich schon das Heil selbst. Für die Juden hatte das besondere Bedeutung. Sie betrachteten die Fremdherrschaft über Israel als die Folge ihrer Sünden. Wenn Israel jedoch dem Willen Gottes folge, werde der schon von den Propheten erwartete gottgesandte Retter, der Messias, erscheinen, das Gottesreich aufrichten und die Fremdherrschaft beenden. Die Apostel und die frühen Christen erwarteten ein irdisches Reich. Jesus folgte dieser jüdischen Überlieferung und lehrte seine Anhänger zum Vater beten: „Dein Reich komme, dein Wille geschehe, wie im Himmel, also auch auf Erden." Erst später, als diese Hoffnung offenbar dahingeschwunden war, lesen wir im Johannesevangelium, dass Jesus sagte: „Mein Reich ist nicht von dieser Welt." **Gottesreich**

Staat	Jesus übte nie Kritik an der römischen Staatsmacht. „Gebet dem Kaiser, was des Kaisers ist, und Gott, was Gottes ist!" Das war nicht die Einstellung eines Revolutionärs, von dem man erwarten konnte, dass er die bestehenden staatlichen Verhältnisse ändern würde, er war kein jüdischer Freiheitskämpfer. Dennoch sahen viele in ihm den erwarteten Messias und der Messias war der „König der Juden". Ein solcher Anspruch musste bei den Herrschenden auf Ablehnung stoßen. Vor allem die traditionsbewussten Pharisäer, deren Hochmut und Heuchelei Jesus angeprangert hatte, wandten sich gegen ihn, ebenso wie die Priesterschaft.
Menschensohn	Jesus selbst bezeichnete sich als „Des Menschen Sohn", er sah sich als Beauftragter Gottes. Die Revolution die er anstrebte, ging weit tiefer: wenn es ihm gelang, Selbstsucht und Grausamkeit aus den Herzen der Menschen zu vertreiben, ihnen eine neue Ethik einzupflanzen, dann musste das ideale Reich von selber kommen. Als Jesus im Jahre 30 zum Passahfest nach Jerusalem kam, jubelte ihm die Menge zu. Die Priesterschaft aber verlangte vom römischen Statthalter Pontius Pilatus, Jesus als Aufrührer zu verurteilen. Dieser zögerte, tat es aber dann doch, zumal die Priester die Menge auf ihre Seite gebracht hatten. Jesus wurde gekreuzigt.
Wirkung	Die Menschen, die Jesus erlebten, waren von ihm ergriffen. Seine Jünger glaubten mit ihm an Gott, an das Gottesreich und das Weltenende. Als er tot war, liefen sie auseinander. Doch bald fanden sie wieder zusammen, es war der Glaube an den Auferstandenen, der sie wieder zusammenführte. Und damit vollzog sich ein Wandel, „der Schritt von der Religion des Menschen Jesus, als einer der Gestalten jüdischer Religion, zur christlichen Religion." (Jaspers) Den Weg dazu hat Paulus bereitet.

Paulus (05 – 67)

Paulus kam als Sohn jüdischer Eltern in Tarsus, der Hauptstadt Kilikiens (Kleinasien) auf die Welt. Damals trug er den Namen Saul. „Paulus" war wahrscheinlich die griechische Entsprechung des jüdischen „Saulus", beide Namensformen dürften ihm von Kindheit an zu eigen gewesen sein. Sein Vater war Pharisäer und erzog ihn nach deren strengen Grundsätzen im jüdischen Glauben. Der Vater war zugleich römischer Bürger und übertrug das wertvolle Bürgerrecht auch auf seinen Sohn. In Tarsus wurde griechisch gesprochen, für Saulus war es die Muttersprache, doch hat er wohl beim Unterricht in der Synagoge auch früh hebräisch gelernt. Der junge Saulus erlernte das Handwerk eines Zeltmachers, außerdem wurde ihm in der Synagoge von Tarsus die Möglichkeit geboten, sich vielseitig zu bilden. Der Vater wollte, dass Saulus Rabbi wird und schickte ihn deshalb nach Jerusalem. Dort studierte er die Bibel und ihre traditionelle Auslegung. Saulus war „ein Eiferer für Gott", wie er sich selbst nannte. Als in Jerusalem die neue Sekte der Jesusanhänger aufkam, stand Saulus an der Spitze ihrer Verfolger. Er war dabei, als im Jahre 36 der „Christ" Stephanus vom fanatischen Pöbel als Gotteslästerer gesteinigt wurde. Saulus legte Männer und Frauen in Fesseln und überantwortete sie den Gefängnissen. Und nachdem er hörte, dass es auch in Damaskus Leute gab, die sich zu dem neuen Glauben bekannten, ließ er sich vom Hohepriester die Vollmacht geben, gegen sie vorzugehen und sie gefangen nach Jerusalem zu bringen.

Als er sich mit seinen Leuten Damaskus näherte, umstrahlte ihn plötz- **Damaskus**
lich ein starkes Licht, er stürzte zu Boden und hörte eine Stimme: „Saul, Saul, was verfolgst Du mich? … ich bin Jesus, den Du verfolgst!" Drei Tage lang konnte er nichts sehen und nichts zu sich nehmen. Dann stand er auf und ließ sich taufen, ging in Damaskus in die Synagoge und predigte, dass Jesus der Sohn Gottes sei. Aus „einem Saulus war ein Paulus" geworden. Die Juden in Damaskus waren empört und wollten ihn verhaften lassen, doch Paulus gelang die Flucht. Er kehrte zurück nach Jerusalem. Dort hatte er die Vision, den auferstandenen Jesus, dem er zu Lebzeiten nie begegnet war, zu sehen und von ihm den Auftrag zur Bekehrung der Heiden zu erhalten. Die Apostel Petrus uns Jakobus vergaben dem früheren Christenverfolger, aber das Misstrauen der Gemeinde gegen Paulus war damit noch nicht ausgeräumt. Paulus ging zurück in seine Heimatstadt Tarsus und von dort aus nach Antiochien, damals die Hauptstadt Syriens und eine der großen Metropolen. In Antiochien entstand die größte Gemeinde der Jesusanhänger und hier nannte man sie zum ersten Mal „Christen".

Paulus und Barnabas, die als Prediger die reiche Gemeinde in Antio- **Heiden**
chien aufbauten, hatten auch Nichtjuden bekehrt und aufgenommen. Das alarmierte einige der Jünger in Jerusalem, die alsbald angereist kamen um den beiden klarzumachen, dass die Aufnahme heidnischer Bekehrter, ohne von ihnen die Beschneidung zu verlangen, gegen das Gesetz verstieß. Für die Juden war die Beschneidung das Symbol des alten Bundes mit Gott, der Zugehörigkeit zum Gottesvolk. Paulus hingegen hielt die Beschneidung für überflüssig, sie war ein Hindernis, das die Heiden von der Bekehrung abhielt. In der Beratung mit den Aposteln in Jerusalem setzte er durch, dass auch Heiden den Zugang zum universalen Gott Israels haben können und zwar ohne Beschneidung, ohne die Reinheitsgebote bei Speisen und ohne die strengen Sabbatvorschriften.

Paulus war ein unermüdlicher Missionar für die neue Lehre. Er ging **Glaube**
von drei Grundbegriffen aus: vom Glauben an Christus, von der Liebe **Liebe**
zum Nächsten und der Hoffnung auf das Reich Gottes. Der Prüfstein **Hoffnung**
der Tugend war für ihn nicht das Verhalten, sondern das Glaubensbe-

kenntnis. In der Hoffnung auf das ewige Leben konnten sich die Seelen zu Glauben und Mut erheben. Nur durch den Glauben vermag die Seele die tiefgreifende Wandlung durchzumachen, um die Gnade Gottes an sich zu ziehen, um den Gläubigen mit Christus zu vereinen. Über die Liebe hat Paulus die berühmten Worte gesprochen: „Wenn ich mit Menschen- und Engelszungen redete, und hätte der Liebe nicht, so wäre ich ein tönend Erz oder eine klingende Schelle … Die Liebe höret nimmer auf … Nun aber bleibt Glaube, Hoffnung, Liebe, diese drei; aber die Liebe ist die größte unter ihnen."

Reich Gottes Wie alle Christen jener Zeit hatte auch Paulus die Hoffnung, dass er die Rückkehr Christi noch erleben werde. Doch gegen sein Ende hin setzte er seine Hoffnung auf das Leben nach dem Tod. Seinen Glauben an die irdische Wiederkehr Christi wandelte er um in die Hoffnung auf die Vereinigung mit Christus im Himmel nach dem Tode. Durch den Tod und die Auferstehung Jesu ist Gottes Reich bereits angebrochen. Die Schöpfung wird erst durch die Auferstehung vollendet werden. Die Auferstehung Christi ist das Vorbild für unsere eigene Auferstehung.

Erbsünde Die Theologie, die Paulus entwarf, war teilweise nur andeutungsweise durch Christi Worte belegt. Sie besagte, dass der Mensch die Sünde Adams erbt und von der ewigen Verdammnis nur durch den Sühnetod des Gottessohnes erlöst werden kann. Christus hatte sein Leben hingegeben, um die Welt zu erlösen.

Gesetz Gute Werke und alle 613 Vorschriften des jüdischen Gesetzes genügen nach Paulus Lehre nicht. Sie vermögen den inneren Menschen nicht neu zu erschaffen und die Seele nicht von der Sünde rein zu waschen. Christi Tod hat der Zeit des Gesetzes ein Ende bereitet. Statt des Gesetzes herrscht nun das Evangelium gilt nun der Glaube an Jesus Christus. Nun gibt es nicht mehr Juden oder Griechen, Sklaven oder Freie, denn „… Ihr seid allzumal einer in Christo Jesu".

Staat In einer Welt, die sich dem Ende nähert, bedeuteten Freiheit oder Sklaverei ohnehin wenig, so wenig wie die nationale Eigenständigkeit. „Jedermann sei untertan der Obrigkeit, die Gewalt über ihn hat. Denn es ist keine Obrigkeit ohne von Gott. Wo aber Obrigkeit ist, die ist von Gott verordnet", lehrte Paulus.

Antike Philosophie In Griechenland musste sich Paulus mit der antiken Philosophie auseinandersetzen. Der Gedanke, dass Gott die Welt erschuf und die Welt einen Anfang und ein Ende hat, stand im Gegensatz zu der Vorstellung, dass Gott und Kosmos eins sind und unerschaffen seit aller Ewigkeit bestehen. Noch unverständlicher schien die Lehre von der Auferstehung der Toten und dass der Mensch als Ganzes erlöst wird. Für die antike Philosophie löste sich die unsterbliche Seele vom sterblichen Körper.

Paulus unternahm drei große Missionsreisen. Sie führten ihn durch **Gemeinden** Kleinasien und nach Griechenland. Den größten Teil der Strecke, **und Kirche** Tausende von Kilometern, legte er zu Fuß zurück und er hatte einiges zu erdulden: achtmal wurde er ausgepeitscht, einmal gesteinigt, dreimal erlitt er Schiffbruch. Auch unterwegs auf seinen Reisen bestritt er seinen Lebensunterhalt durch sein Handwerk, die Zeltmacherei. Die Zeit, eine Familie zu gründen, fand er nicht. Er blieb unverheiratet. An die vielen christlichen Gemeinden, die er gegründet hatte, schrieb er ausführliche Briefe um sie zu belehren und zu ermahnen. Er diktierte sie zwischen seiner Arbeit als Prediger und als Handwerker. Nachzulesen sind sie im Neuen Testament. Für die späteren christlichen Generationen waren die Paulusbriefe ein einendes Glaubensgefüge, das die verstreuten Gemeinden zu einer machtvollen Kirche zusammenfasste.

Im Jahre 57 kehrte Paulus nach Jerusalem zurück, er wollte das **Rom** Pfingstfest in der Heiligen Stadt feiern. Aber im Tempel wurde er erkannt als der Mann, „der wider das Gesetz lehrt". Der Pöbel zerrte ihn auf die Straße und wollte ihn töten. Ein römischer Hauptmann verhaftete ihn und brachte ihn vor den Procurator nach Caesarea, wo ihn auch der Hohepriester aus Jerusalem anklagte. Paulus berief sich auf seine Rechte als römischer Bürger und so trat er als Gefangener die Reise nach Rom an, um dort vor dem Kaiser Nero zu erscheinen. Zwei Jahre musste er noch auf sein Urteil warten. Er wurde hingerichtet, wahrscheinlich im Jahre 64 während der Christenverfolgung nach dem Brand von Rom, die näheren Umstände seines Todes sind nicht bekannt.

Von den Juden glaubte nur eine Minderheit an die Verkündigung **Christentum** Jesu. Die Heiden hingegen traten in großer Zahl in die neue Kirche ein. Paulus hat das Christentum vom Judentum gelöst. Er hat dem Christentum erst seinen universalen Charakter, seine Bedeutung als Weltreligion errungen. 250 Jahre nach Paulus' Tod wurde das Christentum durch Konstantin den Großen zur Staatsreligion erhoben. Vorher war es noch vielen Verfolgungen ausgesetzt, doch war sein Siegeszug nicht aufzuhalten, weil es den Bedürfnissen vieler Menschen entgegenkam. Die alten Religionen verfielen, der Glaube an die Götter war geschwunden. Die Sehnsucht der Menschen nach Religiosität blieb unerfüllt, sodass die Verheißung der neuen Glaubenslehre auf Erlösung mehr und mehr offene Herzen fand. Dem Christentum, der größten der sieben Weltreligionen, gehören heute etwa 2 Milliarden Menschen an.

Plotin (205–270)

Die ungestillte Sehnsucht nach Erlösung, charakteristisch für den Zustand jener Zeit, die schließlich zum Siegeszug des Christentums
führte, hatte aber vorher auch die Philosophie beflügelt. Am Ausgang
der Antike und in Frontstellung zu dem aufsteigenden Christentum
erhob sich das philosophische Denken noch einmal zu einem umfassenden System, in dem das Vorangegangene systematisch zusammengefasst wurde. Es entstand eine Philosophie, die in einem religi-
onslosen Leben auch dem Gemüt Erlösung verhieß und die Hingabe
an göttliche Mächte vermittelte. Vorbild war der Idealismus Platons,
deshalb sprach man von „Neuplatonismus".

Plotin Plotin, der bekannteste Neuplatoniker, wurde zu der Zeit, als in Rom
Caracalla – ein Scheusal vergleichbar mit Nero – auf dem Kaiser-
thron saß, in Ägypten geboren. Über seine Herkunft weiß man nichts.
Er wuchs in Alexandria auf und wurde griechisch erzogen. Als er 28
war, wandte er sich der Philosophie zu. Sein Lehrer war Ammonios
Sakkas (175–242), ein Philosoph, der von christlichen Eltern erzogen
worden, aber zum Heidentum zurückgekehrt war und der versuchte,
die christliche Lehre mit der Philosophie Platons zu versöhnen. 10
Jahre lang studierte Plotin bei Ammonios, dann nahm er an einem
Feldzug gegen Persien teil. Er wollte die Weisheit der indischen Brahmanen an der Quelle studieren, doch in Mesopotamien musste er
umkehren. Von Antiochien aus ging er nach Rom und gründete dort
eine Philosophenschule. Er war ein beliebter und verehrter Lehrer,
auch der Kaiser Gallienus war ihm gewogen. In den 25 Jahren, die
Plotin in Rom wirkte, verhalf er der Philosophie wieder zu einem
guten Ruf. Inmitten des luxuriösen Treibens lebte er wie ein Heiliger,
aß nur wenig und überhaupt kein Fleisch, war enthaltsam, bescheiden und stets freundlich.

Gott Platon hatte die höchste Idee „das Gute" genannt, Plotin nannte das
alle anderen Ideen übertreffende höchste Wesen „das Eine", es war
sein Begriff für Gott. Dieses Eine, das Ewige, das Höchste, ist uner-
klärbar und unfasslich. Es ist in sich vollendet und ruhend. Deshalb
kann die Welt auch nicht durch einen Willensakt Gottes geschaffen
sein. Vielmehr tritt das höchste, rein geistige Wesen durch Ausstrahlung, durch „Emanation" (lat. „emanare" = ausfließen) mit dem Diesseits in Verbindung. Das höchste Wesen „strömt gleichsam über und
seine Überfülle schafft das andere."

Emanation Diese Emantion erfolgt stufenweise. Die erste, höchste Stufe, „das
Eine", bildet aus sich heraus als zweite Stufe den Geist. Der Geist ist
der Inbegriff aller Ideen im Sinne Platons. Auch er fließt über und
bildet als nächste Stufe die Weltseele. Die letzte Stufe der Emanation
ist die Materie. Sie ist uns nur über die Ideen erkennbar. Zwischen der
Weltseele und der Materie stehen die Einzelseelen. Das Verhältnis

zwischen Einzelseele und Weltseele beschreibt Plotin ähnlich wie die indische Brahman-Atman-Lehre. Die ganze Weltseele sei in jeder Einzelseele gegenwärtig, jede trägt gleichsam das ganze All in sich. Die Einzelseele ist nur als Lebenskraft oder Energie immerwährend, nicht in ihrer Sonderheit. Unsterblichkeit bedeutet nicht das Weiterleben der Persönlichkeit, sondern das Aufgehen der Einzelseele in der Weltseele. Alles und jedes, Pflanzen, Tiere und Menschen, besitzt eine Seele, eine innere Kraft, die die äußere Form gestaltet.

So wie das Eine stufenweise bis zur Materie herabsteigt, soll alles **Das höchste** Gewordene auch wieder zurückfinden zu seinem Ausgangspunkt. **Ziel** Dies geschieht über die Einzelseele. Will sich der Mensch aus der Verstrickung in die Materie, in das Leibliche, so weit wie möglich lösen, steht er vor einer existentiellen Entscheidung. Die menschliche Seele ist frei in ihrer Wahl: Sie kann den Weg des Fleisches, der weiteren Verstrickung in das Ungöttliche wählen, oder aber den Weg empor zum Geistigen, Ewigen, Göttlichen. Das höchste Ziel des Menschen und seine Glückseligkeit besteht darin, dass seine Seele sich mit dem Göttlichen, aus dem sie hervorgegangen ist, wieder vereint. Der Weg dahin ist ein geistiger, er führt nicht nach außen sondern in das Innere des Menschen. Durch die Suche nach dem rein Geistigen und die Abwendung von der Sinnlichkeit kann die Seele wieder zu ihrem Ursprung zurückkehren. Die „Rückkehr" ist dem Menschen möglich, weil er in seinem Innersten etwas Göttliches besitzt.

So ist das höchste Ziel des Lebens die Kontemplation des Einen, die **Mystik** vollkommene Versenkung in uns selbst, das heißt in das Göttliche, das in uns ist. Das gelingt, indem man alles übrige ausschließt, meint Plotin. Er beschreibt die Ekstase (griechisch *ekstasis*, „aus sich selbst heraustreten") so: „Immer wenn ich aus dem Leib aufwache in mich selbst, lasse ich das andere hinter mir und trete ein in mein Selbst …" In solchen mystischen Momenten kann der Mensch in unmittelbare Berührung mit Gott kommen, kann die All-Einheit erfahren. Plotin soll die Vereinigung mit dem Einen in der Ekstase selbst viermal erlebt haben. Plotins mystische Lehre von der selbstvergessenen Hingabe, die die unmittelbare Vereinigung mit dem Göttlichen („unio mystica") ermöglicht, war der griechischen Philosophie fremd. Man findet solche Mystik vor Plotin bei den Indern und nach ihm bei den großen Mystikern des christlichen Mittelalters.

Die mystisch geprägten Schulen hatten immer auch etwas in der Art **Plotins Ende** von Geheimlehren an sich. So hatte Plotin seinem Lehrer Ammonios versprochen, seine Lehre nie schriftlich niederzulegen. Erst als er fünfzig war, fühlte er sich daran nicht mehr gebunden. In seinen letzten 15 Jahren schrieb er dann noch 54 Bücher. Er schrieb seine Texte auf griechisch in einem Zuge nieder, denn er war schon fast erblindet. Eine Hautkrankheit zwang ihn schließlich, sich aufs Land zurückzuziehen und als er mit 65 starb, sollen seine letzten Worte gewesen sein: „Ich versuche das Göttliche in mir hinaufzuheben zum Göttlichen im All."

Wirkung

Der Neuplatonismus, ein Schlussstein der alten „heidnischen" Philosophie, suchte, wie das Christentum, dem tiefen religiösen Bedürfnis der Zeit zu entsprechen. Trotz – oder wegen – der bestehenden inneren Verwandtschaft wurde er vom Christentum heftig bekämpft. Dennoch hat die mystische Metaphysik des Neuplatonismus bis tief in das Mittelalter hinein das Christentum beeinflusst. „Plotin ist der letzte heidnische Philosoph von Bedeutung und er ist wie Epiktet und Marc Aurel ein Christ ohne Christus. Das Christentum bekannte sich fast in allem zu seinem Gedankengut ... Durch Plotin und Augustin siegte Platon über Aristoteles und durch ihre Vermittlung beeinflusste er die kirchliche Theologie bis in ihre tiefsten Tiefen. Die Kluft zwischen Philosophie und Religion schloss sich, und die Vernunft ließ es sich tausend Jahre lang gefallen, der Theologie Handlangerdienste zu leisten." (Durant)

Hypathia (370–415)

Unter den Neuplatonikern, die nach Plotin kamen, war auch eine Ägypterin griechischer Abstammung. Sie lehrte in Alexandria, damals ein Zentrum der Wissenschaften, Mathematik und Philosophie und war berühmt für ihre Schönheit. Hypathia wurde in den Machtkampf zwischen dem römischen Statthalter und dem christlichen Bischof verwickelt. Dieser, der heilige Kyrill, veranlasste einen fanatischen Christen – Mob, Hypathia zu überfallen. Sie wurde aus ihrem Wagen gezerrt, in eine Kirche geschleppt und bei lebendigem Leib verstümmelt, bis sie den Geist aufgab. Dann wurde sie als Hexe verbrannt.

Boethius (480–524)

Ein letztes Mal ließ Boethius, 250 Jahre nach Plotins Tod, den Neuplatonismus im alten Glanz aufleuchten. Er war Magister officiorum, also Kanzler, am Hofe Theoderichs des Grossen in Ravenna. Boethius wurde jedoch ein Opfer höfischer Intrigen; Theoderich ließ ihn gefangen setzen und schließlich hinrichten. Im Kerker verfasste Boethius, obwohl Christ, seine Schrift „Trost der Philosophie", eines der berühmtesten Bücher der Spätantike.

Völkerwanderung (370–711)

Fast 400 Jahre lang vermochten die Römer den vordrängenden Ger- **Germanen** manen standzuhalten. Nach der Teilung des Römischen Reiches dauerte es dann nicht mehr lange und das weströmische Reich erlag dem Ansturm aus dem Norden.

Die Westgoten, die arianische Christen waren, machten den Anfang. **Westgoten** Sie nahmen Rom ein und plünderten es (410), doch im gleichen Jahr raffte ihren siegreichen jungen König Alarich (370–410) ein Fieber dahin. Seine Nachfolger führten ihr Volk zurück nach Südgallien und Spanien und errichteten das erste germanische Reich auf römischem Boden.

Vor den Westgoten hatten sich bereits die Vandalen in Spanien nie- **Vandalen** dergelassen, wichen diesen aber nun aus und zogen weiter nach Nordafrika. In der Nähe von Karthago, im fruchtbarsten Teil des alten Römerreiches, ließen sie sich nieder (429) und als kühne Seefahrer beherrschten sie bald das westliche Mittelmeer. Sie plünderten auch die Küsten Italiens und ihr König Geiserich (390–477) eroberte sogar Rom (455), bis der oströmische Kaiser Justinian (483–565) ihr Reich zerstören ließ.

Am Mittelrhein, um Worms, war inzwischen das Königreich der Bur- **Burgunder** gunder entstanden, das durch Hunnen in römischen Diensten zerstört wurde (437). Das Nibelungenlied gibt davon noch Kunde.

Die Hunnen, ein mongolisches Reitervolk, drangen unter ihrem Kö- **Hunnen** nig Attila, immer weiter nach Westen vor und verbreiteten Angst und Schrecken, bis sie von einem römisch-germanischen Heer in der Schlacht auf den Katalaunischen Feldern, zwischen Seine und Marne, zurückgeschlagen wurden (451).

Zwanzig Jahre später setzte der germanische Söldnerführer Odoaker **Ostgoten** den letzten weströmischen Kaiser ab und regierte das Land als König von Italien. Inzwischen hatten sich die Ostgoten unter ihrem König Theoderich auf den Weg gemacht, um sich in Italien niederzulassen. Odoaker konnte seine Hauptstadt Ravenna drei Jahre lang verteidigen, dann wurde er von Theoderich überlistet und getötet. (489) Theoderich der Große (454–526) brachte Italien ein Menschenalter lang Ruhe und Frieden. Nach Theoderichs Tod (526) nutzte Byzanz den Zwiespalt zwischen Römern und Goten aus und brachte das

Land schließlich unter seine Herrschaft. Teja, der letzte Gotenkönig, fiel im letzten Verzweiflungskampf am Vesuv (553).

Langobarden Die byzantinische Herrschaft in Italien dauerte nicht lange. Die Langobarden unter ihrem König Alboin (gest. 572) errichteten ihr Reich in Ober- und Mittelitalien mit Pavia als Hauptstadt. Es dauerte immerhin zwei Jahrhunderte lang, bis 774.

Araber Die Araber folgten der neuen Lehre des Islam (das heißt „Gottergebenheit") die ihnen Mohammed (570–632) verkündet hatte, und bekämpften „mit Feuer und Schwert" die Ungläubigen. Sie brachten Nordafrika in ihren Besitz und drangen über Gibraltar nach Spanien vor. In der Schlacht bei Xeres de la Frontera (711) vernichteten sie die Reste des Westgotenreiches und errichteten einen blühenden Staat mit Cordoba als Hauptstadt, der durch Handel, Wissenschaft, Kultur und herrliche Bauten glänzte. Über die Pyrenäen drangen sie in das Frankenreich vor, aber dort unterlagen sie Karl Martell.

Augustinus (354–430)

Aurelius Augustinus wurde in eine Zeit hineingeboren, in der das Christentum noch mit dem Heidentum um die Vorherrschaft rang. Er kam in Tagaste (heute Souk-Ahras in Algerien) in der römischen Provinz Numidia in Nordafrika auf die Welt. Sein Vater Patricius war Heide, seine Mutter Monika aber war Christin. Sie erzog Augustinus im christlichen Glauben und mit ihrer tiefen Religiosität und ihrem starken Willen war sie die bestimmende Persönlichkeit in seinem Leben. Sein Vater ermöglichte es ihm, mit 16 nach Karthago gehen um zu studieren und 4 Jahre später wurde er Lehrer der Rhetorik. In dieser Zeit des Suchens nach Erkenntnis und Gewissheit hat ihn der Dialog „Hortensius" von Cicero besonders beeindruckt und zur Philosophie geführt. Während des Studiums, er war damals 17, lernte er eine Frau kennen, mit der er zusammenlebte. Heiraten aber wollte er sie nicht, auch nicht als sie ihm ein Jahr später einen Sohn gebar. Was die beiden zusammenführte, sei vor allem „fleischliche Begierde" gewesen, schrieb er später. Er machte sich später selbst deshalb heftige Vorwürfe, obwohl sein Sexualleben keineswegs besonders ausschweifend war, aber er verurteilte die Sexualität grundsätzlich.

Manichäer Lange Zeit hing er der Lehre des Persers Mani (215–276) an, der das Judentum ablehnte und persische und indische Ideen mit christlichen verband. Für die „Manichäer" bestehen seit Ewigkeit nebeneinander das Reich des Lichts, des Guten, und das Reich der Finsternis, des Bösen, die einander bekämpfen. Der Mensch soll nach der von Jesus gegebenen und von Mani vollendeten Anleitung seine Erlösung selbst vollbringen. Das Alte Testament verwarfen die Manichäer. Sie unterschieden zwischen den „Wissenden", den Auserwählten, denen strenge Askese auferlegt war (kein Genuss von Fleisch und Wein, keine Geschlechtslust) und den „Hörern", für die mildere Gebote galten, die im Ehestand lebten und durch ihre Arbeit die Auserwählten mit ernährten. Der Manichäismus, der Gnosis eng verwandt, wurde von den Christen erbittert bekämpft.

Als Augustinus 29 war, wagte er den Aufbruch nach Italien, gegen **Platonismus** den heftigen Widerstand seiner Mutter Monika. Er ging zunächst nach Rom, später nach Mailand. Dort begegnet er dem Bischof Ambrosius (340–397), der ihn durch seine Predigten, in denen Neuplatonismus und Christentum eine Synthese eingingen, tief beeindruckte. Augustinus befasste sich eingehend mit Platon und seiner Ideenlehre und mit Plotins Werk. „Tauscht nur ein paar Wörter in seinem Denken aus, und ihr habt einen Christen", sagte er über Plotin. Ambrosius empfahl ihm auch, die Bibel mit den Augen des Paulus zu lesen: „Der Buchstabe tötet, aber der Geist macht lebendig". Er las die Paulusbriefe und entdeckte einen Mann, der wie er durch tausend Zweifel gegangen war. Vom Manichäismus hatte Augustinus sich inzwischen abgewandt.

In seinen „Bekenntnissen" schilderte er später wie er mit 32 seine **Bekehrung** Bekehrung zum Katholizismus erlebte. Von Bischof Ambrosius ließ er sich taufen. Augustinus gab sein Lehramt der Rhetorik auf, er trennte sich von seiner Lebensgefährtin, mit der er 15 Jahre lang zusammengelebt hatte und die nun nach Afrika zurückkehrte. Er zog sich mit Freunden und seiner Mutter, die ihm inzwischen nachgereist war, zu Gesprächen auf ein Landgut zurück. Dort beschlossen sie, nach Afrika zurückzukehren. Kurz vor der Abfahrt aus dem Hafen Ostia starb seine Mutter.

Augustinus war 34, als er wieder afrikanischen Boden betrat, den er **Bischof** nicht mehr verlassen sollte. Zunächst lebte er in seiner Vaterstadt Tagaste in einer kleinen klösterlichen Gemeinschaft, die ihre Tage in geistiger Arbeit und im Gebet verbrachte. Es war der Anfang des Augustinerordens, der ältesten Mönchsbruderschaft des Westens. 7 Jahre später bat man ihn, in Hippo Regius (heute Annaba in Algerien) das Amt des Bischofs zu übernehmen. In den folgenden Jahren beschäftigte er sich intensiv mit der Bibel, führte seine philosophischen Forschungen fort und verfasste seine großen Werke.

Als er begann, seine „Confessiones" („Bekenntnisse") niederzuschrei- **Bekenntnisse** ben, war er 43. Es ist die erste Autobiographie, die wir kennen. Augustinus hat sie in die Form eines Gebetes zu Gott gekleidet, sie hebt an mit dem Satz „Zu Dir hin hast Du uns geschaffen und ruhelos ist unser Herz, bis es ruht in Dir." Die „Bekenntnisse" enthalten eine Fülle von Bibelzitaten und Auslegungen des Bibeltextes. In der Bibelexegese sah Augustin lebenslang seine Aufgabe. Mit dem Griechischen scheint Augustinus nicht besonders vertraut gewesen zu sein. Deshalb nimmt man an, dass er die Schriften der alten Griechen wie auch die Bibel nur in lateinischer Übersetzung gelesen hat. Die „Vulgata", die von seinem Zeitgenossen Hieronymus (340–420) besorgte und anerkannte Übersetzung der Bibel ins Lateinische, lag bereits vor.

Schriften

In insgesamt 230 Abhandlungen bekämpfte er Irrlehren, schrieb über die Freiheit des Willens, und über die Dreieinigkeit. An seinem Hauptwerk, dem „Gottesstaat" („De Civitate Dei"), schrieb er 15 Jahre lang. Er wurde dazu veranlasst, als 410 das Gotenheer des Königs Alarich Rom plünderte und man darüber diskutierte, ob Rom gefallen sei, weil es seine alten Götter aufgab und das Christentum annahm. Augustin argumentierte dagegen, Roms Fall sei durch Selbstsucht und Sittenlosigkeit verursacht worden.

Erkenntnis

Augustins philosophische Abhandlungen zeigten ein leidenschaftliches Bemühen, die Tiefen der Seele auszuloten und ihre Abgründe zu erforschen. „Ich bin mir selbst zur Frage geworden", schrieb er. Mit scharfem psychologischem Blick analysierte er zum Beispiel die Gedächtnisleistung und kam zu dem Schluss, dass unser Geist mehr umfasst, als er jeweils von sich weiß. Er entdeckte, was später das „Unbewusste" genannt wurde. Das Erkenntnisstreben, das uns an allem und jedem zweifeln lässt, führte ihn, wie später Descartes, zur Selbstgewissheit des Denkens und zur Gewissheit des eigenen Ich: ich kann an allem zweifeln, doch nicht daran *dass* ich zweifle.

Glaube

Augustinus' religiöses Weltbild entstand aus seinen persönlichen seelischen Erlebnissen, er kannte die Schwäche des Verstandes. Für ihn muss der Glaube dem Verstehen vorangehen. „Suche also nicht zu verstehen um zu glauben, sondern glaube, um zu verstehen," schrieb er einem Freund. Die Autorität der Schrift sei größer als alle Anstrengungen des menschlichen Geistes. Man müsse aber die Bibel nicht immer wörtlich nehmen, sie sei so geschrieben, dass sie auch für einfache Menschen verständlich sei.

Wahrheit

Das Wesen der Wahrheit liegt für Augustinus nicht in der Übereinstimmung des Urteils mit einem Sachverhalt, für ihn liegt die Wahrheit in den ewigen Ideen Gottes. Deshalb kann er sagen: „Gott ist die Wahrheit". Und die Quelle der Wahrheit findet Augustinus im Geist des Menschen selbst. „Warum willst Du draußen schweifen? Kehre in dich selbst ein, denn im Innern wohnt die Wahrheit!" Augustinus entdeckte eine Realität im eigenen Innern, ein Ichbewusstsein. In sich findet die Seele das Bild der Wahrheit und damit auch das Bild des lebendigen, persönlichen Gottes. Der Weg zu Gott führt durch die eigene Seele. „Gott und die Seele verlange ich zu erkennen, sonst nichts!", schrieb Augustinus.

Wie für Plotin hat auch für Augustinus alles seinen Grund in Gott. Er **Gott** ist als Wirklichkeit der Ursprung aller Dinge, als Logos der Ursprung der Wahrheit und er ist das Gute an sich. Gott ist ganz gegenwärtig, er ist Mensch geworden in Christus. Der Gott Augustins ist untrennbar von Christus, dieser einmaligen Gottesoffenbarung, von der die Kirche zeugt. Gott ist nur auf dem Weg über Christus und die Kirche und das Wort der Bibel zu finden. (Jaspers)

Gott kann von uns zwar nicht erkannt und erfasst werden, aber er hat **Dreieinigkeit** sich in seinem göttlichen Wort uns offenbart. Und Gott, die göttliche Substanz, hat eine dreifache Gestalt: Vater, Sohn und Heiliger Geist, und in jeder dieser Personen existiert sie ganz. Die Dreieinigkeit ist ein Mysterium der Offenbarung, mit der Vernunft nicht zu erfassen. Augustinus beseitigt aus der Trinitätslehre die letzten Spuren der These einer Unterordnung des Sohnes unter den Vater, wie sie von Origenes (182–253) und Arius (260–336) vorgebracht worden waren.

Glückseligkeit erlangt man durch die Erkenntnis der Wahrheit und **Glück-** die Wahrheit wiederum ist der geglaubte personale Gott. Wer Gott **seligkeit** begehrt und besitzt, ist glücklich. Wenn der Mensch seine Begierde überwindet und zum Guten gefunden hat, dann findet er Friede. Alles Leben und Streben eilt einem Endziel entgegen, das Vollkommenheit und Glück zugleich umschließt, so wie es Goethe formuliert hat: „Und alles Ringen, alles Streben ist ewge Ruh in Gott, dem Herrn".

Augustinus analysierte den Begriff der Zeit. Im Grunde ist nur die **Zeit** Gegenwart wirklich, das unmittelbare Jetzt. Unser Bewusstsein verfügt über die erinnerte Vergangenheit und die erwartete Zukunft, es kann aber das immer Seiende nur als Nacheinander fassen. Gott jedoch ist ewig im Sinne von zeitlos. Bei Gott gibt es kein Vorher oder Nachher, vielmehr nur ewige Gegenwart. Die Zeit hat eingesetzt, als Gott die Welt schuf.

Für Augustinus liegt darin eine Bestätigung, dass Gott die Welt nach **Schöpfung** seinem Willen aus dem Nichts erschaffen hat. Der Ewigkeit Gottes steht die Zeitlichkeit alles Geschaffenen gegenüber. Zeit kann es nur geben, wo Welt und damit Veränderung vorhanden ist. Zeit und Welt können nur zusammen entstanden sein.

Auch zu Augustinus' Zeiten wurde über das alte philosophische Prob- **Willens-** lem der Willensfreiheit heftig gestritten. Pelagius (354–422), ein briti- **freiheit** scher Mönch, kultiviert und kein Fanatiker, der 411 nach Afrika reiste, vertrat die Auffassung, der Mensch werde frei und ohne Sünde geboren. Wenn er seine natürlichen Anlagen und Kräfte recht gebrauche und sich an das Vorbild Christi halte, könne er sich seine Seligkeit selbst erwerken. Nur wer eine Sünde begehe, habe eine Strafe dafür zu gewärtigen. Adams Sündenfall habe nur ihm selbst geschadet. Eine

Erbsünde gäbe es nicht. Der Tod ist nicht Folge der Sünde, sondern in der menschlichen Natur begründet.

Erbsünde Diese Ansichten wurden hauptsächlich auf Betreiben von Augustinus für ketzerisch erklärt. Für Augustinus war nur Adam, der erste Mensch, ohne Sünde geboren. Wäre er dem göttlichen Willen gefolgt, hätte er Unsterblichkeit erlangt. Da er aber, vom Satan verführt, der Sünde verfiel, sind seitdem alle Menschen mit der Erbsünde belastet. Sie sind nicht mehr frei, sie müssen ihrer Natur nach sündigen und sind dadurch dem Tode verfallen, denn „der Tod ist der Sünde Sold", wie Paulus sagte. Da wir alle Adams Sünde erben, verdienen wir auch alle die ewige Verdammnis. Von Adams Sünde hatte auch Paulus im Römerbrief gesprochen. Dem griechischen Urtext nach sprach er von einer Ur-Sünde, Augustinus aber las die Erbsünde heraus, die jeder Mensch von Geburt an mitbringe. (Küng) Und anders als Paulus, der darüber kein Wort schreibt, verbindet Augustinus die Erbsünde mit dem Geschlechtsakt. Deshalb sei auch das neugeborene Kind nicht mehr unschuldig, es sei in Sünde geboren und nur durch den Akt der Taufe könne es von der Erbsünde befreit werden. Augustins Auffassung von der Verwerflichkeit der menschlichen Sexualität hat noch in späteren Jahrhunderten zu einem unnatürlichen und verkrampften Umgang mit der Sexualität beigetragen.

Gnadenlehre Gott aber, in seiner Barmherzigkeit, kann die Menschen durch Gnade erlösen. Doch erlöst er nicht alle, nur wenige der Getauften erwählt er. Diese Auserwählten kommen nicht in den Himmel, weil sie gut sind, sondern nur durch die Gnade. Dass einige erlöst werden und die übrigen der ewigen Verdammnis anheimfallen, geschieht allein nach Gottes unerforschlichem Ratschluss. Verdienst oder gute Werke spielen keine Rolle. Doch wo bleibt die Freiheit des Menschen, wenn alles durch Gottes Gnade geschieht und schon der gute Wille von Gottes Gnade geschenkt sein muss? Und warum gibt es so viele Menschen, die nicht gerettet werden? Bei Paulus heißt es, Gott will „… dass allen Menschen geholfen werde und sie zur Erkenntnis der Wahrheit kommen", doch Augustinus meinte dazu, Paulus spreche nur von den Auserwählten. Die Kirche hat jedoch Augustins Lehre von der strengen Prädestination abgemildert: Gott habe nicht von vornherein die Menschen berufen oder verdammt, sondern er weiß als Allwissender voraus, welche Entscheidung sie schließlich treffen werden.

Gottesstaat Die Gemeinschaft der Auserwählten bildet den Gottesstaat (Civitas dei). Der andere Teil der Menschen, der zur Verdammnis bestimmt ist, bildet zusammen mit dem Teufel den Weltstaat, den Erdenstaat (Civitas terrena). Die fortdauernde Auseinandersetzung zwischen dem Weltstaat und dem Gottesstaat ist der Sinn der Weltgeschichte. Die Geschichte ist ein einmaliger nach Gottes Wille und Heilsplan ablaufender Prozess, der sich als gigantischer Kampf zwischen

Glaube und Unglaube darstellt. Seit Jesus Christus, der Herr des Gottesstaates, leibhaftig in der Welt erschienen ist, lebt die Menschheit in der Endzeit, an deren Ende das Jüngste Gericht stehen wird. Ein irdischer Staat, wie er tatsächlich existiert, muss nicht unbedingt auf den Erdenstaat begrenzt bleiben. Er kann durch gute Taten, weise Gesetze und Beistand der Kirche gegenüber am Gottesstaat teilhaben. Der Gottesstaat andererseits ist nicht identisch mit der katholischen Kirche, da ja in ihr auch noch der Weltstaat wirksam ist, ihre Mitglieder auch in Selbstsucht und Sünde verfallen können. Die Auserwählten kennt nur Gott allein. Dennoch betrachtete Augustin die katholische Kirche als Symbol des Gottesstaates auf Erden.

Die Kirche hat daraus die Lehre vom theokratischen Staat abgeleitet, **Kirche** in dem die weltliche Gewalt, die von Menschen stammt, der geistigen Gewalt, die die Kirche besitzt und die von Gott stammt, untergeordnet ist. Der Staat könne am Gottesstaat nur teilhaben, wenn er sich in allen religiösen Angelegenheiten der Kirche unterordnet. Das ganze Mittelalter hindurch berief sich die abendländische Kirche im Machtkampf zwischen Kaiser und Papst zur Rechtfertigung ihrer Politik auf die Doktrin Augustins. Auch Platons Staatslehre legte Augustin im christlichen Sinne aus, um die Herrschaft der Kirche zu begründen. In Platons Idealstaat sind es die Philosophen, die die Herrschaft führen sollen, in der christlichen Auffassung treten an deren Stelle die Priester. Für Augustin ist die Autorität der Kirche unerschütterlich, denn sie allein führt zu Christus und durch diesen allein wiederum zu Gott. (Jaspers) Wer aber nicht getauft und damit zu einem Glied der Kirche geworden ist, kann auch nicht erlöst werden. So wird die Kirche zur Mittlerin zwischen der Seele und Gott. „Außerhalb der Kirche gibt es kein Heil", war Augustins Prinzip. Er hielt es für selbstverständlich, dass sich das Individuum unter die Kirche als Institution, als Anstalt des Heils und der Gnadenmittel, unterordnet. Augustinus wurde zum Kronzeugen für die theologische Rechtfertigung der Anwendung von Gewalt gegen Ketzer und Abtrünnige, von Zwangsbekehrung und Inquisition und der staatlichen Unterdrückung von Nicht-Katholiken. (Küng)

Am Ende seines Lebens schrieb Augustin die „Retraktionen" (Zurück- **Ende** nahmen). Im Rückblick wurden ihm Irrtümer klar, er übte Selbstkritik und rückte von einigen Positionen ab. Dennoch bleiben viele Widersprüche in seinen Werken bestehen: „Nichts ist leichter, als Widersprüche bei Augustin zu finden." (Jaspers) Als die Vandalen von Spanien her an der Küste Nordafrikas entlangzogen und 430 Hippo fast ein Jahr lang belagerten, ermutigte Augustinus seine Mitbürger mit seinen Predigten zum Widerstand. Doch seine Kräfte gingen zu Ende, er erkrankte und starb, 76 jährig, während der Belagerung.

Augustins kirchliches Dogmengebäude beherrschte jahrhundertelang **Wirkung** die abendländische Christenheit. Die Kirche stellte fortan das Gefühl über den Verstand. In diesem Sinne war das Christentum eine „romantische Reaktion" gegen den „klassischen" Vernunftglauben. Die große Mehrheit der Anhänger verlangte nach autoritativ festgelegten Glaubenssätzen, sodass die Kirche ihr Glaubensbekenntnis in unumstößlichen Dogmen festlegte und den Zweifel zur Sünde erklärte. Augustinus war der bedeutendste der „Kirchenväter" (patres), zu denen unter anderen auch seine Zeitgenossen Ambrosius und Hieronymus gerechnet werden. Ein weiterer Vertreter der „Patristik" war Origenes (182–253), der zur Zeit Plotins in Alexandrien lebte.

Mohammed (570–632)

Mohammed (arab. „Der Gepriesene") stammte aus der alten, aber verarmten Sippe der Hashim vom Stamme der Kuraisch. Geboren wurde er 570 in Mekka. Er verlor früh seine Eltern und wuchs im Hause seines Onkels auf. Als er 25 war heiratete er die 15 Jahre ältere vermögende Kaufmannswitwe Chadidja. Von den sechs Kindern aus dieser glücklichen Ehe, die 26 Jahre lang, bis zu Chadidjas Tod dauerte, blieb nur die Tochter Fatima am Leben. Solange Chadidja lebte, war sie seine einzige Frau, erst nach ihrem Tod legte sich Mohammed einen Harem mit zehn Ehefrauen und zwei Konkubinen zu, deren Eifersüchteleien ihm mitunter auch Ärger bereiteten. Seine Lieblingsfrau war Aischa, die Tochter seines Gefährten Abu Bakr, die er als Zehnjährige geheiratet hatte.

Offenbarung Mohammed verabscheute den Götzendienst, durch den das Heiligtum der Kaaba (von Abraham zur Ehre Gottes erbaut) entweiht wurde, die lockere Moral in seiner Heimatstadt und die Streitsucht der Stämme. Er hörte von den Lehren der jüdischen und der christlichen Religion und es schmerzte ihn, dass die Araber als rückständige Heiden betrachtet wurden. Auch der Glaube, dass das Endgericht nahe sei, berührte ihn. Er begann nachzudenken und als er 40 war und den Fastenmonat Ramadan wieder einmal in der Einsamkeit des Berges Hira verbrachte, hatte er dort eine Vision: Allah befahl ihm, als sein Prophet den Arabern die Lehre vom einzigen Gott zu verkünden. Die Offenbarung wurde ihm durch den Engel Gabriel zuteil. Der Text seiner Verkündigungen sei im Himmel aufgezeichnet worden und der Engel habe sie ihm nach und nach mitgeteilt, berichtete Mohammed.

Prophet Mohammed fühlte sich als letzter in der langen Reihe der Propheten, zu denen nach seinem Verständnis auch Jesus gehörte. Gott hatte sie gesandt, um die Araber zum Islam (arab. „Ergebung in Gottes Wille") zu führen. Und mit ihm, Mohammed, dem letzten der Propheten, war die Offenbarung des wahren Glaubens abgeschlossen. Immer wieder betonte Mohammed, dass er ein gewöhnlicher Sterblicher sei, er erhob keinen Anspruch auf Göttlichkeit.

Mohammed fand zunächst nur wenig Anhänger, meist nur Sklaven **Flucht**
und Arme, die Mächtigen Mekkas wandten sich gegen ihn. Er war,
damals 52, gezwungen, seine Heimatstadt zu verlassen und, zusammen mit wenigen Getreuen, nach Medina zu fliehen. 622, das Jahr
seiner Flucht („Hedschra"), gilt den Anhängern Mohammeds, den
Muslimen, als Beginn ihrer Zeitrechnung.

In Medina wuchs seine Anhängerschaft rasch, Mohammed erwies **Medina**
sich auch als begabter politischer Führer und erfolgreicher Feldherr.
Er konnte ein Heer zusammenstellen, um seine Macht zu demonstrieren, und 8 Jahre nach seiner Flucht hielt er triumphierend in Mekka
Einzug. In den zwei Jahren, die ihm noch bis zu seinem Tod blieben,
unterwarf er ganz Arabien seiner Herrschergewalt und seiner Religion. Auf der Höhe seines Erfolges, 10 Jahre nach der Hedschra, starb
er in Medina im Alter von 62 Jahren.

Mohammed selbst hat nichts Schriftliches hinterlassen, es wird ange- **Koran**
nommen, dass er weder lesen noch schreiben konnte, er hatte einen
Sekretär, dem er viel diktierte. Bald nach seinem Tod sind seine Verkündigungen im „Koran" („Lesung") zusammengestellt worden. Auch
Jesus wird übrigens – als Prophet – im Koran erwähnt. Zum ersten
Mal wurde damit das Wort Gottes in arabischer Sprache aufgezeichnet. Die 114 Suren des Korans mögen dem Ungläubigen durch Wiederholungen, Weitschweifigkeiten und Widersprüche manchmal etwas verworren vorkommen. Doch für die Muslime ist jeder Buchstabe
das durch den Engel Gabriel über einen Menschen vermittelte Wort
Gottes, die Grundlage des Glaubens und bestimmend für Denken
und Handeln. Ergänzend zum Koran gilt die Hadith („Überlieferung"), in der die „Sunna", das sind die Worte, Gewohnheiten und
Handlungen Mohammeds, aufgezeichnet sind.

Die Gesetze, die Mohammed verkündete, waren seiner Zeit und sei- **Scharia**
ner Gesellschaft angemessen. Sie umfassten die Verpflichtungen gegenüber Gott (Ibadat), und eine Pflichtenlehre, die das tägliche Leben
bis in die Einzelheiten regelte (Muamalat). Der Koran sagt, wie Beute
zu verteilen ist, Gefangene, Sklaven oder Frauen zu behandeln sind,
regelt Hygiene und Familienleben, Handel und Politik. Diese „Scharia" (Weg), das religiöse Recht, mag das „Rechte" im 7. Jahrhundert
gewesen sein. Noch heute aber gilt, dass alles, was im Koran aufgezeichnet ist, göttliches Gesetz ist, das nicht verändert werden darf.
Dem Gläubigen erspart das die Last der Entscheidung, kann ihn aber
auch in Konflikte bringen, angesichts der Veränderungen, denen die
Welt ständig unterworfen ist.

Die Ethik des Koran forderte Gehorsam gegenüber dem Gesetz und **Ethik**
gründete wie die des Neuen Testaments auf Furcht vor Strafe und die
Hoffnung auf Belohnung jenseits des Grabes. Der Koran verlangte
nicht, dass Übles mit Gutem vergolten werde, denn die Araber übten

gern Rache und Vergeltung. Für den Gläubigen war es Pflicht, so viel wie möglich von der Welt für den Islam zu erobern.

Gott Judentum, Christentum und Islam glauben an einen einzigen, allmächtigen Gott. Die Christen fügten allerdings noch die Lehre hinzu, dass der eine Gott in drei verschiedenen Personen wirke. Für Mohammed war diese Dreieinigkeits-Lehre die schlimmste Verirrung des Glaubens. Im Koran wird leidenschaftlich die Einheit und Einzigkeit Gottes betont. Allah (arab. „Gott") ist ein persönlicher Gott, der Schöpfer des Himmels und der Erde. Er ist allwissend und da er auch die Zukunft kennt, ist alles vorausbestimmt. Der göttliche Wille hat von aller Ewigkeit an alles verfügt. Wie Augustins Gott weiß auch Allah, wer erlöst werden wird. Gott ist der Richter am Ende der Geschichte. Und die Erwartung des letzten Gerichts gibt dem Leben des Menschen Richtung und Sinn.

Auferstehung Die Toten schlafen bis zum Tag des Jüngsten Gerichts, dann erfolgt die Auferstehung von Leib und Seele. Die guten Taten werden gegen die bösen abgewogen, jeder Mensch wird sein Urteil erfahren. Die Verworfenen stürzen in den Abgrund, die Guten gelangen ins Paradies. In der Schlacht bei Badr hatte Mohammed seinen Kriegern verkündet, jeder der hier falle, werde ins Paradies eingehen, eine Verheißung, die den Todesmut der Gotteskämpfer noch heute beflügelt. Die Wonnen, die die guten Gläubigen und die für Allah Gefallenen im Paradies erwarten, werden im Koran ausführlich beschrieben. Die Gläubigen ergehen sich in einem wunderbaren Garten, in dem Milch und Honig fließt, sie können dem Wein zusprechen, der ihnen auf der Erde verboten war, und schwarzäugige Jungfrauen, die Huris, werden bei ihnen liegen.

Glaube Das Glaubensbekenntnis des Islam war einfach und einprägsam: „Allah il Allah – Es ist kein Gott außer Gott und Mohammed ist sein Prophet!". Wer sich zum Islam bekennt, ist auf dem rechten Weg. Ungläubigen soll man eine Frist gewähren und ihnen predigen. Gegen Araber jedoch, die nicht glauben und sich nicht beugen wollen, predigte Mohammed den Heiligen Krieg (dschihad), einen Kreuzzug im Namen Allahs. Das Weltliche ist für den Moslem eine Etappe auf dem Weg zu Gott, in allen seinen Handlungen sieht er etwas Religiöses, eine Art Gottesdienst. Und in allem was geschieht erkennt er den Willen Gottes, den er voll Vertrauen akzeptiert: Er nennt es Kismet (Schicksal), das was von der Vorsehung jedem bestimmt ist. Auch für den Islam ist das höchste Ziel die Erlösung und nicht das irdische Glück.

Religion Der Islam als Gesetzesreligion, die sich allein auf den Koran beruft, enthält viel jüdisches Gedankengut, von der Schöpfung bis zum jüngsten Gericht. Mohammed sah in der Übereinstimmungen seiner Verkündigungen mit dem Talmud einen Beweis seiner göttlichen Sendung. Der Glaube an den einzigen Gott, den Mohammed verkündete, war einfach und verständlich, er erforderte keine intellektuellen Anstrengungen wie die komplizierten Dogmen der Dreieinigkeit und der Menschwerdung.

Doch auch auf dem Boden dieser strengen Gesetzesreligion entwickelte sich eine Mystik, ein Streben nach gefühlsbetonter Einheit des Gläubigen mit seinem Gott. Der „Sufismus", mit asketischen Ansätzen, Anklängen an die Gnostik und einer ekstatischen Frömmigkeit hat sich in einer umfangreichen Dichtung niedergeschlagen. **Sufismus**

Mekka wurde zum Mittelpunkt eines theokratischen Staates. Mohammed war staatliches und als Prophet geistliches Oberhaupt in einer Person, mit absoluter Autorität. Diese Einheit von Politik und Religion hat den Islam geprägt. Mohammed benutzte die Religion auch im Dienste der Politik, seinen Nachfolgern, hinterließ er ein politisch und religiös geeintes Arabien. **Staat**

Die Nachfolger Mohammeds nannten sich Kalifen (Stellvertreter des Propheten) und der erste von ihnen war Mohammeds Gefährte und Schwiegervater Abu Bakr, der vierte sein Neffe und Schwiegersohn Ali, der Mann seiner Tochter Fatima. Nach Alis Tod gab es eine Minderheit unter den Mohammedanern, die „Schia" (Partei) Alis, die nur Alis Nachkommen als rechtmäßige Imame (Vorsteher) und Kalifen anerkannte. Die „Schiiten" stellen heute in Iran und Irak die Mehrheit der Mohammedaner. Die meisten Muslime waren jedoch „Sunniten", die sich auf die Sunna beriefen und nach Alis Tod auch Kalifen anerkannten, die keine Nachkommen Mohammeds waren. **Schia**

Die Religion, die Mohammed verkündet hatte, war einfach, klar und kraftvoll, sie begründete eine Gesittung voll unbarmherzigen Mutes und voller Rassenstolz. (Durant) Die arabischen Stämme, von Mohammed geeint, konnten die Kraft, die sie bis dahin in inneren Kämpfen verbraucht hatten, nun nach außen richten. Das Reich, das die Streiter des Propheten eroberten, reichte schließlich von Turkestan bis Spanien. Mekka mit der Kaaba blieb der religiöse Mittelpunkt. Glanzvolle Zentren der geistigen Kultur bildeten sich unter den Kalifen von Bagdad (darunter Harun al Raschid, 786–809) und im maurischen Spanien, in Cordoba. Heute gehören dem Islam, nach dem Christentum die zweitgrößte der sieben Weltreligionen, etwa 1,2 Milliarden Menschen an. **Eroberungen**

Kaiser und Papst im Mittelalter
(465–1493)

Franken

In Gallien, zwischen Maas und Somme, waren die Franken heimisch geworden. Ihr König Chlodwig (465–511) aus dem Geschlecht der Merowinger begann tatkräftig und zielstrebig sein Herrschaftsgebiet auszuweiten. Er siegte bei Soissons über den römischen Statthalter, besiegte die Westgoten und machte sich zum Alleinherrscher des Frankenreiches, indem er seine Rivalen aus dem Weg räumte. Unter seinen Nachfolgern zerfiel das Reich, aber dem Hausmeier Pippin und seinen Nachkommen aus dem Geschlecht der Karolinger gelang es, das Frankenreich wieder in seiner alten Größe zu errichten. Karl Martell (688–741) verteidigte es erfolgreich durch seinen Sieg über die Araber bei Tours und Poitiers (732).

Karl der Große (742–814)

Mit Karl dem Großen (742–814) erreichte das Frankenreich seinen Höhepunkt. Es erstreckte sich vom Atlantik bis zum oströmischen Reich, von Friesland bis nach Italien. Karl hatte die Sachsen unterworfen, er führte erfolgreich Krieg gegen die Langobarden, die Mauren (Spanien), die Avaren (Ungarn), die Dänen und die Slaven. Er war zum Nachfolger der weströmischen Kaiser geworden, war das weltliche Oberhaupt der abendländischen Christenheit und der Schutzherr der Kirche. Am Weihnachtsfest des Jahres 800 setzte ihm Papst Leo III. in der Peterskirche in Rom unter dem Jubel des Volkes die Kaiserkrone aufs Haupt und huldigte ihm durch Fußfall.

Die Enkel Karls des Großen stritten sich um das Erbe und teilten das Reich auf (870). Karl der Kahle (823–877) regierte im westlichen, romanischen Teil, Ludwig der Deutsche (804–876) im östlichen Teil. Das mittlere Reich ihres Bruders Lothar (795–855) („Lothringen") nahm nach dessen Tod Karl in Besitz. Die Grenze zwischen Karls Reich, aus dem Frankreich entstand, und Ludwigs Reich, von nun an Deutschland, verlief links des Rheins entlang der Sprachgrenze.

Heinrich I. (876–936)

In Deutschland zogen unter Ludwigs schwachem Nachfolger die Stammesherzogtümer die Macht an sich. Erst hundert Jahre nach Karls des Großen Tod erstand das Reich neu. Heinrich I. (876–936), den die Sachsen und Franken zum König gewählt hatten, brachte auch die Stammesherzöge der Lothringer, Schwaben und Bayern auf seine Seite und sicherte die Reichsgrenzen gegen die Ungarn, die Slaven und die Dänen.

152

Heinrichs Sohn, Otto der Große (912–973) festigte das Reich nach innen, gegen aufständische Herzöge, und nach außen. In der Schlacht auf dem Lechfeld besiegte er die Ungarn (955), in Oberitalien die Langobarden und wurde so mächtig wie einst Karl der Große. In Rom ließ er sich vom Papst zum Kaiser krönen (962) und war nun der Herrscher des „Heiligen Römischen Reiches deutscher Nation".

Otto der Große (912–973)

Unter Ottos Nachfolgern gelang es besonders Konrad II. (990–1039) aus dem Haus der Salier (Franken), dessen Politik erfolgreich fortzuführen. Aber als die Königswürde an Heinrich IV. (1050–1106), fiel, der damals erst 6 Jahre alt war, begann eine schwierige Zeit. Seit Otto dem Großen waren die geistlichen Würdenträger zugleich auch Beamte des Staates und wurden vom Kaiser eingesetzt. Nun verlangte Papst Gregor VII. (1020–1085), dass Bischöfe und Äbte nur durch ihn ernannt werden durften, denn der Papst stehe über dem Kaiser. In diesem „Investiturstreit" hatte der Papst auch die Fürsten auf seiner Seite, die die Königsmacht beschränken wollten. Gregor belegte den König mit dem Bann, aber Heinrich konnte durch seinen „Gang nach Kanossa" den Bann wieder lösen. Er setzte sich auch gegen die Fürsten durch und konnte sogar Rom einnehmen (1080) und Papst Gregor VII. absetzen. Damit war aber der Machtkampf zwischen Kaiser und Papst noch längst nicht zu Ende.

Heinrich IV. (1050–1106)

Fünfzig Jahre nach dem Tod Heinrichs IV. erlebte das Kaisertum mit dem Staufer Friedrich I. Barbarossa (Kaiser „Rotbart", 1123–1190) einen neuen Höhepunkt seiner Macht. Er legte in Deutschland den Streit mit seinem Vetter, dem Welfen Heinrich dem Löwen (1129–1195, Herzog von Bayern und Sachsen, Gründer Münchens), bei und setzte sich gegen die mächtigen lombardischen Städte in Oberitalien und gegen den Papst durch. Als er 67 war machte er sich zum zweiten Mal auf den Weg ins Heilige Land, um Jerusalem den Moslems wieder zu entreißen. Auf diesem dritten Kreuzzug ertrank er im Saleph, einem kleinen Fluss in Kleinasien.

Friedrich I. Barbarossa (1123–1190)

Barbarossas Sohn und Nachfolger, Heinrich VI.. (1165–1197), gelang es noch einmal, ein großes Reich zu errichten. Er eroberte das normannische Königreich Sizilien, beherrschte Deutschland und Italien, wurde von Frankreich anerkannt und der englische König, der Welfe Richard Löwenherz (1157–1199), war sein Vasall geworden. Kurz bevor er zum vierten Kreuzzug aufbrechen konnte, starb er in Messina, erst 32 Jahre alt. Von da an begann der Niedergang der Kaisermacht und die Vormachtstellung der Päpste.

Heinrich VI. (1165–1197)

Friedrich II. (1194–1250), Barbarossas Enkel, der letzte große Kaiser des Mittelalters, faszinierte durch seine vielseitige Begabung, man nannte ihn das „Staunen der Welt" (stupor mundi). Er fand jedoch aus der Krise, in die der frühe Tod seines Vaters Heinrich das Reich gestürzt hatte, nicht mehr heraus. Im Kampf gegen den Papst musste er

Friedrich II. (1194–1250)

gegenüber der Kirche wie den Fürsten erhebliche Einbußen der kaiserlichen Macht hinnehmen. Vom Papst mit dem Bann belegt, machte er sich zum fünften Kreuzzug auf und es gelang ihm, mit dem Sultan einen Vertrag auszuhandeln, in dem ihm Jerusalem zugesprochen wurde. In der Grabeskirche setzte er sich die Königskrone auf. Im Streit gegen den Papst konnte er jedoch keinen Sieg mehr erringen. Noch bevor der Krieg begann starb Friedrich II, 56 Jahre alt, in Florenz.

Rudolf von Habsburg (1218–1291)

Nach Friedrichs II. Tod begann das „Interregnum", „die kaiserlose, die schreckliche Zeit" (1256–1273). Erst zwanzig Jahre später, 1273, wählten die sieben Kurfürsten wieder einen deutschen König. Ihre Wahl fiel auf den Grafen Rudolf von Habsburg (1218–1291) aus dem Aargau, einen Gefolgsmann der Staufer. Er erschien ihnen arm genug, um ihrer landesherrlichen Macht nicht gefährlich werden zu können. Rudolf stellte Frieden im Reich her und schuf sich in Österreich eine starke Hausmacht. Wien wurde Residenz der Habsburger und blieb es bis 1918.

Schweizer Eidgenossen

Die österreichischen Herzöge versuchten auch die freien Bauern in den Schweizer Waldstätten, denen noch Friedrich II. ihre alten Rechte bestätigt hatte, ihrem Herrschaftsbereich einzugliedern. Aber die Männer von Uri, Schwyz und Unterwalden schlossen einen „ewigen Bund" und schwuren zusammenzuhalten. In der Schlacht am Morgarten (1315) und noch einmal 70 Jahre später bei Sempach schlugen sie das Ritterheer der Österreicher vernichtend.

Niedergang der Kirche

Die Reichsfürsten waren darauf bedacht die Königsgewalt zu beschränken und wählten Könige aus verschiedenen Herrscherhäusern, die ihrerseits jeweils versuchten, ihre Hausmacht möglichst auszubauen. In dieser Zeit wuchs die Macht der Fürsten und der Städte, während die Macht der Kirche verfiel. Der französische König hatte den Papst gezwungen, seine Residenz von Rom nach Avignon zu verlegen (1309). Als der Papst 1377 nach Rom zurückkehrte, wurde in Avignon ein neuer aufgestellt und schließlich gab es drei Päpste. Diese Zeit der Kirchenspaltung (Schisma) dauerte 30 Jahre. Der Engländer John Wiclif (1330–1384), Professor in Oxford, forderte eine Reform der Kirche und ließ nur die Bibel gelten. Johann Hus (1369–1415), Magister an der Universität Prag, tat es ihm nach.

Sigismund (1368–1437)

Schließlich ließ Kaiser Sigismund (1368–1437) auf dem Konzil in Konstanz (1414–1418) einen neuen Papst wählen und forderte Johann Hus zum Widerruf auf. Doch Hus war dazu nicht bereit und so wurde er, trotz der Zusicherung freien Geleits, auf dem Scheiterhaufen verbrannt.

Albrecht II. (1397–1439)

Der Versuch Sigismunds, das Konzil auch zu einer Reichsreform zu nutzen, hatte allerdings keinen Erfolg. Erfolgreicher war er mit der Verheiratung seiner einzigen Tochter Elisabeth, die er dem Habsburger Herzog Albrecht von Österreich (1397–1439), zur Frau gab. Auf diesen Albrecht II. fiel auch die Wahl der Kurfürsten und damit kam die Kaiserkrone wieder in den Besitz der Habsburger, bei denen sie nahezu ununterbrochen bis zum Ende des Reiches 1806, in Österreich bis 1918, verblieb.

An den Grenzen des deutschen Reiches hatte sich inzwischen vieles **England** verändert. In Britannien hatten die eingewanderten Angeln und Sachsen die Kelten nach Wales zurückgedrängt und etwa 250 Jahre lang regierten in England angelsächsische Könige. 1066 kamen dann die Normannen unter Wilhelm dem Eroberer (1027–1087) von Frankreich herüber und eroberten das Land. 1215 erzwangen die englischen Barone von König Johann (1167–1216) die „Magna Charta", den „großen Freiheitsbrief", Grundstock der englischen Verfassung, die dem Volke eine Mitregierung zugestand. Um 1300 unterwarfen die Engländer Wales, während Schottland einstweilen noch unabhängig blieb.

Seit der Teilung des Frankenreiches (843) konnten in Frankreich, im **Frankreich** Gegensatz zu Deutschland, die Könige ihre Machtstellung stetig ausbauen. Das Königtum wurde erblich und die französischen Königsgeschlechter (die Karolinger, die Kapetinger und die Valois) regierten jahrhundertelang. Das Land entwickelte eine innere Einheit; Paris wurde Sitz der Könige und Mittelpunkt Frankreichs. Ein Problem für die nationalbewussten Franzosen war der riesige Besitz, den die Engländer in Frankreich hatten. 1328, als die Linie Valois auf den französischen Thron kam, erhob zugleich auch der englische König Ansprüche. So entbrannte ein Konflikt, der 100 Jahre dauern sollte. Jeanne d'Arc, die „Jungfrau von Orleans", rettete die Franzosen vor der Niederlage und führte Karl VII. (1403–1461) zur Krönung nach Reims. Dessen Nachfolger erwarb nach dem Tode Karls des Kühnen (1433–1477) das Herzogtum Burgund und rundete damit das Königreich ab.

Die Araber, die in Spanien nach ihrem Sieg bei Xeres de la Frontera **Spanien** (711) ein gewaltiges Reich errichtet hatten, sahen sich im neunten Jahrhundert immer stärker durch den Befreiungskampf der christlichen Bevölkerung bedroht, der im Norden seinen Anfang nahm und sie immer weiter nach Süden zurückdrängte. In den eroberten Gebieten entstanden die Reiche Portugal, sowie Kastilien und Aragonien, die später durch Heirat vereinigt wurden. Aus ihnen entstand eine spanische Großmacht, die mit der Eroberung Granadas (1492) der Herrschaft der Mauren in Spanien ein Ende setzte.

Um die Mitte des 13. Jahrhunderts stießen die Türken, ein Nomaden- **Türken** volk das östlich des Kaspischen Meeres beheimatet war, nach Kleinasien vor und gründeten dort unter ihrem Emir Osman (1259–1326) ein Reich, das sich allmählich bis an den Hellespont ausdehnte. Sie überschritten die Meerenge und drangen immer weiter in das byzantinisch-oströmische Reich vor. Wieder wurde Europa vom Islam bedroht. Ein christliches Heer unter König Sigismund wurde 1396 bei Nikopolis besiegt. 1493 eroberten die Türken Konstantinopel, das oströmische Reich hatte damit aufgehört zu bestehen.

Anselm von Canterbury (1033 – 1109)

Latein

Nach der „karolingischen Renaissance", die zu einer Einheit Europas geführt hatte, waren die Kernländer des westlichen Europa, Deutschland, Frankreich, Italien und Großbritannien, auch kulturell eng verbunden. Die internationale Einheit von Wissenschaft und Philosophie kam zum Ausdruck in der gemeinsamen Sprache der wissenschaftlichen und geistlichen Welt: alle sprachen lateinisch, alle bedeutenden Werke wurden in dieser Sprache abgefasst und an den führenden Hochschulen in Paris, Köln und Oberitalien wurde in Lateinisch gelehrt. Die Freizügigkeit die sich daraus für die Gelehrten ergab, lässt sich an den Lebensläufen ablesen.

Scholastik

Das wichtigste Feld der gelehrten Welt war die Erziehung der Geistlichkeit in den Klosterschulen. Daraus erwuchs auch die Philosophie dieser Zeit, sie wurde „Scholastik" (Schullehre) genannt. Ihre Aufgabe war es, das, was durch den Glauben schon als unumstößliche Wahrheit bestand und von der Patristik in ein System von Dogmen gegossen worden war, nun vernunftmäßig, also mit Hilfe der Philosophie, zu begründen, auszulegen und verständlich darzustellen. Die Philosophie war „die Magd der Theologie".

Universalien-streit

Das konnte sich allerdings nicht ohne Kontroversen vollziehen. Im Mittelpunkt der Diskussion stand eine alte Streitfrage, über die sich schon Platon und Aristoteles auseinandergesetzt hatten: Wem kommt die höhere Wirklichkeit zu, den Allgemeinbegriffen („Universalien") oder den greifbaren Einzeldingen? Für Platon war das Allgemeine, die Ideen, das eigentlich Wirkliche, und die Scholastiker, die ihm folgten, wurden „Realisten" genannt. (Ganz im Gegensatz zum heutigen Sprachgebrauch, wir würden sie heute eher Idealisten nennen.) Die anderen, die nur die Einzeldinge als wirklich ansahen und damit Aristoteles Gedanken folgten, für die allgemeine Begriffe nur vom Menschen erdachte bloße Namen waren, nannte man „Nominalisten". (Heute würde man sie Realisten nennen.)

Anselm von Canterbury

Der erste große Philosoph dieser Epoche, der „Vater der Scholastik", wie er genannt wurde, war Anselm von Canterbury. Anselm wurde in Aosta in Piemont (Oberitalien) geboren. Nach einem Zerwürfnis mit seinem Vater zog er verzweifelt durch Frankreich und fand schließlich, er war damals 26, Zuflucht im Benediktinerkloster Bec in der Normandie. 18 Jahre später wurde er zum Abt gewählt und als er 60 war wurde er als Nachfolger seines Lehrers Erzbischof von Canterbury. Es war die Zeit des „Investiturstreits" und Anselm geriet in Konflikt mit dem englischen König. Mit dem „Konkordat von London" (1107) konnte der Streit beigelegt werden. Zwei Jahre später starb Anselm, 75 jährig, in Canterbury.

Anselm behandelte theologische Fragen philosophisch, auf Art der Neuplatoniker und Augustins. Dementsprechend war seine Position im Universalienstreit die, dass für ihn die Allgemeinbegriffe die Realität waren und noch vor den Dingen existierten (Universalia sunt realia – universalia sunt ante res). Es ging ihm um eine „Versöhnung von Glauben und Wissen", er wollte die Inhalte des christlichen Glaubens so weit wie möglich in beweisbares Wissen umwandeln, wollte den Glauben auch ohne die Autorität von Bibel und Kirche einsichtig machen. Dabei war für ihn eindeutig der Glaube das Wichtigste, das Denken war ihm untergeordnet. Ohne den Glauben kann es keine richtige Erkenntnis geben. „Ich glaube, damit ich verstehe" (credo ut intelligam) war sein Motto. **Glaube und Wissen**

Doch kann die Vernunft dazu dienen, die vom Glauben entdeckten Wahrheiten zu verstehen. Anselm meinte sogar, mit Hilfe der Vernunft die Existenz Gottes unumstößlich beweisen zu können. Von allem, was gedacht werden kann, ist nichts größer als Gott. Wir können etwas denken, ohne dass es existiert. Wenn wir nun etwas denken, das dem genau gleicht, aber existiert, dann ist dieses Existierende größer. Daher muss das Größte das sich denken lässt (nämlich Gott) auch existieren, sonst wäre etwas anderes, noch Größeres möglich. Anders ausgedrückt: Wäre Gott als Vollkommenes nur gedacht, würde ihm etwas fehlen, nämlich die Existenz. Gott als das in *jeder* Weise Vollkommene, muss also auch das tatsächliche Sein umfassen. Anselm leitete praktisch aus dem Begriff Gottes seine reale Existenz ab. An dieser „ontologischen" Methode setzte dann auch schon zu Lebzeiten der Widerspruch seiner Kritiker an. **Ontologischer Gottesbeweis**

Peter Abaelard (1079–1142)

Als Anselm starb, war ein junger Philosoph, der auch zum berühmten Scholastiker werden sollte, gerade 30 Jahre alt: Peter Abaelard wurde in der Bretagne als ältester Sohn eines Gutsherrn geboren. Schon als Jüngling schlug ihn die Wissenschaft in ihren Bann, er verzichtete auf sein Erbe zugunsten seiner Brüder und mit 16 brach er auf, um sich ganz dem Studium der Philosophie zu widmen. In Paris wurde er zu einem berühmten Lehrer, der sogar eine eigene Schule gründete. Abaelard war 38, als ihn der Domherr Fulbert bat, seine Nichte zu unterrichten, die schöne und hochgebildete Heloise, damals 17. Die beiden entbrannten in heißer und inniger Liebe zueinander, was nicht ohne Folgen blieb. Abaelard entführte Heloise heimlich und brachte sie zu seiner Schwester aufs Land, wo sie einem Sohn das Leben schenkte. Die beiden heirateten, aber Kanonikus Fulbert war dadurch nicht versöhnt, er ließ Abaelard überfallen und entmannen. Heloise wurde in ein Kloster gesteckt und auch Abaelard legte gedemütigt im Kloster St. Denis das Mönchsgelübde ab.

Abaelard zeichnete selbst „die Geschichte seiner Leiden" auf, sein Briefwechsel mit Heloise und seine Liebeslieder wurden zu einem Stück Weltliteratur. Heloise wurde Äbtissin ihres Klosters und auch Abaelard wurde später Abt eines Klosters in der Bretagne. Auch in diesen wechselvollen Jahren war Abaelard ein berühmter und einflussreicher Lehrer, verehrt von seinen Studenten aber auch gehasst und verfolgt von Kirchenmännern, hatte er doch auch die Mängel der Geistlichkeit, die Unmoral der Mönche und den Ablasshandel immer wieder angegriffen. Sein unerbittlichster Feind war der berühmte Abt Bernhard von Clairvaux (1090–1153), ein Mystiker und Fanatiker des Glaubens, zugleich ein einflussreicher Kirchenpolitiker und Werber für die Kreuzzüge. Zuletzt lebte Abaelard zurückgezogen und in strenger Klosterzucht in Cluny. Dort starb er im Alter von 63 Jahren. Heloise erbat sich seinen Leichnam und bestattete ihn in ihrem Kloster Paraklet, das ihr Abaelard einst überlassen hatte. Als sie ihm 20 Jahre später im Tod folgte, wurde sie neben ihm begraben. In der Revolution wurde das Kloster zerstört. Die sterblichen Überreste der beiden Liebenden wurden nach Paris gebracht und 1817 in einem für sie erbauten Grabmal auf dem Friedhof Père-Lachaise beigesetzt.

Universalien-streit Zu Abaelards Lehrern zählte sowohl ein Nominalist wie auch ein berühmter Realist. Abaelard waren beide Positionen zu einseitig, sowohl das „Universalia ante res" (die Universalia sind *vor* den Einzeldingen) der Realisten wie auch das „Universalia post res" (die Begriffe kommen *nach* den Einzeldingen) der Nominalisten. Seine Formel lautete: „Universalia in rebus" (die Universalien sind *in* den Dingen) Er hielt es für absurd, zu behaupten, das Wirkliche sei die „Menschheit" und nicht die Menschen, die „Pferdheit" und nicht die Pferde. Abaelards These war kein Kompromiss, sondern eine Synthese, aus der er folgerte, in der uns umgebenden Wirklichkeit sind die Universalien nur *in* den Dingen, für Gott aber sind sie als göttliche Urbilder *vor* den Dingen und für die Menschen sind sie *nach* den Dingen, als Begriffsbilder, die wir aus der Übereinstimmung der Dinge bilden.

Glaube Als Theologe war Abaelard bemüht, „das Fundament unseres Glaubens durch menschliche Vernunftgründe fasslich zu machen", wie er es selbst nannte. Er könne seinen Schülern nichts predigen, was man mit dem Verstand nicht fassen könne. Er argumentierte genau umgekehrt wie Anselm von Canterbury: Ich erkenne, auf dass ich glaube (Intelligo ut credam – statt credo ut intelligam). Dass auch die heiligen Mysterien und alle Dogmen einer vernunftgemäßen Erklärung zugänglich sein sollten, war jedoch für die Kirche Ketzerei.

Seiner Schrift über Ethik gab Abaelard den alten griechischen Titel **Ethik** „Erkenne dich selbst". Nicht die äußeren Werke seien entscheidend, es komme auf die Gesinnung an, aus der sie entspringen, sie sei wichtiger als die Befolgung starrer Moralgebote. Eine Sünde liege nicht in der Tat, sondern in der Absicht. Die Willensfreiheit der Person war für ihn die Grundlage der Sittlichkeit.

Als Lehrer der Dialektik, der Kunst der Argumentation, entwarf er in **Dialektik** seinem Werk „Sic et non" (Ja und nein) Regeln, wie man Texte auslegen müsse, statt sie blind zu übernehmen. Mit seiner „scholastischen Methode" deckte er Widersprüche auf. Die traditionellen Kirchenmänner sahen darin eine unerhörte Anmaßung. Abaelards tolerante Überzeugung, die göttliche Weisheit könne auch nichtchristliche Denker inspiriert haben, war für sie eine schwerer Verstoß gegen den Alleingeltungsanspruch der Kirche. Seine Ansicht, auch die Dreieinigkeit könne ohne Hilfe der Offenbarung durch die Vernunft bewiesen werden, erklärte eine Synode als ketzerisch und man verurteilte ihn dazu, eingesperrt im Kloster zu bleiben.

Abaelard hat sich von seinem eigenen Verstand, seiner Erfahrung und **Wirkung** seinem eigenen Gewissen leiten lassen, statt sich nur der Autorität des Kirchen – Dogmas zu unterwerfen. Er war „ein Aufklärer im Mittelalter". (Jacoby)

Albertus Magnus (1193 –1280)

Hundert Jahre nach Abaelards Tod machte wieder ein großer Scholastiker von sich reden, diesmal ein Deutscher. Albert Graf von Bollstädt wurde im schwäbischen Lauingen an der Donau geboren. Er studierte in Padua und trat dort in den Dominikanerorden ein. Er lehrte in verschiedenen Ordensschulen, lange Zeit in Köln. Als er 37 war wurde er als erster deutscher Hochschullehrer Professor für Theologie an der Universität Paris, sein Ruhm als Gelehrter eilte ihm dorthin voraus. Fünf Jahre später erhielt er den Auftrag, die Hochschule seines Orden in Köln aufzubauen. Fürsten und Bischöfe waren seine Freunde, der Papst bewunderte ihn. Als Albert 60 war wurde er Provinzial seines Ordens und in dieser Eigenschaft besuchte er die Dominikanerklöster in ganz Deutschland, per pedes apostulorum, zu Fuß wohlgemerkt, denn als Bettelmönch durfte er kein Reittier benutzen. Zwei Jahre lang war er Bischof zu Regensburg, dann, er war fast 70, zog er sich nach Köln zurück und widmete sich ganz den Wissenschaften. Seine Zeitgenossen staunten über sein immenses Wissen, sie nannten ihn „Doctor universalis", schließlich „Albertus Magnus" – Albert den Grossen. Er wurde schon zu Lebzeiten zur Legende und manchen galt er als Magier. Der neue deutsche König, Rudolf von Habsburg reiste 1274 nach Köln und bat den 81 jährigen Greis zum Konzil nach Lyon. Auch mit der Baukunst hat sich Albert intensiv beschäftigt, es war die Zeit in der die großen Kathedralen gebaut wurden. Mit seinem Freund, dem Erzbischof, plante er den Kölner Dom. In Köln, 87 jährig, schloss er die Augen für immer.

Aristoteles – Renaissance

Von den Schriften des Aristoteles war in Europa bisher wenig bekannt gewesen. Durch Schriften, die fälschlich seinen Namen trugen, war er bei der Kirche in Verruf geraten. Der platonische Idealismus hatte seither das philosophische Denken bestimmt. Erst im 12. Jahrhundert wurde nach und nach Aristoteles gesamtes Werk, vor allem auch die physikalischen und metaphysischen Schriften durch Übersetzungen ins Lateinische, teils aus dem Arabischen, später auch aus dem Griechischen, zugänglich. In den folgenden Jahrhunderten war dann sein Werk die wichtigste Quelle der Wissenschaft, galt als unüberbietbare Summe menschlicher Weisheit, sodass man im Geistigen von einer „Weltherrschaft" des Aristoteles sprechen konnte. Als erster seiner Zeit setzte sich Albertus Magnus mit Aristoteles gründlich auseinander, machte ihn bekannt durch Zitate und zahlreiche Kommentare.

Naturforscher

Albert baute auch seine naturwissenschaftlichen Werke auf Aristoteles auf, er war aber nicht nur Kommentator sondern selbst leidenschaftlicher Forscher, der über seine eigenen Beobachtungen und Experimente berichtete. Er erforschte die Natur mit nüchternem Sinn, ohne religiöse Vorbehalte, ohne nur nach wunderbaren Eingriffen Gottes zu suchen,

Christlicher Aristotelismus

Theologische Fragen erörterte Albert auf rein philosophische Weise. So begründete er den christlichen Aristotelismus, den sein Schüler Thomas von Aquin dann zu einem Höhepunkt des mittelalterlichen Denkens ausbaute. (Höffe) Die materielle Welt wird als etwas Positives aufgefasst, Materie ist nichts Böses sondern Gottes Schöpfung, aus ihr erwächst die individuelle Existenz jedes Gegenstandes und Lebewesens. Der vernunftbegabte Mensch hat die Fähigkeit aus eigener Kraft die Wahrheit zu erkennen, er bedarf dazu keiner besonderen Erleuchtung, wie Augustinus gelehrt hatte. Auf diese Weise wird die menschliche Vernunft von der Bevormundung durch den Glauben befreit und die Philosophie wird zu einer autonomen Wissenschaft. Vernunft und Offenbarung ergänzen sich. Albertus verteidigte die Freiheit der Philosophie und dachte über das menschliche Glück als Werk des Menschen nach, ohne die Annahme übernatürlicher Tugenden und göttlicher Gnade. Sein großes Werk, die „Summe der Theologie", in dem er es unternahm, ein unübersehbares Material kritisch zu verwerten und zu einem einheitlichen System zu gestalten, konnte Albert nicht mehr vollenden. Inzwischen hatte sich sein Schüler, Thomas von Aquin, ans Werk gemacht.

160

In den 21 Bänden seiner Schriften hat Albert die aristotelische Philosophie erläutert und seinen Zeitgenossen auch deren jüdische und arabische Kommentatoren erschlossen. Der bedeutendste von ihnen war Ibn Roschd, genannt Averroes, der 1126 in Cordoba (Spanien) geboren wurde und 1198 in der Verbannung starb. Averroes, ein glühender Anhänger des Aristoteles, war der Meinung, dass in der ewigen Materie potentiell alle Formen enthalten sind und sich im Verlauf eines Entwicklungsprozesses aus ihr herausbilden. Damit stand er im Gegensatz zum christlichen und jüdischen Glauben einer göttlichen Schöpfung aus dem Nichts. Averroes leugnete auch die Unsterblichkeit der Einzelseele. Er meinte, der Mensch müsse das Gute um seiner selbst willen tun und sah darin eine höhere Sittlichkeit, als wenn das Handeln des Menschen nur durch die Erwartung von Lohn und Strafe im Jenseits bestimmt wird, wie es besonders Mohammed predigte. Religion war für Averroes nichts anderes als die bildhafte Darstellung der höheren Wahrheit, die durch die Philosophie erkannt wurde.

Averroes
(1126–1198)

Thomas von Aquin (1225–1274)

Der Graf Landulf von Aquino auf Schloss Roccaseca, zwischen Rom und Neapel gelegen, gehörte zum Hofadel und zur Verwandtschaft des Stauferkaisers Friedrich II. Er ließ seinen Kindern eine sorgfältige Erziehung angedeihen und so wurde auch sein jüngster Sohn Thomas schon als 5 jähriger zu den Mönchen ins nahegelegene Kloster Monte Cassino geschickt. Mit 14 begann Thomas sein Studium an der Universität von Neapel und als er 17 war, trat er dem Bettelorden der Dominikaner bei, sehr zum Verdruss seiner Familie. Der Orden schickte ihn ein Jahr später zum Studium nach Paris. Dort wurde Albertus Magnus sein Lehrer und als dieser drei Jahre später nach Köln ging, folgte er ihm. 4 Jahre studierte Thomas bei Albertus in Köln, dann folgte er einem Ruf der Universität und ging als Lehrer der Theologie nach Paris. Sein Orden sandte ihn schließlich an den päpstlichen Hof nach Orvieto, in dieser Zeit konnte er sich in der Kenntnis der Werke des Aristoteles vervollkommnen. Thomas war übrigens wohlbeleibt und sah nicht gerade wie ein Asket aus. Ein zweites Mal schickte ihn sein Orden als Theologieprofessor nach Paris. Dort ging es um die Auseinandersetzung mit den Thesen des Averroes und auch um Thomas eigene Behauptung, Aristoteles ließe sich mit dem Christentum in Übereinstimmung bringen. Für Thomas waren diese Jahre angefüllt mit wissenschaftlichen Kontroversen, die ihm viel Ruhm einbrachten, aber auch mit unermüdlicher Arbeit an seinem Werk, und beides kostete ihn viel Kraft. Er war erschöpft, als ihn sein Orden wieder nach Neapel holte, um dort die Universität zu reorganisieren. Doch kurze Zeit später rief ihn der Papst zum Konzil nach Lyon. Thomas machte sich auf den Weg, erreichte aber sein Ziel nicht mehr. Unterwegs, im Kloster Fossanuova, starb er, noch keine 50 Jahre alt.

Glauben und Wissen

Im Gegensatz zu Augustin und den Mystikern war Thomas der Meinung, dass wir Erkenntnis und Wissen nicht durch Erleuchtung, sondern allein aus Erfahrung aufgrund der Sinneswahrnehmungen gewinnen. Dieses Wissen sei äußerst begrenzt und gerade darin zeige sich die Existenz einer übernatürlichen Welt an, die uns Gott in der Heiligen Schrift offenbart. Und anders als Anselm von Canterbury war Thomas nicht der Meinung, dass der ganze Bereich der christlichen Dogmatik vernunftmäßig einsichtig gemacht werden könne. Dazu gehören die großen Geheimnisse des christlichen Glaubens, die Dreieinigkeit, die Menschwerdung und die Auferstehung des Fleisches. Doch gibt es religiöse Wahrheiten, die durch die Vernunft erkannt werden können. Die Philosophie kann dabei im Dienste des Glaubens eine große Hilfe sein. Sie kann zwar nicht die übernatürliche Wahrheit selbst erweisen, aber sie kann Gegenargumente entkräften.

Gott

Gott existiert in Wirklichkeit und für Thomas ist Gott, und nicht der Mensch, der Mittelpunkt seiner Philosophie. Thomas ist der Ansicht, dass das Dasein Gottes durch die Vernunft erwiesen werden kann. Zwar lehnt er Anselms ontologischen, nur auf den Begriff gestützten Gottesbeweis ab. Doch mit fünf verschiedenen Argumenten, die sich stark an Aristoteles und Augustinus anlehnen, legt er die Erkenntnis der Existenz Gottes dar. Aber letztlich bleibt auch für Thomas „Gottes eigentliches Wesen verborgen, der menschlichen Vernunft unzugänglich." (Küng)

Seele

In der Seele sieht Thomas das allem Lebenden zugrundeliegende formende Prinzip. Sie hat eine rein geistige, von der Materie unabhängige Substanz und ist deshalb unzerstörbar und unsterblich. Während Platon, Augustin und die Franziskaner die Seele als Gefangene des Leibes ansehen, lehnt Thomas einen Dualismus von Leib und Seele ab und bekennt sich mit Aristoteles zu der Vorstellung, dass der Mensch eine Einheit aus Körper und Seele ist.

Wille

Wille ist für Thomas die Fähigkeit der Seele, dem zuzustreben, was der Intellekt als gut erkannt hat. Die Intelligenz sei die mächtigste Seelenkraft und die Bemühung um die Weisheit die vollkommenste. Und die eigentümlichste Tätigkeit des Menschen ist das Denken. Der Wille gibt dem Menschen die Freiheit, sich zwischen Gut und Böse zu entscheiden. Gott gewährt uns die Freiheit falsch zu handeln, aber er hat uns auch den Sinn für das Rechte und das Falsche eingegeben. Dieses angeborene Gewissen, meinte Thomas, sei absolut und unter allen Umständen zu befolgen. Selbst wenn die Kirche etwas gegen das Gewissen eines Menschen anordne, müsse man ihr den Gehorsam verweigern.

162

Für Thomas ist die Willensfreiheit Voraussetzung sittlichen Handelns. **Ethik**
Er bestätigt die vier griechischen Kardinaltugenden: Weisheit, Tapferkeit, Mäßigkeit und Gerechtigkeit und fügt ihnen die drei christlichen
an: Glaube, Liebe und Hoffnung. Der Grundgedanke seiner Tugend-
lehre ist einfach: Zur Natur des Menschen gehört die Vernunft. Also
ist alles, was gegen die Vernunft ist auch gegen die Natur des Menschen. Nicht die Erkenntniskraft entscheidet darüber, ob ein Mensch
gut ist, sondern der Wille zum Guten.

Das eigentliche Ziel des Menschen in diesem Leben ist die Wahrheit **Glück**
und im Leben nach dem Tode die Schau dieser Wahrheit in Gott.
Wenn man mit Aristoteles annimmt, dass der Mensch das Glück
sucht, wo könne man am ehesten zum Glück kommen? Nicht in
Lüsten, Ehren, Reichtum oder Macht, sondern im Verstehen. Nichts
gleicht dem stillen, dauerhaften Glück des Verstehens, wenn man die
Ursache der Dinge durchschaut, wenn die Seele gewahr wird, dass
in ihr die gesamte Ordnung des Weltalls und seiner Ursachen eingeschrieben ist. Doch selbst bei diesem irdischen Entzücken hat Thomas
das Gefühl, dass man in diesem Leben nicht zum wahren Glück vorstoßen kann, das in Gott liegt.

Auch die aristotelische Vorstellung vom Menschen als soziales Lebe- **Staat**
wesen, als „zoon politikon", machte sich Thomas zu eigen. Wenn es
der Natur des Menschen entspricht, in der Gesellschaft mit vielen zu
leben, dann muss es auch eine Instanz geben, die den Egoismus in
Grenzen hält und der die Sorge für das Gemeinwohl obliegt: den
Staat. Da die menschliche Natur so von Gott geschaffen ist, macht
sie den Staat notwendig und damit ist Gott auch der Urheber der
Obrigkeit. Doch der Mensch existiert nicht für den Staat, sondern
Staat und Gesellschaft sind für den Einzelnen da. Die Souveränität
stamme von Gott und sei im Volke verankert. Aus Zweckmäßigkeit
trete das Volk die Obergewalt an eine Regierung ab und zwar jederzeit widerruflich. Ein Herrscher müsse stets der Diener des Gesetzes
bleiben, wenn er sich zum Tyrannen entwickle, solle er durch das
Volk gestürzt werden. Auch bei der Einschätzung der Staatsformen
hielt sich Thomas an Aristoteles. Sein Ideal ist die konstitutionelle
Monarchie. Der Staat hat die Aufgabe, die Bürger zu einem gerechten und tugendsamen Leben zu führen und deshalb vor allem den
Frieden zu wahren. Ein tugendhaftes Leben in Frieden und Wohlstand
ist allerdings noch nicht der letzte Zweck des Menschen, mehr noch
soll er die himmlische Seligkeit erlangen. Die Menschen dahin zu
führen, ist jedoch nicht Aufgabe der Obrigkeit sondern der Kirche.
Die Kirche hat also eine höhere Aufgabe als der Staat und deshalb
müssen sich die weltlichen Herrscher der Kirche unterordnen, meinte
Thomas.

Der Ansicht der Kirchenväter, Privateigentum widerspreche dem na- **Eigentum**
türlichen Recht, schloss sich Thomas nicht an. Den Kommunisten

163

seiner Zeit hält er das Argument des Aristoteles entgegen, wenn jedermann alles besitze, werde niemand für etwas sorgen. Der Eigentümer sei jedoch ein Treuhänder für das Volksganze, er soll sich der Not der anderen nicht verschließen. Wer nach einem Reichtum strebe, der seine Lebensbedürfnisse überschreite, sei habgierig.

Thomismus Nach seinem frühen Tod setzte schon bald eine Auseinandersetzung über die Philosophie des Thomas, den „Thomismus", ein. Gegner waren vor allem die Franziskaner, die sich streng an Augustinus und an Platon orientierten. Der Bischof von Paris erließ ein Dekret, das 219 von Thomas' Sätzen als Ketzerei verwarf. Sein alter Lehrer, Albertus Magnus, der ihn überlebte, sprang in Paris noch einmal für Thomas in die Bresche. Die Auseinandersetzung zog sich über ein halbes Jahrhundert hin, schließlich setzten seine vielen Schüler seine Lehre durch und 1322 wurde Thomas von Aquin heiliggesprochen. Als Theologe blieb im übrigen auch Thomas im wesentlichen an Augustins Lehre gebunden. Er hat den Augustinismus zwar „ganz erheblich modifiziert, aber nicht abgelöst". (Küng) 1879 wurde der Thomismus zur offiziellen Philosophie der katholischen Kirche erklärt.

Wilhelm von Ockham (1285–1349)

Roger Bacon (1214–1292) Unter den Franziskanern, die sich gegen den Thomismus wandten, war ein Engländer, der selbst Aristoteles den höchsten philosophischen Rang einräumte aber Albert und Thomas vorwarf, sie hätten dicke Bücher über Aristoteles geschrieben, ohne überhaupt seine Sprache zu verstehen. Roger Bacon studierte in Oxford und Paris, wo er später auch an der Universität lehrte. Er kommentierte besonders die Physik und die Metaphysik des Aristoteles, was damals noch verboten war. Überhaupt hatte er eine besondere Vorliebe für die Mathematik und die Naturwissenschaften, führte selbst immer wieder Experimente durch, machte Entdeckungen in der Optik, korrigierte den Kalender und seine vorzüglichen geographischen Beschreibungen sollen Kolumbus sehr dienlich gewesen sein. Der hochgelehrte Franziskaner bekam aber immer wieder Ärger mit seinem Ordens-General weil er die Geistlichkeit heftig kritisierte und Reformen forderte. Zehn Jahre lang musste er deshalb ins Gefängnis. Seine letzten Jahr verbrachte er in Oxford, wo er mit 78 starb. Von der scholastischen Methode, sich in der Wissenschaft vor allem auf Autoritäten zu berufen, hielt Bacon nichts. Er forderte statt dessen, sich auf die unmittelbare Befragung durch Beobachtung und Experiment zu stützen.

Duns Scotus (1265–1308) Ein Zeitgenosse Bacons, der um 50 Jahre jüngere Johannes Duns Scotus, ein Schotte, führte die Kontroverse mit Thomas von Aquin fort. Er lehrte in Cambridge, Oxford und Paris. Mit 42 kam er schließlich als Lektor der Franziskaner nach Köln und ein Jahr später starb er dort. Als Theologe hat er sich durch seine Lehre von der unbefleckten Empfängnis Mariens besonders hervorgetan, die 1854 als Dogma verkündet wurde. Was seine Philosophie anbelangt, so stimmte sie weitgehend mit dem überein, was später sein Schüler Wilhelm von Ockham lehrte.

Der englische Franziskaner Wilhelm von Ockham studierte und lehrte in Oxford und Paris. Als in Oxford seine Promotion zum Magister anstand, wurde sie ihm vom Kanzler der Universität verweigert, der stattdessen Anklage wegen Häresie gegen ihn erhob. Der Papst zitierte Wilhelm nach Avignon. Die meisten von Wilhelms Lehrsätzen wurden beanstandet, aber bevor es zu einem Urteil kam, floh Wilhelm mit seinem Ordensgeneral, der sich mit dem Papst überworfen hatte, aus Avignon. Beim Kaiser, Ludwig IV., dem Bayern (1283–1347), fanden sie eine freundliche Aufnahme, er gewährte ihnen Schutz, obwohl Wilhelm inzwischen exkommuniziert worden war. Wilhelm lebte fortan, bis zu seinem Tode, am Hof des Kaisers in München. Neben theologischen verfasste er auch politische Schriften, mit denen er die Stellung des Reiches gegenüber der Kirche verteidigte. Die Verweltlichung der Kirche, die weltliche Machtpolitik der Päpste, griff er rücksichtslos an. 1349 starb er, im Alter von 64 Jahren.

Wilhelm von Ockham (1285–1349)

Dem Bemühen des Thomas, die Vernunfterkenntnis möglichst weit in den Bereich des Glaubens vorzuschieben, stand Wilhelm kritisch gegenüber. Durch die Vernunft könne das Wesen Gottes nicht erkannt werden. Der Glaube bedarf keiner Beweise, durch Gottes Gnade wird er denen verliehen, die guten Willens sind.

Glaube

Bei Thomas war der Intellekt dem Willen übergeordnet. Wilhelm kehrte dieses Verhältnis um. Für ihn hat der Wille den Vorrang vor dem Intellekt. Der Wille ist frei, er kann über das Material, das ihm die Vernunft zur Verfügung stellt, entscheiden. Bei Thomas erscheint selbst der göttliche Wille an den Intellekt, an Gottes Weisheit, gebunden. Bei Wilhelm ist auch in Gott der Wille das oberste Prinzip. Gott hat die Welt aus absoluter Willkür geschaffen. Gottes Wille ist die letzte Instanz, über die hinaus nicht mehr gefragt werden kann. Gott gebietet nicht das Gute, weil seine Weisheit es als gut erkennt, sondern das sittlich Gute ist deshalb gut, weil Gott es geboten hat. Nicht die praktische Vernunft des Menschen, sein Gewissen, kann das Gute erkennen, sondern die Autorität der Offenbarung (und damit die Kirche) entscheidet darüber.

Wille

Die Scholastiker fingen mit dem Allgemeinen an und suchten daraus die Individualität herzuleiten. Wilhelm sah auch das genau umgekehrt. Für ihn ist nur das Einzelne wirklich. Das Individuelle sei vollkommener als das Allgemeine, es sei das wahre Ziel der Natur. Allgemeinbegriffe, die wir aus den Einzeldingen ableiten, sind bloß Na-

Nominalismus

men. Aber mussten durch diesen „Nominalismus" nicht die christlichen Dogmen erschüttert werden? Wilhelm sah das nicht so. Für ihn standen die Dogmen jenseits der Vernunft. Auch vernunftgemäße Beweise für die Existenz oder bestimmte Eigenschaften Gottes gibt es für ihn nicht. Gott ist ausschließlich Gegenstand des Glaubens.

Theologie und Philosophie

Mit Wilhelms Nominalismus wurde das von der Scholastik in Jahrhunderten geknüpfte Band zwischen Theologie und Philosophie, zwischen Glauben und Wissen, praktisch zerschnitten. Für Wilhelm stand „Gottes unbekannter Wille" im Hintergrund der Theologie wie auch der Philosophie. Und dieser Wille fordert zwei begrifflich voneinander verschiedene Arten der Wahrheit, es gibt auf diese Weise eine „doppelte Wahrheit". Deshalb, meinte Wilhelm, müsse man die Philosophie von der Theologie trennen, ebenso wie den Staat von der Kirche.

„Via moderna"

Noch zu seinen Lebzeiten, 1339, wurden Wilhelms Lehren, seine „via moderna", wie man die neue Denkweise nannte, an der Pariser Universität verboten, was jedoch nicht verhindern konnte, dass der Nominalismus zur beherrschenden Geistesrichtung wurde. Philosophie und Wissenschaft auf der einen und Theologie und Religion auf der anderen Seite gingen künftig getrennte Wege, entwickelten sich nach ihren eigenen Gesetzen, ohne gegenseitig Rücksicht zu nehmen. Aus dem scholastischen Dienst an der Theologie entlassen, hat die Philosophie aber auch jenen unerhörten Aufschwung nehmen können, der die Geistesgeschichte der letzten Jahrhunderte erfüllt. (Störig) Für die Religion bedeutete das, dass der über der Vernunft stehende Glaubensinhalt ohne Rücksicht auf die Philosophie unmittelbar ausgesprochen werden konnte, wie es in der deutschen Mystik der Fall war.

Meister Eckhart (1260–1328)

Glauben und Wissen

Die „Hochscholastik" mit Albert und Thomas von Aquin, gestützt auf Aristoteles, hatte eine möglichst enge Durchdringung von Glaube und Vernunft erreichen wollen. Mit der „Spätscholastik", vertreten durch Duns Scotus und Wilhelm von Ockham, die sich stärker an Platon und Augustinus orientierten, war diese Verklammerung wieder gelöst worden. Die Philosophie war wieder frei von den Fesseln, die ihr durch die Dienstbarkeit gegenüber der Theologie angelegt worden waren. Andererseits bedeutete das auch eine Befreiung der Glaubenskräfte aus einer durch die Philosophie rationalisierten Theologie. Diesen Weg ist die deutsche Mystik gegangen. Die Mystik kam einer Grundströmung der Zeit entgegen: dem Willen, zurückzufinden zu Gott, nicht zu dem durch tausend äußere Zeremonien verdeckten

166

Kirchengott, sondern zu der tiefen, reinen Quelle selbst, aus der alles Leben fließt. (Friedell)

Mystik hat es zu allen Zeiten gegeben. Sie bedeutet die unmittelbare **Mystik** Erfahrung einer göttlichen Realität, die das alltägliche Bewusstsein und die verstandesmäßige Erkenntnis übersteigt. Der Weg dahin führt über Meditation und Versenkung. Der Mensch kann die Augen schließen, sich nach innen konzentrieren um in seinem Inneren den göttlichen Funken zum Leuchten zu bringen. So kann die Seele eins werden mit Gott (Unio mystica).

Es war ein deutscher Dominikaner, der zur Leuchte der mystischen Phi- **Johannes** losophie wurde. Johannes Eckhart stammte aus einer ritterlichen Fami- **Eckhart** lie, die in Hochheim bei Gotha ansässig war. Als junger Scholar soll er noch zu Füssen von Albertus Magnus gesessen haben. Er studierte in Köln und Paris, kannte die Scholastik und Aristoteles genau, war also wissenschaftlich durchaus auf der Höhe seiner Zeit. In seinem Orden stieg er bis zu den höchsten Stellungen auf, war Generalvikar für die böhmischen Klöster und zuletzt Prior in Köln. Meister Eckhart, wie er bald genannt wurde, war ein sprachgewaltiger Mann, der seine Predigten in der Volkssprache, in deutsch hielt, wie er auch einen Teil seiner Schriften in deutsch niederschrieb. In seinen letzten Jahren in Köln war es, dass der Gegensatz zwischen seiner ungewöhnlichen, eigenwilligen Denkweise und der offiziellen kirchlichen Lehrmeinung zum Konflikt führte. Der Erzbischof stellte ihn vor ein geistliches Gericht und Eckhart musste widerrufen, wenn auch in einer recht allgemeinen Weise. Wenig später starb er im Alter von 68 Jahren.

Eckharts Philosophie war kein großes System, sie war intuitiv und **Gott** entsprang tiefem religiösen Erleben, sie kreiste um die beiden Pole Gott und Seele. Für Eckhart ist das Höchste, das Eine und Absolute, so jenseitig und so wenig fassbar, dass er es „Gottheit" nennt. Um sich zu offenbaren, muss die Gottheit erst „das Wort sprechen". Damit wird aus der einen Gottheit der dreieinige Gott des Christentums. Gottvater ist das Subjekt. Das Objekt, das „Wort" in dem er sich ausspricht, ist der Gottessohn. Das Band der Liebe, das Vater und Sohn verbindet, ist der Heilige Geist. Den dreieinigen Gott stellt sich also Eckhart als eine „Emanation", als eine Ausstrahlung der über ihm stehenden ursprünglichen Gottheit vor.

Gott und die Menschenseele bilden eine Einheit. Die Seele, nach **Seele** dem Ebenbild Gottes geschaffen, ist auch dreieinig. Sie besteht aus den drei Seelenkräften des Erkennens, des „Zürnens" und des Wollens, ihnen entsprechen die christlichen Tugenden Glaube, Liebe und Hoffnung. Wie aber über dem dreieinigen Gott die ursprünglich eine Gottheit steht, so steht über den drei Seelenkräften das göttliche „Fünklein", in dem Gott allein wohnt. Die Seele kann mit Gott eins werden, wenn wir uns von der Sünde lossagen, die uns von Gott trennt. Dazu bedarf es der Gelassenheit, der Abgeschiedenheit von allen irdischen Dingen, zuletzt auch vom eigenen Selbst, der Aufgabe des eigenen Willens, um ganz im Willen Gottes aufzugehen. Hat die Seele diesen Zustand erreicht, so wird sie Gott gleich, sie erhebt sich über Raum und Zeit und erkennt, dass das Wesen, das allem zugrunde liegt, nicht Vergänglichkeit ist, sondern ewige zeitlose Gegenwart.

Der Weg zu Gott

Der Weg zu Gott geht durch die Versenkung in die eigene Seele. Dabei muss die Seele auch all ihr Wissen von der Welt abstreifen. Mit den Begriffen des Verstandes können wir Gott nicht erfassen. Aber die Seele erfasst Gott vermöge des in ihr ruhenden göttlichen „Seelenfünkleins". Eckharts Vorstellung war: Soll ich Gott so ohne Vermittlung erkennen, so muss ich ja geradezu er und er muss ich werden! Und um zur Einheit mit Gott zu gelangen, bedarf es nur des Stillehaltens: Der Mensch muss schweigen, damit Gott sprechen kann, er muss leiden, damit Gott wirken kann. Er bedarf der Abgeschiedenheit, er muss sich lösen von aller Sinnlichkeit und allem Begehren und sich der Armut ergeben. Nicht auf Beichten oder Messehören kommt es an, sondern auf die Geburt Christi in uns. Auch für Eckart, wie bei den Scholastikern, liegt die Seligkeit in der Erkenntnis, im Schauen Gottes. Aber für ihn ist es eine mystische Erkenntnis, die schon in diesem Leben erreichbar ist. Eckhart wollte sich nicht in Gegensatz zur kirchlichen Ordnung stellen. Doch in dem mystischen Verhältnis der Seele zu Gott erscheint die Vermittlung der Kirche leicht überflüssig.

„Theologia deutsch"

Von Eckharts Weltsicht und Frömmigkeit inspiriert war auch eine kleine Schrift, die etwa 30 Jahre nach seinem Tode verfasst wurde. Der Autor, „welches Namen Gott weiß", war Kustos des Deutschherrenordens zu Frankfurt am Main, in Sachsenhausen an der Brückenstraße. Der Verfasser unbekannten Namens hat seinem Werk den Titel gegeben „Theologia deutsch – Das Büchlein vom vollkommenen Leben". Martin Luther hat es später in die Hand bekommen und mit einem Vorwort versehen neu herausgebracht. „Mir ist nach der Bibel und Sankt Augustinus nit vorgekommen ein Buch, daraus ich mehr erlernt hab ...", schrieb er darin. Und noch später war „Der Frankforter", wie er es nannte, ein Lieblingsbuch Schopenhauers, das er Buddha und Platon an die Seite stellte.

Renaissance (1350–1550)

Durch den Kampf zwischen Kaiser und Papst hatte sich in Italien
keine Monarchie herausgebildet. 1143 scheiterte Arnold von Brescia
(1100–1155), ein Schüler Abaelards, mit dem Versuch, eine Republik
zu errichten und die weltliche Macht der Kirche zu beschränken.
Nach dem Umzug der Päpste nach Avignon (1309) waren dann die
Umstände günstiger. Cola di Rienzi (1313–1354) ließ sich 1347 in
Rom zum Tribun ausrufen, aber es gelang ihm nicht, gegen das Got-
tesgnadentum von Kaiser und Papst die Volkssouveränität durchzusetzen.

In Rom erreichte schließlich das Papsttum seinen moralischen Tief- **Rom**
punkt. Der Spanier Rodrigo de Borgia (1431–1503), ein skrupelloser,
machtgieriger Lebemann, wurde Papst und nannte sich Alexander VI.
Sein Regime der Sittenlosigkeit wurde tatkräftig unterstützt von seinem Sohn Cesare Borgia (1475–1507) und seiner Tochter Lukrezia
Borgia. Wer Kritik übte wurde aus dem Weg geräumt. Den Dominika-
ner-Mönch Girolamo Savonarola (1452–1498), der in Florenz Buße
predigte, ließ er auf dem Scheiterhaufen verbrennen. Alexander selbst
starb an dem Gift, das er einem Kardinal zugedacht hatte.

Und doch bekam in dieser Zeit mit der Entstehung des Bürgertums **Humanismus**
auch das Bildungswesen starken Auftrieb und um 1400 begann in
den oberitalienischen Städten die „Renaissance", das Bemühen zur
Wiederbelebung und Erforschung antiken Geistesgutes in Kunst und
Literatur. Es ging einher mit dem Bestreben, zu einer Lebensgestaltung
zu finden, die durch Menschenwürde und Persönlichkeitsentfaltung
bestimmt wird. „Humanismus" hat man diese literarisch-philosophi-
sche Bildungsbewegung genannt.

Das reiche Florenz wurde zum Herz der italienischen Renaissance. **Florenz**
Dort regierten die Medici und förderten Wissenschaft und Kunst. Unter dem glanzvollen Lorenzo il Magnifico (1449–1492, „der Prächtige") war Florenz ein Zentrum der Künste und des Humanismus.
Auch Lorenzos Sohn Giovanni (1475–1521), der sich als Papst Leo X.
nannte, förderte die Künste und erneuerte in Rom die Universität.

Florenz war die Heimat Dante Alighieris (1265–1321), des größten **Dante**
italienischen Dichters, der dort aufwuchs und zu Amt und Würden **Alighieri**
kam, aber mit 37 in die politische Verbannung gehen musste. Sein **(1265–1321)**
politisches Glaubensbekenntnis ist in seinem lateinischen Traktat „de
Monarchia" („über die Monarchie") enthalten, in dem er Kaisertum
und Kirche ebenbürtig gegenüberstellt, ein Ende des Machtmiss-

brauchs und die Begründung einer „Humana Civilitas" fordert. Sein Hauptwerk, die bedeutendste Dichtung des Mittelalters, ist in italienischer Sprache geschrieben, er vollendete es kurz vor seinem Tode. In dieser „Divina Commedia" („Göttliche Komödie") schildert er seine visionäre Wanderung unter Führung Vergils durch die Hölle (Inferno) und das Fegefeuer (Purgatorio). In der Vorhölle begegnen ihm die großen heidnischen Dichter und die großen Philosophen um den Meister, Aristoteles, geschart. Durch den Himmel und das Paradies (Paradiso) führt ihn Beatrice, seine große Liebe.

Francesco Petrarca (1304–1374) Im gleichen Jahr (1302) wie Dante Alighieri wurde auch der Rechtsgelehrte Petracco aus Florenz verbannt. Er floh nach Arezzo und dort kam sein Sohn Francesco auf die Welt, der sich später Petrarca nannte. Francesco Petrarca (1304–1374) wuchs in der Nähe von Avignon auf, wo sein Vater am päpstlichen Hof tätig war. Er wurde einer der großen Gelehrten seiner Zeit, erforschte und sammelte antike Handschriften, verfasste zahlreiche historische und philosophische Schriften, darunter einen fiktiven Dialog mit dem heiligen Augustinus. Sein Anliegen war die Versöhnung zwischen Antike und Christentum. Mit Petrarca begann die Rückbesinnung auf die klassische Literatur und ihre Formen. Deshalb hat man ihn den „Vater der Renaissance" und den Vorläufer der späteren Humanisten genannt. Unsterblich aber wurde er als Lyriker, als Dichter der Sonette und Kanzone an Laura, seine große Liebe.

Giovanni Boccaccio (1313–1375) Mit Petrarca eng befreundet war der Florentiner Giovanni Boccaccio (1313–1375), der in Florenz den ersten öffentlichen Lehrstuhl zur Erklärung von Dantes „Divina Comedia" innehatte. Boccaccios literarischer Ruhm gründet auf seiner 1353 entstandenen Sammlung von 100 Novellen, dem „Decamerone" („Zehntage-Werk").

Bildende Kunst So war der Boden bereitet für die großen Künstler der Renaissance. Leonardo da Vinci (1452–1519, aus Vinci bei Florenz), ein Universalgenie, wurde in Florenz ausgebildet, arbeitete später in Mailand, Rom und Frankreich als Maler („Abendmahl", „Mona Lisa"), Bildhauer, Architekt, Naturforscher und Ingenieur. Michelangelo Buonarroti (1475–1564), Bildhauer, Maler, Baumeister und Dichter, schuf für seine Vaterstadt Florenz die David-Statue, in Rom entwarf er die Kuppel der Peterskirche und malte die Fresken in der Sixtinischen Kapelle. Raffael Santi (1483–1520). wirkte in Florenz und Rom als Baumeister und Maler („Sixtinische Madonna"). In Deutschland schuf Albrecht Dürer (1471–1528) wunderbare Gemälde, Kupferstiche und Holzschnitte, und Matthias Grünewald (1475–1528) malte den Isenheimer Altar.

Wissenschaft Neben der Kunst blühte auch Technik und Wissenschaft. Johannes Gensfleisch, genannt Gutenberg (1397–1468) in Mainz erfand die beweglichen Lettern und damit den Buchdruck und druckte die erste

170

42-zeilige Bibel. Der ostpreußische Domherr Nikolaus Kopernikus (1473–1543) fand, dass nicht die Erde der Mittelpunkt des Weltalls sei, sondern die Sonne. Und es war die Zeit großer Entdeckungen: Der Genuese in spanischen Diensten Christoph Kolumbus (1451–1506) suchte den Seeweg nach Indien und entdeckte Amerika (1492).

Nikolaus von Kues (1401–1464)

Nikolaus Chrypffs (hochdeutsch Krebs) kam in Kues (heute Bernkastel-Kues) an der Mosel auf die Welt, deshalb hat man ihn Nikolaus von Kues oder lateinisch Nicolaus Cusanus genannt. Er war der Sohn eines Fischers, doch adlige Gönner ermöglichten ihm das Studium in Italien. Er wurde zunächst Rechtsgelehrter, dann Geistlicher, damals ein Beruf, der ohne Rücksicht auf die Herkunft große Karrierechancen bot und Nikolaus hat diese Chancen genutzt, auch weltliche Güter hat er nicht verschmäht. Als päpstlicher Legat verhandelte er in Konstantinopel und mit 47 wurde er Kardinal, für einen Deutschen damals eine höchst seltene Auszeichnung. Der Papst vermachte ihm die Pfründe des Bischofs von Brixen, doch stieß Nikolaus beim örtlichen Adel auf Ablehnung. In seinen letzten Jahren war er wieder als Berater des Papstes und Generalvikar in Rom. Seine letzte Initiative galt der Verhinderung eines weiteren Kreuzzuges, doch konnte er sich damit beim Papst nicht durchsetzen, der schickte ihn vielmehr an die Adria, um die Kreuzfahrer-Flotte zu segnen. Auf dieser Dienstreise starb Cusanus unterwegs in der kleinen Stadt Todi.

Philosophie

Die Grundlagen seines Denkens waren das Christentum, der Platonismus und die Naturwissenschaften. Zum Werk Meister Eckharts hatte er eine enge Beziehung, er hat daraus viele Anregungen geschöpft. Seine philosophischen Ideen haben sich erst viel später, im deutschen Idealismus, voll ausgewirkt, sodass man ihn den eigentlichen Begründer der deutschen Philosophie genannt hat. Cusanus verband Mittelalter und Neuzeit, deutsche und christliche Philosophie zu einer inneren Kontinuität. (Hirschberger) Er vollzog den Wandel von der scholastischen Denkweise zu Geist und Stil des Humanismus.

Naturwissen-schaften

Nikolaus hat vieles, was die Naturwissenschaft später entdeckte, vorausgedacht. Er war ein bedeutender Mathematiker, in der Mathematik sah er auch den Schlüssel für die Erkenntnis der Natur, unser Wissen beruhe auf Vergleichen und Messen. Mathematische Prinzipien lägen auch der im All waltenden Ordnung und Harmonie zugrunde, denn Gott habe die Welt nicht planlos geschaffen, meinte Cusanus. Seine astronomischen Studien brachten ihn, lange vor Kopernikus und Kepler, zu der Annahme, dass die Erde nicht der Mittelpunkt des Weltalls sondern ein Stern wie jeder andere ist und dass sie sich bewegt. Als erster hat er den Gedanken ausgesprochen, dass das Universum unendlich ist.

Erkenntnis

Cusanus unterschied streng zwischen dem Verstand (ratio) und der höheren Kategorie, der Vernunft (intellectus). Die Wahrheit offenbart sich nicht auf einmal, sondern wir tasten uns Stück für Stück an das Wesen der Dinge heran. Die menschliche Erkenntnis vollzieht sich in vier Stufen: die sinnliche Wahrnehmung vermittelt unzusammenhängende Eindrücke, der Verstand unterscheidet und ordnet sie und die Vernunft verbindet das, was der Verstand trennt, zu höherer Einsicht, zur Synthese. Auf der höchsten Stufe lehrt die Versenkung in Gott, dass Gott über allen Gegensätzen steht, dass in ihm alle Gegensätze zusammenfallen.

Coincidentia oppositorum

Unser schrittweises Erkennen durch Messen und Vergleichen führt uns zu immer neuen Entgegensetzungen. Aber Vielheit und Einheit schließen sich nicht aus, sondern gehören zusammen. Doch erst im Unendlichen heben sich die Grenzen auf, fallen alle Gegensätze zusammen (coincidentia oppositorum). Dieser Gedanke der dialektischen Einheit zwischen dem Einen und dem Vielen, war für Cusanus wie eine Erleuchtung, er hat darin den großen Wurf seiner Philosophie gesehen. Dank dieses Prinzips der Einheit der Gegensätze, konnte Cusanus Glauben und Wissenschaft in einem einzigen Denksystem zusammenbringen. Er begreift die Welt der vielen endlichen Dinge aus einem gemeinsamen Ursprung.

Gott

Dieses absolut Unendliche, in dem alle Gegensätze aufgehoben sind, ist Gott. Der Mensch soll den Weg zum Absoluten finden. Dieser Wunsch, im Unendlichen aufzugehen war auch ein Anliegen der Mystik. Doch Gott steht nicht nur jenseits aller Gegensätze, er steht auch jenseits unserer Fassungskraft.

„Nichtwissen"

Das Ergebnis unseres Denkens ist daher ein Nichtwissen (ignorantia), allerdings keine gewöhnliche Unwissenheit, sondern ein Wissen um unser Nichtwissen, wie es schon Sokrates ausgesprochen hatte. Deshalb hatte Cusanus 1440 seinem Hauptwerk den Titel gegeben „De docta ignorantia". Es handelte vom „Wissenden Nichtwissen", von der „gelehrten Unwissenheit" über Gott, die Welt und den Menschen.

Individualität

Für Cusanus steht das Individuum als Mikrokosmos dem Makrokosmos gegenüber. Alles Wirkliche ist individuell und einmalig, es gibt nicht zweimal etwas ganz Gleiches. Cusanus hat auch die ungeheuere Vielfalt menschlicher Perspektiven als Problem gegenseitigen Verstehens gesehen. Der Mensch als Individuum hat deshalb für ihn eine besondere Bedeutung, ist gewissermaßen der Schlüssel zu allem. Cusanus rehabilitierte unter diesem Aspekt ausdrücklich den Sophisten Protagoras und gab ihm in einem höheren Sinne recht: Der Mensch ist das Maß aller Dinge. Solches Denken war nicht mehr Mittelalter, hier meldete sich die Renaissance zu Wort.

Seine Vorstellung, Gegensätze auf höherer Ebene zu verbinden, **Religiöser** schlug sich auch in seinen Bemühungen nieder, eine Verständigung **Friede** zwischen den Konfessionen zu erreichen und zu religiösem Frieden zu kommen. Er versuchte katholische und orthodoxe Christen einander näher zu bringen, er verhandelte mit den Hussiten, er befasste sich auch mit dem Koran. Seine Idee war eine weltweite Toleranz, in der den Menschen aller Bekenntnisse klar wird, dass sie den gleichen Gott suchen und verehren.

Den Gedanken, dass die verschiedenen Philosophien und Theologien **Pico della** bestimmte allgemeingültige Wahrheiten enthalten, hat 30 Jahre später **Mirandola** auch ein italienischer Humanist nachdrücklich verfochten. Giovanni (1463–1494) Pico della Mirandola (1463–1494) stammte aus gräflichem Haus und verfügte, dank seines ungewöhnlichen Gedächtnisses, über eine umfassende Gelehrsamkeit. Er stellte 900 Thesen zu philosophischen und theologischen Grundproblemen zusammen, die er in Rom auf einem philosophischen Weltkongress zur Diskussion stellen wollte mit dem Ziel, die verschiedenen Lehrmeinungen miteinander zu versöhnen. Wegen seines Mottos „Die Philosophie sucht nach der Wahrheit, die Theologie findet sie und die Religion hat sie" wurde er von seinen Freunden „Fürst der Versöhnung" (princeps concordiae) genannt. Er entwarf auch eine programmatische Rede unter dem Titel „Über die Würde des Menschen" (De hominis dignitate), mit der er den Kongress eröffnen wollte. Der Kongress fand jedoch nicht statt, weil eine päpstliche Kommission sieben Thesen verurteilte. Giovanni, der auch engen Kontakt zu dem Dominikaner Savonarola hatte, flüchtete sich unter den Schutz der Medici nach Florenz. Dort starb er plötzlich im Alter von 31 Jahren, sein Sekretär soll ihn vergiftet haben.

Erasmus von Rotterdam (1466–1536)

Als der bedeutendste Gelehrte in der Zeit der Renaissance galt vielen Desiderius Erasmus, nach seinem Geburtsort genannt Erasmus von Rotterdam. Er war der uneheliche Sohn eines Geistlichen. Als er 18 war, brachten ihn seine Vormünder zu den Augustinern, in deren Orden er eintrat. Er studierte in Paris Theologie und lebte in den folgenden Jahren abwechselnd in England, Paris und den Niederlanden. Er war durchaus kein Verächter angenehmer Lebensumstände und als „Kämpfer" fühlte er sich überhaupt nicht. Als er 40 war bereiste er drei Jahre lang Italien und ließ sich später in Basel nieder, wo er seine wichtigsten Werke veröffentlichte. Dort lebte er, als mit

Luthers Thesenanschlag die Reformation begann und in Basel ist er auch, 70 jährig, gestorben.

Publizist Erasmus hat viele Bücher, aber auch Artikel und Aufsätze geschrieben, er gilt als Begründer der literarischen Gattung des Essays. Er war ein eleganter Stilist und mochte keine „philosophische Weitschweifigkeit". Seine Schriften verfasste er in Latein, nicht selten voller Ironie, in die er sich selbst einbezog. Als Herausgeber besorgte er eine griechische Edition des Neuen Testaments und zahlreiche Neuausgaben der Kirchenväter. Außerdem war er ein fleißiger Briefeschreiber. Seine „Bestseller" waren „Adagia" (eine Sammlung klassischer Sentenzen), seine „Vertrauten Gespräche" und das satirische „Lob der Torheit". Erasmus Gelehrsamkeit umfasste auch die Philosophie, aber ein engagierter Philosoph war er im Grunde nicht. Die Scholastiker kamen ihm überaltert und antiquiert vor. Erasmus wollte nicht die „Affekte" seiner Leser ansprechen, sondern ihre Vernunft, die in seinen Augen erst den Menschen ausmacht. Für die Erziehung der Menschen nannte Erasmus drei Ziele: klar zu denken, richtig zu sprechen und gut zu handeln.

Ratgeber Als er 1516 zum Ratgeber des späteren Kaisers Karl V. ernannt wurde, schrieb er über „die Erziehung des christlichen Fürsten" und nannte die Kunst, Frieden zu halten dessen oberste Pflicht. Es gebe keinen „gerechten Krieg", Kriege seien überhaupt unsinnig und viel zu teuer. Nationale Kriegsgründe ließ er nicht gelten und religiöse erschienen ihm ebenso zweifelhaft. Zum Politikberater fühlte er sich allerdings wohl nicht berufen. Er war mehr Beobachter als Täter und in einer Zeit, die eindeutige Parteinahme erforderte, übte er sich in Zurückhaltung.

Humanismus Am überzeugendsten war sein Eintreten für die menschliche Würde und für Toleranz. Sein Ideal war jenes gegenseitige Wohlwollen, das Humanität genannt wird. Gemeinsamkeiten zu erkunden sei besser, als Trennendes zu betonen, im übrigen habe man Gegensätzlichkeiten eben zu ertragen. Mit seinem Streben nach Toleranz war er ein Vorläufer der Aufklärung, aber auch ein Ärgernis für alle Anhänger von Freund-Feind-Parolen. Sein Humanismus wurde bestimmt vom christlichen Glauben, ausgerichtet am Evangelium, und von der aus der Antike überlieferten Weisheit.

Vorläufer Erasmus war ohne Zweifel ein Vorläufer der Reformation. Vor allem seine Kommentare zu seiner Ausgabe des Neuen Testaments in Griechisch haben Aufsehen erregt und den Grundakkord der Reformation angeschlagen: Umkehr der Kirche zu Christus. Zudem waren sie in einem leicht lesbaren, flüssigen Latein geschrieben, das dazu anregte, die Bibel auch in die Volkssprachen zu übersetzen. Papst Leo X., selbst Humanist, gab dem Werk seinen Segen. Zur Kirche gewandt argumentierte Erasmus: Das Beste an unserem Glauben ist der Friede und die Eintracht. Sie können nur Bestand haben, wenn so wenig wie möglich dogmatisiert wird und das übrige dem freien Urteil des einzelnen überlassen bleibt.

Erasmus strebte eine Reform der Kirche von innen her an. Luthers **Reformation** Reformation hat er zunächst grundsätzlich zugestimmt. Er schrieb Gutachten darüber und setzte sich für eine friedliche Beilegung des Konflikts ein. Die zunehmende Heftigkeit der Auseinandersetzung missbilligte er allerdings und schließlich nahm er 1524 mit seiner Schrift „Über den freien Willen" offen gegen den Reformator Stellung. Erasmus ging es um mehr Duldsamkeit und um die Wiedergewinnung der kirchlichen Einheit. Luther dagegen nannte ihn „einen gleisnerischen und bildungsstolzen Heiden". Es entbehrt nicht der Tragik, dass Erasmus gerade wegen seiner Mahnung zur Toleranz, die man als mangelnde Bereitschaft, Partei zu ergreifen ansah, in den Streit der Religionsparteien hineingezogen wurde. Die Katholiken verurteilten ihn als Wegbereiter der Reformation, die Protestanten warfen ihm Unentschiedenheit und Gegnerschaft zu Luther vor. Seine Treue zur katholischen Kirche wurde ihm am Ende schlecht gelohnt. Seine Zeitkritik, besonders seine Anklagen gegen das klösterliche Leben, brachten ihm den Vorwurf der Ketzerei ein und 1559, 23 Jahre nach seinem Tode, ließ Papst Paul IV. sämtliche Werke des Erasmus auf den Index verbotener Bücher setzen.

Erasmus lernte in England Thomas Morus (Sir Thomas More, 1478– **Thomas** 1535) kennen und die beiden wurden enge Freunde. Auch Morus **Morus** war Humanist, doch zugleich von tiefer Frömmigkeit erfüllt. Er unter- (1478–1535) zog sich den härtesten Kasteiungen und wollte Kartäuser werden, doch offenbar hat ihn Erasmus davon abgehalten, in den Orden einzutreten. Morus wurde schließlich Rechtsanwalt wie sein Vater, mit 26 kam er ins Parlament und wurde Führer der Opposition. Als Heinrich VIII. König wurde, betraute er Morus mit verschiedenen diplomatischen Missionen und machte ihn schließlich zum Kanzler. Thomas, inzwischen geadelt, fiel allerdings bald in Ungnade. Heinrich der VIII. wollte sich scheiden lassen, um Anna Boleyn zu heiraten, doch Thomas fand das nicht gut und legte seine Ämter nieder. Als der König später sich anstelle des Papstes zum Oberhaupt der englischen Kirche erklärte, weigerte sich Thomas, den Suprematseid zu schwören und wurde 1535, damals 57, als Hochverräter hingerichtet. Morus verehrte Pico della Mirandola, war selbst ein Meister der historischen Studie und des philosophisch-religiösen Traktats und ein Kritiker kirchlicher Zustände. Unvergessen und stets umstritten ist sein Staatsroman „Utopia" (griech. „Nirgendwo"), in dem er, angelehnt an Platons Idealstaat, das Bild einer idealen Gesellschaft als Konstruktion der Vernunft entwarf.

Niccolo Machiavelli (1469–1527)

Niccolo Macchiavelli war der Sohn eines Rechtsgelehrten. Die Macchiavellis, eine Florentiner Patrizierfamilie, hatten auch immer wieder höhere Staatsbeamte gestellt und so war es für Niccolo naheliegend, sich, als er 29 war, dem Staatsdienst zuzuwenden. Das war im Jahr 1498, in dem der Dominikanermönch Girolamo Savonarola (1452–1498) auf dem Scheiterhaufen verbrannt worden war. Niccolo Macchiavelli diente der Republik Florenz als Sekretär für militärische und auswärtige Angelegenheiten und der „Rat der Zehn" betraute ihn schon bald mit wichtigen Gesandtschaften. Als Gesandter von Florenz war er am französischen Hof und in Rom, um mit Papst Alexander VI. und dessen Sohn, dem Kardinal Cesare Borgia, Herzog der Romagna, zu verhandeln. Er erlebte mit, wie nach dem Tod Papst Alexanders VI. Cesare Borgia nicht verhindern konnte, dass einer seiner Gegner, Julius II., Papst wurde. Er habe für diesen Fall an alles gedacht, nur nicht daran, daß er zu diesem Zeitpunkt selbst sterbenskrank sein könnte, vertraute Cesare Borgia Macchiavelli an. Macchiavelli hatte, als er 33 war, geheiratet und seine Frau Marietta schenkte ihm 6 Kinder. Seine politische Laufbahn fand ein jähes Ende, als 1512 die Medici zurückkehrten und in Florenz wieder die Herrschaft ergriffen. Fälschlicherweise war Macchiavelli beschuldigt worden, an einer Verschwörung beteiligt gewesen zu sein. Er war nun 44, zog sich auf sein kleines Landgut nahe Florenz zurück, und begann zu schreiben. Er hatte viel erlebt, war ein anerkannter Historiker und sehr belesen. So schrieb er über Politik, Kriegskunst, Geschichte und verfasste auch ein Lustspiel. Noch einmal kehrte er für kurze Zeit in die Politik zurück, diesmal im Dienste der Medici, die jedoch kurz darauf gestürzt wurden und damit verlor auch Macchiavelli wieder seine Ämter. Er starb kurz darauf im Alter von 58 Jahren.

Il Principe

Sein bedeutendstes Werk, niedergeschrieben im ersten Jahr nach seiner ersten Entlassung, aber erst nach seinem Tode veröffentlicht, war ein schmales Buch von 100 Seiten und trug den Titel „Il Principe" („Der Fürst"). In seiner Jugend hatte ihn Savonarola beeindruckt, „… ein unbewaffneter Held, der notwendig scheitert, zumal in einer Welt, die von Waffen starrt." Macchiavelli war ein Patriot, den die Zerrissenheit Italiens schmerzte und der glaubte, dass nur ein mächtiger Herrscher die Einheit des Landes wiederherstellen könnte. Wie man sich Macht erwirbt und erhält, war für ihn ein aktuelles Problem, dem er auf den Grund gehen wollte. Ein inspirierendes Beispiel hatte er in Cesare Borgia vor Augen, über den er auch in seinem Buch schrieb.

Staatsraison

Im „Fürst" entwarf Macchiavelli eine systematische Theorie über die Technik politischen Handelns, eine Staatsphilosophie, für die Machterwerb und Machterhalt absolute Priorität hatten. Die Geschichte lehrt, dass es oft List, Verrat und Gewalttat sind, die den Erfolg verbürgen. Politik und Moral waren für Macchiavelli grundverschiedene Kategorien. „Wer politisch handelt, muss auch Böses tun". Lüge, Betrug, sogar Mord sind für Macchiavelli Mittel, um die Macht zu erringen, es kommt allein auf den Willen und die Entschlossenheit zur Tat an. Die einzige Legitimation politischen Handelns sind die Zweckdienlichkeit und der Erfolg. Nach Macchiavellis Erkenntnis beruht das funktionierende Staatswesen auf Gewalt und nicht auf Gerechtigkeit. Solche Durchsetzung politischen Handelns als Selbstzweck hat man später als „Staatsraison" bezeichnet.

Moral Moral fällt für Macchiavelli um so weniger ins Gewicht, als er von den Menschen ohnehin nicht viel hält: „Denn von den Menschen lässt sich im allgemeinen soviel sagen, dass sie undankbar, wankelmütig und heuchlerisch sind, voll Angst vor Gefahr, voll Gier nach Gewinn." Und Dankbarkeit zählt sowieso nicht. „Menschen müssen entweder geschmeichelt, oder zerschlagen werden", war seine Maxime. Wenn man jemand Unrecht tut, sollte man sicher sein, dass er sich nicht mehr rächen kann. Ein Mensch, der immer nur das Gute tun wolle, muss zugrunde gehen unter so vielen, die nicht gut sind. Daher muss ein Fürst auch im Stande sein, das Gute zu tun oder zu lassen, wie es eben die Umstände erfordern, meinte Macchiavelli.

Realismus Macchiavelli sah sich mit solchen Erkenntnissen als Realist, nach sorgfältiger Analyse kann man das Handeln der anderen vorhersehen, und so die richtige Taktik im Kampf um die Macht entwerfen. Ein kluger Fürst kann und darf auch sein Wort nicht halten, wenn er dadurch sich selbst schaden würde. Entscheidend ist der zweckmäßige Gebrauch der Mittel. Es sei besser gefürchtet als geliebt zu werden. Der Eigennutz der Menschen zerreiße rasch das Band der Dankbarkeit, die Furcht vor Strafe aber lasse niemals nach. Ein Fürst kann sehr wohl gefürchtet sein, ohne gehasst zu werden, wenn er das Eigentum und die Frauen seiner Bürger nicht anrührt. „Ein Fürst darf ... die Nachrede der Grausamkeit nicht scheuen, um seine Untertanen in Einigkeit und Treue zu erhalten", meinte Macchiavelli, und Cesare Borgia, der für grausam galt aber in der Romagna für Ordnung sorgte, galt ihm dafür als Beweis. Rücksichtslosigkeit sei besser als Vorsicht, stürmisches Draufgehen besser als vorsichtiges Abwägen. Das Glück gibt sich dem hin, der rasch und energisch zufasst.

Fortuna Macchiavelli meinte, es hängt von zwei Faktoren ab, dass politisches Handeln gelingt: Einmal von Energie, Entschlossenheit und Durchsetzungskraft, dann aber auch von „Fortuna", der richtigen Konstellation der Zeitumstände. Nur wenn die Zeitumstände das Vorhaben eines tatkräftigen Fürsten begünstigen, wird er die Macht gewinnen und bei richtigem Gebrauch auch erhalten. Die Großen der Geschichte verdankten ihren Aufstieg nicht nur ihrem Willen und ihrer Tatkraft (ihrer „virtu"), sondern ebenso der Gunst der Zeitumstände, ohne die sich ihre Größe nicht hätte entfalten können. „... ferner glaube ich, dass der Glück hat, welcher mit seiner Art zu handeln in die Zeit passt, und ebenso der Unglück, dessen Handlungsweise nicht zur Zeit stimmt", schrieb Macchiavelli. Andererseits: „Immer aber wird der Mensch nur das tun, wozu ihn seine Natur treibt ...".Wir können uns nicht ändern, weil wir uns unserer Natur nicht widersetzen können, und außerdem fällt es uns schwer, einmal anders zu handeln als in der Art, in der wir bisher Glück hatten. So wechselt das Glück eines Menschen, denn die Zeiten ändern sich, aber seine Methoden ändern sich nicht.

Wirkung Für Macchiavelli hatte nur das erfolgreiche Agieren auf der politischen Bühne einen Sinn. Er hat selbst erfahren, wie sich die „Fortuna" gegen ihn wandte. Aus seinen Erfahrungen heraus versuchte er die Regeln zu ergründen, die den Erfolg politischen Handelns garantieren konnten. So darf man ihn wohl auch nicht als „Theoretiker der Politik" sehen, der ein philosophisches oder gar ethisches System begründen wollte. Das Echo, das sein Werk gefunden hat, ist bis heute zwiespältig, es reicht von heftiger Ablehnung bis zum vorsichtigen Versuch objektiver, zeitbedingter Einschätzung. Am heftigsten hat sich zweihundert Jahre später Friedrich der Große gegen Macchiavelli gewandt. „Ich übernehme die Verteidigung der Menschlichkeit wider diesen Unmenschen ...", schrieb er 1740 in seinem „Anti-Macchiavell". Als er das schrieb, stand Friedrich II. allerdings erst am Anfang seiner Herrschaft, in deren Verlauf auch er vor einer Eroberungspolitik nicht zurückschreckte. Andere meinten, man schelte Macchiavelli öffentlich und benutze ihn heimlich. Der zum Diplomat geborene und erzogene Macchiavelli habe den Mut gehabt, sich selbst und aller Welt zu gestehen, was bis jetzt die Diplomaten aller Zeiten nur im Handeln verraten haben. (Störig). Das Heil des Staates sei doch sein erster und letzter Gedanke gewesen, hat ihm Jakob Burckhardt zugute gehalten.

Reformation und Glaubenskämpfe (1500–1650)

Kaiser Maximilian I. (1459–1519), der „letzte Ritter" und „Vater der Landsknechte" war 1508 in Trient zum Kaiser gekrönt worden. Er vermählte seinen einzigen Sohn mit der Erbin Spaniens und wurde so der mächtigste Herrscher Europas.

Maximilian I. (1459–1519)

Maximilians Enkel, Karl V. (1500–1558), war 19, als er zum Kaiser gekrönt wurde. In seinem Reich „ging die Sonne nicht unter", nachdem es auch die überseeischen Besitzungen Spaniens, Mexico und Peru, umfasste. Doch in Europa musste er einen Machtkampf gegen Frankreich bestehen, die Türken abwehren und als treuer Sohn der Kirche für die Einheit des Glaubens kämpfen.

Karl V. (1500–1558)

Seit langem galt Rom als „Sündenbabel" und die Forderung nach einer Reform der Kirche „an Haupt und Gliedern" bewegte viele Gemüter. Schon der Engländer John Wiclif (1330–1384), hatte eine Reform der Kirche gefordert, ebenso wie Johann Hus (1369–1415) in Prag. 1517 verkündete Martin Luther (1483–1546) seine 95 Thesen, 1519 sagte sich Ulrich Zwingli (1481–1531) vom Katholizismus los und 1536 begann Johannes Calvin (1509–1564) in Genf sein strenges Reformationswerk.

Reformation

Obwohl auf dem Reichstag zu Worms (1521) der Bann über ihn verhängt wurde, war die Reformation, die Luther ausgelöst hatte, nicht mehr aufzuhalten. Besonders norddeutsche Fürsten und Städte hatten sich dem evangelischen Glauben angeschlossen und protestierten gegen das Wormser Edikt des Kaisers („Protestanten"). Am Ende war es Karl V. nicht gelungen, die kaiserliche Macht gegenüber den Fürsten zu erneuern und die Einheit des Glaubens wieder herzustellen. Enttäuscht dankte er ab. Sein Bruder und Nachfolger, Ferdinand I. (1503–1564), schloss 1555 den „Augsburger Religionsfrieden", der Landesherren das Recht einräumte, in ihrem Land die Religion zu bestimmen („cuius regio eius religio").

Protestanten

Philipp II. (1527–1598), Karls V. Sohn, König von Spanien, gewann Portugal mit seinen Kolonien noch dem spanisch-habsburgischen Reich hinzu. So wie seine weltliche Macht wollte er auch die geistliche Macht des Papsttums erhalten und kämpfte mit ungeheurem Aufwand gegen alle „Ketzer", die vom katholischen Glauben abgefallen waren. In dieser „Gegenreformation" war die Inquisition, ein kirchli-

Philipp II. (1527–1598)

cher Gerichtshof, der Ketzer aufspüren sollte, sein wirksamstes Machtmittel. Vorkämpfer der Gegenreformation waren die Jesuiten („Societas Jesu"), die Ignatius von Loyola (1491–1556) 1538 gegründet und zu unbedingtem Gehorsam gegenüber dem Papst eingeschworen hatte. Dennoch konnte Philipp den Abfall der protestantischen Niederlande nicht verhindern, die 80 Jahre lang um ihre Freiheit kämpften.

Frankreich In Frankreich kämpften die Protestanten, die „Hugenotten", Anhänger Calvins, seit 1525, über hundert Jahre lang, in acht blutigen Kriegen, gegen ihre Unterdrückung. Der Bourbone König Heinrich IV. (von Navarra, 1553–1610), früher selbst Hugenotte, dann zum Katholizismus übergetreten, sicherte ihnen schließlich 1589 im Edikt von Nantes die freie Religionsausübung zu. Unter Heinrich IV. Nachfolger bestimmte Kardinal Richelieu (1585–1642) als leitender Minister die französische Politik. Er schuf einen absolutistischen Einheitsstaat, brach die Macht des Adels und verfolgte erneut die Hugenotten, um auch die Glaubenseinheit wieder herzustellen: „Un roi, une loi, une foi!". Unter Ludwig XIV. (1638–1715) mussten dann hunderttausende Hugenotten das Land verlassen.

England In England wollte König Heinrich VIII. (1491–1547) seine Ehe scheiden lassen und die Hofdame Anna Boleyn heiraten. Als der Papst ablehnte, löste Heinrich die Bindung an Rom und zwang die englischen Geistlichen, ihn als kirchliches Oberhaupt der „Anglikanischen Kirche" anzuerkennen. Heinrich war ein machtbewusster, absoluter Herrscher, er hatte insgesamt 6 Frauen, von denen er 2 hinrichten ließ. Nach seinem Tod wollten die englischen Katholiken Heinrichs und Anna Boleyns protestantische Tochter, Elisabeth I. (1533–1603) nicht anerkennen und an ihrer Stelle die katholische Maria Stuart (1542–1587), Königin von Schottland, auf den Thron bringen. Doch das protestantische Parlament ließ Maria Stuart hinrichten. Nun sandte seine „Katholische Majestät", Philipp II., seine Flotte aus, um England in die Knie zu zwingen, aber Spaniens „unüberwindliche Armada" wurde von den Engländern unter Francis Drake zurückgeschlagen. Elisabeth regierte 45 Jahre lang, begründete die künftige Seeherrschaft Englands, errichtete die erste Kolonie in Amerika (Virginia), brachte die Wirtschaft zum Blühen und gab dem „Elisabethanischen Zeitalter" ihren Namen. In ihrer Epoche entfaltete sich besonders die dramatische Kunst, repräsentiert durch William Shakespeare (1564–1616).

Dreißigjähriger Krieg In Deutschland schlossen sich die evangelischen Fürsten zur „Union" zusammen, die katholischen in der „Liga". 1618, ausgelöst durch den „Prager Fenstersturz", begann der Dreißigjährige Krieg. Die Union der Protestanten wurde geleitet von Friedrich V. (1596–1632), Kurfürst von der Pfalz und später „Winter"-König von Böhmen. Die Union wurde unterstützt und im Felde angeführt von Gustav II. Adolf von Schweden

(1594–1632). An der Spitze der katholischen Liga stand Maximilian I., Kurfürst von Bayern (1573–1651), auf ihrer Seite stand Kaiser Ferdinand II. (1578–1637) mit seinen Feldherren Johann Tserclaes Graf von Tilly (1559–1632) und Albrecht von Waldstein (Wallenstein), Herzog von Friedland (1583–1634). Als 1648 endlich der „Westfälische Friede" geschlossen wurde, war Deutschland verwüstet. Frankreich war der eigentliche Sieger, es konnte die Umklammerung durch das Haus Habsburg sprengen und wurde zur Vormacht Europas.

Martin Luther (1483–1546)

Der Bergmann Hans Luther in Eisleben wollte, dass sein ältester Sohn, Martin, Jurist wird; davon versprach er sich die größten Chancen zu einem sozialen Aufstieg für seinen Sohn und für die Familie. Martin begann mit 18 das philosophische Grundstudium an der Universität Erfurt und anschließend studierte er Rechtswissenschaft. Doch dann trat Martin Luther, er war damals 22, plötzlich in das Erfurter Augustiner-Kloster ein und zerstörte zum Entsetzen seiner Familie ihre Zukunftspläne. Ausgelöst wurde dieser Entschluß, als unterwegs in einem Gewitter der Blitz neben ihm einschlug, ein Erlebnis, das Luther „den Schrecken vor Gottes Zorn und seinen Strafgerichten" bewusst machte. Sein Orden ermöglichte ihm das Theologie-Studium und schickte ihn auch einmal nach Rom. Nach seiner Rückkehr wurde er nach Wittenberg versetzt, dort promovierte er zum Doktor der Theologie und wurde Professor an der Universität. Luther hat sich in dieser Zeit eingehend mit der Bibel, über die er Vorlesungen hielt, und mit den Schriften Augustins befasst, dessen Position er sich weitgehend zu eigen macht.

Zu dieser Zeit war Leo X. (1475–1521) aus dem Hause Medici Papst, **Thesen** hochgebildet, gütig und freigebig. Allerdings brauchte er viel Geld für die Vollendung des Petersdoms. Bettelmönche, die er als Ablassverkäufer über das Land schickte, sollten es ihm beschaffen. Sie verkauften päpstliche Zertifikate, die die Vergebung aller Sünden garantierten: „Sobald das Geld im Kasten klingt, die Seele aus dem Fegfeuer springt". Auch die Wittenberger kauften und wenn ihr Seelsorger, der Professor Luther von der Universität, sie zur Buße ermahnte, hielten sie ihm ihre Ablasszettel entgegen. Luther war der dreiste Ablasshandel schon lange ein Ärgernis und so entschloss er sich einen akademischen Disput über Buße und Ablasshandel herbeizuführen. Er zeichnete seine Argumente in lateinischer Sprache auf; es waren 95 Thesen, die er am 31. Oktober 1517 an die Tür der Wittenberger Schlosskirche anschlug. Vierzehn Tage lang geschah nichts, aber dann brach ein wahrer Sturm los. Die Thesen, inzwischen ins Deutsche übersetzt, waren in kürzester Zeit in ganz Deutschland bekannt und fanden ein ungeheures Echo. Tausende hatten längst auf einen solchen Protest gewartet und sahen nun in Luther den Wortführer des angestauten Antiklerikalismus.

Acht und Bann

Die öffentliche Auseinandersetzung, die sich anschloss, führte schließlich zu einer päpstlichen „Bulle", in der Martin Luther der Bann angedroht wurde. Aber Luther verbrannte die Bulle öffentlich und setzte seine Angriffe nur umso heftiger fort. Selig werden könne nur, wer die päpstlichen Dogmen verwirft, verkündete er nun. Der Mönch exkommunizierte sozusagen den Papst. Noch im gleichen Jahr 1521, Luther war damals 38, zitierte ihn Kaiser Karl V. (1500–1558), der sich als Schirmherr der römischen Kirche verstand, vor den Reichstag in Worms. Dort stellte ihm der päpstliche Beauftragte zwei Fragen: Ob er sich als Verfasser der vorliegenden Bücher bekenne und ob er bereit sei, sie zu widerrufen. Luther antwortete mit Ja auf die erste Frage und für die Antwort auf die zweite erbat er sich Bedenkzeit. Am nächsten Tag gab er dann auf deutsch und wunschgemäß auch auf lateinisch die Antwort, seine Auffassung sei durch die Heilige Schrift belegt, er müsse seinem Gewissen folgen und könne nicht widerrufen. „Hier stehe ich, ich kann nicht anders, Gott helfe mir, Amen." Nun wurde auch die Reichsacht über ihn verhängt.

Bibel

Der geächtete Mann fand als „Junker Jörg" eine Zuflucht auf der Wartburg. Sein Landesherr, Kurfürst Friedrich III. der Weise von Sachsen (1463–1525), hatte ihm dazu verholfen. Hier begann Luther nun mit der Übersetzung der Bibel ins Deutsche. In einem knappen Jahr hatte er das Neue Testament übersetzt, 12 Jahre später war auch die Übersetzung des Alten Testaments vollendet. Mit seiner Bibelübersetzung hat Luther die neuhochdeutsche Schriftsprache begründet, eine geniale sprachschöpferische Leistung.

Wittenberg

Ein Jahr blieb Luther auf der Wartburg, dann konnte er nach Wittenberg zurückkehren, das er nur noch selten verließ. Drei Jahre später, er war nun 44, heiratete er die ehemalige Nonne Katharina von Bora. Die beiden führten eine glückliche Ehe und hatten fünf Kinder. Martin Luther wurde 63 Jahre alt. Er starb in Eisleben und wurde in der Wittenberger Schlosskirche beigesetzt.

Anfechtung

Während seiner Klosterzeit durchlitt Luther eine Lebenskrise voller Zweifel und Anfechtungen. Besonders der Gedanke der Prädestination quälte ihn. Wenn Gott die einen zum Heil, die anderen zur Verdammnis bestimmt hat, dann musste er, Luther, sicher zu den Verdammten gehören, denn auch nach der sorgfältigsten Beichte fühlte er sich noch als Sünder. Er rang um den „gnädigen Gott" und haderte mit dem „gerechten Gott", mit Beten und Fasten und Arbeit, die er sich selbst auferlegte und mit denen er sich fast zu Tode gemartert hätte. Im Römerbrief des Paulus heißt es, dass im Evangelium die Gerechtigkeit Gottes offenbar werde, und Luther begann dieses Wort zu hassen, bis ihm klar wurde, dass hier nicht von einer aktiven Ge-

182

rechtigkeit Gottes, sondern von der passiven Gerechtigkeit die Rede war, in der der Gerechte durch Gottes Gnade lebt. Das führte ihn zu der Überzeugung, dass des Menschen „Rechtfertigung" – das heißt, seine „Gerechtigkeit" vor Gott und damit seine Rettung vor ewiger Verdammnis – durch gute Werke nicht zu erreichen sei, sondern allein durch den Glauben an Gottes Gnade. Dieses „Turmerlebnis", – Luthers Arbeitszimmer lag im Turm des Klosters – geschah 1518 und war für Luther eine Erleuchtung, der Durchbruch zur reformatorischen Erkenntnis.

Luther war nicht so sehr Philosoph oder Wissenschaftler, sondern vor allem ein von inbrünstiger Religiosität erfüllter Mensch, der aus den Impulsen dieses Gefühls heraus handelte. Was er nun bekämpfte und verwarf, war zunächst vor allem der Anspruch der Kirche auf die alleinige Mittlerstellung zwischen Gott und Mensch wie sie im Ablasswesen besonders krass zum Ausdruck kam. Nach seiner Vorstellung sollte die Kirche keine hierarchische Institution sein, sondern nur noch die Gemeinschaft der Gläubigen. Die Lehre, die Luther entwickelte, beruhte auf Augustins Prädestinations- und Gnadentheorie, die ihrerseits ihren Ursprung in den Paulus-Briefen hatte. Sie lässt sich in drei Prinzipien zusammenfassen: Allein durch den Glauben können wir erlöst werden, allein der Gnade Gottes verdanken wir die Erlösung, allein die Bibel ist maßgebend: „Sola fide, sola gratia, sola scriptura." (Demandt)

Luthers Lehre

Das war der Kernpunkt seiner Lehre: Nicht die guten Werke sondern einzig und allein der Glaube macht den wahren Christen aus. Der Glaube an Christus ist es, der den Menschen gut macht. Die guten Werke erwachsen aus dem Glauben. Die Möglichkeit zur Erlösung liegt allein im Glauben an das in den Evangelien geoffenbarte Wort Gottes. Deshalb heißt Luthers Lehre die „evangelische". Mehr als dieser geoffenbarten Wahrheit bedarf es nicht, sie steht für Luther im schärfsten Gegensatz zur Vernunft, dieser „Teufelshure", die sich jedem hingibt. Die Vernunft war für Luther der Antipode des Glaubens, man könne nicht auf beides hören, auf das Wort Gottes und die Vernunft, man müsse sich für das eine oder das andere entscheiden. Die Glaubenssätze, die Gott uns in seinem Wort enthüllt habe, wie das Abendmahl oder die Auferstehung des Leibes, müssten der Vernunft wie Torheit erscheinen, deshalb sei die Vernunft der größte Feind des Glaubens.

Glaube und Vernunft

Luther war zur Zeit seines Thesenanschlags noch ein treuer Sohn der Kirche. Doch in den Diskussionen, die sich dem Streit über den Ablasshandel anschlossen, sah er mehr und mehr seine Zweifel bestätigt und bezog nun in wortgewaltigen Schriften Gegenposition. Am bekanntesten wurde sein Traktat „Von der Freiheit eines Christenmenschen", in dem er von der Freiheit sprach, die der Glaube an Christus gewährt, nicht aber von politischer Freiheit, wie ihn man-

Bruch mit Rom

cher missverstanden haben mag. Er akzeptiert nun nicht mehr, dass die geistliche Gewalt über der weltlichen stehe, dass es nur dem Papst gebühre, die Bibel auszulegen, und dass nur der Papst Konzile einberufen dürfe. Für Luther ist jeder Christ „wahrhaft geistlichen Standes", jedem steht das Recht zu, die Bibel auszulegen. In seiner Schrift „An den christlichen Adel deutscher Nation" forderte er die weltlichen Stände auf, ein Konzil einzuberufen, um die lange Liste an Ärgernissen und Beschwerden gegenüber der katholischen Kirche zu behandeln. Er schrieb anschließend über die „babylonische Gefangenschaft der Kirche", und meinte damit, die Kirche dürfe die Christen nicht länger durch eine falsche Deutung der Sakramente ihrer Freiheit berauben. Das Papsttum war für Luther der Antichrist. Sein Anspruch auf weltliche Herrschaft und seine angeblich von Gott stammende Gewalt über die Kirche habe die Kirche zugrunde gerichtet. Nun müsse die Herrschaft des Evangeliums wieder aufgerichtet werden.

Reformierte Kirche

Nach anfänglichen Wirren begann sich eine neue Ordnung des Gottesdienstes in der reformierten Kirche herauszubilden. Was in der Bibel nicht vorkam, wurde abgeschafft: das Fegefeuer, der Marien-Kult, die Heiligenverehrung und die Wallfahrt, ebenso die Messe und die Sakramente der Beichte und der letzten Ölung, das Zölibat und die Klöster wurden aufgehoben. Künftig waren Predigt und Gesang die vorherrschenden Elemente des Gottesdienstes. Luther verfasste einen Katechismus als Grundlage der Unterrichtung im christlichen Bekenntnis. Taufe und Abendmahl waren die einzigen Sakramente, die durch die Bibel gerechtfertigt wurden. Das Abendmahl war für Luther das wichtigste Sakrament. Zwar verwandelt der Priester Brot und Wein nicht in Christi Leib und Blut, kein Priester besitzt solch mystische Kraft. Doch Christus kommt aus seinem eigenen Willen zu dem wahrhaft gläubigen Christen und ist beim Abendmahl neben Brot und Wein geistig und substantiell gegenwärtig. Zum Alten Testament gab es unterschiedliche Auffassungen. Die einen wollten ihm buchstabengetreu folgen, was auch den Kampf mit dem Schwert gegen die Gottlosen bedeutet hätte. Luther jedoch war der Meinung, das Gesetz Mose sei allein dem jüdischen Volk gegeben, die Christen haben ihr Evangelium und das Neue Testament, aus dem Alten Testament gilt für sie nur, was alle Frommen angeht.

Obrigkeit

Folgenreich war Luthers Haltung im Bauernkrieg, als er sich auch „wider die räuberischen und mörderischen Bauern" wandte. Die Marxisten warfen ihm später vor, er habe mit seinen Schriften das Signal zum Aufstand gegeben, in den Bauernkriegen sich aber mit wahren Lobgesängen auf die Seite der Obrigkeit geschlagen und so Plebejer und Bauern verraten. Luther war jedoch der Überzeugung, dass ohne obrigkeitliche Ordnung die Freiheit des Evangeliums nicht möglich sei. Der Christ habe als Angehöriger des weltlichen Reiches Ordnung und Gesetz anzuerkennen und als Mitglied des geistlichen

Reiches auf Gewalt zu verzichten. Im geistlichen Reich regiert Gott durch das Evangelium. („Zwei-Reiche-Lehre"). Im lutherischen Europa setzte sich die weltliche Macht als einzige legitime Autorität durch. Theoretisch blieben zwar Staat und Religion voneinander unabhängig. Praktisch aber beherrschte der Staat die Kirche.

Nach dem Bauernkrieg (1525) kam es zum Bruch mit Erasmus, von dem Luther anfangs große Stücke gehalten hatte. Erasmus hatte in seiner Schrift „Vom freien Willen" die Auffassung vertreten, auf dem Heilsweg des Menschen zu Gott sei etliches der göttlichen Gnade, anderes dem menschlichen Willen zuzuschreiben. Luther widersprach dem heftig in einer Entgegnung mit dem Titel „Vom unfreien Willen". Luther meinte, in seinem Verhältnis zu Gott könne es für den Menschen keine Wahlfreiheit geben, lediglich in den weltlichen Dingen habe der Mensch Entscheidungsfreiheit. **Willens- freiheit**

Seit 1518 predigte Ulrich (Huldrych) Zwingli (1481–1531), Pfarrer am Münster in Zürich, die neue Lehre in der Schweiz. Wenig später führte er die Reformation in seiner Stadt ein. Über unterschiedliche Auffassungen kam es 1529 mit Luther zum „Marburger Religionsgespräch", bei dem Zwingli versicherte, mit niemand lieber einiggehen zu wollen als mit den Wittenbergern. Doch Luther vollzog den Bruch, indem er an seiner Position in der Abendmahlsfrage festhielt. Zwingli sah im Abendmahl nur einen Gedächtnis- und Danksagungsakt. Luther jedoch, ohne ergründen zu wollen auf welche Weise das geschieht, war von der realen Gegenwart Christi im Abendmahl überzeugt. So war die neue Kirche fortan gespalten in „lutherisch" und „reformiert". Zwingli fiel, 50 jährig, in der Schlacht und nach seinem Tod verschob sich das Gewicht der reformierten Kirche nach Genf. **Ulrich Zwingli (1481–1531)**

In Genf kam eine folgenreiche Entwicklung in Gang. Der Franzose Johannes Calvin (Jean Cauvin, 1509–1564), war promovierter Jurist und wandte sich nach Abschluss seines Studiums in Paris humanistischen Studien zu. In dieser Zeit, er war etwa 25, kam er mit Luthers Lehre in Berührung. Da Protestanten in Frankreich verfolgt wurden, verließ er das Land und eher zufällig kam er nach Genf und unterstützte dort den Reformator. Er übernahm Gedanken von Luther und Zwingli und arbeitete in seinem Hauptwerk eine breite Dogmatik aus, die sich vor allem auf Augustinus und die These von der Prädestination stützte. Gott hat vorherbestimmt, wer erlöst und wer verdammt wird. Nach heftigen Auseinandersetzungen gelang es Calvin, in Genf einen Gottesstaat, aufgebaut auf das Wort der Bibel, zu errichten. Die Ältesten (Presbyter) der Gemeinde sorgten zusammen mit den Pfarrern für strenge Kirchenzucht und überwachten das gesellschaftliche Leben. Man könnte meinen, wenn doch alles vorherbestimmt ist, müsste die Moral ihren Einfluss auf die Menschen verlieren. Aber praktisch trat das Gegenteil ein: Da gottesfürchtiges Verhalten als Zeichen dafür galt, dass man zu den wenigen Auserwählten gehört, ver- **Johannes Calvin (1509–1564)** hielt sich jeder entsprechend. Genf wurde berühmt dafür, dass Laster, Verbrechen und Armut dort unbekannt seien, dass stattdessen Pflichterfüllung, Sittenreinheit und Mildtätigkeit herrscht. Die Menschen verschwenden ihre Zeit nicht mit Eitelkeiten, nutzen sie vielmehr zu sinnvoller Arbeit und mehren ihr Vermögen und auch das ist ein Zeichen, dass man zu den Auserwählten gehört. So passte der Calvinismus sehr gut zum Erfolgsdenken und zum Kapitalismus, wie das Max Weber später in seinem Buch über „die protestantische Ethik und den Geist des Kapitalismus" dargelegt hat. Die in Genf entstandene reformierte Kirche repräsentierte ein kämpferisches Christentum, das sich nicht scheute, seinen Glauben mit dem Schwert zu verteidigen, wie in Frankreich die Hugenotten und in den Niederlanden die Geusen, oder durchzusetzen wie die Puritaner in England und die Presbyterianer in Schottland. Mit der Zeit verlor die Prädestinationslehre in der protestantischen Theologie ihre Brisanz. Als sich in England und später in Nordamerika Ruhe und Ordnung wieder festigten, wandelte sich der Stolz der „Auserwählten" in einen Stolz auf Arbeit und Leistung, die Menschen fühlten sich stärker und gesicherter. Die Unterwerfung unter einen harten Glauben formte das Selbstbewusstsein und den Mut der Pilgerväter Neuenglands. Menschen, die, wie in Nordamerika, ihre Pastoren selber wählten, wählten bald auch ihre Gouverneure und aus der sich selbst verwaltenden Kirchengemeinde erwuchs die sich selbst verwaltende politische Gemeinde. (Durant)

Michel de Montaigne (1533–1592)

Der Vater, Pierre Eyquem, reicher Großkaufmann und Erbe des Schlossgutes Montaigne bei Bergerac, wollte, dass sein Sohn Michel die Beamtenlaufbahn einschlug. Michel Eyquem de Montaigne wurde auf Schulen in Bordeaux und Toulouse humanistisch erzogen und nachdem er mit 24 sein Rechtsstudium abgeschlossen hatte, wurde er Parlamentsrat in Bordeaux. Mit 32 heiratete er die Tochter eines Ratskollegen, von den sechs Kindern der beiden überlebte als einzige die jüngste Tochter Léonore. Als Michel de Montaigne 38 war, anerkannt im Beruf und in voller Lebenskraft, fasste er den Entschluss, sich in „seinen Turm" zurückzuziehen. In diesem Wachturm seines Schlosses Montaigne hatte er sich sein Arbeitszimmer und seine Bibliothek eingerichtet, hier wollte er „im Schoß der gelehrten Musen ... in Ruhe und Sicherheit die Tage verbringen, die mir zu leben bleiben". Und Montaigne lebte in der Tat in einer stürmischen Zeit. Seit 9 Jahren war in Frankreich der Religionskrieg des Königs gegen die Hugenotten im Gang und ein Jahr nach Montaignes Rückzug fand in Paris die blutige „Bartholomäusnacht" statt. Der konfessionelle Riss ging auch durch seine Familie, aber Montaigne lehnte die Reformation ab, blieb katholisch und königstreu.

Neun Jahre lang verschanzte sich Montaigne in seinem Turm. In dieser Zeit entstand sein Hauptwerk, „Les Essais", mit denen er zugleich eine neue Literaturform populär machte. Montaigne überreichte sein Werk dem König in Paris und machte sich anschließend auf eine große Reise, die ihn bis nach Rom zum Papst führte. Unterwegs erreichte ihn die Nachricht, dass er zum Bürgermeister von Bordeaux gewählt worden war. Diesem ehrenvollen Auftrag konnte er sich nicht entziehen. Die Bordelaiser wählten ihn auch noch ein zweites Mal, doch am Ende seiner zweiten Amtsperiode floh er mit seiner Familie ins Gebirge, denn in Bordeaux wütete die Pest. Später konnte er sich wieder in seinen Turm zurückziehen, um weiter an seinen „Essais" zu arbeiten. Aber die Zeiten blieben unruhig und bewegt, außerdem wurde Montaigne von einem Nierenstein-Leiden geplagt. Sieben Jahre waren ihm noch beschieden. 1892, im Alter von 59 Jahren, starb er auf seinem Schloss Montaigne.

Montaigne gehörte zu jenen Schriftstellern, „... die mit Kenntnis anderer, die vor ihnen gewesen sind, aus sich selbst geschöpft haben." (Lichtenberg) Sein erster großer Lehrer war Seneca und seinen ersten „Essais" ist noch deutlich anzumerken, wie sehr ihn die Moral der Stoa beeindruckte. So wie er Seneca versteht, ist dessen Lebenslehre vor allem eine Sterbelehre. Zwei Jahre, nachdem er mit den Arbeiten an den Essays begonnen hatte, erlitt er einen Sturz vom Pferde und erlebte die Empfindungen eines Menschen am Rande des Todes. Das scheint für ihn ein Wendepunkt gewesen zu sein, man hat den Eindruck, dass er sich von der Stoa abwendet und dem eigenen Ich und der Natur zuwendet. Nun ist nicht mehr Seneca der meistzitierte Autor in seinen Schriften, sondern Plutarch und man merkt auch dessen stilistischen Einfluss. **Les Essais**

Montaigne war ein weltlicher Geist, kritisch, skeptisch, ohne Vorurteile. Gegenstand seiner philosophischen Betrachtung war der Mensch. Um das Wesen des Menschen zu ergründen, beginnt er mit seinen „Versuchen an sich selbst", befasst sich mit den Schwierigkeiten menschlicher Selbstorientierung und den Möglichkeiten sein Leben in ungestörter Eigengesetzlichkeit zu verbringen. Ausgehend von der Beobachtung des eigenen Ichs versuchte er, die Vielfalt der menschlichen Verhaltensweisen zu analysieren. Er selbst sei der einzige Inhalt seiner Essays, „... ich wage es nicht nur von mir zu sprechen, ich wage es *nur* von mir zu sprechen! ... Die Leute sehen immer auf das Gegenüber: ich wende meinen Blick nach innen, und da halte ich ihn fest und lasse ihn verweilen ... Die anderen gehen immer anderswohin, ... ich kreise in mir selbst." Wer der eigenen Individualität inne wird, gewinnt zugleich Einblick in das Wesen des Menschen, denn „jeder Mensch trägt in sich das ganze Bild der Menschlichkeit". Doch bedeutet der Rückzug auf die eigene Person auch eine Kraftanstrengung. „Es ist nicht genug, sich von der Herde abgesondert zu haben, ... man muss sich auch von den Herdentrie- **Selbstbetrachtung** ben befreien, die in uns selbst sind." Sich selbst zu gehören, ist dann aber auch das Größte in der Welt.

Philosophie Unter den Philosophen gilt Montaigne als aufgeklärter Skeptiker. Wie Pyrrhon von Elis (360–270) meinte er, man könne nichts sicher wissen oder gar beweisen. Seine Skepsis floss jedoch nicht aus Verneinung, sondern aus „allseitiger Bejahung". Er weiß zu viel, als dass er noch etwas Positives behaupten könnte, er vermag alle Standpunkte einzunehmen und kennt deshalb kein „System". Er ist ein Freund der „goldenen Mitte", der weder die Welt beherrschen, noch sich ihr willenlos hingeben will. Er hält es mit Dante: „Non ci badar, guarda e passa"! (Blick hin und geh vorüber!) Der Skeptiker weiß alles, versteht alles und belächelt alles. Sein Wahlspruch war dabei „Que saisje"? („Was weiß ich?") Diese Frage war weniger als Hinweis auf die Grenzen unseres Wissens gedacht, sondern mehr als Aufforderung zu Skepsis und Zweifel und als Warnung vor vorschnellem Urteil. Montaigne brachte das auf einer Münze bildhaft zum Ausdruck durch eine Waage, deren beide Schalen das Pro und Contra symbolisieren.

Erziehung und Lebensführung Das Leben war in Montaignes Augen weder gut noch übel, es war der Raum des Guten und des Übels, je nach dem was man hineinlegt. Er war ein Stoiker, aber ein liebenswürdiger und menschlicher. Er war aber auch ein Epikureer, ein „heiterer Weltmensch, ... stets gleich bereit, zu genießen und zu sterben". Seine Philosophie stellt im Grunde eine humanistische Erziehungslehre dar, deren Ziel es ist, eine selbständig urteilende, mit pragmatischer Vernunft handelnde, weltoffene Persönlichkeit heranzubilden. Den Fragen der Erziehung widmete er einen eigenen Essay. Nicht auf die schiere Fülle des Wissens komme es an, sondern ob man Sinn und Substanz begriffen habe, nicht die Gedächtnisleistung bezeugt den Erfolg, sondern die Lebensführung. Nicht die bloße Autorität anderer ist entscheidend, alles soll durch das eigene Urteil gefiltert werden. Was man von anderen übernimmt, soll man dadurch zu einem eigenen Werk verwandeln und verschmelzen. Der Wert eines Lebens lässt sich nicht an seiner Länge messen, sondern an seinem Inhalt. „Manches lange Leben ist inhaltslos", urteilt Montaigne.

Freundschaft Auch der Freundschaft hat Montaigne einen Essay gewidmet, denn Freundschaft bedeutete ihm viel. Er hat ihre beglückende Harmonie mit seinem Freund Ètienne de la Boetie erlebt, ebenso wie den Schmerz, fünf Jahre später am Sterbebett des Freundes zu stehen. In der Freundschaft sieht Montaigne das Ideal der Gemeinsamkeit und Verbindung zwischen zwei Menschen, so selten sie auch in ihrer höchsten Form erreicht wird.

Politik Als Politiker war Montaigne konservativ, aus den Grausamkeiten, deren Zeuge er gewesen war, zog er den Schluss, sich mit Entschiedenheit für die Erhaltung des Bestehenden, also der französischen Königsmacht, einzusetzen. Er verurteilte die spanischen Konquistadoren und die Folter, und war das Gegenteil eines Fanatikers, von denen es unter seinen Zeitgenossen so viele gab. Sein Humanismus war unvereinbar mit jeder totalitären Ideologie, doch ein Revolutionär war er nicht.

So wie Montaigne als Politiker konservativ war, so hielt er sich auch **Religion** Zeit seines Lebens als Katholik an die christlichen Lebensformen. Skepsis und Lebenserfahrung hatten ihn gelehrt, die bestehenden Institutionen nicht anzutasten. Seine Kirchentreue entsprang eher praktischem Verhalten als der Zustimmung zum objektiven Wahrheitsgehalt der katholischen Lehre. Seine Haltung war „fideistisch": Er hielt den Glauben für möglich, aber seine verstandesmäßige Motivation sei angesichts der Ferne und Unbegreiflichkeit Gottes nicht möglich. Religion und Verstand waren für ihn verschiedene Bereiche, die man voneinander trennen musste. Erst mit dieser Einstellung schien ihm die freie Entfaltung der „autonomen Vernunft" möglich. Alles in allem mag seine Einstellung zur Religion am treffendsten von Sainte-Beuve charakterisiert worden sein: „Er mag scheinbar ein sehr guter Katholik gewesen sein – nur dass er kaum ein Christ war."

„Philosophieren heißt Sterben lernen". Diesen alten Satz, den schon **Tod und** Cicero zitiert hat, wählte Montaigne als Überschrift eines Essays. Be- **Sterben** sonders unter dem Eindruck des Todes seines geliebten Freundes sah Montaigne in der Verachtung des Todes, im Ertragen von Schmerzen, in der seelischen Vorbereitung auf das Ende das Ziel aller philosophischen Bemühungen und die höchste menschliche Vollendung. „Es gibt nichts, womit ich mich von jeher mehr beschäftigt hätte, als mit der Vorstellung des Todes ..." schrieb er. Sokrates war ihm das bewunderte Vorbild, denn „... jeder Tod muss seinem Leben gleichen." Der Tod ist die große und letzte Bewährung des Lebens, mit der der Mensch sich erhöhen oder erniedrigen kann. „Haben wir standhaft und ruhig zu leben gewusst, so werden wir ebenso zu sterben wissen." Aber es ist nicht der Tod, der uns beunruhigt, sondern das Sterben. Wer die Menschen lehren würde zu sterben, der würde sie lehren zu leben, meinte Montaigne. Er war sich in Gelassenheit des Todes bewusst. Deshalb ging es ihm um eine „Ökonomie der kurzen und kostbaren Lebensspanne". Es kommt darauf an, bereit zu sein, denn alles was passieren kann, kann noch heute geschehen. „Es ist ungewiss, wo der Tod *uns* erwartet; erwarten *wir* ihn überall. Die Besinnung auf den Tod ist Besinnung auf die Freiheit. Sterben zu wissen, befreit uns von aller Unterwerfung und allem Zwang". Wir haben keinen Grund, uns über das Leben zu beklagen, denn es steht uns frei, es jederzeit zu verlassen; das ist das schönste Geschenk der Natur. Der Tod ist umso schöner, je mehr der Mensch ihn selbst will. „Unser Leben hängt vom Willen anderer ab, der Tod von unserem eigenen Willen."

Glück	Doch dass das Leben Vorrang vor dem Tod hat, daran lässt Montaigne nicht den geringsten Zweifel. Es ist das glückliche Leben und nicht das glückliche Sterben, das die Glückseligkeit ausmacht, es ist das Glück, nach dem die Menschen streben. Glück und Unglück sind für ihn souveräne Mächte. Es sei Torheit, anzunehmen, dass menschliche Klugheit die Rolle des Glücks spielen könne. Über sein eigenes Glück hat Montaigne eine ausgeglichene Bilanz gezogen. Er fand, dass es ihn vor schweren Schicksalsschlägen bewahrt, ihm aber auch keine besondere Gunst gewährt habe. Ordnung und Ruhe der Lebensführung zu gewinnen, war sein persönliches Ziel, denn „... unser großes und herrliches Meisterwerk ist: richtig leben." Geistige Ruhe und Zufriedenheit, seelische Geradheit und Sicherheit machen das eigentliche Lebensglück aus. Doch glücklich preisen, da ist sich Montaigne mit Solon einig, kann man niemand vor seinem Tod. Erst im Sterben zeigt sich, was an Gutem im tiefsten Grunde unseres Herzens liegt. Es ist der Tag, vor dem alle vergangenen Jahre bestehen müssen. So wünschte sich Montaigne, dass sein Leben „... gut ausklingt, das heißt ruhig und still."
Wirkung	Montaigne war ein vielgelesener Autor nicht nur in Frankreich, sondern auch in England. Die Engländer lasen ihn auch noch, als seine Essais, knapp hundert Jahre später, unter Kardinal Richelieu in Frankreich auf den Index verbotener Bücher gesetzt wurden. Und heute noch mögen viele dem Urteil Nietzsches zustimmen: „Dass ein solcher Mensch geschrieben hat, dadurch ist wahrlich die Lust, auf dieser Erde zu leben, vermehrt worden ..."

Giordano Bruno (1548–1600)

Ptolemäisches Weltbild	Das astronomische Weltbild des Mittelalters, das zuletzt der Alexandriner Ptolemäus (120–160) beschrieben hatte, ging davon aus, dass die Erde der unbewegliche Mittelpunkt des Weltalls sei, um den sich die Kugel des Himmelsgewölbes im Kreise bewegt. Die Vorstellung des griechischen Astronomen Aristarchos von Samos (um 280 v. Chr.), dass die Sonne der Mittelpunkt sei, war längst in Vergessenheit geraten. An diesem ptolemäischen Weltbild begann man nun ernsthaft zu zweifeln. Es war ein ostpreußischer Domherr, der den Anfang machte.
Kopernikus (1473–1543)	Nikolaus Koppernigk (Kopernikus) wurde 1473 als Sohn einer deutschen Kaufmannsfamilie in Thorn an der Weichsel geboren. Er studierte in Krakau und an italienischen Universitäten Theologie, daneben Mathematik, Astronomie und Medizin. Als er 24 war verschaffte ihm sein Onkel die Stelle eines Domherrn in Frauenburg. Damit war Kopernikus wirtschaftlich gut versorgt. Die folgenden Jahre widmete er umfangreichen Studien. Er lebte einsam und zurückgezogen und

beschäftigte sich besonders mit Astronomie. Kopernikus, der an den überlieferten mathematischen Beschreibungen der Himmelskörper zu zweifeln begann, suchte nach weiteren Hinweisen in den Schriften der Alten und begann selbst eingehende Beobachtungen und Berechnungen anzustellen. Schließlich kam er zu dem Ergebnis, dass die Sonne im Mittelpunkt der Welt steht, sie bewegt sich nicht, so wenig wie die Fixsterne, die in unermesslicher Entfernung in der kugelförmigen Fixsternsphäre stehen. Nur die Planeten bewegen sich in kreisförmigen Bahnen um die Sonne. Die Erde, die einer dieser Planeten ist, dreht sich außerdem in 24 Stunden einmal um ihre Achse. Kopernikus zeichnete seine Lehre auf unter dem Titel „De revolutionibus orbium coelestium" (Über die Umdrehungen der himmlischen Kreise), zögerte aber lange, das Werk zu veröffentlichen, weil er fürchtete, sich lächerlich zu machen. Erst in seinem Todesjahr 1543 kam sein Buch heraus, das erste Exemplar hielt er noch in seinen Händen. Es dauerte noch etwa 40 Jahre, bis seine revolutionierende Weltsicht in das Blickfeld der gelehrten Welt rückte. Der erste, der die öffentliche Diskussion nachhaltig anstieß, war Giordano Bruno.

Der Italiener Filippo Bruno aus Nola bei Neapel – ein jüngerer Zeitgenosse Montaignes – trat bereits mit 15 Jahren in den Dominikanerorden ein und erhielt den Ordensnamen Giordano (Jordanus). Der junge Mönch verschlang die Bücher, die ihm die Klosterbibliothek bot, darunter die Werke des Nikolaus von Kues und des Kopernikus. Giordano brannte vor Wissensdurst und fiel schon bald auf durch seine umfassende Bildung und sein phänomenales Gedächtnis. Über Mnemotechnik hat er später sogar Vorlesungen gehalten. Giordano entdeckte seine Liebe zur Naturwissenschaft und in gleichem Maße wuchsen seine Zweifel an den kirchlichen Dogmen. Das musste zu Konflikten führen, Giordano wurde der Ketzerei bezichtigt und beschloss, aus dem Kloster zu fliehen. Von da an – er war nun 28 – begann für ihn ein unstetes und gehetztes Wanderleben. In Genf besuchte er die Universität, in Toulouse, Paris und Oxford hielt er Vorlesungen, er war in den deutschen Universitätsstädten Marburg, Wittenberg, Prag und Frankfurt am Main. Nirgends fand er Ruhe, nirgends genug Hörer, die seine neuen Ideen akzeptierten, kaum einen Verleger, der seine ketzerischen Schriften druckte, immer wieder machte er sich unbeliebt durch seinen Spott und seine Offenheit, die vor nichts zurückschreckte. Fünfzehn Jahre lang ging das so. In Frankfurt erreichte ihn schließlich die Einladung eines reichen Venezianers und Bruno entschloss sich, zum ersten Mal wieder den Fuß auf italienischen Boden zu setzen. Doch sein Gastgeber verriet ihn an die Inquisition, die Venizianer lieferten ihn an Rom aus. Man klagte ihn als Ketzer an, aber während der 7 Jahre, die Bruno nun im Kerker verbringen musste, weigerte er sich standhaft, zu widerrufen. Im Jahre 1600 – Bruno war 52 – wurde schließlich das Ketzerurteil an ihm vollstreckt. Auf dem Campo dei fiori in Rom wurde der Scheiterhaufen errichtet. Bruno war gefoltert und auf das Rad geflochten worden.

Giordano Bruno (1548–1600)

Als man ihm das Kruzifix vorhielt, wandte er sich mit verächtlicher Miene ab. Er starb in den Flammen, ohne einen Schrei von sich zu geben.

Universum Die Naturlehren der Scholastik waren damals in den von Aristoteles überkommenen Vorstellungen erstarrt. Sie orientierten sich nicht an Beobachtung und Experiment, sondern höchste Autorität waren für sie die Schriften des Aristoteles, der damals immerhin schon über tausend Jahre tot war. Giordano Bruno verwarf nun gleich in seiner ersten Veröffentlichung das geozentrische Weltbild der Aristoteliker und stellte seine Argumente für die heliozentrische kopernikanische Astronomie vor. Bruno, der keine Gelegenheit hatte zu experimentieren, hat dennoch einige bedeutende naturwissenschaftliche Erkenntnisse als erster formuliert. Er legte dar, dass die Erde an den Polen abgeplattet ist, dass es außer dem Saturn noch weitere Planeten geben müsse und dass die Planetenbahnen elliptisch verlaufen. Das war bereits mehr, als Kopernikus herausgefunden hatte, aber Bruno ging spekulativ noch einen entscheidenden Schritt weiter. Kopernikus hatte eigentlich nur die Erde mit der Sonne vertauscht und angenommen, dass die Sonne mit ihren umlaufenden Planeten das Zentrum des Weltalls sei, umgeben von dem festen Gewölbe des Fixsternhimmels. Bruno zertrümmerte nun gewissermaßen dieses feste Gewölbe und sprach aus, was die spätere Forschung bestätigte: Es gibt nicht nur unsere Sonne mit ihren umlaufenden Planeten, sondern es gibt zahllose Sonnensysteme im Weltall in beständiger Bewegung. Das Universum ist von unermesslicher Unendlichkeit.

Einheit und Ewigkeit Bereits Nikolaus von Kues, den Bruno sehr verehrte, hatte davon gesprochen, dass die Erde ein Stern sei wie jeder andere und dass das Universum unendlich sei. Bruno verband mit dem Gedanken der Unendlichkeit des Universums auch die Vorstellung, dass die Welt ewig sei. Nur die Einzeldinge unterliegen dem Wandel und der Vergänglichkeit. Das Universum als Ganzes aber ist das einzig Seiende und damit unzerstörbar. Der ganze Kosmos bildet einen großen, lebendigen Organismus, eine dynamische Einheit, die von einem einzigen Prinzip beherrscht wird. Das Universum, unendlich, unbeweglich, wird nicht erzeugt, denn es gibt kein anderes Sein, und es vergeht nicht, denn es gibt nichts, in das es sich verwandeln könnte, ist es doch selber alles.

Pantheismus Dieses alles beherrschende Prinzip nennt Bruno Gott. „Gott ist der Inbegriff aller Gegensätze, das Größte und das Kleinste, unendlich und unteilbar, Möglichkeit und Wirklichkeit in einem." Diese Gottesvorstellung, die der „coincidentia oppositorum" des Cusanus entspricht, ließ sich noch mit den christlichen Grundlehren vereinbaren. Doch schon der Gedanke der Ewigkeit der Schöpfung musste ketzerisch erscheinen, war er doch nicht vereinbar mit den Dogmen von der Schöpfung und vom Jüngsten Gericht. Mehr noch musste Brunos

Vorstellung Anstoß erregen, dass Gott nicht die Welt von außen regiert, dass er nicht außer und über der Welt steht, sondern dass er *in* der Welt ist, dass er als beseelendes Prinzip im Ganzen wie in jedem ihrer Teile wirkt. Wir finden Gott in den unveränderlichen Naturgesetzen, in der ehrfurchtsvollen Stimmung unseres Gemütes, wir suchen ihn im Glanz der Sonne und in der Schönheit der Dinge. Der ganze Kosmos ist beseelt von Gott, Gott und Natur sind eins. Bruno war klar, dass seine Vorstellung, die man Pantheismus nennt, gegen die kirchlichen Dogmen verstieß. Er nannte sie selbst uralt und heidnisch. Mit der Trinitätslehre und dem personalen Gottesbegriff der Kirche waren sie auf keinen Fall vereinbar.

Die Welt als Ganzes sah Bruno als einen ewigen Kreislauf, eine permanente Schöpfung ohne Anfang und Ende in Raum und Zeit. Er stellte sich vor, dass es unzählige, unteilbare, lebendige Ur-Einheiten der Kraft gibt, die Monaden. Die Monaden sind die eigentlichen Grundelemente der Natur, durch die sie fortwährend neue Gestalten formt und schafft. „Mitschaffende Kräfte" hat Goethe die Monaden genannt. **Monaden**

Durch das kompromisslose Festhalten an seiner revolutionären Lehre von der Unendlichkeit des Weltalls, die er als erster nicht nur mit theologischen, sondern auch mit naturwissenschaftlichen Argumenten begründete, und durch das Beispiel, das er durch seine Überzeugungstreue und Standhaftigkeit gab, wurde Giordano Bruno der Bahnbrecher zu einer neuen, wissenschaftlichen Weltsicht. Die Veränderungen im Denken, die damals ausgelöst wurden und die man später als „kopernikanische Wende" bezeichnete, hat zu einem guten Teil Giordano Bruno bewirkt. **Wirkung**

Giordano Bruno schöpfte Anregungen und Gedanken auch aus der Naturphilosphie der Renaissance. Theophrastus Bombastus von Hohenheim, genannt Paracelsus (1493–1541) gehörte zu seinen Vorläufern. Paracelsus stammte aus Einsiedeln in der Schweiz, er wirkte als Arzt, Naturforscher und Philosoph. Obwohl er die meiste Zeit auf der Wanderschaft war, verfasste er – in deutscher Sprache – viele naturwissenschaftliche und theologische, vor allem aber medizinische Schriften, mit denen er der neuzeitlichen Medizin den Weg bereitete. **Paracelsus** (1493–1541)

33 Jahre nach Brunos Tod geriet ein anderer Italiener wegen seines naturwissenschaftlichen Weltbildes mit der Inquisition in Konflikt. Galileo Galilei (1564–1642) war Professor der Mathematik in seiner Vaterstadt Pisa. Mit 28 bewarb er sich erfolgreich um den Lehrstuhl für Mathematik an der Universität Padua. Ein Jahr zuvor war dort übrigens ein anderer Bewerber abgewiesen worden: Giordano Bruno. Für Galilei war die Mathematik die Grundlage aller naturwissenschaftlichen Forschung. Mit Hilfe der Mathematik und des Experi- **Galilei** (1564–1642)

ments wies er Aristoteles etliche Irrtümer nach und eröffnete neue Perspektiven für die Physik. Er formulierte die Gesetze des Pendels, des Hebels und des freien Falls. Er konstruierte ein Fernrohr mit tausendfacher Vergrößerung und konnte nun als Astronom bedeutende Entdeckungen machen: neue Jupiter-Monde, den Saturnring, die Sonnenflecken und dass die Milchstraße aus Millionen von Sternen besteht. Er wurde so zum überzeugten Verfechter der heliozentrischen Lehre des Kopernikus. Galilei wurde geehrt als großer Gelehrter, aber seine Professoren-Kollegen wollten seinen astronomischen Entdeckungen keinen Glauben schenken und die Jesuiten brachten ihn schließlich vor Gericht. Die Inquisition verlangte von ihm den Widerruf seiner These, dass sich die Erde um die Sonne und ihre eigene Achse bewegt. Galilei – dem sicher noch das Schicksal Brunos vor Augen stand – unterwarf sich schließlich dem Urteil des Gerichts, doch berichtet die Legende, dass er dabei gemurmelt habe: „Und sie bewegt sich doch!" Galilei, zuletzt erblindet, verbrachte seinen Lebensabend in seinem Landhaus bei Florenz und starb dort im Alter von 78 Jahren.

Kepler
(1571–1630)

Ein Zeitgenosse Galileis, der deutsche Astronom Johannes Kepler (1871–1630), befasste sich ebenfalls eingehend mit der kopernikanischen Astronomie. Kepler, in Weil der Stadt bei Stuttgart geboren, studierte protestantische Theologie und Mathematik am Tübinger Stift. Mit 30 brachte er es zum kaiserlichen Mathematicus in Prag. Dort entstanden seine astronomischen Werke mit den „Keplerschen Gesetzen". Er wies nach, dass sich die Planeten nicht in kreisrunden, wie Kopernikus noch angenommen hatte, sondern in elliptischen Bahnen um die Sonne bewegten. Mit Galilei stand Kepler in Schriftwechsel. Doch selbst Galilei und Kepler, die den wissenschaftlichen Fortschritt ihrer Zeit verkörperten, erschien übrigens Giordanos Vorstellung vom unendlichen All noch recht unheimlich.

Francis Bacon (1561–1626)

Bei Galilei kam deutlich zum Ausdruck, dass die Wissenschaft auf der Suche nach Erkenntnis einen neuen Weg eingeschlagen hatte, weg von überkommenen Dogmen, hin zur Beobachtung und zum Experiment. Die Formulierung dieser neuen Wissenschaftstheorie besorgte ein Zeitgenosse Galileis in England, Francis Bacon, der wahrscheinlich über die Forschungen auf dem Kontinent gar nicht so genau im Bilde war, sondern aus eigener Erkenntnis seine Philosophie entwickelte. Wenn in der Geistesgeschichte unabhängig voneinander die gleichen Gedanken aufkamen, war es meist ein Zeichen dafür, dass die Zeit reif war für ein neues Denken.

Der zweite Sohn des Großsiegelbewahrers ihrer britischen Majestät, Königin Elisabeth I., Sir Nicholas Bacon, hieß Francis und schloss schon mit 14 sein Studium an der Universität Cambridge ab. Seine Neigungen galten der Philosophie, aber nicht weniger fühlte er sich zu politischer Wirksamkeit berufen. Francis Bacon studierte Rechtswissenschaften, wurde Rechtsanwalt und mit 20 Mitglied des Parlaments. Im Earl of Essex fand er einen Gönner und Freund, der allerdings bei Elisabeth in Ungnade fiel und hingerichtet wurde. Unter Elisabeths Nachfolger, Jakob I., machte Bacon Karriere, mit 57 war er schließlich Lordkanzler und wurde geadelt, er war nun Baron of Verulam und Viscount of St. Albans. Nach drei Jahren im höchsten Staatsamt folgte ein tiefer Sturz. Er wurde wegen Bestechlichkeit angeklagt, musste zurücktreten, wurde verurteilt und nach einer kurzen Kerkerhaft begnadigt. Die restlichen fünf Jahre seines Lebens verbrachte er in ländlicher Abgeschiedenheit mit wissenschaftlicher Forschung und schriftstellerischer Tätigkeit.

Essays

Mit 36 veröffentlichte Bacon seine „Essays", „praktische und moralische Ratschläge", die seinen literarischen Ruhm begründeten. Es waren Betrachtungen, die sich in der Form an Montaigne anlehnten. Sie offenbaren eine stilistische Meisterschaft, durch die sie sich in den bleibenden Bestand der Weltliteratur einreihten. Wie hoch Bacons literarischer Rang eingeschätzt wurde, zeigte sich auch daran, dass von Zeit zu Zeit immer wieder einmal das Gerücht aufkam, Bacon sei der eigentliche Autor der Shakespearschen Dramen.

Hauptwerk

Sein wissenschaftliches Hauptwerk, trug den Titel „Instauratio magna", (vollständig: „Die große Erneuerung der menschlichen Herrschaft über die Natur"). Es blieb allerdings unvollendet. Das gewaltige Vorhaben einer umfassenden Erneuerung der Wissenschaft, das er zu einer allgemeinen, großen Enzyklopädie, einem Lexikon der Künste und Wissenschaften, ausbauen wollte, konnte Bacon nicht zu Ende führen. Die beiden ersten Bände befassten sich mit dem Stand der Wissenschaft und mit neuen Aufgabenstellungen, der nächste Band, in bewusster Anlehnung an Aristoteles „Novum Organon" genannt, erörterte die wissenschaftlichen Methoden und mit seiner Fragment gebliebenen Schrift „Das neue Atlantis" wollte Bacon die ideale Zukunftsgesellschaft entwerfen.

Ziel der Wissenschaft

Bacon wollte das Wissen organisieren. Er zählte auf, was erforscht werden soll. Er beklagte, dass es an einer internationalen Organisation fehlt, durch die die Erfahrungen der Gelehrten vieler Länder gesammelt und ausgewertet werden können. Bacon wollte Wissenschaftspolitik und Forschungsplanung betreiben. Außerdem, fand Bacon, sei das Ziel wissenschaftlicher Erkenntnis nicht klar genug umrissen. Für Bacon war das Ziel der Fortschritt, die praktische Nutzanwendung. Es geht nicht mehr darum, die Stellung des Menschen im gottgeschaffenen Kosmos zu ergründen, sondern das Ziel ist, die vom Menschen gesetzten Zwecke mit Hilfe der Wissenschaft zu erreichen. Macchiavelli hatte diese Zweckrationalität für das politische Denken formuliert, Bacon machte sie zur universalen Grundlage wissenschaftlichen Denkens überhaupt. (Jacoby)

Empirismus Wissen soll die Menschen von der Natur unabhängig machen. Die Natur kann man aber nur beherrschen, soweit man sie kennt und ihren Gesetzen folgt. Für Bacon ist Erfahrung die einzige Quelle aller Naturerkenntnis. Darin folgt er seinem Namensvetter Roger Bacon, der schon 300 Jahre vor ihm mit Nachdruck die gleiche Forderung erhoben hatte. Damals wurde sie kaum beachtet, nun war die Zeit dafür reif. Voraussetzung ist, dass man sich von allen Vorurteilen und überlieferten Irrtümern freimacht. Bacon entwickelte dazu eine eigene Lehre von den „Idolen" (Trugschlüssen). Auch die Berufung auf Tradition oder auf logische Ableitung genügt nicht. Nur die Befragung der Natur selbst, die Erfahrung, kann den Erfolg verbürgen. Man muss Erfahrungen sammeln und sie mit Blick auf das Ziel systematisch auswerten.

Induktion Die Induktion, aus dem Besonderen das Allgemeine abzuleiten, ist für Bacon die allein zuverlässige und erfolgversprechende Methode. Mit ihrer Hilfe steigt man zu Sätzen von immer höherer Allgemeinheit bis zur Erkenntnis der Naturgesetze auf. In Umrissen zeichnete Bacon die Methode vor, die die moderne Naturwissenschaften zum Erfolg geführt hat: Ausgehend von einer Arbeitshypothese sammelt man Erfahrungen durch das Experiment, zieht daraus Folgerungen und leitet allgemeine Sätze ab, die wiederum durch das Experiment nachgeprüft werden. Für die moderne Naturwissenschaft ist allerdings die Induktion nicht die einzige Methode. Auch Theorie und Deduktion haben ihre Bedeutung.

Wirkung Bacon, ein großer Denker, aber nicht frei von charakterlichen Schwächen, war kein Experimentator, kein Forscher, kein Entdecker. Seine Rolle war die eines großen Befreiers und Anregers. Bacon hat zusammengefasst und überzeugend formuliert, was seine Zeitgenossen bewegte, das Streben nach Wissen und Macht. Er hat die präzisen Stichworte und die zündende Devise dazu geliefert: „Wissen ist Macht!" Bacon machte den Weg frei für die moderne Naturwissenschaft.

Jakob Böhme (1575–1624)

In der Welt der anbrechenden Fortschrittsgläubigkeit erhob sich noch einmal eine Stimme der Mystik, ein später Nachfahre Meister Eckharts meldete sich zu Wort. Jakob Böhme, im schlesischen Görlitz zuhause, war Schuster. Als Geselle hatte er manches von der Welt gesehen und viele Anregungen aufgenommen. Als er 25 war, ließ er sich in Görlitz nieder, konnte heiraten und sich ein Haus kaufen um dort seinem Handwerk nachzugehen. Zwei mystische Erlebnisse machten ihn nachdenklich und brachten ihn dazu, seine Gedanken aufzuzeichnen. Als er 37 war, hatte er sein Manuskript fertiggestellt und nannte es „Aurora – Morgenröte im Aufgang." Ohne sein Wissen ließ ein Freund Abschriften anfertigen und brachte sie in Umlauf, was Böhme großen Ärger einbrachte. Sein Pfarrer verdonnerte ihn öffentlich als Ketzer und der Magistrat erteilte ihm Schreibverbot. Inzwischen war der Dreißigjährige Krieg ausgebrochen und die Zeiten wurden schwieriger. Böhme hatte sich auf den Garnhandel verlegt und war nun geschäftlich viel unterwegs. Seine Freunde drängten ihn wieder zu schreiben und Böhme gab schließlich nach. Nun entstanden noch eine ganze Reihe weiterer Schriften und der Kreis seiner Schüler und Freunde, mit denen er in regem brieflichen Gedankenaustausch stand, weitete sich aus. Zugleich sah er sich neuen Anfeindungen und Beschuldigungen ausgesetzt. Als er erschöpft nach schwerer Krankheit im Alter von 49 Jahren starb, konnten seine Freunde nur mit Mühe erreichen, dass er ein christliches Begräbnis erhielt.

Am Anfang von Böhmes Denken stand die Empfindung, dass alles von Gott durchdrungen, dass alles in Gott ist. Die mystische Vorstellung der Alleinheit, die Böhme auch bei Paracelsus gefunden hatte, bedeutete für ihn, dass Gott nicht im Himmel, sondern in der Natur ist. Und dem Menschen wird die urgründige Einheit von Gott und Welt in ihm selbst erlebbar. Bei Böhme leuchtet der eigentliche und tiefste Gedanke der Mystiker aller Zeiten auf: Die Göttlichkeit der Menschenseele, das Einssein der Seele mit Gott. Für Böhme ist deshalb das höchste Ziel, die Erlösung, das Eingehen der Seele in ihren göttlichen Urgrund. **Mystischer Pantheismus**

Aus dieser pantheistischen Sicht ergab sich aber für Böhme die Frage, woher denn dann die Realität und Macht des Bösen kommt? Es ist die Frage der „Theodizee". Seine Antwort lautet, „. . . dass im Ja und Nein alle Dinge bestehen." Das eine ist die Wahrheit Gottes, ist Gott selber, doch wäre Gott unerkennbar ohne das Nein. Alles auf der Welt vermag sich nur an seinem Gegensatz zu offenbaren: Das Licht an der Finsternis, das Gute am Bösen, Gott an der Welt. Alles Sein besteht nicht nur *aus* Gegensätzen, sondern *durch* Gegensätze, denn ihnen allein verdankt es seine Existenz. So ist für Böhme der unaufhebbare Widerspruch, der sich durch alles Sein zieht, die innerste Triebkraft der Welt. Wohl keiner hat dieses Prinzip der „coincidentia oppositorum", von dem schon Nikolaus von Kues ein Jahrhundert zuvor gesprochen hatte, so bohrend durchgedacht und so tiefgründig beleuchtet wie Böhme. (Friedell) **„Coincidentia oppositorum"**

So sah Böhme folgerichtig das Böse schon im göttlichen Urgrund der Welt selbst angelegt. Wirklichkeit erlangt das Böse aber erst in der Seele des Menschen, die absolut frei ist, sich zwischen dem Reich des Guten, der Liebe, und dem Reich des Bösen, des Zornes, zu **Willensfreiheit** entscheiden. „Denn ein jeder Mensch ist frei und ist wie ein eigener Gott, er mag sich in diesem Leben in Zorn oder in Licht verwandeln ... So der Mensch freien Willen hat, so ist Gott über ihn nicht allmächtig ..."

Wirkung Man hat Böhme, einen stillen und lauteren Mann, wegen seiner Tiefsinnigkeit einen „Philosophus teutonicus" genannt, doch blieb seine Wirkung keineswegs auf Deutschland beschränkt. Ein Franzose nahm später seine Gedanken auf und schon bald nach seinem Tode wurde er ins Russische übersetzt. Newton soll zu seinen eifrigen Lesern gehört und Anregungen durch ihn empfangen haben, ebenso wie Leibniz ihn hochgeschätzt hat und später in der Romantik sein Werk aufmerksam gelesen wurde.

Vom Absolutismus zur Aufklärung (1638–1799)

Als nach Richelieus Tod Ludwig XIV. (1638–1715), auf den Thron **Ludwig XIV.** kam, konnte er mit absoluter Macht regieren: „L'Etat c'est moi!". **(1638–1715)** Frankreich konnte seine Vorherrschaft in Europa weiter ausbauen. Der Glanz der Hofhaltung des „Sonnenkönigs" wurde von vielen Fürsten nachgeahmt. Doch am Ende von Ludwigs Regierungszeit stand Frankreich vor dem Staatsbankrott, der, zusammen mit den erstarrten gesellschaftlichen Strukturen des Feudalsystems, zu einer wesentlichen Ursache der französischen Revolution werden sollte.

In Deutschland waren die Fürsten uneins und das Reich geschwächt, **Deutschland** doch als die Türken 1683 Wien belagerten, konnte sie der Feldherr des Kaisers, Prinz Eugen von Savoyen (1663–1736), „der edle Ritter", zurückschlagen, später Ungarn zurückerobern und Belgrad einnehmen (1717). Nach den Türkenkriegen begannen auch die Künste wieder aufzuleben. Italienische Baumeister brachten den Stil des Barock nach Deutschland, bauten Fürsten-Schlösser, Kirchen und Klöster. Später wurde der prunkvolle Barock durch den zierlich-heiteren Rokokostil abgelöst. Während im katholischen Süden die Baukunst blühte, kam die Barock-Kunst im protestantischen Norden vor allem in der Musik zum Ausdruck. Georg Friedrich Händel (1685–1758), aus Halle gebürtig, prägte das Musikleben in London, in Leipzig schuf der fest im lutherischen Glauben verwurzelte Thomaskantor Johann Sebastian Bach (1685–1750) seine großen Werke.

In England war Jakob I. (1566–1625), ein Sohn Maria Stuarts, auf den **England** Thron gekommen. Er konnte England und Schottland vereinen und seitdem weht als Nationalfahne der „Union-Jack" über Großbritannien. Doch zu einem absoluten, katholischen Fürstenstaat konnte er England nicht machen. Auch seinem Sohn, Karl I. (1600–1649), gelang es nicht, er bezahlte den Versuch mit dem Tod auf dem Schafott. England war nun Republik und wurde von Oliver Cromwell (1599–1658), als Lordprotektor regiert. Nach Cromwells Tod versuchten die Stuarts erneut, Absolutismus und Katholizismus aufzurichten, so zunächst Karl II. (1630–1685), der Sohn Karls I., dann dessen Sohn, Jakob II. (1633–1701), aber in der „Glorreichen Revolution" von 1688 wurden sie vertrieben. Der protestantische Wilhelm III. von Oranien (1650–1702), Erbstatthalter der Niederlande, stürzte mit Hilfe der Parlamentspartei seinen katholischen Schwiegervater Jakob II. und wurde König von England, nachdem er die Rechte des Parlaments anerkannt hatte.

Niederlande	Unter Karl V., der die 17 Provinzen vereinigte, hatten die Niederlande eine gute Zeit, in der Handel, Verkehr und Landwirtschaft blühten. Nach Karls Abdankung (1555) und der Teilung des habsburgischen Weltreiches fielen die Niederlande an Philipp II. der die „Generalstaaten", die Vertretung der Provinzen, mit spanischem Hochmut behandelte, ihre Privilegien verletzte und mit rücksichtsloser Härte die Inquisition gegen Ketzer und das Vordringen des Calvinismus vorgehen ließ. Philipp entsandte den Herzog von Alba, der ein Schreckensregiment errichtete, Graf Egmont und andere wurden hingerichtet. Der Freiheitskampf der Niederländer gegen die Spanier dauerte 80 Jahre. Mit dem Ende des Dreißigjährigen Krieges im Frieden von Münster wurden auch die Niederlande als unabhängiger Staat anerkannt. Die nördlichen Provinzen waren indessen zum reichsten Land Europas geworden, mit Industrie, weltweitem Handel und umfangreichem Kolonialbesitz. Unter dem „Ratspensionär" Johann de Witt, der anstelle eines Statthalters regierte, herrschte in den Niederlanden Toleranz und religiöse Freiheit wie in keinem anderen Land Europas.
Preußen und Österreich	In Deutschland hatte sich inzwischen Preußen zu einem starken Staat entwickelt. Kaiser Sigismund hatte den Burggraf von Nürnberg, Friedrich von Hohenzollern, auf dem Konzil zu Konstanz (1415) mit der Mark Brandenburg als erblichen Besitz belehnt. Sein Nachkomme Friedrich Wilhelm (1620–1688), der Große Kurfürst, baute ein starkes Heer und einen starken Staat auf. Dessen Sohn setzte sich 1701 die Königskrone auf und wurde als Friedrich I. „König in Preußen". Friedrichs Sohn und Nachfolger, Friedrich Wilhelm I. (1688–1740), war, als absoluter Monarch, der eigentliche Schöpfer des preußischen Staates. Doch je stärker Preußen wurde, desto mehr mussten die Hohenzollern zu Rivalen der Habsburger werden. Friedrich II. (1712–1786), der Große, bestieg im gleichen Jahr den Thron, als Maria Theresia (1717–1780) in Wien Kaiserin wurde. 23 Jahre lang führten die beiden Krieg gegeneinander, und am Ende war Preußen Österreich ebenbürtig geworden.
Aufgeklärter Absolutismus	Friedrichs des Großen Vorbild führte mit der Zeit auch zu einer neuen Staatsauffassung, dem „aufgeklärten Absolutismus". Auch für Joseph II. (1741–1790), Maria Theresias' Sohn und Nachfolger, war Friedrich ein Vorbild.
Russland	Für Russland hatte Zar Peter I. der Große (1672–1725) das Tor nach Westen aufgestoßen und umfassende Reformen durchgesetzt. Er führte Krieg gegen die Türken an der Nordküste des Schwarzen Meeres und gegen die Schweden in Livland und Estland. Mit seinem Verbündeten, August dem Starken (1670–1733), König in Sachsen und Polen, schlug er den Schwedenkönig Karl XII. (1682–1718). 15 Jahre nach Peters Tod und einigen Nachfolgekämpfen wurde seine Tochter Elisabeth (1709–1762) Zarin. Elisabeth konnte den Preußenkönig

Friedrich II. nicht leiden und verbündete sich gegen ihn mit Österreich. Der „Alte Fritz" war schließlich in hoffnungsloser Lage, als Elisabeth plötzlich starb und ihr Nachfolger Peter III. (1728–1762) Zar wurde, der Friedrich bewunderte und schleunigst Frieden schloss. Peter regierte nur 6 Monate, dann wurde er ermordet und seine Frau Katharina II. (1729–1796) wurde Zarin. Sie war geistvoll und gebildet, aufgeschlossen gegenüber den Gedanken der Aufklärer, und war in den 34 Jahren ihrer Regierung um vielerlei Reformen bemüht.

Zur gleichen Zeit als Preußen und Österreich im Siebenjährigen Krieg USA (1756–1763) miteinander stritten, kämpften Frankreich und England um die Vorherrschaft zur See und in Übersee. Als sie in Paris Frieden schlossen, war Frankreich der Verlierer, es musste Kanada und seine Besitzungen in Indien an England abtreten. Unter seinem führenden Staatsmann William Pitt (1708–1778) gewann England seine Kolonien in Kanada, Indien und Gibraltar. Die englischen Kolonien in Nordamerika jedoch kämpften um die Loslösung vom Mutterland. Mit der Unabhängigkeitserklärung vom 4. Juli 1776 entstanden die Vereinigten Staaten von Amerika und George Washington (1732–1799) wurde ihr erster Präsident.

Humanismus und Renaissance hatten die „Aufklärung" vorbereitet. Aufklärung Diese geistige Bewegung, die Ende des 17. Jahrhunderts in Europa entstand und im wesentlichen vom Bürgertum getragen wurde, wollte die Gesellschaft von den Zwängen befreien, die die absoluten Monarchen und die Kirche mit ihren Dogmen ausübten. Freiheit der Meinungsäußerung und Toleranz wurden gefordert, man glaubte an die Vernunft und an unbegrenzten Fortschritt. Das individuelle Glücksstreben der Menschen sollte auch der Ausgangspunkt für ein harmonisches Zusammenleben der Völker sein.

Thomas Hobbes (1588–1679)

Rund 150 Jahre, nachdem Macchiavelli mit seinem „Principe" die Handlungsanweisung für einen starken Mann, der in Italien Ordnung schaffen könnte, zu Papier gebracht hatte, machte sich ein Engländer daran, das Modell eines absolutistischen Staates zu entwerfen, um den Macht- und Religionskämpfen seiner Zeit ein Ende zu bereiten. Hobbes schrieb seinen „Leviathan".

Thomas Hobbes, Sohn eines Landvikars und einer Bauerntochter, galt als frühreifes Wunderkind. Durch die Hilfe eines wohlhabenden Verwandten konnte er in Oxford studieren. Er wurde dann Hauslehrer des Sohnes von Wiliam Cavendish, späterer Earl of Devonshire, für dessen Familie er auch später immer wieder tätig war und die ihm ein treuer Gönner blieb. Auch den späteren König Karl II. unterrichtete er eine zeitlang in Mathematik. Für ein paar Jahre – er war damals 33 – war er Privatsekretär bei Francis Bacon in dessen letzten Jahren, als dieser sich schon aufs Land zurückgezogen hatte. Hobbes, selbst ein hervorragender Mathematiker, war auch ein großer Verehrer Galileis und hatte Gelegenheit, ihm in Florenz zu begegnen. Als er 52 war musste Hobbes für zehn Jahre ins Exil nach Frankreich, er war des Atheismus bezichtigt worden und als Verfechter des Absolutismus dem Parlament verdächtig. Seine letzten Lebensjahre verbrachte er auf dem Gut der Familie Cavendish, wo er im hohen Alter von 91 Jahren starb.

Philosophie

Hobbes war bemüht, die Prinzipien der Naturwissenschaft auf die Philosophie anzuwenden. Er war der Überzeugung, auch die Philosophie habe es nur mit Dingen zu tun, die wir aufgrund unserer Erfahrung erfassen, das sind die Erscheinungen der Natur, zu denen auch der Mensch gehört. Von dogmatischer Metaphysik hielt er nichts, er setzte auf den natürlichen Verstand. Gott hielt er für unerkennbar, den Begriff der Seele für nutzlos. Doch die Wahrheit der Bibel zweifelte er nicht an, die Religion war für ihn ein selbständiges Gebiet. Viele Jahre war er mit der Niederschrift seiner umfassenden Trilogie „Elementa Philosophiae" beschäftigt, sein Hauptwerk nannte er „Leviathan – oder Materie, Form und Macht eines kirchlichen und bürgerlichen Gemeinwesens".

Menschenbild

Auch sein Bild vom Menschen gewann Hobbes aus der Erfahrung. Dass es recht pessimistisch ausfiel, verwundert nicht, wenn man bedenkt, dass er in einer Zeit lebte, in der gewissermaßen dauernder Kriegszustand herrschte und die Furcht sein ständiger Begleiter war. Auf der einen Seite sah er scharf rechnende Herrennaturen, auf der anderen Seite eine Masse stumpfer, sklavischer Herdenmenschen. Für beide gilt, die Menschen werden nicht von Zuneigung zu anderen geleitet, sondern nur von Eigeninteressen, vom egoistischen Streben nach einem bequemeren Leben und nach Sicherheit. Sie folgen blind ihrem natürlichen Egoismus, ihren Trieben und Begierden. Das ist sozusagen ihr Naturzustand, in dem sie alle gleich sind und die gleichen Rechte haben. Und da sie sich Gedanken über die Zukunft machen, leben sie in ständiger Angst vor Mangel, Not und feindlicher Willkür. Und um zu überleben streben sie rücksichtslos nach Macht. Auf diese Weise herrscht „ein Krieg aller gegen alle". Jeder muss den anderen fürchten, der Mensch ist dem Menschen ein Wolf. („Homo homini lupus").

Gesellschaftsvertrag

Die Angst vor dem Tod, das Streben nach dem Besitz angenehmer Dinge als Lohn ihrer Arbeit und die aus der Vernunft geborene Einsicht, dass möglichst Frieden gehalten werden muss, bringen die Menschen schließlich dazu, untereinander einen Vertrag zu schließen. In diesem „Gesellschaftsvertrag" übertragen sie ihr Recht, Gewalt auszuüben, auf einen einzelnen unter ihnen, den Herrscher. Auf diese Weise wird die Gesellschaft insgesamt zu einer Art Individuum, zum Staat.

Der Staat wird mit absoluter Machtvollkommenheit ausgestattet, **Staat** denn er muss Vertragsbrüche ahnden und dafür seinen Bürgern Schutz und ein menschenwürdiges Leben garantieren. Der Staat ist für den einzelnen da (und nicht umgekehrt, wie bei Platon). Der Staat sichert das praktische Zusammenleben, indem er auch festlegt, was gut und was böse ist, er bestimmt die Moral. Seine Gesetze sind das Gewissen seiner Bürger. Übeltäter bestraft der Staat, und zwar zur Abschreckung, nicht zur Buße. Gehorsam gegenüber dem Souverän hingegen hält Hobbes für die geeignetste Form, die eigenen Interessen zu verfolgen. Jede Regierung hielt er für besser als den Zustand der Anarchie.

Der absolute Herrscher (ein Mensch oder eine Versammlung), der **Souverän** den Staat verkörpert, steht über den Gesetzen, die er selbst erlassen hat und untersteht einzig und allein dem „König aller Könige" – Gott. Der Souverän muss auch die Meinungen überwachen und Zensur ausüben, weil ja die Handlungen der Menschen ihren Meinungen entspringen. Auf diese Weise wird eine „opinio communis", eine einheitliche öffentliche Meinung über die Grundlagen der gesellschaftlichen Ordnung geschaffen und damit die innere Stabilisierung des Staates erreicht. Die Menschen folgen dann den Befehlen des Souveräns aus Einsicht und nicht nur aus Angst vor Strafe. Hobbes war überzeugt, dass gerade das einfache Volk auf diese Weise den Willen des Souveräns freiwillig akzeptiert.

Hobbes, dem es lag, Gedanken durch Bilder auszudrücken, wählte **Leviathan** als Titelkupfer für sein Hauptwerk „Leviathan" eine gigantische menschliche Gestalt über einer weiten Landschaft, die den Staat verkörpern und zum Ausdruck bringen soll, dass dieser gewissermaßen ein riesiger künstlicher Mensch ist, der sich aus der Vielzahl der Bürger zusammensetzt. Leviathan, ein Ungeheuer aus dem Buch Hiob, wird so zum Sinnbild des allmächtigen Staates, des „sterblichen Gottes", der alle Bürger verschlingt. (Höffe)

Thomas Hobbes galt als „der unbequemste politische Denker Eng- **Wirkung** lands", seine Lehre wurde zwar heftig diskutiert, war aber ausgesprochen unbeliebt. Sein Einfluss auf die Politiker seiner Zeit war indes nur gering. Weder Oliver Cromwell noch König Karl II. wollten seine Maximen in die Praxis umsetzen und schon wenige Jahre nach Hobbes Tod wäre das in England ohnehin nicht mehr möglich gewesen, denn in der „Glorious Revolution" von 1688 hatte das Parlament über das Königtum gesiegt. Als Verfechter des Staatsabsolutismus polarisierte Hobbes die Gemüter, aber mit seiner Vertragstheorie ist er in der politischen Diskussion präsent geblieben.

René Descartes (1596–1650)

Ein französischer Zeitgenosse von Hobbes, der ihm in Paris begegnet
war, ebenfalls Mathematiker, als Philosoph jedoch von ganz anderer
Art, sollte ihn an Bekanntheit und Wirkung auf die Nachwelt weit
übertreffen. René Descartes (lat. Renatus Cartesius) wurde in La Haye
in der Touraine geboren. Sein Vater Joachim Des Cartes (er schrieb
seinen Namen so, um auf seinen Stand als Edelmann hinzuweisen)
stammte aus dem benachbarten Poitou, war Jurist und Parlamentsrat
in der Bretagne. Mit 8 Jahren wurde René auf ein Jesuitenkolleg geschickt. Anschließend erwarb er das Lizenziat der Rechte in Poitiers.
Zu dieser Zeit erbte er das kleine Gut Le Perron im Poitou und so
nannte er sich fortan „Sieur du Perron". Er war nun mit einem bescheidenen Vermögen ausgestattet, das ihn ausreichend unabhängig
machte. Als er 22 war, schickte ihn sein Vater zur militärischen Ausbildung nach Holland. Von dort aus machte er sich auf, „das Buch
der Welt" zu studieren, reiste nach Kopenhagen, Polen, Ungarn, Österreich und Böhmen. In Frankfurt war er 1619 Zeuge der Kaiserkrö-
nung Ferdinand II. Den anschließenden Winter verbrachte er in Neu-
burg bei Ulm. Ein Jahr lang diente er als Freiwilliger in der Truppe
des Herzogs von Bayern und nahm an der Schlacht am Weißen Berge
teil. In den folgenden Jahren war er wieder unterwegs in Italien, bis
er für 3 Jahre in Paris sesshaft wurde. Dann, 1628, er war damals 32,
emigrierte er in die Niederlande. Dort verbrachte er, an wechselnden
Orten, die nächsten 20 Jahre in Stille und Zurückgezogenheit, ganz
seinem Werk gewidmet. Er unterhielt einen umfangreichen Briefwechsel, der ihn mehr Zeit kostete, als ihm lieb war. Descartes blieb
unverheiratet. Er hatte eine uneheliche Tochter, die jedoch zu seinem
großen Schmerz schon mit 5 Jahren starb. 1649 gab er dem Drängen
der schwedischen Königin Christine (1626–1689) nach, die den inzwischen berühmten Philosophen an ihrem Hof haben wollte. Das
rauhe Klima bekam ihm jedoch nicht, Descartes starb in Stockholm
an einer Lungenentzündung, erst 54 Jahre alt. Über ein Jahrhundert
später, 1793, wurden seine Gebeine nach Paris ins Panthéon überführt.

Naturwissen-
schaftler

Als Naturwissenschaftler beschäftigte er sich eingehend mit Anatomie
und trug dazu bei, dass sich Harveys Lehre vom Blutkreislauf gegen
die Schulmedizin durchsetzte. Er verfasste Abhandlungen über Optik
und Meteorologie, war der Begründer der analytischen Geometrie
und verbesserte die Theorie der Gleichungen.

Philosophi-
sche Werke

Descartes scheint ein frommer Katholik gewesen zu sein. Er war jedoch kritisch gegenüber einer Theologie, die die christliche Überlieferung mit dem Aristotelismus verknüpfte. Er wandte sich gegen diese
scholastische „opinio" und trat für die „Wahrheit" ein, wobei ihm
klar sein musste, dass das für die Kirche eine Provokation bedeutete.
Die Ideologen der Scholastik hatten nach seiner Meinung wesentlich

zum Krieg beigetragen und Descartes sehnte den Frieden herbei. Das mag mit ein Grund für seine Emigration in die protestantischen Niederlande gewesen sein. Er war auch, gewarnt durch das Schicksal Galileis, so vorsichtig, sein erstes Manuskript „Le Monde", das sich mit dem kopernikanischen System befasste, lieber nicht zu veröffentlichen. 1637 erschien „Discours de la méthode" („Abhandlung über die Methode des richtigen Vernunftgebrauchs und der wissenschaftlichen Wahrheitsforschung"), vier Jahre später folgten seine „Meditationes de prima philosphia" („Untersuchung über die Grundlagen der Philosophie"). Dass die Kirche 1663 seine Schriften verurteilte, hat er nicht mehr erlebt.

In dem Winter, den er in Ulm verbrachte, hatte Descartes ein Schlüsselerlebnis. Einmal, als er sich vor der Kälte in der Stube verkroch, schlief er am Kachelofen ein und hatte drei lebhafte Träume, nachdem ihm vorher der Gedanke gekommen war, die Fundamente für eine wunderbare Wissenschaft entdeckt zu haben. Vermutlich war es die Idee, die Aussagen der Philosophie sollten so grundlegend und so unerbittlich logisch wie die Mathematik sein. **Schlüsselerlebnis**

Descartes schwebte offenbar vor, die Philosophie zu einer Art Universalmathematik zu machen. Seine Methode bestand aus vier einfachen Regeln: Nur als wahr anerkennen, was sich als klar und deutlich erweist, bei Schwierigkeiten das Problem so lange zerlegen, bis die Teile klare und einfache Aussagen zulassen, aus denen sich dann immer komplexere Überlegungen aufbauen lassen und dabei auf Vollständigkeit und Übersicht achten. Auf dem Wege strenger Deduktion soll alles aus einfachsten Grundbegriffen gewonnen werden. **Methode**

Wenn Descartes alles aus einfachsten Prinzipien ableiten wollte, musste er sich zunächst vergewissern, dass sein Ausgangspunkt sicher war. Was aber ist sicher? Um das herauszufinden, musste er zunächst alles anzweifeln. Descartes stellte deshalb alle bisherige Erkenntnis radikal in Frage. Um zu einem sicheren Ausgangspunkt im Denken zu gelangen, zweifelte er an allem, was als wahr galt. Doch wenn ich auch an allem zweifle, meinte er, kann ich doch nicht daran zweifeln, dass ich zweifle, und das heißt zugleich dass ich denke. Und wer denken kann, muss sein: „je pense, donc je suis" („cogito, ergo sum" – „ich denke, also bin ich.") Diese Gewissheit war sein erster, unerschütterlicher Ausgangspunkt. **Cogito, ergo sum**

Mit dieser Gewissheit, folgerte Descartes, hatte er zugleich das Kriterium der Wahrheit in der Hand. Alles was ich ebenso klar und deutlich erkenne, wie diesen Satz, muss ebenso wahr sein. Wahr ist, was klar und deutlich ist. „Das uns von Gott geschenkte Erkenntnisvermögen ... nimmt niemals einen Gegenstand wahr, der nicht wahr ist", schrieb er. Doch nur was man denkt, ist wahr. Descartes suchte die Wahrheit im Licht der natürlichen Vernunft. Für ihn gibt es nichts **Wahrheit**

Unterbewusstes oder Halbbewusstes, keine undefinierten Seelenregungen, und Empfindungen nur, soweit sie Ausdruck klarer Gedanken sind. Etwas begehren heißt für ihn: etwas für wahr halten; etwas verabscheuen: es für falsch halten. (Friedell)

Gott

Descartes fragte sich nun, ob es etwas gäbe, was ebenso gewiss ist wie dieses „cogito, ergo sum", denn dann wäre der nächste Schritt zum Aufbau der richtigen Philosophie getan. Und er findet: Das gibt es, es ist Gott. Ich habe in mir die Idee Gottes als eines unendlichen, allmächtigen und allwissenden Wesens. Diese Idee kann nicht aus der äußeren Wahrnehmung stammen, die mir immer nur die endlichen Naturdinge zeigt und ich kann sie auch nicht aus mir selbst gebildet haben. So kommt Descartes zur absoluten Gewissheit Gottes. Er entwickelte den Gottesbegriff aus dem denkenden Ich, so wie es Anselm von Canterbury 600 Jahre vor ihm getan hatte.

Dualismus

Descartes fand zwei weitere Erscheinungen, die auf keine andere Idee zurückzuführen sind: Erstens den Geist, das Denken, das ganz unräumlich und ganz unkörperlich ist, und zweitens die Welt der Körper. Die Körperwelt existiert allerdings nicht so, wie sie uns unsere Sinne erscheinen lassen. Die sinnliche Erfahrung ist unklar. Erst der denkende Verstand erkennt klar und deutlich die Eigenschaft der Körperwelt, nämlich dass sie im Raum ausgedehnt ist. Das Denken, der Geist, die Seele, ist für Descartes stets etwas Individuelles. Wie allerdings der materielle Leib und die immaterielle Seele ineinandergreifen, dieses „Leib-Seele-Problem", konnte Descartes noch nicht befriedigend lösen, obwohl er sein ganzes Leben lang versuchte, die Wechselwirkung zwischen Leib und Seele zu erklären. Der metaphysische Dualismus Descartes' führte im neuzeitlichen Denken zur Unterscheidung von Subjekt und Objekt. Der Geist ist das Subjekt der Erkenntnis, dem die materielle Welt als Objektwelt gegenübersteht. (Jacobi)

**Wahr-
haftigkeit**

Den Zweifel an der Realität der sinnlich gegebenen Außenwelt erledigt Descartes gewissermaßen auf dem Umweg über Gott. Gott, als vollkommenes Wesen, muss zugleich wahrhaftig sein. Deshalb ist es undenkbar, dass er mir in der mich umgebenden Welt etwas Trügerisches vorgaukeln sollte. Gott, dessen Existenz er bewiesen hat, ist für Descartes der Garant dafür, dass die äußere Welt nicht bloß Täuschung ist, dass wir uns auf ihre Existenz verlassen können.

**Willens-
freiheit**

Wenn aber Gott der Garant dafür ist, dass wir die Wahrheit erkennen können, warum irren und täuschen wir uns dann trotzdem? Das ist die Frage der „Theodizee", hier nicht auf das Böse in der Welt, sondern auf die Erkenntnis bezogen. In der Ethik lautet die Antwort: Gott hat, um eine vollkommene Welt zu schaffen, dem Menschen die Freiheit geben müssen, auch das Falsche zu wählen, darin liegt die Quelle des Bösen. Ähnlich antwortet nun Descartes mit dem Hinweis

206

auf die Freiheit des Willens. Der Mensch habe die Freiheit die eine Vorstellung zu bejahen, die andere zu verwerfen. Darin liege die Quelle des Irrtums. Wenn wir uns jedoch an die Grunderkenntnis halten, dass wir nur das als wahr annehmen, was wir mit Gewissheit erkannt haben, können wir nicht irren, meinte Descartes.

Gott und die Seele sind die Grundthemen seines Denkens. „Obgleich **Seele** es uns Gläubigen genügt, die beiden Wahrheiten, dass die menschliche Seele mit dem körperlichen Leibe nicht vergeht und dass Gott existiert, mit dem Glauben zu erfassen", schreibt Descartes in den „Meditationes", könne man den Ungläubigen doch beides mit der natürlichen Vernunft beweisen. Die Seele erkennt dadurch, dass sie in sich hineinschaut, die Existenz Gottes, so wie Augustinus bereits gelehrt hatte: Geh nicht hinaus, betrachte dich selbst, in dir ist die Wahrheit. In seinem letzten Lebensjahr veröffentlichte Descartes seine berühmte, von den Zeitgenossen bewunderte Abhandlung „Les passions de l'ame" („Von den Leidenschaften der Seele"), eine Analyse der menschlichen Leidenschaften, zugleich mit einer Anleitung, wie man sie lenken und bekämpfen kann.

Man hat Descartes als Begründer der modernen Philosophie bezeich- **Bedeutung** net und, wie Bertrand Russell meinte, das mit Recht. Seit der Antike war er der Erste, der versuchte, unter dem Eindruck des Fortschritts in den Naturwissenschaften, ein vollständig neues, philosophisches Gebäude zu errichten, ohne auf den Fundamenten der Vorgänger aufzubauen. Bis dahin fühlten sich die Philosophen vor allem als Lehrer, Descartes aber schrieb frisch und ungezwungen wie ein Forscher und Entdecker, der seine Erkenntnisse allen mitteilen will. So trug er wesentlich dazu bei, die bis dahin vorherrschende Scholastik zu überwinden.

Blaise Pascal (1623–1662)

Descartes war der wirksamste Philosoph seiner Zeit, aber es gab einen Zeitgenossen, der ihm an Größe und Weite ebenbürtig war. Blaise Pascal entstammte einer Familie aus Clermont, seine Mutter starb früh und der Vater, Präsident des Steueramtes, übersiedelte mit seinen 3 Kindern nach Paris. Er erzog seine Kinder selbst nach den Vorstellungen Montaignes. Blaise war ein hochbegabtes Kind und wurde ein genialer Wissenschaftler. Mit 12 entdeckte er selbständig die Lehrsätze des Euklid, mit 16 verfasst er eine Abhandlung über die Kegelschnitte, mit 19 erfand er eine Rechenmaschine, mit 23 formulierte er das Gesetz der kommunizierenden Röhren und berichtete über seine Experimente zur Messung des Luftdrucks. Außerdem begründete er die Wahrscheinlichkeitsrechnung. In dieser Zeit besuchte ihn auch Descartes, der den jungen Gelehrten, über den so viel gesprochen wurde, kennenlernen wollte. In der Frage des luftleeren Raums konnten sie sich allerdings nicht einigen. Als Pascal 31 war, hatte er ein mystisches Erweckungserlebnis. Er zog sich nach Port Royal bei Versailles zurück, in die Nähe seiner frommen Schwester, die dort im Kloster lebte. Port Royal war das Zentrum der „Jansenisten", denen sich Pascal zugehörig fühlte. Sie wollten das augustinische Erbe wiederbeleben und lagen dabei in heftiger Fehde mit den Jesuiten. Pascal hatte nun immer stärker unter der Magenkrankheit zu leiden, die ihn schon sein ganzes Leben begleitet hatte. Er starb mit 39 Jahren.

Vernunft und Glaube

Pascal hatte Descartes Schriften studiert und stimmte ganz mit dessen Erkenntnisideal der „Wahrheit und Deutlichkeit" überein. Als genialer Mathematiker und kühler, scharfsinniger Denker erkannte er klar die Widersprüche, die bei vernunftgemäßer Betrachtung in den christlichen Dogmen erkennbar waren. Auf der anderen Seite war Pascal tief religiös, er war durchdrungen vom Gefühl menschlicher Nichtigkeit und Sündhaftigkeit. Das führte ihn zu der Erkenntnis, dass das rationale und mathematische Denken uns im Grunde unbefriedigt lassen muss, weil es auf die wesentlichen Fragen keine Antwort hat. So flüchtet er sich schließlich doch in eine Haltung frommer Askese und demütiger Ergebung in den göttlichen Willen. Das Mysterium des Glaubens sei mit Vernunft nicht zu erfassen und das menschliche Herz, meinte er, habe seine eigene Logik: „Le coeur a ses raisons, que la raison ne connait pas." („Das Herz hat seine Gründe, die die Vernunft nicht kennt.") Er gelangte, darin durchaus zeitgemäß, zum Glauben nicht durch das Dogma, sondern durch die Skepsis. Pascal kam zu der Erkenntnis, dass die wahre Aufgabe des Geistes in der Hingabe an Gott besteht. Wie schon sein Vater wandte auch er sich schließlich gegen Descartes, dessen Philosophie nach seiner Meinung zu ausschließlich vom Intellekt geprägt war.

Glück

Was das irdische menschliche Glück anbelangt, so ist Pascal von tiefer Skepsis, ja Verzweiflung erfüllt. Alle Menschen trachten danach glücklich zu sein, meinte Pascal, doch zeigt sich immer wieder unsere Ohnmacht, durch unsere Anstrengungen zum Glück zu gelangen. Nur der Glaube hilft weiter. Das Glücksbegehren des Menschen kann nur in einem anderen Leben, jenseits der verderbten Welt, erfüllt werden.

Philosophische Werke

Seine „Lettres Provinciales", Flugschriften gegen die Jesuiten, waren „Bestseller". Sie haben die Position der Jesuiten und die scholastische Theologie in Frankreich diskreditiert, die kirchliche Autorität erschüttert und den Boden für die Aufklärung bereitet. Sein berühmtes Werk „Les Pensés", Fragmente in aphoristischer Form, Materialien für eine Apologie des Christentums, die er nicht mehr vollenden konnte, wurde erst 8 Jahre nach seinem Tode veröffentlicht. Die „Pensées" sind dem „Studium des Menschen" gewidmet. Als Naturforscher ist für Pascal die Seele ein großes Experimentierfeld, und mit analytischem Scharfsinn legt er ihre geheimsten Regungen bloß. Er wendet seine Wahrscheinlichkeitsrechnung gewissermaßen auch auf die Psychologie an. Das Endresultat ist eine große Ungewissheit. „Denn schließlich, was ist der Mensch in der Natur? Ein Nichts, gehalten gegen das Unendliche, eine Welt, gehalten gegen das Nichts, ein Mittelding zwischen Null und All … Wir sind unfähig alles zu wissen und zugleich unfähig alles zu ignorieren. Wir ersehnen die Wahrheit und finden nur Ungewissheit … Wir suchen das Glück und finden das Elend … Der Mensch weiß, dass er elend ist und er ist elend, weil er es weiß."

Baruch de Spinoza (1632–1677)

Wenige Jahre, nachdem Descartes seine letzten Jahre in den Niederlanden verbrachte, begann ein junger Holländer als Philosoph von sich reden zu machen: Baruch de Spinoza. Die Familie d'Espinosa, aus Spanien vor der Inquisition geflüchtet, gelangte über Portugal und Frankreich nach Holland, wo seit 1579 Religionsfreiheit garantiert wurde. Sie gehörte zu den ersten jüdischen Familien, die sich in Amsterdam niederließen. Ihren ältesten Sohn nannten sie Baruch (hebräisch „der Gesegnete", lateinisch Benedictus). Der Vater, ein wohlhabender Kaufmann, wollte, dass sein Sohn später das Geschäft (Handel mit Südfrüchten) übernimmt. Baruch de Spinoza besuchte die Synagogenschule und lernte viel über das Alte Testament, den Talmud und jüdische Philosophen. Aber den aufgeweckten Jungen plagten schon bald Zweifel. Als er 22 war, starb sein Vater. Seine Schwester erhob Anspruch auf das ganze Vermögen und Baruch musste wegen seines Anteils prozessieren. Als er gewonnen hatte, gab er dann doch alles seiner Schwester, an Geld lag ihm nichts. Er verdiente sich seinen Lebensunterhalt zunächst als Privatlehrer, dann mit dem Schleifen optischer Linsen. Mittlerweile wurden seine Glaubenszweifel bekannt, Spinoza wurde von der jüdischen Gemeinde öffentlich exkommuniziert und aus der Stadt ausgewiesen. Er schätzte zwar Freunde und Vergnügungen, aber mehr noch liebte er das Alleinsein. So zog er sich in das stille Rhijnsburg bei Leiden zurück und fing an zu schreiben. Als er 30 war, veröffentlichte er eine Abhandlung über Descartes. 5 Jahre später musste er erleben, dass einer seiner Freunde und Anhänger wegen Ketzerei verurteilt wurde und im Gefängnis starb. Das mag ihn veranlasst haben, unter seinem Namen nichts mehr zu veröffentlichen. Sein Hauptwerk erschien erst nach seinem Tod. Trotzdem war er berühmt, Freunde und Bewunderer – zu denen auch der Regierungschef Johann de Witt zählte – korrespondierten mit ihm und besuchten ihn. Kurfürst Karl Ludwig von der Pfalz bot ihm eine ordentliche Professur an der Universität Heidelberg an, aber Spinoza lehnte ab. Mittlerweile hatte sich sein ererbtes Lungenleiden durch den Staub, den er bei seiner Linsenschleiferei einatmen musste, immer mehr verschlimmert. 1677 starb er im Alter von 45 Jahren.

Philosophie Spinoza hatte Bacon, Hobbes und Descartes gelesen, Leibniz hat mit ihm korrespondiert und ihn besucht. Was Spinoza suchte, hatte er nicht gefunden: eine Philosophie, die an die Stelle seines verlorenen Glaubens treten könnte. Er suchte, „... ob es irgend etwas gebe, das ein wahres Gut sei, dessen man teilhaftig werden könne und von dem allein ... die Seele ergriffen werde." So machte er sich selbst daran eine Philosophie zu entwerfen, die so klar und logisch wie eine geometrische Abhandlung sein sollte. Einen ersten Versuch unternahm er mit der „Kurzen Abhandlung von Gott, dem Menschen und seinem Glück". Sein Hauptwerk nannte er dann „Ethik nach geometrischer Methode dargestellt". Seine Lehrsätze fand er durch strenge Deduktion. Er arbeitete seit seinem 30. Jahr daran, 15 Jahre später hatte er es vollendet, veröffentlicht wurde es erst nach seinem Tode. Inzwischen verfasste er einen theologisch-politischen Traktat.

Bibelkritik Spinoza sah sich nicht als Atheist, doch wegen des Dogmatismus und der Intoleranz des calvinistischen Klerus, die er um sich herum erlebte, nahm er sich vor, die Heilige Schrift „unbefangen und mit freiem Geiste" zu prüfen und als ihre Lehre nichts gelten zu lassen, was er nicht mit voller Klarheit selbst entnehmen könnte. So veröffentlichte er – anonym – den „Tractatus theologica-politicus", eine mutige Bibelkritik, die auf viele Widersprüche und Abweichungen des herrschenden Dogmas hinwies. Die Propheten wirkten durch ihr tugendhaftes Leben, für sie war Religion richtiges Verhalten und nicht die eifrige Befolgung von Ritualen, meinte Spinoza. Die Verfasser der Bibel hätten über Wunder berichtet, um sich dem Verständnis einfacher Menschen anzupassen, solche Geschichten seien nicht wörtlich zu nehmen. Gottes Wort in der Bibel enthält ein Sittengesetz, das die Menschen tugendhaft machen kann. Religiöse Unterweisung sollte das Verhalten betonen und nicht den Glauben. Es genügt, an die Existenz Gottes zu glauben, dessen Verehrung in der Gerechtigkeit und in der Nächstenliebe bestehen sollte. Spinoza hielt Jesus nicht für Gottes Sohn, wohl aber für den größten und edelsten aller Menschen. In der Nachfolge eines so verstandenen Heilands, meinte Spinoza, würden sich Juden und Christen zusammenfinden können. Das Buch löste einen Proteststurm aus und Spinoza wurde erneut als Atheist beschimpft.

Pantheismus In seinem philosophischen Hauptwerk, der „Ethik", ging Spinoza vom Begriff der Substanz aus. Das war für ihn ein Begriff, den man bilden konnte, ohne dass man sich auf den Begriff eines anderen Dings stützen musste. Er verstand unter Substanz nicht etwas Stoffliches, sondern es war für ihn das „Seiende", die Realität die allen Dingen zugrunde liegt, das, was man in der Antike den Urgrund der Dinge nannte. Die Substanz ist Ursache ihrer selbst, ewig, unerschaf-

210

fen, und außer ihr ist nichts. Sie ist der höchste Begriff, der alle anderen Begriffe in sich fasst und daher für uns unbegreiflich ist. Deshalb galt für Spinoza die Gleichung: Substanz = Natur = Gott (Substantia sive natura sive deus). Damit ist für Spinoza zugleich die Existenz Gottes bewiesen, denn Gott und die Welt sind eins.

Die Realität der Substanz, also Gottes, nehmen wir in zwei Formen **Gott** („Attributen") wahr: als Ausdehnung oder Materie und als Denken oder Geist. Diese beiden Attribute der Substanz sind nicht getrennte Eigenschaften, sondern einfach zwei Aspekte der gleichen Realität: die Materie nehmen wir mit den Sinnen wahr, und das Bewusstsein erfasst die Realität durch das Denken. Gott hat unendlich viele Attribute, aber es sind nur diese beiden, die wir erkennen können. Die Attribute finden ihren Ausdruck in den Einzeldingen, den Körpern, die Spinoza „Modi" nennt. Gott ist nicht nur der Urgrund des Geistes, sondern auch aller Körper. Gott ist also keine Person, er ist die Summe aller Geistigkeit (Beseelung, Empfindungen, Denken) und aller Materie, eben alles Seienden. Deshalb ist für Spinoza auch der menschliche Geist Teil eines unendlichen Verstandes. Die Distanz, die zu einem transzendenten, jenseitigen Gott besteht, ist bei Spinozas Gottesvorstellung aufgehoben. Könnten wir alle Dinge von außen und von innen wahrnehmen wie uns selbst, würden wir feststellen, dass alle Dinge beseelt sind, wenn auch in verschiedenen Graden. Spinoza war überwältigt von der erhabenen Ordnung der Natur, in der die Gesetze einer göttlichen Offenbarung zu erkennen waren. Der Wissenschaftler, der diese Gesetze untersucht, entdeckt selbst in den geringfügigsten Einzelheiten diese Offenbarung, denn „... je mehr wir die Einzeldinge erkennen, um so mehr erkennen wir Gott." Bei Spinoza liegen Wissenschaft und Religion nicht mehr im Widerstreit, sie sind eins.

Für Spinoza ist die Seele „die Idee des Körpers", sie ist der von innen **Seele** her empfundene Körper. Jede Handlung ist die gleichzeitige und einheitliche Wirkung von Körper und Seele zusammen. So gibt es für Spinoza kein dualistisches Körper-Seele-Problem wie bei Descartes. Insoweit die Seele den mit dem Körper verbundenen zeitlichen Erinnerungen und Vorstellungen entspricht, stirbt sie mit dem Körper. Insoweit die menschliche Seele jedoch die Dinge in ihren ewigen Beziehungen zur Natur erkennt, ist sie ein Teil des göttlichen Geistes und ist ewig.

Spinoza unterscheidet im menschlichen Erkenntnisvermögen 3 Stu- **Erkenntnis** fen: Die Reaktion des Körpers auf erste Eindrücke führt zu Vorstellungen, die uns nur einen unvollständigen, oft trügerischen Begriff geben können. Tiefere Erkenntnis erlangen wir erst durch unseren arbeitenden Verstand. Die höchste Stufe der Erkenntnis wird schließlich durch Intuition, durch innere Erleuchtung gewonnen. Sie führt zum unmittelbaren Erleben des Wesentlichen der Dinge, und zwar unter dem

Gesichtspunkt der Ewigkeit („sub specie aeternitatis"). Es ist die Betrachtungsweise, um die sich der Weise bemüht: die Welt so zu sehen, wie Gott sie sieht.

Determinismus

Gott lenkt die Welt durch die Naturgesetze. Auf diese Weise ist Gott – oder die Natur – die innere Ursache für alles, was geschieht. Das heißt, alles Geschehen unterliegt einer absoluten, logischen Notwendigkeit. Nur aus Unwissenheit meinen wir, das Zukünftige ändern zu können. Was geschehen soll, wird geschehen. Die Zukunft steht so unabänderlich fest, wie die Vergangenheit. Daher sind Furcht und Hoffnung verwerflich. Beide beruhen auf der Ansicht, die Zukunft sei ungewiss und entspringen infolgedessen einem Mangel an Wissen. Was der Mensch in seiner Notwendigkeit begriffen hat, wird er einsehen und damit bejahen. Der Gedanke, dass alles, was uns widerfährt, aus einem bestimmten Grund passiert, hat durchaus einen tröstlichen Aspekt. Darin besteht auch die Freiheit, die dem Menschen erhalten bleibt, dass der Mensch akzeptiert, wie er ist und sich in den von Gott bestimmten Lauf der Welt einfügt. Die Willensfreiheit hielt Spinoza für eine Selbsttäuschung. (Jaspers)

Affekte

Für Spinoza entsprach es dem Wesen aller Dinge, dass sie danach streben, in ihrem Sein zu beharren. Dieses Streben nach Selbsterhaltung ist der Antrieb, der auch den Menschen bewegt. „... unter gut verstehe ich das, wovon wir gewiss wissen, dass es uns nützlich ist", meinte Spinoza. Wird der Trieb zu Selbstbehauptung befriedigt entsteht Freude, wird er gehemmt, Trauer. Die Selbsterhaltung ist der oberste der „Affekte", Gefühle oder Begierden, die sich zur Leidenschaft steigern können. Wir können die zum Teil widerstrebenden Affekte durch die Vernunft koordinieren. Doch sie durch die Vernunft zu beherrschen, wird uns nie ganz gelingen, weil wir ein Teil der Natur sind. Ein Affekt kann nur durch einen entgegengesetzten Affekt gehemmt oder aufgehoben werden. „Ein Affekt, der zur Leidenschaft geworden ist, hört auf, eine Leidenschaft zu sein, sobald wir uns von ihm eine klare und deutliche Idee bilden." Vernunft kann selbst zur Leidenschaft werden und auf diese Weise die Leidenschaften überwinden. Spinoza meinte, wir müssen den Affekten und Emotionen mit Gleichmut begegnen. Für ihn machte es keinen Sinn, dass ein Mensch Wut oder Ärger empfand, wenn er verletzt wurde, denn dies führe nicht zu Veränderungen. Die Gesellschaft kann versuchen, durch ein Gefühl für Recht und Unrecht, durch Belohnung und Strafe die Leidenschaften einzudämmen. Das Gewissen ist somit für Spinoza sozialen Ursprungs und nicht angeboren.

Tugend

Tugend trägt ihren Lohn in sich. Wenn man durch Belohnung und Strafe in einem Leben nach dem Tod moralisches Verhalten erzwingen will, so führt das zu Aberglauben und ist im Grunde unwürdig. Spinoza missfiel am Christentum, dass es das Leben als Jammertal und den Tod als Tor zu Himmel und Hölle betrachtete. Täglich an

212

den Tod zu denken, sei eine Beleidigung des Lebens: „Der freie Mensch denkt an nichts weniger, als an den Tod, und seine Weisheit ist ein Nachsinnen nicht über den Tod, sondern über das Leben." Das Streben nach Einsicht ist die Grundlage der Tugend, bedeutet Macht über sich selbst. Wer erkannt hat, dass alles aus Notwendigkeit und nach den Gesetzen der göttlichen Natur geschieht, wer den Geboten der Vernunft gemäß lebt, wird auch Hass und Zorn mit Liebe und Edelmut erwidern. Menschen, die sich von der Vernunft lenken lassen, wünschen sich nichts, was sie nicht auch den anderen Menschen wünschen.

Wer Macht über seine Seele hat, wird lernen, sie immer mehr auf die **Glück** Idee Gottes zu richten. Diese Form des Bewusstseins nennt Spinoza „die geistige Liebe zu Gott" („amor dei intellectualis"). Mit dieser höchsten Stufe der Selbst- und Seinserkenntnis, die wir durch unser „Auge der Seele", die intuitive Einsicht, erlangen, erreicht der Mensch ein Stadium der Vollkommenheit, der Glückseligkeit und der Freiheit. Diese Glückseligkeit ist keine Belohnung unserer Tugend, sondern es ist die Tugend selbst und sie verleiht dem Menschen die Kraft, alle Leidenschaften zu zügeln. In der Liebe zu Gott, in der Erkenntnis Gottes, die uns anleitet, nur das zu tun, was Liebe und Pflichtgefühl erheischen, liegt auch das größte Glück. Glück erfährt der Mensch aber auch durch das Bewusstsein, selbstlos zu handeln und ein gutes Leben zu führen. Die geistige Liebe zu Gott ist zugleich auch „amor fati", eine Liebe zum unabänderlichen Schicksal. Der Einsicht in die Notwendigkeit, mit der alles nach dem ewigen Beschluss Gottes erfolgt, entspringen die Seelenstärke und der Gleichmut, mit dem wir alle Wendungen des Schicksals ertragen können.

Seine Studie über den Staat begann Spinoza mit einer Betrachtung **Staat** über die Natur des Menschen und ging dabei, wie Hobbes, von einem gesetzlosen Urzustand aus. Schließlich hätten die Menschen erkannt, dass der soziale Zusammenschluss die stärkste Waffe zum Überleben und zur Entwicklung des Einzelnen ist. Das Streben nach Selbsterhaltung wird ergänzt durch die Erfordernisse des gesellschaftlichen Zusammenschlusses. Der Staat soll seinen Bürgern ein Leben in Vernunft ermöglichen. Dazu gehören Redefreiheit und Gedankenfreiheit. Diese Freiheiten können nicht nur ohne Schaden für den Staat zugestanden werden, sie sind vielmehr Voraussetzung für Frieden und innere Sicherheit. Und weil Spinoza den Fanatismus der Theologen kannte, schlug er vor, die Kirche der Aufsicht des Staates zu unterstellen. Anders als Hobbes sah er nicht in der Monarchie die beste Staatsform, sondern in der Demokratie.

Spinozas Philosophie mit seiner Bibelkritik, seiner Vorstellung von **Wirkung** einem unpersönlichen Gott, machte ihn bei Juden wie bei Christen verhasst. Seine große Wirkung entfaltete sich hundert Jahre später in der deutschen Philosophie und Dichtung, besonders bei Lessing, Herder und Goethe. „Ich fühle mich ihm sehr nahe, obgleich sein Geist viel tiefer und reiner ist als der meinige", soll Goethe gesagt haben. Was ihm besondere Zuneigung eintrug, war, dass er an seine Philosophie nicht nur glaubte, sondern sie auch lebte.

Gottfried Wilhelm Leibniz (1646–1716)

Seit der Renaissance war die Vernunft in den Vordergrund des Denkens gerückt und die Mathematik war zum Erkenntnisideal auch für die Philosophie geworden. Nach Descartes und Spinoza war es in Deutschland Gottfried Wilhelm Leibniz, der seine Philosophie unter diesen Auspizien entwarf. Seine weltmännische Attitüde stand in lebhaftem Kontrast zu Spinozas asketischer Zurückgezogenheit. In der geistesarmen und unglücklichen Zeit nach dem Dreißigjährigen Krieg war der berühmte Universalgelehrte eine glanzvolle Erscheinung. Leibniz war der Sohn eines Leipziger Professors der Moralphilosophie. Als er 6 war, verlor er seinen Vater. Mit 15 begann er dann mit dem Studium der Philosophie, der Mathematik und der Jurisprudenz an der Universität Leipzig. Als er 20 war, wollte er seine juristische Doktorprüfung ablegen, doch wurde ihm die Promotion verweigert, weil es noch ältere Bewerber gab. Da ging Leibniz an die Nürnbergische Universität in Altdorf und ein Jahr später erwarb er dort den Doktorgrad, man bot ihm sogar eine Professur an. Aber Leibniz wollte sich erst einmal in der Welt umsehen. Beim Mainzer Kurfürsten fand er eine feste Anstellung und einen Minister als Förderer. Im Dienste des Mainzer Kurfürsten kam er auch nach Paris, wo er vier Jahre verbrachte. Anschließend ging er nach London, wo er der Royal Society die von ihm erfundene Rechenmaschine vorstellte, mit dem Erfolg, dass er zum Mitglied der Gesellschaft ernannt wurde. Auf dem Heimweg besuchte er Spinoza. Als sein Mainzer Gönner starb, nahm Leibniz das Angebot des Herzogs Johann Friedrich von Hannover an und trat als Hofrat und Bibliothekar in dessen Dienste. Leibniz war stets rastlos tätig, verfasste philosophische Abhandlungen und unzählige Reformvorschläge auf vielen Gebieten, korrespondierte mit tausend Leuten, forschte und organisierte. Zum Heiraten hatte er keine Zeit. Die Nachfolger seines Gönners waren von seiner Umtriebigkeit nicht sonderlich begeistert, aber Leibniz fand eine starke Stütze in der Kurfürstin Sophie und ihrer Tochter Sophie Charlotte, der späteren preußischen Königin. Mit ihrer Hilfe konnte er auch seine Lieblingsidee, die Wissenschaft in Akademien zu organisieren, realisieren. Leibniz war der Gründer der Akademie der Wissenschaften in Berlin und ihr erster Präsident. Sein lebenslanges Bemühen, als Berater in der Politik mitzugestalten, kam allerdings über das Entwurfsstadium nie hinaus. Mitte 60 erreichte er den Gipfel seines Ruhmes, als ihn Zar Peter I. zum russischen Geheimen Justizrat und ein Jahr später der Kaiser in Wien zum Reichsfreiherrn und Reichshofrat ernannte.

Leibniz war nun endlich auch finanziell gut gestellt, aber mit seiner Gesundheit ging es bergab. Er starb einsam in seinem Haus in Hannover in seinem 70. Jahr.

Leibniz verfolgte sein Leben lang das Projekt einer Darstellung des universalen Wissens und sah besonders in der Mathematik die Möglichkeit, zu einer universalen Ausdrucksform, zu einer Idealsprache, mit der sich alle Begriffe und Beziehungen eindeutig charakterisieren lassen. Ihm schwebte ein Universalsystem des Denkens („Mathesis universalis") vor. Leibniz war ein genialer Mathematiker. Er entwickelte das binäre Zahlensystem (Dualsystem), auf dessen Grundlage heute die elektronischen Rechner arbeiten. Während seiner Pariser Jahre (1675) erfand er die Infinitesimalrechnung, in der Differential- und Integralrechnung zusammengefasst sind. Seine Abhandlung darüber erschien 1684. Drei Jahre später veröffentlichte Newton eine Schrift über die gleiche Methode und machte geltend, dass Leibniz ihn plagiiert habe. Es entspann sich ein zäher, hässlicher und im Grunde unberechtigter Prioritätsstreit. Beide hatten die Infinitesimalrechnung unabhängig von einander gefunden. Die Formalisierung und das Kalkül von Leibniz waren jedoch eingängiger und setzten sich in der Praxis durch. **Mathematik**

Als Protestant hatte Leibniz in Mainz einem katholischen Kurfürsten gedient und war mit der katholischen Lehre vertraut geworden. Seit dieser Zeit träumte er von der Aussöhnung und Wiedervereinigung der beiden christlichen Bekenntnisse. Natürlich war Leibniz Christ, auf jeden Fall äußerlich, als Weltmann mit staatsmännischen Ambitionen passte er sich der Theologie seiner Zeit an, wenn er auch selten in die Kirche ging. Es gab aber auch Leute, die ihm zwei Weltanschauungen attestierten, eine für den öffentlichen Gebrauch und eine zweite, die ihn als Anhänger des Spinozismus auswies. **Religion**

Als Philosoph beschäftigte sich Leibniz vornehmlich mit Metaphysik. In einer Abhandlung mit dem Titel „Monadologie" setzte er sich mit dem Substanzbegriff von Descartes auseinander. Descartes hatte alle Naturerscheinungen mit den Begriffen Ausdehnung und Bewegung erklärt und ein Gesetz von der „Erhaltung der Bewegung" formuliert. Leibniz hielt dies Erklärung für unbefriedigend und meinte, man könne Bewegung nicht trennen vom Begriff der Kraft. Für ihn war die Kraft (wir würden heute sagen, die Energie) das eigentliche Reale, sie war auch in der Ruhe als Potential vorhanden, für Leibniz gab es deshalb nur ein Gesetz von der Erhaltung der Kraft. Auch der Begriff der Ausdehnung als Kennzeichen der Materie schien Leibniz unzulänglich. Für ihn kann die Wirklichkeit nur aus echten Teilen bestehen, die keineswegs beliebig teilbar sind. Das führt zum Atombegriff der alten Griechen, den Leibniz jedoch mit der „Entelechie", jener den Stoff formenden Kraft des Aristoteles verbindet. Diese kleinsten, punktförmigen Kraftzentren, die den Stoff formen, nennt Leibniz **„Monado-logie"**

„Monaden" (griech. „Einheit"), ein Ausdruck, den schon Giordano Bruno gebraucht hatte. Was materiell erscheint, ist also eigentlich nicht Materie, sondern die Äußerungsform einer Kraft, einer unräumlichen Substanz. Im Mikrokosmos der Monade spiegelt sich die große Ordnung des Universums wider. Man kann es sich auch so vorstellen, dass die eine, unendliche Substanz, von der Spinoza ausgeht, in unendlich viele, individuelle Substanzen aufgeteilt ist. Die Monaden sind beseelt, wenn auch in unterschiedlichem Maße, die niederen haben nur unbewusste Vorstellungen, die höheren, wie die Menschenseele, haben Bewusstsein und die höchste Monade, Gott, hat ein unendliches Bewusstsein. Der menschliche Körper ist ganz aus Monaden zusammengesetzt, deren jede eine Seele hat und unsterblich ist. Eine dieser Monaden ist vorherrschend und ist das, was man die Seele eines Menschen nennt, von dessen Körper sie ein Teil ist. Wie alle Monaden unsterblich sind, so ist auch die Seele unsterblich. Der Tod besteht nur darin, dass sich der Verband der Monaden auflöst.

Prästabilierte Harmonie

Die ganze Welt besteht aus Monaden, die alle ihre individuellen Vorstellungen haben. Dennoch stimmen diese Vorstellungen soweit überein, dass sie in ihrer Gesamtheit das harmonische Ganze der Welt bilden, obwohl die Monaden nicht aufeinander einwirken. Das ist nur möglich, weil Gott von Anbeginn an jede Substanz so geschaffen hat, dass sie zwar ihren eigenen Gesetzen folgt, zugleich aber auch mit den anderen in Übereinstimmung bleibt. Leibniz nennt das von Gott im Voraus angelegte, „prästabilierte" Harmonie. Spinoza konnte auf eine solche Vorstellung verzichten, für ihn waren Gott und die Welt eins. Aber Leibniz brauchte diese Vorstellung, weil er an der christlichen Überzeugung eines über der Welt stehenden Gottes festhielt. (Störig)

Theodizee

Auch Leibniz konnte die Tatsache des Bösen und des Übels in der Welt nicht übersehen. Dennoch war er überzeugt, dass Gott die „beste aller möglichen Welten" erschaffen habe. Denn gäbe es noch eine bessere Welt, hätte Gott sie entweder nicht gekannt, dann wäre er nicht allwissend, oder er hätte nicht vermocht, sie zu erschaffen, dann wäre er nicht allmächtig. Da Gott die Welt erschaffen hat, muss sie auch endlich sein, und da sie geschaffen und endlich ist, muss sie auch unvollkommen sein, sonst wäre sie ja Gott gleich. Geschaffene Wesen in ihrer Unvollkommenheit müssen notwendig auch fehlen und sündigen, zumal ihnen Gott die Gabe der Freiheit verliehen hat. In dieser Welt überwiegt das Gute bei weitem das Böse und das Böse darin ist kein Beweis gegen Gottes Güte. Diese Gedanken hat Leibniz in seiner Schrift „Essais de Théodicée sur la bonté de Dieu, la liberté de l'homme et l'origine du mal" aufgezeichnet, die er für Königin Sophie Charlotte von Preußen verfasste und die 1710 publiziert wurde, die einzige größere Schrift, die zu seinen Lebzeiten herauskam. Über die Idee von der „besten aller Welten" machte sich später Voltaire in seinem Roman „Candide" lustig.

Leibniz fand, dass sich unsere logischen Schlüsse auf zwei Prinzipien **Logische**
gründen: Einmal auf das Prinzip der Widerspruchsfreiheit („Ein Satz **Gesetze**
ist entweder wahr oder falsch") und zum anderen auf den Satz vom
zureichenden Grund der besagt, dass nichts geschieht und keine Aussage wahr sein könnte ohne zureichenden Grund. Für die tatsächlich
existierende Welt ist Gott der zureichende Grund. Beide Prinzipien
beruhen auf dem Begriff des „analytischen" Satzes, bei dem das Prädikat im Subjekt enthalten ist. Diese Begriffslogik ist für Leibniz das
Mittel zur Wahrheitsfindung. Ein solcher Ansatz ist aber nur dann
möglich, wenn man, wie Leibniz, von eingeborenen Ideen und Wahrheiten ausgeht, die durch Vernunftgebrauch aktiviert werden.

„Die Glückseligkeit ist der Stand einer beständigen Freude. Freude **Glück**
ist die Einnehmung des Gemüts mit angenehmen Gedanken", meint
Leibniz. Glück besteht für Leibniz darin, intellektuell so klar wie
möglich zu sein. Das Streben nach Glück, das den Monaden innewohnt, zielt auf Vollkommenheit und damit auf Gott, das vollkommene Wesen. Indem eine Monade das Glück erstrebt, vervollkomm-
net sie sich und damit zugleich die Welt. Die Menschen führt das
Streben nach Glück auch zu dem ethischen Verlangen, die Mitmenschen zu fördern und ihnen zum Glück zu verhelfen. Die höchsten
Tugenden sind Weisheit und Liebe.

Seine Zeitgenossen beeindruckte Leibniz durch seinen unbeugsamen **Wirkung**
Optimismus. Er gilt als der erste große Philosoph Deutschlands und
zugleich als Idealist, was Dietrich Schwanitz konsequent erscheint:
„Die Engländer haben einen demokratischen Staat und sind Empiriker; die Franzosen haben einen zentralen Verwaltungsstaat und sind
Rationalisten; die Deutschen haben gar keinen Staat und noch weniger Erfahrung: so werden sie auf den Pfad der Spekulation gedrängt
und werden Idealisten."

Leibniz hat zu Lebzeiten wenig veröffentlicht aber einen riesigen Berg **Christian**
von Aufzeichnungen und Notizen hinterlassen, an dessen Auswer- **Wolff**
tung noch heute gearbeitet wird. Eine systematische Darstellung sei- (1679–1754)
ner Philosophie hat er selbst nicht verfasst, das besorgte Christian
Wolff, Professor in Halle und Marburg. Das „Leibniz-Wolffsche-Sys-
tem", das er ausarbeitete, hat die deutsche Philosophie noch lange
beeinflusst. Wolff war aber auch ein durchaus eigenständiger Denker.
Mit Nachdruck vertrat er die Idee einer bürgerlichen Gesellschaft, in
der sich das Individuum frei entfalten kann, geschützt durch einen
nach Vernunftgesetzen geordneten Rechtsstaat. Er gilt als Mitbegründer des modernen Völkerrechts und hat als einer der ersten den Gedanken eines Völkerbundes propagiert.

John Locke (1632 – 1704)

Leibniz hatte sich auch mit der Philosophie eines englischen Zeitgenossen befasst. Der von dem berühmten Engländer John Locke veröffentlichte Essay über den menschlichen Verstand sei eines der schönsten und geschätztesten Werke der Zeit, meinte er, obwohl Lockes System doch sehr verschieden von seinem eigenen sei. „Das seinige hat mehr Verwandtschaft mit Aristoteles, und das meinige mit Plato …" John Locke kam im gleichen Jahr, in dem Spinoza geboren wurde, in der englischen Grafschaft Somerset auf die Welt. Sein Vater war Gerichtsbeamter und hatte ein kleines Gut nahe Bristol geerbt, dort wuchs der junge John auf. Als er 14 war, konnte er auf die Westminster School in London gehen. Die Grundlagen seiner universalen Bildung hat er dort erworben, trotz der unruhigen Zeiten: In der Nähe der Schule wurde 1649 Karl I. enthauptet und die Schüler mussten für den König beten. Als er 20 war erhielt John Locke ein Stipendium für das Christ Church College der Universität Oxford. Ein Schwerpunkt seines intensiven und vielseitigen Studiums waren die Schriften des Aristoteles, die er sogar im griechischen Original las. Er wurde Magister und anschließend Dozent. Er hielt Vorlesungen über Philosophie, beschäftigte sich mit Descartes und Spinoza, aber auch mit den Naturwissenschaften, besonders mit Medizin, und wurde schließlich zum Mitglied der berühmten „Royal Society" gewählt.

In Oxford lernte er auch Anthony Ashley Cooper kennen, den späteren Earl of Shaftesbury, einen einflussreichen Politiker, und im folgenden Jahr, Locke war nun 34, ging er als dessen Arzt und politischer Berater nach London. Die Zusammenarbeit mit Shaftesbury, der später zum Lordkanzler aufstieg, wurde unterbrochen durch einen vierjährigen Aufenthalt in Frankreich. Inzwischen hatte nach Cromwells Tod der katholische Stuart Karl II. den Thron bestiegen und der protestantische Shaftesbury musste nach Holland ins Exil. Dorthin folgte ihm auch John Locke. Die 5 Jahre in Holland waren für den Philosophen Locke eine fruchtbare Zeit. Nach der „Glorious Revolution" von 1688 konnte er dann nach England zurückkehren. Locke war jetzt 57, er war unverheiratet geblieben. Auf dem Lande in Oates (Essex), im Hause der Familie von Lady Masham, mit der er seit vielen Jahren freundschaftlich verbunden war, fand er ein neues Heim. 14 Jahre ruhiger, wissenschaftlicher Arbeit waren ihm noch vergönnt, bis er mit 72 starb. Er schlief friedlich ein, während ihm Lady Masham aus den Psalmen vorlas.

Empirismus Locke fand, bevor man anfängt zu philosophieren, muss man sich darüber klar werden, was unser Verstand überhaupt vermag. Wie gelangen Vorstellungen und Begriffe in unser Bewusstsein? Sind sie von außen gekommen, haben wir sie durch unser Denken gebildet, oder waren sie schon immer in uns vorhanden? Locke, wie vor ihm schon Hobbes, kam zu dem Ergebnis, dass uns Ideen oder sittliche Grundsätze nicht angeboren sind. Der Inhalt unseres Bewusstseins, kann also nur aus äußeren oder inneren Erfahrungen, die wiederum von den äußeren abgeleitet sind, stammen. Vor der Erfahrung ist überhaupt nichts im Bewusstsein, es ist ein „white Paper", ein unbeschriebenes Blatt, eine „Tabula rasa". Es ist nichts im Verstande, was nicht zuvor in den Sinnen gewesen wäre. Alle unsere Erkenntnisse stammen aus der Erfahrung. Angeboren ist lediglich die Fähigkeit des Erkennens, wir können durch die Sinne aufgenommene Ideen „reflektieren" und damit auf ihre Qualität hin prüfen. Mit seinem konsequenten „Empirismus", der nur die Erfahrung als die Quelle der Erkenntnis – und als ihre Grenze – anerkennt, war Locke der Erste, der sich systematisch damit befasste, „den Ursprung, die Gewissheit und den Umfang der menschlichen Erkenntnis zu untersuchen." Seine Erkenntnistheorie hat Locke in seinem „Essay concerning human understanding" („Essay über den menschlichen Verstand") niedergelegt, der 1689, nach Lockes Rückkehr aus dem holländischen Exil, veröffentlicht wurde.

Dass es einen Gott gibt, war für Locke eine Gewissheit, die in der menschlichen Vernunft liegt. Er war ein frommer Christ, der auch in der Offenbarung eine Quelle der Erkenntnis sah. Doch müsse man auch die Offenbarung mit der Vernunft beurteilen. Locke schrieb eine Abhandlung über „Die Vernunftgemäßheit des Christentums" und fand, dass das Christentum unter allen Religionen noch am besten mit der Vernunft übereinstimmt. Das System der Moral, das Jesus predigt, entspricht dem Naturgesetz, oder einfach dem Gesetz der Vernunft. Es kommt besonders in der Bergpredigt zum Ausdruck: „Alles, was ihr wollt, dass euch die Leute tun sollen, das tut ihnen auch …" („Goldene Regel"). Aus solchen Überlegungen und aufgrund seiner Erfahrungen in der Politik war für Locke die Forderung nach religiöser Toleranz ein wesentlicher Punkt seiner Philosophie. Ausschließen von der staatlich garantierten Freiheit der Religionsausübung wollte er allerdings Atheisten, weil sie die Grundlagen der natürlichen Moral nicht akzeptieren, ferner Fanatiker, mit denen eine vernünftige Diskussion unmöglich war, und Religionen, die die Unterwerfung unter eine ausländische Macht verlangen. Er sprach in diesem Zusammenhang vom Islam, aber jedermann nahm an, dass er die Katholiken und den Papst meinte. Er schrieb drei „Briefe über Toleranz", die als der eigentliche Auftakt der aufklärerischen Bewegung angesehen werden. Seine Abhandlung über Toleranz soll die Gründerväter Amerikas veranlasst haben, Kirche und Staat zu trennen und sich für Religionsfreiheit zu entscheiden.

Religion und Toleranz

Locke war davon überzeugt, dass das Streben nach eigenem Glück und eigener Lust für die Menschen der stärkste Antrieb zu ihren Handlungen ist. Glück in vollem Umfang ist die größte Freude, deren wir fähig sind, meinte er. Wir sehen die Dinge als gut oder böse an nur in Beziehung zu Freude oder Schmerz. „Gut nennen wir das, was

Glück

in uns Freude zu wecken oder den Schmerz zu verringern geeignet ist." Nach wahrem Glück zu streben und unsere Leidenschaften zu beherrschen ist auch die Voraussetzung der Freiheit.

Erziehung

In einer Abhandlung über die Erziehung („Some thoughts concerning education") kritisierte Locke die Erziehungsmethoden der englischen Schulen und Universitäten, die nach seiner Meinung die Charakterbildung zu wenig berücksichtigten. Seine Schrift entstand aus praktischem Anlass, er wollte einem Freund Ratschläge für die Erziehung seines kleinen Sohnes geben. Daraus wurde zwar keine systematische Erziehungslehre, aber, ganz im Rahmen seiner „neuen Philosophie", eine neue Sicht der Pädagogik, vernunft- statt autoritätsbestimmt und mit einer Betonung der Psychologie, die das Werk zu einem Klassiker werden ließen. Ziel der Erziehung ist für Locke nicht der Gelehrte, der Spezialist, sondern der vernünftige Mensch, der mündige Bürger.

Freiheit und Eigentum

Wie seine Erkenntnislehre baut auch Lockes Staatstheorie auf Aristoteles auf. Locke ging, wie Hobbes, zunächst von der Vorstellung eines Naturzustandes aus, der bei ihm aber nicht durch den Krieg aller gegen alle, sondern durch die Gleichheit und Freiheit aller Individuen gekennzeichnet ist. Die Menschen streben, dem Selbsterhaltungstrieb folgend, nach Besitz und Eigentum. Die Gaben der Natur stehen zwar allen Menschen offen, aber wir können nichts benutzen, ohne es zu besitzen. Jeder Mensch ist mit einem Eigentum erschaffen, seinem Körper und seiner eigenen Person. Er hat ein Recht an seiner eigenen Person, sie ist sein Eigentum. Und er hat ein Recht an dem, was er durch seine Arbeit sich zu eigen macht und so seinem Eigentum hinzufügt. Das Eigentum wiederum gibt dem Einzelnen wirtschaftliche Unabhängigkeit und damit die persönliche Freiheit, die er braucht, um sich zu entfalten. Freiheit und Eigentum gehören zusammen. Locke bezeichnete das Eigentum erstmals ausdrücklich als „Menschenrecht".

Gesellschaftsvertrag

Da der Einzelne nicht immer in der Lage ist, sein Eigentum wirksam zu schützen, schließen die Menschen einen Vertrag, mit dem sie einen Teil ihrer Rechte an die Gemeinschaft übertragen. Die Gemeinschaft, der Staat, soll Leben, Eigentum und persönliche Freiheit schützen und garantieren. „Das große und hauptsächliche Ziel, zu dem sich Menschen im Staatswesen zusammenschließen, ist die Erhaltung ihres Eigentums."

Gewaltenteilung

Aber der Staat darf auch nur so viel Macht haben, wie diese Aufgabe erfordert, damit der Staat nicht seinerseits durch maßlosen Zugriff Privateigentum und persönliche Freiheit in Gefahr bringt. Um die Menschen vor staatlicher Willkür und dem Missbrauch der Macht zu schützen, forderte Locke eine strenge Gewaltenteilung zwischen Legislative und Exekutive. Die Regierung, die den Staat vertritt, ist

außerdem eine Angelegenheit dieser Welt und nicht etwa durch göttliche Autorität eingesetzt, so wenig wie politische Macht rechtmäßig
vererbt werden kann. Die bürgerliche Regierung ist der Vertragspart-
ner der Bürger. Wenn sie ihre vertraglichen Verpflichtungen nicht erfüllt, oder ohne Zustimmung der Betroffenen über die Freiheit oder
das Eigentum der Bürger verfügt, ist Widerstand gegen sie gerechtfertigt, kann sie gestürzt werden.

Locke nannte das Werk, in dem er seine Staatstheorie aufzeichnete, **Demokrati-**
„Two treatises on Government" („Zwei Abhandlungen über die Re- **scher Verfas-**
gierung"). Es wurde zur „Magna Charta der bürgerlichen Demokra- **sungsstaat**
tie". Locke rechtfertigte damit unmittelbar die „Glorious Revolution"
von 1688 in England. Jefferson übernahm hundert Jahre später Lockes
Gedanken mit fast wörtlichen Formulierungen in die amerikanische
Unabhängigkeitserklärung von 1776. Von dort aus wiederum fanden
sie Eingang in die Erklärung der Menschenrechte der Französischen
Revolution von 1789. Locke hat die Grundlagen formuliert, auf denen die modernen Verfassungsstaaten aufbauen. Sein Staatsentwurf
mit der Gewaltenteilung in Form einer parlamentarisch kontrollierten
Regierung wurde zum „Königsweg zu einer zivilen Gesellschaft".
(Schwanitz)

John Locke war der Erste, der auf diese Weise den Liberalismus dar- **Liberalismus**
stellte, wie er in England und Holland entstanden war, gekennzeichnet durch religiöse Toleranz, eher freidenkerisch als fanatisch, individualistisch, ein konsequenter Verfechter des Eigentums, dem Handel
und der Industrie zugewandt, mehr auf Seiten des Mittelstandes als
der Monarchie und des Adels. Seine größten Erfolge erlebte dieser
Liberalismus in Amerika. Aus der liberalen Vorstellung von der Freiheit des Individuums als höchstem Gut entsprang nicht zuletzt die
Formulierung der Menschenrechte.

Man hat Locke einen typisch englischen Philosophen genannt, weil **Wirkung**
die Charakterzüge seiner Philosophie die Züge des englischen Natio-
nalcharakters widerspiegeln: sein kluges, abgewogenes, allen Extremen abholdes Urteil, seine Toleranz und seinen Sinn für das praktische Leben.

Nach seiner Rückkehr aus Holland hatte John Locke den Naturwis- **Isaac Newton**
senschaftler Isaac Newton kennengelernt. Die beiden entdeckten **(1642–1726)**
rasch ein breites Feld gemeinsamer Interessen, von Naturforschung
und Philosophie bis zur Politik. Den Anfang machte ein Meinungs-
austausch über religiöse Fragen. Gemeinsam arbeiteten Locke und
Newton, der später königlicher Münzmeister wurde, an einer Geldre-
form. Beide waren Mitglieder der „Royal Society", deren Präsident
Newton später wurde. Newton, der berühmteste Naturwissenschaftler seiner Zeit, war der Sohn eines Landwirts, der noch vor der Geburt
seines Sohnes starb. Isaac wuchs bei seinen Großeltern in Grantham

auf, und als er 19 war, konnte er das Trinity College an der Universität Cambridge besuchen. Mit 27 erhielt er eine Professur für Mathematik. Sein Hauptwerk „Philosophiae Naturalis Principia Mathematica" war das erste umfassende Werk über theoretische Physik. Newton stellte darin die drei Bewegungsgesetze der Mechanik dar, sowie das von ihm gefundene Gravitationsgesetz, mit dem er die Bewegung der Planeten um die Sonne erklärte und ihre Massen berechnete. Ebenso bahnbrechend war er in der Optik und in der Akustik. Unabhängig von Leibniz entwickelte er die Differential- und Integralrechnung.

George Berkeley (1685–1753) Kurz nach Lockes Tod gründete in Dublin ein Student einen Verein zum Studium der „neuen Philosophie", womit Locke gemeint war. Der junge Mann hieß George Berkeley, er hatte das Trinity College in Dublin absolviert. Berkeley wollte zeigen, dass der Empirismus mit Religion und Naturerkenntnis vereinbar ist und er wollte damit die skeptischen Zweifel, die Lockes Philosophie hervorgerufen hatte, beseitigen. Seine Idee, von der er hoffte, sie würde den Materialismus für immer erledigen, war: Nichts ist vorhanden, wenn es nicht wahrgenommen wird. Anders als Locke behauptete er aber, dass es keine abstrakten Allgemeinvorstellungen gibt. Alle unsere Vorstellungen („ideas") sind individuell, also Einzelvorstellungen. Das, was wir Dinge nennen, sind nur Zusammenfassungen unserer Vorstellungen, sie existieren deshalb auch nur in unsrer Vorstellung. Was wir „Außenwelt" nennen, ist in Wirklichkeit nur ein Teil unserer Innenwelt. Und was wir Naturgesetze nennen, sind nur bestimmte Ordnungen unserer Ideen. Das Sein der Dinge besteht nur in ihrem Vorgestelltwerden („esse est percipi"). Die Existenz der Dinge ist untrennbar verbunden mit der Existenz von Subjekten, die sie wahrnehmen. Wir haben aber auch Bewusstseinsinhalte, die eine Ordnung und einen inneren Zusammenhang aufweisen, an dem wir nichts zu ändern vermögen. Da wir Menschen über diese Vorstellungszusammenhänge nicht verfügen können, müssen sie von einem Höheren stammen, von Gott. Unsere Empfindungen, meinte Berkeley, werden durch göttliche Einwirkung auf unsere Sinne hervorgerufen. Gott ist die einzige Quelle unserer Empfindungen und Ideen. Noch bevor er 30 war veröffentlichte Berkeley eine Reihe von Abhandlungen. Seine Zeitgenossen machten sich zum Teil über ihn lustig, Hume meinte später, er habe nicht nur die Materie sondern auch die Seele aufgelöst und die beste Anleitung zum Skeptizismus gegeben, obwohl Berkeley doch bestrebt war, den kirchlichen Glauben zu stärken und den Materialismus Hobbes' zu bannen. Als Berkeley 50 war wurde er Bischof von Cloyne in Südirland und blieb es bis zu seinem Tode.

David Hume (1711–1776)

Noch zu Lebzeiten Berkeleys machte sich auch ein junger Schotte daran, die empirische Philosophie Lockes weiterzuentwickeln. David Hume kam in Edinburgh auf die Welt. Er wurde streng calvinistisch erzogen und bei dem religiösen Drill, dem er ausgesetzt war, ist es nicht verwunderlich, dass er sich später von der Religion abwandte. Auf dem Landsitz seiner Familie in Ninewells bei Edinburgh wuchs Hume auf. Mit 12 kam er auf die Universität, er wollte Philosoph werden, aber auf Wunsch der Familie quälte er sich mit dem „Brotstudium" der Jurisprudenz ab. Als er 23 war verließ er Edinburgh und ging nach Frankreich, wo das Leben billiger war. Er landete in La Flèche, wo schon Descartes zur Schule gegangen war, weil es dort eine große Bibliothek gab. Hier verfasste er sein Hauptwerk „A Treatise of Human Nature" („Abhandlung über die menschliche Natur"). Zurück in England fand er schließlich einen Verleger, aber der erhoffte Erfolg stellte sich nicht ein, sein Traktat „fiel als Totgeburt aus der Presse", wie er später selbst schrieb. In den folgenden Jahren bereiste Hume als Sekretär mehrerer britischer Staatsmänner Europa. Nachdem er sich ohne Erfolg um eine Professur beworben hatte, nahm er die Stelle eines Bibliothekars in Edinburgh an. Bald aber war er wieder unterwegs, hielt sich in London auf, versah für kurze Zeit das Amt des britischen Botschafters in Paris und avancierte schließlich zum Unterstaatssekretär im Außenministerium in London. Als er 58 war, kehrte er nach Schottland zurück. Er war nun reich und unabhängig und sein neues Haus in Edinburgh wurde zum Treffpunkt vieler Freunde. Sieben Jahre konnte er es noch genießen, mit 65 starb er.

Empirismus

Wie Locke und Berkeley ging auch Hume davon aus, dass es keine angeborenen Ideen gibt und alles Wissen aus der Erfahrung stammt. Er untersucht zunächst, wie unser Erkennen zustande kommt und unterscheidet bei unseren Bewusstseinsinhalten zwischen „impressions" (Eindrücken), das sind unsere Wahrnehmungen tatsächlich gegebener Dinge, und „ideas" (Ideen), die durch Erinnerungen und Phantasie hervorgebracht werden. Aus beiden können im Verstand komplexe Ideen gebildet werden, die Hume nun viel gründlicher analysiert als Locke. Er findet drei Gesetze der Assoziation, nach denen diese Verbindungen zustande kommen können: Durch Ähnlichkeit, durch räumliche und zeitliche Nachbarschaft oder durch Verbindung von Ursache und Wirkung.

Skeptizismus

Die Verknüpfung unserer Vorstellungen erfolgt jedoch nicht mit absoluter Notwendigkeit. So stellt Hume sowohl den Substanzbegriff, als auch den Kausalitätsbegriff in Frage. Es ist bloße Gewöhnung, eine innere Nötigung sozusagen, die in uns die Vorstellung eines Kausalzusammenhangs entstehen lässt. Auch unser Wissen über Naturvorgänge, über den Zusammenhang wahrgenommener Tatsachen, ist demnach streng genommen kein sicheres Wissen. Wir wissen nicht, sondern wir glauben, dass es auch in Zukunft so sein werde. Für den praktischen Gebrauch reicht dieses „Glauben" allerdings aus. Hume will damit nicht die Wissenschaften in Zweifel ziehen, wenn er ihnen auch keine absolute Gewissheit, sondern nur hohe Wahrscheinlichkeit zuerkennt. Gewiss erscheint ihm nur die Mathematik. Humes Argumentation richtet sich vor allem gegen die dogmatischen Philosphen, die etwas zu wissen vorgeben, was wir gar nicht wissen können. Und dieser Skeptizismus Humes hat später auch Kant aus seinem „dogmatischen Schlummer" erweckt. Mit der „Psychologisierung" der Wissenschaft lässt Hume die Wahrheit allein von menschlichen Gefühlen abhängig sein, sie sind der Maßstab für das was falsch und richtig ist. Es gibt für ihn nur noch den Menschen, die Brücken zur Transzendenz sind abgebrochen.

Ethik

Moralische Grundsätze sind für Hume nicht übernatürliche Enthüllungen, aber auch nicht Schlussfolgerungen der Vernunft, denn die Menschen werden nicht durch Vernunft zu sittlichem Handeln motiviert, sondern es sind Empfindungen und Gefühle, die sie antreiben. Alles sittliche Handeln ist auf den Mitmenschen bezogen, unser Sinn für Moral beruht auf einem Gemeinschaftsgefühl, auf unserer Fähigkeit, mitzufühlen. Durch die Beobachtung ihrer Umgebung eignen sich die Menschen ihre Normen für Lob und Tadel an und wenden diese Maßstäbe, bewusst oder unbewusst, auch auf ihr eigenes Verhalten an. Das – und nicht die Stimme Gottes, wie Rousseau oder Kant später annahmen – ist für Hume der Ursprung des Gewissens.

Glück

Alle Menschen streben in gleicher Weise nach Glück, darüber herrscht Einigkeit, aber nur wenige sind in diesem Streben erfolgreich, meinte Hume, auch in dieser Hinsicht war er ein Skeptiker.

Religion

Seit er angefangen habe, Locke zu lesen, habe er jeden religiösen Glauben aufgegeben, erzählte Hume später. In seiner Abhandlung „Naturgeschichte der Religion" versuchte Hume zu zeigen, dass der Anspruch der Religionen, dem Menschen eine „Überwelt" zu vermitteln, illusorisch ist. Hume war der Ansicht der selbständig denkende Mensch handelt sittlich richtig aus Vernunftgründen, er bedarf dazu keiner religiösen Motive. Anders verhält es sich bei der Menge der nicht selbständig Denkenden. Für sie kann die Religion durchaus ein Antrieb zum sittlichen Handeln sein. Doch leider zeigt die Wirklichkeit – wie sie Hume in der Zerrüttung durch die Religionskriege vor Augen lag – dass die Menge nur allzu leicht zu Aberglauben, scheinheiliger Frömmigkeit und zu Fanatismus neigt. Die großen monotheistischen Religionen hatten immer weniger mit Tugend zu tun, für sie war die Befolgung der Riten und blinder Glaube entscheidend. Gebildete Menschen wurden entweder zu Märtyrern oder zu Heuchlern. Der Philosoph Hume war Atheist, der nicht an Gott glaubte und die sogenannten Gottesbeweise widerlegte, so wie er auch die

Unsterblichkeit der Seele leugnete. Da er aber als guter Brite auf Konvention und Tradition hielt, ließ Hume die Religion wenigstens als Glaube gelten. Sie ist kein Wissen, sondern ein Gefühl, das der Angst vor dem Schicksal und dem Tod entspringt. Hume sah sich bald scharfer Kritik ausgeliefert. Die orthodoxen Calvinisten wollten ihn als Atheist vor das Tribunal einer Kommission laden, die Gemäßigten erreichten jedoch, dass er unbehelligt blieb, denn er möge zwar irren, habe aber einen tadellosen Charakter. Die katholische Kirche war nicht so nachsichtig, sie setzte alle seine Schriften auf den Index.

Politische Ökonomie

Mehr als seine „Untersuchung über den menschlichen Verstand", in der er die Ergebnisse seines ersten Traktats zusammengefasst hatte, machten Hume seine Essays, seine „Geschichte Englands" und seine „Politischen Diskurse" in ganz Europa berühmt. In den „Diskursen" beschäftigte er sich vor allem mit ökonomischen Fragen. Er ging der Motivation der Geschäftsleute nach und beschrieb als ihren wichtigsten Antrieb das Gewinnstreben. Er befasste sich mit der Geldtheorie und verwarf die merkantilistische Behauptung, dass eine große Geldmenge automatisch vorteilhaft für ein Land sei. Auch die These der Merkantilisten, dass ein Land nur auf Kosten eines anderen gedeihen könne, hielt er für falsch. Ohne Handelsschranken seien Güter am billigsten zu produzieren, was für alle Menschen von Vorteil sei. Unternehmerische Tätigkeit fördere auch das moralische Bewusstsein. Sein Credo war: „Alles in der Welt wird durch Arbeit erworben, und unsere Bedürfnisse sind die einzige Ursache der Arbeit."

Freundschaft

„Freundschaft ist die größte Freude im menschlichen Leben", meinte Hume. Er war ein liebenswürdiger und fröhlicher Gesellschafter, bei dem auch gegensätzliche Ansichten der Freundschaft keinen Abbruch taten. Freundschaft scheint er höher geschätzt zu haben als Liebe, trotzdem war er bei Frauen beliebt, doch blieb er unverheiratet. In Paris hatten ihn die „philosophes" gefeiert, mit d'Alembert und Diderot verband ihn herzliche Freundschaft. Voltaire, der ihn sehr schätzte, und sich als seinen Schüler bezeichnete, traf er allerdings nicht. Hingegen schloss Rousseau mit ihm stürmisch Freundschaft. Man hatte Hume gebeten, Rousseau zu helfen und er hatte sich sofort bereit erklärt, ihn mit nach England zu nehmen. Hume war anfangs sehr von Rousseau angetan, aber die Freundschaft endete in Streit und einem bösen Briefwechsel. Rousseaus extreme Empfindlichkeit und sein unausgeglichenes Temperament waren wohl die Hauptursache dafür. In Edinburgh zählte Adam Smith zu Humes engsten Freunden, der auch nach Humes Tod die Herausgabe von dessen Autobiographie besorgte.

Tod eines Philosophen

Hume erkrankte zuletzt an einem Krebsleiden, das er als tödlich und unheilbar erkannte. Der stattliche, beleibte Hume magerte erschreckend ab. Mit Gelassenheit berichtete er darüber in seiner Autobiographie, er sei trotzdem vergnügt und von seiner Arbeit gefesselt. An die Comtesse de Bouffler, eine Grande Dame der Pariser Gesellschaft, mit der ihn eine jahrelange gegenseitige leidenschaftliche Zuneigung verband, schrieb er: „Ich sehe das allmähliche Nahen des Todes ohne Angst und Bedauern." Ein aufdringlicher Besucher fragte ihn, ob er nicht jetzt doch an ein Leben im Jenseits glaube? Aber Hume meinte, es sei ein unvernünftiger Wahn, dass wir für immer bestehen sollten. Er starb als Philosoph, der lebte, was er lehrte. Trotz strömenden Regens nahmen viele Menschen an seinem Begräbnis teil. „Er war ein Atheist" meinte einer, und ein anderer antwortete darauf: „Das macht nichts, er war ein anständiger Mensch." (Durant)

Adam Smith (1723 – 1790)

Was David Hume in seinen „Politischen Diskursen" an ökonomischen Einsichten skizziert hatte, baute sein um 12 Jahre jüngerer Freund Adam Smith zu einem großartigen Werk aus und wurde damit zum Begründer der klassischen Nationalökonomie. Smith wurde in Kirkcaldy, einer kleinen Hafenstadt bei Edinburgh, geboren. Sein Vater, ein Notar, starb noch vor der Geburt seines Sohnes. Die Familie war vermögend und Adam Smith konnte mit 14 sein Studium an der Universität Glasgow beginnen. Nach seiner Magisterprüfung setzte Smith sein Studium an der Universität Oxford fort. Er blieb 6 Jahre dort, obwohl ihm der Studienbetrieb nicht sehr imponierte. Damals kam ihm Humes „Traktat über die menschliche Natur" in die Hände, der allerdings beschlagnahmt wurde, als man ihn in seinem Zimmer fand. Als er 25 war kehrte er nach Schottland zurück und verdiente sich sein Geld in Edinburgh als Privatdozent. In dieser Zeit lernte er David Hume kennen, der damals schon berühmt war. 3 Jahre später erhielt Smith einen Ruf an die Universität Glasgow auf den Lehrstuhl für Moralphilosophie. Es war für ihn eine glückliche Zeit, er war bei seinen Studenten beliebt, und lebte zusammen mit seiner Mutter und einer Cousine, die den Haushalt führte, in einem schönen Haus. Er konnte sein erstes Werk, „The Theory of Moral Sentiments" veröffentlichen und hatte damit sogar Erfolg.

Dann erhielt er das Angebot, den jungen Herzog von Buccleuch auf der üblichen Bildungsreise nach Frankreich zu begleiten. Die Entscheidung fiel ihm nicht leicht, er war jetzt 41 und er musste ja seine Professur aufgeben, aber schließlich machte er sich doch mit seinem Schützling auf den Weg. Nach einem längeren Aufenthalt in Toulouse führte die Reise über Genf, wo er den bewunderten Voltaire sehen konnte, nach Paris. Smith profitierte davon, dass sein Freund Hume, „le bon David", drei Jahre lang in den Pariser Salons gefeiert worden war. Er traf die französischen Aufklärer um D'Alembert und die Physiokraten Quesnay und Turgot. 1766 kehrte Smith nach England zurück, ähnlich wie Hume war er nun finanziell unabhängig, aber ohne

Stellung. Er zog sich in die Abgeschiedenheit seines Geburtsortes Kirkcaldy zurück und vergrub sich in die Arbeit an seinem ökonomischen Werk. Nach 10 Jahren erschien dann das Buch, das seinen Ruhm begründete: „An inquiry into the Natures and Causes of the Wealth of Nations" („Der Wohlstand der Nationen"). David Hume hat den Erfolg des Freundes noch erlebt und ihm gratuliert, er starb wenig später. Smith war nun 53, und immer noch Junggeselle, er hatte noch große wissenschaftliche Pläne, wandte sich aber dann doch beruflicher Tätigkeit zu, war Mitglied der Zollkommission und Lord Rector der Universität Glasgow. In seinem gastfreien Haus in Edinburgh verkehrten viele Freunde, unter ihnen James Watt, Josiah Wedgwood und Edmund Burke. Smith starb in seinem 67. Jahr nach langer Krankheit. Obwohl er hohe Einkünfte hatte und sparsam lebte, hinterließ er seinen enttäuschten Erben außer seiner Bibliothek kaum etwas. Seine Freunde wussten, dass er immer wieder unauffällig in Not geratenen Menschen geholfen hatte.

Moralische Gefühle

In seiner „Theorie der moralischen Gefühle" untersucht Smith, nach welchen Prinzipien die Menschen das Verhalten und den Charakter ihrer Mitmenschen und auch sich selbst beurteilen. Man mag den Menschen für noch so egoistisch halten, zu seiner Natur gehört doch auch die Anteilnahme am Schicksal anderer, das Mitgefühl, die Sympathie. Indem wir uns in die Gefühle einer anderen Person versetzen, bilden wir Werturteile über deren Handeln, unterscheiden zwischen Verdienst und Schuld, machen uns ein Bild von ihren sozialen Tugenden: Gerechtigkeit, die darin besteht, dass wir anderen kein Unrecht zufügen, und Wohlwollen und Wohltätigkeit, die „schmückenden" Tugenden. Die Menschen beurteilen die anderen mit eigenen Augen, sich selbst aber mit den Augen der anderen. Sie legen Wert darauf, geliebt und geachtet zu werden. Letzten Endes aber können wir uns niemals an der Zustimmung anderer Menschen ausrichten, was immer wir tun, die einen stimmen zu, die anderen lehnen ab. Letzten Endes müssen wir uns an das eigene Gewissen wenden, müssen unseren eigenen Standpunkt entwickeln. Dabei besteht immer die Gefahr der Selbsttäuschung, der wir entgehen können, wenn wir unserem Pflichtgefühl folgen. Im Gegensatz zu Hume, für den moralische Regeln menschlichen Konventionen entspringen, sind sie für Smith Naturgesetze und damit letztlich Gesetze Gottes.

Liberaler Rechtsstaat

In seiner politischen Theorie unterscheidet Smith, wie Montesquieu, zwischen Legislative, Judikative und Exekutive. Autorität und Nutzen sind die Motive, die Menschen veranlassen, sich Regierungen unterzuordnen, wobei in Monarchien mehr die Autorität, in Demokratien mehr das Prinzip gemeinsamen Nutzens zum Tragen kommt. Was Smith anstrebt, ist ein liberaler Rechtsstaat, der die Rechte der Bürger schützt. Ein solcher Staat dürfe nicht schwach sein, er habe Aufgaben zu erfüllen, die Autorität erfordern. Er dürfe aber auch nicht ständig neue Aufgaben an sich ziehen, sondern müsse sich auf die drei we-

sentlichen Staatsaufgaben beschränken: Rechtsschutz, Landesvertei-
digung und die Organisation notwendiger öffentlicher Arbeiten, die
nicht von privaten Investoren geleistet werden können. (Ballestrem)
Im großen und ganzen sah er seine Vorstellungen im englischen Regierungssystem verwirklicht, wie es aus der „Glorious Revolution"
hervorgegangen war. Smith erlebte noch die Anfänge der französischen Revolution und warnte vor politischen Spekulanten, die den
Menschen ihre utopischen Entwürfe aufzwingen wollen.

Politische
Ökonomie

In seinem großen Werk über den „Wohlstand der Nationen" hat
Smith das Wirtschaftswissen seiner Zeit zusammengefasst, mit praktischen Beispielen ausführlich erläutert und zu einer eigenen Theorie
ausgebaut. Die Wirtschaftstheorien, die er vorfand, konnte er nicht
gutheißen. Die Physiokraten wie Quesnay und Turgot glaubten, allein
die Landwirtschaft sei die Quelle allen Reichtums. Die Merkantilisten
die durch Einfuhrzölle, Handelsmonopole und staatlichen Dirigismus
erreichen wollten, dass die Ausfuhr die Einfuhr überstieg, sahen in
einer positiven Handelsbilanz und der Geldmenge die Grundlage des
Reichtums einer Nation. „Laissez faire!" hatte ihnen schon der Marquis d'Argenson entgegengehalten und damit gemeint, weniger regieren bedeute besser regieren. Für Smith, wie schon für Hume, war die
Arbeit der entscheidende Faktor und wichtiger als die Handelsbilanz
war für ihn die Zahlungsbilanz. Der Reichtum eines Landes bestand
für ihn in der Menge der erzeugten Güter und im Potential seiner
Arbeitskraft.

Motive des
Wirtschaftens

Für Smith gehört es zur Würde einer Person, für sich selbst sorgen zu
können und damit auch für andere interessant zu sein. So tritt man
den Mitmenschen gegenüber mit dem Bewusstsein, ihnen etwas bieten zu können, seien es Waren oder nur die eigene Arbeitskraft, und
so können wir selbstbewusst unserer natürlichen Neigung nachgehen, zu handeln und zu tauschen. Das entspricht dem Grundgefühl
von Smith Moralphilosophie, der Sympathie, der Fähigkeit, sich in
andere zu versetzen. So steht für Smith die Kommunikation im Vordergrund und nicht der blanke Egoismus. Womit nicht geleugnet
wird, dass der Egoismus, das Streben, den privaten Nutzen zu steigern, gleichermaßen ein starkes, natürliches Motiv ist. Für Smith wie
für Hume war jedoch nicht der Egoismus das Problem, sondern der
„Partikularismus", die Interessengegensätze zwischen Gruppen und
Klassen, der Gruppenegoismus.

Freier Markt

Damit Handel und Tausch richtig funktionieren können, bedarf es
eines freien Marktes, in dem der Wettbewerb für Kommunikation und
Information zwischen allen Marktpartnern sorgt und Machtmissbrauch durch Interessengruppen verhindert. Selbstverständliche Voraussetzung ist der Schutz des Eigentums, ohne Privateigentum kann
sich Smith eine soziale und wirtschaftliche Ordnung gar nicht vorstellen. Dieses „System der natürlichen Freiheit" muss vom Staat garan-

tiert werden, er muss Individuen und Gruppen, die im Konflikt miteinander leben, durch seine Autorität voreinander schützen. Leitgedanke für staatliches Handeln ist also für Smith nicht das unbeschränkte „Laissez faire", wir es später John Stuart Mill forderte, sondern Smith geht es um das, was wir heute „Ordnungspolitik" nennen. In einem solchen freien Markt folgen Anbieter und Nachfrager zwar unmittelbar nur ihrem eigenen Nutzen und egoistischem Gewinnstreben, doch indem sie sich marktgerecht verhalten, fördern sie unbewusst zugleich das Allgemeinwohl und erfüllen „wie von einer unsichtbaren Hand geleitet" einen Zweck, der gar nicht in ihrer Absicht lag. Die Summe der Eigeninteressen deckt sich mit dem Gemeinwohl, denn die Interessen der Erzeuger wie der Verbraucher werden optimal ausgeglichen, es entsteht wirtschaftliche Harmonie.

Der Wohlstand einer Nation kann gemessen werden an dem Verhältnis zwischen der Menge der Güter, die durch Arbeit oder Kauf zur Verfügung stehen und der Zahl der Menschen, die sie konsumieren. Dieses Verhältnis hängt von zwei Faktoren ab: von der Produktivität der Arbeit und von der Zahl derer, die nützliche Berufe ausüben, im Vergleich zu denen, die dies nicht tun. Außerdem kann man von Wohlstand nur dann sprechen, wenn es den einfachen Leuten gut geht. Öffentlicher Reichtum besteht in der Billigkeit der Waren im Verhältnis zur Höhe der Löhne. **Wohlstand**

Die Produktivität menschlicher Arbeit kann durch Arbeitsteilung wesentlich gesteigert werden. Sie entsteht aus der natürlichen Neigung der Menschen, zu handeln und Dinge gegeneinander auszutauschen. „Nicht vom Wohlwollen des Metzgers, … und Bäckers erwarten wir das, was wir zum Essen brauchen, sondern davon, dass sie ihre eigenen Interessen wahrnehmen. Wir wenden uns nicht an ihre Menschen- sondern an ihre Eigenliebe und wir erwähnen nicht die eigenen Bedürfnisse, sondern sprechen von ihrem Vorteil." Durch Arbeitsteilung und Tausch werden die Menschen voneinander abhängig. Jeder tut, was er am besten kann und setzt es ein, um zu bekommen, was andere besser können. So spart jeder Arbeit und erhöht seinen Nutzen. **Produktivität**

In den entwickelten Gesellschaften sind die Arbeiter nicht mehr Eigentümer des Bodens oder der Maschinen, sie arbeiten für die Besitzer von Kapital. An der Produktion sind nun drei Faktoren beteiligt: Arbeit, Kapital und Boden. Wo Kapital eingesetzt wird, wird produktive Arbeit in Bewegung gesetzt, und weiteres Kapital angehäuft. **Produktionsfaktoren**

Der Wert oder Preis der Waren ergibt sich aus dem Verhältnis von Angebot und Nachfrage am Markt. Ein Überangebot drückt den Marktpreis, bei einem Unterangebot steigt er über den „natürlichen Preis" (den Preis der die Produktions- und Kapitalkosten deckt). **Preis**

Dirigismus	Smith tadelt, dass viele Regierungen durch unnötige Verordnungen die Motivation der Wettbewerber schwächen und ihnen zusätzliche Lasten auferlegen. Er wendet sich gegen Gesetze, die jungen, arbeitswilligen Menschen ihre Lebenschancen beschneiden, wie Lehrlingsgesetze, Niederlassungsbestimmungen, Emigrationsverbote und alle Regelungen, die den freien Arbeitsmarkt einschränken. Smith verweist auf die positive wirtschaftliche Entwicklung, in den nordamerikanischen Kolonien, die unbelastet sind von feudalen Strukturen. (Nur wenige Monate nachdem sein Werk erschien, wurde in Amerika die Unabhängigkeitserklärung unterzeichnet). In Europa hingegen verlaufe die Entwicklung langsam und ungewiss, weil man den „natürlichen Lauf der Dinge" verhindere.
Bedeutung	Was Adam Smith erreichen wollte, war im Grunde einfach und ganz modern: „Bei höchstmöglicher Freiheit Wohlstand und Zufriedenheit für alle." Sein „Wohlstand der Nationen" hat alle folgenden Generationen von Nationalökonomen beschäftigt und zu unzähligen Untersuchungen veranlasst, Schumpeter hat es als das erfolgreichste Buch über die ökonomische Wissenschaft bezeichnet. (Recktenwald)
Francis Hutcheson (1694–1747)	Die ersten Anregungen für seine Lehre vom „Freihandel" hatte Adam Smith von seinem verehrten Lehrer in Glasgow, dem „unvergesslichen" Francis Hutcheson empfangen. Dessen Grundthese war, dass die Natur des Menschen auf das Gute hin angelegt ist und dass der Mensch in persönlicher und politischer Freiheit leben kann, wenn er die Freiheit der anderen respektiert und sich für das Gemeinwohl einsetzt. Der ethische Wert der Handlungen zeigt sich in ihrer Nützlichkeit. Und da alle Menschen nach Glück streben, sind jene Handlungen ethisch am wertvollsten, die „das größtmögliche Glück für die größtmögliche Zahl von Menschen" ergeben. Mit dieser Formulierung hatte Hutcheson die Devise des „Utilitarismus" vorweggenommen.

Edmund Burke (1729–1797)

Vier Jahre bevor Adam Smith zum Lord Rector der Universität Glasgow gewählt wurde, war diese Ehre seinem Freund Edmund Burke zuteil geworden, von dem Smith einmal sagte, er sei „der einzige Mensch, den ich je gekannt habe, der über ökonomische Gegenstände genauso denkt wie ich, ohne dass wir uns vorher darüber verständigt hätten." Edmund Burke war Ire, Sohn eines protestantischen Dubliner Rechtsanwalts und seiner katholischen Frau. Er besuchte das Trinity College in Dublin und als er 21 war schickte ihn sein Vater nach London, um dort Rechtswissenschaft zu studieren. Der junge Burke genoss die vielen kulturellen Möglichkeiten, die ihm London bot und veröffentlichte erst einmal ein Buch über das Erhabene und Schöne. Im gleichen Jahr, er war nun 28, heiratete er. Er wurde Sekretär eines einflussreichen Politikers und als er 36 war wurde er ins Unterhaus gewählt, dem er schließlich 30 Jahre lang angehörte. Um den Preis hoher Schulden erwarb Burke ein Landgut. Er blieb Parlamentarier, der Weg zu hohen Staatsämtern war ihm durch seine Herkunft versperrt. Mit 65 musste er erleben, dass sein einziger, hoffnungsvoller Sohn Richard starb. Burke gab seinen Sitz im Unterhaus auf und zog sich auf sein Landgut zurück. Als Burke mit 68 starb, beantragte sein Freund und Gegner Fox ein Staatsbegräbnis für ihn, aber Burke wurde auf seinem Landsitz Beaconsfield bestattet, wie er es testamentarisch festgelegt hatte.

Unter dem etwas langatmigen Titel „A Philosophical Enquiry into the Origin of our Ideas of the Sublime and Beautyful" legte Burke eine Theorie der Ästhetik vor, die auf dem Empirismus Lockes aufbaute. **Vom Erhabenen und Schönen** Die beiden wichtigsten Formen der ästhetischen Erfahrung sind für Burke das Schöne und das Erhabene. Das Gefühl des Erhabenen empfinden wir bei allen mit großer Mühe und großem Aufwand geschaffenen Werken. Es wird ausgelöst durch Schmerz und Gefahr, aber auch geweckt durch Düsterkeit, Dunkelheit und Geheimnis. Die Baumeister des Mittelalters haben darum gewusst und in ihre Kathedralen nur mattes, gedämpftes Licht eindringen lassen. Das Erhabene verursacht eine eigenartige Mischung von Lust und Schmerz, es entzieht sich einer rationalen Erklärung. Es hängt mit dem Selbsterhaltungstrieb zusammen, denn alles, was unsere Selbsterhaltung in Frage stellt, lässt uns erschauern. Mit dem Begriff der Schönheit verbindet Burke alle Eigenschaften und Dinge, die in uns Gefühle der Zuneigung und Zärtlichkeit, der Liebe und Sympathie erwecken. Solche Leidenschaften bereiten uns Vergnügen und entspringen unserem Verlangen nach Gesellschaft. Im Geschmack mischen sich für Burke das Vergnügen der Sinne und der Einbildungskraft mit einem Urteil, das von Vernunft geleitet ist. Für Kant war Burke später der „vornehmste Verfasser" jener, die sich empirisch mit Ästhetik befassten und für Schiller war er der „sinnlich-subjektive" Typus. Lessing und Herder fanden bei ihm „sehr schöne Anmerkungen", vermissten aber ein System.

Burke gehörte zu den „Whigs", die sich – liberal, reformerisch und tolerant – als Bewahrer der Glorreichen Revolution von 1688 und **Parlamentarier** als Verteidiger der Parlamentsrechte sahen. Ihre Gegenspieler, die „Tories", fühlten sich dem Königtum besonders verbunden. Burke trat für viele liberale Gedanken ein, doch am herkömmlichen, eingeschränkten Wahlrecht hielt er fest. Versuche der Wähler, ihren Abgeordneten Anweisungen zu erteilen, wies er zurück und lehnte ein solches „imperatives Mandat" ab. Für ihn war der Abgeordnete nicht der Interessenvertreter seines Wahlkreises, sondern mit seinem „freien Mandat" Repräsentant der ganzen Nation. Seinen Wählern in Bristol rief er zu: „Euer Abgeordneter schuldet euch nicht nur seinen ganzen Fleiß, sondern auch einen eigenen Standpunkt; und er verrät euch, statt euch zu dienen, wenn er ihn zugunsten eurer Meinung aufopfert." Burke forderte die Freiheit des Handels noch vor Adam Smith. Er verteidigte die Freiheit der Presse, obwohl sie ihm selbst oft genug übel mitgespielt hatte. Vor allem aber verteidigte er das Parlament gegen den König mit einem Mut und einer Kühnheit, mit der er sich alle Chancen für ein politisches Amt verscherzte.

Nordamerika Nach dem Ende des Siebenjährigen Krieges (1763) war England in großen finanziellen Schwierigkeiten und versuchte, die Kolonien durch Steuern und Abgaben stärker an den Lasten zu beteiligen. Der 1773 erlassene Teezoll führte mit der „Boston Tea Party" zum Aufstand in Nordamerika. Burke wandte seine ganze Überredungskunst auf, um das Parlament und das Kabinett von einer Politik der Gewalt gegen Amerika abzubringen. Sein Antrag auf eine friedliche Regelung wurde jedoch abgelehnt, obwohl er einen Freund und Bundesgenossen in dem erfahrenen und glänzenden Debattenredner Charles James Fox gefunden hatte, der ebenfalls dem liberalen Flügel der Whigs angehörte. Aber nicht die leidenschaftlichen Plädoyers einiger Parlamentarier brachten die Regierung schließlich dazu, mit den Kolonien Frieden zu schließen, sondern die Niederlage der englischen Armee 1777 auf dem Schlachtfeld von Saratoga. Frankreich erkannte die „Vereingten Staaten von Amerika", die 1776 ihre Unabhängigkeit erklärt hatten, an und erklärte England den Krieg.

Französische Revolution Burke hatte die Französische Revolution 20 Jahre vor ihrem Ausbruch vorausgesagt. Er meinte damals, das Finanzwesen Frankreichs sei so zerrüttet und überlastet, dass man mit einem Zusammenbruch des Systems mit unabsehbaren Folgen rechnen müsse. Burke hatte Frankreich besucht, war vom französischen Adel und besonders von der Kronprinzessin Marie-Antoinette angetan und über die antireligiöse Propaganda der französischen „philosophes" entsetzt. Burke warnte seine Landsleute vor dem Atheismus als dem ärgsten Feind der bürgerlichen Gesellschaft. Als dann die Revolution 1789 wirklich ausbrach, war er bestürzt, dass dieser „abscheulichste Angriff auf Religion, Eigentum, Ordnung und Gesetz" in England zum Teil auf Sympathien stieß und besonders sein Freund Fox sie begrüßte. Ein Jahr später veröffentlichte Burke seine „Reflections on the Revolution in France". Dieses Buch wurde zu einem großen Erfolg, es erlebte allein im ersten Jahr 11 Auflagen. Burke warnte darin vor einem allgemeinen männlichen Wahlrecht, die Mehrheit werde ein schlimmerer Tyrann sein als ein König, die Demokratie würde zur Herrschaft des Mobs entarten. Politische Gleichheit sei eine „phantastische Grille", die Natur wisse nichts von Gleichheit. Die erbliche Monarchie verleihe der Regierung Kontinuität. Die französischen Philosophen hätten den religiösen Glauben untergraben und so die Zügel gelockert, die die Menschen davor bewahren zu Tieren zu werden.

Burke, während der amerikanischen Revolution Führer der Liberalen, Gegner galt fortan als ein Vertreter des „ancien régime", ein Verteidiger der etablierten Ordnung, ja als Gegner der Aufklärung. König Georg III., sein alter Widersacher, bekundete ihm sein Wohlwollen und wollte ihn adeln, aber Burke lehnte ab. Und Katharina die Große, einst Freundin und Liebling der französischen „philosophes" sandte ihm Glückwünsche. Als die Revolution weiter ihren blutigen Verlauf nahm, schlug Burke vor, die Regierungen Europas sollten vereint die Revolte niederschlagen und den König von Frankreich wieder in seine traditionellen Rechte einsetzen. Über diesen Vorschlag kam es im Unterhaus zu einer heftigen Auseinandersetzung. Sein alter Freund und Kampfgefährte Fox sang wieder ein Loblied auf die Revolution und Burke erwiderte, es sei für ihn schmerzlich, wenn ihn alte Freunde verlassen würden, aber an seinem unerschütterlichen Festhalten an der britischen Verfassung lasse er nicht rütteln. Fox meinte, ihre Differenzen bedeuteten nicht den Bruch ihrer Freundschaft, aber Burke entgegnete: „Doch – unsere Freundschaft ist zu Ende!"

Burkes Schrift über die Französische Revolution war zugleich die Konserva- klassische Formulierung der konservativen Philosophie. Das Men- tismus schenbild Rousseaus, dem die französischen Revolutionäre anhingen, war ausgesprochen optimistisch und utopisch: Der Mensch war von Natur aus gut, doch die Gesellschaft hatte ihn verdorben. Burke hingegen begegnete den Menschen eher mit Skepsis, sein Vertrauen in die menschliche Vernunft war begrenzt. Außerdem, fand er, muss die Gesellschaftsordnung von der natürlichen Ungleichheit der Menschen ausgehen. Gleich sind die Menschen nur vor Gott und dem Gesetz. Burke plädierte für Privateigentum, auch wenn dadurch Ungleichheiten im Besitz entstünden. Doch ohne die Möglichkeit, Eigentum zu erwerben, seien die Menschen nicht bereit, Arbeit und Mühe auf sich zu nehmen und Eigentum sei zugleich die beste Garantie für Kontinuität und Stabilität des Staates.

Was die Religion betrifft, so mögen ihre Dogmen der individuellen Religion Vernunft widersprechen, doch viel wichtiger ist ihre Rolle für die Gesellschaft. „Wir wissen, und was noch besser ist, wir fühlen, dass Religion die Grundlage der Gesellschaft und die große Quelle alles Segens und alles Trostes in jeder menschlichen Verbindung ist ... wir wissen ..., dass der Mensch ein zur Religion geschaffenes Wesen ist, dass der Atheismus nicht allein mit unserer Vernunft, sondern mit unseren Instinkten streitet, und dass er nicht lange bestehen kann."

Burkes Staatsphilosophie knüpfte an Aristoteles an, auch für ihn ist Staats- der Mensch ein Gemeinschaftswesen, das sich nur im Staat voll ent- philosophie falten kann. Ein Staat müsse auf Dauer angelegt sein, als eine Gemeinschaft „zwischen denen welche leben, denen welche gelebt haben und denen welche noch leben sollen." Eine gute Verfassung muss die Mitte halten zwischen dem Despotismus eines Monarchen und der Tyrannei der Menge in einer Demokratie. Burkes Vorstellungen entsprachen der politischen Philosophie der Aufklärung: er ging von der Idee des Gesellschaftsvertrages aus, betonte, dass die historisch gewachsenen politischen Institutionen dem Volkswillen verpflichtet sind und war überzeugt, dass in diesem Gefüge dem Parlament die entscheidende Stellung zukommt. Diese Bedingungen sah Burke in der (ungeschriebenen) britischen Verfassung, wie sie sich seit 1688 entwickelt hatte, erfüllt. Die Herrschenden sind Treuhänder des Volkes. Ein guter Staatsmann muss sowohl über die Bereitschaft zu bewahren, wie auch über die Fähigkeit zu verbessern verfügen. Auch den permanenten Wandel der Verfassung erachtet Burke als notwendig, allerdings nur auf dem Wege, den die Verfassung selbst zulässt. Die Revolution darf nur die allerletzte Zuflucht sein, die Grenzlinie wo Gehorsam enden und Widerstand beginnen soll, lässt sich in der Theorie kaum bestimmen.

Wirkung Viele Zeitgenossen lehnten Burkes Konservatismus ab, als aber die Französische Revolution immer mehr zu einer blutigen Schreckensherrschaft ausartete, wurde klar, dass Burke ihre Auswirkungen richtig vorausgesagt hatte. England hielt an seinen Traditionen, an Verfassung, Staatskirche, König und Parlament, fest. In Amerika knüpften an Burkes Bemühen, die Freiheit sowohl gegen Machtmissbrauch als auch gegen den Missbrauch der Freiheit selbst zu verteidigen, auch die Verfasser des „Federalist" an, als sie die Entstehung der amerikanischen Verfassung mit ihren kritischen Betrachtungen begleiteten. (Alexander Hamilton, James Madison und John Hay, 1788).

Montesquieu (1689–1755)

Aufklärung Die Macht- und Prachtentfaltung Ludwigs XIV. hatte in Frankreich die ganze zweite Hälfte des 17. Jahrhunderts ausgefüllt, die Kräfte des Landes ausgehöhlt und so die Revolution vorbereitet. In dieser Epoche gelangte zwar die Literatur zu erstaunlicher Blüte (Corneille, Racine, Molière, La Fontaine), aber Wissenschaft und Philosophie hatten seit Descartes (gestorben 1650) keine wesentlichen Impulse mehr erhalten. Inzwischen hatte der Prozess der „Aufklärung", mit der Entwicklung der Naturwissenschaften und ihren Auswirkungen auf die Philosophie sich in England bereits voll entwickelt (Locke, Newton, Hume) und nun begannen die Franzosen die englische Aufklärung zu entdecken, besonders durch die Vermittlung zweier Männer, Montesquieu und Voltaire.

Montesquieu Charles-Louis de Secondat, Baron de la Brède et de Montesquieu, wurde auf Schloß Brède bei Bordeaux, in der Heimat Montaignes, geboren. Er studierte Rechtswissenschaft in Paris und Bordeaux und als er 25 war wurde er Gerichtspräsident in Bordeaux. Er heiratete eine Protestantin, die beiden hatten 3 Kinder. Zehn Jahre später gab er sein Richteramt auf und widmete sich ganz der Literatur und dem Weinbau. Als er 39 war wurde er in die Académie Francaise berufen. Zwei Jahre später ging er auf Reisen nach Italien, Deutschland und England, wo er sich fast zwei Jahre aufhielt. In London war er Gast von Lord Chesterfield, er wurde in die „Royal Society" aufgenommen, nahm auch an Parlamentssitzungen teil und wurde zum Bewunderer der englischen Freiheit. Zurück in La Brède verwandelte er seinen Garten in einen englischen Park und widmete sich seiner wissenschaftlichen Arbeit. 1748 erschien sein Hauptwerk „De l'esprit des lois" („Vom Geist der Gesetze"). Die Arbeit an dem Werk hatte ihn erschöpft, trotzdem setzte er seine Studien fort, sie waren für ihn das beste Heilmittel. „Ich kenne keinen Kummer, den eine Stunde Lesen nicht verscheucht hätte." Sieben Jahre später starb er, 66 jährig, in Paris.

Mit seinem Briefroman „Lettres Persanes" („Persische Briefe") den er **Literat** 1721 zunächst anonym veröffentlichte, hatte Montesquieu großen Erfolg, das Buch verkaufte sich „wie warme Brezeln". Es war eine geistvolle Satire auf die damaligen gesellschaftlichen Zustände, den staatlichen Absolutismus, die kirchliche Intoleranz und die lockeren Sitten. Frankreich war „öffentlich empört und privat entzückt". (Carter) Die Gedanken, die Montesqieu damals aussprach, konnten dem Autor gefährlich werden, doch er kam ungeschoren davon, schließlich war er ein Adliger und der Regent, der nach dem Tod Ludwigs XIV. Frankreich regierte, war tolerant. Das Buch war ein Wegbereiter der Aufklärung, wie 13 Jahre später auch Voltaires „Lettres sur les Anglais". Montesquieu schrieb außerdem über naturwissenschaftliche, philosophische und historische Themen („Betrachtungen über die Ursachen von Größe und Niedergang der Römer"). Seine Notizen, Aphorismen, und Reflexionen, die er zeitlebens sammelte, wurden später unter dem Titel „Mes pensées" („Meine Gedanken") veröffentlicht.

In seinem Hauptwerk „Vom Geist der Gesetze", das 1748 erschien, **Staats-** befasste sich Montesquieu mit Gesetzen, Regierungsformen und Re- **philosophie** gierungsführung, aber auch mit Nationalcharakter, Klima, wirtschaftlichen und religiösen Fragen. Die katholische Kirche setzte das Werk auf den Index verbotener Bücher, doch als man später das Verbot wieder aufhob, wurde das Buch ein großer Erfolg. Die Gesellschaftsform, die den Menschen die größte Freiheit und damit Wohlfahrt garantiert, beruht auf einem geduldig erarbeiteten Gleichgewicht zwischen natürlichen Gegebenheiten, moralisch-religiösen Prinzipien und durch Gesetze garantierter Ordnung, die den „ésprit général" einer Nation ausmachen. Aus dieser liberalen Grundhaltung ergibt sich auch die Forderung nach religiöser Toleranz.

Gewalten-
teilung

Die wichtigste Voraussetzung, um Freiheit und Sicherheit des Einzelnen vor staatlicher Willkür zu schützen ist jedoch für Montesquieu die Teilung der staatlichen Gewalten in Legislative, Exekutive und Judikative. Das Prinzip der Gewaltenteilung hat Montesquieu aus Lockes „Two Treatises on Government" übernommen und um die dritte, die richterliche Gewalt ergänzt, deren Unabhängigkeit von den beiden anderen Gewalten gewahrt bleiben muss, sonst droht Despotie und damit die Vernichtung der Freiheit. Die englische Monarchie, die Montesquieu aus eigener Anschauung kennt, scheint ihm ein nachahmenswertes Modell zu sein.

Aufklärer

Montesquieu war von seinem England-Aufenthalt mit dem Ziel zurückgekehrt, das englische Vorbild für Frankreich nutzbar zu machen. Die französischen Aufklärer zählten Montesquieu zu den Ihren, Diderot stand an seinem Grab, allerdings mit dem Vorbehalt, Montesquieu sei zwar ein Aufklärer gewesen, habe aber über die Konsequenzen der Aufklärung geseufzt!

Religion

Montesquieu hatte durch seine historischen Studien ein Geschichtsbild gewonnen, das ohne Gott auskommt. Für ihn war „die Vernunft der vollkommenste, edelste und erlesenste aller Sinne." Gleichwohl erkannte er den Glauben an das Übernatürliche als die notwendige Unterstützung eines Sittengesetzes an. Heilige Schriften können als Regel dienen, das religiöse Gesetz ergänzt das zivile, doch Staat und Kirche sollten immer getrennt bleiben. „Eine gemäßigte Regierung ist der christlichen Religion angemessen, wie eine despotische Regierung der mohammedanischen ... die katholische Religion entspricht am besten der Monarchie, die protestantische der Republik." Während Montesquieu die Vorteile der Religion im großen und ganzen zugab, kritisierte er sie im einzelnen, den Reichtum der Kirche, die Ketzerverbrennungen, die Unfehlbarkeit des Papstes und ihren Anspruch auf weltliche Macht. Er war zwar bemüht, den Zensor nicht zu sehr zu reizen, aber dennoch wurde das Buch als versteckter Angriff auf das Christentum verurteilt. Da Montesquieu schon zu Lebzeiten eine Institution geworden war, ließ sich, wie es heißt, der Papst, als Montesquieu 1755 schwer an Grippe erkrankt war und schon im Koma lag, laufend berichten, ob der berühmte Moralphilosoph nicht endlich gebeichtet und seinen Frieden mit der Katholischen Kirche gemacht hätte. Die Jesuiten behaupteten später, es sei ihnen gelungen Montesquieu dazu zu bewegen.

Wirkung

Für eine ganze Generation war Montesquieu, neben Voltaire, „Wortführer und Ideal des französischen Geistes." (Durant) Friedrich der Große schätzte ihn ebenso wie Katharina die Große. Für die Schöpfer der amerikanischen Verfassung war sein Werk eine Fundgrube und wurde immer wieder zitiert.

Voltaire (1694–1778)

Noch mehr als Montesquieu gilt sein Zeitgenosse Voltaire als Verkörperung der französischen Aufklärung. Die beiden mochten sich nicht, aber hatten Respekt voreinander. Francois-Marie Arouet war der Sohn eines Pariser Notars. Seine erste Bildung erhielt er in einem Jesuitenkolleg, mit 17 begann er ein Rechtsstudium, brachte es aber zu keinem Abschluss. Inzwischen war er als Literat und geistvoller Spötter bekannt, eine Satire auf den Regenten, Philipp II. von Orléans, trug ihm einen ersten Aufenthalt in der Bastille, dem Staatsgefängnis, ein. Dort nutzte er die Zeit zum Lesen und Schreiben und legte sich als Autor einen neuen Namen zu: „Sieur Arouet de Voltaire". Ein Jahr später war er wieder auf freiem Fuß. Sein erstes Theaterstück „Ödipus" kam auf die Bühne und wurde ein voller Erfolg. 8 Jahre lang wurde er nun in den Pariser Salons als Schöngeist und glänzender Gesellschafter gefeiert, dann hatte er Händel mit dem Chevalier de Rohan, was ihn erneut in die Bastille brachte. Man ließ ihn bald wieder frei, weil er versprach, außer Landes, nach England zu gehen. In den drei Jahre, die er in London verbrachte, genoss er die geistige Freiheit, die dort herrschte, bewunderte die Wissenschaft, das politische System und die religiöse Toleranz. Zurück in Frankreich hatte er großen Erfolg als Dramatiker. Seine Bücher und Theaterstücke brachten ihm wachsende Einkünfte und da er seinen scharfen Verstand auch bei finanziellen Transaktionen einsetzte, wurde er bald zum reichen Mann. Voltaire galt nun als der größte lebende Dichter Frankreichs und wurde in die „Académie francaise" aufgenommen.

Ein paar Jahre zuvor, nach der Publikation seiner „Lettres Philosophiques", war er noch einmal in Bedrängnis geraten und konnte sich einer Verhaftung nur durch Flucht entziehen. Er war damals 40 und fand Zuflucht bei der Marquise du Chatelet auf ihrem Schloss Cirey in Lothringen, das für die folgenden 15 Jahre sein Hauptdomizil wurde. Die Marquise war eine sehr kluge Frau, eine gelehrte Wissenschaftlerin und eine leidenschaftliche Geliebte. Nach ihrem Tod – sie starb mit 44 im Kindbett – nahm Voltaire eine Einladung Friedrichs II. von Preußen an und wurde ein gefeierter Gesprächspartner an der Tafelrunde von Sanssouci. Ein Zerwürfnis mit dem König setzte seinem Aufenthalt in Berlin nach 3 Jahren ein Ende. Nach Paris konnte er nicht, Frankreich hatte ihn wieder einmal verbannt, so zog er weiter nach Genf und konnte sich schließlich 1758 die Herrschaft Ferney am Genfer See kaufen, sie wurde sein Alterssitz. Seine Nichte Marie-Louise Denis, verwitwet und Voltaire seit langem in einem engen Verhältnis verbunden, führte ihm den Haushalt. In diesen letzten Jahren empfing er noch viele Besucher, darunter Gelehrte, Fürsten, und Könige, schrieb und erhielt noch viele Briefe, darunter auch von der Zarin Katharina II. wie von Friedrich dem Großen.

Voltaires Werke füllen 99 Bände. Er schrieb Erzählungen, Romane, **Literat** Essays und eine ganze Reihe erfolgreicher Dramen. Seine gewaltige

Korrespondenz umfasste mehr als 50.000 Briefe. Während seines ersten Aufenthalts in der Bastille, er war damals 23, hatte man ihm zwar kein Papier, aber Bücher zum Lesen bewilligt, darunter die Ilias. Er versuchte es Homer gleichzutun und schrieb – zwischen die gedruckten Zeilen eines Buches – sein erstes Epos: „La Henriade", die Geschichte Heinrichs IV. Den toleranten Heinrich IV. zu feiern, war gewagt, denn der gerade verstorbene Ludwig XIV. hatte dessen Toleranzedikt widerrufen, der Katholizismus war damit wieder Staatsreligion geworden. So war das Hauptthema des Buches der Kampf gegen Fanatismus und Intoleranz und für die Meinungsfreiheit, und der Hauptgegner war die katholische Kirche. Als das Buch 1724 erschien, wurde es verboten, aber jedermann kaufte es, besonders in England wurde es ein großer Erfolg.

In England

In England hatten Voltaire Lockes Schriften stark beeindruckt und er hatte Newton eingehend studiert. Newton war damals schon schwer krank, Voltaire konnte ihn nicht mehr sprechen, aber er erlebte sein Begräbnis mit und war ungeheuer beeindruckt, welche Ehre die ganze englische Nation einem Mann wegen seiner geistigen Leistung erwies. Voltaire verfasste eine Abhandlung über „Elemente der Philosophie Newtons", die 1738 erschien, und machte damit das Werk Newtons in Frankreich bekannt. In Genf veröffentlichte Voltaire 1759 seinen Roman „Candide oder der Optimismus", den er während des siebenjährigen Krieges niederschrieb, eine beißende Satire gegen Leibniz' These von der besten aller Welten, gespickt mit Ausfällen gegen religiöse Missbräuche, Ketzerverfolgung, Standesdünkel und Korruption.

Lettres philosophiques

Die Frucht seines Aufenthalts in England waren Voltaires „Briefe über die Engländer" (später auch „Lettres philosophiques" genannt), die zunächst nur ungedruckt von Hand zu Hand gingen. In ihnen stellte er der freiheitlichen Atmosphäre Englands die korrupte Herrschaft des Adels und der Geistlichkeit in Frankreich gegenüber. „Die englische Nation hat es als einzige verstanden, die Macht der Könige im Zaum zu halten, indem sie sich ihnen widersetzte", schrieb er. Die englische Verfassung mit ihrem Schutz der natürlichen Rechte an Person und Eigentum, mit ihrer Religions- und Pressefreiheit und ihrer Gewaltenteilung empfahl er als Modell für Frankreich. Er zollte Bacon, Locke und Newton hohe Anerkennung und kritisierte andererseits Pascals „mutlosen Pessimismus". Nachdem 13 Jahre zuvor Montesquieus „Persische Briefe" erschienen waren, brachten Voltaires „Englische Briefe" 1734 nun den zweiten kräftigen Schub zur Aufklärung in Frankreich.

Geschichtsphilosophie

Geschichte hatte Voltaire schon immer interessiert. 1731 veröffentlichte er „Die Geschichte Karls des XII." von Schweden. Jahrelang arbeitete er an einem großen Geschichtswerk „Das Jahrhundert Ludwigs XIV.", das er während seines Aufenthalts in Berlin veröffentlichte, in diesem Fall unbehelligt von französischen Zensoren. Sein Ziel als Geschichtsschreiber war, sich nicht auf politische Geschichte zu beschränken, sondern eine Kulturgeschichte, eine „Geschichte des menschlichen Geistes" zu verfassen. Er wollte Geschichte als Philosoph schreiben. Zwanzig Jahre lang arbeitete er an seinem „Versuch über die Sitten und den Geist der Völker von Karl dem Großen bis auf die heutige Zeit", dessen 7 Bände 1769 in Genf veröffentlicht wurden.

In Bezug auf das Glück war Voltaire ein Skeptiker. „Die Menschen **Glück** suchen ihr Glück, ohne zu wissen, auf welche Art sie es finden können: wie Betrunkene ihr Haus suchen, im unklaren Bewusstsein, eins zu haben … Das vollkommene Glück ist unbekannt, für den Menschen ist es nicht geschaffen … Die Menschen sind wie die Tiere und die Pflanzen dazu da, zu wachsen, eine Zeitlang zu leben, ihresgleichen hervorzubringen und dann zu sterben … Nicht über das Elend und die Vergänglichkeit, nein, über das Glück und die Dauer unseres Lebens müssen wir uns wundern. Nur Hochmut und Anmaßung kann verlangen, dass es uns besser ergehen soll, als es uns ergeht." Auch die Liebe war für Voltaire nicht die Verheißung des großen Glücks. „Freundschaft ist tausendmal mehr wert als Liebe", schrieb er mit 25. Für Leidenschaften sei er nicht geboren, Liebe habe etwas Lächerliches an sich.

Voltaire galt als der herausragende französische „Deist", also als jemand, der zwar an Gott glaubt, aber die verschiedenen Religionen und Theologien ablehnt. Der Deismus war typisch für die Zeit der Aufklärung, in der man sich bemühte, die Religion mit der Herrschaft der Vernunft in Einklang zu bringen. Gott hat die gesetzmäßige, vernunftbestimmte Welt geschaffen, greift aber in den Weltenlauf nicht ein. Für Voltaire gab es keine andere göttliche Offenbarung als die Natur, ein intelligenter Mensch braucht als moralische Stütze nicht die Religion, die von den Priestern oft genug missbraucht wurde. Sein Glaubensbekenntnis als „Theist" (etwa gleichbedeutend mit dem heutigen Deist) hat er in seinem „Philosophischen Wörterbuch" aufgezeichnet: „Der Theist … ist fest von der Existenz eines ebenso guten wie mächtigen höheren Wesens, das alle Dinge gestaltet hat, überzeugt … er schließt sich keiner Sekte an … seine Religion, die schlichte Verehrung Gottes, ist die älteste und verbreitetste … er glaubt, dass Religion weder in unverständlicher Metaphysik noch in eitlen Schaustellungen besteht, sondern in Gottesverehrung und Gerechtigkeit … Tue das Gute, sei Gott ergeben …"

Voltaire kämpfte stets leidenschaftlich gegen religiösen Fanatismus **„Ecrasez** und „Aberglauben", womit er die Religion und ihre Dogmen meinte. **l'infame!"** Aber zunächst kam sein Unglaube nur nebenbei zum Ausdruck. Gelegentlich verteidigte er sogar den christlichen Glauben „und wenn er nicht gelogen hat – was er oft tat – bewahrte er bis zu seinem

Deismus

Tode seinen Glauben an Gott und an den Wert der Religion." (Durant) Später, etwa als er 60 war, änderte sich seine Einstellung und er erklärte der Kirche offen den Krieg, was offenbar durch drei Ereignisse ausgelöst wurde: Das Verbot der Enzyklopädie, die bigotte Stellungnahme der Kirche zu dem furchtbaren Erdbeben von Lissabon (1755) und zwei Gerichtsverfahren gegen Protestanten, die er aus der Nähe miterlebte und die mit barbarischen Hinrichtungen endeten. Voltaire kämpfte jahrelang gegen die Urteile an und erreichte, schließlich, dass sie aufgehoben wurden, die unschuldigen Angeklagten waren freilich längst tot. Sein Schlachtruf im Kampf gegen die Kirche war „écrasez l'infame!" („Zermalmt die Niederträchtige!"). Er lehnte alle Dogmen des traditionellen Christentums ab, auch die des Protestantismus. Er kritisierte die Bibel und den heiligen Augustinus. Er machte sich über die Dreieinigkeit lustig, doch Christus und seine Ethik war für ihn verehrungswürdig.

Ende eines Philosophen

Seine Zeitgenossen sahen in Voltaire einen großen Philosophen. In seinen philosophischen Schriften findet sich zwar kaum etwas, was andere nicht schon vor ihm gesagt hätten – aber längst nicht so treffend, leidenschaftlich und erfolgreich. (Störig) Für die Franzosen war er der große Vorkämpfer für Vernunft, Toleranz und Menschenrechte. Auf seinen Sarg schrieb man: „Er verlieh dem Menschengeist starke Impulse, er bereitete uns auf die Freiheit vor." Voltaire hoffte, dass Frankreich bald die Freiheit gewinnen möge, die England bereits besaß. Eine Revolution, meinte er, werde eines Tages unausweichlich kommen, auch wenn er selbst nicht mehr das Vergnügen haben werde, sie noch zu erleben.

1778 fuhr er von Ferney aus ein letztes Mal nach Paris, das er seit 28 Jahren nicht mehr gesehen hatte. Er wurde stürmisch gefeiert, aber inmitten des Triumphes ereilte den 84 jährigen der Tod. Auf dem Sterbebett bedrängte ihn ein Abbé, die Beichte abzulegen um ihm die Absolution zu erteilen, Voltaire ließ es geschehen, aber das Abendmahl lehnte er ab. Stattdessen drückte er dem Abbé ein Blatt Papier in die Hand, auf dem stand: „Ich sterbe in der Anbetung Gottes, meine Freunde liebend, ohne Hass gegen meine Feinde und in Verachtung des Aberglaubens. Voltaire." Der Erzbischof von Paris verweigerte ihm ein Begräbnis „in geweihter Erde". Seine Verwandten brachten den Leichnam in ein Kloster bei Troyes in der Champagne, wo er begraben wurde. 13 Jahre später beschloss die Nationalversammlung in Paris, seine sterblichen Überreste ins Panthéon zu überführen, wo er neben Jean-Jaques Rousseau beigesetzt wurde. 23 Jahre später brachen Monarchisten die beiden Särge auf und vergruben die Gebeine in der Nähe. Sie wurden nie mehr aufgefunden.

Friedrich II.
(1712–1786)

Preußens Friedrich II., der Große, hatte schon als Kronprinz eine Vorliebe für französische Literatur. Nach einer harten, konfliktreichen Jugend wurde er mit 28 Jahren König und führte drei Kriege gegen

240

Österreich unter der Kaiserin MariaTheresia (1717–1780). Am Ende des dritten, des Siebenjährigen Krieges (1756–1763) war Preußen kurz davor, seine staatliche Existenz zu verlieren, als der Tod der russischen Zarin Elisabeth eine günstige Wende brachte. Preußen war nun zu den europäischen Großmächten aufgerückt. In den folgenden Friedensjahren festigte Friedrich seinen Ruf als aufgeklärter Monarch, der sich als „erster Diener seines Staates" sah und als „Philosoph auf dem Königsthron". 1736, Friedrich war damals noch Kronprinz, schrieb er zum ersten Mal an Voltaire und leitete damit einen jahrelangen, freundschaftlichen Briefwechsel ein. Als Voltaire der wiederholten Einladung des Königs – gegen Erstattung der Reisekosten, und mit der Bestellung zum Kammerherrn bei entsprechendem Gehalt – 1750 schließlich folgte, war Voltaire 56. Friedrich, 18 Jahre jünger, war in seinen besten Jahren und hatte den Siebenjährigen Krieg noch vor sich. Die beiden verstanden sich hervorragend, Voltaire bezog Wohnung im Schloss Sanssouci, verbesserte die Französischkenntnisse des Königs und fand, dass man sich „nirgends auf der Welt mit größerer Freiheit über jede Art menschlichen Aberglaubens unterhalten konnte." Aber Voltaire brauchte nicht sehr lange, um die Harmonie zu zerstören. Er war längst Millionär, doch Gelegenheiten noch mehr anzuhäufen, auch wenn es dubiose Geschäfte waren, konnte er einfach nicht widerstehen. Der König ärgerte sich, aber ließ sich versöhnen. Dann gab es neue Zänkereien und nach drei Jahren in Berlin machte sich Voltaire schließlich wieder auf die Reise. Friedrich der Große schrieb ihm später einen versöhnlichen Brief und spendete ihm am Ende, trotz aller Misshelligkeiten, hohes Lob: „... für mein Teil habe ich den Trost, im Zeitalter Voltaires gelebt zu haben."

Unter den Zeitgenossen Voltaires war Denis Diderot wohl der einzige, der sich an Vielseitigkeit und literarischer Schaffenskraft mit ihm messen konnte. Er war fast 20 Jahre jünger als Voltaire, war der Sohn eines Messerschmieds und studierte in Paris Rechtswissenschaften, Mathematik und Philosophie. Diderot musste sich als Literat durchschlagen, verfasste unzählige Schriften und geriet nicht weniger oft als Voltaire mit der Zensur in Konflikt. Diderot war 30 als er anfing, sich auf die Realisierung einer großartigen Idee zu konzentrieren: Eine „Enzyklopädie" sollte geschaffen werden, kein gewöhnliches Lexikon, sondern ein Werk, das das gesamte Wissen der Zeit zusammenfasste, ordnete, zu einer inneren Einheit verband und damit alle alten und überholten Vorstellungen überwand. Es sollte zeigen, dass die Welt durch den menschlichen Geist beherrschbar war. Diderot war Herausgeber und Organisator, er gewann viele hervorragende Männer als Autoren (man nannte sie „die Enzyklopädisten"), darunter auch Voltaire. Zwischendurch brachte die Zensurbehörde Diderot wegen Gotteslästerung ins Gefängnis. Dann gelang es ihm aber doch die Enzyklopädie erfolgreich zu starten. 20 Jahre lang arbeitete Diderot an der Redaktion und Publikation der Enzyklopädie, die schließlich auf 35 Bände angewachsen war. Dann, zermürbt durch die stän-

Denis Diderot
(1713–1784)

241

digen Auseinandersetzungen mit der Zensur – zweimal wurde das Werk verboten – dem Drucker und einigen Autoren, zog er sich auf seine literarische Arbeit zurück. Er war auch finanziell am Ende; um seine Tochter aussteuern zu können, wollte er seine Bibliothek verkaufen. Da kam ihm in letzter Minute eine großherzige Bewunderin zu Hilfe, die seine Bibliothek kaufte, sie ihm aber bis zu seinem Tod beließ und ihm für die Verwaltung noch ein jährliches Gehalt ausbezahlte. Es war die Zarin Katharina II., die ihn auch nach Russland einlud. Einen Winter verbrachte Diderot in St. Petersburg. Die Einladung Friedrichs des Großen, ihn auf dem Heimweg zu besuchen, schlug er aus. 8 Jahre waren ihm noch beschieden, in denen er weiter unermüdlich arbeitete, dann starb er im Alter von 71 Jahren in Paris.

Jean d'Alembert
(1717–1783)

Diderots engster Mitstreiter war sein Jugendfreund Jean le Rond d'Alembert (ein Findelkind und illegitimer Spross adliger Eltern), der im Vorwort zur „Enzyklopädie" die Ziele der Herausgeber beschrieb: „Eine Weltkarte der Erkenntnis" sollte geschaffen werden, die allein durch den Weg des menschlichen Verstandes selbst bestimmt sein sollte. d'Alembert war Mathematiker und Physiker, durch seine Schriften zur Dynamik und Mathematik bereits berühmt. Gleichwohl lebte er bis zu seinem 30. Jahr sehr zurückgezogen, bis ihn Diderot als Mitherausgeber für die Enzyklopädie gewann und ihn für die Philosophie begeisterte. D'Alembert wurde später Schriftführer der „Académie francaise", war mit vielen Gelehrten befreundet oder stand mit ihnen im Briefwechsel, so auch mit Friedrich dem Großen und der Zarin Katharina II. Die Einleitung, die er zur „Enzyklopädie" geschrieben hatte, war die wohl wichtigste Programmschrift der Aufklärung.

Vauvenargues
(1715–1747)

Ein anderer junger Zeitgenosse, den Voltaire besonders schätzte, war Luc de Clapiers, Marquis de Vauvenargues. Der junge Offizier kämpfte in Italien und Böhmen, musste aber wegen seiner geschwächten Gesundheit den Dienst quittieren. Er widmete sich nun in Paris ganz dem Studium, starb aber früh im Alter von 32 Jahren. Er war berühmt für seine Lauterkeit und seine moralische Haltung. Vauvenargues hinterließ einige Abhandlungen, die er unter seiner Maxime „clarté et simplicité" („Klarheit und Einfachheit") verfasst hatte. Einen Gedanken, der zu schwach sei, um einfach ausgedrückt zu werden, solle man wegwerfen, meinte er. Niemand sei mehr Fehlern ausgesetzt als der Mensch, der nur mit dem Verstand handelt. Die Vernunft täuscht uns öfter als die Natur. Die großen Gedanken kommen aus dem Herzen.

242

Jean-Jacques Rousseau (1712–1778)

Es gab noch einen anderen berühmten, jüngeren Zeitgenossen, mit dem sich Voltaire allerdings – anders als mit Vauvenargues – überhaupt nicht verstand, was auf Gegenseitigkeit beruhte. Voltaire und Rousseau waren als Menschen, Charaktere und Philosophen so gegensätzlich, dass es nie zu einem fruchtbaren Gedankenaustausch zwischen ihnen kam. „Ich hasse Sie!" schrieb Rousseau an Voltaire und der wiederum hielt ihn für völlig wahnsinnig. Jean-Jacques Rousseau war der 2. Sohn eines Genfer Uhrmachers. Seine Mutter starb kurz nach seiner Geburt, sein Vater musste wegen eines drohenden Gerichtsverfahrens Genf verlassen, als Jean-Jacques 10 Jahre alt war. Er wurde einem calvinistischen Pfarrer zur Erziehung übergeben und kam dann zu einem Kupferstecher in die Lehre. Als er 16 war machte er sich aus der ungeliebten Lehre auf und davon. Es folgten lange „Vagabunden"-Jahre. Materielle Gründe veranlassten ihn, vom Calvinismus zum Katholizismus zu konvertieren. In Annecy fand er eine Gönnerin, die ihm Mutter und Geliebte war, zu der er auch später wieder zurückkehrte, nachdem er als Musikant Oberitalien, die Schweiz und Frankreich durchwandert hatte. Als er 30 war übersiedelte er dann nach Paris. Er lernte Diderot und andere Literaten kennen, schrieb ein paar Artikel über Musik für die „Enzyklopädie" und im übrigen schlug er sich als Sekretär und Faktotum durch. Die Wäscherin Thérèse Levasseur bekam ein Kind von ihm, später noch vier weitere, die er alle ins Findelhaus gab.

1749 – er war nun 37, – beteiligte er sich an einem Preisausschreiben der Akademie in Dijon, seine Abhandlung gewann den Preis und Rousseau wurde mit einem Schlage berühmt. Er war inzwischen wieder Calvinist geworden und fand in Madame d'Èpinay eine neue Gönnerin, die ihm ihr Landhaus bei Montmorency überließ. Seine folgenden Werke brachten ihm immer wieder Verbote und Verfolgung ein, im Grunde war er ständig auf der Flucht und nie sehr lange an einem Ort. 1778 schien es, als ob er in Ermenonville auf dem Gut des Marquis de Girardin endlich zur Ruhe kommen könnte, aber da überraschte ihn der Tod. Er starb im Alter von 66 Jahren, im gleichen Jahr wie Voltaire. Und auch sein Sarg wurde, wie der Voltaires, 13 Jahre später in das Panthéon nach Paris überführt.

Die Preisfrage der Akademie in Dijon lautete: „Hat die Erneuerung der Wissenschaften und Künste zur Läuterung der Sitten beigetragen?" Rousseau beriet sich mit Diderot, der ihn fragte, welchen Standpunkt er einnehmen werde. „Natürlich den bejahenden," meinte Rousseau. Aber Diderot erwiderte: „Das ist der Weg der Mittelmäßigen. Der entgegengesetzte Standpunkt würde dem Denken neue Perspektiven eröffnen." Rousseau befolgte den Tipp, beantwortete die Preisfrage mit einem glatten Nein, bekam für seine Abhandlung den Preis und die gewünschte Sensation. Was für Diderot eher ein Gag

Eine Preisfrage

war, machte Rousseau zur Grundlage seiner Philosophie, schilderte er später als eine Art Erweckungserlebnis. Mit gefühlsbetonter, glänzender Rhetorik versuchte er zu beweisen, dass der Fortschritt von Wissenschaft und Kunst zum Verfall von Sitte und Moral geführt habe. Darum: Zurück zur Natur! Mit dieser schwärmerischen Parole traf er offenbar einen Nerv der Zeit, denn sie löste bei allen romantischen Gemütern Begeisterung aus. Rousseau war der Meinung, „der Mensch ist von Natur aus gut, es ist die Gesellschaft, die ihn verdirbt". Außerdem war er von jetzt an entschlossen, seine Handlungen nur noch nach seinen Grundsätzen einzurichten und „kühnen Schrittes den herrschenden Vorurteilen meines Jahrhunderts entgegenzutreten".

Ungleichheit Vier Jahre später stellte die Dijoner Akademie eine neue Preisfrage: „Welche Ursache hat die Ungleichheit der Menschen und ist sie in der Natur begründet?" Rousseau beteiligte sich wieder und seine neue Abhandlung erregte eher noch mehr Aufsehen als die erste. Er entwarf darin das Bild eines ursprünglichen Naturmenschen, des „edlen Wilden", und fand, dass die Geschichte nichts anderes als ein Verfallsprozess sei, der mit dem Heraustreten des Menschen aus dem einzig menschenwürdigen Naturzustand einsetzte. Rousseau meinte, dass das Eigentum die Freiheit vernichtet, er hielt die Einführung des Privateigentums für den eigentlichen Sündenfall der Menschheit, mit dem das natürliche, urkommunistische Paradies zu Ende ging und Unfreiheit, Ungleichheit, Neid und Missgunst begannen. „Der erste, der ein Stück Land einzäunte und sich vermaß zu sagen: das gehört mir, und Leute fand, die einfältig genug waren, es zu glauben, war der eigentliche Gründer der bürgerlichen Gesellschaft." Rousseau sandte seine Abhandlung auch an Voltaire, der sich bedankte und ihm zurückschrieb: „Nie zuvor ist so geschickt versucht worden, uns alle dumm zu machen."

Die neue Heloise Einen großen literarischen Erfolg errang Rousseau 1761 mit seinem Roman „Julie ou la nouvelle Heloise". In diesen „Briefen zweier Liebenden aus einer kleinen Stadt am Fuße der Alpen" schilderte er, wie das Abaelard und Heloise nachempfundene Liebespaar den Widerspruch zwischen der natürlichen und der gesellschaftlichen Bestimmung des Menschen erfahren muss, wie Moral und leidenschaftliches Gefühl gegen Konventionen ankämpfen. Eine solche ausführliche Schilderung von Gefühl, Leidenschaft und romantischer Liebe war neu in der Literatur. Die tragisch-sentimentale Liebesgeschichte traf genau den Zeitgeschmack und fand ein begeistertes Publikum.

Über die Erziehung Im folgenden Jahr konnte Rousseau, von Krankheiten geplagt, das Manuskript zu einem weiteren gossen Werk abschließen. Er hatte Lockes „Gedanken über Erziehung" studiert und in „Èmil ou de l'education" („Emil oder über die Erziehung") entwarf er nun seine Erziehungslehre. Kant soll von der Lektüre so gefesselt gewesen sein, dass er darüber seinen sonst pedantisch eingehaltenen Abendspaziergang versäumte. Emil, der Held der Geschichte, wird in einer privaten, häuslichen „Erziehung zur Natur" zu einem „natürlichen Menschen" geformt. Rousseau verweist auf die Wirkung des Vorbilds und auf das angeborene Prinzip der Gerechtigkeit und der Tugend, das er Gewissen nennt, und das den Maßstab für unser Handeln bildet. Deshalb müsse zuerst der moralische Charakter gebildet werden, ehe die intellektuelle Erziehung beginnt. Rousseau verband das mit der Forderung nach einem Christentum ohne Dogmen, was wiederum zu Zensur und Verbot führte.

Rousseaus „natürliche Religion", wie er sie im „Èmil" beschreibt, bedarf keiner Offenbarung. Die Menschen sollten nur auf das hören, was Gott zum Herzen spricht, dann gäbe es auch nur eine einzige Religion auf dieser Welt. Rousseaus Religion beruht ganz auf dem Gefühl. Das Gefühl sagt mir, dass ein Gott ist. Mehr ist nicht notwendig und mehr zu erkennen ist auch nicht möglich. Je weniger ich ihn begreife, desto mehr bete ich ihn an, meinte er. Die Frage der Existenz Gottes liege jenseits einer Beantwortung durch die Vernunft. Da wir zwischen Glauben und Unglauben wählen können, warum sollten wir einen tröstenden Glauben zurückweisen? Er werde seinem Gefühl folgen und keinen Augenblick an einer wohlwollenden Vorsehung und der Unsterblichkeit der Seele zweifeln, schrieb er an Voltaire. Die Lehre von der Erbsünde und von der Erlösung durch Christus lehnte Rousseau ab, das Alte Testament erkannte er nicht als Gottes Wort an und auch im Neuen Testament stecke viel Unglaubwürdiges, doch sei es das bewegendste und inspirierendste Buch. **Religion**

Sein letztes großes Werk, das er 1770 zum Abschluss brachte, waren „Les Confessions" („Bekenntnisse"). Rousseau hatte sicher Augustinus gelesen, dennoch leitete er sein Buch mit dem anspruchsvollen Satz ein: „Ich unternehme ein Werk, das seinesgleichen weder gehabt hat noch haben wird. Meinen Mitmenschen will ich einen Menschen zeigen, ganz in seiner wahren Natur ..." In schonungsloser Selbstdarstellung, die bis zur peinlichen Selbstentblößung reicht, stellt er sich als großen Sünder dar. Er sprach von seinem warm empfindenden Herzen, von dem er selbst am meisten überzeugt war, während seine Freunde fanden, dass er sich zuweilen recht schlecht benahm. Mit Diderot und den Enzyklopädisten stand er auf dem Kriegsfuß. David Hume, der ihn in England so freundlich aufgenommen und ihm die Wege geebnet hatte, war hoffnungslos mit ihm zerstritten und fand, dass Rousseau unter Verfolgungswahn leide. Auch Burke, der ihm freundschaftlich entgegenkam, fand schließlich, dass Rousseaus Herz und Verstand nur durch Eitelkeit gelenkt würden. Ganz zu schweigen von Voltaire, der ihm anfangs in der Korrespondenz durchaus freundlich begegnet war, ihn aber später für unglücklich und böse hielt, statt Blut müsse er Vitriol und Arsenik in den Adern haben. **Bekenntnisse**

Glück	„Jeder Mensch will glücklich werden. Um aber dies Ziel zu erreichen, müsste er zunächst wissen, was das Glück denn eigentlich sei." Wir wissen nicht, was absolutes Glück ist, wir wissen nur, dass der der Glücklichste ist, der am wenigsten leidet und der Unglücklichste, wer sich am wenigsten freut. Der Weg zum Glück besteht darin, dass wir unser Wollen und unser Können ins Gleichgewicht bringen, dass wir das Übergewicht unserer Wünsche vermindern, wenn sie unsere Fähigkeiten übersteigen.
Contrat social	Was seine politischen Überzeugungen anbelangte, so hatte sich Rousseau zwar bei Locke einige Anregungen geholt, aber war zu gegenteiligen Schlüssen gekommen. Rousseau schwärmte für Platon, vor allem für dessen Buch vom idealen Staat, das er außerdem für das beste Erziehungsbuch hielt. Davon inspiriert, brachte er nun seine Vorstellungen vom Staat zu Papier. Er nannte sein Werk, angelehnt an Lockes Vertragstheorie, „Le Contrat social" (1762 – „Der Gesellschaftsvertrag"). Das Buch hebt an mit dem Satz „Der Mensch ist frei geboren, und dennoch liegt er in Ketten."
Freiheit und Gleichheit	Rousseaus Ziel ist angeblich die Freiheit, doch in Wirklichkeit strebt er Gleichheit an, und sei es auf Kosten der Freiheit. Freiheit und Gleichheit sind für Rousseau die beiden Hauptgegenstände, auf die das Wohl aller zurückzuführen ist und weil „die Kraft der Dinge" stets dazu neigt, die Gleichheit zu zerstören, muss die Gesetzgebung zugunsten der Gleichheit dagegen halten. Bei Locke wurde die individuelle Freiheit durch das Eigentum garantiert. Das kam für Rousseau nicht in Frage, deshalb erfand er den „Gemeinwillen", den „volonté générale", das war für ihn eine Art objektives Gesamtinteresse und nicht etwa nur der Mehrheitswille.
Volks-souveränität	Der Gemeinwille ist der höchste Souverän im Staat. Die Regierung handelt im Auftrag dieser Volkssouveränität, ihr Mandat gilt nur so lange, wie es dem Volk gefällt. Der Einzelne gibt seine natürliche Freiheit freiwillig auf zugunsten des Gemeinwillens und gewinnt durch diese Teilhabe am Gemeinwillen eine Art höherer Freiheit, wie Rousseau meinte. In Wirklichkeit aber war die Freiheit des Individuums damit verlorengegangen. An die Stelle des alten Tyrannen, des absoluten Monarchen, setzte Rousseau einen neuen, die unfehlbare Volkssouveränität, in deren Namen man die Leute auch köpfen konnte, wie sich bald zeigen sollte. Das Christentum ist zur Staatsreligion ungeeignet, meinte Rousseau, denn es predigt Demut und Unterwerfung und begünstigt dadurch die Gewaltherrschaft; das souveräne Volk muss daher eine neue Religion bestimmen. Nur die Zahl entscheidet. Bin ich in der Minderheit, so beweist das nur, dass ich mich geirrt habe. Wer sich weigert, diesem Kollektivwillen zu gehorchen, muss durch den Staat zum Gehorsam gezwungen werden, was für Rousseau nichts anderes bedeutete, „als dass er gezwungen wird, frei zu sein."

Die gewaltige Wirkung, die Rousseau auf seine Zeitgenossen und weit mehr noch auf die Nachwelt ausübte, beruhte vor allem darauf, dass er an Herz und Empfindsamkeit appellierte, dass er das Gefühl über das Denken stellte. Die Zeit war offenbar reif für dieses Evangelium, man war der Fesseln der Konventionen überdrüssig und hatte genug gehört von Vernunft und Logik. Der gefühlvolle, empfindsame Rousseau war der Vorbote von „Sturm und Drang" und der deutschen Romantik. Die Auswirkungen seiner politischen Vorstellungen waren jedoch noch bedeutsamer. Durch sie wurde er zum „Herold" der Französischen Revolution und sie wirkten fort im utopischen und revolutionären Sozialismus von Karl Marx. Statt die absolute Monarchie durch eine demokratische Verfassung zu „zähmen", wie es dem Konzept Lockes (und der Staatsphilosophie des Aristoteles) entsprach, wollte Rousseau sie durch eine pseudo-demokratische Diktatur (im Sinne von Platons Staatsutopie) ersetzen. Diese beiden gegensätzlichen politischen Verhaltensmuster sind seither immer wieder erkennbar geworden: So wie die angelsächsischen Demokratien vom Geist Lockes geprägt sind, so waren bei den totalitären Regimen des vergangenen Jahrhunderts die utopischen Vorstellungen Rousseaus (und Platons) erkennbar.

Kurz bevor Rousseau starb, besuchte ihn ein glühender Bewunderer. Es war ein junger französischer Student der Rechtswissenschaft namens Maximilien de Robespierre. Der junge Mann ließ sich später in seiner Heimatstadt Arras als Advokat nieder und kam von dort aus als Abgeordneter in die Nationalversammlung nach Paris. Er galt als hart und „penetrant tugendhaft". Robespierre stieg zum Führer der „Jakobiner" auf und als Vorsitzender des diktatorisch regierenden „Wohlfahrtsausschusses" wurde er gewissermaßen allmächtig. Robespierre machte den „Contrat social" von Rousseau zur Bibel der Jakobiner. Die republikanische Verfassung der Revolutionäre war nach dem Vorbild des „Contract Social" entworfen, der Schlachtruf „Freiheit, Gleichheit, Brüderlichkeit!" bezog sein Pathos aus dem revolutionären Schwung Rousseaus. Im Namen der von Rousseau konzipierten Volkssouveränität errichtete Robespierre eine blutige Schreckensherrschaft. Am Ende fiel er dann selbst der Guillotine zum Opfer.

Immanuel Kant (1724–1804)

Unter Rousseaus Zeitgenossen gab es auch professionelle Philosophen, die für ihn schwärmten. Zu ihnen gehörte Immanuel Kant. In Königsberg in Ostpreußen war Kant als 4. von 11 Kindern eines Sattlermeisters auf die Welt gekommen. Seine Mutter sorgte dafür, dass er eine gute Schule besuchen konnte, als gläubige Pietistin wünschte sie sich für ihn die geistliche Laufbahn. Als Immanuel 16 war begann er mit dem Studium der Philosophie, Mathematik und Naturwissenschaft an der Universität seiner Heimatstadt. Er verließ das Elternhaus, zog zusammen mit einem Studienkollegen in eine Studentenbude und verdiente sich seinen Unterhalt durch Privatstunden. Sein Berufsziel war klar: er wollte akademischer Lehrer werden. Als Kant 22 war starb sein Vater und er musste sich für die nächsten 9 Jahre als Hauslehrer verdingen. 1755 konnte er promovieren und sich als Privatdozent niederlassen. Noch 15 Jahre lang musste er warten, bis er dann, in seinem 46. Jahr, zum Professor für Metaphysik und Logik berufen wurde. Kant war ein beliebter und verehrter Lehrer. Seinen Tageslauf und seine Arbeit hatte er streng geregelt, die Nachbarn konnten ihre Uhr nach ihm stellen. Pünktlich um zehn ging er ins Bett, pünktlich um fünf stand er auf. So gelang es ihm, trotz schwächlicher Konstitution und einem enormen Arbeitspensum, bei guter Gesundheit ein hohes Alter zu erreichen. Er war von schmächtiger Statur, nur 1,50 groß. Zweimal dachte er ans Heiraten, aber jedes Mal zögerte er zu lange. In die Kirche ging er nur, wenn seine akademischen Pflichten, zeitweise als Rektor, es erforderten. Später, er war 63, konnte er ein eigens Haus erwerben und sich einen Diener und eine Köchin leisten. Nun verging kein Tag mehr, an dem er nicht mittags Gäste an seiner Tafel hatte, schließlich war Epikur sein Lieblingsphilosoph. Seine letzten Jahre waren durch physischen Verfall und durch Einsamkeit geprägt. Er war 80, als er die Augen für immer schloss. Seine Mitbürger bereiteten ihm ein fürstliches Begräbnis und obwohl er nie über Königsberg hinausgekommen war, war er längst weltberühmt.

Werke

Seit seiner Dissertation hatte Kant zahlreiche Schriften publiziert, hauptsächlich zu naturwissenschaftlichen Themen, in Anlehnung an die Physik Newtons, die für ihn ein Vorbild wissenschaftlicher Naturerkenntnis war. In seinen philosophischen Vorlesungen fasste er die „weltbürgerliche Bedeutung" der Philosophie in vier Fragen zusammen: 1. Was kann ich wissen? 2. Was soll ich tun? 3. Was darf ich hoffen? 4. Was ist der Mensch? Die erste Frage beantwortet die Metaphysik, die zweite die Moral, die dritte die Religion und die vierte, die im Grunde alle anderen Fragen umfasst, die Anthropologie. Nachdem er Professor geworden war, veröffentlichte er nichts mehr, sodass man die Hoffnungen, die man in ihn gesetzt hatte, enttäuscht sah. Das dauerte 11 Jahre lang, dann, 1781, Kant war inzwischen 57, erschien sein erstes großes Werk: „Kritik der reinen Vernunft", das sich mit der Metaphysik und dem Erkenntnisproblem befasste. 7 Jahre später folgte als Antwort auf die Frage „Was sollen wir tun?" die „Kritik der praktischen Vernunft". 1790 erschien dann schließlich die „Kritik der Urteilskraft", in der es um Gefühl, Natur und Ästhetik geht. Innerhalb von 9 Jahren, 20 Jahre nach Antritt seiner Professur, hatte Kant ein gewaltiges philosophisches Werk vorgelegt. Kant war bei seinen Vorlesungen und in seinen Schriften bekannt gewesen für seine lebhafte und leicht verständliche Sprache. Bei den großen Werken war das nun anders. Kant war sich durchaus bewusst, dass er

Klarheit und Verständlichkeit eher vernachlässigt hatte, aber beide brauchen Zeit und die meinte er nicht ausreichend zu haben. So schrieb er für die Fachwelt und überließ es anderen, ihn verständlich zu machen. Heinrich Heine meinte allerdings, Kant habe durch seinen grauen, trockenen „Packpapierstil" viel Schaden angerichtet, denn „die geistlosen Nachahmer äfften ihn nach und so entstand bei uns der Aberglaube, dass man kein Philosoph ist, wenn man gut schreibt."

Das philosophische Denken, mit dem Kant als Student vertraut gemacht worden war, betonte die Vernunft: Was meine Vernunft über die Welt aussagt, ist wahr, man braucht dazu auch keine Erfahrung. („Rationalismus"). So glaubten Descartes, Spinoza oder Leibniz ausschließlich aufgrund angeborener, allgemein feststehender Begriffe zur Erkenntnis des Weltzusammenhangs kommen zu können. Die Rationalisten entwarfen auch jenseits der Erfahrung, im Bereich des Übersinnlichen, große metaphysische Systeme. Dann beschäftigte sich Kant mit dem Empirismus John Lockes, der gesagt hatte: Es ist nichts im Verstande, was nicht zuvor in den Sinnen gewesen wäre. Allein die Erfahrung ist die Quelle und die Grenze unserer Erkenntnis. Und David Hume mit seinem Skeptizismus hatte daraus die Konsequenz, gezogen, dass die dogmatischen Metaphysiker etwas zu wissen vorgeben, was sie gar nicht wissen können. Diese Argumente weckten Kant aus seinem „dogmatischen Schlummer", wie er selbst sagte. Nun sah Kant die Metaphysik, die ihn besonders interessierte, mit anderen Augen. Für ihn war sie künftig kein Feld für „Träumereien" mehr, wie er sie bei dem „Geisterseher" Emanuel Swedenborg tadelte, sondern Metaphysik war nun für Kant die Wissenschaft vom Ursprung und den Grenzen der menschlichen Vernunft. Kant wollte „aufräumen" und ein für alle Mal Klarheit schaffen. Er wollte herausfinden, wie der menschliche Denkapparat funktioniert und wie Erkenntnis zustande kommt. Doch weder der Rationalismus noch der Empirismus schienen ihm eine zufriedenstellende Lösung zu bieten, er versuchte beide Positionen zu vereinen.

Rationalismus oder Empirismus?

Für seine eigenen Untersuchungen, die er in der „Kritik der reinen Vernunft" niederlegte, baute Kant einen umfangreichen und komplizierten Begriffsapparat auf. Sein Ausgangspunkt war der Satz der Empiristen, dass alle Erkenntnis mit der Erfahrung anfängt, was bedeutet, dass die Erfahrung jeder Erkenntnis zeitlich vorausgeht. Aber es bedeutet nicht, dass alle Erkenntnis nur aus Erfahrung entspringt. Kant kommt zu dem Ergebnis, dass es tatsächlich Erkenntnisse gibt, die nicht aus der Erfahrung stammen. Dieses vor aller Erfahrung, „a priori", in uns liegende Erkenntnisvermögen nennt Kant „reine Vernunft" und seine Funktionen nennt er „transzendental". Transzendental ist also für Kant etwas, das vor unserer Erfahrung liegt, etwas „Apriorisches". (Nicht zu verwechseln mit dem Begriff der Transzendenz, der etwas bezeichnet, was über unsere Erfahrung hinausgeht.)

Kritik der reinen Vernunft

Die reine Vernunft umfasst das Vermögen der Anschauung (Sinnlich-keit), das Vermögen der Begriffe (Verstand) und das Vermögen der Ideen (eigentliche Vernunft). Die Vernunft enthält die Formen der Er-kenntnis, das sind die Anschauungsformen Raum und Zeit, und die Formen des Denkens, die Kant, in Anlehnung an Aristoteles, Katego-rien nennt. Wenn wir etwas empfinden, wird es durch die Formen der Anschauung zu Wahrnehmungen zusammengefasst. Auf die so entstandenen Gegenstände lassen sich die Formen des Denkens an-wenden.

Raum und Zeit

Alle unsere empirischen Anschauungen vollziehen sich in den For-men von Raum und Zeit. Der Raum ist ein Element unseres Bewusst-seins, das nicht von außen kommt, es ist eine apriorische Anschau-ungsform, die erst durch eine Wahrnehmung aus dem Bewusstsein wachgerufen wird. Alles was wir wahrnehmen, erscheint uns in der Form des räumlichen Nebeneinanders. Ähnlich verhält es sich mit der Zeit. Auch die Zeit ist eine apriorische Anschauungsform, mit der wir unsere inneren Zustände, Gefühle und Willensregungen im Nacheinader betrachten. Die Zeit hat für Kant außerhalb unseres Auf-fassungsvermögens keinen greifbaren Sinn. Indem er den bislang als absolut geltenden Raum- und Zeitbegriff zerstörte, hat Kant gewisser-maßen die Relativitätstheorie vorweggenommen.

Kausalität

Locke meinte, in der ursächlichen Verbindung zweier Vorgänge ist eine Kraft wirksam. Hume sagte, eine kausale Verbindung gibt es nicht, wir nehmen immer nur ein Aufeinanderfolgen wahr. Kant war der Ansicht, Hume habe insofern recht, als das Kausalitätsprinzip nicht aus der Wahrnehmung abzuleiten sei, vielmehr stammt es aus dem Verstande, es ist ein apriorischer Verstandesbegriff. Kausalität im Sinne der notwendigen Verknüpfung von Wirkung und Ursache, durch die Erfahrung überhaupt erst möglich wird, sei eine Leitvorstel-lung, die der Verstand von sich aus mitbringt.

Urteile

Eine bloße Wahrnehmung ist noch keine Erkenntnis. Eine Erkenntnis entsteht erst durch einen Denkvorgang, bei dem der Verstand die Gegenstände mit Begriffen verbindet. Die Formen des Denkens (Kate-gorien), die der Verstand dabei anwendet, sind also schon vor aller Erfahrung in der Vernunft enthalten. Unser Verstand kann Begriffe miteinander verbinden, das heißt, wir bilden uns ein Urteil. Kant un-terscheidet zwischen analytischen Urteilen, bei denen das Subjekt zugleich ein Prädikat enthält, und synthetischen Urteilen, bei denen das Subjekt um einen Prädikatsbegriff erweitert wird, der aus der Er-fahrung stammt, weshalb solche synthetischen Urteile erst a poste-riori möglich sind. Nur wenn die zwei Begriffe, die miteinander ver-bunden werden, beides apriorische Erkenntnisse sind, ist auch ein synthetisches Urteil a priori möglich. Wenn der Verstand die Denk-Kategorien auf die Formen der Anschauung (Raum und Zeit) anwen-det, vermag er a priori synthetische (zusammenfassende) Urteile zu bilden. Solche Urteile beziehen sich nicht auf bestimmt Objekte der Erfahrung, sondern sie bringen nur mögliche Beziehungen zum Ausdruck. Sie drücken aus, was vor aller Erfahrung über die Welt der Erscheinungen ausgesagt werden kann. Vor allem die Sätze der Mathematik sind solche synthetischen Urteile.

Ding an sich

Wenn unsere Sinnlichkeit (das Vermögen der Anschauung) durch eine Empfindung geweckt („affiziert") wird, entsteht durch die Tätigkeit unserer Vernunft in unserem Bewusstsein ein Bild, das von unseren subjektiven Anschauungsformen geprägt wird. Wir erfassen ein Ding nur so, wie es unserem Bewusstsein erscheint, können also das eigentliche Ding, das unsere Empfindung ausgelöst hat, das „Ding an sich", gar nicht erkennen. Das wahre Wesen der Dinge bleibt uns verborgen, darin liegt die Grenze unserer Erkenntnis. Auch unser eigenes Ich ist ein „Ding an sich", sodass wir uns, wenn wir denken, zwar als Subjekte erfahren, im Grunde aber nicht wissen, wer wir „wirklich" sind.

Kopernikanische Wende

Die Natur, als die Einheit aller Erscheinungen, ist gesetzmäßig geordnet. Diese Ordnung entsteht, indem unser Verstand die Erscheinungen als Gegenstände erfasst und zueinander in Beziehung setzt und zwar nach Regeln, die ihm selbst (a priori) innewohnen. Die „Naturgesetze", die wir auf diese Weise erkennen, gewinnen wir also nicht über die Erfahrung aus der Natur, sondern wir schöpfen sie aus unserem Verstand und schreiben sie der Natur gewissermaßen vor. Nicht unsere Erkenntnis richtet sich nach den Gegenständen, sondern die Gegenstände richten sich nach unserer Erkenntnis. Diese uns ungewöhnlich erscheinende Betrachtungsweise hat Kant selbst seine „kopernikanische Wende" genannt, denn er habe es ähnlich wie Kopernikus gemacht, meinte Kant. Nachdem Kopernikus mit der Erklärung der Himmelsbewegungen nicht so recht vorankam, solange er annahm, das ganze Sternenheer drehe sich um den Zuschauer, versuchte er es andersherum, und ging davon aus, dass sich der Zuschauer dreht und die Sterne stille stehen.

Grenzen der Erkenntnis

Diese Grundsätze des reinen Verstandes sind die Voraussetzung jeder Erkenntnis, aber sie lassen sich nur auf Objekte beziehen, die in der empirischen Anschauung gegeben sind. Anschauungen oder Begriffe allein sind noch keine Erkenntnis. Anschauungen ohne Begriffe sind blind, Begriffe ohne Anschauung sind leer. Daher bezieht sich unsere Erkenntnis und unser Wissen allein auf das Reich der Erscheinungen, nur was aus der Erfahrung stammt, kann Gegenstand unserer Erkenntnis sein. Es ist deshalb unmöglich, zu positiven Erkenntnissen zu gelangen, wenn man apriorische Begriffe auf Gegenstände anwendet, die jenseits unserer Erfahrung liegen. Metaphysik als Wissenschaft von transzendenten Dingen ist nicht möglich. Die drei wichtigsten metaphysischen Fragen nach Gott, Freiheit und Unsterblichkeit kann die Vernunft nicht beantworten, sie sind transzendent, also außerhalb der objektiven Erfahrung. Deshalb erkennt Kant auch die herkömmlichen Gottesbeweise nicht an. Denn weder Gott selbst noch die ihm beigelegten Eigenschaften sind in einer Anschauung gegeben. Die herkömmliche Theologie glaubte, die Existenz Gottes beweisen zu können, doch alle diese Beweise beruhen auf Fehlschlüssen, meinte Kant.

Als ob – regulative Ideen

Die menschliche Vernunft war allerdings immer bestrebt, die Grenze der Erfahrung zu überschreiten. Sie entwickelte Ideen, die über die Erfahrung hinausgehen. Solche Ideen sind nicht begründet, sondern nur „regulativ", es sind leitende Prinzipien, die dem Verstand sagen, wie er verfahren soll. Wir sollen unser Forschen und Handeln so betreiben, „als ob" es eine Totaliät der Welt gäbe, „als ob" die Seele unsterblich sei und „als ob" Gott existiere. Solche Ideen sind denkmöglich, aber man darf sie nicht mit Erkenntnissen verwechseln, denen eine Erfahrung entspricht, sonst gerät man in Widersprüche (Antinomien).

Vernunft und Glaube

Kant hat das Verständnis von Erkenntnis grundlegend verändert. Die Frage, woher die angeborenen Erkenntnisformen kommen, die in der Konstitution des Menschen liegen, konnte er zwar nicht beantworten. Aber er hat dargelegt, dass die Vernunft weder beweisen kann, dass die Seele unsterblich und der Wille frei ist, noch dass es Gott gibt. All das, worum sich die traditionelle Metaphysik so leidenschaftlich bemüht hat, verliert sein philosophisches Fundament. (Höffe) Moses Mendelssohn hat ihn deshalb einen „Alleszermalmer" genannt. „Nach drüben ist die Aussicht uns verrannt; Tor! Wer dorthin die Augen blinzelnd richtet, sich über Wolken seinesgleichen dichtet! Er stehe fest und sehe hier sich um ..." (Goethe). Doch wenn sich die Existenz Gottes auch nicht beweisen lässt, das Gegenteil lässt sich ebenso wenig beweisen. Indem er die Grenzen der Erkenntnis aufzeigte, hat Kant zugleich das Tor für den Glauben geöffnet. „Ich musste das Wissen aufheben, um zum Glauben Platz zu bekommen", meinte Kant selbst. Heinrich Heine kommentierte das mit einer Anekdote: Als Kant, mit der „Kritik der reinen Vernunft" der Religion den Todesstoß versetzte, habe er bemerkt, dass darob seinem Diener Lampe die Tränen in die Augen stiegen. Da habe Kant gesagt, „der alte Lampe muss einen Gott haben, sonst kann der arme Mensch nicht glücklich sein – meinetwegen, so mag die praktische Vernunft die Existenz Gottes verbürgen!"

Kritik der praktischen Vernunft

In der „Kritik der reinen Vernunft" hatte Kant untersucht, wie die Vernunft die Erkenntnis a priori bestimmt. In der „Kritik der praktischen Vernunft" (und in seinem Werk „Grundlegung der Metaphysik der Sitten") sucht er nun festzustellen, wie die Vernunft a priori den Willen bestimmt, um damit die Frage zu beantworten „Was soll ich tun?" Das menschliche Handeln wird von Grundsätzen bestimmt. Kant nennt die (praktischen) Grundsätze, die sich der einzelne selbst bildet, um sein Leben zu gestalten, „Maxime". Grundsätze, die in objektiver Weise allgemein gültig sind, nennt er Gesetze und er geht der Frage nach, wie solche objektiven Grundsätze beschaffen sein müssen. Alle Moralbegriffe haben a priori ihren Sitz und Ursprung ausschließlich in der Vernunft. Auch ein allgemeingültiges Prinzip des Handelns lässt sich nur aus unserer Vernunft gewinnen. Während die Gesetze der theoretischen Vernunft einen zwingenden Charakter haben („So ist es!"), haben die Gesetze der praktischen Vernunft einen fordernden Charakter („So sollst du handeln"). Kant nennt sie „Imperative" und sofern sie unbedingt in jedem Fall gelten sollen, „kategorisch".

Kant untersucht die Arbeitsweise unserer praktischen Vernunft und kommt zu dem Ergebnis, dass es ein Grundgesetz, ein allgemeingültiges ethisches Prinzip gibt, einen kategorischen Imperativ, der lautet: „Handle nur nach derjenigen Maxime, durch die du zugleich wollen kannst, dass sie ein allgemeines Gesetz werde." Auch vom kategorischen Imperativ erklärt Kant, dass er „im Gemüt bereitliege": das Sittengesetz ist ebenso a priori wie die Naturgesetze. Unsere Begriffe von Gut und Böse stammen so wenig aus der Erfahrung wie unsere Anschauungen von Raum und Zeit. Als erkennendes Wesen ist der Mensch der Gesetzgeber der Außenwelt, als moralisches Wesen ist er sein eigener Gesetzgeber. (Friedell) **Kategorischer Imperativ**

Das Pflichtgefühl, treibt uns an, diesem Sittengesetz gemäß zu handeln. Nur wenn wir „aus Pflicht", also aus Achtung vor dem Sittengesetz handeln, handeln wir moralisch. Das Sittengesetz nötigt uns, gegebenenfalls auch gegen unsere Neigungen, aus Pflicht zu handeln. „Pflicht! Du erhabener großer Name, der du ... Unterwerfung verlangst ... vor dem alle Neigungen verstummen ... die unnachlässliche Bedingung desjenigen Werts, ... den sich Menschen allein selbst geben können", ruft Kant aus. **Pflicht**

Die überlieferte Moralphilosophie sah das Gute entweder in einem höchsten Gegenstand des Strebens, im Glück wie bei Epikur, oder der Ordnung der Natur wie bei den Stoikern, oder im Willen Gottes wie in der theologischen Ethik, oder in wohlwollender Selbstliebe wie Rousseau. Kant hingegen sieht das schlechthin Gute im guten Willen selbst. (Höffe) Um richtig zu handeln müssen wir nicht wissen was gut oder böse ist. Was gut ist, folgt aus dem Sittengesetz, das sagt, wie man handeln soll. Gut ist der sittliche Wille. „Es ist überall nichts in der Welt ... zu denken möglich, was ohne Einschränkung für gut könnte gehalten werden, als allein ein guter Wille." Nicht die Konsequenz einer Handlung ist entscheidend, ob etwas als moralisch richtig bezeichnet werden kann, sondern die Einstellung, die der Handlung zugrunde liegt. Die Forderung nach gutem Willen hat nur einen Sinn, wenn wir ihr nicht folgen müssen, sondern wenn wir selbst entscheiden können, ob wir ihr folgen wollen. Dadurch ver- **Ethik und Willensfreiheit** bürgt das Sittengesetz auf praktische Weise die Freiheit des Willens. Das moralische Gesetz könnte nicht in uns sein und Geltung besitzen, wenn wir nicht frei wären. Weil wir also frei sind, besteht die Forderung des Sittengesetzes zu Recht und darin liegt auch der Sinn des Satzes „Du kannst, denn du sollst!"

Rousseau

Kant hat seine Ethik religionsfrei definiert. Zu diesem Prinzip einer selbstbestimmten, autonomen Moral, bei der nicht mehr ein Gott von außen sondern der Mensch selbst mit seiner Vernunft das Sittengesetz vorgibt, hatte wohl auch die Lektüre Rousseaus beigetragen, für den Kant zeitlebens schwärmte und dessen Bild er als einziges in seiner Studierstube aufhing. Rousseau war der Meinung, der Mensch verfüge von Natur aus über Fähigkeiten, denen auch die Wissenschaft nur wenig hinzufügen könne.

Primat der praktischen Vernunft

Wir werden durch den moralischen Sinn immer wieder zur Vollkommenheit getrieben, die jedoch durch unsere sinnlichen Impulse vereitelt wird. Vollkommenheit können wir also im irdischen Leben nicht erreichen, deshalb müssen wir annehmen, dass uns unsere moralische Erfüllung erst nach dem Tode gewährt wird. Die Einheit von Tugend und Glückseligkeit ist das höchste Gut. Sie kann im kurzen menschlichen Leben nicht erreicht werden, deshalb muss die Seele unsterblich sein, auch wenn dies theoretisch nicht einsichtig ist. Und da das höchste Gut als möglich angenommen werden muss, so muss es ein höchstes Wesen geben, das Urheber der sittlichen wie der materiellen Welt ist, nämlich Gott. Durch diese Postulate von absoluter Gewissheit reicht die praktische Vernunft weiter als die theoretische, so kommt der praktischen Vernunft der Primat zu.

Gott

Kant hatte gezeigt, dass der Glaube an Gott nicht durch Wissen begründet werden kann. Aber deshalb ist die Religion dennoch möglich und notwendig, wie Kant nun in der „Kritik der praktischen Vernunft" darlegt. Die praktische Vernunft gibt uns die Gewissheit der Freiheit und der Unsterblichkeit, obwohl wir sie nicht beweisen können, und sie gibt uns die Gewissheit vom Dasein Gottes, denn konsequentes moralisches Handeln ist nicht möglich ohne den Glauben an Freiheit, Unsterblichkeit und an Gott. Die Idee Gottes kann allerdings niemals als die Erweiterung unserer Erkenntnis angesehen werden. Sie kann nur dazu dienen, unserem Forschen und Handeln Richtschnur zu sein. Gott ist „keine außer mir befindliche Substanz, sondern bloß ein moralisches Verhältnis in mir ... Die Idee von einem solchen Wesen, vor dem sich alle Knie beugen, geht aus dem kategorischen Imperativ hervor, und nicht umgekehrt." Kant kehrt also auch hier das übliche Verfahren um: anstatt den moralischen Sinn von Gott abzuleiten, leitet er Gott aus dem Moralgefühl ab, so wie sich in seiner Erkenntnistheorie durch seine „kopernikanische Wende" die Erkenntnis nicht nach den Gegenständen, sondern die Gegenstände sich nach der Erkenntnis richten.

Kant war offenbar mit seiner zögernden Als-ob-Theologie nicht so **Die beste** recht zufrieden. So befasste er sich 1793 in einer Abhandlung noch **Religion** einmal mit der „Religion innerhalb der Grenzen der bloßen Vernunft". Er legte dar, dass die Moral, um ihre Pflicht zu erkennen, keines höheren Wesens und keiner Religion bedarf. Das moralisch Gute ist angeboren, wie durch unser Moralgefühl bewiesen wird. Es gibt nur eine Moral, aber verschiedene Religionen, die durch verschiedene Glaubenssätze entstanden sind und am Prüfstein der sittlichen Vernunft gemessen werden müssen. Die beste Religion ist nicht die, die sich durch sorgfältige Beobachtung ritueller Glaubenssätze auszeichnet, sondern die, die den Menschen zu einem moralischen Leben anhält. Das Christentum hält er für die einzige moralisch vollkommene Religion. Dennoch brachte Kant diese Untersuchung eine Zurechtweisung durch allerhöchste Kabinettsorder König Friedrich Wilhelms II. ein und machte ihm schmerzlich deutlich, dass der tolerante Friedrich der Große inzwischen gestorben war.

1764, acht Jahre nach Burkes Abhandlung zum gleichen Thema, **Das Schöne** schrieb Kant seine „Beobachtungen über das Gefühl des Schönen **und Erhabene** und Erhabenen". 26 Jahre später greift er in der „Kritik der Urteilskraft" das Thema wieder auf. Urteilskraft bedeutet für Kant das Vermögen, das Besondere als enthalten unter dem Allgemeinen zu denken. Wenn wir über einen Gegenstand urteilen, beziehen wir uns auf einen Maßstab, der in uns selbst liegt und Kant fragt sich nun, ob für unsere Gefühle ein allgemeiner, a priori gegebener Maßstab existiert. Für das Naturgeschehen, das organische Leben, ist es das apriorische Prinzip der Zweckmäßigkeit, das Vermögen zur Beurteilung des Schönen ist der Geschmack. Die dogmatische Philosophie hatte versucht, ein objektives Element in der Schönheit zu finden, doch Kant glaubte, dass hier das subjektive Element den Vorrang hat. Nichts ist von sich aus schön oder erhaben, sondern das Gefühl macht es dazu. Schön ist für uns jeder Gegenstand, dessen Betrachtung uns Wohlgefallen bereitet, frei von persönlichem Begehren. Wie das Schöne erregt auch das Erhabene unser Wohlgefallen. Während jedoch das Schöne die Form des Gegenstandes betrifft, ist das Erhabene unbegrenzt. Beim Schönen kommt es auf die Qualität, beim Erhabenen auf Quantität, auf Kraft und Größe an. Das Schöne weckt Lust, das Erhabene mehr Bewunderung oder Achtung.

Jeder Mensch strebt nach Glück. Und Glückseligkeit ist die „Befriedi- **Glück und** gung aller unserer Neigungen". Aber obgleich jeder Mensch zur **Tugend** Glückseligkeit zu gelangen wünscht, weiß doch niemand bestimmt zu sagen, was er eigentlich wünsche und wolle. Glückseligkeit kann nicht Endzweck sein. Das Glück in dieser Welt gibt in keiner seiner schwankenden Gestalten das letzte Maß. Es steht unter den Bedingungen des kategorischen Imperativs. Das Sittengesetz fordert von uns, durch höchste Tugend der höchsten Glückseligkeit würdig zu werden. Doch diesen Zustand werden wir wohl kaum je erreichen.

Das Maß an Glückseligkeit, das dem Einzelnen zuteil wird, dürfte überdies kaum seinem Maß an Glückswürdigkeit, also an Tugend, entsprechen.

Staatsrecht In seiner „Metaphysik der Sitten" beschäftigt sich Kant auch mit dem Staatsrecht. Eine Republik mit konstitutioneller Verfassung hielt er für die beste Lösung, von reiner Demokratie hielt er nichts, denn er misstraute den wilden Impulsen der entfesselten Massen. Für Kant gibt es kein Recht zum Widerstand. Die Veränderung einer fehlerhaften Staatsverfassung darf nur vom Souverän selbst durch Reform, nicht aber vom Volk durch Revolution bewerkstelligt werden. Das hinderte Kant jedoch nicht, die Französische Revolution mit größter Anteilnahme und, trotz aller Gräueltaten, mit größter Sympathie zu verfolgen. Kant kritisierte den damaligen Kolonialismus und begrüßte die amerikanische Revolution, die eine Föderation unabhängiger Staaten schuf, nach Grundsätzen, wie er sie für Europa entworfen hatte. Die jungen Vereinigten Staaten nannte er „das einzige wahre Land der Freiheit", dessen Menschen frei seien „von den Ränken und Lastern Europas".

Völkerrecht In seiner Schrift „zum ewigen Frieden" nennt Kant als Bedingungen für den Frieden, dass jeder Staat eine bürgerliche, republikanische Verfassung haben und das Völkerrecht auf eine Föderation freier Staaten gegründet sein solle. Ein Weltbürgerrecht soll gewährleisten, dass man auf ausländischem Boden ohne Feindseligkeit empfangen wird, es soll sich damit auf ein Besuchsrecht, nicht auf ein weitergehendes Gastrecht beschränken. (Höffe) Das größte Problem der Menschheit sieht Kant in der Vergesellschaftung der Freiheit. Freiheit ist keine Beliebigkeit, sie muss immer auch die Freiheit des anderen sein und deshalb bedarf es der „genauesten Bestimmung und Sicherung der Grenzen dieser Freiheit". Er sieht darin eine langfristige Aufgabe. Was schon in der Gegenwart konkret angestrebt werden sollte, ist ein „Völkerbund", in dem jeder, auch der kleinste Staat, seine Sicherheit und Rechte hat. Kant verurteilte den Krieg, die Forderung „Es soll kein Krieg sein!" ist für ihn ein rechtliches Prinzip, das der moralisch-praktischen Vernunft entspricht.

Aufklärung Mit Kant hat die Aufklärung in Deutschland ihren Höhepunkt erreicht. In seiner Schrift „Was ist Aufklärung?" schreibt er, der „öffentliche Gebrauch der Vernunft" sei die „unschädlichste" aller Freiheiten und das einzige, was zur Aufklärung benötigt wird. Und der Gelehrte ist zum öffentlichen Vernunftgebrauch nicht nur berechtigt, sondern verpflichtet. Seine Abhandlung beginnt mit der berühmten Definition: „Aufklärung ist der Ausgang des Menschen aus seiner selbst verschuldeten Unmündigkeit. Unmündigkeit ist das Unvermögen, sich seines Verstandes ohne eines anderen zu bedienen. Selbstverschuldet ist diese Unmündigkeit, wenn die Ursache derselben nicht am Mangel des Verstandes, sondern der Entschließung und des Mutes liegt, sich seiner ohne Anleitung eines anderen zu bedienen. Sapere aude! Habe Mut, dich deines eigenen Verstandes zu bedienen! ist also der Wahlspruch der Aufklärung."

Keiner hatte vor Kant eine gründlichere Untersuchung unseres Erkenntnisvermögens vorgenommen. Kant zeigte die Grenzen der reinen (theoretischen) Vernunft auf. Von einem Jenseits und damit von Gott, Seele und Unsterblichkeit können wir nichts wissen. Obwohl die Vernunfterkenntnis auf die metaphysischen Fragen keine Antwort geben kann, ist mit dem Aufzeigen ihrer Grenzen doch erreicht, dass Raum geschaffen wird für den Glauben. Der Glaube wird durch die praktische Vernunft zu einer eigenen Domäne erklärt, unabhängig von der reinen Vernunft, und ist als Lebenshilfe höchst empfehlenswert. Vernunft und Glaube widersprechen sich nicht. Der gläubige Mensch muss wegen seines vermeintlich unvernünftigen Glaubens nicht den Spott des vernünftigen Menschen fürchten und kann neben seinem Glauben sich auch seiner Vernunft bedienen. (Schulte) Am Ende der „Kritik der praktischen Vernunft" stellt Kant Betrachtungen darüber an, wie winzig wir uns vorkommen müssen angesichts der zahllosen Weltenmengen, wie erhaben wir uns aber auch fühlen dürfen als Intelligenz und Persönlichkeit. Dieser „Beschluss" des Buches beginnt mit den Worten, die auch auf seiner Grabtafel stehen: „Zwei Dinge erfüllen das Gemüt mit immer neuer und zunehmender Bewunderung und Ehrfurcht, je öfter und anhaltender sich das Nachdenken damit beschäftigt: Der bestirnte Himmel über mir und das moralische Gesetz in mir."

Bewunderung und Ehrfurcht

Thomas Jefferson (1743–1826)

Kant hatte die jungen Vereinigten Staaten von Amerika als „das einzige wahre Land der Freiheit" bezeichnet. In den vorangegangenen zweihundert Jahren hatten Einwanderer aus Europa, Engländer, Holländer und Deutsche, Kolonien gegründet. Die Menschen, die in die „Neue Welt" kamen, suchten nicht nur ihr materielles Glück, sondern auch persönliche Freiheit, Befreiung von Zwängen, unter denen sie zum großen Teil im alten Europa gelitten hatten. Dass die Föderation der 13 ehemaligen Kolonialgebiete ein Hort der Freiheit werden konnte, verdankte sie ihrer Unabhängigkeit und ihrer Verfassung. Die Grundsätze dazu, die in der Unabhängigkeitserklärung aufgezeichnet waren, hatte ein junger Anwalt formuliert: Thomas Jefferson.

Im Land der Freiheit

Seine Heimat war Virginia, die älteste der 13 britischen Kolonien in der „Neuen Welt". Jeffersons Vater war Landvermesser und Besitzer einer Tabakplantage in Shadwell. Als er mit 49 starb, war sein Sohn Thomas, das älteste von 7 Kindern, erst 14. Mit 16 ging Thomas auf das College in Williamsburg und studierte Philosophie. 3 Jahre später

Thomas Jefferson

fand er Aufnahme in einer Anwaltspraxis und wurde zum Rechtsanwalt ausgebildet. Er war vielseitig begabt und sein Wissensdrang galt nicht nur der Juristerei sondern ebenso den alten und neuen Sprachen wie den Naturwissenschaften. Als er volljährig war, übernahm er die väterliche Plantage mit 3.000 Hektar Land und 20 schwarzen Sklaven. Mit 27 heiratete er. Es wurde eine glückliche Ehe, und als seine Frau nach „zehn Jahren ungetrübten Glücks" starb, war Jefferson vor Schmerz wie erstarrt. Was ihm darüber hinweghalf, war seine Arbeitswut. Inzwischen war er Abgeordneter im Parlament der Kolonie Virginia geworden und vier Jahre später entsandte ihn sein Heimatstaat als Abgeordneten zum 2. Kontinentalkongress nach Philadelphia. Zu der Zeit, seit April 1775, herrschte bereits Krieg, die Kolonien kämpften gegen England um ihre Unabhängigkeit. Der Kongress wählte George Washington (1732–1799), einen Gutsbesitzer aus Virginia, zum Oberbefehlshaber der amerikanischen Truppen. Außerdem wurde ein Ausschuss einberufen, der die Unabhängigkeitserklärung vorbereiten sollte.

Unabhängigkeitserklärung Thomas Jefferson, damals 33, wurde in den fünfköpfigen Ausschuss berufen, zusammen mit dem berühmten und verehrten Benjamin Franklin (1706–1790) und dem sieben Jahre älteren John Adams (1735–1826), mit dem ihn bald eine enge Freundschaft verband. Die Kollegen baten Jefferson, einen Entwurf auszuarbeiten. Jefferson konnte sich dabei auf seine philosophischen Kenntnisse stützen, die Denker der Aufklärung waren ihm wohl vertraut, Montesquieu, Voltaire und Rousseau ebenso wie Adam Smith; vor allem Lockes zweiter „Treatise on government" bot wertvolle Anregungen. Die Erklärung, die der Kongress am 4. Juli 1776 feierlich verabschiedete, rechtfertigte den Entschluss der Kolonien, sich vom Mutterland Großbritannien zu lösen, benannte das Unrecht und die Übergriffe während der Regierungszeit König Georgs III. und begründete damit die Notwendigkeit, auch die Regierungsform zu ändern. Die berühmten Formulierungen im 2. Absatz des Dokuments umreißen das philosophische Fundament, auf dem das neue Staatswesen ruhen soll: „Folgende Wahrheiten halten wir für selbstverständlich: dass alle Menschen gleich geschaffen sind; dass sie von ihrem Schöpfer mit gewissen unveräußerlichen Rechten ausgestattet sind; dass dazu Leben, Freiheit und das Streben nach Glück gehören; dass zur Sicherung dieser Rechte Regierungen unter den Menschen eingesetzt werden, die ihre rechtmäßige Macht aus der Zustimmung der Regierten herleiten; dass, wann immer eine Regierungsform sich diesen Zielen abträglich erweist, es das Recht des Volkes ist, sie zu ändern oder abzuschaffen und eine neue Regierung einzusetzen und diese auf solchen Grundsätzen aufzubauen und ihre Gewalten in der Form zu organisieren, wie es ihm zur Gewährleistung seiner Sicherheit und seines Glücks geboten scheint."

Während sich Jefferson als Kongressabgeordneter in Philadelphia auf- **Politische** halten musste, war man im Parlament in Williamsburg darangegangen, **Grundsätze** eine Verfassung für den Staat Virginia auszuarbeiten. Jefferson bedauerte sehr, dass er nicht daran teilnehmen konnte. Er arbeitete verschiedene Verbesserungsvorschläge aus, und als er im Oktober 1776 als Abgeordneter ins neu gewählte Parlament des Staates Virginia zurückkehren konnte, machte er sich daran, die Gesetze der früheren Kolonie seinen politischen Grundsätzen entsprechend zu überarbeiten. Das Wahlrecht war für ihn das wichtigste bürgerliche Recht, Jefferson wollte es liberaler gestalten, es sollte nicht allein an Besitz gebunden sein. In seinen Vorstellungen über den Wahlmodus kommt zum Ausdruck, dass er ein gewisses Misstrauen gegen „das Volk" hat, er habe „seit jeher beobachtet, dass eine vom Volk getroffene Wahl nur selten besonders klug ausfällt." Eine klare Gewaltenteilung hält er für besonders wichtig, um Korruption und Machtmissbrauch zu verhindern. Überhaupt warnt er vor jeder Form der Machtkonzentration. Jefferson hatte Vertrauen in die Zukunft, er glaubte an die Kraft der Vernunft und die Bedeutung der Erziehung. Jede Generation müsse ihr Schicksal selbst gestalten können: „Die Erde gehört den Lebenden, nicht den Toten!" Er war stolz darauf, dass er ein „Gesetz über die Einrichtung der Religionsfreiheit" und ein Gesetz über das öffentliche Erziehungswesen durchbrachte. Das schwierigste Thema war die Sklaverei. Jefferson hat die Sklaverei moralisch verurteilt, weil sie sowohl den Herrn wie den Sklaven demoralisiert. Er forderte ihr Abschaffung, obwohl er selbst Sklavenhalter war. Zugleich wusste er, dass diese Forderung weit über das hinausging, was seine Landsleute in den Südstaaten zu akzeptieren bereit waren. Auch teilte er die zeitgemäßen Auffassungen über die Schwarzen und folgerte daraus, dass die beiden Rassen nicht zusammenleben können und deshalb plädierte er für eine klare Rassentrennung, sobald den Schwarzen die Freiheit zugesprochen war.

1779 wurde Jefferson zum Gouverneur von Virginia gewählt. Es war **Gouverneur** eine schwierige Zeit, die Briten wollten eine Entscheidung des Krieges erzwingen, Virginia hatte zu wenig Ausrüstung und Truppen, es musste seine Hauptstadt preisgeben und Jefferson selbst konnte sich nur durch die Flucht der Gefangennahme entziehen. Das wurde ihm später noch oft vorgeworfen, obwohl ihm das Parlament für seine Amtsführung dankte. Der Preuße Friedrich Wilhelm von Steuben (1730–1794), General unter George Washington, zählte damals zu Jeffersons Gegnern, ein junger französischer Offizier hingegen, Marie Joseph Motier, Marquis de La Fayette (1757–1834) wurde sein enger und langjähriger Freund. Im Oktober 1781 war dann mit der Kapitulation des britischen Generals Cornwallis der Krieg zu Ende. Der Kongress forderte Jefferson auf, an den Friedensverhandlungen in Paris teilzunehmen, doch Jefferson war verbittert über die Kritik an seiner Amtsführung als Gouverneur und wollte sich ins Privatleben zurückziehen, zumal ihn zur gleichen Zeit das Schicksal durch den Tod seiner geliebten Frau hart getroffen hatte.

Europäische Eindrücke

Später nahm Jefferson dann doch den Auftrag des Kongresses an, in der Nachfolge von Benjamin Franklin als Gesandter an den Hof Ludwigs XVI. nach Paris zu gehen. So sehr er die europäische Kultur schätzte, so sehr stieß ihn das Leben am Hofe ab und umso stolzer war er auf die Gesetze und Sitten seines eigenen Landes. Die junge amerikanische Konföderation war damals in Europa nicht sehr angesehen, sie hatte keine handlungsfähige Regierung und ihre Finanzkraft war schwach. Besonders verletzend empfand Jefferson die Behandlung in London am Hofe Georgs III., wo er seinen Freund John Adams bei seinen Verhandlungen unterstützte. War Jefferson schon vorher ein Feind der Monarchie gewesen, so wurde er durch seine unmittelbaren Eindrücke in Frankreich und England darin noch bestärkt. Selbst in Preußen hatte er den Eindruck, neben der Armut „auch die Angst der Sklaven" in den Gesichtern der Untertanen zu sehen, im Gegensatz zum republikanisch regierten Frankfurt.

Erklärung der Menschenrechte

Den Ausbruch der Französischen Revolution mit dem Sturm auf die Bastille am 14. Juli 1789 erlebte Jefferson dann in Paris unmittelbar mit. Durch seine Freundschaft mit einigen führenden Patrioten wurde er in die politischen Diskussionen jener Tage mit hineingezogen, über einige Resolutionen für die Nationalversammlung wurde in seinem Hause beraten. Auf die Formulierung der „Erklärung der Menschen- und Bürgerrechte" nahm Jefferson direkt Einfluss. Initiator dieses Dokuments war Jeffersons Freund, der General Lafayette, der in Amerika an Washingtons Seite gekämpft und entscheidend zur Kapitulation der Briten beigetragen hatte. Lafayette war tief beeindruckt von der amerikanische Unabhängigkeitserklärung und brachte nun als Mitglied der Generalstände diese Erklärung der Menschen- und Bürgerrechte ein, die am 26.8.1789 von der Verfassunggebenden Versammlung angenommen wurde: „Die Menschen sind und bleiben von Geburt frei und gleich an Rechten ... Das Ziel jeder politischen Vereinigung ist die Erhaltung der natürlichen und unveräußerlichen Menschenrechte ... Diese Rechte sind Freiheit, Eigentum Sicherheit und Widerstand gegen Unterdrückung ... Die Freiheit besteht darin, alles tun zu können, was einem anderen nicht schadet ... Kein Mensch kann angeklagt, in Haft genommen oder gefangen genommen werden, außer in den durch das Gesetz bestimmten Fällen ... Niemand soll wegen seiner Meinung, auch nicht religiöser Art, behelligt werden ... Die freie Mitteilung der Gedanken und Meinungen ist eines der kostbarsten Menschenrechte ... Da das Eigentum ein unverletzliches und heiliges Recht ist, so kann es niemanden genommen werden."

Verfassung der USA

Im September 1789 verließ Jefferson Paris zu einem kurzen Urlaub in der Heimat. Inzwischen war jedoch die vor zwei Jahren vom Verfassungskonvent in Philadelphia ausgearbeitete neue Verfassung der Vereinigten Staaten von Amerika in Kraft getreten. Jefferson hatte sich mit zahlreichen schriftlichen Äußerungen an James Madison (1751 –

1836), den „Vater" der Verfassung und nachmaligen Präsidenten, an der Diskussion beteiligt. Und anfangs dieses Jahres war George Washington zum ersten Präsident gewählt worden. Er forderte Jefferson auf, in sein Kabinett einzutreten, sodass aus der Rückkehr nach Paris nichts wurde. Jefferson war nun der erste „Secretary of State", dessen Ressort die Innen- und die Außenpolitik umfasste. Schatzkanzler war Alexander Hamilton (1757–1804), der eine starke Zentralgewalt anstrebte, während Jefferson, misstrauisch gegen jede Machtkonzentration, das Gewicht bei den Einzelstaaten sah. Aus dem Konflikt dieser verschiedenen Vorstellungen entstanden später die beiden politischen Parteien. Die Parteigänger Hamiltons, als einem der Verfasser der „Federalist Papers" waren die „Föderalisten", denen die „Jeffersonians Republicans" gegenüberstanden. Während die Föderalisten sich später auflösten, spaltete sich die Partei Jeffersons in die heutigen Demokraten und die Republikaner.

Im Anschluss an Washingtons zwei Amtsperioden wurde John Adams **Präsident** der 2. Präsident der Vereinigten Staaten und Jefferson sein Vizepräsident. 4 Jahre später wurde Jefferson zum 3. Präsidenten der USA gewählt. Inzwischen waren Regierung und Kongress von New York in die neu gegründete Hauptstadt Washington D. C. umgezogen, an deren Planung sich auch Jefferson beteiligt hatte. In seiner ersten Amtszeit dehnte sich das Land nach Westen aus, vor allem weil Jefferson von Napoleon Louisiana erwarb. 1804 wurde Jefferson für eine weitere Amtszeit gewählt. Rechtzeitig vor deren Ende gab er – wohl auch im Blick auf Washingtons zwei Amtsperioden – bekannt, dass er für eine weitere Amtszeit nicht kandidieren werde und begründete damit die Tradition, dass die Amtszeit des Präsidenten zwei Legislaturperioden nicht überschreiten soll. Später haben die USA im 22. Zusatz die Bestimmung in der Verfassung festgeschrieben, dass Präsidenten nur einmal wiedergewählt werden können. Die USA haben damit die Veränderung ohne Gewalt zum Regelfall gemacht. Jeffersons Nachfolger als 4. Präsident wurde James Madison. Jefferson kehrte nach Monticello zurück, in sein geliebtes Haus auf dem Hügel, an dem er sein Leben lang gebaut hatte und in dessen Vestibül eine Büste Voltaires stand. Er widmete sich seinen Studien, außerdem war er Präsident der "American Philosophical Society". Ein großes Lieblingsprojekt, die Gründung der Universität von Virginia in Charlottesville, konnte er noch verwirklichen. Jefferson starb am 50. Jahrestag der Unabhängigkeitserklärung im Alter von 83 Jahren in Monticello.

Die Französische Revolution
(1789–1815)

Aufklärung In Frankreich mit seinem absolutistischen Regime und seiner erstarrten Feudalstruktur wirkten die Ideen der Aufklärung wie ein Sprengsatz, der schließlich am 14. Juli 1789 explodierte: Die Massen stürmten die „Bastille", das Staatsgefängnis; Aristokraten mussten zu Tausenden ins Ausland fliehen, der König wurde entmachtet. Die Nationalversammlung schaffte das Feudalsystem, den Adel, den Kirchenzehnten und die Frondienste ab und verfasste nach amerikanischem Vorbild die Erklärung der Menschen- und Bürgerrechte. 2 Jahre später verabschiedete die Nationalversammlung eine Verfassung, die Frankreich zur konstitutionellen Monarchie erklärte.

Revolution Mit der Parole „Freiheit, Gleichheit, Brüderlichkeit" und dem Schlachtgesang der „Marseillaise" wehrten die Revolutionstruppen im Jahr darauf durch ihren Sieg bei Valmy die militärische Intervention der Österreicher und Preußen ab. Schließlich schaffte der Nationalkonvent das Königtum ab und machte dem König den Prozess, Ludwig XVI. (1754–1793) wurde geköpft. Während der Schreckensherrschaft der Jakobiner unter Robespierre (1758–1794) rollten Tausende von Köpfen, auch die Königin Marie Antoinette (1755–1793), eine Tochter Maria Theresias, endete unter der Guillotine.

Napoleon Das Revolutionsheer war weiter erfolgreich, an seiner Spitze stand ein 26 jähriger General, ein gebürtiger Korse namens Napoleon Bonaparte (1769–1821). Napoleon besiegte die Österreicher in Italien und zog gegen die Engländer in Ägypten zu Felde. Indessen geriet das regierende „Direktorium" in Paris in Bedrängnis, denn die Engländer hatten eine neue Koalition gegen Frankreich zustande gebracht und rückten immer weiter vor. Der Ruf nach einem starken Mann wurde laut und Napoleon nützte die Stunde. Durch einen Staatsstreich (1799) wurde er „Erster Konsul", 5 Jahre später ließ er sich zum Kaiser krönen. In kurzer Zeit ordnete er den zerrütteten Staat neu, schuf Rechtsgleichheit (Code Napoléon), Steuergerechtigkeit und eine effiziente Infrastruktur. Sein außenpolitisches Ziel war die Herrschaft über Europa. 1803 veranlasste Napoleon mit dem „Reichsdeputationshauptschluß" des Reichstages in Regensburg eine neue Ordnung für Deutschland. Die Besitzungen der kirchlichen Fürsten wurden enteignet, „säkularisiert", die Territorien vieler kleinerer reichsunmittelbarer Adeliger und Städte wurden „mediatisiert", sie wurden Bayern, Württemberg, Baden, Hessen und Preußen einverleibt.

Zwei Jahre später verbündeten sich Kaiser Franz II. (1768 1835) und **Rheinbund**
Zar Alexander I. (1777–1825) gegen Napoleon, der sie allerdings in
der „Dreikaiserschlacht" bei Austerlitz in Mähren besiegte. Nach dieser Niederlage des Kaisers traten die süd- und westdeutschen Fürsten
aus dem Reich aus und bildeten 1806 den „Rheinbund" unter dem
Protektorat Napoleons. Das war das Ende des alten Deutschen Reiches. Franz II. legte die deutsche Kaiserkrone nieder und nannte sich
fortan Kaiser Franz I. von Österreich. Durch ihren Beitritt zum Rheinbund wurden Bayern, Sachsen und Württemberg Königreiche, Baden
und Hessen Großherzogtümer.

Preußen unter Friedrich Wilhelm III. (1770–1840), das sich erst nach **Preußens**
langem Zögern gegen Napoleon entschieden hatte, stand ihm nun **Niederlage**
allein gegenüber und wurde in der Schlacht von Jena und Auerstädt
vernichtend geschlagen, ebenso wie kurz darauf die Russen. Napoleon zog in Berlin ein. Die preußische Königsfamilie flüchtete nach
Tilsit. Dort kam es zur Begegnung von Königin Luise mit Napoleon.
Sie konnte jedoch den Kaiser nicht davon abhalten, im Frieden von
Tilsit, den er mit Zar Alexander I. schloss, das Staatsgebiet Preußens
um die Hälfte zu verkleinern. Napoleon war nun auf der Höhe seiner
Macht. Nur Englands Admiral Nelson hatte ihm in der Seeschlacht
von Trafalgar eine Niederlage beigebracht. Mit der Kontinentalsperre
wollte er England wirtschaftlich niederringen, traf damit allerdings
auch Europa empfindlich. Widerstand begann sich zu regen, in Österreich, aber auch in Preußen. Der Freiherr vom Stein (1757–1831)
und der Staatskanzler Graf Hardenberg (1750–1822) reformierten
den preußischen Staat, Scharnhorst und Gneisenau reformierten das
Heer.

Russland wehrte sich gegen die Kontinentalsperre und Napoleon ent- **Russland-**
schloss sich, Russland niederzuwerfen. Im Sommer 1812 zog die **Feldzug**
„Große Armee" nach Russland und kam bis nach Moskau. Als Moskau niederbrannte und der Winter einbrach, musste Napoleon den
Rückzug antreten, seine Armee wurde aufgerieben. Preußen, Russland und Österreich besiegten 1813 Napoleon in der Völkerschlacht
bei Leipzig und die Engländer und Preußen unter Wellington und
Blücher besiegten ihn ein zweites Mal bei Waterloo.

Johann Wolfgang Goethe (1749–1832)

Philosophie und Dichtung stehen in einem engen Zusammenhang. **Philosophie**
Nicht selten entfalten die Ideen der Philosophen erst dann ihre volle **und Dichtung**
Wirkung, wenn in sie in dichterische Darstellung umgesetzt werden.
„Die neuen Ideen haben ... die Philosophen, die klaren Bilder davon
machen die Künstler." (Friedell) Und umgekehrt war auch die Dich-
tung immer wieder Anregung für philosophische Denkarbeit. Man

kann auch sagen, es gab immer wieder Philosophen, die ihre Philosophie durch ein dichterisches Werk ausgedrückt haben. Wenn Philosophie, Wissenschaft und Beruf unsere Geisteskräfte jeweils in Anspruch nehmen und vereinzeln, so „ist es die Dichtkunst … welche die getrennten Kräfte der Seele wieder in Vereinigung bringt, … welche gleichsam den ganzen Menschen in uns wieder herstellt", schreibt Schiller. Er und Goethe sind herausragende Beispiele für den Zusammenhang zwischen Philosophie und Dichtung.

Johann Wolfgang Goethe   Johann Wolfgang Goethe entstammte einer wohlhabenden, standesbewussten Frankfurter Patrizierfamilie. Mit 16 folgte er dem Wunsch des Vaters und begann an der Universität Leipzig mit dem Jurastudium. Er durchlebte eine unglückliche Liebesbeziehung und am Ende seines dreijährigen Aufenthaltes in Leipzig erkrankte er schwer. Nachdem er sich zuhause in Frankfurt auskuriert hatte, setzte er sein Studium in Straßburg fort und beendete es diesmal als Lizentiat der Rechte. Als er nach eineinhalb Jahren Straßburg wieder verließ, ließ er ein gebrochenes Herz zurück: Friederike Brion, die Pfarrerstochter aus Sesenheim, der er so herrliche Liebeslieder gewidmet hatte. „Hier war ich zum ersten Mal schuldig, ich hatte das schönste Herz in seinem Tiefsten verwundet", schrieb er später. In Frankfurt praktizierte er anschließend als Anwalt und schrieb in dieser Zeit sein erstes Drama, den „Götz von Berlichingen". Es folgte eine Zeit als Praktikant am Reichskammergericht in Wetzlar. Dort verliebte er sich in die Braut eines Freundes, reiste aber noch rechtzeitig ab, bevor es zu einem unglücklichen Ende kommen konnte. Ein solches beschrieb er dann allerdings in der literarischen Aufarbeitung seiner Begegnung mit Charlotte Buff in Wetzlar: „Die Leiden des jungen Werther" wurden ein Bestseller und „Kultbuch", und machten ihn mit einem Schlag in ganz Europa berühmt. 1775, er war 26 Jahre alt, folgte Goethe dann einem Ruf des Herzogs Karl August von Sachsen-Weimar-Eisenach (1757–1828) an seinen Hof nach Weimar.

Weimar   Weimar war eine ruhige kleine Residenzstadt von ca. 6.000 Seelen, der junge Herzog, der eben die Regierung von seiner Mutter übernommen hatte, war 18 Jahre alt und damit fast 10 Jahre jünger als Goethe. Die beiden wurden rasch enge Freunde und Goethe entschloss sich, in des Herzogs Dienste zu treten und zu bleiben. Vom geheimen Legationsrat stieg er bald auf zum Geheimen Rat und schließlich zum Staatsminister. Kaiser Joseph II. verlieh ihm das Adelspatent und, wie er später bemerkte, fand er es ganz selbstverständlich, dass er nun *von* Goethe hieß.

Wieland, Herder, Schiller   Weimar wurde in diesen Jahren die Hauptstadt der deutschen Literatur und ein Anziehungspunkt für Künstler und Wissenschaftler. Vier Männer prägten das geistige und gesellschaftliche Klima. Christof Martin Wieland (1733–1813), vormals Professor der Philosophie in Erfurt, dann Erzieher der Weimarischen Prinzen, war ein gefeierter

Dichter und der geistige Stern am gesellschaftlichen Himmel Weimars, bis der junge Goethe kam und die Stadt im Sturm eroberte. Wieland hieß ihn ohne Eifersucht willkommen und blieb bis zu seinem Tode sein Freund. Goethe bewog den Herzog, Johann Gottfried Herder (1744–1803), mit dem er seit der Straßburger Zeit befreundet war, als Generalsuperintendent und Hofprediger nach Weimar zu holen. Herder, Sprachphilosoph und Geschichtsphilosoph, rückte die nationale Überlieferung und die Volksdichtung als Quellen der Literatur wieder ins Licht und wurde zum großen Anreger der Literaturepoche des „Sturm und Drang". Zum vierten Stern am Weimarer Musenhimmel wurde schließlich Friedrich Schiller.

In Weimar erlebte Goethe die stärkste und schmerzlichste Liebesbeziehung seines Lebens, als er kurz nach seiner Ankunft Charlotte von Stein (1742–1827) begegnete, der Gattin des herzoglichen Stallmeisters und Mutter von sieben Kindern. Sie war 7 Jahre älter als Goethe, aber die beiden verband bald eine innige Beziehung. Sie war seine Muse und als Aristokratin auch seine Lehrmeisterin in höfischer Lebensart. Das dauerte 12 Jahre, dann trat Goethe fluchtartig eine große Italienreise an, was ihm Charlotte übelnahm. Außerdem lernte er nach seiner Rückkehr Christiane Vulpius (1765–1816) kennen, 23 Jahre alt, ein einfaches, reizendes Mädchen, mit dem er zusammenlebte, die ihm 5 Kinder schenkte, von denen nur der älteste Sohn am Leben blieb, und die Goethe schließlich trotz ihrer einfachen Herkunft heiratete. Sie starb 51 jährig, Goethe überlebte sie um 16 Jahre.

Charlotte von Stein, Christiane Vulpius

Die Französische Revolution hatte in Deutschland die Jugend in Begeisterung versetzt und die Herrscher in Furcht. Goethe war skeptisch. Er begleitete Herzog Karl August bei dem ersten Feldzug des Koalitionsheeres gegen Frankreich und erlebte die Schlacht bei Valmy. „Von hier und heute geht eine neue Epoche der Weltgeschichte aus", soll er gesagt haben. Er wandte sich schärfstens gegen die Revolution, als die Phase ihrer blutigen Gräuel begann. Ordnungsliebe rangierte bei ihm vor Freiheitshunger. Er misstraute der Demokratie, „denn es ist nichts schrecklicher, als die Unwissenheit handeln zu sehen" und man kann nicht hoffen, dass die Vernunft populär wird. Große Menschenmengen waren ihm ohnehin zuwider.

Französische Revolution

Napoleon hingegen hatte immer Goethes Bewunderung gegolten. Er fand es gut, dass nach einer Dekade der Umwälzungen Europa geeint und geordnet wurde, noch dazu unter einem so genialen Kopf, wie es Bonaparte in seinen Augen war. Als Napoleon nach seinem Sieg über Preußen bei Jena im Jahre 1808 einen Fürstentag abhielt, um die Landkarte Europas neu zu zeichnen, forderte er Goethe auf, ihn zu besuchen. Eine Stunde lang sprachen die beiden miteinander und als Goethe ging, soll Napoleon gesagt haben: „Voilà un homme!"

Napoleon

Goethe als Philosoph

So wie sich Goethe mit den Naturwissenschaften intensiv aber als Liebhaber beschäftigte (Medizin, Wetterkunde, Farbenlehre, Anatomie, Pflanzenkunde) so beschäftigte er sich auch mit der Philosophie ohne System. Goethe erkannte an, dass das letzte Wesen der Wirklichkeit außerhalb unseres Erkenntnisvermögens liegt, doch empfahl er, das Unerkennbare nicht ergründen zu wollen. Das Unerforschliche habe für uns keinen praktischen Nutzen. Er fand, „dass unser Leben, wie das Ganze, in dem wir enthalten sind, auf eine unbegreifliche Weise aus Freiheit und Notwendigkeit zusammengesetzt ist und fühlte eine Kraft des Schicksals in sich walten – Eigenschaften, die seine Entwicklung lenkten und bestimmten. Im Alter betonte er, dass das Leben ein gesellschaftlicher Vorgang ist, dass die Individuen der gegenseitigen Hilfe bedürfen, und dass selbstsüchtige Handlungen, obwohl sie die grundlegende Kraft sind, durch die Notwendigkeiten der Gemeinschaft beschränkt werden müssen.

In „Dichtung und Wahrheit" berichtet er über seine Beschäftigung mit Philosophiegeschichte während seiner Frankfurter Rekonvaleszenz-Zeit: „An den ältesten Männern und Schulen gefiel mir am besten, dass Poesie, Religion und Philosophie ganz in Eins zusammenfielen … Was die ersten griechischen Philosophen wollten, konnte mir nicht deutlich werden … Sokrates galt mir für einen trefflichen weisen Mann, der wohl im Leben und Tod sich mit Christo vergleichen lasse … Weder die Schärfe des Aristoteles noch die Fülle des Plato fruchteten bei mir im Mindesten. Zu den Stoikern hingegen hatte ich schon früher einige Neigung gefasst und schaffte nun den Epiktet herbei, den ich mit vieler Teilnahme studirte." In Straßburg befasste sich Goethe mit Voltaire, Rousseau und Diderot.

Christus

Über Christus bemerkte er später zu Eckermann: „Christus dachte einen alleinigen Gott, dem er alle die Eigenschaften zulegte, die er in sich selbst als Vollkommenheiten empfand. Er ward das Wesen seines eigenen schönen Innern, voll Güte und Liebe wie er selber, und ganz geeignet, dass gute Menschen sich ihm vertrauensvoll hingeben … Da nun aber das große Wesen, welches wir die Gottheit nennen, sich nicht bloß im Menschen, sondern auch in einer reichen, gewaltigen Natur und in mächtigen Weltbegebenheiten ausspricht, so kann auch natürlich eine nach menschlichen Eigenschaften von ihm gebildete Vorstellung nicht ausreichen …" Dazu sei ein höherer Standpunkt erforderlich und Goethe fand ihn schon früh bei Spinoza.

Spinoza

Spinoza galt Goethes besondere Verehrung. „Ich führe die ‚Ethik' von Spinoza stets bei mir", bekannte er. „Dieser Geist, der so entschieden auf mich wirkte und der auf meine ganze Denkweise so großen Einfluss haben sollte, was mich … besonders an ihm fesselte, war die grenzenlose Uneigennützigkeit, die aus jedem Wort hervorleuchtete … Uneigennützig zu sein in Allem, am uneigennützigsten in Liebe und Freundschaft, war meine höchste Lust … die Alles ausgleichende Ruhe Spinozas kontrastirte mit meinem Alles aufregenden Streben ... machte mich zu seinem leidenschaftlichen Schüler, zu seinem entschiedensten Verehrer."

Kants Philosophie blieb ihm zunächst fremd, abstrakte Systeme lagen ihm nicht. Erst durch Schiller, der ein begeisterter Schüler Kants war, kam er dem Denken Kants näher und fand Zugang zu dessen Ideen. Später äußerte Goethe dann zu Eckermann, daß er unter den neueren Philosophen Kant für den vorzüglichsten halte. „Ich habe ihn auch studirt und zwar nicht ohne Gewinn." Und bei anderer Gelegenheit äußerte Goethe: „... die Natur Gottes, die Unsterblichkeit, das Wesen unserer Seele und ihr Zusammenhang mit dem Körper (sind) ewige Probleme, worin uns die Philosophen nicht weiterbringen. Kant hat unstreitig am meisten genützt, indem er die Grenzen zog, wie weit der menschliche Geist zu dringen fähig sey, und daß er die unauflöslichen Probleme liegen ließ. ... Während aber die Deutschen sich mit Auflösung philosophischer Probleme quälen, lachen uns die Engländer mit ihrem großen praktischen Verstand aus und gewinnen die Welt." **Kant**

Schon während seiner Studentenzeit in Leipzig suchte er sich „von der kirchlichen Verbindung ganz und gar loszuwenden". Er hing einer unbestimmten Mischung von pantheistischem Glauben und rationalistischem Zweifel an. In Straßburg nannte ihn einer seiner Professoren „einen überwitzigen Halbgelehrten und ... einen wahnsinnigen Religionsverächter." Sein Freund Kestner schrieb über ihn: „Vor der christlichen Religion hat er Hochachtung, nicht aber in der Gestalt, wie sie unsere Theologen vorstellen." Was Goethe besonders aufbrachte, war die Betonung der Sünde und der Reue. Er wollte ein Drama über Prometheus schreiben, als einen Menschen der die Götter herausfordert, beschränkte sich aber schließlich auf einen radikalen Monolog: „Bedecke Deinen Himmel, Zeus, ... hier sitze ich, forme Menschen nach meinem Bilde, ein Geschlecht, das mir gleich sei, zu leiden, zu weinen, zu genießen und zu freuen sich, und dein nicht zu achten, wie ich!" **Religion**

Seinen pantheistischen Empfindungen gab er mit den Worten des Faust Ausdruck, der Gretchen auf ihre Frage: „Nun sag: wie hast dus mit der Religion?" antwortet: „Der Allumfasser, der Allerhalter, fasst und erhält er nicht Dich, mich, sich selbst? ... Nenns Glück! Herz! Liebe! Gott! Ich habe keinen Namen dafür! Gefühl ist alles; Name ist Schall und Rauch ..." Dass viele Seelen das Bedürfnis nach übernatürlichem Beistand haben, war ihm klar. „Wer Wissenschaft und Kunst besitzt, hat auch Religion; wer jene beiden nicht besitzt, der habe Religion." Er bewunderte Luther und pries die Reformation, doch er bedauerte ihren Rückfall in den Dogmatismus. Das Gebot, seine Feinde zu lieben, entsprach nicht seiner Denkungsart, doch verwies er auf den Edelmut in einem seiner größten Gedichte: „Edel sei **Pantheismus** der Mensch, hilfreich und gut! Denn das allein unterscheidet ihn von allen Wesen, die wir kennen."

Faust 1 + 2 Das Thema, das Goethe sein Leben lang bewegte, war die Frage nach der Bestimmung des Menschen. Er versuchte, es in einem Drama zusammenzufassen. 58 Jahre lang arbeitete er an seinem „Faust". Im 1. Teil ist Faust der rücksichtslose Individualist, im 2. Teil findet er Erlösung durch sein Wirken für die Gemeinschaft. Unter der Bedingung, daß Mephistopheles ihn zu einem Genuss führt, den er sich für immer wünschen mag, verkauft Faust ihm seine Seele: „Werd ich zum Augenblicke sagen: Verweile doch! Du bist so schön! Dann magst du mich in Fesseln schlagen, dann will ich gern zugrunde gehen!"

Der Faust im Drama erlebt die Liebe (Gretchen), die Schönheit (Helena) und die Macht. Er hilft dem Kaiser das Reich zu bewahren und erhält zur Belohnung ein Stück Meeresküste. Faust widersteht den Versuchungen der Macht, in die ihn Mephistopheles treiben will und begreift schließlich, daß man, um seine Bestimmung als Mensch zu erfüllen, nicht zu übernatürlichen Mitteln greifen darf, sondern die Wirklichkeit mit Vernunft und Willen bewältigen muss. Er erkennt, daß er sich freiwillig dem Bemühen einer freien Gemeinschaft anschließen muss. „Das ist der Weisheit letzter Schluss: Nur der verdient die Freiheit wie das Leben, der täglich sie erobern muss." Faust hat zuletzt die Vision eines freien Volkes, das auf dem von ihm urbar gemachten Boden wohnen könnte und der Hundertjährige stirbt mit den Worten: „Im Vorgefühl von solchem hohen Glück genieß ich jetzt den höchsten Augenblick." Mephistopheles war es nicht gelungen, ihn von seinem Streben abzubringen, das in seinem tiefsten Grunde gut ist und ihn durch Irrtum zur Klarheit hinaufführt.

Der Schlüssel zu Fausts Rettung ist nach Goethes Worten im Chor der Engel zu finden: „Gerettet ist das edle Glied der Geisterwelt vom Bösen: Wer immer strebend sich bemüht, den können wir erlösen. Und hat an ihm die Liebe gar von oben teilgenommen, begegnet ihm die selige Schar mit herzlichem Willkommen." Hier komme die Vorstellung zum Ausdruck, nach welcher wir nicht bloß durch eigene Kraft selig werden, sondern durch die hinzukommende göttliche Gnade.

Ende Goethe wurde einsam im hohen Alter, viele Freunde waren vor ihm gegangen, auch den einzigen Sohn hatte er verloren. Er empfand zunehmend Verachtung für die Welt und die Menschen. „Von der Vernunfthöhe herunter sieht das ganze Leben wie eine böse Krankheit aus und die Welt einem Tollhaus gleich." Am Ende musste er nicht lange leiden, er starb einen sanften Tod im Alter von 82 Jahren.

Friedrich Schiller (1759–1805)

Johann Christoph Friedrich Schiller kam in Marbach am Neckar auf die Welt. Sein Vater war Wundarzt und später Hauptmann im Heer des württembergischen Herzogs Karl Eugen (1728–1793). Dem Wunsch des Herzogs folgend schickte Schiller seinen Sohn, als er 14 war, auf die Hohe Karlsschule in Stuttgart, in der die Söhne von Offizieren für die Verwaltung, die Armee und die Medizin ausgebildet wurden. Der militärische Drill, der dort herrschte, war dem sensiblen jungen Friedrich höchst zuwider, sodass er anfing zu rebellieren. Seine rebellischen Ideen packte er in ein Drama, „Die Räuber", das er heimlich niederschrieb. Mit 21 bestand er sein Medizin-Examen und wurde Regimentsarzt in Stuttgart. Im Januar 1782 ging er ohne Erlaubnis des Herzogs nach Mannheim, dort hatte man sein Stück angenommen und Schiller wollte bei der Uraufführung im Nationaltheater dabeisein. Das Publikum schrie und schluchzte vor Begeisterung, die „Räuber" waren der Höhepunkt des „Sturm und Drang". Weniger begeistert war Herzog Karl Eugen, er erteilte Schiller einen Verweis und verbot ihm das Stückeschreiben. Ein halbes Jahr später floh Schiller dann endgültig, er fand ein bescheidenes Auskommen als Theaterdichter in Mannheim, der „Fiesko" und „Kabale und Liebe" kamen auf die Bühne. Als sein Vertrag als Theaterdichter nicht verlängert wurde, war er in großer Not. Aus dieser verzweifelten Lage rettete ihn die Einladung seines Freundes und Bewunderers Christian Gottfried Körner. Zwei Jahre verbrachte er in dessen gastfreundlichem Haus in Leipzig und Dresden. Damals schrieb er auch seine berühmte Ode „An die Freude".

Weimar

1787 ging Schiller dann nach Weimar. Er war nun 28, war fast mittellos und hoffte in Weimar auf Anerkennung und Aufnahme in den Kreis erlauchter Geister. Ein gutes Omen schien ihm, daß er Charlotte von Kalb wieder traf, eine Verehrerin aus der Mannheimer Zeit. Guten Kontakt fand er bald zu Wieland. Goethe war in Italien, als er nach seiner Rückkehr mit Schiller zusammentraf, hatte dieser Zweifel, „ob wir einander je sehr nahe rücken werden." Goethe, damals 39, war arriviert und gereift, Schiller, 10 Jahre jünger, war erst im Aufstieg begriffen, stammte aus dem Volk und war arm. Sie wohnten in Weimar nahe beieinander, doch Goethe verkehrte nicht mit ihm. Immerhin empfahl er Schiller für einen Lehrstuhl für Geschichte an der Universität Jena, ein Angebot, das Schiller dankbar annahm.

Jena

Schillers Einkommen blieb mager, er arbeitete hart und bemühte sich, es durch fleißiges Schreiben („Die Geschichte des Dreißigjährigen Krieges" entstand damals) und die Herausgabe der literarischen Zeitschrift „Die Horen" aufzubessern. Herzog Karl August gewährte ihm eine kleine Pension und der Herzog von Sachsen-Meiningen verlieh ihm den Hofrats-Titel. So konnte er sich die Sehnsucht nach einem eigenen Heim erfüllen. In Rudolstadt hatte er Charlotte von Lengefeld wiedergetroffen, die er von Mannheim her kannte und die dort mit ihrer Schwester und ihrer Mutter zusammenlebte. 1790 heirateten die beiden und fanden in Jena ein bescheidenes Heim. Charlotte war eine liebevolle und geduldige Ehefrau und eine gute Mutter für ihre 4 Kinder. Schiller hatte immer wieder mit Krankheit und körperlichen Leiden zu kämpfen, sodass ihn die Universität von seiner Lehrtätigkeit befreien musste.

Begegnungen Die Jenaer Zeit war reich an Begegnungen. Mit Wilhelm von Humboldt (1767–1835) verband ihn eine enge Freundschaft. Es gab den literarischen Kreis um August Wilhelm Schlegel (1767–1845), der auch für Schillers Zeitschrift schrieb. Auch dessen jüngerer Bruder Friedrich Schlegel (1772–1829) gehörte dazu, Autor des Romans „Lucinde", bei dessen Lektüre Schiller allerdings „der Kopf so taumelig" wurde. Zu diesem Kreis der Jenaer „Frühromantiker" gehörten auch die Dichter Ludwig Tieck (1773–1853), und Clemens Brentano (1778–1842). Glühende Verehrer Schillers in jener Zeit waren Friedrich Hölderlin (1770–1843) und Novalis (Friedrich Leopold von Hardenberg, 1772–1801).

Französische Revolution In der Jenaer Zeit (1792) wurde Schiller von der Pariser Nationalversammlung der Titel eines „Französischen Bürgers" verliehen. Er erfuhr von dieser Ehre durch die Zeitung, erst 6 Jahre später erreichten ihn Urkunde und Brief, die an „Monsieur Giller" gerichtet waren. Da war Danton, der das Dokument unterzeichnet hatte, schon tot. Vermutlich waren es die „Räuber", die Schiller zu der Auszeichnung verholfen hatten, denn er gehörte nicht zu denen, die die Französische Revolution bejubelten; als es zu den blutigen Gräueln und zur Verurteilung des Königs kam, erwog er sogar, Ludwig XVI. zu verteidigen. Die Französische Revolution hielt er für gescheitert. Schiller war Republikaner, Herrschaft musste für ihn auf Menschenrecht und Gesetze gegründet sein, nicht auf Willkür. (Safranski)

Napoleon Napoleons Aufstieg erschien ihm als Bestätigung dafür, daß in einer Gesellschaft der Unfreien Macht und Willkür angebetet werden. Für Schiller musste der Kampf um Freiheit und Menschenrechte jedoch von Menschen ausgefochten werden, die selbst innerlich frei waren. Sein „Wilhelm Tell" verteidigt eine Freiheit, die nicht auf Umsturz aus ist, sondern auf die Bewahrung von Herkommen, Recht und Eigentum gegen den Zugriff des Tyrannen: „Nein, eine Grenze hat Tyrannenmacht, / Wenn der Gedrückte nirgends Recht kann finden, / wenn unerträglich wird die Last – greift er / Hinauf getrosten Mutes in den Himmel / Und holt herunter seine ewgen Rechte, / Die droben hangen unveräußerlich / Und unzerbrechlich wie die Sterne selbst – / Der alte Urstand der Natur kehrt wieder …"

Kulturnation Napoleons Siegeszug durch Europa war für Schiller der Untergang der europäischen Freiheit. Deutschland war nun nicht mehr in der großen Politik vertreten, aber seine Würde zeigte sich in der Kultur. Deutschland als Kulturnation war nicht untergegangen: „Die Majestät des Deutschen ruhte nie auf dem Haupt seiner Fürsten … und wenn das Imperium unterginge, so bliebe die deutsche Würde unangefochten. Sie ist eine sittliche Größe, sie wohnt in der Kultur." Zum „Antritt des neuen Jahrhunderts", schreibt Schiller: „Edler Freund! Wo öffnet sich dem Frieden, / Wo der Freiheit sich ein Zufluchtsort? / Das Jahrhundert ist im Sturm geschieden, / und das neue öffnet sich mit Mord." Und er schließt resignierend: „In des Herzens heilig stille Räume / Musst du fliehen aus des Lebens Drang, / Freiheit ist nur in dem Reich der Träume, / Und das Schöne blüht nur im Gesang."

In Jena beschäftigte sich Schiller eingehend mit Kants Philosophie **Kantianer** und er kam zu dem Schluss: „es ist gewiss … kein größeres Wort noch gesprochen worden als dieses Kantische, was zugleich der Inhalt seiner ganzen Philosophie ist: Bestimme Dich aus Dir selbst; so wie das in der theoretischen Philosophie: Die Natur steht unter dem Verstandesgesetze." Die „Kritik der Urteilskraft" fesselte ihn besonders, denn ihm lag daran, eine philosophische Begründung für die Bedeutung der Kunst zu formulieren. Dass Kant die Einbildungskraft als einen notwendigen Bestandteil der Wahrnehmung sieht, scheint ihm dabei besonders bedeutsam. (Safranski)

Angeregt durch Kants Begriff vom Schönen als „Form der Zweckmä- **Kunst-** ßigkeit ohne Zweck" (Damm) schrieb Schiller Abhandlungen über **philosoph** die Schönheit, über das Erhabene und „Über Anmut und Würde". Zu Schillers Freude nannte Kant diese Schrift meisterhaft. Es folgte die Abhandlung „Über die ästhetische Erziehung des Menschen". Kunst soll nach Schillers Vorstellung zu einem Erziehungsprojekt für die Massen werden. Der Dichter soll der aufgeklärte, verfeinerte Wortführer der Volksgefühle sein. Mehr als die Philosophen, fand Schiller, seien Dichter und Künstler berufen, die Menschheit zur Vereinigung von Schönheit, Moral und Wahrheit zu führen. „Die Wahrheit ist nichts, was so wie die Wirklichkeit … von außen empfangen werden kann; sie ist etwas, was die Denkkraft selbsttätig und in ihrer Freiheit hervorbringt."

Für Schiller ist Schönheit „Freiheit in der Erscheinung". Das Erzwungene kann niemals schön sein. Der Künstler darf seine Ideen dem Stoff nicht aufzwingen, er muss so arbeiten, daß der Eindruck entsteht, als kämen sie aus dem Stoff selbst hervor. Nur dann entsteht etwas Unverwechselbares, entsteht „Stil", sonst bleibt er im Manierismus stecken. In seiner Abhandlung „Über naive und sentimentalische Dichtung" (1795) befasste er sich mit der Geschichtlichkeit der Kunst und dem Weg des modernen Dichters: „Die Natur macht ihn mit sich Eins, die Kunst trennt und entzweyet ihn, durch das Ideal kehrt er zur Einheit zurück." Was bei Platon die „Idee" ist, wird bei Schiller zur „Gestalt": „Nur der Körper eignet jenen Mächten, die das dunkle

Schicksal flechten; aber frei von jeder Zeitgewalt, die Gespielin seliger Naturen, wandelt oben in des Lichtes Fluren, göttlich unter Göttern die Gestalt." („Das Ideal und das Leben")

Idealismus

Das schöpferische Ich und das Reich der Freiheit, das sich in Sittlichkeit, Religion und Geschichte verwirklicht, sind die Grundgedanken der Philosophischen Richtung, die man später als „deutschen Idealismus" bezeichnete. Mit Kant hat sie angefangen, im Jena Schillers, mit Fichte, Schelling und Hegel, blühte sie auf. Schiller bildete Kants Gedanken weiter; in der Ethik versuchte er den Gegensatz von Pflicht und Neigung im Ideal der „schönen Seele" aufzuheben und die Ästhetik spielte für ihn die wichtigste Rolle bei der Erziehung des Menschengeschlechts. Schiller, meint Cassirer, hat in seinen philosophischen Schriften einen neuen klassischen Stil geschaffen: Das Individuelle erhebt sich darin zu allgemeiner Bedeutung und das Allgemeine bewahrt sich die individuelle Prägung.

Schiller und Goethe

Schillers körperliche Leiden nahmen zu und oft mag er an den beneidenswert gesunden Goethe in Weimar gedacht haben, der ihm Anregung und Stütze sein könnte. Aber Goethe blieb auf Distanz. Das ging so 7 Jahre lang, dann kam es über der Zusammenarbeit für Schillers literarische Zeitschrift doch zu einem intensiven Gedankenaustausch und schließlich zu einer engen Freundschaft, die 11 Jahre, bis zum Tode Schillers währte. Für Schiller war es „das wohltätigste Ereignis meines ganzen Lebens". Schiller, der in jener Zeit auch in den erblichen Adelsstand erhoben wurde, übersiedelte nach Weimar, bezog mit seiner Familie ein Haus in der Nähe von Goethes Anwesen am Frauenplan und die beiden sahen sich nun fast täglich.

Gemeinsam verfassten sie Epigramme, die „Xenien", von denen viele bis heute lebendig geblieben sind: „Immer strebe zum Ganzen, und kannst du selber kein Ganzes werden, als dienendes Glied schließ an ein Ganzes dich an!" oder „Vor dem Tod erschrickst du? Du wünschest unsterblich zu leben? Leb im Ganzen! Wenn du lange dahin bist, es bleibt." In dieser Zeit erfüllter Freundschaft gelangen beiden einige ihrer schönsten Gedichte, Goethe schrieb „Hermann und Dorothea" und „Wilhelm Meisters Lehrjahre", Schiller „Das Lied von der Glocke" und den „Wallenstein". Zwanzig Jahre nach Schillers Tod bemerkte Goethe zu Eckermann: „Ein Glück für mich war es indes, daß ich Schillern hatte. Denn so verschieden unsere beiderseitigen Naturen auch waren, so gingen doch unsere Richtungen auf eins, welches denn unser Verhältnis so innig machte, daß im Grunde keiner ohne den anderen leben konnte."

Religion

Schon in seiner Mannheimer Zeit rang Schiller auch mit religiösen Zweifeln. Die alte Theologie konnte er nicht akzeptieren, aber ein materialistischer Atheismus widerstrebte seinem poetischen Geist. Er beschrieb den Trost, den die Religion den Verzweifelten bietet, aber er selbst konnte ihn nicht finden. Er glaubte an den freien Willen, die Unsterblichkeit und einen unerkennbaren Gott, wie sie nach Kants Vorstellung unser moralisches Gewissen vorschreibt. Über die Ethik Christi schrieb er bewundernd: „Wenn ich hasse, so nehme ich mir etwas; wenn ich liebe, so werde ich um das reicher, was ich liebe … Egoismus ist die höchste Armut eines erschaffenen Wesens." Die Kirchen lehnte er ab, Predigten waren ihm zuwider. In einem Epigramm mit dem Titel „Mein Glaube" schrieb er: „Welche Religion ich bekenne? Keine von allen, die du mir nennst. Und warum keine? Aus Religion." Als eine Art Credo kann man sein Gedicht „Die Worte des Glaubens" verstehen: „Drei Worte nenn ich euch, inhaltschwer, sie gehen von Munde zu Munde; doch stammen sie nicht von außen her, das Herz nur gibt davon Kunde … Der Mensch ist frei geschaffen, ist frei, und würd' er in Ketten geboren … Und die Tugend, sie ist kein leerer Schall, man kann sie üben im Leben … Und ein Gott ist, ein heiliger Wille lebt, wie auch der menschliche wanke; hoch über der Zeit und dem Raume webt lebendig der höchste Gedanke …"

Mit der „Jungfrau von Orleans" und „Wilhelm Tell" gelangen Schiller **Ende** weitere spektakuläre Bühnenerfolge. Zu jener Zeit war er berühmter als Goethe. Aber mit seiner Gesundheit ging es rasch bergab, die Lunge war durch Tuberkulose zerstört, Herz, Leber und Nieren waren krank. Seine Werke der letzten Jahre musste Schiller mit großer Energie seinem körperlichen Leiden abringen. Als Arzt vermochte er den Zustand seines Körpers einzuschätzen und seit längerem war ihm klar, daß es mit ihm zu Ende ging. Er wäre gerne 50 geworden – darüber hinaus zu denken wagte er nicht – aber er war erst 46, als das Ende kam. Das Sterben war qualvoll und dauerte 9 Tage. Seine Gebeine wurden zunächst in einer allgemeinen Gruft beigesetzt, dann später wieder aussortiert, als sich Herzog Carl August zur Beisetzung in der herzoglichen Familiengruft entschloss.

Johann Gottlieb Fichte (1762 – 1814)

Kinderreich und arm war die Handwerkerfamilie, in die Johann Gottlieb Fichte in Rammenau in der Oberlausitz hineingeboren wurde. Der Junge war begabt und so fand sich ein adliger Gönner, der ihm den Besuch der berühmten Schule in Schulpforta und das Studium der Theologie und des Rechts in Jena und Leipzig ermöglichte. Als dann die weitere Unterstützung ausblieb, musste Fichte sich viele Jahre lang kümmerlich als Hauslehrer durchschlagen. Einer seiner Schüler verlangte, in Kantischer Philosophie unterwiesen zu werden und so machte sich Fichte daran, Kant zu studieren. Das wurde für ihn zum Erlebnis und trotz schlimmer materieller Not fühlte er sich glücklich. Sofort fasste er den Entschluss: Auf nach Königsberg zu Kant! Fichte war damals 29 und konnte kaum hoffen, von Kant beachtet zu werden. So schrieb er in wenigen Tagen eine Abhandlung mit dem Titel „Versuch einer Kritik aller Offenbarung", die er Kant vorlegte. Kant fand sie gut und ermöglichte ihm die Publikation. Die Schrift erschien anonym und so kam es, daß man sie für die lang erwartete Stellungnahme Kants zur Religion hielt. Als Kant dann den wahren Autor nannte, war Fichte mit einem Schlage berühmt. Auf Empfehlung Schillers erhielt er einen Ruf an die Universität Jena auf den vakant gewordenen philosophischen Lehrstuhl. Fichte war nun 32 und wohlbestallter Professor. Zuvor hatte er noch Johanna Rahn aus Zürich geheiratet, die er aus seiner Hauslehrerzeit kannte.

Wissenschaftslehre

In Jena entwickelte Fichte seine Philosophie, die er „Wissenschaftslehre" nannte. Alle Einzelwissenschaften haben es mit bestimmten Gegenständen zu tun, nur die Philosophie befasst sich mit dem Wissen selbst, sie ist die Wissenschaft von den Wissenschaften. Die Philosophie, die unsere Vorstellung von den Dingen erklären soll, kann diese Vorstellung vom Ding herleiten, dann spricht man von Materialismus oder Dogmatismus. Sie kann aber auch das Ding von der Vorstellung herleiten, dann nennt man das Idealismus. Dogmatismus liegt eher passiven Naturen, Idealismus wählen selbständige und tatkräftige Menschen. „Was für eine Philosophie man wählt, hängt davon ab, was für ein Mensch man ist", war dazu Fichtes Kernsatz.

Das Ich

Fichte ist bestrebt, aus einem „absolut ersten, schlechthin unbedingten Grundsatz alles menschliche Wissen" abzuleiten. Dieses höchste Prinzip ist für ihn das absolute Ich mit seiner schöpferischen Freiheit, auf dem das Erkennen wie das Wollen gründet. Er meinte damit allerdings nicht eine individuelle, natürliche Person, sondern etwas Allgemeines, kein empirisches sondern ein transzendentales Ich, (Höffe) das was Kant das „Bewusstsein überhaupt" genannt hat. Aus der geistigen Produktivität des Ich leitet Fichte alle Erkenntnis ab. Der gesamte Weltinhalt hat seinen Grund im Ich: Das Ich setzt erstens sich selbst und zweitens das Nicht-Ich. Durch die gegenseitige Beschränkung von Ich und Nicht-Ich entsteht die Welt als Erscheinung.

Idealismus

Fichte selbst hielt den Idealismus für das einzig konsequente System. Nur wenn man vom eigenen Denken ausgeht, kann man, zwar nicht die Dinge selbst, wohl aber unsere Vorstellung von ihnen herleiten. Demnach steht am Anfang aller Philosophie das denkende Subjekt, es „setzt sich selbst". Auch die Erfahrung entspringt für Fichte aus dem Ich. Doch damit Empfindung entsteht, muss uns von außen etwas anrühren. Bei Kant war es „das Ding an sich", bei Fichte ist es die Erzeugung des „Nicht-Ich", ein vorbewusster Vorgang. Das Ich, in seinem tiefsten Wesen reine Tätigkeit, setzt sich mit dem Nicht-Ich selbst Schranken, um sie in Kampf und Arbeit zu überwinden. Vom Ich und vom Nicht-Ich sprach bald alle Welt und auch Goethe schrieb an seinen Freund Jacobi: „möchtest du, liebes Nichtich, gelegentlich meinem Ich etwas von deinen Gedanken darüber mitteilen."

Überhaupt wurde die Bedeutung der „Wissenschaftslehre" unterschiedlich eingeschätzt. Für Peter Sloterdijk ist sie „die logische Posaune, die zur Auferstehung aus den Gräbern des Objektivismus bläst". Arthur Schopenhauer meinte, man müsse sie mit ee schreiben. Und für Heinrich Heine gehört der Fichtesche Idealismus „zu den kolossalsten Irrtümern, die jemals der menschliche Geist ausgeheckt".

Das Böse im Menschen besteht für Fichte darin, daß er sich von den „Dingen" bestimmen und treiben lässt. Stattdessen sollte man sich von solcher Trägheit freimachen, innerlich unabhängig von äußeren Einflüssen werden und damit dem tiefsten Wesen seines Ich entsprechend handeln. Solche Freiheit von allem Äußeren ist zwar in Vollkommenheit ein Ziel, das im Unendlichen liegt, aber nach Vollkommenheit zu streben ist die Bestimmung des Menschen. Das zur „Individualität" erwachte (Ich-)Bewusstsein drängt allerdings nach einer egoistischen Aneignung der Welt. Demgegenüber fordert Fichte, in seiner Schrift „Die Bestimmung des Menschen" die Aufhebung aller Egoismen und Individualismen. Mit der Gleichheit der Menschen müsse Ernst gemacht werden.

Bestimmung des Menschen

So entwirft Fichte in seiner Schrift „Der geschlossene Handelsstaat" ein Staatswesen, das den Bürgern nicht nur gleiche Rechte garantieren, sondern auch gleiche Glückserwartungen erfüllen soll. Dazu ist eine zentrale Planwirtschaft erforderlich, in der der Staat die Produktion und die Verteilung des Sozialproduktes lenkt, bis hin zur Regelung von Ein-und Ausfuhr. Eigentum gibt es nur beschränkt, soweit es zur Deckung des Lebensbedarfes erforderlich ist. „Ein Eigentum des Bodens findet nach unserer Theorie gar nicht statt", schreibt Fichte.

Sozialistischer Zentralstaat

Diese sozialistische Staatsutopie, gewissermaßen ein Vorläufer von Marx, lässt sich nur schwer damit in Einklang bringen, daß Fichte gewöhnlich als ein Philosoph der Freiheit galt. Der sozialistische Zentralstaat, den er sich vorstellte, war ein Bruch mit der Aufklärung und ihrem liberalen Verfassungsstaat. Es war wie bei Rousseau, der Individualismus predigte, aber zugleich einen Staat konzipierte, bei dem die persönliche Freiheit auf der Strecke bleibt.

Bruch mit der Aufklärung

Kant hatte noch bei „Glückswürdigkeit" auf einen jenseitigen gerechten Ausgleich durch einen höheren Richter geschlossen. Fichte war radikaler. Die Seligkeit besteht für ihn allein in dem redlichen Streben nach Vollkommenheit im Sinne des Sittengesetzes. Seligkeit ist für ihn nichts anderes als der Zustand des Glücks nach getaner Pflicht, wie wir ihn auf Erden erleben können. Eine besondere jenseitige Seligkeit oder einen Gott außerhalb der sittlichen Weltordnung gibt es für ihn nicht. „Jene lebendige und wirkende moralische Ordnung ist selbst Gott; wir bedürfen keines anderen und können keinen anderen fassen ... Der Begriff von Gott als einer besonderen Substanz ist un-

Religion

möglich und widersprechend: Es ist erlaubt, dies aufrichtig zu sagen und das Schulgeschwätz niederzuschlagen, damit die wahre Religion des freudigen Rechttuns sich erhebe." Solche Formulierungen brachten ihm schließlich den Vorwurf des Atheismus und die Entlassung als Professor in Jena ein.

Von Jena nach Berlin Die 7 Jahre, die Fichte in Jena verbrachte, waren auch in anderer Hinsicht nicht immer problemlos verlaufen. Fichte war ein glänzender Redner, aber er konnte auch mit Grobheit und Sturheit auf seinem Standpunkt beharren. Durch seine herrischen Manieren bekam er mit aller Welt Händel. Besonders wird es ihn getroffen haben, daß Kant öffentlich erklärte, er halte Fichtes Wissenschaftslehre für „ein gänzlich unhaltbares System". Nun, im Jahre 1800, übersiedelte der 38 jährige Fichte nach Berlin und seine ganze Hingabe galt fortan dem Dienst am preußischen Staat. Er hielt öffentliche Vorlesungen über seine Wissenschaftslehre und erregte damit Aufsehen. Als dann 6 Jahre später Preußen bei Jena eine vernichtende Niederlage gegen Napoleon erlitt, zog es Fichte vor, Berlin zu verlassen und als ordentlicher Professor nach Königsberg zu gehen.

Reden an die deutsche Nation Auch Fichte war zunächst von der französischen Revolution begeistert gewesen. Als aber Napoleon die Errungenschaften der Revolution zunichte machte und als Kaiser auszog, um Europa zu erobern, sah Fichte in ihm die Personifikation des Bösen in der Geschichte. „Er wäre der Wohltäter und Befreier der Menschheit geworden, wenn auch nur eine leise Ahnung ihrer sittlichen Bestimmung in seinen Geist gefallen wäre. Jetzt ist er eine Rute in der Hand Gottes." 1807 kehrte Fichte in das französisch besetzte Berlin zurück. Im Wintersemester hielt er 14 Vorlesungen, die er „Reden an die Deutsche Nation" nannte. Dieser aufrüttelnde Titel fällt einem auch heute noch ein, wenn man den Namen Fichte hört. Zweifellos war es sehr mutig von Fichte, unter den Augen der französischen Besatzer über die deutsche Nation zu sprechen. Die Reden waren allerdings kein Aufruf zum Befreiungskampf, sondern befassten sich hauptsächlich mit Erziehung. Er forderte die sittliche Wiedergeburt des Volkes als Vorbedingung für eine politische Wiedergeburt. Deshalb plädierte er für eine allgemeine deutsche Nationalerziehung. Die Kinder sollten, notfalls unter Zwang, von ihren Eltern und der Gesellschaft abgesondert und in Anstalten erzogen und so „zu reiner Sittlichkeit gebildet werden". Als Erziehungsmethode empfahl er die des Schweizer Pädagogen Johann Heinrich Pestalozzi (1746–1827), mit dem er befreundet war.

Nationalismus Fichte will das Bewusstsein wecken, daß den Deutschen durch ihre moralisch-kulturelle Sendung eine Sonderstellung zukommt. Das beruhe auf der deutschen Sprache, die im Gegensatz zu den „toten" romanischen Sprachen durch ihre Lebendigkeit erst wahre Philosophie und Dichtung ermögliche. In einer verdorbenen Welt sei das deutsche das einzige echte, ursprüngliche Volk. „Charakter haben und deutsch sein ist zweifellos ein und dasselbe." Wenn die Deutschen versinken, versinkt die ganze Menschheit. Deshalb müssten die Deutschen die Führung beim Übergang zum Vernunftstaat übernehmen. Das war zwar Unsinn, aber es hörte sich gut an. Fichtes nationalistische Parolen fanden später ihren Widerhall in der Redensart der wilhelminischen Ära: „Am deutschen Wesen soll die Welt genesen!", bis hin in zu den „Feierstunden" des Dritten Reiches.

1810 wurde die Berliner Universität gegründet und Fichte war daran maßgeblich beteiligt. Er wurde zunächst Dekan der philosophischen Fakultät, dann der erste gewählte Rektor. 1813, als die Befreiungskriege begannen, entließ er seine Hörer zur Armee. Ein Jahr später erkrankte seine Frau Johanna, die sich als Pflegerin in einem Lazarett an Typhus infiziert hatte. Fichte wurde angesteckt und starb daran, 52 Jahre alt. **Berliner Universität**

Friedrich Schelling (1775–1854)

Der Sohn eines evangelischen Pfarrers in Leonberg, Friedrich Wilhelm Joseph Schelling, war außerordentlich begabt, sodass ihn sein Vater schon mit 15 zum Studium der Theologie nach Tübingen schicken konnte. Mit seinen um 5 Jahre älteren Zimmergenossen im Tübinger Stift, Friedrich Hölderlin und Georg Wilhelm Friedrich Hegel, verband ihn eine enge Freundschaft. Sie alle paukten die klassische griechische Philosophie, vertieften sich in Kant und schwärmten für die Französische Revolution. Nach Abschluss des Studiums wollte keiner von ihnen Pfarrer werden, und so mussten sie sich zunächst als Hauslehrer durchbringen. Schelling war besonders von Fichte angetan, der ihn auch zu seinen ersten philosophischen Abhandlungen anregte. Fichte hatte gerade seine „Grundlagen der Wissenschaftslehre" veröffentlicht und der 20 jährige Schelling legte in seinen Schriften deren Grundgedanken in eleganterer Form, als es Fichte selbst gelungen war, dar.

Wenig später verfasste Schelling seine Abhandlungen „Ideen zu einer Philosophie der Natur" und „Von der Weltseele", die Goethe in die Hand bekam, der daran Gefallen fand und bewirkte, dass Schelling als außerordentlicher Professor für Philosophie nach Jena berufen wurde. Schelling war 23, als er nach Jena kam. Er fand rasch Anschluss an Fichte und an den Kreis der Frühromantiker; dort traf er auch A. W. Schlegels Frau Karoline, die er später heiratete, obwohl sie 12 Jahre älter war. Schelling war inzwischen berühmt und hatte Einfluss, er holte seinen Studienfreund Hegel nach Jena und begründete mit ihm ein philosophisches Journal. **Ein glänzender Start**

Naturphilo-
sophie

Natur war für Schelling eine lebendige, produktive Wirklichkeit, die aus sich selbst heraus wirksam ist. Man kann sie nur verstehen, wenn man sie als einheitliches Ganzes begreift, dessen tiefstes Wesen lebendige Urkraft ist. In jeder Erscheinung ist das Objektive, das Reale (die Natur im engeren Sinne) enthalten, ebenso wie das Subjektive, das Ideale (Geist und Geschichte). Je nachdem, ob das eine oder das andere überwiegt, reicht die Reihe von der toten Materie bis zur Selbstdarstellung des Geistes in Philosophie und Kunst. Dieser Gedanke Schellings, wonach die Natur im Geist sich selbst bewusst wird, geht auf Spinoza zurück. Das Naturgeschehen ist ein dialektischer Prozess des Werdens. Überall in der Natur herrscht Polarität. Die Erscheinungen werden durch den ewigen Widerstreit dieser Kräfte hervorgerufen, die nach Ausgleich streben.

Objektiver
Idealismus

Für Fichte, der das Kantische „Ding an sich" ganz beseitigt hatte, war Natur nichts Selbständiges, sondern nur ein Produkt des Ich. Schelling kehrte das Verhältnis um: Nicht die Natur ist das Produkt des Geistes, sondern der Geist ist das Produkt der Natur. Und dieser Geist ist unabhängig von unserem Ich, also objektiv. Schelling bezeichnete deshalb Fichtes System als subjektiven und sein eigenes als objektiven Idealismus. Hier wirkte sich aus, daß Schelling sich eingehend mit den Naturwissenschaften und ihrem raschen Fortschritt befasste, eine Welt, die Fichte fremd geblieben ist. Das mag zu Fichtes späterem Bruch mit Schelling beigetragen haben.

Identitäts-
philosophie

Schelling weitete seine Naturphilosophie schließlich zu einer „Identitätsphilosophie" aus. Natur und Geist, Objekt und Subjekt, Realität und Idealität sind identisch. Natur ist der sichtbare Geist, Geist die unsichtbare Natur. All das ist trotz der Unterscheidungen immer Eines. Schelling nennt es das Absolute oder das Göttliche. Dieses göttlich Eine ist das in allem Identische.

Philosophie
der Kunst

Die Einheit von Natur und Geist sieht Schelling im Kunstwerk verkörpert. Die Kunst ist das Gebiet, in dem Welt und Ich, Reales und Ideales, unbewusstes und bewusstes Wirken der Natur in vollendeter Harmonie erscheinen. Man kann diese Harmonie, dieses Einssein von Geist und Natur, nur in „intellektueller Anschauung", ahnend und fühlend erfassen. Das Kunstwerk, eine bewusste Schöpfung des Menschen, letztlich aber doch ein Produkt des unbewusst schaffenden Grundes der Natur, stellt diese Einheit in vollkommener Form dar.

Philosophie
der Freiheit

1803 folgte Schelling einem Ruf nach Würzburg und schließlich nach München, wo ihn König Maximilian Joseph mit der Leitung der Akademie der bildenden Künste betraute und außerdem in den Adelsstand erhob. Später übernahm Schelling den Lehrstuhl für Philosophie an der neugegründeten Münchner Universität. In dieser Zeit publizierte Schelling seine „Untersuchungen über das Wesen der menschlichen Freiheit" (1809). Für Heidegger bildeten sie „Schellings größte Leistung", denn sie haben nicht nur ein religionsphilosophisches Gewicht, sie erklären vielmehr den Willen zum Grund des Seins und des Weltprozesses und nehmen gewissermaßen Nietzsches Umwertung der Werte vorweg. Es geht dabei mehr um die Freiheit Gottes, als der des Menschen. Von politischer Freiheit ist nicht die Rede. Das Ziel ist, „mit Gott in sich Gott außer sich zu begreifen". Wie bei Spinoza lebt der Mensch nicht außerhalb von Gott, sondern in Gott.

Religionsphilosophie

Schelling kommt zu der Vorstellung, daß im Urgrund der Wirklichkeit, im Absoluten selbst, außer dem vernünftigen auch ein unvernünftiger Wille als Quelle des Bösen und der Schuld angenommen werden muss, der Sündenfall schon im Urgrund geschehen sein müsse, so wie es die Gnostiker und Jakob Böhme angenommen hatten. Schelling begann, sich mit der religiösen Geschichte des Menschen zu befassen. Geschichte ist für ihn die Selbstoffenbarung Gottes mit dem Ziel der Synthese von Welt und Gott in der Religion – nicht im Staat, wie Hegel postulierte.

Schelling und Hegel

In der Münchner Zeit hatten Schellings Gedanken eine völlig andere Richtung genommen. Er entfernte sich von Kant und Spinoza und hatte sich mit Fichte verfeindet. Sein Freund Hegel, zunächst Schellings begeisterter Prophet, wandte sich von ihm ab, ging eigene Wege und wurde in Berlin berühmt. Schelling beschuldigte ihn, seine Ideen gestohlen zu haben. Hegel war bereits tot, als 1840 in Berlin der romantisch gesonnene König Friedrich Wilhelm IV an die Regierung kam. Er rief den greisen Schelling 1841 nach Berlin, „als den von Gott erwählten und zum Lehrer der Zeit berufenen Philosophen", um ein Gegengewicht gegen die herrschende Hegelsche Schule zu setzen. Der Erfolg blieb jedoch aus. Nach Schellings Antrittsvorlesung in Berlin vor einem überfüllten Hörsaal soll anschließend große Stille geherrscht haben: Keiner hatte auch nur das geringste verstanden. (Köhler). Ein Student der nicht dabei sein konnte, soll seinen Kommilitonen gefragt haben: „Worüber hat er denn gesprochen?" und erhielt die Antwort: „das hat er nicht gesagt."

Philosophie ohne System

Schellings Philosophie hat viele Wandlungen durchgemacht. Angefangen hatte er als genialer Schüler Fichtes, dann lehnte er sich mehr an Spinoza, an Platon, an Giordano Bruno und schließlich an Jakob Böhme an. Für manche war er eher eine Wirrkopf, als ein systematischer Denker. Seinen Zeitgenossen erschien er höchst geistreich, und er fand auch über längere Zeit ein begeistertes Publikum, besonders unter den Romantikern. Aber für viele blieb er unverständlich, seine Ideen waren oft nicht bis zur letzten Klarheit durchdacht. Fichte hatte Kant vorgeworfen, dass er sich selber nicht verstehe; auf Schelling hätte ein solcher Vorwurf besser gepasst. Russell hielt Schellings Naturphilosophie letztlich für einen leeren Wortschwall. Mag sein, dass Schelling zu früh und zu schnell berühmt geworden war. (Friedell)

Nachdem er in Berlin keinen Erfolg hatte, zog er sich von der Lehrtätigkeit zurück, die letzten 8 Jahre verbrachte er abwechselnd in Berlin und München. Als 80 jähriger reiste Schelling zur Kur nach Bad Ragaz in die Schweiz, dort ereilte ihn der Tod.

Georg Wilhelm Friedrich Hegel (1771–1831)

Hegel war Stuttgarter, Sohn eines Rentkammersekretärs. Als sein 5 Jahre jüngerer Studienfreund aus dem Tübinger Stift, Friedrich Schelling, längst Professor und berühmt war, mühte er sich noch als Hauslehrer ab, zuletzt in Frankfurt, in der Nähe seines anderen Tübinger Studienfreundes, Friedrich Hölderlin. Dann starb sein Vater, Hegel verfügte nun über ein bescheidenes Vermögen und konnte daran denken sich auf die akademische Laufbahn vorzubereiten. Er ging zu Schelling nach Jena, mit dem zusammen er eine philosophische Zeitschrift herausgab. Es war Jenas große Zeit, Schiller lehrte Geschichte, Fichte und Schelling Philosophie, Tieck, Novalis und die Schlegels prägten die Romantiker-Szene. In Jena konnte sich Hegel habilitieren und 1805, Schelling hatte bereits Jena verlassen, wurde Hegel, nun 34, außerordentlicher Professor für Philosophie mit einem bescheidenen Salär. Ein Jahr später konnte er sein grundlegendes Werk „Die Phänomenologie des Geistes" abschließen und während die Schlacht um Jena tobte, packte er seine letzten Manuskriptseiten zusammen und verließ die Stadt. Vorher hatte er noch ein Erlebnis, das ihn tief beeindruckte: Er sah Napoleon, als dieser durch die Stadt ritt, es war für ihn „der Weltgeist zu Pferde". Zehn Jahre lang musste Hegel nun auf das akademische Ambiente verzichten, er war Redakteur der „Bamberger Zeitung", dann Rektor des Ägidiengymnasiums in Nürnberg. Dort heiratete er die zwanzigjährige Marie von Tucher, die ihm 3 Kinder schenkte und mit der er in glücklicher Ehe lebte bis zu seinem Tod.

Preußischer Staatsphilosoph

Hegel schrieb in Nürnberg die 3 Bände seiner „Wissenschaft der Logik" und dieses Werk brachte ihm den Ruf auf den philosophischen Lehrstuhl der Universität Heidelberg ein. 2 Jahre später, er war nun 48, folgte er dem Ruf nach Berlin als Nachfolger Fichtes. Die 13 Jahre, die ihm in Berlin beschieden waren, waren eine glanzvolle Zeit. Er war *„der* preußische Staatsphilosoph", wurde Rektor der Universität und sein Einfluss reichte weit über Berlin hinaus. Er unternahm Reisen nach Prag, Wien und Paris und auf dem Rückweg besuchte er Goethe in Weimar, der ihn schätzte und gerne mit ihm über seine Farbenlehre diskutierte. In seinem 60. Jahr ereilte Hegel dann plötzlich der Tod. Ob die Cholera oder sein Magenleiden die Ursache war, blieb ungeklärt. Seinem Wunsche entsprechend fand er sein Grab neben dem Fichtes auf dem Dorotheenstädter Friedhof.

Zu Hegels philosophischem Werk Zugang zu finden, ist schwierig. **Das philo-** Seine Bücher sind „Meisterwerke der Unverständlichkeit, verdunkelt **sophische** durch Abstraktheit und Knappheit des Stiles, durch eine verhängnis- **Werk** volle Terminologie und durch die übertrieben vorsichtige Begrenzung aller Lehrsätze mit Hilfe eines geradezu gotischen Reichtums an einschränkenden Klauseln." (Durant) Und Schopenhauer schrieb, Kant habe das Publikum gelehrt, daß das Dunkle nicht immer sinnlos sei, doch habe sich dann das Sinnlose sogleich hinter den dunklen Vorhang geflüchtet, so bei Fichte und Schelling, am schlimmsten aber bei Hegel, mit seinen sinnleeren rasenden Wortgeflechten. Das war sicher übertrieben, wenn auch die Begriffskonstruktionen Hegels in der Tat oft schwindelerregend sind.

Dazu eine Probe aus der „Phänomenologie des Geistes": „Die lebendige Substanz ist ferner das Sein, welches in Wahrheit Subjekt oder, was dasselbe heißt, welches in Wahrheit wirklich ist, nur insofern sie die Bewegung des Sichselbstsetzens oder die Vermittlung des Sichanderswerdens mit sich selbst ist. Sie ist als Subjekt die reine, einfache Negativität, eben dadurch die Entzweiung des Einfachen; oder die entgegensetzende Verdoppelung, welche wieder die Negation dieser gleichgültigen Verschiedenheit und ihres Gegensatzes ist: nur diese sich wiederherstellende Gleichheit oder die Reflexion im Anderssein in sich selbst – nicht eine ursprüngliche Einheit als solche oder unmittelbare als solche – ist das Wahre." (Phänomenologie S. 23) Hegels Sprachstil trug dazu bei, die Philosophie zu einer Art Geheimwissenschaft zu machen und man hat den Eindruck, daß ihm auch heute noch manche Fachgenossen nacheifern.

Das Prinzip, das sich mit großer, wenn auch manchmal etwas gewalt- **Dialektik** samer Folgerichtigkeit durch Hegels gesamtes Werk zieht, ist die Methode der Dialektik. Heraklit, den Hegel besonders schätzte, hatte von der Einheit der Gegensätze gesprochen, Schelling hatte den Begriff der Polarität gebraucht und Fichte hatte der Setzung des Ich (sozusagen die These) das Nicht-Ich (als Antithese) entgegengesetzt, aber daß es einer dritten These (der Synthese) bedarf, die die beiden Gegenpole soweit einschränkt, daß sie einander nicht mehr ausschließen, hatte er nur dunkel angedeutet. Hegel schränkt nun in seinem System These und Gegenthese nicht ein, sondern bei ihm werden beide durch die Synthese „aufgehoben", die Gegensätze werden auf einer höheren Ebene aufgelöst. Auch im Alltag kann man beobachten, wie das Denken dialektisch fortschreitet: wenn wir nicht selten zunächst „von einem Extrem ins andere fallen", dann aber in der „goldenen Mitte" zu einem abschließenden Urteil kommen. Um die dynamische Wirklichkeit voll zu erfassen, genügen die starren Regeln der herkömmlichen Logik nicht. Die Dialektik hingegen ist beweglich, in den Begriffen wie im Denkprozess.

Absoluter Idealismus

Fichtes subjektivem Idealismus steht Schellings objektiver Idealismus gegenüber. Hegel vollzieht zwischen beiden die Synthese, indem er seinen „absoluten Idealismus" darüber setzt. Der gesamte Weltprozess bedeutet für ihn die Selbstentfaltung des Geistes und die Philosophie hat die Aufgabe, diese Selbstentfaltung zu erläutern. Sie erfolgt nach dialektischer Methode in drei Stufen und damit ist zugleich der Aufbau der Philosophie gekennzeichnet: Im ersten Stadium ist der Weltgeist im Zustand des „An-sich-Seins", die philosophische Disziplin, die ihn hier betrachtet heißt „Logik". Das zweite Stadium ist der Zustand des „Andersseins", der Geist ist im Zustand der Entäußerung, der „Selbstentfremdung", das ist das Gebiet der Naturphilosophie. In der dritten Stufe ist der Geist gewissermaßen zu sich selbst zurückgekehrt und befindet sich im Zustand des „An-und-für-sich-Seins", dem entspricht die Philosophie des Geistes. Die Identität von Geist und Natur hat auch schon Schelling gesehen. Doch habe er das Werden übersehen, meint Hegel, daß sich die Entwicklung des Absoluten in notwendigen Denkschritten vollzieht. Das Absolute braucht das Werden, um zu sich selbst zu finden und durchläuft dazu eine kontinuierliche Entwicklung. „Das Wahre ist das Ganze. Das Ganze aber ist nur das durch seine Entwicklung sich vollendende Wesen". So ist der dialektische Dreischritt der Weg zum Ganzen. Wenn man den Begriff des Seins dialektisch zergliedert, steht dem Sein das Nichts gegenüber. Die Synthese aus den beiden ist der Begriff des Werdens. Auf diese Weise entfaltet Hegel aus dem einen Anfang heraus die ganze Kette der Begriffe bis hinauf zum höchsten, dem absoluten Geist.

Philosophie des Geistes

Die Philosophie des Geistes, die auf der höchsten Stufe steht, gliedert sich wiederum in drei Stufen. Hegel nennt die unterste Stufe „subjektiven Geist", hier geht es um das Leben des einzelnen Menschen, des Individuums. Erst im Menschen wird der Geist seiner selbst bewusst. Die nächste Stufe, das Reich des „objektiven Geistes" umfasst Familie, Gesellschaft, Staat und deren Geschichte, es ist das Gebiet der Ethik. In der dritten Stufe schließlich überwölbt der „Absolute Geist" den subjektiven wie den objektiven, er ist „an-und-für-sich", sein Reich ist die Kunst, die Religion und die Philosophie. Für Hegel steht über der Kunst, in der es um die Harmonie der äußeren Sinnlichkeit geht, die Religion, bei der es um innere Harmonie geht. Die höchste Stufe aber ist die Philosophie, die das in der Kunst Angeschaute und das in der Religion Vorgestellte und Gefühlte in die reine Form des Gedankens umsetzt. Der Geist ist damit ganz zu sich selbst gekommen.

Geschichtsphilosophie

Die Geschichte behandelt Hegel als Anhang zu seiner Lehre vom objektiven Geist, sie bezieht sich auf die Entfaltung der Vernunft im staatlichen Leben und auf die Ethik. Für Hegel gewinnt das Dasein des Einzelnen erst Sinn und Wert durch die Ein- und Unterordnung unter die überpersönlichen geschichtlichen Mächte, vor allem den Staat. Nicht der Einzelne handelt, sondern der Weltgeist handelt durch den Einzelnen, der sein Werkzeug ist. Der Einzelne mag glauben, daß er seine persönlichen Absichten verfolgt, ohne zu merken, daß sich der Weltgeist seiner als Werkzeug bedient. Es gibt eine „List der Vernunft", die auf diese Weise das historisch Notwendige bewirkt.

Große geschichtliche Gestalten sind nicht so sehr durch ihre persönlichen Eigenschaften gekennzeichnet; vielmehr ist es der Weltgeist, der sich ihrer bedient (es mögen manchmal auch schwache und unwürdige Individuen sein), und sie zur Verkörperung der historischen Notwendigkeit des „Geistes der Zeit" macht. Solche Persönlichkeiten entziehen sich auch den normalen moralischen Maßstäben. „Es ist die Ehre großer Charaktere, schuldig zu werden", meint Hegel und mit einer gewissen Verachtung betrachtet er diejenigen, die im „Glück" des Einzelnen das Ziel des Lebens und den Zweck der Gesellschaft sehen. Glück oder Unglück der Individuen lassen den mitleidlosen Weltgeist kalt. **Die Großen der Weltgeschichte**

Für Kant war die Autonomie der sittlichen Einzelpersönlichkeit das Höchste. Für Hegel sind Individuen, Völker und Epochen nur notwendige Durchgangsstationen im weltgeschichtlichen Prozess, der die Selbstentfaltung des objektiven Geistes darstellt. Der Weltgeist (gleichzusetzen mit Wahrheit, Gott, Vernunft) bedient sich der Welt und aller Ereignisse in ihr, um sich seiner selbst bewusst zu werden. Der werdende Gott benutzt die Weltgeschichte, um seine Vernunft durchzusetzen und darum ist „der große Inhalt der Weltgeschichte vernünftig und muss vernünftig sein". Zeiten des Unrechts sind nur Umwege, die der objektive Geist auf seinem Gang zur Selbstverwirklichung macht. Was zu einem bestimmten Zeitpunkt historisch geworden ist, ist zugleich das Notwendige und damit in diesem Augenblick auch das Vernünftige. „Alles was wirklich ist, ist auch vernünftig, und alles was vernünftig ist, ist auch wirklich". Im Altertum, bei den Orientalen, war sich der Weltgeist erst wenig bewusst, mehr dann schon bei den Griechen und Römern, ihre höchste Bewusstseinsstufe erreichte die Weltvernunft aber erst bei den zum Christentum bekehrten Germanen, die nun im Besitz der ganzen göttlichen Wahrheit sind und bei denen sich damit auch die Freiheit des Menschen verwirklicht hat. **Der Prozess der Weltgeschichte**

Für Hegel verkörpert der Staat den Willen Gottes. Der Zweck des Staates liegt darin, die Vernunft zu verwirklichen, er ist deshalb „nicht um der Bürger willen da", vielmehr sollen ihn die Bürger als ein „Irdisch-Göttliches" verehren. Denn „alles, was der Mensch ist, verdankt er dem Staat". Der Staat ist „der Geist, der sich im Prozess der Weltgeschichte seine Wirklichkeit gibt" und er ist „… die Wirklichkeit der konkreten Freiheit." Den preußischen Staat sieht Hegel als die letzte Stufe der göttlichen Vernunft an, der Weltgeist habe in Preußen sein Ziel, die Entfaltung der absoluten Wahrheit, erreicht. **Staat**

Welch ein Gegensatz war das zur Staatsauffassung von John Locke, die der amerikanischen und modernen liberalen Verfassungen zugrunde liegt! Locke war misstrauisch gegenüber dem Staat, dem er nur eine dienende Rolle zubilligte und dessen Macht man kontrollieren müsse. Für Hegel jedoch war der Staat eine Art „Gottersatz", durch den alles geregelt wird. Der Staat war an sich gut und die Bürger sollten vor allem Diener des Staates sein. Der Staat stand über dem Individuum. Ein gut Teil der Staatsgläubigkeit, die uns Deutschen zu eigen ist, ein Stück Untertanengeist und mangelnde Zivilcourage, dürften hier ihr Wurzeln haben.

Eigentum In seiner Studienzeit schwärmte Hegel für Rousseau. Die Meinung Rousseaus, dass das Eigentum die Wurzel allen Übels sei, machte er sich allerdings nicht zu eigen. Hegel hatte vom Eigentum eine hohe Meinung und nannte es die „Wirklichkeit der Freiheit".

Bildung „Aufklärung ist der Ausgang des Menschen aus seiner selbst verschuldeten Unmündigkeit", hatte Kant postuliert. Für Hegel besteht die Unmündigkeit nicht nur in der Unwissenheit des Einzelnen, sondern auch im mangelnden Bewusstsein ganzer welthistorischer Epochen von sich selbst. Den einzigen Ausweg sieht Hegel in der Bildung. Die geschichtliche Entwicklung ist vollendet, wenn die Bildung der Individuen der Wirklichkeit der geschichtlichen Epoche entspricht. Wenn der Einzelne sieht, daß alles, was ist, seinem eigenen Bewusstsein entspricht, so ist er „absolut" frei. So gesehen ist die Weltgeschichte ein „Fortschritt im Bewusstsein der Freiheit". Freiheit aber ergibt sich aus Bildung und deshalb ist Bildung Selbstzweck. Diesen Grundgedanken hat Hegel von Schiller übernommen. Die Theorie der Bildung, die Schiller in seiner „ästhetischen Erziehung des Menschen" entwickelt hatte, speiste sich aus Ideen Kants und Rousseaus ebenso wie aus Adam Smith. So schließt Hegel seine „Phänomenologie des Geistes" mit einer Verbeugung vor Schiller, indem er aus dessen Gedicht „Freundschaft" zitiert: „Aus dem Kelch des ganzen Seelenreiches / Schäumt ihm – die Unendlichkeit."

Religion In seinen jungen Jahren, als Hegel zur Enttäuschung seiner Eltern auf eine Laufbahn als Pfarrer verzichtet hatte, wurde er in seinen religiösen Zweifeln durch die Lektüre der Philosophen der Aufklärung bestärkt. Er schrieb damals, mit 25, „Das Leben Jesu", von dem er sich später distanzierte und das bis 1905 unveröffentlicht blieb. Die Schrift war im wesentlichen eine Vorwegnahme des „Leben Jesu", mit dem sein späterer Schüler David Strauß 1835 Furore machte. Jesus war darin der Verteidiger des individuellen Gewissens gegen die priesterlichen Regeln. Hegel gab damals bereits eine Definition von Gott, an der er bis zu seinem Ende festhielt: Göttlichkeit besteht in der reinen, grenzenlosen Vernunft.

Hegel, der sich als gläubiger lutherischer Christ empfand, schrieb später: „Die Religion ist der Ort, wo ein Volk sich die Definition dessen gibt, was es für das Wahre hält." Religion und Philosophie haben für Hegel den gleichen Gegenstand: die ewige Wahrheit, „Gott und nichts als Gott und die Explikation Gottes." In seinen „Vorlesungen über die Philosophie der Religion" erläutert er den Begriff der Religion und die unterschiedlichen geschichtlichen Religionen. Die christliche Religion ist für ihn die „absolute" Religion, sie ist die Synthese aller bisherigen geschichtlichen Religionsformen.

In seiner Studienzeit schwärmte Hegel für Rousseau, besonders der **Erziehung** „Èmile" hatte ihn beeindruckt. Rousseaus Vorstellung, die Menschen seien von Natur aus gut und nur die Gesellschaft und falsche Erziehung verderben sie, fand er durch eigene Erfahrung bestätigt. Deshalb plädierte er für eine „antiautoritäre" Erziehung", man solle Kinder nicht ermahnen und bevormunden, sondern schreien und toben lassen und nicht versuchen, möglichst schnell aus ihnen „vernünftige Wesen" zu machen.

Persönliches Glück war für Hegel kein Thema. Das Leben ist nicht **Glück** zum Glück, sondern zu Leistungen geschaffen. „Die Weltgeschichte ist nicht der Boden des Glücks. Die Perioden des Glücks sind leere Blätter in ihr; denn sie sind die Perioden der Zusammenstimmung, des fehlenden Gegensatzes", und eine solche stumpfe Selbstzufriedenheit ist des Menschen unwürdig.

Für Hegel, der auch „Vorlesungen über die Geschichte der Philoso- **Die Krone** phie" hielt (erst posthum veröffentlicht), war die Philosophie der Ge- **der Philo-** genwart das notwendige Ergebnis des Vorangegangenen, die zugleich **sophie** alle früher aufgetretenen Widersprüche in höherer Einheit aufhebt und vereinigt. Und so wie er die geschichtliche Entwicklung an einem Endpunkt sah, so war für ihn auch in der Philosophie der notwendige Schlussstein und die Krone aller Entwicklung erreicht, nämlich in seiner eigenen Philosophie. Aber auch hier wirkte das dialektische Prinzip, doch diesmal gegen Hegel. Die „List der Vernunft" wollte es, daß aus Hegels Werk etwas ganz anderes wurde, als er selbst geglaubt hatte. Seine Schule zerfiel alsbald in eine Rechte und eine Linke. Karl Marx bediente sich der Hegelschen Dialektik und beschwor damit die folgenreichsten Erschütterungen herauf.

In seiner Berliner Zeit war Hegel das anerkannte Oberhaupt der deut- **Wirkung** schen Philosophie. Seine Schüler besetzten die Lehrstühle der Universitäten, die Hegelsche Schule war tonangebend. Hegel überschritt die Grenzen, die Kant ein für allemal aufgerichtet haben wollte. Der Hegelsche Weltgeist befand sich außerhalb von Kants Erkenntnisgrenzen und war durch nichts zu beweisen, war reine Spekulation. (Koesters) Er machte die dialektische Methode zum Prinzip des Seins selbst, Denken und Sein waren für ihn identisch. Dabei erlag er der Täuschung, man könnte die ganze Fülle der empirischen Wirklichkeit aus den Gesetzen des Denkens ableiten. Aber reale Gegensätze können nicht durch logische Ableitungen überwunden werden. „Ein Satz kann widerlegt werden, nicht aber ein Maschinengewehr!" So kam Hegel zu einer Geringschätzung empirischen Wissens. Als man ihn auf Widersprüche zwischen seinem System und der Wirklichkeit aufmerksam machte, soll er geantwortet haben: „Umso schlimmer für die Wirklichkeit!"

Wilhelm von Humboldt
(1767–1835)

Als Leiter des preußischen Kultus- und Unterrichtswesens hatte Wilhelm von Humboldt, Universalgelehrter und als Diplomat weitgereist, 1809 die Berliner Universität gegründet. Humboldt hatte einige Jahre in Jena in vertrautem Umgang mit Schiller und Goethe verbracht. Von seinem Freund Schiller hatte auch er den Gedanken übernommen, daß Bildung Selbstzweck ist. Unter dieser Maxime handelte er bei seiner Gymnasial- und Universitätsreform. Höhere Schulbildung bedeutete für ihn vor allem Allgemeinbildung und zur akademischen Freiheit gehörte für ihn nicht nur die freie Wahl des Unterrichtsthemas, sondern vor allem die Einheit von Forschung und Lehre. Im Zentrum von Humboldts Idealismus stand die Humanitätsidee, die er aus der Fülle seiner historisch-kulturellen Erfahrungen heraus gewann. Nichts soll verabsolutiert werden, dem Menschen müssen seine Möglichkeiten offengelassen werden. Humboldt war Staatsminister, als Hegel 1818 an die Universität Berlin berufen wurde, deren wichtigster akademischer Lehrer er werden sollte. Auch für Hegel galt, daß Bildung sich selbst begründet, also Selbstzweck ist.

Friedrich Schleiermacher
(1768–1834)

Friedrich Ernst Daniel Schleiermacher stammte aus Breslau, war evangelischer Theologe und Prediger und schließlich Professor in Berlin. Als Religionsphilosoph lehnte er eine auf Vernunft gegründete Theologie, wie sie die Aufklärung schaffen wollte, ebenso ab wie eine auf die Moral gegründete, wie sie Kant vertreten hatte. Für Schleiermacher gründete die Religion weder auf Erkennen, noch auf Wollen, sondern auf Gefühl. Das religiöse Gefühl besteht darin, daß wir alles Endliche als Ausdruck des Unendlichen erleben. Im religiösen Gefühl erlebt der Mensch seine Individualität, in ihm vollendet sich die Bildung der Persönlichkeit. Religion ist für Schleiermacher das Gefühl „schlechthinniger Abhängigkeit" von Gott. Schleiermacher gilt als Begründer der Hermeneutik, der „Kunstlehre des Verstehens". Schleiermacher war Rektor der Universität und musste den Beschluss des Senats umsetzen, Hegel nach Berlin zu berufen. Er tat es sicher mit zwiespältigen Gefühlen, denn ein starker Philosoph konnte seiner eigenen Stellung hinderlich sein. Hegel übte auch prompt Kritik an Schleiermachers „Gefühlstheologie". So waren beide auf gespanntem Fuße miteinander, wenn sie auch in der Öffentlichkeit sich nichts anmerken ließen.

Arthur Schopenhauer (1788–1860)

Als Hegel in Berlin die Attraktion der Universität war, wagte es ein junger Privatdozent, seine ersten Vorlesungen demonstrativ zur gleichen Zeit wie Hegels Hauptkolleg anzusetzen. Aber der Versuch, Hegel seine Hörer abspenstig zu machen, misslang und am Ende des Semesters musste sich der kühne Herausforderer verärgert zurückziehen. Arthur Schopenhauer, so hieß der Dozent, war damals 32, er ging nun erst einmal auf Reisen, Vorlesungen an einer Universität hat er nicht mehr gehalten.

Geboren wurde Arthur Schopenhauer als Sohn eines Großkaufmanns in Danzig. 5 Jahre später entschloss sich der Vater in die Freie Hansestadt Hamburg überzusiedeln, nachdem Danzig preußisch geworden war. Er folgte dem Wappenspruch der Familie: „Kein Glück ohne Freiheit!" Der junge Arthur war 2 Jahre in Le Havre, um Französisch zu lernen, dann auf einer Privatschule in Hamburg und als er 11 war, wollte er auf das Humanistische Gymnasium. Das war aber nicht im Sinne des Vaters, der ihn zum Kaufmann ausbilden wollte. So schickte man Arthur zunächst auf Bildungsreise quer durch Europa, einschließlich Frankreich und England. Mit 16 war er dann wieder in Hamburg und begann mit der Kaufmannslehre. Im gleichen Jahr starb jedoch der Vater, ob durch Unfall oder Selbstmord blieb ungeklärt. Mutter und Schwester zogen nach Weimar, wo Johanna Schopenhauer als berühmte Romanschriftstellerin gesellschaftlich glänzte. In ihrem Haus verkehrten Goethe, Wieland, die Schlegels und andere bedeutende Männer. Als Arthur volljährig geworden war, wurde ihm sein Anteil am väterlichen Erbe ausgezahlt und er hängte den Kaufmannsberuf an den Nagel. Nach Studienjahren in Göttingen und Berlin promovierte er in Jena mit einer Dissertation „Über die vierfache Wurzel des Satzes vom zureichenden Grunde". Schopenhauer war jetzt öfter in Weimar, Goethe fand den jungen Mann interessant und diskutierte gern mit ihm. Mit der Mutter jedoch lebte Schopenhauer weiterhin auf gespanntem Fuße, weil er ihren Lebensstil missbilligte. Schließlich kam es zum endgültigen Zerwürfnis mit ihr.

Kritischer Philosoph

Sein ererbtes Vermögen, das er mit Sparsamkeit und Geschick verwaltete und vermehrte, schenkte ihm Unabhängigkeit, die er weidlich nutzte. Ziele seiner Kritik waren vor allem Fichte und Hegel. Seit Kant, meinte Schopenhauer, trete die Philosophie auf der Stelle. Erst mit seinem, Schopenhauers Hauptwerk, „Die Welt als Wille und Vorstellung" sei zum ersten Mal wieder ein ganz neues philosophisches System geschaffen worden. Schopenhauer war 30, als er das Werk in Dresden niederschrieb. Geschäftlich war es ein Flop und die wissenschaftliche Welt beachtete es 30 Jahre lang überhaupt nicht. Dann allerdings begannen Schopenhauers Gedanken mächtig zu wirken, vor allem bei Künstlern. 2 Jahre, nachdem sein Werk erschienen war, versuchte er, sich in Berlin als Dozent zu etablieren und als der Erfolg ausblieb, ging er für 10 Jahre auf Reisen. Zuletzt landete er wieder in Berlin, das er aber wegen der Choleraepidemie (die Hegel das Leben kostete), fluchtartig wieder verließ. Schließlich wurde er sesshaft in Frankfurt am Main, Schöne Aussicht Nr. 17. Er blieb Junggeselle, es gab ein paar Affären, zur Heirat reichte es nicht. Er wollte in einer Ehe nicht „seine Rechte halbieren und seine Pflichten verdoppeln." 16 Jahre waren ihm noch beschieden, er schrieb noch einiges, darunter „Parerga und Paralipomena" („Nebenwerke und Ergänzungen"), in dem auch seine „Aphorismen zur Lebensweisheit" enthalten waren, mit denen er einen durchschlagenden Publikumserfolg erzielte. Das rückte auch sein Hauptwerk in den Blickpunkt, sodass er in seinen letzten Jahren noch erlebte, wie seine Philosophie immer mehr Anerkennung und Bewunderung fand und zur Mode wurde. Er war 72, als er sich eines Morgens, in scheinbar bester Gesundheit an den Frühstückstisch setzte. Dort fand ihn seine Wirtin eine Stunde später, immer noch am Tisch sitzend, aber tot.

Philosophie des Pessimismus

Schopenhauers Philosophie kann man nur richtig verstehen vor dem Hintergrund seiner Biographie und seiner Zeit. Er war 23, als er bei einem Besuch in Weimar zu Wieland sagte: „Das Leben ist eine missliche Sache: ich habe mir vorgesetzt, es damit hinzubringen, über dasselbe nachzudenken." Schopenhauer war früh zum Einsiedler geworden, gleichgesinnte Freunde hatte er keine. Der Zwist mit der Mutter bestimmte sein Frauenbild, keine große Liebe, keine eigene Familie hat es korrigiert. In den dreißig Jahren, die er in Frankfurt in Untermiete lebte, war sein Pudel der einzige Gesellschafter, er hatte ihn „Atma" („Weltseele") getauft. Als er sein Hauptwerk schrieb, war die französische Revolution vorüber und Napoleon war besiegt. Europa war zum großen Teil verwüstet, die Wirtschaft lag danieder, die Armut griff um sich, vielen erschien das Leben sinnlos und erbärmlich. Falls es einen Gott gab, musste er blind sein. So empfanden es Zeitgenossen wie Heine oder Byron. In dieser pessimistisch-resignierenden Zeitstimmung entwickelte Schopenhauer seine Philosophie.

Stil

Wenn man Kant oder Hegel gelesen hat, ist Schopenhauers Stil für den Leser eine Wohltat. Er war unter den Philosophen seiner Zeit mit Abstand der beste Stilist. Klarheit des Stils setzt allerdings Klarheit des Gedankens voraus. Alles bei Schopenhauer ist klar und geordnet, voll unverblümter Ehrlichkeit und erfrischender Lebhaftigkeit, reich an Beispielen, auch Ironie und Humor fehlen nicht. Er selbst beschreibt seinen Stil als „im höchsten Grade deutlich, fasslich, dabei energisch und ich darf wohl sagen, nicht ohne Schönheit: nur wer ächte eigene Gedanken hat, hat ächten Stil."

Vom Genie

In seiner Abhandlung „Vom Genie" schrieb Schopenhauer: „alle großen theoretischen Leistungen ... werden dadurch zustande gebracht, daß ihr Urheber alle Kräfte seines Geistes auf *einen* Punkt richtet ... daß die ganze übrige Welt ihm ... verschwindet und sein Gegenstand ihm alle Realität ausfüllt ..." Das Talent meint er, leistet etwas, was über die Leistungsfähigkeit der anderen, nicht aber über deren Auffassungsvermögen, hinausgeht und wird deshalb sogleich geschätzt. Die Leistung des Genies hingegen überschreitet nicht nur die Leistungsfähigkeit, sondern auch die Aufnahmefähigkeit der anderen und wird deshalb zunächst gar nicht wahrgenommen. Die Charakteristik des Genies, die Schopenhauer entwirft, trifft auch auf ihn selbst zu, vermehrt um weitere genialische Züge: theoretische Lebensweisheit und praktische Weltfremdheit, Marotten und närrische Vorurteile, Einsamkeit und Hagestolzversponnenheit machen ihn zu einer „unsterblichen Genrefigur". (Friedell) Bescheiden war er nicht: „Bescheidenheit bei mittelmäßigen Talenten ist bloße Ehrlichkeit. Bei großen Talenten ist sie Heuchelei."

In der Vorrede zu seinem Hauptwerk schreibt Schopenhauer, er wolle hier nur einen einzigen Gedanken mitteilen, der im Titel des Buches ausgedrückt ist: Die Welt ist Wille und Vorstellung. Er beginnt das Buch mit dem Satz „Die Welt ist meine Vorstellung" und bezieht sich damit auf Kants Lehre, daß wir alle Dinge nur als Erscheinungen wahrnehmen, eine Wahrheit, die auch in Platons Höhlengleichnis ausgesprochen wird, ebenso wie in den indischen Veden, für die die sichtbare Welt wesenloser Schein, Illusion, „Maja" ist. Von außen ist dem Wesen der Dinge nicht beizukommen, man findet nur Bilder und Namen. Die einzige Stelle, die uns einen Zugang in das Innere der Welt ermöglicht, liegt in uns selbst. Unser Leib ist uns zweimal gegeben: einmal von außen als Vorstellung, einmal von innen, als Wille. In der Vorstellung erfassen wir das äußere, im Willen das innere Wesen der Welt. Jeder Akt des Willens ist unausbleiblich auch eine Bewegung des Leibes. Der Willensakt und die Aktion des Leibes sind ein und dasselbe. Die körperliche Handlung ist der in die Anschauung getretene Akt des Willens, der Leib ist der in Zeit und Raum objektivierte Wille. Diese Erkenntnis ist für Schopenhauer die eigentliche philosophische Wahrheit.

Wille und Vorstellung

Das Wesen des Menschen liegt nicht in Denken, Bewusstsein und Vernunft. Das Bewusstsein ist nur die Oberfläche, unsere Urteile bilden sich in einer dunklen Tiefe, sie gehen beinahe so unbewusst vor sich, wie die Verdauung. Von der Entstehung unserer tiefsten Gedanken können wir uns keine Rechenschaft geben. In diesem geheimnisvollen Innern ist es der Wille, der seinen Diener, den Intellekt antreibt. Die Menschen werden getrieben vom unbewussten Willen zum Leben. Dieser Wille liegt allen unseren Vorstellungen zugrunde, ihm dient unser Gedächtnis und er bestimmt unseren Charakter. Alle unsere bewussten Funktionen ermüden, nur der Wille ist unermüdlich. Was sich unbewusst vollzieht, wie die Atmung, ermüdet nie. Die stärkste Äußerung des Willens zum Leben ist der Trieb zur Fortpflanzung. Sobald für die Selbsterhaltung gesorgt ist, strebt das Lebewesen nach Fortpflanzung zur Erhaltung der Gattung, denn nur auf

Wille zum Leben

diese Weise kann der Wille den Tod überwinden. Im Grunde ist es der auf Erhalt der Gattung gerichtete Wille zum Leben, der Mann und Frau mit so unwiderstehlicher Gewalt zueinanderzieht; insofern ist die Liebe ein Täuschungsmittel der Natur. Ist der Zweck erfüllt, tritt Ernüchterung ein, besonders in der aus Liebe geschlossenen Ehe, meint Schopenhauer.

Geschichte Aber nicht nur der Mensch ist seinem Wesen nach Wille, analog dazu sind alle Erscheinungen die uns in Raum und Zeit umgeben, ihrem Wesen nach Objektivierung des raumlosen, zeitlosen, grundlosen Willens. Das Individuum ist ein steter Wechsel der Materie, das „Ding an sich" ist der Wille. Unter diesem Aspekt sieht Schopenhauer auch die Geschichte. Immer dasselbe – nur anders, ist hier die Devise. Es gibt keinen Fortschritt, die Welt bewegt sich im Kreis. „Im allgemeinen ... haben die Weisen aller Zeiten immer dasselbe gesagt; und die Toren, d. h. die unermessliche Majoriät aller Zeiten, haben immer dasselbe getan, nämlich das Gegenteil: Und so wird es denn auch ferner bleiben."

Leben als Für die Idealisten war das Höchste und Absolute der Geist, der sich
Leiden in einem zielstrebigen Prozess entwickelt. Für Schopenhauer ist der irrationale Weltgrund der blinde Wille. Die Welt ist nicht logisch, sie ist alogisch und die Vernunft ist nur das Werkzeug des unvernünftigen Willens. Schopenhauer bricht mit der alten Vorstellung von der Harmonie des Weltganzen und geht vom Optimismus zum Pessimismus über. Schon der junge Schopenhauer war vom tiefen Jammer allen Lebens ergriffen. Unseren Trieben und Wünschen hingegeben, werden wir nie Ruhe und dauerndes Glück finden. Aus jeder befriedigten Begierde erwächst eine neue, auf jeden Schmerz folgt neues Übel. Lust und Glück sind nur die vorübergehende Abwesenheit von Schmerz. Wem die Not erspart bleibt, den quält die Langeweile. Das unausweichliche Schicksal des Menschen ist die Einsamkeit, am Ende ist jeder mit sich allein. Für Schopenhauer ist im Grunde das Leben nicht lebenswert. Sogar Selbstmord ist kein Ausweg, er vernichtet die individuelle Erscheinung, doch der Wille selbst bleibt und sucht sich eine neue Verkörperung. Aus dem verhängnisvollen Kreislauf von Begehren und Leiden gibt es nur zwei Auswege: Kunst und Resignation.

Erlösung Kunst betrachtet die Dinge unabhängig von der Kausalität und unab
durch Kunst hängig vom Willen. Durch das „Interesselose Wohlgefallen", von dem Kant sprach, wird das Wollen aufgehoben. Im Kunstgenuss sind wir „... gleichsam in eine andere Welt getreten, wo alles, was unseren Willen bewegt und dadurch uns so heftig erschüttert, nicht mehr ist ... Glück und Unglück sind verschwunden." Der gewöhnliche Mensch, „die Fabrikware der Natur", ist dazu allerdings nicht fähig, wohl aber das Genie, dem es gegeben ist, sich rein anschauend zu verhalten. Auch gewöhnliche Menschen können sich, wenn auch in geringerem Maße, in der Betrachtung der Kunst dem Sklavendienst des Willens ent-

290

ziehen. Den höchsten Rang unter allen Künsten nimmt für Schopenhauer die Musik ein: „die wahre allgemeine Sprache, die man überall versteht … eine unbewusste Übung in der Metaphysik, bei der der Geist nicht weiß, daß er philosophiert." Sie ist für ihn das unmittelbare Abbild des Willens selbst und damit des Wesens der Welt. Richard Wagner verehrte in Schopenhauer den Theoretiker seiner Musik.

Die Kunst kann allerdings keine endgültige Erlösung gewähren, der eigentliche Weg zur Erlösung besteht in der Verneinung des Willens. Das Christentum ist von diesem Geist der Weltverneinung durchdrungen, wenn es fordert: Nimm Dein Kreuz auf Dich, Entsage! Besonders ausgeprägt ist dieser Geist bei den deutschen Mystikern und mehr noch in den uralten Werken des indischen Denkens, den Veden und bei Buddha. Es sind keine positiven Aussichten, die Schopenhauers Hauptwerk damit am Schluss eröffnet. „Wir bekennen es vielmehr frei: Was nach gänzlicher Aufhebung des Willens übrigbleibt, ist für alle die, welche noch des Willens voll sind, allerdings Nichts. Aber auch umgekehrt ist denen, in welchen der Wille sich gewendet und verneint hat, diese unsere so sehr reale Welt mit allen ihren Sonnen und Milchstraßen – Nichts … Wenden wir aber den Blick von unserer eigenen Dürftigkeit und Befangenheit auf diejenigen, welche die Welt überwanden, so zeigt sich uns jener Friede, der höher ist als alle Vernunft, jene gänzliche Meeresstille des Gemüts, jene tiefe Ruhe, unerschütterliche Zuversicht und Heiterkeit." **Verneinung des Willens**

Da alles Leben Leiden ist, so muss jeder einzelne bemüht sein, nicht nur seine eigenen Schmerzen, sondern auch diejenigen seiner Mitmenschen so weit wie möglich zu lindern. Das Mitleid treibt also die Menschen, einander Gutes zu tun, es ist für Schopenhauer die Grundlage der Moral. Die Regel des Handelns lautet schlicht: „Hilf allen, soviel Du kannst," und „alle Liebe ist Mitleid". **Ethik des Mitleids**

Alle Befriedigung oder was man gemeinhin Glück nennt, ist eigentlich immer nur negativ. Der Hauptreiz des Lebens ist der Schmerz. Die Lust oder das Glück stellen nur das Aufhören des Schmerzes dar. Der Weise sucht nicht das Glück, sondern Freiheit von Sorge und Schmerz. Die Abwesenheit von Schmerzen sei „der Maßstab des Lebensglücks. Kommt zu einem schmerzlosen Zustand noch dem die Abwesenheit der Langeweile, so ist das irdische Glück im wesentlichen erreicht … Das Glück gehört denen, die sich selber genügen; denn alle äußeren Quellen des Glückes und Genusses sind … höchst unsicher, misslich, vergänglich und dem Zufall unterworfen." **Glück**

Gerade wenn unsere Erfahrungen die geordnete Gestalt der Weisheit anzunehmen beginnen, verfallen Hirn und Körper. „So weilt alles nur einen Augenblick und eilt dem Tode zu … das Leben unseres Leibes ist nur ein fortdauernd gehemmtes Sterben, ein immer aufgeschobener Tod." Todesfurcht ist der Anfang der Philosophie und der Urgrund **Tod** der Religion. Der Durchschnittsmensch kann sich mit dem Tode nicht abfinden und schafft sich deshalb Philosophien und Theologien. Der Unsterblichkeitsglaube ist ein Zeichen entsetzlicher Angst vor dem Tode. Doch die Gedanken an den Tod verursachen mehr Leiden als der Tod selbst.

Religion

Das Christentum, fand Schopenhauer in seinen späteren Jahren, ist eine tiefe Philosophie des Pessimismus. Die Lehre von der Erbsünde (als Bejahung des Willens) und von der Erlösung (als Verneinung des Willens) ist die große Wahrheit, die den Kern des Christentums ausmacht. Das Christentum sah in der Religion ein Abschreckungsmittel gegen das nutzlose Suchen nach irdischem Glück, folgte dem Ideal des Heiligen, der den Kampf ablehnt und den individuellen Willen völlig überwindet. Judentum und Heidentum hingegen waren optimistisch, sie wollten die göttlichen Mächte mit Religion bestechen, damit sie ihnen zu weltlichem Erfolg verhelfen. Der Buddhismus ist tiefer als das Christentum, weil er die Religion mit der Aufhebung des Willens gleichsetzt und das „Nirwana" als das Ziel der persönlichen Entwicklung lehrt. Darin liegt die höchste Weisheit, sich selbst auf ein Mindestmaß von Begierde und Wille zurückzuschrauben, denn „je weniger Erregung des Willens, desto weniger Leiden." Einen Schöpfergott kann sich Schopenhauer nicht vorstellen. Er wäre schuldig, weil er Leid und Schmerz erschafft oder zulässt. „Wenn ein Gott diese Welt gemacht hat, so möchte ich nicht der Gott sein: ihr Jammer würde mir das Herz zerreißen." In seinem Nachlass fand man die Verse: „Gott – wenn du bist – errette aus dem Grabe / Meine Seele – wenn ich eine habe!"

Aphorismen zur Lebensweisheit

Die „Aphorismen zur Lebensweisheit" die Schopenhauer in seinem letzten Lebensjahrzehnt – ohne Honorar – publizierte, wurden wider Erwarten ein Publikumserfolg. Der Hintergrund ist pessimistisch, man muss mit dem Schlimmsten rechnen, aber wer klug ist, findet doch stets das kleinere Übel heraus. Wenn auch die Sehnsucht nach Glück sich nicht erfüllen mag, so ist doch schon viel erreicht, wenn man das Unglück abwenden kann. Die Menschen sind tausendmal mehr bemüht, sich Reichtum als Geistesbildung zu erwerben, während doch ganz gewiss was man *ist* viel mehr zu unserem Glücke beiträgt, als was man *hat*. Nicht Reichtum sondern Weisheit ist der richtige Weg. Der Ausweg aus dem Übel des endlosen Wollens ist vernünftige Betrachtung des Lebens und die Beschäftigung mit den Werken der Großen aller Zeiten und Länder; nur für solche liebevoll aufnehmenden Geister haben die Großen gelebt.

Wirkung

Mit Schopenhauers Hinweis auf die dunkle Tiefe die im Menschen unterhalb der Oberfläche des Bewusstseins liegt, hat er den Weg frei gemacht für eine Philosophie und Psychologie des Unbewussten, wie sie wenig später von Nietzsche und Freud formuliert wurden. Bei allem Pessimismus ist seine Philosophie von einer offenen Ehrlichkeit beherrscht, neben der die meisten optimistischen Bekenntnisse wie Frömmeleien wirken; sie ist nur scheinbar ein theoretisches System, in Wirklichkeit ist sie ein Kunstwerk, das man entweder als Ganzes annehmen oder ablehnen muss, meint Egon Friedell.

Restauration und Revolution (1815–1870)

Wiener Kongress — Nach Napoleons Abdankung kamen die europäischen Staatsmänner 1815 zum Wiener Kongress zusammen, um die künftige Ordnung Europas zu beraten und den Frieden durch ein Gleichgewicht der Kräfte zu sichern. Führender Kopf war der österreichische Staatskanzler Klemens Fürst von Metternich (1773–1859), das besiegte Frankreich vertrat mit großem diplomatischem Geschick Charles Fürst Talleyrand (1754–1838), der nacheinander der Republik, Napoleon und schließlich den Bourbonen gedient hatte. Es fand eine große Gebiets-Umverteilung statt und außerdem wurde der „Deutsche Bund", eine Konföderation souveräner Staaten, gegründet. Er erhielt eine Verfassung, die „Deutsche Bundesakte", und seine Bundesversammlung tagte unter dem Vorsitz Österreichs in Frankfurt am Main.

Restauration — Die neue Ordnung litt jedoch unter großen Spannungen. Die Freiwilligen der Befreiungskriege von 1813 hatten nicht für die Souveränität der Einzelstaaten, sondern für die Einheit und Freiheit Deutschlands gekämpft. Aber nur wenige Souveräne waren bereit, parlamentarische Verfassungen zuzulassen und den Übergang vom dynastischen Absolutismus zu konstitutionellen Monarchien zu vollziehen und an gesamtdeutschen Einrichtungen waren die meisten nicht interessiert. Ihr Ziel war die Restauration, sie wollten die alten Zustände wieder herstellen und alle liberalen oder gar revolutionären Bewegungen unterdrücken.

Biedermeier — Viele Bürger waren froh, daß die Kriegszeiten zu Ende waren und hatten sich im „Biedermeier" eingerichtet. Unter den Jungen aber gärte es. 1817 vertraten die Jenenser Burschenschaften auf dem „Wartburgfest" nationale, liberale und demokratische Ideen. Auf dem „Hambacher Fest" 1832 wurde ein vereinigtes Deutschland und ein konföderiertes, republikanisches Europa gefordert.

Frankreich — In Paris demonstrierten 1830 Studenten, Bürger und Arbeiter und forderten die Republik. König Karl X., ein Bourbone, floh, aber das Parlament hielt an der Monarchie fest und wählte Louis Philippe aus dem Hause Orléans zum neuen König. Er war ein „Bürgerkönig", gebunden an einen Staatsvertrag, er sollte repräsentieren aber nicht regieren. Doch das Volk war mit dem König und dem Parlament, dem nur Großkaufleute und Industrielle angehörten, unzufrieden und forderte ein neues Wahlrecht. Am 21. Februar 1848 stürmten die

Massen das Palais Royale, der König floh nach England. Frankreich war wieder Republik. Aber die „Proletarier", die Arbeiter, denen es wirtschaftlich sehr schlecht ging, revoltierten erneut. Wieder, wie damals bei Napoleon, rief man nach dem starken Mann. Er fand sich in einem Neffen des Kaisers, in Louis Napoleon (1808–1873), der zum Präsidenten der Republik gewählt wurde. 3 Jahre später wagte er einen Staatsstreich und ließ sich durch eine Volksabstimmung zum Kaiser Napoleon III. wählen. Der ehrgeizige neue Kaiser leitete einige liberale Reformen ein und war bestrebt, Frankreich wieder die Vormachtstellung in Europa zu verschaffen. Frankreichs koloniale Eroberungen, die es 1830 in Algier begonnen hatte, setzte er fort und versuchte in Syrien, Indochina und Mexiko Einfluss zu gewinnen.

In Russland griff Zar Nikolaus I. (1796–1855) die alten russischen **Russland** Pläne auf, um die Türken von den Dardanellen und vom Bosporus zu verdrängen. Es kam zum Krimkrieg gegen die Türken (1854–1856), denen Frankreich und England zu Hilfe kamen. Nachdem die Festung Sewastopol gefallen war, fand in Paris der Friedenskongress statt.

Auch der locker gefügte Staatenbund der Schweiz, in dem alle Kan- **Schweiz** tone streng auf ihre Selbständigkeit bedacht waren, blieb von Veränderungen nicht verschont. Die katholischen Kantone schlossen sich zu einem „Sonderbund" zusammen, die evangelischen sahen dadurch die Konföderation bedroht und bestanden nachdrücklich auf der Trennung von Staat und Kirche. 1847 kam es zum Bürgerkrieg, der nach drei Wochen mit der Niederlage der Katholiken endete. 1848 gab sich dann die Schweiz nach amerikanischem Vorbild eine neue Verfassung.

Für Italien wie für Deutschland stand im Vordergrund, was Frankreich **Italien** längst besaß: Die nationale Einheit zu erlangen. Volksaufstände flammten auf, Verfassungen für die Einzelstaaten wurden gefordert, Giuseppe Garibaldi (1807–1882) stellte ein Freikorps auf und kämpfte gegen die Österreicher und Franzosen. In Mailand gründete Camillo Graf Cavour (1810–1861) seine Zeitung „Il Risorgimento" („Wiedergeburt"). Cavour gelang dann 1859 als Premierminister die nationale Einigung Italiens.

Die französche Februarrevolution, schwappte nach Deutschland he- **Deutschland** rüber. In Baden kam es zu einem Aufstand, die Mannheimer Advoka- **1848** ten Hecker und Struve versuchten vergeblich, eine deutsche Republik auszurufen. Die fürstlichen Regierungen der Mittel-und Kleinstaaten beriefen liberale Minister, um den Aufruhr zu beschwichtigen. In Berlin stellte König Friedrich Wilhelm IV. (1795–1861) eine Verfassung in Aussicht und versprach, sich für die Reform des Deutschen Bundes einzusetzen. Auch der bayerische König Ludwig I. (1786–1868) der als liberal und fortschrittlich galt, ging auf die politischen Forderungen seiner Untertanen ein, aber der Unwille, den er durch unpopuläre Maßnahmen und durch seinen Umgang mit der Tänzerin Lola Montez erregt hatte, veranlasste ihn schließlich, abzudanken. Auch in Wien gingen Studenten und Arbeiter auf die Straße, Staatsminister Fürst Metternich musste fliehen, der Kaiser verfügte eine neue Verfassung.

National-
versammlung Am 18. Mai 1848 trat in der Paulskirche in Frankfurt am Main die Nationalversammlung, das erste gesamtdeutsche Parlament zusammen. Sie beriet monatelang über die Grundrechte und nach einem Jahr lag eine Verfassung vor. Ein besonderes Problem stellte der Vielvölkerstaat Österreich dar. Die „Großdeutschen" waren für die Eingliederung Österreichs, die „Kleindeutschen" dagegen. An der Spitze des Reiches sollte ein Kaiser stehen. Bei der Kaiserwahl enthielten sich die Großdeutschen der Stimme und die Kleindeutschen wählten den preußischen König zum Kaiser. Aber Friedrich Wilhelm IV. lehnte ab. Das Paulskirchen-Parlament war gescheitert. Inzwischen gewannen die Fürsten mit Hilfe ihrer Truppen die Macht zurück. Österreich schlug die Aufstände in Italien, Ungarn und Böhmen nieder. In Preußen verkündete der König aus eigener Machtvollkommenheit eine Verfassung mit zwei Kammern und einem Dreiklassenwahlrecht, die bis 1918 in Kraft blieb.

Wirtschaft
und Technik Bewegt wie die politische Entwicklung war auch der Fortschritt in Wirtschaft und Technik. In England setzte sich der Freihandel gegen den Merkantilismus durch, das Land war reich durch seine Kolonien und seinen Seehandel, die Industrie entwickelte sich rasch. In Deutschland mit seinen 39 Einzelstaaten und seinen unterschiedlichen Maßen, Münzen und Gewichten war der Güteraustausch über die Grenzen viel schwieriger. Friedrich List aus Reutlingen (1789–1846) brachte 1834 den deutschen Zollverein zustande und plante ein Eisenbahnnetz. 1835 fuhr die erste Eisenbahn zwischen Nürnberg und Fürth. Die Dampfmaschine, Elektrisches Licht, Elektromotoren, Benzin- und Dieselmotoren wurden entwickelt, mit Kohle und Stahl entstand eine neue Großindustrie.

USA In die Vereinigten Staaten von Amerika ergoss sich ein Strom von europäischen Einwanderern, nicht zuletzt als Folge der europäischen Revolutionswirren. Der „wilde Westen" wurde erobert, Eisenbahn, Dampfschiff und Telegraph schufen schnelle Verbindungen von Ozean zu Ozean. Doch zwischen den Staaten im tropischen Süden mit riesigen Plantagen und schwarzen Sklaven und dem bevölkerungsreicheren Norden mit kleineren Farmen, Handwerk und Industrie verschärften sich die Gegensätze. Die Bundespolitik wurde von den Südstaaten und der demokratischen Partei beherrscht. Die republikanische Partei in den Nordstaaten bekämpfte die Sklaverei und brachte 1860 mit Abraham Lincoln (1809–1865) zum ersten Mal einen Präsident durch. Daraufhin erklärten die Südstaaten ihre Trennung (Sezession) von der Union. Der Sezessionskrieg (1861–1865) entbrannte und schließlich mussten die Südstaaten kapitulieren. Vier Tage später wurde Lincoln ermordet. Die USA aber hatten ihre Einheit gerettet und waren auf dem Weg zur Großmacht.

Auguste Comte (1798–1857)

Auguste Comte kam in Montpellier auf die Welt, als Kind einer streng katholischen Beamtenfamilie. Mit 13 trat er aus der katholischen Kirche aus, mit 16 bestand er die Aufnahmeprüfung der während der Revolution gegründeten berühmten École Polytechnique in Paris, die allerdings bald wieder aufgelöst wurde. Comte musste sich nun mit Gelegenheitsarbeiten durchschlagen, bis er eine Stellung als Sekretär bei dem Sozialphilosophen und „utopischen Sozialisten" Claude-Henri Graf von Saint-Simon (1760–1825) fand. Die beiden waren sich einig in ihrer Ablehnung des ökonomischen Liberalismus von Adam Smith, aber die ursprüngliche Übereinstimmung in den anderen philosophischen Fragen war schließlich aufgebraucht, sodass sie sich nach 5 Jahren wieder trennten. Als er 24 war, publizierte Comte einen „Plan der notwendigen wissenschaftlichen Arbeiten, um die Gesellschaft zu reorganisieren," 2 Jahre später legte er eine ausführliche Arbeit mit dem Titel „System der positiven Philosophie" vor. Nach dem Ende seiner Zusammenarbeit mit Saint-Simon hielt er private Vorlesungen, erlitt jedoch einen schweren psychischen Zusammenbruch. Nach einem Psychiatrieaufenthalt schlug er sich mit Privatstunden durch, vor allem aber half ihm die Unterstützung von Freunden und Anhängern, unter ihnen auch John Stuart Mill in England. Unter diesen schwierigen Bedingungen schrieb er sein Hauptwerk, „Kurs der positiven Philosophie". Aus einer neuerlichen Krise half ihm die Liebe zu Clotilde von Vaux, die ihm zwar schon bald durch den Tod entrissen wurde, aber seinem Denken mit der Entdeckung des Gefühls doch eine andere Richtung gegeben hatte. Comte starb in Paris im Alter von 59 Jahren.

Dieser von Comte eingeführte Begriff bedeutete eine Absage an die **Positivismus** Metaphysik. Die Philosophie darf nur vom Gegebenen, Tatsächlichen, „Positiven" ausgehen, alle Erörterungen darüber hinaus sind nutzlos. „Savoir pour prévoir" („Wissen um vorherzusehen") war für Comte der Sinn aller Wissenschaft. Für Comte ist der positivistische Standpunkt der höchste, den das menschliche Denken erreichen kann. Um dorthin zu gelangen durchlaufen der Einzelne wie die ganze Menschheit eine Entwicklung die durch drei Zustände gekennzeichnet ist („Dreistadiengesetz"): Im „theologischen" Zustand glaubt man an die Möglichkeit absoluter Erkenntnis und erklärt sich die Welt aus dem Wirken einer „ersten Ursache". Die Entwicklung führt vom

Polytheismus zum Monotheismus. Im zweiten, dem „metaphysischen" Zustand werden die Gottheiten durch Abstrakte Begriffe ersetzt, dem Monotheismus entspricht die allgemeine Wesenheit der „Natur". Im dritten, dem wissenschaftlichen oder „positiven" Stadium erkennt der Mensch dann endlich, daß es nichts fruchtet, zu metaphysischer Erkenntnis oder zum „wahren Wesen der Dinge" gelangen zu wollen. Wenn man die beobachteten Tatsachen aufeinander bezieht, lassen sich daraus Gesetzmäßigkeiten ableiten. Die Philosophie hat die Aufgabe, alle neuen Entdeckungen in ein allgemeines System einzuordnen und so die gesamte wissenschaftliche Erkenntnis der Zeit zusammenzufassen.

Soziologie

Ergänzend entwarf Comte in enzyklopädischer Denkweise eine Rangordnung der Wissenschaften. Die Wissenschaft mit der höchsten Komplexität, die soziale Physik, nennt er „Soziologie". Gegenstand der Soziologie ist die menschliche Gesellschaft, die, wie Comte meint, gesetzmäßigen Entwicklungen folgt; sie lassen sich, nach dem Vorbild der Naturwissenschaften, durch historisch vergleichende Methoden erforschen. Seine Gesellschaftslehre ist zugleich Geschichtsphilosophie und umfasst die Entwicklung von Staat und Recht ebenso wie die von Kunst, Religion und Wissenschaft.

Gesellschaftsordnung

Durch das positivistische Stadium wird an die Stelle des revolutionären Zerfalls eine neue gesellschaftliche Ordnung gesetzt. An die Stelle des Glaubens an übernatürliche Wesen oder metaphysische Prinzipien tritt die nüchterne Einsicht von Spezialisten und Fachleuten, die das gesellschaftliche Leben bestimmen. Ein Rat der Soziologen soll über das geistige Leben und die Erziehung befinden, ein Gremium von Wirtschaftsfachleuten soll die praktische Regierung ausüben. Wissenschaft und Wirtschaft werden die bestimmenden Mächte der Zukunft sein.

Altruismus

Während des revolutionären Übergangs wird der Sinn für das Einzelne den Sinn für das Ganze überwiegen. Später, im positiven Zeitalter, dominiert der Sinn für das Ganze. Diese vernünftige Gesellschaftsordnung kann nur erreicht werden, wenn die Menschen die Hingabe an das Ganze, den „Altruismus" (ein Begriff, den Comte im Gegensatz zum Egoismus geprägt hat) zum Prinzip ihres Handelns machen. Mit dem Ganzen hat Comte nicht den einzelnen Staat im Auge, sondern die ganze Menschheit, das „große Wesen" („Grand Etre"), das für ihn Gegenstand einer geradezu religiösen Verehrung ist nach dem Grundsatz: „Liebe als Prinzip, Ordnung als Grundlage, Fortschritt als Ziel".

John Stuart Mill (1806–1873)

Comtes Philosophie des Positivismus fand besonders in England Anklang, was nicht verwundert, wenn man den nüchternen Tatsachensinn der Briten und ihre Abneigung gegenüber metaphysischen Spekulationen bedenkt.

John Stuart Mill hatte einen ehrgeizigen Vater. James Mill, ein schottischer Theologe der sein Predigeramt nicht ausübte, unterrichtete seinen Sohn persönlich. Mit 3 Jahren lernte der Junge Griechisch und Latein, mit 10 studierte er die Differentialrechnung und mit 12 schrieb er sein erstes Buch. Der junge John Stuart Mill trat dann mit 17 in die Dienste der Ostindischen Kompanie, bei der auch sein Vater beschäftigt war. Mit 45 heiratete er nach dem Tod ihres Mannes Harriet Taylor, eine Frauenrechtlerin, mit der ihn schon seit zwanzig Jahren eine enge geistige Freundschaft verband. 1865 wurde Mill liberaler Unterhausabgeordneter und setzte sich im Parlament besonders für die Rechte der Arbeiter und der Frauen ein. Mill konnte frei von wirtschaftlichen Sorgen leben, anders als seine Zeitgenossen Comte und Spencer, denen er großzügig half. Als seine Frau starb, konnte Mill ihren Tod nur schwer verwinden. Er verbrachte den größten Teil des Jahres in Avignon, wo sie begraben lag, und dort starb auch er im Alter von 67 Jahren.

Englischer Positivismus

Mill baute den Positivismus aus, grenzte ihn in einigen Punkten von den Vorstellungen Comtes ab und versuchte, ihm ein festes wissenschaftliches Fundament zu geben. Sein philosophisches Hauptwerk trug den Titel „Das System der deduktiven und induktiven Logik". Da die Erfahrung die einzige Quelle der Erkenntnis ist, ist die Induktion, der Schluss vom Einzelnen auf das Allgemeine, das einzig zulässige Erkenntnisverfahren.

Psychologie

Die Psychologie war für Mill die Grundwissenschaft und damit auch die Grundlage der Philosophie. Er unterscheidet streng zwischen Geisteswissenschaften, zu denen er die Psychologie, die „Ethologie" (Sittenlehre) und die Soziologie rechnet, und den Naturwissenschaften.

Utilitarismus

In der Ethik sucht Mill nach einem Ausgleich zwischen dem Individuum und der Gemeinschaft und findet ihn auf der Basis von Benthams „Utilitarismus" (Nützlichkeitsdenken). Das Nützlichkeitsprinzip ist am besten geeignet, soziale Handlungen zu erklären und zu gestalten. Jeder Mensch strebt nach dem, was ihm nützlich ist, er will seine Lust (sein Glück) vergrößern und Unlust (Schmerz) vermeiden. Deshalb ist es das allgemeine Ziel menschlichen Handelns, „das größtmögliche Glück für die größtmögliche Zahl von Menschen" zu erreichen. Der Einzelne, der natürlich nach seinem eigenen Glück strebt, muss dabei einsehen, dass auch ihm am besten gedient ist, wenn er sein eigenes Streben dem allgemeinen Ziel anpasst. So besteht zwischen persönlichem und allgemeinem Wohlergehen kein Gegensatz. Das menschliche Streben nach Glück bildet die Grundlage menschlicher Sittlichkeit.

Jeremy Bentham (1748–1832) Als Begründer des Utilitarismus galt Jeremy Bentham (1748–1832). Er war ein britischer Rechtsgelehrter, der seine erfolgreiche Laufbahn als Sachwalter aufgab, um sich dem Problem einer vernunftgemäßen Gesetzgebung zu widmen. Bentham war ein Anhänger der Freihandelslehre von Adam Smith und außerdem mit James Mill, dem Vater von John Stuart Mill, befreundet. Auf der Suche nach Lösungsmöglichkeiten für die Mißstände in Politik und Wirtschaft kam Bentham in seinem Hauptwerk „Introduction to the Principles of Morals and Legislations" zu der Forderung, den größtmöglichen Nutzen und Glück für möglichst viele Menschen anzustreben. Bentham hatte diese Doktrin des Utilitarismus vom „größtmöglichen Glück für die größtmögliche Zahl" nicht erfunden, sie war schon von Hutcheson, dem Lehrer von Adam Smith, formuliert worden. Aber Bentham wandte sie entschlossen auf praktische Probleme an und machte sie so bekannt. Mill hat den Benthamschen Utilitarismus allerdings überarbeitet, was vor allem auch in seiner Auffassung von Freiheit zum Ausdruck kommt.

Glück und Tätigkeit Mills Auffassung vom Glück war etwas anders als die rein utilitaristische. Nicht die Vergnügungen im täglichen Leben machen das Glück aus, das die Menschen erstreben, sondern es ist der Erfolg im tätigen Leben, in dem sie ihre Fähigkeiten und Begabungen voll entfalten können. Für Mill war das Wohl des Individuums der einzige Zweck der Wirtschaft. Die Menschen werden vom Erwerbstrieb angetrieben. Dieser Erwerbstrieb ist nicht gleichbedeutend mit Egoismus. „In den Vorschriften Jesu von Nazareth finden wir den wirklich utilitaristischen Geist: Tue deinem Nächsten was du willst, daß er dir tue, liebe deinen Nächsten wie dich selbst – man muss … beginnen sich selbst zu lieben, bevor man andere lieben kann", meinte Mill.

Liberalismus Mill war auch ein bedeutender Theoretiker des Liberalismus. Er war der Überzeugung, dass jeder einzelne selbst am besten seine Interessen vertreten könne und die freie Konkurrenz die beste praktische Regel für das Wirtschaftsleben sei. Dem Staat soll nur die Aufrechterhaltung der Rechtsordnung obliegen. Als klassischer Liberaler will Mill den staatlichen Bereich eingrenzen; Willkürherrschaft wird auch nicht dadurch erträglicher, dass sie von einer demokratischen Mehrheit ausgeübt wird. Jede „Tyrannei der Mehrheit" lehnt Mill ab. Die Freiheitsrechte der einzelnen wie auch der Minderheiten müssen fest verankert werden.

Freiheit In seiner Abhandlung „On Liberty" („Über die Freiheit", 1859) verteidigte Mill die Freiheit des Denkens und der Lebensführung, denn nur in einer freiheitlichen Umgebung könne der Einzelne sein eigenes spezifisches Glück suchen und finden. Die Freiheit muss nicht nur gegen Eingriffe des Staates durch repressive Gesetze verteidigt werden, sondern auch gegen die Tyrannei einer allzu kritischen öffentlichen Meinung und gegen einengende Konventionen. Mill formuliert ein „Freiheitsprinzip", um die individuelle Freiheit zu schützen: Niemandes Freiheit darf eingeschränkt werden, es sei denn, dass seine Handlungen die Interessen anderer schädigen.

In der repräsentativen Demokratie sah Mill die ideale Staatsform. **Repräsen-** „Die Idee einer vernunftgemäßen Demokratie besteht nicht darin, **tative Demo-** dass das Volk selbst regiert, sondern darin, dass es Sicherheiten hat **kratie** in Bezug auf eine gute Regierung ... dass es die letzte Kontrolle in seiner Hand behält". Die Interessen des Volkes werden nur gewahrt, wenn das Volk die Möglichkeit hat, seine Herrscher zu entlassen. Die Bedeutung des Repräsentativsystems besteht darin, dass periodisch gewählte Abgeordnete die Kontrollgewalt ausüben und dafür Sorge tragen, dass die Personen, die entscheiden, die richtigen Personen sind.

In seinen „Principles of political Economy" („Grundsätze der politi- **National-** schen Ökonomie", 1848) gab Mill eine Zusammenfassung der wich- **ökonom** tigsten theoretischen Leistungen der Volkswirtschaftslehre in Form eines systematischen Handbuchs, das große Bedeutung für die Fortentwicklung der englischen wie der deutschen Volkswirtschaftslehre erlangte. Mill untersuchte als erster eingehend die Bildung des Marktpreises und formulierte die funktionelle Abhängigkeit von Preis, Angebot und Nachfrage. Privates Eigentum und Konkurrenz waren für ihn natürlich und selbstverständlich. Mill gilt als der Vollender der klassischen Schule der Nationalökonomie. Er knüpfte an die Lehren von Adam Smith und David Ricardo an, der ein Freund seines Vaters gewesen war. Mill hat die Methode Ricardos, die auch die seine war, systematisch erklärt.

David Ricardo (1772–1823) entstammte einer jüdischen Familie, die **David** aus Portugal über Holland nach England gekommen war. Mit 14 trat er **Ricardo** in das Börsengeschäft seines Vaters ein und brachte es schon in jungen **(1772–1823)** Jahren zum Millionär. Mit 21 heiratete er eine Christin, was ihm die jüdische Gemeinde übelnahm. Später erwarb er den Landsitz Gatcombe Park, wo er mit seiner Frau und den 7 Kindern lebte. Als er 47 war, wurde er ins Unterhaus gewählt, aber schon mit 51 ereilte ihn der Tod. Angeregt durch das Werk von Adam Smith hatte er sich bemüht, auch die theoretischen Grundlagen der Nationalökonomie zu erforschen und darzustellen. In seinem Hauptwerk „Principles of political economy and taxation" („Grundsätze der Volkswirtschaft und Besteuerung", 1817) entwarf er erstmalig ein geschlossenes System der Ökonomie. Er wollte die Gesetze beschreiben, nach denen sich in einer Volkswirtschaft die Verteilung der Güter und Erträge vollzieht und welche

Relationen zwischen den Produktionsfaktoren Arbeit, Boden und Kapital bestehen. Der Schlüssel dazu war für ihn die Wertlehre und der Maßstab des Wertes war die Arbeit. Darauf baute Ricardo auch seine Theorie der Preisbildung auf. Zugleich entwickelte er eine Theorie der Grundrente, ebenso wie eine Theorie der komparativen Kosten, nach denen sich der Außenhandel und die internationale Arbeitsteilung vollzieht. Karl Marx machte sich Ricardos Theorie später zu eigen, doch während Ricardo von der Funktionsfähigkeit des Kapitalismus überzeugt war, prophezeite Marx dessen Untergang.

Wachstum Mill meinte, es werde eine Zeit kommen, in der das Wirtschaftswachstum zum Stillstand kommen wird, weil es auf die eisernen Zwänge begrenzter Ressourcen stoßen wird und steigende Soziallasten seine Vorteile vermindern werden. In einer solchen stagnierenden Gesellschaft sollte eine Veränderung der gesellschaftlichen Werte dazu führen, dass geistige und kulturelle Genüsse den Vorrang haben, ohne trennende Klassengegensätze. Das war Mills „liberale Utopie".

Herbert Spencer (1820–1903)

Herbert Spencer war Ingenieur bei der britischen Eisenbahn, ein scharfer Beobachter und ideenreicher Erfinder, außerdem gelegentlich Journalist. Als er 39 war, entschloss er sich, Privatgelehrter zu werden und arbeitete fortan an seinem 11 bändigen Hauptwerk „System der synthetischen Philosophie". Seine Philosophie stieß zunächst auf entrüsteten Widerstand, setzte sich aber dann doch durch und verhalf Spencer, der zeitweise auf die Unterstützung von Freunden angewiesen war, zu bescheidenen Einkünften. Spencer blieb Junggeselle und starb mit 83.

Evolutions-philosophie Spencer war Positivist wie Comte, an dessen Philosophie er anknüpfte. Auch er hielt es für unmöglich, daß wir den Ursprung des Seins und der letzten Dinge erkennen können, wir müssen uns deshalb auf die gegebenen Erscheinungen beschränken und sie ordnen. Die Philosophie hat die Aufgabe, diese Vereinheitlichung zu leisten und bedarf dazu eines einheitlichen Prinzips. Für Spencer ist dies das Gesetz der Entwicklung. Es ist ein dynamisches Prinzip, das sowohl den Prozess der Integration wie den gegenläufigen Prozess der Auflösung umfasst. In der Entwicklung glaubte Spencer ein umfassendes Denkmodell für die Welt der Erscheinungen gefunden zu haben, es war für ihn das Grundgesetz des Lebens. In seinen „Prinzipien der Psychologie" wandte Spencer den Gedanken der Entwicklung und der Auslese nicht nur auf die Biologie, sondern auch auf Geschichte, Soziologie, Psychologie und Ethik an. Noch bevor Darwin seine Evolutionstheorie veröffentlichte, beschrieb Spencer in seinem Essay

„Die Entwicklungshypothese" seine „Entwicklungsphilosophie" und prägte darin die Begriffe vom „Kampf ums Dasein" („Struggle for life") und vom „Überleben der Tüchtigsten" („The Survival of the fittest"), die später durch den „Darwinismus" berühmt wurden.

Der Engländer Charles Robert Darwin (1809–1882), Sohn eines Arztes, nahm nach dem Studium der Medizin und der Theologie als 22 jähriger an einer Weltumseglung mit dem englischen Vermessungsschiff „Beagle" teil, die 5 Jahre dauerte. Als Ausbeute der Reise, die ihn nach Südamerika, den Galapagos-Inseln, Tahiti, Neuseeland, Australien und Südafrika führte, brachte er reiches Material an Fossilien, Tieren und Pflanzen und eine Evolutionstheorie nachhause. Der Gedanke der Entwicklung lag zu jener Zeit gleichsam in der Luft. Aber zur Bedeutung im wissenschaftlichen Denken gelangte er erst durch Charles Darwin. Seine Hauptwerke „On the Origin of Species" („Über den Ursprung der Arten durch natürliche Auslese", 1859) und „The Descent of Men" („Die Abstammung des Menschen und die geschlechtliche Zuchtwahl", 1871) beeinflussten nicht nur die Biologie, sondern auch die Geisteswissenschaften nachhaltig. Darwin geht von einer gemeinsamen Abstammung und allmählichen Entwicklung aller Arten aus. Die Lebewesen, die sich den Umweltbedingungen am besten anpassen, haben die größten Überlebenschancen (Selektionstheorie). Damit war die christliche Schöpfungslehre erschüttert, was erbitterte Reaktionen dogmentreuer Christen hervorrief. Die moderne Vererbungslehre bestätigte Darwins Begründung für die Artentwicklung aller Lebewesen. Darwins deutscher Schüler Ernst Haeckel (1834–1919) hat später dessen Theorie in seinem „Biogenetischen Grundgesetz" zusammengefasst: „Die Ontogenese ist eine verkürzte Rekapitulation der Phylogenese." Es besagt, daß die Entwicklung des einzelnen Lebewesen von der Keimzelle an im wesentlichen eine Wiederholung der stammesgeschichtlichen Entwicklung ist.

Charles Darwin (1809–1882)

Auch die von Comte begründete Soziologie hat Spencer weiterentwickelt. Er vergleicht die Gesellschaft mit einem Organismus und legt auch hier die Wirksamkeit des Entwicklungsprinzips dar. Auch für die Religion zeigt er auf, wie sie sich vom primitiven Geisterglauben durch die Integration religiöser Vorstellungen zu einem zentralen Gottesbegriff entwickelt hat.

Soziologie

Die entscheidende Veränderung in der gesellschaftlichen Entwicklung besteht für Spencer darin, daß der auf Gewalt und Krieg gerichtete Staatsabsolutismus allmählich durch eine friedliche und industrielle Gesellschaft ersetzt wird, in der Freiheit und Demokratie herrschen. In dieser Entwicklung sieht Spencer England an der Spitze, während Frankreich und Deutschland noch im Militarismus und Absolutismus befangen sind und den größten Teil ihrer Mittel auf Rüstung statt auf Förderung von Industrie und Handel verwenden.

Gesellschaft

Sozialismus   Der Sozialismus gehört für Spencer zum Bereich der alten absolutisti-schen Gesellschaftsformen. Ein sozialer Wohlfahrtsstaat verteilt die Anteile am gemeinsamen Arbeitsertrag nach Bedürftigkeit statt nach Leistung, verhindert so den natürlichen Wettbewerb und führt zu ei-nem Verfall der Gesellschaft. Außerdem entsteht eine totale Bürokra-tie und im Staatssozialismus verfolgen die Führer vor allem ihre per-sönlichen Interessen, meint Spencer. Er lehnt den Sozialismus ab, weil er die individuelle Freiheit zerstört. Die sozialen Missstände, die auch Spencer sieht, will er durch genossenschaftliche Zusammen-schlüsse auf freiwilliger Basis beseitigen.

Glück   Das Streben des Einzelnen nach persönlichem Glück ist für Spencer durchaus berechtigt, sofern es die gesellschaftlichen Erfordernisse be-achtet, also die Grenzen respektiert, die durch das gleiche Streben aller anderen gezogen sind. Im Streben nach persönlichen Glück liegt zugleich die oberste Bedingung für das Glück der Allgemeinheit.

Alexis de Tocqueville (1805–1859)

1836 erhielt John Stuart Mill den Besuch eines gleichaltrigen französi-schen Philosophen und Historikers, mit dem er sich auf Anhieb ver-stand und mit dem er bis zu dessen Tod in Verbindung blieb. Es war Alexis Charles-Henri Clérel de Tocqueville aus Paris, der einer Adelsfamilie aus der Normandie entstammte. Tocquecille studierte Philosophie und Jura und wurde Richter in Versailles. 1830, die bür-gerliche Revolution in Frankreich war gerade vorbei, reiste Tocque-ville zusammen mit einem Freund im Auftrag des Justizministeriums nach den USA, um das amerikanische Gefängniswesen zu studieren. Für Tocqueville war das die Gelegenheit, einer Sache auf die Spur zu kommen, die ihm viel wichtiger erschien: er wollte wissen, was aus der Demokratie in den USA geworden war und ob man daraus Schlüsse ziehen könne für Frankreich. Nach seiner Rückkehr legte er sein Richteramt nieder, verfasste seinen Bericht über das Gefängnis-wesen und machte sich ans Schreiben. Vier Jahre später erschien sein Werk „De la Démocratie en Amérique" („Über die Demokratie in Amerika", 1835), das großes Aufsehen erregte. Ein Jahr später heira-tete er die Engländerin Mary Mottley. Er wurde zum Ritter der Ehren-legion ernannt, ins Parlament gewählt und in die Académie Francaise aufgenommen. 1848, nach der Revolution, wurde er konservativer Abgeordneter in der Nationalversammlung und arbeitete an der Neu-gestaltung der Verfassung mit. Nach der Wahl von Louis Napoléon zum Präsidenten der Republik wurde Tocqueville Außenminister. Nachdem sich Louis Napoléon durch einen Staatsstreich zum Kaiser gemacht hatte, zog sich Tocqueville aus der Politik zurück. Er schrieb noch einmal ein großes Werk: „L'Ancien régime et la révolution" („Der alte Staat und die Revolution", 1856) das er aber nicht vollenden konnte. Inzwischen war er an Tuberkulose erkrankt. Er konnte noch einige Reisen unternehmen, ehe er 54 jährig in Cannes starb.

Tocqueville war davon überzeugt, daß die Ausbreitung der Demokratie unausweichlich sei und bekannte sich auch persönlich dazu, wenn auch ohne allzu große Begeisterung und ohne den naiven Optimismus mancher Zeitgenossen. „Eine große demokratische Revolution breitet sich über die Welt aus und ergreift mit unwiderstehlicher Gewalt die Nationen", meinte er, und in Amerika wollte er herausfinden, was den europäischen Staaten bevorsteht. **Demokratie**

Die Revolution von 1789 hatte ihre Richtung geändert. Die Freiheit war der Gleichheit geopfert worden, das führte zu den Diktaturen von Napoleon I. und später Napoleon III. Das Ergebnis für Frankreich war nicht Freiheit und eine gerechte Ordnung, sondern Instabilität, wechselnde Regime und Orientierungslosigkeit. Die Bürger waren verunsichert und zogen sich vom politischen Leben zurück. Tocqueville sucht nun nach einer vernünftigen Ordnung für Frankreich und versucht am amerikanischen Beispiel ein Vorbild für eine demokratische Republik in Frankreich aufzuzeigen. **Krise in Frankreich**

In den USA fand er folgendes: Den Amerikanern ist es gelungen, das Spannungsverhältnis zwischen dem höchsten Gut, der individuellen Freiheit, und der Gleichheit der gesellschaftlichen Bedingungen aufzulösen. Sie haben ein demokratisches Bewusstsein entwickelt und zugleich durch ihre republikanische Verfassung ihren Bürgern Freiheit und selbstverantwortliches Handeln gesichert und damit die Voraussetzung für Wohlstand und Reichtum geschaffen. Er fand weiterhin, daß die Amerikaner die Religion für unverzichtbar halten, um die Tugenden, die Amerika stark machen, aufrecht zu erhalten. **Die Demokratie in Amerika**

Tocqueville liebte die Freiheit über alles, das Leben in Freiheit war für ihn die beste Art der Lebensführung. An seinen Zeitgenossen störte ihn besonders, daß die Franzosen offenbar mit ihrer Knechtschaft zufrieden waren und sich bereitwillig unterwarfen. Nur wenige Bürger lieben die Freiheit um ihrer selbst willen, fand er, die meisten lieben zwar die Freiheit, aber neben anderen Gütern, die für sie mindestens ebenso wichtig sind. In der Demokratie kommt es deshalb darauf an, dafür zu sorgen, daß diese anderen Wünsche und Ziele nicht in einen Gegensatz zur Freiheit geraten. Es besteht ständig die Gefahr, daß die Mehrheit die Freiheit um anderer Güter willen opfert. Politische Freiheit ist auch die wichtigste Vorbedingung dafür, dass eine Gesellschaft zu wirtschaftlichem Reichtum kommt. Doch feige Bürger, die ihre Freiheit weder lieben noch verteidigen, sondern sie nur für privates Erwerbsstreben missbrauchen, gefährden eine freie Republik am meisten. Wenn sich die Bürger nur noch dem Wohlstandsstreben hingeben und darüber die Freiheit hintansetzen, wird schließlich die Freiheit durch den Wohlstand zerstört. **Freiheit**

Gleichheit   Wenn Tocqueville von Gleichheit spricht, meint er die „Gleichheit der Bedingungen" („égalité des conditions") im politischen Leben, Abschaffung der Standes-Ungleichheiten, Gleichheit vor dem Gesetz sowie Chancengleichheit, nicht aber öde sozialistische Gleichmacherei. Tocqueville ist bereit, die mit der Demokratie verbundene Gleichheit zu achten, er hält sie für gerecht, sie ist aber für ihn nur akzeptabel, wenn sie der Freiheit aller dient. Dennoch sieht er in der zunehmenden Tendenz zur Gleichheit eine Gefahr der Nivellierung, besonders in der Massengesellschaft, und eine Einschränkung der persönlichen Freiheit. Die Allmacht der öffentlichen Meinung und die Herrschaft der Mehrheit begünstigen einen Konformismus, in dem der Einzelne leicht verschwindet.

Gleichheit   Tocquevilles große Befürchtung war, daß mit der unaufhaltsamen
und Freiheit   Ausbreitung der Demokratie die Gleichheit auf Kosten der Freiheit zunimmt. Wie können Politik und Verfassung in einer Demokratie der Gefahr entgegenwirken, dass die Gleichheit der Bedingungen nicht zu einer Uniformität führt, die Geist und Initiative tötet? Wie kann der Wunsch der Bürger nach Gleichheit mit dem hohen Gut der Freiheit in Einklang gebracht werden? Tocqueville fürchtet eine neue Art von Unfreiheit, die dadurch entsteht, daß sich die Bürger freiwillig einer Entmündigung durch den Staat und der damit verbundenen „Verwaltungsdespotie" unterwerfen. Er zweifelt, ob ein solches „Volk von Knechten" dann noch in der Lage wäre, weise und tatkräftige Männer in die Regierung zu wählen. Ohnehin begünstigt die Demokratie das Mittelmaß. Der Durchschnittsbürger neigt dazu, bedeutende Männer von der Macht fernzuhalten, teils aus Neid, oder weil er sich nicht mit ihnen identifizieren kann. Bevorzugt wird ein Typ von Politikern, der sich den Stimmungen der Wähler anpasst. Die Konsequenzen der Gleichheit führen zur Katastrophe, wenn nicht das Prinzip der Freiheit und damit das Menschliche erhalten bleibt. Demokratie als Lebensform kann sich deshalb nur in einem vernünftigen Ausgleich von Freiheit und Gleichheit vollziehen. Tocquevilles Buch schließt mit dem Satz: „Die Nationen unserer Tage vermögen an der Gleichheit der gesellschaftlichen Bedingungen nichts mehr zu ändern; aber es hängt nun von ihnen ab, ob die Gleichheit sie zur Knechtschaft oder zur Freiheit führt, zu Bildung oder Barbarei, zu Wohlstand oder Elend." Den Amerikanern, meint Tocqueville, ist es gelungen, die Gefährdung der Freiheit in der Demokratie abzuwehren.

Individua-   Gleichheit führt zu „Individualismus" (Tocqueville meint damit die
lismus   Absonderung von der Gemeinschaft, den Rückzug ins Private, den betonten Egoismus) und macht die Menschen einsam. Doch „die Amerikaner haben den Individualismus, der durch die Gleichheit entstanden war, mit der Freiheit bekämpft, und sie haben ihn überwunden". Tocqueville berichtet, er habe „oft Amerikaner gesehen, die dem Allgemeinwohl große und wirkliche Opfer brachten und die sich im Falle der Not gegenseitig immer treu unterstützten." Die freiheitli-

chen Institutionen und ihre praktizierten politischen Rechte erinnern die Menschen immer wieder daran, daß sie in einer Gemeinschaft leben. Für Tocqueville gibt es nur ein Mittel, um die Übel, die die Gleichheit hervorbringen kann, wirksam zu bekämpfen, das ist die politische Freiheit.

Den Amerikanern ist die Umsetzung von „Selbstverwaltung" und **Verfassung** „Selbstherrschaft" gelungen, das Volk beherrscht hier wirklich die politische Welt und das Volk regiert sich vor allem deshalb wirklich selbst, weil es die politische Verwaltung möglichst gering hält. Das Ausmaß an Freiheit, das die Herrschaft der Mehrheit den Bürgern gibt, kann zu einer Gefährdung der Freiheit führen. Tocqueville warnt immer wieder vor der „Tyrannei der Mehrheit". Die amerikanische Verfassung mit der festgeschriebenen Gewaltenteilung und den Möglichkeiten des Präsidenten, auch einmal der Volksstimmung entgegenzuwirken, bietet damit auch einige Sicherungen gegen die Gefahren der Mehrheitsherrschaft.

Die Zentralisierung der Regierungsgewalt hält Tocqueville für schäd- **Lokale Politik** lich. Was die Bürger zu verantwortlichem Handeln bewegt, ist die Regelung eigener Probleme. Deshalb macht vor allem politisches Handeln im lokalen Bereich die Menschen zu verantwortungsbewußten, freien Bürgern. Eine dezentrale politische Ordnung verteilt die politische Macht, gewöhnt die Bürger an den Gebrauch ihrer Freiheiten und erzieht sie zur Teilnahme am Leben der Gemeinschaft. Diese Voraussetzungen sieht Tocqueville in Amerika erfüllt. Die Selbstregierung in der Gemeinde, das Recht und die Praxis der Bürger, sich in Vereinen zusammenzuschließen, um bestimmte Probleme zu lösen, die freien Parteien und die öffentliche Meinung machen die Bürger zu aktiven, verantwortungsbewussten Gliedern der Gesellschaft. Durch die Geschworenengerichtsbarkeit werden sie in der Anwendung des Rechts geübt, das ihnen anvertraut ist. In Amerika nehmen die Bürger ihre Probleme selbst in die Hand. Das ist etwas ganz anderes als das Konzept von Macht, das aus der obrigkeitsstaatlichen Tradition Europas von den modernen Sozialwissenschaften übernommen wurde.

Tocqueville, katholisch erzogen, hatte schon in jungen Jahren seinen **Religion** Glauben verloren. Dennoch war er überzeugt, daß eine Gesellschaft ohne Religion von Anarchie und Despotismus bedroht ist, die Menschen hätten zudem ein persönliches Bedürfnis nach Religion. Die Religion lehrt die Menschen, daß es Wichtigeres gibt als das Leben, sie vermag ihnen das Bewusstsein zu geben, daß ihr Leben einen Sinn hat und befähigt sie zu bürgerlichen, politischen Tugenden, die über den wohlverstandenen Eigennutz hinausgehen. Nur wahrhaft religiöse Menschen vermögen dem Despotismus zu widerstehen. Deshalb sah Toccqueville ein großes Problem für Europa im Glaubensverlust, in der fortschreitenden Schwächung des Christentums.

Auch das war in Amerika anders. Die Trennung von Staat und Kirche hatte beide gestärkt. Die amerikanischen Geistlichen halten sich von den öffentlichen Angelegenheiten fern, sie herrschen im Bereich ihrer Religion, aber sie bleiben innerhalb dieser Grenzen. „Ich kenne kein Land, in dem das Christentum sich mit weniger Formen, Andachtsübungen und Bildern umgäbe und sich dem menschlichen Geist in klareren, einfacheren und allgemeineren Vorstellungen darböte als in den Vereinigten Staaten. Obwohl die Christen Amerikas in eine Menge von Sekten zersplittert sind, sehen sie alle ihre Religion in diesem gleichen Licht."

Glück

Das „Streben nach Glück" („pursuit of happiness"), von dem in der amerikanischen Unabhängigkeitserklärung die Rede war, fand der Beobachter Tocqueville bereits realisiert. Die geistige Ungleichheit sei zwar gottgegeben, doch das demokratische System Amerikas sorge dafür, „dass die geistigen Fähigkeiten, wenn auch ungleich, … gleiche Chancen vorfinden."

Abraham Lincoln (1809–1865)

30 Jahre nachdem Tocqueville Amerika besichtigt hatte, gerieten die Vereinigten Staaten in eine existentielle Krise. An der Sklavenfrage entzündete sich der Konflikt zwischen dem Norden und dem Süden und führte zu einem blutigen Bürgerkrieg, der 5 Jahre dauerte und mit dem Sieg des Nordens endete. Dass das Land nicht auseinanderbrach, daß die USA ihre Einheit wiederherstellen konnten, war zu einem großen Teil das Verdienst Abraham Lincolns (1809–1865). Geboren in Kentucky, stammte er aus einfachen Verhältnissen, arbeitete sich aus eigener Kraft zum Rechtsanwalt hoch, wurde Kongressabgeordneter in Washington und 1860 zum 16. Präsident der USA gewählt. Als Präsident während des Bürgerkrieges war sein ganzes Denken und Handeln darauf gerichtet, die in der Unabhängigkeitserklärung und in der Verfassung niedergelegten Werte und Prinzipien zu erhalten und wieder voll zur Geltung zu bringen. Noch während des Krieges gab er diesem Streben in der „Gettysburger Adresse" mit einfachen Worten und in großer Würde Ausdruck: „Gegenwärtig sind wir in einen großen Bürgerkrieg verstrickt, in dem es sich erweisen wird, ob dieser Staat oder irgendein anderer, so geschaffen und solchem Gedanken geweiht, Bestand haben kann." Und im Gedenken an die Gefallenen schloss er mit den Worten: „… damit wir uns hier hochgemut geloben, daß sie nicht vergebens gefallen sein sollen, daß diese Nation unter Gottes Führung zu neuer Freiheit geboren werde und daß die Regierung des Volkes, durch das Volk und für das Volk nicht von dieser Erde verschwinde." Lincoln wurde zur Symbolfigur der amerikanischen Demokratie. Die Versöhnungspolitik, die er pro-

klamierte, konnte er jedoch nicht mehr selbst verwirklichen. 6 Tage nach Friedensschluss wurde er ermordet.

Sein freiheitlicher, demokratische Geist ist in vielen Sentenzen überliefert: „Niemand ist gut genug, einen anderen ohne seine Zustimmung zu regieren." Am einprägsamsten kommt seine politische Philosophie in dem Zitat zum Ausdruck, von dem es heißt, Margaret Thatcher habe es ständig in ihrer berühmten Handtasche mit sich geführt: „Man kann keinen Wohlstand schaffen, wenn man die Sparsamen entmutigt. Man kann die Schwachen nicht stärken, wenn man die Starken schwächt. Man kann dem Arbeitnehmer nicht helfen, indem man den Arbeitgeber schröpft. Man kann nicht Brüderlichkeit fördern, wenn man Klassenhass schürt. Man kann auf geborgtes Geld keine soziale Sicherheit gründen. Wenn man mehr ausgibt, als man verdient, werden Schwierigkeiten nicht ausbleiben. Man kann nicht Mut und Charakterstärke erwarten, wenn man Eigeninitiative und Unabhängigkeit unterdrückt. Man kann den Menschen nicht auf Dauer helfen, wenn man für sie tut, was sie besser selbst tun könnten und sollten."

Politische Philosophie

Sören Kierkegaard (1813–1855)

Auf dem Kontinent war immer noch Hegels staatstragende Philosophie die „herrschende Lehre". Doch es dauerte nicht lange, bis sich massiver Widerspruch meldete. In Deutschland waren es Ludwig Feuerbach und Karl Marx, in Dänemark Sören Kierkegaard.

Sören Aabye Kierkegaard war das jüngste von 7 Kindern. Die beherrschende Figur seiner jungen Jahre war der Vater, der es vom armen Hüterbub zum vermögenden Kopenhagener Geschäftsmann gebracht hatte. Der Vater war ein strenger, gottesfürchtiger Mann, zugleich schwermütig, denn er lebte offenbar im religiösen Wahn einer „verborgenen Schuld". Seine erste Frau war nach knapp 2 Jahren Ehe ohne Kinder gestorben, der Witwer heiratete wenig später die Dienstmagd des Hauses und es dauerte keine vier Monate, bis das erste Kind auf die Welt kam. Der junge Sören begann auf Wunsch des Vaters mit 17 in Kopenhagen ein Theologie-Studium, fand aber mehr Gefallen an Literatur und Philosophie, und am Leben eines Dandys. Als er 21 war durchlebte er eine schwere Krise und Depressionen, er nannte es später „das große Erdbeben". Es kam zum Zerwürfnis mit dem Vater, der wenig später starb. Kierkegaard war nun 25 und Erbe eines Vermögens, mit dem er bis zu seinem Ende seinen Lebensunterhalt bestreiten konnte.

Der andere Mensch, der nach seinem Vater einen bestimmenden Einfluss auf Kierkegaards Leben ausübte, war die schöne Kopenhagener Kaufmannstochter Regine Olsen. Sie war 17 und er war 27, als sich die beiden verlobten. Ein Jahr später löste Kierkegaard die Verlobung wieder, er hatte Zweifel, ob sie zueinander passen würden und er scheute die Verantwortung. Aber Regine Olsen, die später einen Freund von ihm heiratete, beschäftigte ihn sein Leben lang mit Zweifeln und Selbstvorwürfen, die sich in seinen literarischen Arbeiten niederschlugen. Die folgenden Jahre waren ausgefüllt mit Schreiben, Zwistigkeiten mit der Amtskirche und kurzen Reisen. In den letzten Jahren war er sehr einsam, er war der vollkommen auf sich allein gestellte Mensch, von dem er in seiner Philosophie sprach. Eines Tages brach er auf der Straße zusammen, wenige Tage später starb er, 42 jährig, rechtzeitig bevor er Not leiden musste, denn sein Vermögen war aufgebraucht.

Existenz

Für Kierkegaard war Hegels System grundlegend verfehlt. Seine Kritik gipfelte in der Überlegung: Man kann ein System des Denkens aufstellen, nicht aber ein System des Daseins. Hegels Absolutheitsanspruch und seine Abgehobenheit vom wirklichen Leben waren für Kierkegaard ein Ärgernis. Denn bei den wirklichen, schwierigen persönlichen Entscheidungen, die seine „Existenz" betreffen, konnte ihm eine solche Philosophie nicht helfen. Hegel ist für ihn ein „abstrakter" Denker, der die einzelne, lebendige Existenz und ihre Not und Verzweiflung ignoriert, während sich Kierkegaard selbst als ein „existierender" Denker versteht, der eben diese Not zu bestehen hat. Nach Kierkegaards Überzeugung sind die wirklichen Probleme im Leben immer „praktische Einzelfragen". Nicht allgemeine Grundsätze helfen weiter, sondern ein ganz bestimmter Mensch steht vor der Frage, soll ich in dieser ganz bestimmten Lage dies oder jenes tun? Solche Fragen nennt Kierkegaard „existentielle" Probleme und Philosophie hat für ihn nur dann Sinn, wenn sie sich damit befasst. „Was mir eigentlich fehlt, ist, ins reine mit mir selbst zu kommen, darüber was ich tun soll, nicht was ich erkennen soll ... Es kommt darauf an, meine Bestimmung zu verstehen, zu sehen, was Gott eigentlich will, dass ich tun soll; es gilt ... die Idee zu finden, für die ich leben und sterben will", schreibt er in sein Tagebuch.

Entweder – Oder

Sein erstes großes Werk, das Kierkegaard bekannt machte, trug den Titel „Enten-Eller" („Entweder-Oder", 1843). Es liest sich eher wie ein Roman. Die Wahrheiten, die er vermitteln will, beschreibt er nicht mit abstrakten Begriffen, sondern zeigt sie an lebendigen Menschen auf. Es geht um die Lebenseinstellung, um die „Form", die wir unserem Leben geben sollten, es geht um das, was der Einzelne aus seinem Leben macht. Im „Entweder" schildert Kierkegaard eine Lebensauffassung, die er die „ästhetische" nennt: sie strebt nach sinnlicher Lust (der Text enthält auch ein „Tagebuch des Verführers") und immer neuen Freuden, das Schlimmste ist für sie die Langeweile. Das Zufällige bestimmt das Leben, das von äußeren Ereignissen abhängig ist. Dem steht im „Oder" eine „ethische" Lebensauffassung gegenüber: sie erfordert Selbsterkenntnis, ist von innen motiviert und folgt der

Pflicht. Die ästhetische Lebensauffassung erweist sich letztlich als Verzweiflung. Darin liegt aber zugleich die Möglichkeit, mit einem „Sprung" ins Ethische zu wechseln. Der Ethiker hat die Freiheit, zu wählen, er kann sein Selbst wählen. Wir müssen die eine oder die andere Lebensanschauung wählen und uns auf diese Weise selbst schaffen. Eine „richtige", allgemeingültige Antwort auf Kants Frage, „wie sollen wir leben?" gibt es nicht. Wir haben die Qual der Wahl zwischen Entweder-Oder und darin spiegelt sich die qualvolle Position der gesamten Menschheit wider. Wir werden gezwungen zu wählen und durch die Wahl schaffen wir, was wir sind.

Man kann das Buch auch als eine kaum verhüllte Autobiographie lesen. Kierkegaard weiß, dass sein Entschluss, die Verlobung zu lösen, Regine Olsen tief verletzt hat und er versucht, sich literarisch zu rechtfertigen. Im „Entweder" spiegelte sich Kierkegaards Lebensführung wider und im „Oder" werden die Gründe für eine Heirat und die Übernahme sozialer Verantwortung geschildert. Und es zeigt die Qual, die der Autor empfunden hat bei der bedeutsamsten Wahl, die er in seinem Leben zu treffen hatte.

Freiheit und Entscheidung

Bei Hegel war der Einzelne in eine mit Notwendigkeit ablaufende geschichtliche Entwicklung eingebunden. Bei Kierkegaard ist der Mensch vollkommen frei, seine Entscheidungen zu treffen und er muss dafür auch selbst die Verantwortung tragen. Allein von seinen eigenen Entscheidungen hängt es ab, wie er sich in Natur und Gesellschaft einfügt, wie er „in der Zeit existiert". Durch die Verantwortung für die eigene Existenz wird jede Entscheidung zu einer ungeheuren Belastung und so sucht der Mensch nach Halt an einem Unbedingten außer ihm selbst, an Gott.

Religion

Für sich selbst beantwortet Kierkegaard allerdings das „Entweder-Oder" mit einem „Weder-Noch". Er wählte eine dritte Möglichkeit, die religiöse Lebensform. Ihr Ursprung ist das religiöse Erlebnis, das nicht durch Logik erfasst werden kann. Es ist ein „Sprung", durch den der Einzelne zum Glauben kommt und „ein Christ wird." Dieses Halt-Suchen bei Gott ist wiederum etwas, wofür man sich entscheiden muss. In der christlichen Lebensführung sieht Kierkegaard das höchste Ideal. Er verkündet mit äußerster Konsequenz ein Urchristentum, wie es Jesus lebte und predigte. Die Lehre Christi bietet jedoch keine Gewissheit, Religion darf nicht Dogma sein. Kierkegaard sah es als seinen Auftrag an, die Christenheit auf falsche Christlichkeit aufmerksam zu machen, die etablierte Christenheit richtete seiner Meinung nach das Christentum zugrunde. Das führte ihn zum Bruch mit der dänischen Staatskirche. Kierkegaard, der um sein eigenes Gottesverhältnis ringt, mit dem vom Vater überkommen ausgeprägten Sündenbewusstsein, empfindet sich selbst als eine religiöse Ausnahmeexistenz, was ihn in seiner polemischen Auseinandersetzung mit der Amtskirche noch bestärkt.

Glaube

Glaube ist für Kierkegaard weder ein unmittelbares Gefühl, noch eine dogmatische Wahrheit und auch kein moralisches Gebot, sondern eine Kategorie jenseits des Ethischen. Der Glaube ist eine „Leidenschaft", die man selbst nicht ergreift, sondern von der man ergriffen wird und für die es keinen Beweis einer Richtigkeit gibt. Am Beispiel der biblischen Geschichte von Abraham, der auf Gottes Weisung seinen Sohn Isaak opfern soll, erläutert Kierkegaard in seiner Schrift „Furcht und Zittern" seine Gedanken: „Der ethische Ausdruck für das, was Abraham tat, ist, dass er Isaak morden wollte, der religiöse ist, dass er Isaak opfern wollte ... In diesem Widerspruch liegt die Angst ...". Sie resultiert daraus, dass sich die Leidenschaft des Glaubens jeder Verständlichkeit entzieht. Die paradoxe Situation Abrahams zeigt, dass der Glaube etwas Absurdes ist. Gottes Gebot an Abraham, seinen Sohn zu töten, kann nur an ihn ganz individuell gerichtet sein, als allgemeine Maxime wäre es nicht zu vertreten. So ist das Leben im Glauben ausschließlich eine Vereinbarung zwischen Gott und dem Einzelnen. Auch hier steht Kierkegaard in schroffem Gegensatz zum hegelschen Staatschristentum.

Angst
Einsamkeit
Verzweiflung

Für Kierkegaard ist die Angst ein Grundtatbestand des Lebens. Die Welt in der wir leben, ist nicht rationalisierbar, sie ist vielmehr unfasslich und absurd. Seine innere Ungeborgenheit führt den Menschen zur Angst. In der Angst wird sein ganzes Sein in Frage gestellt, übrig bleibt nur der Einzelne in seiner völligen Vereinsamung. Letzten Endes ist jeder einsam und allein auf sich gestellt. In seiner Schrift „Der Begriff Angst" schildert Kierkegaard, was es bedeutet, alle Gewissheit verloren zu haben. Die Spießer mögen ihrer Sache sicher sein und keine Angst kennen. „Je weniger Geist, desto weniger Angst". Wer sich aber seiner Freiheit bewusst ist, muss mit der Angst leben und indem er diese Ungewissheit auf sich nimmt und auf Trost verzichtet, kann er sich Christus, kann er sich Gott in seiner Unbedingtheit nahe fühlen. Auch in seiner Verzweiflung ist der Mensch völlig auf sich selbst angewiesen. Er sieht bewusst dem unheimlich Unvorhersehbaren seiner Existenz ins Auge. Der Mensch wird in die Verzweiflung hineingestoßen, und wenn er dann noch glaubt, ist das höchste Bewährung. Im Scheitern findet der Einzelne zu sich selbst, wird frei von der Welt und findet zugleich zu Gott.

Existenz-
philosophie

Kierkegaards eigentliche Wirkung begann erst 50 Jahre nach seinem Tod, war zwischen den Weltkriegen zu spüren und hält noch heute unvermindert an. Er zählt zu den Begründern der „Existenzphilosophie". Sein auf den einzelnen Menschen und seine konkreten Probleme gerichtetes Denken haben sich später alle Existenzphilosophen zu eigen gemacht, ob sie nun gläubige Christen oder Atheisten waren. Kierkegaards Vorstellung, dass der Mensch eine eigene Identität nur durch das Bewusstsein der Freiheit und ein bewusstes Verhältnis zur Zeit entwickeln kann, hat später Martin Heidegger in seinem Werk „Sein und Zeit" aufgegriffen. Auch für die Philosophie von Karl

Jaspers mit seinem Begriff der „Existenzerhaltung" bot Kierkegaard wesentliche Bezugspunkte. Ebenso folgten auch die französischen Existentialisten, wie Sartre oder Camus, Kierkegaards Gedanken, dass der einzelne Mensch nicht aus der Philosophie ausgeblendet werden darf. Kierkegaards Philosophie hat auch die Literatur beeinflusst, wie sich in den Werken F. M. Dostojewskis (1821–1888), Rainer Maria Rilkes (1875–1926), oder Franz Kafkas (1883–1924) zeigt.

Ludwig Feuerbach (1804–1872)

Zur gleichen Zeit als sich Sören Kierkegaard in Dänemark mit Hegel auseinandersetzte, trat auch in Deutschland ein Kritiker Hegels auf den Plan: Ludwig Feuerbach aus Landshut war der Sohn eines bekannten Strafrechts-Professors und der Onkel des berühmten Malers Anselm Feuerbach (1829–1880). Er studierte ursprünglich Theologie, wandte sich aber dann der Philosophie zu und hörte Hegels Vorlesungen in Berlin. Als Privatdozent in Erlangen verfasste er die Schrift „Gedanken über Tod und Unsterblichkeit" (1830) und verbaute sich damit die Möglichkeit einer akademischen Laufbahn. Als er 33 war heiratete er und zog nach Schloss Bruckberg bei Ansbach, wo seine Frau eine Porzellanfabrik besaß. Dort lebte er als Privatgelehrter. 4 Jahre später erschien sein Hauptwerk „Das Wesen des Christentums" (1841) und machte ihn auf einen Schlag berühmt. Durch den wirtschaftlichen Ruin der Porzellanfabrik war er gezwungen auf den Rechenberg bei Nürnberg zu übersiedeln, wo er in bescheidenen Verhältnissen lebte und auf die finanzielle Unterstützung von Freunden angewiesen war. Feuerbach starb im Alter von 68 Jahren.

Kritik an Hegel

In seiner Schrift „Kritik der Hegelschen Philosophie"(1839) lehnte Feuerbach Hegels Idealismus und dessen Begriff des „absoluten Geistes" als metaphysische Spekulationen ab. Die Hegelsche Philosophie habe den Menschen sich selbst entfremdet, indem ihr ganzes System auf Abstraktion beruhe. Feuerbach stellte den Mensch ins Zentrum seiner materialistischen Philosophie.

Tod und Unsterblichkeit

Feuerbach war der Auffassung, das menschliche Leben ist als Einheit von Leib und Seele zu verstehen, es löst sich im Tod auf und geht zurück in die umfassende Natur. Der Mensch, der so lange in paradiesischen Träumen von der Unsterblichkeit schwelgte, müsse sich an seine vollständige Vergänglichkeit und Sterblichkeit erinnern. Es gibt nur einen Tod, der nichts vom Menschen übrig lässt. Wenn ein Mensch stirbt, kommt aber ein neuer für ihn in die Welt. Das Gefühl, ein Moment im Lebensfluss der Geschichte zu sein, sollte dem Menschen genügen. Die Seele, die sich vom Körper unterscheidet, endet ebenfalls mit dessen Tod, sie kann ohne den Körper nicht bestehen. Doch die Seele ist Denken, Freiheit, Wille, Vernunft, Selbstbewusstsein. In dem Maße, in dem der Mensch durch sein Bewusstsein und sein Denken in die Sphäre des Geistes und der Vernunft gelangt, existiert er auch über den Tod hinaus. Durch sein Denken ist der Mensch mit dem Denken anderer und damit der Menschheit selbst verbunden. Jeder Mensch hat seine eigene Existenz, doch das Wesen jedes Menschen ist zugleich durch die Existenz der anderen bedingt. Der Mensch ist Teil einer Gemeinschaft, der Menschheit, und nur insofern ist er unsterblich.

Liebe

So kommt es darauf an, über das Einzelne und die Vereinzelung hinauszukommen und das Bewusstsein der Allgemeinheit, der Menschheit, zu erreichen. Der Weg dazu ist die Liebe. Durch die Liebe kann sich der Mensch aus dem bloßen Für-sich-sein befreien. „Der Mensch liebt und muss lieben". Indem er liebt, bindet der Mensch sein Sein an ein anderes. So kann er auch darauf vertrauen, „in dem dankbaren Gemüt der Nachwelt fortzuleben". In der Liebe sieht Feuerbach auch die Chance des Menschen, sich von dem Gedanken an ein jenseitiges Wesen zu befreien. Durch die Liebe kann er sich auf seine eigenen Fähigkeiten besinnen und, unabhängig von allen religiösen Hoffnungen, sein Leben sinnvoll gestalten. Liebe, die jedoch an den Glauben gebunden ist, ist engherzig und scheinheilig. Im Glauben erhofft sich der Mensch die Erfüllung eines Wunsches durch ein anderes Wesen. Der religiöse Glaube tendiert zum Dogma, grenzt Ungläubige aus. Die Liebe aber, die nicht an den Glauben gebunden ist, setzt im Menschen eigene Kräfte frei, und vereint die Menschen, sie ist für Feuerbach die einzige Chance der menschlichen Gattung.

Religion

In seiner Abhandlung „Das Wesen der Religion" (1845) beschreibt Feuerbach die Ideen von Gott und Religion als idealisierte Wunschvorstellungen der Menschen. Nicht Gott habe die Menschen, sondern der Mensch habe Gott und die Götter nach seinem Bilde erschaffen. Das Gebet ist ein Selbstgespräch des Menschen mit sich selbst. Die Bibel widerspricht der Wahrheit, der Vernunft und sich selbst. Religion beruht auf einem Abhängigkeitsgefühl. Doch das wovon sich der Mensch abhängig fühlt, ist ursprünglich nichts anderes als die Natur. Sieht man Gott als die alles entscheidende Instanz an, dann ist die Natur nur ein Scheinwesen. Geht man aber von der Selbständigkeit der Natur aus, dann ist Gott überflüssig. Die Einsicht, dass der Ursprung des Lebens unbegreiflich ist, darf nicht zum Aberglauben verleiten. Die Theologen „personifizieren" diese menschliche Unwissenheit, „vergegenständlichen sie zu einem Wesen", statt ehrlicherweise ihre Unwissenheit zuzugeben. Feuerbach will den Menschen von der Illusion Gottes befreien, ihm die volle Freiheit wiedergeben und ihn zum wahren Menschen machen. Die Religion ist für ihn nur ein kindlicher Traum der Menschheit. Der Mensch muss daraus erwachen und durch sein Handeln in Wirklichkeit gewinnen, was er durch Religion nur in der Phantasie erlangt: ein schönes, glückliches Leben, indem er die Natur durch Bildung und Kultur bändigt. Solange der Mensch aber an Götter glaubt, ist er nicht in der Lage sein wahres Wesen zu begreifen, das darin besteht, dass er selber der Meister seines Schicksals ist.

Der Mensch strebt nach Glückseligkeit, dieses Streben bestimmt auch seinen Willen. Dabei muss bedacht werden, dass der Einzelne nur zu seinem Ziel kommen kann, wenn er auch das Glücksstreben der anderen berücksichtigt. Feuerbachs Überlegungen entsprechen der „goldnen Regel". In diesem Zusammenhang sieht er auch die „Stimme des Gewissens", sie ist nichts anders als der Stellvertreter der Glückseligkeit des anderen. „Deine erste Pflicht ist, Dich selbst glücklich zu machen. Bist Du glücklich, so machst du auch andere glücklich. Der Glückliche kann nur Glückliche um sich sehen."

Glückseligkeit

Max Stirner (1806–1856)

Feuerbachs Hegelkritik und seine Religionsphilosophie hatten auch einen anderen, radikalen Denker beeindruckt, der wenig später von sich hören ließ: Max Stirner (1806–1856). Er kam in Bayreuth auf die Welt und hieß eigentlich Johann Caspar Schmidt. Er studierte Philosophie in Berlin bei Hegel und Schleiermacher und gehörte ebenfalls zu den „Linkshegelianern". Stirner wurde Lehrer an einer Privatschule und schrieb in dieser Zeit sein einziges großes Werk: „Der Einzige und seine Eigentum" (1845), das sofort beschlagnahmt, später aber wieder freigegeben wurde. Seine zweite Frau – die erste starb im Kindbett – war etwas vermögend, sodass Stirner als freier Schriftsteller arbeiten konnte. Eine Geschäftsgründung scheiterte und kostete das letzte Geld seiner Frau. Die beiden trennten sich und Stirner war 50, als er einsam starb.

Stirner warf Feuerbach vor, er sei nicht radikal genug. Er empörte sich über alles und jedes. Auch von den Fesseln der Kirche und der Religion wollte er sich befreien. Es sei nicht nötig, sich die Moral „aus zweiter Hand" zu besorgen, denn das „Edle und Große" sei in jedem Menschen angelegt. Für Stirner ist das einzig Existierende das individuelle Ich, das alles zu seinem Eigentum umschaffen will. Deshalb herrscht der Egoismus, der Kampf aller gegen alle. Nichts kann das Ich binden, es ist keiner Wahrheit verpflichtet. Nur mein individuelles Ich macht die grundlegende Wirklichkeit aus; eine Auffassung, die „Solipsismus" genannt wird. Stirner plädiert für eine antiautoritäre Erziehung und kritisiert die Idee des Nationalstaates. Die staatliche Garantie des Eigentums hielt er für fragwürdig, zumal sie dem nichts nützt der kein Eigentum besitzt, dem Proletarier. Doch Stirner ist kein Kommunist, auch im Kommunismus muss der Einzelne seine Interessen zugunsten einer „heiligen Gesellschaft" aufgeben, es wird nur eine Macht durch eine andere ersetzt. Nur der egoistische Kampf,

Solipsismus

der Kampf der Egoisten untereinander, kann Klarheit schaffen, wobei Stirner die Gewalt für eine schöne Sache hält, die zu vielen Dingen nütze ist. Freiheit ist nicht durch Emanzipation, sondern nur durch Selbstbefreiung zu erreichen, man muss seine „Eigenheit" mit allen Mitteln verteidigen. Der Einzelne ist nicht das Exemplar einer Gattung, er verdankt sich ganz sich selbst. „Ich bin nur dadurch Ich, dass ich mich mache."

Wirkung Marx und Engels waren die ersten, die sich mit Stirner ausführlich auseinandersetzten, er muss ihnen als eine große Herausforderung erschienen sein. Ähnliche Denkmotive wie bei Stirner sind später bei Nietzsche festzustellen und die Spuren von Stirners Anarchismus und seiner Gewalttheorie finden sich später bei Bakunin, bei Carl Schmitt, bei Turgenjew und Dostojewski, wie auch bei Sartre und Camus wieder.

Karl Marx (1818–1883)

Feuerbachs Auseinandersetzung mit der Philosophie Hegels und seine Empfehlung, die Hegelsche Dialektik „umzukehren", war auch für einen anderen „Linkshegelianer" der Anstoß zu seiner Hegelkritik: Karl Marx nannte sich selbst einen „umgestülpten Hegelianer", er wollte Hegel „vom Kopf auf die Füße stellen": Während bei Hegel der „absolute Geist" der Motor der geschichtlichen Entwicklung war, so ist es bei Feuerbach und Marx der konkrete Mensch, der sich in der Geschichte als gesellschaftliches Wesen zu begreifen lernt.

Der Vater, Heinrich Marx, war ein angesehener Rechtsanwalt in Trier. Als erster aus einer jüdischen Rabbiner-Familie war er zum protestantischen Glauben übergetreten. Von seinen 9 Kindern lag ihm der 3. Sohn Karl besonders am Herzen. Karl war für die Eltern das „Glückskind", begabter als die Geschwister. Karl Marx folgte dem Wunsch des Vaters und studierte Jura in Bonn und Berlin, interessierte sich aber noch mehr für Geschichte und Philosophie. Besonders Hegels Philosophie faszinierte ihn, Hegel selbst hat er nicht mehr erlebt, aber dessen Geist und Einfluss waren in Berlin noch sehr lebendig. Im übrigen war Marx ein fröhlicher Student und zum Verdruss des Vaters auch sehr begabt im Geldausgeben. Mehr Kummer als die Geldschulden bereitete dem Vater die „bürgerliche Verpflichtung" die sein Sohn inzwischen eingegangen war und der er nach Ansicht des Vaters wohl kaum gerecht werden konnte. Karl hatte sich schon mit 18 heimlich mit der 4 Jahre älteren Nachbarstochter aus einer sehr angesehenen Familie verlobt. Kurze Zeit später, Marx war 20, starb der Vater und damit ging auch die engere Bindung an die Familie zu Ende.

Drei Jahre später konnte Marx sein Studium mit der Promotion been- **Paris und**
den und in den folgenden 2 Jahren war er als Redakteur bei der **London**
„Rheinischen Zeitung" in Köln tätig. Anschließend folgte er dem Angebot seines Verlegers, nach Paris zu gehen und dort eine Zeitschrift
aufzubauen. Zuvor aber heiratete er Jenny von Westphalen, mit der
er nun über 7 Jahre verlobt war und die ihm, trotz größter Widrigkeiten, die Treue gehalten hatte. Der Aufenthalt in Paris endete nach
2 Jahren mit der Ausweisung aus Frankreich, die auf Betreiben der
preußischen Regierung erfolgte. In Paris hatte ihn Friedrich Engels
besucht und daraus war eine lebenslange Freundschaft entstanden.
Nach Zwischenstationen in Brüssel, Köln und Paris ging Marx 1848
mit seiner Familie nach London. Die preußische Staatsbürgerschaft
hatte er aufgegeben, die britische wurde ihm verweigert und so blieb
er staatenlos in London sesshaft bis zu seinem Tode. Die 35 Londoner
Jahre waren angefüllt mit journalistischer und wissenschaftlicher Arbeit, ständig begleitet von Geldsorgen, trotz großzügiger Unterstützung vor allem durch Engels; aber es waren nicht nur fehlende Einkünfte, Marx konnte einfach nicht mit Geld umgehen. Außerdem
hatte er immer wieder mit Krankheiten zu kämpfen. Dazu kamen
noch familiäre Probleme. Die Haushälterin bekam ein Kind von
Marx. Seine Frau Jenny, die treulich bei ihm aushielt und die 5 Kinder
großzog, litt immer mehr unter der durch Armut und Not bestimmten
Situation. Ihr Tod im Jahre 1881 versetzte Marx einen Schlag, von
dem er sich nicht mehr erholte. 2 Jahre später ereilte auch ihn der
Tod, auf dem Londoner Highgate Friedhof liegt er begraben.

Während seiner Zeit bei der „Rheinischen Zeitung" wurde in der **Auf dem Weg**
Öffentlichkeit viel über den Kommunismus diskutiert. Marx fand, **zum Kommu-**
man müsse den Kommunismus gründlich studieren, bevor man über **nismus**
ihn spricht. Der Kommunismus war keine neue Idee. Bereits Platons
Idealstaat war kommunistisch, später hat Thomas Morus einen utopischen kommunistischen Staat entworfen. Seit einiger Zeit wurden besonders in Frankreich kommunistische Ideen von den „Frühsozialis-
ten" wieder stärker diskutiert, so in radikaler Weise von Francois Babeuf (1760–1797), später von Charles Fourier (1772–1837), einem
Anhänger Rousseaus, und in England von dem Sozialreformer Robert
Owen (1771–1858). Die Kommunisten sahen den einzigen Weg, um
Armut, Not und Elend zu beenden, in der Abschaffung des Privateigentums, und in einem Staat, in dem unbedingte Gleichheit für alle
herrschte.

Die Beschäftigung mit den kommunistischen Ideen fesselte Marx und
als er in Paris ankam, war er ein überzeugter Kommunist. Die „neuen
Gedanken" hatten mit dämonischer Gewalt von ihm Besitz ergriffen
und er wollte sogleich ein neues System darauf errichten. In Paris traf
Marx französische Sozialisten, unter ihnen Pierre Joseph Proudhon
(1809–1865), von dem die Parole „Eigentum ist Diebstahl" stammte
und von dem Marx auch den Begriff „wissenschaftlicher Sozialismus"

übernommen hat. Marx hatte sich mit ihm zunächst gut verstanden, später aber heftig gegen ihn polemisiert. Ebenso überwarf er sich später mit dem russischen Revolutionär Michail Alexandrowitsch Bakunin (1814–1876). Auch mit Heinrich Heine (1797–1856) verkehrte Marx in den Pariser Tagen freundschaftlich.

Historischer Materialismus
Marx wollte zunächst seine Auffassung vom Geschichtsverlauf genauer ausführen und mit historischem Material belegen. So entstand in Zusammenarbeit mit Engels die Schrift „Deutsche Ideologie" (1845). Marx folgt dem Gedanken Hegels, dass die Geschichte Sinn und Ziel hat. Doch für Marx ist nicht Gott der Motor des Weltprozesses, sondern der arbeitende Mensch. Es ist die Produktionsweise des materiellen Lebens, die den sozialen, politischen und geistigen Lebensprozess überhaupt und damit das „gesellschaftliche Bewusstsein" bestimmt. Die Produktionsweise ist die Basis der Gesellschaft, ihr „Unterbau", alles andere, Politik, Kunst, Religion, bildet nur den ideologischen „Überbau", der sich entsprechend der wirtschaftlichen Grundlage verändert. „Es ist nicht das gesellschaftliche Bewusstsein der Menschen, das ihr Sein, sondern umgekehrt, ihr gesellschaftliches Sein, das ihr Bewusstsein bestimmt." Feuerbach, mit dem sich Marx in „Elf Thesen" (1845) auseinandersetzte, hatte anstelle des religiösen das menschliche Wesen gesetzt. Marx ging noch weiter und setzte das menschliche Wesen nicht mit dem Individuum gleich, sondern mit den gesellschaftlichen Verhältnissen. Und aus diesen philosophischen Erwägungen zog er den praktischen Schluss: „Die Philosophen haben die Welt nur verschieden interpretiert; es kömmt darauf an, sie zu verändern!"

Wissenschaftlicher Sozialismus
Seine Geschichtsauffassung nannte Marx „historischen Materialismus", der wiederum ein Teil des „dialektischen Materialismus" ist. Er war überzeugt, dass man mit diesen Methoden Vergangenheit, Gegenwart und Zukunft wissenschaftlich exakt erfassen könne. Die Geschichte als eine Entwicklung dialektischer Widersprüche mündet zwangsläufig in einer klassenlosen, kommunistischen Gesellschaft, meinte Marx. Der Materialismus entsprach dem Zeitgeist, der von technischem Fortschritt und Gewinnstreben geprägt war. Gut und Geld wollten alle. Die, die schon Geld hatten, das waren fortan die Kapitalisten und die, die noch kein Geld hatten, aber welches wollten, das waren die Sozialisten. Die proletarische Bewegung nannten Marx und Engels „Kommunismus" und später „Sozialismus". Zwischen den beiden Begriffen, die vielfach synonym verwendet werden, gibt es theoretisch einen feinen Unterschied: Der Sozialismus will nur die Produktionsmittel enteignen. Die Bezeichnung „Marxismus", die Marx selber nie verwendete, ist erst später entstanden, man verstand darunter vor allem den „wissenschaftlichen Sozialismus", als dessen Begründer Marx gilt.

Entfremdung
Wenn der Mensch aufhört, das zu sein, was er sein sollte, spricht man von „Entfremdung". Für Marx war das ein Schlüsselwort: Der

Arbeiter entfremdet sich vom Produkt seiner Arbeit und weil er gegen Lohn für andere arbeitet entfremdet er sich schließlich von sich selbst und am Ende entfremden sich die Menschen untereinander. Marx drückt das noch etwas einfacher aus: In der Arbeit vergegenständlicht der Mensch sein Wesen, er entäußert sich in einem Gegenstand, der ihm als ein ihm selbst Entfremdetes gegenübertritt. Je mehr Werte er schafft, desto wertloser und unwürdiger wird er selbst. Die Arbeit gehört nicht zum Wesen des Arbeiters, er sieht sich in der Arbeit deshalb nicht bejaht, sondern verneint, seine Arbeit ist deshalb nicht freiwillig, sondern ist Zwangsarbeit. Da das Produkt seiner Arbeit dem Menschen fremd ist, gehört es „einem anderen Menschen außer dem Arbeiter". Das Resultat ist das Privateigentum, es ergibt sich „aus dem Begriff der entäußerten Arbeit … des entäußerten Menschen, der entfremdeten Arbeit, des entfremdeten Lebens, des entfremdeten Menschen". Der Kommunismus jedoch bedeutet die „positive Aufhebung des Privateigentums" und der „menschlichen Selbstentfremdung". Es ist kaum anzunehmen, dass die Arbeiter das alles verstanden haben, die meisten dürften auch Marx nicht gelesen haben und die Intellektuellen, soweit sie ihn gelesen haben, haben wohl vor allem Schlagworte, wie „Entfremdung", verinnerlicht.

Marx war dem internationalen „Bund der Kommunisten" beigetreten und dieser forderte 1847 bei seinem Kongress in London Marx und Engels auf, ein Programm, eine Art Glaubensbekenntnis, für den Bund zu verfassen. Daraus entstand das „Manifest der Kommunistischen Partei", das im Februar 1848 veröffentlicht wurde und zunächst wenig, aber in den späteren Jahren umso mehr Beachtung fand. **Das Kommunistische Manifest**

„Die Geschichte aller bisherigen Gesellschaften ist die Geschichte von Klassenkämpfen", steht gleich am Anfang des Manifestes. In der kapitalistischen Gegenwart spitzt sich dieser Kampf auf zwei große feindliche Lager, auf zwei Klassen, zu: Die Bourgeoisie und das Proletariat. Die Produktionsweise der Bourgeoisie hat die alten ständischen Lebensformen vernichtet. Mit ihrer zunehmenden Arbeitsteilung und ihren ständigen Veränderungen habe sie in ihrer kaum hundertjährigen Geschichte massenhaftere und kolossalere Produktivkräfte geschaffen, als alle vorangegangenen Generationen zusammen. Die moderne Staatsgewalt verwalte nur die Geschäfte der Bourgeoisieklasse. Im Rahmen der entstandenen Weltzivilisation sind die Nationen gezwungen, sich diese Produktionsweise anzueignen, wenn sie nicht zugrunde gehen wollen. Mit dieser Durchsetzung des Kapitalismus ist zugleich ein Heer besitzloser, ausgebeuteter Arbeiter entstanden, die nur für ihre physische Existenz schaffen: Das Proletariat. Als eigentumslose, „ungeheure Mehrzahl", die keine Besitz- und Herrschaftsansprüche vertritt, kann die Klasse der Proletarier zum Angriff gegen die bestehende Gesellschaftsordnung antreten und sich gegen ihre Ausbeutung wehren. „Die Proletarier haben nichts zu verlieren als ihre Ketten". **Klassenkampf Bourgeoisie Proletariat**

Privat- eigentum abschaffen	Das Organisationsprinzip der bisherigen Gesellschaft, das Privatei- gentum, muss beseitigt werden. Damit endet die Geschichte der Klas- senkämpfe in einer neuen, klassenlosen, kommunistischen Gesell- schaft. Obwohl selbst im Grunde in bürgerlichen Verhältnissen le- bend, war für Marx, wie für Rousseau, das Eigentum die Wurzel allen Übels. Er meinte, es diene nur dem Privatinteresse und der Privatwill- kür des Bourgeois, wie er den Bürger verächtlich nannte. Sein Ideal- bild war der erhabene Citoyen, der alles eigene aufgibt und im Kol- lektiv zum wahren Menschsein findet. Nach seinem utopischen Men- schenbild sind die Menschen automatisch gut und gerecht, wenn sie sich nur selbst befreit haben und mit dem Lebensnotwendigen ver- sorgt sind.
Diktatur des Proletariats	Der endgültige Zusammenbruch des Kapitalismus wird durch die Re- volution und die Diktatur des Proletariats herbeigeführt, wie Marx prophezeite. Das war für ihn eine gesicherte wissenschaftliche Er- kenntnis. Diese Revolution unter kommunistischer Führung muss aber weltweit stattfinden, weil sich die kapitalistische Verflechtung über alle Länder erstreckt. Mit dem Aufruf „Proletarier aller Länder vereinigt euch!" schließt das Manifest. Wie die Diktatur des Proletari- ats organisiert werden soll, hat Marx nicht näher ausgeführt. Der von ihm skizzierte utopische Endzustand der kommunistischen Gesell- schaft ist durch das Absterben des Staates gekennzeichnet. Zwischen- durch müsse allerdings durch zentrale staatliche Lenkung die Anar- chie vermieden werden. In der sich in Deutschland anbahnenden bürgerlichen Revolution sah Marx die beginnende proletarische Re- volution. Doch da es in Deutschland weder eine ausgeprägte Bour- geoisie noch ein ausgeprägtes Proletariat gab, erfüllte die Revolution von 1848 seine Hoffnungen nicht und er brauchte über ein Jahr, bis er sich die Niederlage eingestand. Die Wirklichkeit kommunistischer Länder hat später allerdings gezeigt, dass der Staat keinesfalls abstirbt und die Diktatur verewigt wird. Der „real existierende Sozialismus" hat nicht zu dem verhießenen Reich der Freiheit, sondern zu beispiel- loser Unfreiheit, Unterdrückung und Armut geführt. Die sozialistische Alternative zu Freiheit und Eigentum ist aus innerer Schwäche in sich zusammengestürzt.
Das Kapital	Marx hatte ein „Bündnis zwischen Philosophie und Proletariat" pro- pagiert. Seine Gedanken kreisten um die Revolution und die allge- meine menschliche Emanzipation und dafür wollte er eine tragfähige theoretische Basis schaffen. Deshalb sah er sich gezwungen, sich auch eingehend mit der Nationalökonomie auseinanderzusetzen. Es ging ihm also nicht primär um wirtschaftswissenschaftliche Erkennt- nisse, sondern vor allem um Argumente, die seine Theorie einer zwangsläufigen Entwicklung zum Sozialismus abstützen sollten. Das Ergebnis dürfte schon von vornherein für ihn festgestanden haben, denn noch bevor er seine Beweisführung lieferte, hatte er die Haupt- resultate bereits im „Kommunistischen Manifest" vorweggenommen.

1867 erschien dann der erste Band des „Kapitals". Dass es Jahrzehnte dauerte, bis Marx es fertig stellen konnte, lag vor allem an der „Misere des Lebens", wie er sein bürgerliches und menschliches Elend nannte. Die konzipierten zwei weiteren Bände konnte er nicht mehr fertigstellen, Friedrich Engels hat sie nach Marx' Tod herausgegeben.

Angelpunkt des Werkes ist die Werttheorie. Der Wert einer Ware, **Mehrwert** behauptet Marx, bemisst sich nach der Arbeitszeit, die zu ihrer Herstellung erforderlich ist. Auch die Arbeitskraft selbst ist eine Ware, deren Wert den Kosten entspricht, die zu ihrer Reproduktion erforderlich sind. Der Arbeiter erhält nur so viel Lohn, dass er gerade seine Arbeitskraft erhalten kann. Er schafft mit seiner Arbeit jedoch mehr an Werten, als seinem Lohn entspricht. Dieser „Mehrwert" fließt den Kapitalisten, denen die Produktionsmittel gehören, als Profit zu und die Proletarier, die nur ihre Arbeitskraft besitzen, werden auf diese Weise ausgebeutet. Den Beweis für seine Behauptung musste Marx allerdings schuldig bleiben, ganz abgesehen davon, dass es Waren gibt, deren Wert sich nach ganz anderen Faktoren, z. B. Knappheit, bemisst. Die Wirklichkeit zeigt, dass der Wettbewerb und nicht ein fiktiver Arbeitswert die Preise am Markt bestimmt. Die Arbeitswerttheorie kann auf die „Ware Arbeit" selbst gar nicht angewendet werden, weil die Arbeit kein Arbeitsprodukt ist. Die Ausbeutungstheorie von Marx ist falsch. Was Arbeit ist, hat Marx übrigens nie genau definiert, es sei denn man begnügt sich mit folgender Erklärung: „Das Produkt der Arbeit ist die Arbeit, die sich in einem Gegenstand fixiert, sachlich gemacht hat, es ist die Vergegenständlichung der Arbeit. Die Verwirklichung der Arbeit ist ihre Vergegenständlichung."

Den „Mehrwert", argumentierte Marx weiter, den sich der Kapitalist **Akkumula-** aneignet, investiert er erneut und akkumuliert damit sein Kapital. **tion, Konzen-** Durch diese Akkumulation und die Steigerung der Produktivkräfte **tration, Ver-** werden die großen Kapitalisten immer reicher, während die Kleinen **elendung** durch Krisen ausgeschaltet und zu Lohnarbeitern werden. Es gibt schließlich zu viel Arbeiter und der Arbeitslohn sinkt unter das Existenzminimum. Das trägt weiter zu der ohnehin wachsenden Verelendung der breiten Massen bei, bis der Zustand für die Arbeiter so unerträglich wird, dass sie ihre Macht benutzen und die „Expropriateure expropriieren". Die Entwicklung in der Wirklichkeit ist allerdings auch in dieser Hinsicht nicht der Marxschen Theorie gefolgt. Statt des prophezeiten Massenelends hat sich ein ständig steigender Wohlstand breitester Bevölkerungsschichten in den kapitalistischen Gesellschaften entwickelt.

Marx lehnte das Christentum ebenso scharf ab, wie das Judentum. In **Religion** der Religionskritik von Marx finden sich auch Aspekte Feuerbachs wieder. „Nicht die Religion macht den Menschen, sondern der Mensch die Religion ... Die Religion ist der Seufzer der bedrängten Kreatur, das Gemüt einer herzlosen Welt ... sie ist das Opium des

Volkes." Wer die Aufhebung der Religion als eines illusorischen Glücks verlangt, fordert damit zugleich das wirkliche Glück für das Volk. So wird auch die abstrakte Religionskritik für Marx konkrete Gesellschaftskritik und Forderung nach sozialer Revolution.

Wirkung Marx Gesamtkonzept war utopisch, denn weder gibt es für die Menschen ein erkennbares Endziel der Geschichte, noch ist es möglich, künftige Entwicklungen vorauszubestimmen. Dass seine Lehren in einer Ideologie von weltgeschichtlicher Wirkung mündeten, beruhte nicht auf der Richtigkeit seiner Analysen und Prognosen, sondern weil er einen politischen Willen formulierte, der in seiner phantastischen Abstraktheit zwar zu seiner Zeit erfolglos blieb, später aber auf die brachliegende politische Energie eines bankrotten Staates stieß und sie zu entzünden vermochte, allerdings mit verheerenden Folgen. Was rühmenswert bleibt, ist sein Eintreten für das soziale Gewissen, für das er ein Bewusstsein geweckt hat, das Bestand hat.

Friedrich Engels (1820–1895) Friedrich Engels (1820–1895) aus Barmen, der Sohn eines wohlhabenden Industriellen, wurde zum Kaufmann ausgebildet, studierte in Berlin Philosophie und gehörte zum Kreis der „Linkshegelianer". Mit Karl Marx, den er 1842 in Paris kennengelernt hatte, verband ihn eine enge Freundschaft und Arbeitsgemeinschaft, in der Engels der Praktiker war, der durch seinen Zweigbetrieb in Manchester die Lebensbedingungen der englischen Industriearbeiter aus eigener Anschauung kannte. In den vielen Schriften, die Marx und Engels gemeinsam verfassten, sind die jeweiligen Beiträge an Ideen kaum zu unterscheiden. Engels übersiedelte später nach London, wo er die Zusammenarbeit mit Marx noch enger fortsetzen konnte. Vor allem aber unterstützte er Marx großzügig finanziell bis zu dessen Tod. An Marxens Grab sprach er den Nachruf für den Freund und sicher kommt ihm ein großes Verdienst an dem zu, was später die „Marx-Legende" genannt wurde.

Nationalismus und Imperialismus (1870–1914)

England war der Vorreiter in der „industriellen Revolution". Und es **England** galt als Vorbild für ein modernes parlamentarisches Regierungssystem. Königin Viktoria (1819–1901), die 1837 als 18 jährige den Thron bestieg, verhielt sich als Monarchin parteipolitisch neutral. Im Wechsel zwischen den liberalen Kabinetten Gladstones und dem konservativen Disraelis konnte sich Großbritannien als Wirtschaftsmacht im Zeichen des Freihandels und als Kolonialmacht immer stärker entwickeln. Das britische „Commonwealth" umfasste selbstverwaltete Dominions, darunter Kanada und Indien.

Im zaristischen Russland waren mit dem Regierungsantritt Alexan- **Russland** ders II. (1855) Reformen in Gang gekommen. Die Leibeigenschaft der Bauern wurde aufgehoben, die Pressezensur gelockert und das Gerichtswesen reformiert. Dennoch wuchsen die radikalen Bewegungen gegen das absolutistische Regime. Alexander fiel 1881 einem Attentat zum Opfer.

Die Vereinigten Staaten waren inzwischen zur beherrschenden **USA** Macht der westlichen Hemisphäre geworden. James Monroe (1758–1831), der fünfte Präsident der USA hatte 1823 den außenpolitischen Grundsatz verkündet „Amerika den Amerikanern", die europäischen Mächte haben auf dem amerikanischen Kontinent kein Recht zur Intervention oder zum Landerwerb, ebenso wie sich die USA einer Einmischung in europäische Angelegenheiten enthalten. Das Gebiet der Vereinigten Staaten vergrößerte sich durch den Anschluss neuer Bundesstaaten, durch Zukauf (Florida von den Spaniern, Louisiana von den Franzosen, Alaska von den Russen) und Eroberung (Krieg gegen Mexiko) bis zum Pazifik. Im spanisch-amerikanischen Krieg von 1898 auf Kuba gewannen die USA Puerto Rico, Guam und die Philippinen hinzu.

1853 erzwangen die USA im Vertrag von Kanagawa die Öffnung Ja- **Japan** pans für den Handel. 1889 wurde Japan konstitutionelle Monarchie und nach dem Russisch-Japanischen Krieg (1904/05) besetzte Japan Korea und die Süd-Mandschurei.

China setzte sich gegen den wachsenden Einfluss fremder Mächte zur **China** Wehr. 1900 brach der „Boxeraufstand" aus, der von einem Expeditionskorps unter deutscher Führung niedergeschlagen wurde. 1912 wurde das chinesische Kaisertum gestürzt und die Republik China gegründet.

Preußen	In Preußen hatte Wilhelm I. (1797–1888) im Jahre 1861 den Thron bestiegen. Er setzte auf ein starkes Heer und entsprechende Reformen. 1862 berief er Otto von Bismarck (1815–1898) zum Ministerpräsidenten. Bismarck suchte die Auseinandersetzung mit Österreich. Es kam zum Krieg und das österreichische Heer wurde 1866 bei Königgrätz geschlagen. Österreich musste aus dem Deutschen Bund austreten, Preußen war die führende Macht in Deutschland. Über den Streit um die spanische Thronkandidatur kam es zum Zerwürfnis mit Frankreich und Napoleon III. erklärte 1870 Preußen den Krieg. Nach zwei Monaten war der Krieg zu Ende, der französische Kaiser und seine Armee waren in Gefangenschaft.
Frankreich	Nach der Niederlage Napoleons III. wurde in Frankreich zum dritten Mal die Republik ausgerufen. Die Macht lag in den Händen von Senat und Abgeordnetenkammer, die Regierung, mit einem Ministerpräsidenten an der Spitze, war von ihrem Vertrauen abhängig. Eine Auseinadersetzung im Bildungswesen führte zur radikalen Trennung von Staat und Kirche. Auch die Republik Frankreich baute ihr Kolonialreich weiter aus.
Deutsches Reich	Bismarck strebte die Einheit an, die allen Deutschen so sehr am Herzen lag. Er verhandelte mit den Fürsten und am 18. Januar 1871 wurde im Spiegelsaal des Schlosses von Versailles Wilhelm I. von Preußen zum Deutschen Kaiser ausgerufen. Nach der neuen Verfassung war das Deutsche Reich ein Bundesstaat, das Bundespräsidium kam dem König von Preußen als erblichem Deutschen Kaiser zu. Der neue Reichskanzler, Fürst Otto von Bismarck, war nur dem Kaiser verantwortlich und war vor allem in der Außenpolitik vom Parlament unabhängig. Der Bundesrat, die Vertretung der Bundesstaaten, war der eigentliche Träger der Souveränität. Die Abgeordneten des Reichstages als Vertreter des Volkes wurden in allgemeiner, gleicher, geheimer und direkter Wahl gewählt. Das Parlament verfügte über das Recht der Haushaltskontrolle und der Gesetzgebung im Zusammenwirken mit dem Bundestag.
Rechtseinheit	Die Rechtseinheit, die seit 1871 bereits im Handels- und Strafrecht bestand, wurde mit der Einführung des Bürgerlichen Gesetzbuches am 1.1.1900 auch im Zivilrecht hergestellt. Währungseinheit war die Deutsche Reichsmark.
Gründerzeit	Nach der Reichsgründung hatte in Deutschland ein wirtschaftlicher Aufschwung eingesetzt, wie man ihn nie zuvor gekannt hatte. Industriebetriebe wurden gegründet, die Bevölkerung wuchs rapid und die Menschen strömten vom Land in die Stadt, die Zahl der Großstädte vervielfachte sich. In dieser „Gründerzeit" wandelte sich Deutschland vom Agrar- zum Industriestaat. Bei so viel Hektik konnten Rückschläge nicht ausbleiben. 1873 gab es eine Weltwirtschaftskrise. Die aufgeblähten Kapazitäten konnten nicht mehr voll ausgelastet wer-

324

den, es gab Firmenzusammenbrüche, viele Menschen in den großen Städten gerieten in wirtschaftliche Not.

Die „Soziale Frage" war entstanden. Um sie zu entschärfen schuf **Sozialstaat** Bismarck 1883–1889 eine umfassende Sozialgesetzgebung (Kranken- Unfall- und Altersversicherung) und legte damit die Grundlagen des deutschen Sozialstaates.

Außenpolitisch verfolgte Bismarck eine Bündnispolitik, die vor allem **Außenpolitik** einen möglichen Zweifrontenkrieg verhindern sollte. Mit Österreich-Ungarn und Italien verbündete er sich im „Dreibund" (1882), mit Russland schloss er den „Rückversicherungsvertrag" (1887). Auch mit England bemühte er sich um gutes Einvernehmen, einem Bündnis stand jedoch die weltpolitische Rivalität zwischen England und Russland im Wege.

Die Sicherung des Reiches auf dem Festland war Bismarcks Haupt- **Kolonial-** ziel. Doch Deutschland hatte später als seine westlichen Nachbarn **politik** zur Einigung gefunden und sah sich bei der Aufteilung der Erde benachteiligt, vor allem im Vergleich zu England. Solche Meinungen konnte auch Bismarck nicht übersehen und so nützte er jede Gelegenheit zum Erwerb von Kolonien: 1884 Deutsch-Südwestafrika, zwei Jahre später folgten Togo, Kamerun, Ostafrika, der Bismarck-Archipel und die Marshall-Inseln. Der Kampf der Großmächte um die letzten „herrenlosen" Gebiete der Erde war voll entbrannt, der Imperialismus ging seinem Höhepunkt entgegen.

1888 starb, 91 jährig, Kaiser Wilhelm I. Sein todkranker Sohn, Fried- **Entlassung** rich III., konnte nur 99 Tage regieren. So wurde der 29 jährige Enkel als Wilhelm II. (1859–1941) Deutscher Kaiser. Dem Ehrgeiz des jungen Kaisers und seinem „persönlichen Regiment" stand der alte Kanzler im Wege. 1890 kam es zur Entlassung Bismarcks.

Der „neue Kurs" den Bismarcks Nachfolger Caprivi einschlug, führte **Neuer Kurs** zunächst zu einer Annäherung an England. Der deutsch-russische Vertrag wurde nicht erneuert, mit der Folge, dass Frankreich das schon lange angestrebte Bündnis mit Russland schließen konnte. Als unverzichtbares Instrument weltpolitischer Aktivität wurde eine starke Flotte angesehen und so begann der Ausbau der „schimmernden Wehr" zur See in Rivalität zu England. Die Briten antworteten darauf ihrerseits mit einer Verstärkung ihrer Flotte. Deutsch-englische Bündnisverhandlungen scheiterten darob, stattdessen rückten Frankreich und England in der „Entente cordiale" (1904) einander näher.

Friedrich Nietzsche (1844–1900)

Wenige Jahre nach Marxens Tod prophezeite ein weiterer Philosoph den Verfall der bürgerlich – christlichen Welt, weniger in politischer als vor allem in moralischer Hinsicht: Friedrich Nietzsche. Er kam im preußisch-sächsischen Röcken in einem protestantischen Pfarrhaus auf die Welt und zwar an Kaisers Geburtstag und so nannte man ihn auch nach dem Kaiser: Friedrich Wilhelm. Als er 5 war, starb sein Vater, Nietzsche wuchs nun unter lauter Frauen auf. Er besuchte das berühmte Internat von Schulpforta und bekam dort die Liebe zum griechischen Altertum eingepflanzt. Das mag ihn veranlasst haben, Altphilologie zu studieren, zunächst in Bonn und dann in Leipzig. In Leipzig war es auch, wo er in einem Antiquariat Schopenhauers „Die Welt als Wille und Vorstellung" in die Hand bekam, er verschlang es in einem Zuge und war von Schopenhauers Philosophie fasziniert. Auch seine Liebe zur Musik fand in Leipzig Nahrung als er dort mit dem Werk Richard Wagners (1813–1883) in Berührung kam und Wagner auch persönlich traf. Nietzsche hatte einige kleinere philologische Arbeiten verfasst, die ihm, in Verbindung mit der Empfehlung seines Lehrers, den Ruf als Professor der klassischen Philologie an die Universität Basel einbrachten. Nietzsche war 24 und hatte in Basel 10 schöne, arbeitsame Jahre vor sich, nur unterbrochen durch den Krieg von 1870, an dem er als freiwilliger Krankenpfleger teilnahm. Von Basel aus besuchte er Richard Wagner in Triebschen bei Luzern, die beiden wurden enge Freunde. In Basel gewann er die Freundschaft des Kulturhistorikers Jacob Burckhardt (1818–1897).

1879 erkrankte Nietzsche schwer, er musste sein Lehramt aufgeben und um seine Pensionierung bitten. In den folgenden Jahren hielt er sich meist in Oberitalien und an der Riviera auf, im Sommer war sein Zufluchtsort Sils Maria im Oberengadin. 1882 begegnete ihm in Rom die junge russische Generalstochter Lou Andreas-Salomé (1861–1937), die seine Leidenschaft nicht erwiderte, aber seine Freundin blieb. Sie war später die Muse Rainer Maria Rilkes und eine Schülerin Sigmund Freuds. Nietzsches Reise-Leben dauerte weitere 10 Jahre, in denen er sich furchtbar einsam fühlte. Er arbeitete unentwegt und musste seine Schriften der stetig fortschreitenden Krankheit abringen, vermutlich eine progressive Paralyse als Folge einer Syphilis-Infektion. Bis er dann im Alter von 45 Jahren in Turin einen paralytischen Schock erlitt. Nach seinem geistigen Zusammenbruch pflegte ihn noch 12 Jahre lang seine Mutter, später seine Schwester, bis ihn, 56 jährig, der Tod erlöste.

Dichter   Wer Nietzsches stilistisch bewundernswerte und sprachgewaltige Schriften liest, mag sich eher einem Dichter als einem Philosophen gegenübersehen. Selbst sein philosophisches Hauptwerk ist der Form nach eine Sammlung geistvoller Aphorismen, in denen die philosophische Substanz nicht ohne weiteres im Zusammenhang erkennbar

326

ist. Dem Dichter Nietzsche gelangen Gedichte, die zum Vollendetsten in der deutschen Sprache gehören: „Ja! Ich weiß, woher ich stamme! / Ungesättigt gleich der Flamme / glühe und verzehr' ich mich. / Licht wird alles, was ich fasse, / Kohle alles, was ich lasse: / Flamme bin ich sicherlich!"

Als Philosoph war Nietzsche kein systematischer Denker, seine Philosophie war kein geschlossenes System, eher ein Experimentierfeld. **Philosoph** Wie kein anderer philosophiert er selbstbezogen, ohne seine Biographie ist seine Philosophie kaum verständlich. So ist es auch zu erklären, dass er sich gelegentlich widerspricht. Er war ein „Philosoph mit dem Hammer", der das Alte zertrümmerte, und ein Prophet: er sah sich selbst als einen Philosoph der Zukunft. Der Philosoph dem sich Nietzsche verwandt fühlte, war Heraklit. Wie ihm erschien auch Nietzsche die Welt als ein unendlicher Prozess des Werdens und Vergehens, angetrieben von einer Urkraft, die sich selbst erhält. Alles, was seit Heraklit in der Philosophie geschehen war, hielt Nietzsche für einen Irrweg, er wollte es zerstören und Neues aufbauen. Und Heraklits Urkraft, das Wesen der Welt, war für Nietzsche der Wille, genauer: Der Wille zur Macht – „und nichts außerdem!" Alle Versuche der Philosophie und Religion, hinter unserer konkreten eine zweite, „ideale" Welt zu denken, alle „Meta-Physik", hielt er für Illusion und Hirngespinste.

In Nietzsches erster Schaffensperiode stand die Kunst- und Kulturphilosophie im Mittelpunkt. Bereits sein Erstlingswerk, „Die Geburt der **Kultur** Tragödie aus dem Geist der Musik" (1872) erregte Aufsehen. Es war noch ganz von der Philosophie Schopenhauers durchdrungen und es wollte vor allem die Musik Richard Wagners rechtfertigen und verherrlichen. Später, nach 7 Jahren enger Freundschaft, hat sich Nietzsche enttäuscht von Wagner abgewandt, weil dieser mit dem „Parsival" vor den lebensverneinenden Idealen des Christentums zu Kreuze gekrochen sei.

Für Nietzsche waren in der griechischen Kunst und Kultur zwei entgegengesetzte Kräfte wirksam: Das Dionysische und das Apollinische. **Dionysisch** Apollo, der strenge und kühle Gott, der die Welt ordnet, verkörperte den „Traum", die Kraft des Maßes und der Harmonie. Dionysos, der triebhafte Gott, der die Ordnung immer wieder zum Tanzen bringt, stand für die tragende und treibende Lebenskraft, die sich unmittelbar in der Musik ausspricht. Im dionysischen „Rausch" erfährt der Mensch die Welt als Wille, durch den er mit den anderen Menschen und der Natur verbunden ist. In der griechischen Tragödie verschmolzen die apollinische und die dionysische Lebensform zu einer Einheit. Bedroht sah Nietzsche diese Kunstform der Tragödie vor allem vom kritischen Geist der griechischen Aufklärungsphilosophie, wie ihn Sokrates verkörperte. Mit Sokrates begann ein lebensfremdes, rationales Denken die Oberhand zu gewinnen, durch das nach Nietzsches Meinung die ganze abendländische Philosophie seit Platon zu einem Irrweg wurde. Der sinnliche Rausch des Dionysischen kam auch in Wagners Musik wieder zum Ausdruck, in den Wagnerschen Dramen wird die Tragödie aus der Musik wiedergeboren.

Psychologie In seiner folgenden Schaffensperiode beschäftigte sich Nietzsche mit der Wissenschaft. „Der wissenschaftliche Mensch ist die Weiterentwicklung des künstlerischen", fand er. Neben der Schrift „Die fröhliche Wissenschaft" (1882) entstand auch „Menschliches, Allzumenschliches – ein Buch für freie Geister" (1878), das er Voltaire widmete. Nietzsche erwies sich darin als Psychologe mit genialem Scharfblick, besonders für die Hintergründe, das Verdeckte, das Unbewusste. Viele Einsichten der modernen Tiefenpsychologie hat er vorweggenommen. Selbsterkenntnis bleibt Nietzsches oberstes Ziel und Leben ist für ihn in erster Linie Selbstbegegnung, immer wieder fragt er sich „wie man wird, was man ist".

Lebensphilosophie Die dritte Periode stellt den Höhepunkt in Nietzsches Schaffen dar, sie befasst sich mit der Moral, man hat sie später der „Lebensphilosophie" zugeordnet, weil sich Nietzsche entschieden auf die Seite des Gefühls, des Willens, des „Lebens" stellt. Nietzsche publizierte eine Reihe von Schriften wie „Jenseits von Gut und Böse" (1886), „Zur Genealogie der Moral" (1887), „Der Antichrist" (1888) und seine Autobiographie „Ecce Homo" (1888, erschienen 1908). Vor allem aber entsteht in dieser Zeit sein Hauptwerk: „Also sprach Zarathustra" (1883). Darin will Nietzsche ein neues, dionysisches Zeitalter verkünden, das sich vor allem im „Übermenschen" und in der „ewigen Wiederkehr" manifestiert.

Übermensch Wenn der Mensch die Rücksicht auf kleinliche Moral hinter sich lässt und alle Kräfte des Lebens, die in ihm stecken, nutzt, wird er zum „Übermenschen", der einen neuen Humanismus verkörpert und einen Gegenentwurf zum Massenmenschen darstellt. Zarathustra verkündet: „Ich lehre euch den Übermenschen, der Mensch ist etwas, das überwunden werden soll ... der Übermensch ist der Sinn der Erde ... glaubt denen nicht, die euch von überirdischen Hoffnungen reden ... Verächter des Lebens sind es ... einst war der Frevel an Gott der größte Frevel, aber Gott starb ... an der Erde zu freveln ist jetzt das furchtbarste ..." Der Übermensch hat die Größe, sich zur „amor fati" zu bekennen, der uneingeschränkten Liebe zum Schicksal, die in Freiheit bejaht, was notwendig geschehen muss. In der Lehre vom Übermenschen, dem „großen Individuum", das selber Werte schafft, steckt der Elitegedanke: der Elitemensch muss jedoch nicht nur mächtig und vital, sondern auch großmütig sein. Der Übermensch weiß, dass die Welt ewig neu geboren wird, dass er selbst ein Teil dieser Welt und ein Stück des „Willens zur Macht" ist. Das Leben muss sich ständig überwinden und über sich selbst hinaus schaffen, sein Grundcharakter ist der Wille zur Macht, wo er fehlt, gibt es Niedergang. Das „Gefühl der Macht" ist im Laufe der Geschichte zum stärksten Antrieb des Menschen geworden. Das bedeutet aber auch, Macht über sich selbst zu gewinnen. „Du sollst Herr über dich werden, Herr auch über deine eigenen Tugenden".

Nietzsche versucht Zeit und Ewigkeit in eins zu denken. „Alles geht, alles kommt zurück; ewig rollt das Rad des Seins." Das mannigfache Sein ist unabsehbar, aber nicht unendlich. Unendlich aber ist die Zeit, so muss jede mögliche Kombination der Dinge immer von neuem erreicht werden, sodass alles ewig wiederkehrt. Das sich ewig wiederholende Leben ist nichts Individuelles, es gibt keine Wanderung einzelner Seelen von einem Leib in den andern, das Individuum ist nur für eine kurze Frist eines der vielen Kraftzentren des Lebens. „O Mensch! Gib acht! / Was spricht die tiefe Mitternacht? / „Ich schlief, ich schlief-, / Aus tiefem Traum bin ich erwacht: / Die Welt ist tief, / und tiefer als der Tag gedacht. / Tief ist ihr Weh-, / Lust − tiefer noch als Herzeleid! / Weh spricht: Vergeh! / Doch alle Lust will Ewigkeit −, / − will tiefe, tiefe Ewigkeit!"

Ewige Wiederkehr

Die neue Lehre vom Übermenschen entsprang der Erkenntnis, dass der Glaube an den christlichen Gott unglaubwürdig geworden war und keine Macht mehr über die Menschen hatte. „Gott ist tot! ... Und wir haben ihn getötet." Damit muss zusammenbrechen, was auf den Glauben an Gott gebaut hatte: die ganze europäische Moral. In einer Welt ohne Gott und ohne Jenseits, in der die überlieferten Anschauungen nicht mehr stimmen, muss die Rolle des Menschen neu durchdacht werden. Es ist der Schatten des Nihilismus, als dessen Verkünder und möglicher Überwinder sich Nietzsche sieht.

„Gott ist tot"

Nietzsches Standpunkt war „Jenseits von Gut und Böse" (1886), nach moralischen Grundsätzen über Recht oder Unrecht zu urteilen, schien ihm nicht gerechtfertigt. Das Leben ist ohne erkennbaren Sinn, es gilt das Leben in einer an sich sinnlosen Weise zu meistern. „Das Dasein ... ohne Sinn und Ziel, aber unvermeidlich wiederkehrend ... ohne ein Finale ins Nichts: ... das ist die extreme Form des Nihilismus." Im heraufkommenden Nihilismus zeigt sich, dass die bisherige Kultur versagt hat, eine Folge der Dekadenz, ein Verfallsprozess, der nicht aufzuhalten ist.

Nihilismus

Für die traditionelle Ethik und ihre Werte stand Gott im Zentrum als das Gute schlechthin. Aber den Himmel haben Kranke und Absterbende erfunden, meint Nietzsche. Solche Vorstellungen sind für ihn falsche Werte, er zertrümmert sie, es geht ihm um die „Umwertung aller Werte", und um neue Werte zu schaffen, muss man die alten zerbrechen. Zu den alten Werten gehört für Nietzsche die Herdentier Moral, die in Europa herrscht. Den Sinn des Lebens im größten Glück der größtmöglichen Zahl zu sehen, hält er für lächerlich. Auch das

Umwertung aller Werte

sozialistische Ideal ist für ihn nichts anderes als die Entartung zum Herdentier. In der Idee der Gleichheit sieht er nur den verkappten Machtwillen der Ohnmächtigen. Das Wesen allen Lebens aber ist Aneignung, Überwältigung der Schwachen. Von der Frauen-Emanzipation hält er nichts. Wenn die Männer an echter Männlichkeit verlieren, geben die Frauen im gleichen Maße ihre weiblichen Instinkte preis. „Das vollkommene Weib ist ein höherer Typus des Menschen als der vollkommene Mann: auch etwas viel Selteneres." Aber Nietzsche konnte auch die vielzitierte Sentenz aussprechen: „Du gehst zu Frauen? – vergiss die Peitsche nicht!"

Christentum Der Inbegriff der Verkehrung aller natürlichen Werte ist für Nietzsche das Christentum. Es war von Anfang an der Todfeind der Sinnlichkeit, es nährt den Hass gegen Geist, Stolz und Mut, es macht die Welt zum Jammertal und verlegt das Heil ins Jenseits. „Die christliche Kirche ... hat aus jedem Wert einen Unwert, aus jeder Wahrheit eine Lüge, aus jeder Rechtschaffenheit eine Seelen-Niedertracht gemacht." Zweifel am Christentum waren Nietzsche, dem Pfarrerssohn, schon früh gekommen. Bereits als Schüler hatte er zum Entsetzen der Familie „Das Leben Jesu" von David Friedrich Strauß gelesen und die theologischen Vorlesungen, die er in Bonn hörte, hatten seine Zweifel bestärkt. An der eigenen christlichen Erziehung hat er empfunden, wie das Christentum das Leben entwertet und den Lebenswillen schwächt. (Safranski) Am Ende lehnte er die Kirche und das Evangelium entschieden ab, obwohl er Christus für „den edelsten Menschen" hielt.

Neue Werte Der Philosoph muss Gesetzgeber sein und sagen „So soll es sein!" meint Nietzsche. Er zeigt als neues Ziel auf den „Übermenschen". Starke Naturen gewinnen ihre Werte nicht aus dem Vergleich mit anderen, sondern setzen sie selbst in Übereinstimmung Ihres Wollens mit ihrem Können. Nietzsche sah eine kommende privilegierte Klasse, eine kleine Elite, die hart auch gegen sich selbst ist. Der Elitegedanke hat Nietzsche zeitlebens besonders fasziniert. In der Vornehmheit, der „Noblesse", sah er die erstrebenswerteste Eigenschaft.

Moral Nietzsche kämpft gegen die herrschende Moral, weil er meint, dass sie das Leben tötet. „Gut", kann zwei ganz verschieden Bedeutungen haben. Bei den Herrschenden bedeutet es Erhabenheit und Stolz, und „schlecht" ist für sie alles, was sie als gewöhnlich, gemein und wertlos ansehen. Für die Herdenmenschen hingegen ist gut gleichbedeutend mit friedlich, gütig, mitleidig; hingegen ist „böse", was die Herde überragt, das Ungewöhnliche, Kühne, Unberechenbare, eben alles, was für die Herrschenden „gut" ist. So unterscheidet Nietzsche zwischen der „Herrenmoral" und der „Sklavenmoral". Mit den Juden begann der Aufstand der Sklavenmoral. Ihre Propheten verbanden Begriffe wie reich, sinnlich, gottlos, böse mit dem Begriff der „Welt" der dadurch zu einem negativen Wert wurde. Durch diese Umkehrung aller natürlichen Wert- und Rangverhältnisse erscheinen die Elenden, Armen und Ohnmächtigen als die „Guten". Der starke Mensch wird in den Käfig der Sitte gesperrt, beginnt an sich selbst zu leiden, hat ein „schlechtes Gewissen". „Was ist gut? fragt ihr. Tapfer sein ist gut." „Was ist gut? – Alles was das Gefühl der Macht, den Willen zur Macht ... im Menschen erhöht. Was ist schlecht? – Alles, was aus der Schwäche stammt." An die Stelle der christlichen Moral des Mitleids und Schopenhauers resignativen Pessimismus setzt Nietzsche als neues Moralprinzip die Selbstbejahung und Steigerung des Lebens im „Willen zur Macht". (Höffe)

Das letzte große Werk, das er ankündigte, sollte den Titel tragen „Der Wille zur Macht – Versuch einer Umwertung aller Werte". Nietzsche konnte es nicht mehr ausarbeiten, anhand seiner Pläne und Aufzeichnungen wurde es nach seinem Tode herausgegeben und musste notgedrungen fragmentarisch bleiben. Nietzsches Schwester Elisabeth Foerster-Nietzsche hat nach seinem Tod einen großen Teil der nachgelassenen Schriften unter diesem Titel zusammengefasst und als angebliches Hauptwerk ihres Bruders veröffentlicht. Die Zusammenstellung war willkürlich und manche Eingriffe waren entstellend. Doch es wurde Nietzsches einflussreichstes Werk, denn es führte dazu, dass Nationalisten und Rassisten und die Nazis Nietzsche zum Propheten ihrer „Weltanschauung" ausriefen. Nietzsche hätte das sicher nicht gutgeheißen, war er doch ein Kritiker des Antisemitismus, den er für die Weltanschauung der Zu-kurz-gekommenen hielt, und auch der Nationalismus war ihm zuwider, weil er ein Ausdruck des Herdenmenschentums war, das er verabscheute. **„Wille zur Macht"**

Nietzsche beklagte die „Großspurigkeit" der Bismarckschen Reichsgründung und warnte: Ein großer Sieg ist eine große Gefahr. Die Deutschen, meint er, sind „unterwürfig nach oben und neidisch gegeneinander", eine „deraisonnable Rasse", „Virtuosen des Philisterhaften", das „zurückgebliebenste Kulturvolk Europas". Der Deutsche liebt „... die Wolken und alles was unklar, werdend, dämmernd ... ist: das Ungewisse und Ungestaltete ... fühlt er als ‚tief'". Die chauvinistische Kraftmeierei der Gründerjahre, das Philistertum des akademischen Betriebs und die Oberflächlichkeit des Kulturlebens waren Nietzsche verhasst. **Kritik an den Deutschen**

Nietzsche sieht, wie die gewachsenen Kulturen sich aufzulösen beginnen, wie Gesellschaftsordnung und Moral relativiert werden. Er prophezeit einen europäischen Nihilismus, in dem die alten Wert- und Lebensordnungen verloren gehen. Er sieht die Notwendigkeit, neue Werte und neue Gestaltungen des Lebens zu entwerfen und zwar in einem weltweiten Maßstab. „Was ich erzähle, ist die Geschichte der nächsten zwei Jahrhunderte. Ich beschreibe, was kommt, was nicht mehr anders kommen kann: Die Heraufkunft des Nihilismus ... unsere ganze europäische Kultur ... bewegt sich wie auf eine **Prophetischer Weitblick**

Katastrophe los", schrieb Nietzsche. Die Ursache hatte er genannt: „Gott ist tot". Mit einer ins Maßlose gesteigerten Selbsteinschätzung und einem Sendungsbewusstsein sah er sich selbst als der radikalste aller Denker, als eine Zeitenwende: „Ich bin kein Mensch, ich bin Dynamit ... der Mensch des Verhängnisses ... alle Machtgebilde der alten Gesellschaft sind in die Luft gesprengt ... Es wird Kriege geben, wie es noch keine auf Erden gegeben hat ..."

Wilhelm Dilthey (1833–1911)

Wilhelm Dilthey, geboren in Wiesbaden-Biebrich, studierte Theologie, wie es dem Wunsch seines Vaters, eines evangelischen Kirchenrats und Hofpredigers, entsprach. Sein Interesse galt aber mehr der Philosophie, der Philologie und der Geschichtswissenschaft. Mit 31 konnte er sich habilitieren, seine erste Professur erhielt er in Basel, es folgten Kiel, Breslau und schließlich Berlin. Als er mit 78 in der Nähe von Bozen starb, hinterließ er einen riesigen handschriftlichen Nachlass, der von seiner rastlosen Forschungsarbeit zeugte.

Philosoph der Geisteswissenschaften Sein besonderes Bemühen galt der historischen, systematischen und philosophischen Grundlegung der Geisteswissenschaften. In klarer Abgrenzung zu den Naturwissenschaften versteht er darunter alle „Wissenschaften des handelnden Menschen". Seine Theorie der geisteswissenschaftlichen Erkenntnis, die er in Anlehnung an Kant „Kritik der historischen Vernunft" nennt, befasst sich nicht nur mit der Vernunft, sondern mit dem ganzen, konkret-historischen Menschen, dem „wollend, fühlend, vorstellenden Wesen". Um das Leben zu verstehen, müssen wir nicht nur unseren Verstand, sondern die Gesamtheit unserer Gemütskräfte einsetzen. Grübelei und einsame Selbstbetrachtung führen nicht zur Einsicht, sondern nur der Weg über das Verstehen der Lebenszusammenhänge, in denen sich der Mensch immer schon vorfindet. Dazu gehört das geschichtliche Bewusstsein, in dem die Menschen sich selbst erfahren: „Was der Mensch sei, sagt ihm nur seine Geschichte."

Hermeneutik Mit seiner Schrift „Die Entstehung der Hermeneutik" (1900) wird Dilthey zum Begründer dieser Disziplin. Das griechische Wort „Hermeneutik" heißt „Verständlichmachen", Hermeneutik ist die Lehre von der Auslegung. Dilthey rückt den Begriff des Verstehens in den Mittelpunkt. Er verknüpft „Erleben, Ausdruck und Verstehen" zu einem Zusammenhang auf der umfassenden Basis des Lebens. Es ist „der Vorgang des Verstehens, durch den Leben über sich selbst in seinen Tiefen aufgeklärt wird."

Lebensphilosophie Dilthey will das Leben aus dem Leben selbst verstehen, ohne Übergriff auf eine „höhere Sphäre" wie die Metaphysik. So werden die

Geisteswissenschaften, von denen er einen Nutzen für das Leben erwartet, für ihn zur Lebensphilosophie. Am deutlichsten zeigt sich die praktische Ausrichtung seiner Philosophie in der Ethik: „Jede wahre Philosophie muss aus ihren theoretischen Erkenntnissen Prinzipien der Lebensführung des einzelnen und der Leitung der Gesellschaft ableiten." Erfahrung nennt er die „große Tatsache" des Lebens, von der die Philosophie auszugehen habe. In der Erfahrung kann man immanente Ordnungsstrukturen aufdecken, wenn man in die Tiefen des Bewusstseins hinabsteigt, in denen die verborgenen Muster aller Erkenntnisprozesse liegen. Diltheys Lebensphilosophie ist eine Theorie der Selbsterfahrung. (Fellmann)

Psychologie Dilthey entwirft die Grundlagen einer neuen, deskriptiven, „erklärenden" und „verstehenden" Psychologie. Er will die „Konstitution der seelischen Welt ... genau so erklären, wie die Physik und die Chemie die Körperwelt erklärt". Die Psychologie hat eine grundlegende Funktion für die Geisteswissenschaften, entsprechend der Grundthese, dass das Leben überall als Zusammenhang gegeben ist. Mit seiner Abhandlung über die Psychologie, die 1894 erschien, löste Dilthey eine breite kontroverse Diskussion aus.

Wirkung Von Diltheys Arbeiten gingen vielfältige Wirkungen aus, die von der hermeneutischen Philosophie über die moderne philosophische Anthropologie bis zu Psychologie und Pädagogik und bis in unsere Tage reichen. Unter seinen vielen Arbeiten zur Literatur und Geschichte, war sein Buch „Das Erlebnis und die Dichtung" (1906), mit literaturgeschichtlichen Studien über Lessing, Goethe, Novalis und Hölderlin besonders erfolgreich.

Gustave Le Bon (1841–1931)

Zur selben Zeit, als Nietzsche über Herdenmenschentum und Vermassung schrieb, machte sich in Paris Gustave Le Bon daran, das Verhalten der Menschen in der Masse zu beschreiben. Le Bon, ursprünglich Arzt, war ein sehr vielseitiger Mann. Er schrieb über Physiologie und Hygiene, war als Archäologe im Orient und gab eine philosophische Bibliothek heraus. Bekannt wurde er als Soziologe und Sozialpsychologe mit Publikationen über die wichtigsten Zivilisationen der Weltgeschichte. Berühmt machte ihn sein Buch „Psychologie des Foules" („Psychologie der Massen"), das 1895 erschien, Le Bon war damals 54. Angeregt hatte ihn dazu vor allem das Studium der Französischen Revolution von 1789 und der Pariser Kommune von 1871. Im „Zeitalter der Massen" empfand er besonders den Sozialismus als Bedrohung. Seine Erkenntnisse lesen sich wie Voraussagen und seine kulturphilosophischen Betrachtungen wirken durchaus aktuell.

Masse	Als Masse bezeichnet Le Bon eine Versammlung von Menschen. Er unterscheidet dabei zwischen ungleichartigen Massen, die namenlos sein können (z. B. Straßenansammlungen), oder auch institutionellen Charakter haben können (z. B. Geschworenengerichte oder Parlamente) und gleichartigen Massen, zu denen er Sekten (politische, religiöse), Kasten (z. B. Militär, Priester) und Klassen (Arbeiter, Bürger, Bauern) rechnet. Die größte permanente Masse ist für ihn ein Volk.
Massenseele	In der Masse schwindet die bewusste Persönlichkeit, der Einzelne ist nicht mehr er selbst, er ist zum Automat geworden. Die Gefühle und Gedanken der Menschen werden in der Masse durch Beeinflussung und Übertragung in die gleiche Richtung geleitet, es wächst die Neigung, die eingeflößten Ideen unverzüglich zu verwirklichen. So entsteht eine Massenseele. Als Glied einer Masse steigt der Mensch auf der Leiter der Kultur mehrere Stufen hinab. Als Einzelner war er vielleicht ein gebildetes Individuum, in der Masse ist er ein Triebwesen. Er hat nun die Unberechenbarkeit und die Heftigkeit primitiver Wesen, und kann zu Gefühlen und Handlungen verführt werden, die ihn je nach Einfluss besser oder schlechter machen, die zum Verbrechen oder zum Heldentum führen können.
Gefühle der Massen	Massen sind triebhaft, reizbar und unfähig zu logischem Denken, sie werden fast ausschließlich vom Unbewussten geleitet. Sie sind besonders beeinflussbar und leichtgläubig. Die Massen kennen nur einfache und übertriebene Gefühle. Meinungen oder Glaubenssätze werden nur in Bausch und Bogen angenommen oder verworfen. An dem, was die Masse für Wahrheit oder Irrtum hält, lässt sie keinen Zweifel aufkommen. Die Einbildungskraft der Massen ist besonders ausgeprägt, wunderbare und legendäre Ereignisse ergreifen sie am stärksten. Das Unwirkliche hat stets Vorrang vor dem Konkreten. Die Überzeugungen der Masse nehmen leicht religiöse Formen an. Zuneigung wird schnell zur Anbetung, Abneigung rasch zu Hass. Mit dem religiösen Gefühl sind gewöhnlich Unduldsamkeit und Fanatismus verbunden. In der Masse wächst das Gefühl der Machtfülle, zugleich schwindet im Bewusstsein der Anonymität die Verantwortung, man fühlt sich unter Gleichgesinnten und hat keine Strafe zu fürchten.
Ideen	Ideen, die der Masse suggeriert werden sollen, müssen einfach und bildhaft sein. Die Masse denkt nur in Bildern und kann nur durch Bilder beeinflusst werden, das beweist sich besonders im Theater. Nicht Tatsachen erregen die Phantasie des Volkes, sie müssen zu Bildern verdichtet werden, wenn sie ergreifen sollen. Der Mangel an Urteilskraft und kritischem Geist, der die Masse kennzeichnet, lässt sie die Widersprüche nicht sehen. Ideen brauchen lange Zeit, um sich in der Masse festzusetzen, und es dauert auch lange, bis sie wieder verschwinden.

Sobald eine gewisse Anzahl lebender Wesen versammelt ist, ob Tier- **Führer**
herde oder Menschenmenge, unterstellen sie sich unwillkürlich einem Oberhaupt, einem Führer. Meistens sind die Führer keine Denker, sondern Männer der Tat. Sie haben wenig Scharfblick und können auch nicht anders ein, weil sie sonst zu Zweifeln verführt würden. Die Stärke ihres Glaubens verleiht ihren Worten suggestive
Macht und die Menge hört immer auf Menschen mit starkem Willen.
Die Einzelnen in der Masse verlieren allen Willen und wenden sich
dem zu, der einen hat. In allen sozialen Schichten gerät der Mensch,
sobald er nicht mehr allein steht, unter die Herrschaft eines Führers,
zumal die Menschen von nichts, außerhalb ihres Berufslebens, eine
klare Vorstellung haben und so dient ihnen der Führer als Wegweiser.
Nicht das Freiheitsbedürfnis, sondern der Diensteifer und der Drang
zu gehorchen herrscht in der Massenseele.

Wer die Masse beeinflussen will, muss starke Ausdrücke verwenden **Glaube**
und darf niemals versuchen, etwas beweisen zu wollen. Die Führer
wirken nicht durch Vernunftgründe, sondern durch Behauptung, Wiederholung und „Übertragung", damit meint Le Bon eine Art Anste-
ckung mit der sich unter den Massen Ideen und Gefühle verbreiten,
wie Krankheitserreger, gewissermaßen. Auch die Nachahmung ist
eine Art der Übertragung, sie ist für die Massenmenschen ein Bedürfnis, wie sich auch in der Mode zeigt. Wenn die Massen geschickt
beeinflusst werden, können sie heldenhaft und opferwillig sein. Die
großen Führer, die selbst durch einen Glauben begeistert waren,
konnten in den Seelen jene furchtbare Macht erzeugen, die Glauben
heißt und die Menschen zu Sklaven eines Traums machen kann. Dem
Menschen einen Glauben schenken, heißt seine Kraft verzehnfachen.

Le Bon beschreibt den Nimbus (Le Prestige), den eine Persönlichkeit, **Nimbus**
ein Werk oder eine Idee ausüben kann, als eine Art Zauber, der die
kritischen Fähigkeiten lähmt und unerklärliche Gefühle hervorruft,
eine Art Suggestion. Der „künstliche Nimbus" entspringt Äußerlichkeiten, wie gesellschaftliche Position, Titel, Vermögen, die uns beein-
drucken. Er verhindert, die Dinge so zu sehen, wie sie sind und lähmt
unser Urteil. Der „persönliche Nimbus" (wir würden ihn heute Charisma nennen) ist anderer Art und eignet nur wenigen Menschen:
Unabhängig von Ansehen und Titeln üben sie einen wahrhaft magne-
tischen Zauber auf ihre Umgebung aus. Die großen Persönlichkeiten,
wie z. B. Napoleon, besaßen diese bezaubernde Macht schon bevor
sie berühmt wurden. Jedoch: „Der Nimbus verschwindet immer im
Augenblick des Misserfolges. Der Held, dem die Masse gestern zuju-
belte, wird morgen von ihr angespieen, wenn das Schicksal ihn
schlug".

Es gibt ständige Grundgedanken, die einer Masse zu eigen sind, die **Grundan-**
mehrere Jahrhunderte überdauern, sie bilden das Gerüst einer Kultur, **schauungen**
wie z. B. das Christentum. Eine Grundanschauung mag philosophisch

noch so falsch sein, wenn sie Fuß gefasst hat ist ihre Macht lange Zeit unüberwindlich. Die Völker haben solche Grundanschauungen stets als nützlich angesehen und instinktiv empfunden, dass ihr Schwinden den Niedergang bedeutet. So waren die Völker stets unduldsam bei der Verteidigung ihrer Überzeugungen, Millionen sind dafür auf den Schlachtfeldern gefallen und werden immer wieder fallen, meint Le Bon.

Sozialismus Der philosophische Unsinn mancher Grundanschauungen war nie ein Hindernis für ihren Triumph, als Beispiel nennt Le Bon den Sozialismus. „Die offenbare geistige Armut der sozialistischen Lehren der Gegenwart wird nicht verhindern, dass sie sich in der Massenseele einpflanzen." Die Nichtigkeit ihrer Verheißungen wird sich bei den ersten Verwirklichungsversuchen erweisen, meint Le Bon. Diese neue Art von Religion wird zerstörerisch wirken, ohne später eine schöpferische Rolle übernehmen zu können. In seiner Schrift „Psychologie du socialisme" (1898) nannte Le Bon den Sozialismus „die schwerste Gefahr, von der die europäischen Völker bedroht werden", doch werde er ein viel zu drückendes Regime sein, als dass er von Dauer sein könnte.

Öffentliche Meinung Neben den festen Grundanschauungen gibt es auch viele unbeständige Meinungen der Massen und ihre Zahl ist heute größer denn je, urteilt Le Bon für seine Zeit. Die alten Glaubenslehren büßen ihr Herrschaft immer mehr ein und wirken nicht mehr richtunggebend auf die Meinungen, zugleich wächst die Macht der Massen immer mehr. Die Regierungen sind nicht mehr fähig, die öffentliche Meinung zu lenken. Und die Staatsmänner denken offenbar nicht mehr daran, sie zu lenken, sondern suchen ihr zu folgen. So wird die Meinung der Massen immer mehr zum Lenker der Politik. Das Aushorchen der Meinungen ist die Hauptsorge der Presse und der Regierungen. Dadurch zerbröckeln alle Anschauungen und es wächst die Gleichgültigkeit der Massen gegen alles, was ihnen nicht unmittelbaren Vorteil bringt. „Doch darf man nicht vergessen, dass eine einzige Anschauung, die genügend Nimbus gewänne, um sich durchzusetzen, mit Hilfe der Macht der Massen bald eine so tyrannische Gewalt erlangen würde, dass sich bald alle vor ihr beugen müssten, und die Zeit der freien Meinungsäußerung wäre dann … vorbei." Prophetische Worte, die Le Bon 1895 niederschrieb, wenn man an die Zeit der Ideologien denkt, die später anbrechen sollte.

Wählermassen Bei den Wählermassen konstatiert Le Bon besonders eine geringe Urteilsfähigkeit, einen Mangel an kritischem Denken, Erregbarkeit, Leichtgläubigkeit und Einfalt. Ein Kandidat, der Erfolg haben will, muss dem Wähler schmeicheln und es vermeiden, mit Vernunftgründen etwas beweisen zu wollen. Persönlicher Nimbus (Charisma) ist für ihn ausschlaggebend. Wer fragt, wie sich unter solchen Bedingungen eine Wählermeinung bilden kann, verkennt, dass die Massen nur eingeflößte, nie vernünftige Meinungen haben. Auch bei einer Beschränkung des Stimmrechts wäre das nicht anders, meint Le Bon, denn in der Masse gleichen sich die Menschen stets einander an, seien es nun Akademiker oder Handwerker.

Auch in den Parlamentsversammlungen finden sich die Grundmerk- **Parlamente** male der Masse wieder: Einseitigkeit der Ideen, Überschwänglichkeit, Einfluss der Führer, besonders wenn sie über persönlichen Nimbus (Charisma) verfügen. Zuweilen gibt es einen intelligenten und gebildeten Führer, doch das schadet ihm in der Regel mehr, als es ihm nützt. Die großen Führer waren sehr beschränkt und haben deshalb den größten Einfluss ausgeübt. „Man erschrickt, wenn man bedenkt, welche Macht ein Mann, der sich mit einem Nimbus zu umgeben weiß, durch die Verbindung von starker Überzeugung mit außergewöhnlicher Beschränktheit des Geistes erlangt." Le Bon hatte dabei besonders Robespierre vor Augen, doch bis in die Gegenwart hinein gibt es dafür auch genügend andere Beispiele. Immerhin, räumt Le Bon ein, gibt es auch Zeiten, in denen ein Parlament nicht als Masse agiert und die Mitglieder ihre Eigenart bewahren, sodass sachgemäße Gesetzgebungsarbeit stattfinden kann.

Trotz allem bilden die Parlamente die beste Regierungsform, die die **Parlamen-** Völker bisher gefunden haben, um sich aus dem Joch persönlicher **tarische** Tyrannei zu befreien. Sie weisen nur zwei ernstliche Gefahren auf, **Demokratie** meint Le Bon: eine übermäßige Verschwendung der Finanzen, um den Wählern entgegenzukommen, und eine zunehmende Beschränkung der persönlichen Freiheit, durch immer neue Gesetze und überzogene Regulierungen.

Dass der Franzose Le Bon aus seiner Zeit heraus nicht viel von den **Über die** Deutschen hielt, ist verständlich. In seiner Abhandlung „Lehren aus **Deutschen** dem europäischen Krieg" (1916) urteilt er über die Deutschen, dass zu ihren Charakterzügen neben der Unterwürfigkeit gegenüber jeder offiziellen Autorität und ihrer Kameraderie ein hochmütiges Gefühl der kollektiven Überlegenheit gehört. Sein Resümee aus dem ersten Weltkrieg: „Ein Volk, von Gott dazu auserwählt, die Welt zu erobern und zu beherrschen, gibt eine solche Mission nicht so leicht auf. Deutschland wird darauf nicht verzichten, bevor es nicht mehrere Male besiegt worden ist."

Le Bon hatte als Arzt die Vorstellung, dass Kulturen wie Lebewesen **Aufstieg und** sich im Aufsteigen entfalten, ihren Formenreichtum zeigen, dann aber **Niedergang** „nach Vollendung ihrer schöpferischen Wirkung ... mit dem fort- **von Kulturen** schreitenden Schwinden ihres Ideals ... mehr und mehr alles verlieren, was ihren Zusammenhalt, ihre Einheit und ihre Stärke bildet"; der Niedergang setzt ein. Der Egoismus gewinnt an Boden, der Zusammenhalt schwindet, die Menschen verlangen immer mehr auch in unbedeutenden Handlungen geführt zu werden, die Einzelnen gehen wieder in einer pöbelhaften Masse auf. In diesem Kreislauf bewegt sich das Leben eines Volkes.

William James (1842–1910)

Wenige Jahre nach Nietzsches Tod veröffentlichte zum ersten Mal ein Amerikaner ein philosophisches Werk, das international Beachtung fand und den Beginn einer eigenen und charakteristischen philosophischen Entwicklung in der „Neuen Welt" markierte. William James stammte aus einer wohlhabenden New Yorker Familie, er war das älteste von 5 Kindern. Seine Schulzeit verbrachte er in Paris, London und Bonn. Er war zeitlebens gesundheitlich stark anfällig und in der Jugend litt er an schweren Depressionen, die er schließlich überwand. Mit 19 begann er sein Studium an der Harvard-University in Cambridge (Mass.), er studierte zunächst Chemie, dann Medizin und Biologie. Sein Interesse an der physiologischen Psychologie führte ihn noch einmal nach Deutschland, wo er mit Gustav Theodor Fechner (1801–1887), Wilhelm Wundt (1832–1920) und Hermann von Helmholtz (1821–1894) in Berührung kam. Mit 30 wurde er dann Professor in Harvard, zunächst für Physiologie, dann für Psychologie und schließlich für Philosophie, und blieb es 35 Jahre lang. Mit 36 heiratete er Alice Gibbens, deren Organisationstalent ihm eine große Hilfe war und die ihm ausserdem 5 Kinder schenkte. James hatte in Harvard das erste Labor für experimentelle Psychologie eingerichtet (etwa zur gleichen Zeit wie Wundt in Deutschland) und er arbeitete 12 Jahre lang an seinem Hauptwerk „The Principles of Psychology" („Die Prinzipien der Psychologie", 1890), das für lange Zeit zum Standardwerk wurde und ihn berühmt machte. Sein jüngerer Bruder Henry (1843–1916) war zu dieser Zeit bereits als Schriftsteller berühmt. William James publizierte eine Reihe von philosophischen Schriften, reiste viel nach Europa und versah pflichtgetreu seine Harvard – Professur, bis er sich 1907 wegen seiner angeschlagenen Gesundheit zurückziehen musste. Er starb, 68 jährig, auf seinem Landsitz in Chocorua/New Hampshire.

Pragmatismus James philosophisches Hauptwerk „Pragmatism – A new Name for Old Ways of Thinking" („Pragmatismus – Ein neuer Name für alte Denkmethoden") erschien 1907. Die Bezeichnung „Pragmatismus" hatte er von seinem Freund Charles Sanders Peirce übernommen. Die pragmatische Methode bedeutet noch kein Ergebnis, sondern eine orientierende Stellungnahme, „und zwar eine Stellungnahme, die uns absehen lässt von ersten Dingen, von Prinzipien, von Kategorien ... eine Stellungnahme, die uns hinblicken lässt auf letzte Dinge, auf Früchte, auf Folgen, auf Tatsachen." Hier ging es nicht um das „Wesen" der Dinge, um letzte Ursprünge, die Scholastik und Metaphysik so sehr beschäftigt hatten, sondern um Praktisches, um Nutzen und

Ergebnisse. Die Philosophie erhält ihren Wert nur durch die stete Bezugnahme auf das Leben und die Existenz des Menschen. Sie kann keine festen Dogmen formulieren, weil das Leben in ständigem Wandel begriffen ist.

Für James ist der Pragmatismus „erstens eine Methode und zweitens eine genetische Wahrheitstheorie". Die Methode besteht darin, immer auf die praktischen Konsequenzen zu achten. Jedes Denken und Erkennen, wird nach seiner Nützlichkeit für die Handlungsfähigkeit des Menschen beurteilt. Gedanken, Überzeugungen und Behauptungen müssen integrierbar sein in unsere generelle Lebenspraxis; an diesem Kriterium zeigt sich, ob sie falsch oder richtig sind. Mit der pragmatischen Methode lassen sich auch philosophische Streitigkeiten schlichten. Ob die Welt eine Einheit oder eine Vielheit ist, ob ein Schicksal oder freier Wille herrscht, über solche Fragen lässt sich endlos streiten. Der Pragmatismus untersucht die praktischen Konsequenzen und wenn man nichts finden kann, was anders wäre, dann hat die Alternative keinen Sinn und jeder Streit ist müßig. **Pragmatische Methode**

Dem Pragmatismus liegt ein besonderer Begriff der Wahrheit zugrunde. „Wahr ist das, was sich durch seine praktischen Konsequenzen bewährt." Nicht das Denken ist der eigentliche Prüfstein der Wahrheit, sondern das Handeln (griech.: pragma) Führt eine Handlung zum beabsichtigten Erfolg, dann ist die betreffende Aussage, nach der man handelte, wahr. Wahrheit ist für James nicht eine Eigenschaft bestimmter Vorstellungen, sondern bezeichnet den Vorgang, bei dem bestimmte Aussagen bestätigt, „veri – fiziert" werden. Die Wahrheit ist der Weg, auf dem wir von einem Stück der Erfahrung zu anderen Stücken hingeführt werden und zwar zu solchen, die zu erreichen die Mühe lohnt. Neue Wahrheiten ergeben sich aus der Kombination von neuen Erfahrungen und alten Überzeugungen, wobei sich beide gegenseitig modifizieren. Auf diese Weise haben sich auch sehr alte Denkweisen durch alle späteren Änderungen hindurch im Geiste der Menschen erhalten, sie bilden den „gesunden Menschenverstand". Für den Rationalismus, meint James, ist die Wirklichkeit vollendet und fertig von aller Ewigkeit her, sie ist eine innere Eigenschaft der Vorstellungen und hat mit unserer Erfahrung nichts zu tun. Für den Pragmatismus jedoch verändert sich die Erfahrung und die Wirklichkeit fortwährend, ebenso wie die Wahrheit. „Das ‚Wahre' ist, um es kurz zusagen, nichts anderes als das, was uns auf dem Wege des Denkens vorwärts bringt, so wie das ‚Richtige' das ist, was uns in unserem Benehmen vorwärts bringt." **Wahrheit**

Für James war Bewusstsein nicht eine vom Körper losgelöste selbständige Instanz (wie Geist oder Seele), sondern er sah darin einen Zustand des Gehirns, der zur Vermittlung zwischen den Sinneseindrücken und dem Verhalten dient. Bewusstseinsprozesse haben die Aufgabe, das Verhalten des Organismus so zu steuern, dass dieser sich **Bewusstsein**

in seiner Umwelt behaupten kann. Jeder Gedanke ist Teil eines personalen Bewusstseins, das Bewusstsein verändert sich ständig, es bildet
einen kontinuierlichen Fluss, ein ständiges Strömen.

Wille und Glaube

Welche Rolle das Wollen und der Glaube in unserem Erkenntnispro-
zess spielen, hat James in seiner Abhandlung „The Will to believe"
(„Der Wille zum Glauben", 1876) untersucht. Erkenntnis besteht aus
Überzeugungen, die wir gebildet haben und denen wir zu folgen
bereit sind. Es gibt keine objektive Erkenntnis, sondern nur Glaube
und Überzeugung. Wir bilden ein Urteil oder eine Hypothese nicht
aufgrund unfehlbaren Wissens, sondern aufgrund unseres „Glaubens". Wissen ist also letztlich Glaubenssache. Von unserem Willen
zum Glauben an die Wahrheit hängt es ab, ob unser Handeln Erfolg
hat. „Ein Gedanke ist so lange wahr, als der Glaube an ihn für unser
Leben nützlich ist." Der Pragmatismus betrachtet menschliches Wissen nicht als Selbstzweck, sondern misst es an Gewinn oder Verlust,
Erfolg oder Scheitern, es ist pragmatisch ein brauchbares Instrument
des Handelns.

Religion

In seiner Schrift „The Varieties of Religious Experience" („Die Vielfalt
religiöser Erfahrung", 1902) legt James dar, dass die religiöse Erfahrung weder eine Selbsttäuschung noch ein unerklärliches Mysterium
ist. Sie ist real, kann psychologisch erklärt werden und gehört zur
Grundausstattung des Menschen. Ihr Ursprung liegt in der Totalität
der Welt, die der Mensch bewundert und die ihn zu der Überzeugung
führt, nur ein Gott könne der Schöpfer dieser Welt sein. Solange sich
die spezifischen religiösen Vorstellungen für einen Menschen bewähren, bilden sie den Rahmen persönlicher Wahrheiten. Dies erklärt
auch die Vielfalt religiöser Erfahrung. „Der Pragmatismus erweitert
das Gebiet auf dem man Gott suchen kann. Der Rationalismus klebt
an der Logik und am Himmelreich … Der Pragmatismus ist zu allem
bereit … Er würde auch mystische Erfahrungen gelten lassen, wenn
sie praktische Folgen hätten. Als annehmbare Wahrheit gilt ihm einzig und allein das, was uns am besten führt, was für jeden Teil des
Lebens am besten passt … Wenn theologische Ideen das können,
wenn speziell der Gottesbegriff sich hierbei bewährt, wie könnte da
der Pragmatismus die Existenz Gottes leugnen."

Charles Sanders Peirce (1839 – 1914)

Peirce kam in Boston auf die Welt, er war der Sohn eines angesehenen Harvard-Professors für Astronomie und Mathematik. Mit 16 Jahren stieß er auf Kants Philosophie, mit der er sich besonders befasste.
Er studierte Mathematik, Naturwissenschaften und Philosophie in
Harvard. Wie James gehörte auch Peirce in Boston dem „Metaphysi-
cal Club" an, in dem junge Wissenschaftler verschiedener Fakultäten

miteinander diskutierten. Peirce war zeitweise Lehrbeauftragter, davon 5 Jahre lang an der John-Hopkins-Universität in Baltimore, aber es gelang ihm nicht, in der akademischen Laufbahn Fuß zu fassen; vielleicht war er dazu zu eigenwillig. Anschließend war er 30 Jahre lang im Vermessungsdienst tätig. Mit 52 gab er diese Tätigkeit auf und lebte mit seiner Frau in größter Zurückgezogenheit und Armut. William James und andere Freunde unterstützten ihn, sodass er auch in seinen letzten Lebensjahren noch unermüdlich wissenschaftlich arbeiten konnte. Als er mit 75 starb, hatte er außer einigen Artikeln und einem Buch über astronomische Beobachtungen („Photometric Researches", 1878) nicht viel veröffentlicht. Erst 1931 erschienen die „Collected Papers of Charles Sanders Peirce" und begründeten seinen wissenschaftlichen Ruhm. Sein Freund William James sagte einmal: „Charles Peirce ist der seltsame Fall eines mit Talenten gesegneten Mannes, der es zu nichts bringt."

Peirce war ein hervorragender Logiker und untersuchte den logischen **Logik** Charakter wissenschaftlichen Denkens. Er definierte die Logik als „Wissenschaft der Zeichen" und die Semiotik, die er begründete, als „Wissenschaft der Darstellungen". Obwohl seine Arbeiten über formale und mathematische Logik als bahnbrechend gelten, wurde seine Bedeutung als Logiker erst viele Jahre später entdeckt.

1878 schrieb Peirce einen Aufsatz „How to Make Our Ideas Clear" **Pragma-** („Über die Klarheit unserer Gedanken"). Darin legte er dar, dass der **tismus** Wert oder die Bedeutung eines Gedankens in seiner Wirkung liegt. „Eine Vorstellung von irgendwas ist eine Vorstellung der sinnlichen Wirkung desselben". Außerdem formulierte er darin eine „Pragmatische Maxime". Sie besagt, wenn man die Bedeutung eines Begriffs ermessen will, muss man sich seine praktischen Konsequenzen vorstellen. Mit diesem experimentellen Ansatz wird der Lebensbezug des Wissens betont. Der Zweck des Denkens, der Meinungen und Überzeugungen ist es, ein bestimmtes „Fürwahrhalten" (belief) im Lebenszusammenhang zu erzeugen. Das „Fürwahrhalten" räumt unsere Zweifel aus, gibt uns Regeln für das Handeln und begründet Gewohnheiten (habits). Es ist Zielpunkt und zugleich neuer Ausgangspunkt unseres Denkens.

John Dewey (1859–1952)

Der dritte amerikanische Philosoph des Pragmatismus nach Peirce und James war John Dewey. Er war der Sohn eines Lebensmittel-Einzelhändlers in Burlington/Vermont. Dewey begann sein Studium an der Universität von Vermont und setzte es an der John-Hopkins-Universität in Baltimor fort, wo Charles Peirce zu seinen Lehrern gehörte. Seine Dissertation befasste sich mit dem Thema „The Psychology of Kant". 10 Jahre lang lehrte er dann an der Universität von Michigan in Ann Arbor, bis er 1894 an die Universität Chicago als Leiter eines Fachbereichs für Philosophie, Psychologie und Pädagogik berufen wurde. Er gründete eine Versuchsschule, die großen Einfluss auf das amerikanische Schulwesen hatte. Außerdem bemühte er sich um die Integration sozialer Randgruppen und gelangte so als Sozialreformer zu nationalem Ansehen. 1904 folgte er einem Ruf an die Columbia-Universität in New York. Lehraufträge führten ihn nach Peking, Tokio und Nanking. Er folgte einer offiziellen Einladung zu einem Besuch in die UdSSR, wo ihn besonders das Erziehungswesen beeindruckte. Vom Stalinismus hat er sich später deutlich distanziert. Nach seiner Emeritierung war er noch lange Jahre als Berater tätig, er starb 1952 im hohen Alter von 93 Jahren.

Instrumen-
talismus

Dewey war bemüht, den Denkprozess auch in seiner psychologischen Dimension zu erfassen. Denken war für ihn ein Instrument in einem konkreten Problemlösungsprozess, ein Instrument zum Handeln. Jede Idee ist wahr als Denkmittel, das ist seine instrumentale Theorie der Wahrheit. Deshalb nannte er seinen Pragmatismus auch lieber „Instrumentalismus". Was Denken ist, lässt sich nicht durch apriorische, abstrakte Formen begreifen, sondern nur durch Analysen, wie es konkret „arbeitet", funktioniert. Nach Deweys instrumentalistischer Wissenschaftstheorie dienen Denken und Wissenschaft als Mittel zur Lebensbewältigung, die stets situationsbezogen und damit auch sozialbezogen ist.

Erziehung
und
Demokratie

Deweys Ziel war es, den Pragmatismus für die Lebenspraxis der Menschen fruchtbar zu machen und ihn besonders auf die Pädagogik und die Politik anzuwenden. Sein Hauptwerk „Democracy and Education" („Demokratie und Erziehung") veröffentlichte er 1916. Dewey verstand das gesamte menschliche Leben als einen Erziehungs- und Lernprozess. Vor allem die Erziehung sah er als geeignetes Instrument an, um seine Theorie in die Praxis umzusetzen. Viele der im Menschen angelegten Möglichkeiten kommen nicht zu Entfaltung. Er forderte deshalb eine Abkehr vom Lernen bloßer Fakten und trat für eine Förderung der Anlagen und Interessen schon im Kindesalter ein. Die Eltern sollen sich früh um die Erziehung kümmern. Nach seinem Erziehungskonzept muss der Lernstoff von den Lernenden als Problem erfahren und als Projekt gelöst werden. Erziehung und Unterricht haben selbständiges Denken und praktisches Handeln zum Ziel. Je besser die Erziehung der Menschen ist, desto besser ist die gesamte Gesellschaft. Demokratie ist für Dewey nicht nur eine Staatsform, sondern vor allem eine Form des menschlichen Zusammenlebens überhaupt. Sein Interesse gilt deshalb besonders den philosophischen, psychologischen und pädagogischen Voraussetzungen für ein demokratisches Zusammenleben, er glaubt an die Freiheit und Kraft der Persönlichkeit.

Henri Bergson (1859–1941)

Mit dem amerikanischen Pragmatismus beschäftigte sich auch ein französischer Philosoph, der mit William James freundschaftlichen Kontakt hatte, dessen Denken aber doch in eine etwas andere philosophischen Richtung ging, die später mit dem Stichwort „Lebensphilosophie" gekennzeichnet wurde. Henri Louis Bergson war der Sohn jüdischer Eltern. Der Vater, ein Musiklehrer und Komponist, war polnischer Abstammung, die Mutter war Engländerin. Henri konnte in Paris ein Gymnasium besuchen. Als 1870 der Krieg ausbrach, verlegten die Eltern ihr Domizil nach England, während der 11 jährige Henri, ein glänzender Schüler, allein in einem jüdischen Pensionat in Paris zurückblieb. Nach Abschluss seines Philosophie-Studiums wurde Bergson Gymnasiallehrer. Mit 32 heiratete er und wurde Vater einer Tochter. Bergson begann zu schreiben und 1889 konnte er sein erstes Buch über das Bewusstsein veröffentlichen. Es dauerte weitere 10 Jahre, bis sich dann für Bergson, der inzwischen 40 war, die angestrebte akademische Laufbahn eröffnete. 1900 wurde er als Philosophie-Professor an das „Collège de France"in Paris berufen, an dem er die nächsten 21 Jahre lehrte. Bergson war inzwischen als Philosoph berühmt, er hielt Gastvorlesungen in Italien, England und Spanien, 1914 wurde er Mitglied der „Académie Francaise". 1917 war er in diplomatischer Mission unterwegs, um die USA zum Kriegseintritt zu bewegen, 1922 wurde er Präsident einer Völkerbundskommission und 1927 erhielt er den Nobelpreis für Literatur. Als Frankreich 1940 von den Deutschen besetzt wurde, übersiedelte Bergson nach Bordeaux, doch nachdem die Vichy-Regierung ausgerufen worden war, kehrte er nach Paris zurück. Er starb im Januar 1941 an einer Lungenentzündung, die sich der 80 jährige zugezogen haben soll, als er Schlange stehen musste, um sich als Jude registrieren zu lassen. Die Totenmesse in Notre Dame von Paris wurde im besetzten Frankreich zu einer nationalen Demonstration.

Bergson, so wie vor ihm schon Schopenhauer und Nietzsche, galt als Vertreter der „Lebensphilosophie", die sich gegen die Aufklärung mit ihrer ausschließlichen Betonung der Vernunft richtete. Das Leben ist nicht mit den Mitteln des bloßen Denkens allein zu erfassen, der Vernunft kommt nur eine dienende Rolle zu. Gefühlsmäßiges Erfassen, Erleben und Verstehen, erscheinen dem Lebensphilosophen wichtiger. Bergson, selbst ein hervorragender Kenner der Naturwissenschaften, wendet sich gegen die Vorstellung, dass die Welt nur naturwissenschaftlich gedeutet werden könne. Eine Erklärung für das Geistige, für das Bewusstsein, können die Naturwissenschaften nicht liefern. Hier verläuft für Bergson die Trennlinie zum Pragmatismus. Was Bergson, abgesehen von seiner Denkrichtung als Philosoph, besonders auszeichnet, ist seine klare, verständliche und schöne Sprache.

Lebensphilosophie

Schöpferische Entwicklung

Bergson, der sich eingehend mit Spencer und Darwin befasst hatte, entwarf eine Alternative zur naturalistischen Evolutionstheorie. Sie ist in seinem Hauptwerk „L'évolution créatrice" („Schöpferische Entwicklung", 1907) aufgezeichnet. Das Werk wurde 1927 mit dem Nobelpreis ausgezeichnet; schon 1914 waren Bergsons Schriften wegen atheistischer Tendenzen in den Index verbotener Schriften der katholischen Kirche aufgenommen worden, sodass, wie ein Spötter bemerkte, Bergson nun im Besitze der beiden bedeutendsten internationalen Auszeichnungen war. Nach Bergsons Vorstellung begann die Evolution damit, dass sich ein Strom von Bewusstsein in die Materie ergoss. Aufgrund dieses ursprünglichen Impulses entstand das Leben, das sich in pflanzliches, tierisches und menschliches differenzierte.

„Elan vital"

Aller Entwicklung des Lebendigen liegt ein einheitliches und ungeteiltes Prinzip zugrunde, das Bergson „élan vital" nennt. Alle Wirklichkeit ist ständiges Werden, Handlung, Aktion und diese „Lebensschwungkraft" ist das Grundprinzip des Werdens. Der „élan vital" hat sich im Planzen- und Tierreich und im menschlichen Leben gleicherweise entfaltet; nur so werden die biologischen Phänomene des Lebens verständlich. Er ist in uns Menschen ebenso wirksam wie in der Natur, und er treibt die Geschichte voran. Alles Leben ist „schöpferische Entwicklung"; es hält die Formen, die es in der Vergangenheit ausgebildet hat fest und schafft ständig Neues, sodass es immer komplexer wird.

Raum und Zeit

Um das Wesen des Lebens zu erfassen, hat sich Bergson schon in seiner Dissertation „Essai sur les données immédiates de la conscience" (1889, deutsch „Zeit und Freiheit", 1911) mit dem Bewusstsein befasst. Er geht dabei von Raum und Zeit aus und zeigt, wie sich beide Begriffe wesentlich unterscheiden. Der Raum ist homogen, er umfasst gleichartige Punkte und man kann beliebig vom einen Punkt zum anderen übergehen. Es ist der Raum, mit dem sich die Naturwissenschaft beschäftigt und was sie Bewegung nennt ist nur die Aufeinanderfolge der Lage eines Körpers im Raum. Auch der übliche physikalische Zeitbegriff, mit dem wir leben, ist aus dem Raumbegriff abgeleitet. Was die Naturwissenschaft als Zeit misst, sind im Grunde nichts anders als die Veränderungen im Raum. Der Zeitunterschied wird zu einem Zeitintervall gemacht; die Zeit wird behandelt, als hätte sie räumlichen Charakter und wird dadurch messbar.

„Durée" (Dauer)

Die eigentliche, wirkliche Zeit hingegen ist nicht homogen. Man kann in ihr keineswegs von einem Punkt zum anderen übergehen, sie ist eine nicht umkehrbare Reihe. Jeder Augenblick ist neu, einmalig, unwiederholbar. Die qualitativ verschiedenen, aufeinanderfolgenden Momente gehen fließend ineinander über. Diese subjektive, erlebte Zeit, die unumkehrbar strömt, nennt Bergson „durée" („Dauer"). In der Dauer sind Vergangenheit und Gegenwart gleichzeitig vereint. In diesem kontinuierlichen Fließen, geht nichts verloren, alles wächst weiter, alles Kommende wird mitbestimmt von dem was schon ist.

Dem Raum und der Zeit entsprechen die beiden Erkenntnisvermögen, über die der Mensch verfügt. Dem Raum entspricht der Verstand, der Intellekt, er befasst sich mit dem Räumlichen, mit der Materie. Er ist das Organ des handelnden Menschen, des „homo faber". Wenn sich der Verstand mit der Zeit befasst, behandelt er sie wie die räumliche Materie, er zerstückelt sie in messbare Einheiten. Sie ist für ihn wie ein Film, der aus starren Einzelbildern besteht, die schnell abrollen und dadurch die Illusion der Bewegung erzeugen. Der Intellekt ist das Erkenntnisorgan der exakten Naturwissenschaften. Aber bereits in der Biologie und erst recht in den Geisteswissenschaften kommen wir mit dem Intellekt nicht mehr aus, er kann das Leben selbst nicht erklären. Denn das Leben ist nichts Starres, sondern ein nie abreißender Schöpfungsprozess. Dieses wahre Leben, die wirkliche Zeit, können wir nur durch die „Intuition" erfassen, sie ist das Organ des anschauenden, des erkennenden Menschen, des „homo sapiens". Die Intuition ist eine Vertiefung des Bewusstseins, sie macht alles aus dem Prozess des Werdens verständlich. So ist auch das Zeiterleben der Intuition ganz anders. Ein spannendes Ereignis kann uns sehr kurz vorkommen, obwohl es objektiv lang war. Diese Erlebniszeit nennt Bergson „durée réelle" („reine Dauer"). Nur der Intuition ist die schöpferische Aktivität zugänglich, die im „élan vital" zum Ausdruck kommt. Die Intuition kann ihre Erkenntnisse jedoch nicht in Begriffen, sondern nur in „Bildern" aussprechen. Der Verstand ist das Instrument der Praxis, der Philosophie gemäß ist die Intuition. Der Philosoph kann das intuitiv Erkannte bildhaft mitteilen und anderen damit zur gleichen Intuition verhelfen.

Intellekt und Intuition

Unser Gedächtnis verleiht dem unablässigen Fluss von Wahrnehmungen Dauer, es erzeugt einen „Bewusstseinsstrom" – von dem auch schon James gesprochen hatte –, der die Vergangenheit in die Zukunft hineinfließen lässt. Auch beim Gedächtnis unterscheidet Bergson zwei Formen. Im „reinen" Gedächtnis werden die Bilder unverändert aufbewahrt, im „habituellen" Gedächtnis wird die Fülle der Zustandsbilder in Handlungsabläufe umgesetzt. Das „reine" Gedächtnis, die Erinnerung, hält die Bilder der Vergangenheit in ihren unverwechselbaren Stimmungsqualitäten fest, so wie es Marcel Proust, ein großer Verehrer Bergsons und ein Cousin von dessen Frau, in seinem Romanwerk „Auf der Suche nach der verlorenen Zeit" so eindringlich schildert. Die spirituelle Energie des Gedächtnisses, das sich auf die als Dauer verstandene Zeit bezieht, kann Phänomene wie Träume oder das „déja-vu"-Erlebnis erzeugen. Die Erinnerung kann zur innovativen Kraft des Bewusstseins werden und mit dieser Vorstellung erreicht Bergson einen Punkt, an dem sich der Zugang zu den verborgenen Tiefen des Lebens öffnet, wie ihn die Psychoanalyse später beschrieb.

Gedächtnis

Moral und Religion

Bergsons letzte Schrift handelte von „Les deux sources de la morale et de la religion" („Die beiden Quellen der Moral und der Religion", 1932). Bergson unterscheidet zwischen einer „geschlossenen" Moral, die von der Gesellschaft ausgeht, unpersönlich ist, instinktiv ausgeführt wird und die sozialen Gewohnheiten aufrecht erhält. Sie dient der Selbsterhaltung der Gesellschaft und bestimmt unser Alltagsverhalten. Daneben gibt es die „offene" Moral, die persönlich ist, unabhängig von gesellschaftlichem Druck und voll schöpferischer Kraft. Sie kommt aus dem unmittelbaren Erfassen des Lebensgrundes, beruht auf Freiheit, Menschlichkeit und Liebe und verkörpert sich in hervorragenden Einzelpersönlichkeiten wie Heiligen oder Helden. Diesen beiden Formen der Moral entsprechen auch zwei Arten der Religion. Der Verstand sagt dem Mensch, dass er sterben muss. Die Phantasie, diese „fabulierende Funktion" des Verstandes, mit deren Hilfe er sich gütige Götter erschaffen kann, hilft ihm, diese bittere Einsicht zu ertragen. Eine solche „statische" Religion, die das Leben ertragen hilft, erzeugt durch Riten und Zeremonien Solidarität und wirkt stabilisierend gegen die Auflösungstendenzen, die sich aus unserer Intelligenz ergeben. Sie ist dem Instinkt der Tiere vergleichbar, mit dem die Natur gleichfalls für sozialen Zusammenhalt sorgt. Anders charakterisiert ist die „dynamische" Religion, die Mystik. Sie erfasst den „élan vital", die schöpferische Energie des Lebensstroms und ist nur außergewöhnlichen Menschen zugänglich. Die Mystiker behaupten, dass der Ursprung des Lebensstroms in Gott liegt, der ein Gott der Liebe ist, und dass im Menschen ein unsterblicher göttlicher Funke lebt. Die Philosophie kann das zwar nicht beweisen, aber dankbar hinnehmen.

Wirkung

Bergsons Philosophie hat zu ihrer Zeit große Zustimmung gefunden, ist aber auch auf Kritik gestoßen. So meinte Bertrand Russel, Bergson begründet seine Überzeugungen in der Regel nicht, sondern verlässt sich auf ihre Anziehungskraft und den Charme seines ausgezeichneten Stils. Doch von vielen anderen wurde der „Bergsonismus" wie eine Befreiung aufgenommen, der den Menschen vor dem Zugriff der technisch-wissenschaftlichen Rationalisierung rettet. (Deleuze) Bergsons Philosophie hat die Lähmung beseitigt, in die die Philosophie durch die Fixierung auf die Naturwissenschaften geraten war. Seine Vision von der Welt als schöpferisches Werden, an dem der Mensch aktiv Anteil nehmen kann, verlieh der Philosophie ebenso wie der Literatur neue Impulse.

Georg Simmel (1858–1918)

Dass Bergson bald auch in Deutschland bekannt wurde, verdankte er vor allem einem Berliner „Weltmann" unter den Philosophen, Georg Simmel. Vater Simmel, ein jüdischer Geschäftsmann aus Breslau, gründete in Berlin die Schokoladenfabrik „Felix und Sarotti". Der kleine Georg war ein echtes Berliner Kind, geboren als ältestes von 7 Geschwistern mitten in der quirligen Hauptstadt, Ecke Leipziger- und Friedrichstraße. In Berlin wuchs er auf, dort studierte er und wurde mit 36 Privatdozent. Das blieb er 30 Jahre lang, obwohl (oder weil) er als Lehrer beliebt war und großen Erfolg hatte. Seine Vorlesungen über die verschiedensten Themen wurden nicht nur von männlichen und – was damals noch keineswegs üblich war – weiblichen Studenten, sondern auch von Damen und Herren der Gesellschaft besucht. Die wöchentlichen „Jours" in seinem Privathaus waren ein beliebter gesellschaftlicher Treffpunkt. Zu Simmels Schülern in Berlin gehörten Ernst Bloch und Georg Lukács, zu seinem Freundeskreis Stefan George (1868–1933) und Rainer Maria Rilke (1875–1626). Simmel hatte geheiratet als er 32 war, und er hatte einen Sohn. Mit 56 nahm Simmel dann wehmütig Abschied von Berlin und zog nach Straßburg, denn dort konnte er endlich ordentlicher Professor werden. Aber da wucherte schon der Krebs in seiner Leber und es waren ihm nur noch 4 Jahre vergönnt. „Ich gehe mit dem Bewusstsein, dass mein Leben, nach mittleren Maßen gemessen, gerundet und gut abgeschlossen ist … ich gehe ohne Hader und ohne Abschiedswehmut … (im) richtigen Augenblick," schrieb er an Graf Hermann Keyserling (1880–1946).

Simmel gilt mit seinem Werk „Soziologie – Untersuchungen über die **Soziologie** Formen der Vergesellschaftung" (1908) als Begründer der formalen Soziologie. Er analysiert die Beziehungen der Menschen untereinander, die Wechselwirkungen zwischen Individuum und Gesellschaft und beschreibt die sozialen Strukturen. Zusammen mit Werner Sombart (1863–1941) und Max Weber (1864–1920) gründete er 1909 die „Deutsche Gesellschaft für Soziologie".

Simmel hatte sich mit dem Werk Bergsons befasst und veranlasste **Lebens-** seine Studentin Gertrud Kantorowicz Bergsons „Evolution créatrice" **philosophie** zu übersetzen. Auch für Simmel ist die Wirklichkeit bestimmt durch den Lebensfluss. Seine Sicht der Lebensphilosophie hat Simmel in seinem Buch „Lebensanschauung" (1918) dargelegt. Der Lebensbegriff steht im Spannungsfeld zwischen objektivem und subjektivem Geist, in der Dialektik von Dynamik und Transzendenz, was Simmel in die Formeln fasst: Leben will immer „Mehr Leben" (mehr Wachstum im biologischen Sinn) und Leben ist immer zugleich „Mehr-als-Leben", womit zum Ausdruck kommen soll, dass Leben immer Bedeutungen erzeugt, die es zu einem sinnhaften Prozess machen. Oder, wie Simmel auch sagt: „Die Transzendenz ist dem Leben immanent", es gehört zum Wesen des Lebens, dass es über den Lebensgrund hinausgreift, dass es mit Form und Maß etwas Bleibendes enthält. Einen mystischen Zug zeigen seine Gedanken über Tod und Unsterblichkeit. Auch der Tod gehört zum Leben, weil er es begrenzt und damit gestaltet und damit die Grundlage der Individualität bildet.

Für Bergson hat die Intuition vor allem zu einer Vertiefung der inneren Erfahrung geführt. Bei Simmel hingegen verläuft der Prozess der Selbsterfahrung von außen nach innen, die Interaktion wie sie im Umgang mit dem Geld vollzogen wird, ist dafür ein exemplarisches Beispiel. Der Einzelne lebt immer in Situationen, in denen er mit anderen verbunden ist. Wahre Selbsterfahrung hat deshalb nicht nur mit der Analyse der eigenen Person, sondern immer auch mit der gesellschaftlichen Situation zu tun. Nur wer seine Situation erkennt und anerkennt, kann zur Freiheit und Heiterkeit des Geistes gelangen. Simmel hat die Lebensphilosophie um soziologische Perspektiven bereichert, die ihn in gewisser Weise moderner erscheinen ließen als Bergson. Er sah das selbst wohl auch so, denn er soll gesagt haben: „Dass Bergson so viel bedeutender ist als ich, ist ja sehr erfreulich; aber dass ich so viel unbedeutender bin als Bergson, ist geradezu unerträglich."

Zur Jahrhundertwende erschien Simmels „Philosophie des Geldes" (1900), an der er lange, gearbeitet hatte, mit der er aber den Nerv der Zeit traf. Simmel geht es nicht um einen Beitrag zur Nationalökonomie, vielmehr will er ein „Gesamtbild moderner Kultur unter dem Zeichen des Geldes" entwerfen. Für Simmel ist der Tausch die elementare Beziehung zwischen den Menschen, im Tauschverhältnis kommt der Lebensfluss konkret zum Ausdruck. In der Zweckrationalität dieser Wechselwirkung sieht er sogar eine Wertschöpfung, bei der „jeder dem anderen mehr gibt, als er selbst besessen hat". Das Leben folgt dem Strukturprinzip der Wechselwirkung, auf das sich nach Simmels Ansicht alle geistigen Funktionen zurückführen lassen und das im Geldverkehr seinen reinsten Ausdruck findet. Mit wachsender Differenzierung und immer komplexeren Prozessen der Wechselwirkungen schwindet die Abhängigkeit von bestimmten Gruppen zugunsten vieler, relativer Abhängigkeiten und damit wächst die individuelle Freiheit. Das Geld als einheitlicher Ausdruck aller Interessen kann aber auch dazu führen, dass sich das Bedürfnis nach einer religiösen Instanz abschwächt und Geld so zum Gegenstand einer Religion und zum Gottersatz wird.

Edmund Husserl (1859–1938)

Im gleichen Jahr, in dem Henri Bergson in Paris auf die Welt kam, wurde im mährischen Proßnitz Edmund Husserl geboren. Auch er gilt als originärer philosophischer Denker, wenn sein Gelehrtenleben auch ohne spektakuläre Ereignisse verlief. Husserl stammte aus einer jüdischen Familie und besuchte in Olmütz das k.u.k. Gymnasium. Er studierte in Leipzig, Berlin und Wien zunächst Mathematik, dann Philosophie. Sein Mentor war der Prager Philosophie-Professor T. G. Masaryk, der später der erste Staatspräsident der Tschechoslowakei wurde. Husserl habilitierte sich in Halle und war dort 14 Jahre lang Privatdozent. Hier entstand sein erstes großes, 1000 Seiten umfassendes Werk, die „Logischen Untersuchungen" (1900), durch das er in die Reihe der philosophischen Klassiker aufrückte. Er war 47, als er durch einen Ruf an die Universität Göttingen endlich ordentlicher Professor wurde. 10 Jahre später wurde er Ordinarius für Philosophie an der Universität Freiburg im Breisgau. Nach seiner Emeritierung 1928 richtete er sich in Freiburg auf weitere ersprießliche Jahre wissenschaftlicher Arbeit ein. Aber 1933, nach der Machtübernahme durch die Nationalsozialisten, begann für ihn als „Nicht-Arier" eine schwere Zeit. Er musste seine Ehrenämter niederlegen und der Zugang zur Universität wurde ihm verwehrt. Rektor war zu jener Zeit Husserls ehemaliger Assistent und Nachfolger als Ordinarius, Martin Heidegger. Husserl waren noch 5 Jahre beschieden, er konnte noch sein zweites Hauptwerk „Die Krisis der europäischen Wissenschaften und die transzendentale Phänomenologie" (1936) fertig stellen, bevor er, 79 jährig, starb.

Husserl wandte sich gegen die um die Jahrhundertwende weit verbreitete Vorstellung von Philosophie als „Weltanschauung". Er wollte die Philosophie auch nicht auf eine Wissenschaftstheorie beschränkt sehen und auch von einer Anpassung an die Methoden der Naturwissenschaft hielt er nichts. Das Ziel seiner Lebensarbeit hat Husserl im Titel eines Aufsatzes aus dem Jahr 1911 formuliert: „Philosophie als strenge Wissenschaft". Mit seinem Bemühen um wissenschaftliche Strenge wollte er anregen, einfach vorurteilslos von vorne anzufangen. Husserls Denken stand in der Tradition der europäischen Aufklärung und der Vernunftphilosophie. Er versuchte die Vernunft vor ihrer Relativierung zu retten.

Philosophie als Wissenschaft

Die Regeln subjektiver Erkenntnis galten in der Philosophie des ausgehenden 19. Jahrhunderts als psychische Fakten, für die die Psychologie zuständig sei, die damit auch die wissenschaftliche Grundlage für die Philosophie bilden müsse. Eine solche Auffassung, die Erkenntnis auf Psychologie zurückführt, bezeichnete Husserl als „Psychologismus". Husserl geht es um die Überwindung dieses Psychologismus. Die Psychologie handelt von Tatsachen, ihre Sätze sind empirisch, sie sind wahrscheinlich, aber sie können auch falsifiziert werden. Logische Sätze hingegen müssen nicht empirisch abgestützt werden, es sind notwendige, gültige Wahrheiten. Die Logik ist von der Psychologie unabhängig.

Psychologismus

In seinen „Logischen Untersuchungen" ging es Husserl um die Grundlegung der Logik als Fundament für die wissenschaftliche Erkenntnis überhaupt. Husserl wies die Existenz apriorischer, von aller Erfahrung unabhängiger, logischer Gesetze nach. Bei der Logik muss man scharf unterscheiden zwischen dem individuellen psychischen Denkakt (Noesis) und dem objektiven Denkinhalt (Noema), bei dem

Logik

es sich um eine vom Subjekt unabhängige Wesenseinheit handelt. Es ist das Objekt selbst, das diese Wesenseinheit ausmacht, nicht aber ein Subjekt mit seiner Betrachtungsweise. Während der Psychologismus immer vom Subjekt ausgeht, befasst sich die Logik nur mit den Denkinhalten. Diese lassen sich nicht einfach beobachten, sondern müssen in einer Wesensschau erschlossen werden. Das war eine für die Philosophie neue Methode.

Phänomeno-logie

Die „Phänomenologie" (die Wissenschaft von den Erscheinungen), konzentriert sich auf diese ideellen Wesenseinheiten. Sie ist eine auf strenge Objektivität und beschreibendes Erfassen der wesentlichen Sachverhalte ausgerichtete Methode. Für Husserl ist die Phänomenologie eine Wissenschaft vom Bewusstsein, die sich allein an die gegebenen Phänomene hält. Bewusstsein ist immer „intentional", es ist immer „Bewusstsein von etwas". Diese „Wende zum Objekt", die Rettung des Objektiven vor einer psychologistischen Auflösung, wie sie Husserl in seinem 2. Hauptwerk „Ideen zu einer reinen Phänomenologie und phänomenologischen Philosophie" (1913) darstellte, bedeutete die Wiedergewinnung einer gegenständlichen Ordnung in der Philosophie und galt seinen Anhängern als Husserls große Leistung. Die Erforschung des Wesensgehaltes der Gegenstände nach dem Motto „Zu den Sachen selbst!" war eine Aufforderung zu strenger Selbstdiszipin und methodischer Genauigkeit des Denkens.

Reduktion

In seinen „Cartesianischen Meditationen", zwei Vorträgen die er 1931 in Paris hielt, geht Husserl noch über den Zweifel des Descartes hinaus. Am Anfang aller Philosophie muss das Aufgeben der „natürlichen Einstellung" stehen. Diese „mundane" (von lat. Mundus = Welt) Einstellung, wie Husserl sie auch nennt, besteht darin, dass wir stets unausgesprochen die Weltexistenz voraussetzen. Wir müssen jedoch die Weltexistenz zunächst ausklammern. Descartes zweifelt an allem, nicht aber am Sein der Welt. Wir müssen den Descartesschen Zweifel übertrumpfen, meint Husserl, und auch den Glauben an die Existenz der Welt zunächst ausschalten. Husserl nennt das „Phänomenologische Reduktion". Erst mit der Reduktion bekommt das philosophische Denken das richtige Bewusstsein in den Griff, in dem sich der ganze Welthorizont und der Sinn aller gewussten Gegenstände konstituiert.

Lebenswelt

In seinem Spätwerk befasst sich Hussserl kritisch mit der europäischen Wissenschaftsentwicklung. Der heraufziehende Irrationalismus und die Bedrohungen durch die technische Zivilisation entsprechen nicht mehr der europäischen Rationalität, wie sie im antiken Griechenland entstanden ist. Ihr lebensbedeutsamer Sinn ist in der Neuzeit verloren gegangen. Die Krisis der Wissenschaften zeigt sich in der „Sinnentleerung" einer unmenschlich gewordenen Welt. Husserl plädiert damit für eine Hinwendung zur „Lebenswelt", zu einer Welt, in der der Mensch zuhause sein kann.

Für Bertrand Russel ist Husserl zwar oft „äußerst unklar", doch hat Husserl als Lehrer durch sein Werk und durch seine Persönlichkeit die weitere philosophische Entwicklung wesentlich beeinflusst. So knüpfte nicht nur sein Schüler Heidegger, sondern auch der französische Philosoph Sartre in stetiger Auseinandersetzung unmittelbar an Husserls Vorstellungen an.

Sigmund Freud (1856 – 1939)

In Mähren, wo Husserl geboren wurde, kam 3 Jahre vor ihm ein anderer jüdischer Junge auf die Welt, der noch weit mehr Einfluss auf seine Zeit nehmen sollte, als Husserl. Sigmund Freud wurde im mährischen Städtchen Freiberg (heute Pribor) als Sohn eines jüdischen Wollhändlers geboren. Vater Jacob Freud hatte 2 Söhne aus erster Ehe und bereits Enkel, als er seine zweite, um 20 Jahre jüngere Frau heiratete, die ihm 8 Kinder schenkte. Sigmund war der Älteste von ihnen und als er 3 war, verzog die Familie nach Wien. Sigmund konnte auf ein humanistisches Gymnasium gehen und mit 17 begann er an der Wiener Universität mit dem Studium der Medizin. Als er 26 war, hatte er den Militärdienst und die Promotion hinter sich. Im gleichen Jahre verlobte er sich mit Martha Bernays aus Hamburg und um die wirtschaftliche Basis für einen eigenen Hausstand zu schaffen, strebte Freud nun eine Privatpraxis an. 4 Jahre später hatte er es geschafft und die beiden konnten Hochzeit machen, waren dann über 50 Jahre lang glücklich verheiratet und hatten 6 Kinder. Kurz vorher hatte Freud für ein halbes Jahr Gelegenheit an der Pariser Salpètrière bei dem berühmte Psychiater Jean Martin Charcot (1825 – 1893) das Krankheitsfeld der Neurosen und die Behandlung durch Hypnose zu studieren. Freud wurde in Wien Privatdozent für Nervenkrankheiten, aber es dauerte weitere 7 Jahre, bis er endlich zum Professor ernannt wurde. Der Krieg 1914 – 1918, an dem alle 3 Söhne Freuds als Soldaten teilnahmen, bewegte ihn tief und veranlasste ihn zu philosophischen Überlegungen, die in den Nachkriegsjahren ihren literarischen Niederschlag fanden. 1933 wurden in Deutschland seine Schriften verbrannt und nach dem „Anschluss" Österreichs an das Deutsche Reich, 1938, musste Freud mit seiner Familie nach England emigrieren. Die Zeit des Londoner Exils sollte nur noch ein Jahr dauern und war in mehrfacher Hinsicht sehr schmerzlich. Der Tumor im Gaumen, der ihm seit dem Krieg zu schaffen machte und durch den er schon 33 Operationen überstehen musste, wurde immer schlimmer. 3 Wochen nach Ausbruch des Zweiten Weltkrieges starb Sigmund Freud, 83 jährig, in seinem Haus in Maresfield Gardens.

Schon in Paris hatte sich Freud besonders für das Krankheitsbild der Hysterie interessiert. In Wien arbeitete er zusammen mit seinem älte- ren Kollegen, dem praktischen Arzt Josef Breuer (1842 – 1925) am Fall von dessen Patientin Anna O. Die beiden publizierten gemeinsam „Studien über Hysterie" (1895). Sie hatten herausgefunden, dass vergangene Erlebnisse hysterische Symptome auslösen konnten, wenn die Erinnerung daran unterdrückt worden war. Die Symptome verschwanden, wenn während der Hypnosebehandlung die unterdrückten Affekte ausgesprochen wurden. Freud war inzwischen zu der Ansicht gekommen, dass die Ursache hysterischer Erkrankungen vor allem in einer gestörten Sexualität zu suchen ist. Darin wollte ihm Breuer nicht folgen und so trennten sich später ihre Wege.

Psycho-analyse

Außerdem versuchte Freud, auch ohne die Hypnose einen Weg zu finden, der im Wachzustand zu dem anscheinend Vergessenen führte. Er fand heraus, dass „freie Assoziation", dass die Kette der Einfälle tatsächlich meist in die Nähe des Ereignisses führte, das die Krankheitssymptome ausgelöst hatte. Entsprechend der freien Assoziation änderte Freud auch die Behandlungsmethode. Der Patient liegt auf einer Couch, spricht seine Gedanken und Gefühle frei aus, und der Analytiker sitzt hinter ihm. Diese Methode der „Psychoanalyse" war keineswegs eine vorgefasste Theorie, sondern baute sich aus jahrzehntelangen Erfahrungen in der Krankenbehandlung Schritt für Schritt auf und führte zu einer umfassenden Theorie vom Aufbau des Seelenlebens.

Das Unbewusste

Die tiefste Schicht des Bewusstseins, die vorhanden, uns aber nicht bewusst ist, aus der Triebe und Impulse aufsteigen, nennt Freud das „Es". Darüber baut sich das „Ich" auf, das für uns den Kontakt mit der äußeren Welt regelt. In einem dritten Bereich werden die Beziehung zwischen dem „Ich" und dem „Es" überwacht und gelenkt, Freud nennt ihn das „Über-Ich"; es bildet sich beim Menschen in den ersten Lebensjahren. Das „Über-Ich", das die Ansprüche und die Autorität der Gesellschaft vertritt, setzt die Maßstäbe, ob Impulse zugelassen oder „verdrängt" werden. Die Verdrängung kann zu Reaktionen führen. Verdrängte Sexualimpulse zum Beispiel können aber auch „sublimiert", also auf ein höheres Ziel umgelenkt werden. Das Bewusstsein weiß nichts von unbewussten Motivationen; sie lassen sich erst in Handlungen oder Fehlleistungen nachweisen. Die Entdeckung des Unbewussten bedeutete den Bruch mit der traditionellen philosophischen Vorstellung von der Bedeutung der Vernunft, Freud selbst hat sie als eine Kränkung für die Eigenliebe des Menschen bezeichnet, denn nun zeige sich, dass er nicht einmal Herr im eigenen Hause sei und „auf kärgliche Nachricht angewiesen bleibt von dem, was unbewusst in seinem Seelenleben vor sich geht." Freuds Hypothese vom Unbewussten hatte im übrigen Vorläufer in der Dichtung und auch in der Philosophie (z. B. Schopenhauer, Nietzsche).

Traum-deutung

Freuds Lehre befasste sich nicht nur mit seelischen Erkrankungen, sondern auch mit anderen seelischen Erscheinungen. Sein Werk „Traumdeutung" (1899), just zur Jahrhundertwende erschienen, wurde zu einem „Jahrhundertbuch" mit seinen Aufsehen erregenden neuen Einsichten. Durch ernsthafte Forschung wurde hier der richtige Kern uralter Überlieferungen bestätigt. Freud entzifferte die Gesetzmäßigkeiten des Traumes und machte ihn damit deutbar. Es zeigt sich, dass Un-Sinn unbewusster Sinn ist. Im Traum kommen Wünsche zum Ausdruck, die verdrängt wurden. Meistens sind es nach den Maßstäben der Gesellschaft peinliche oder unerlaubte Wünsche, die ins Traumbewusstsein drängen und auch das nur in verkleideter Form. Sie müssen deshalb gedeutet werden. Die Traumdeutung ist für Freud die „Via regia zur Kenntnis des Unbewussten im Seelenleben".

Wie Träume haben auch Fehlleistungen im täglichen Leben, wie Versprechen, Verhören, Vergessen, einen Sinn, der zwar verborgen ist, aber durch Analyse aufgedeckt werden kann. Die bewusste Absicht des Handelnden wird durch die Fehlleistung durchkreuzt und eine andere Tendenz, die ins Unbewusste abgedrängt war, setzt sich durch. Freud hat das in seinem Buch „Zur Psychopathologie des Alltagslebens" (1904) beschrieben. Auch Witze weisen oft auf einen verborgenen Sinn hin, wie Freud in seiner Abhandlung „Der Witz und seine Beziehungen zum Unbewussten" (1905) darlegte. **Fehlleistungen**

Freuds Beobachtungen von der sexuellen Verursachung neurotischer Erkrankungen hatten ihn zu der Überzeugung geführt, dass das Geschlechtliche ein mächtiger Antrieb im Seelenleben ist. Die sexuelle Energie, die „Libido", die auf die Gewinnung von „Organlust" abzielt, ist schon im Kindesalter zu beobachten und zeigt sich besonders in der Pubertät. Konfliktsituationen wie der „Ödipuskomplex" (der heranwachsende Knabe ist verliebt in die Mutter und eifersüchtig auf den Vater) können zu Störungen im späteren Leben führen. Freuds „Drei Abhandlungen zur Sexualtheorie" (1905) brachten ihm besonders viel Widerspruch und Anfeindungen ein. Freud plädierte offen gegen eine repressive Sexualmoral und setzte sich für eine Gesellschaft ein, die der Sexualität so viel Raum gewährt, dass ein ausreichendes Maß individueller Glücksbefriedigung möglich wird, andernfalls sei von einer allgemeinen Feindseligkeit gegen die Kultur schlechthin nicht loszukommen. **Sexualtheorie**

In der Zeit des Ersten Weltkrieges verfasste Freud eine Schrift „Zeitgemäßes über Krieg und Tod" (1915). Ihn beschäftigte die Frage, warum trotz des kulturellen Tötungsverbotes immer wieder individuelle und kollektive Aggressionen durchbrechen. So sah er sich veranlasst, sein ursprüngliches Triebkonzept von Sexual- und Selbsterhaltungstrieb zu erweitern. In seiner Schrift „Jenseits des Lustprinzips" (1920) stellt er den lebenserhaltenden Trieben einen destruktiven Todestrieb gegenüber. Der beherrschende Konflikt ist der zwischen Eros und Thanatos, „das Ziel allen Lebens ist der Tod". Freud war sich allerdings des Spekulativen dieser Theorie bewusst. **Todestrieb**

Unbehagen in der Kultur Sein Buch „Das Unbehagen in der Kultur"(1930) dokumentierte schließlich Freuds Weg von der Medizin über die Psychologie zur Philosophie. Obwohl er die Schwäche der Vernunft immer wieder schmerzlich diagnostizieren musste, blieb er doch der Aufklärung verbunden und bekannte sich nach wie vor zum „Gott Logos". Das Unbehagen entsteht dadurch, dass der Aggressionstrieb, ein Abkömmling des Todestriebes, in der Kultur unterdrückt werden muss und sich auf diese Weise gegen das eigene Ich wendet. Die Spannung die so zwischen dem „Über-Ich" und dem „Ich" entsteht, äußert sich als Schuldbewusstsein und „Gewissen". Der Preis für den Kulturfortschritt ist die Erhöhung des Schuldgefühls, das zu einer Glückseinbuße führt. In dem Maße, in dem es gelingt, des Aggressionstriebes Herr zu werden, wird sich das Schicksal der Menschheit entscheiden.

Glück Auch der Frage, wie sich menschliches Glück entfalten kann, geht Freud nach. Zweck des Lebens ist das Streben nach Glück, es ist das „Programm des Lustprinzips" und das Vorbild allen Glücksstrebens ist die geschlechtliche Liebe. Das Glück wird bedroht vom eigenen Körper, der zu Verfall und Auflösung bestimmt ist, von einer übermächtigen Natur und schließlich auch von den Beziehungen der Menschen untereinander. Durch den Einfluss der Außenwelt geht es nicht mehr so sehr um Lustgewinnung als vielmehr um Leidvermeidung. Im Grunde, meint Freud, sei es im Plan der „Schöpfung" nicht enthalten, dass der Mensch glücklich werde. Glück sei nur „als episodisches Phänomen möglich".

Religion Die Religionen, die ihren Weg glücklich zu werden, allen gleichermaßen aufdrücken, hält Freud für einen „Massenwahn", eine gefährliche Illusion. In seiner Schrift „Die Zukunft einer Illusion" (1927) äußert er zwar Verständnis dafür, wenn Menschen religiöse Bedürfnisse äußern, weil es für sie schwer ist, sich die eigene Hilflosigkeit und Geringfügigkeit im großen Getriebe der Welt eingestehen zu müssen. Aber eine solche infantile Einstellung muss überwunden werden. Für Freud ist Wissenschaft und Religion unvereinbar, von Jugend an war er ein unbeugsamer Atheist. Dass er sich gerade in einer vom Antisemitismus beherrschten Zeit offensiv zum Judentum bekannte, hatte nichts mit der jüdischen Religion zu tun, von der er längst abgerückt war. Ihm ging es darum zu zeigen, „(ich habe) das Gefühl der Zusammengehörigkeit mit meinem Volk nie aufgegeben."

Begegnungen In der „Psychologischen Mittwoch-Gesellschaft", die er seit 1902 in seiner Wohnung in der Berggasse 19 abhielt, versammelte Freud seine ersten Schüler um sich. Zu seinen engen Vertrauten gehörte auch der Brite Ernest Jones (1879–1939), der später sein wichtigster Biograph werden sollte. Freud war außerordentlich zurückhaltend, wenn es um seine persönlichen Lebensumstände ging. Seine Biographen hätten es schwer gehabt, wenn er nicht ein fleißiger Briefschreiber gewesen wäre. Für einige Jahre war sein wichtigster Korrespondenzpartner, der ihm zugleich zur Selbstanalyse diente, der Berliner HNO-Arzt Wilhelm Fließ (1858–1928). Freuds Schülerin, Marie Bonaparte (Prinzessin Georg von Griechenland und Dänemark, 1882–1962) hat später diese Briefe von den Erben zurückgekauft. Sie brachte auch das Geld auf, mit dem sich Freud 1938 von den Nazis die Ausreisegenehmigung erkaufen musste. Auch die Russin Lou Andreas-Salomé (1861–1937) gehörte zu seinen Korrespondenzpartnern. Mit Albert Einstein führte er einen Briefwechsel „Warum Krieg" (1932). Viele bekannte Künstler suchten den persönlichen Kontakt zu Freud, so Romain Rolland (1866–1944), Stefan Zweig (1881–1942), Thomas Mann (1875–1955) und Salvador Dali (1904–1989).

Freuds erste Werke waren zunächst auf heftige Ablehnung gestoßen, **Wirkung** aber schon bald nach der Jahrhundertwende bildete sich ein Kreis von Schülern und Anhängern. 1911 gründete Freud die „Internationale Psychoanalytische Vereinigung" mit Stützpunkten in Wien, Berlin, Zürich und Budapest. Zeitschriften und Jahrbücher entstanden. Psychoanalytische Ausbildungsinstitute wurden gegründet, das erste, das als vorbildlich galt, 1920 in Berlin. 1909 unternahm Freud eine Amerika-Reise und hielt Vorträge. Die USA wurden zum eigentlichen Heimatland der Psychoanalyse, vollends während der Unterdrückung, die Freuds Lehre während des Dritten Reiches in Deutschland erfuhr. Von den zahlreichen Schülern Freuds trennten sich allerdings zwei von ihm, die ihrerseits eigene Schulen bildeten: Adler und Jung.

Alfred Adler (1870–1937)

Alfred Adler, Sohn eines jüdischen Getreidehändlers, war gebürtiger Wiener, studierte in seiner Heimatstadt Medizin und baute sich eine eigene Praxis als Nervenarzt auf. Er heiratete eine russische Studentin und interessierte sich besonders für die „soziale Frage" und Sozialreformen. Adler gehörte zu Freuds „Mittwochsgesellschaft" und arbeitete 9 Jahre lang eng mit ihm zusammen, bis er sich 1911 von ihm trennte. Er gründete einen eigenen „Verein für Individualpsychologie", organisierte Erziehungsberatungsstellen und gewann als Volksredner im „roten Wien" viele Anhänger. 1935 emigrierte er in die USA und starb 67 jährig an einem Herzschlag.

Für Adler stand nicht der Sexualtrieb im Vordergrund, sondern der **Individual-** Selbsterhaltungs- und Machttrieb. Das Kind empfindet als erste Le- **psychologie** benserfahrungen Schwäche und Hilflosigkeit und die Überlegenheit der Erwachsenen. Aus diesem frühen „Minderwertigkeitskomplex" (eine Formulierung Adlers) erwächst ein Geltungstrieb, der die Minderwertigkeit kompensieren soll. Es kann zu Überkompensationen und in der Folge zu neurotischen Erkrankungen kommen. Neben den Begriffen des Minderwertigkeitsgefühls und der Kompensation führte

Adler später noch den Begriff des „Gemeinschaftsgefühls" in seine Theorie ein. Darin sieht er eine Möglichkeit, das Machtstreben zu überwinden und die Entwicklung in eine positive soziale Richtung zu lenken.

Carl Gustav Jung (1875 – 1961)

Der Schweizer Carl Gustav Jung, ein Pfarrerssohn, wuchs in der Nähe von Basel auf, studierte dort Medizin und wurde Oberarzt an der Psychiatrischen Universitätsklinik in Zürich. Mit 28 heiratete er und seine Frau, Tochter eines reichen Industriellen, Mutter von 5 Kindern, war ihm eine wertvolle Mitarbeiterin bei seiner wissenschaftlichen Arbeit. In den späteren Jahren gab es allerdings noch eine offizielle Begleiterin, mit der sich Jungs Frau abfinden musste. 6 Jahre nach der Hochzeit richtete sich Jung in einem selbst erbauten Anwesen in Küsnacht am Zürichsee eine eigene Praxis ein. Mit Freud war Jung 5 Jahre lang in enger Zusammenarbeit verbunden, er wurde der erste Präsident von Freuds Internationaler Psychoanalytischer Vereinigung. Kurz nach Adler trennte sich dann auch Jung 1912 von Freud, teils aus persönlichen Gründen, teils wegen sachlicher Differenzen. Er hatte anschließend eine seelische Krise durchzustehen, bis er sich in den folgenden Jahren neben seiner Praxis seinem wissenschaftlichen Werk widmen konnte. Besonders in England und den USA fand er Anerkennung. Eine unglückliche Episode war sein Verhalten nach 1933, als er sich öffentlich über den Unterschied zwischen jüdischer und arischer Psychologie äußerte und sich der deutschen Gesellschaft für Psychotherapie als Präsident zur Verfügung stellte. Jung unternahm ausgedehnte Studienreisen, die ihn nach Afrika und Indien führten und durch die er umfassende Kenntnisse außereuropäischer Denkformen erwerben konnte. Seine „Einführung in das Wesen der Mythologie" war auch ein Ergebnis dieser Forschungen. Er starb, 86 jährig, in seinem Haus in Küsnacht.

Tiefen-psychologie

Jung nannte seine Methode „Analytische Psychologie". Freuds Ausdruck „Psychoanalyse" sollte dessen Schule vorbehalten bleiben. Allgemein hat sich später die Bezeichnung „Tiefenpsychologie" eingebürgert. Der Begriff des Unbewussten hat bei Jung eine andere Ausprägung als bei Freud. Für Jung ist die „Libido" nicht ausschließlich sexuelle Energie, sondern sie ist eine Kraft, die aus allen Instinkten des Menschen gespeist wird und die auch unbewusst wirken kann. Das Unbewusste hat für Jung nicht nur triebhafte Züge, sondern umfasst ebenso rein geistige und religiöse Kräfte. Anders als Freud, der der Aufklärung und dem Primat der Vernunft verbunden blieb, wendet Jung sich religiösen und mystischen Vorstellungen zu. Vor allem gibt es für Jung neben dem individuellen Unbewussten auch ein kollektives Unbewusstes, eine Tiefenschicht, die der ganzen Menschheit gemeinsam ist und aus der sich jede individuelle Geistigkeit entwickelt. Dem kollektiven Unbewussten schrieb Jung prägende Wirkung bei der individuellen Entwicklung zu. Im kollektiven Unbewussten entstehen die „Archetypen" (Urbilder). Sie sind die Leitbilder, die sich aus den angesammelten Erfahrungen der vergangenen Generationen entwickelt haben. In besonderen Situationen, im Traum, in Visionen oder als Symbole werden sie erkennbar.

Ein zentraler Begriff ist für Jung die „Individuation", wie er den lebenslangen Entwicklungsprozess, hin zur Selbstverwirklichung, bezeichnet. Jung war der Ansicht, „dass das Unbewusste ein Prozess ist, und dass die Beziehung des Ich zu den Inhalten des Unbewussten eine eigentliche Wandlung oder Entwicklung der Psyche auslöst. Im individuellen Fall ist der Prozess an den Träumen und Phantasien abzulesen. In der Welt des Kollektiven hat er seinen Niederschlag vor allem in den verschiedenen Religionssystemen und in der Wandlung ihrer Symbole gefunden." „Wird die innere Verfestigung des Individuums nicht bewusst hergestellt, … (wird der Mensch) zum seelenlosen Herdentier, nur noch regiert von Panik und Begierde." Die Beziehung zum Selbst ist zugleich die Beziehung zum Mitmenschen. Jung entwickelte die psychologischen Typen der „Extraversion" und der „Introversion", die mit vier typischen Einstellungen des Bewusstseins kombiniert sind. Jung war der Ansicht, dass wir auch noch im Alter voranschreiten und geistig wachsen können. Von sich selbst sagte Jung: „Mein Leben ist die Geschichte einer Selbstverwirklichung des Unbewussten. Alles was im Unbewussten liegt, will Ereignis werden, und auch die Persönlichkeit will sich aus ihren unbewussten Bindungen entfalten und sich als Ganzheit erleben."

Individuation

Weltkriege (1914–1945)

Sarajewo

Die kolonial-und machtpolitischen Rivalitäten der Großmächte hatten inzwischen zu unheilvollen Spannungen in Europa in geführt. Ihren unmittelbaren Ausgang nahm die Katastrophe des ersten Weltkrieges jedoch im Sommer 1914 vom klassischen Krisenherd Europas aus, vom Balkan mit seinen „unfertigen Nationalstaaten". Die osmanische Türkei sah ihren territorialen Bestand und ihre Herrschaft über die Balkanvölker gefährdet. Österreich-Ungarn annektierte Bosnien und die Herzegowina und forderte damit Reaktionen Russlands und Serbiens heraus. Aus zwei lokalen Balkankriegen ging Serbien gestärkt hervor und wurde der stärkste Widersacher der Habsburger Monarchie. Am 28. Juni 1914 wurden der österreichische Thronfolger Erzherzog Franz Ferdinand und seine Gattin in der bosnischen Stadt Sarajewo von einem serbischen Nationalisten ermordet. In Österreich und Deutschland glaubte man an eine Mitschuld der serbischen Regierung.

**Kriegs-
erklärung**

Deutschland sicherte der österreichisch-ungarischen Regierung unbedingte Bündnistreue zu. Österreich-Ungarn stellte Serbien ein Ultimatum und erklärte ihm, nach einer unbefriedigenden Antwort, den Krieg. Der Mechanismus der Bündnisverträge kam in Gang. Den Mittelmächten Deutschland und Österreich-Ungarn, zu denen später auch die Türkei und Bulgarien stießen, standen die Entente-Mächte Russland, Frankreich, England, Serbien, Japan und später Italien gegenüber. Die Bevölkerung in den großen europäischen Staaten rechnete damit, dass der Krieg nicht lange dauern würde und reagierte mit Jubel und Begeisterung. Auf beiden Seiten waren die Völker in einen nationalen Rausch geraten und glaubten, ihre Freiheit und ihre Ideale gegen frevelhafte Angriffe verteidigen zu müssen.

**Weltkrieg
(1914–18)**

Für Deutschland begann der Krieg mit Erfolgen. Nach dem „Schlieffen"-Plan sollten die neutralen Länder Luxemburg und Belgien überrannt und die französische Armee von Norden her umfasst werden. Nach der Schlacht an der Marne endete jedoch der Bewegungskrieg in einem jahrelangen Stellungskrieg mit furchtbaren Verlusten auf beiden Seiten. Die Festung Verdun wurde zu seinem Symbol. Im Osten gelang es den Deutschen nach einem Sieg bei Tannenberg die russischen Armeen zurückzuschlagen. Gegen die totale Blockade von der See her wehrte sich Deutschland mit einem uneingeschränkten U-Boot-Krieg. Am 6. 4. 1917 traten die USA in den Krieg ein und entschieden damit den Ausgang des Ringens zugunsten der Entente-Mächte. In Deutschland zeigten Streiks in der Industrie die Kriegsmü-

digkeit an, im Oktober 1918 meuterten Teile der deutschen Kriegs-
flotte und im November 1918 wurde in Compiègne bei Paris der
Waffenstillstand unterzeichnet, um den Deutschland ersucht hatte.
Kaiser Wilhelm II. dankte ab, der Sozialdemokrat Philipp Scheidemann rief in Berlin die Republik aus.

Der amerikanische Präsident Woodrow Wilson (1856–1924) fasste **Versailles**
in einem 14-Punkte Plan seine maßvollen Vorstellungen von den
Friedensbedingungen zusammen: Demokratie, internationales Recht,
Freiheit der Meere, Selbstbestimmung der Völker, Abrüstung und
Gründung eines Völkerbundes, der den Frieden sichert. Der Friedensvertrag, der dann am 28.6.1919 in Versailles geschlossen wurde,
folgte jedoch nicht Wilsons Vorstellungen. Vielmehr setzte sich die
kurzsichtige, nationalistische Revanchepolitik durch, wie sie der französische Ministerpräsident Georges Clemenceau (1841–1929) vertrat. Reparationen und Gebietsabtretungen wurden gefordert, die
zum Teil dem Völkerrecht widersprachen und ein „Kriegsschuldarti-
kel" erklärte Deutschland zum alleinigen Urheber allen Schadens.
Die Besiegten empfanden die Friedensbedingungen als ein Diktat,
alle politischen Parteien forderten seine Revision.

Die Türkei musste den Italienern Rhodos, den Franzosen Syrien und **Türkei**
den Briten Palästina, Arabien und den Irak überlassen. Das Osmanische Reich war zusammengebrochen. General Mustafa Kemal Pascha
(1880–1938), genannt Atatürk („Vater der Türken"), war der Begründer der modernen Türkei und wurde 1923 zum ersten Präsidenten
der türkischen Republik gewählt, er blieb es bis an sein Lebensende.
Er hielt nichts vom Panislamismus, sein Ziel war in kluger Beschränkung ein türkischer Nationalstaat, den er gegen den Widerstand der
islamischen Geistlichkeit durch weitgehende innere Reformen euro-
päisierte. An den Schulen wurde der Religionsunterricht verboten,
das geistliche Recht wurde durch europäisches ersetzt, die Frauen
wurden emanzipiert, die Schrift wurde auf das lateinische Alphabet
umgestellt.

In Russland war im Oktober 1917 durch eine Revolution der Zar zur **Russland**
Abdankung gezwungen und mit seiner Familie erschossen worden.
In der neu gebildeten Regierung, dem „Rat der Volkskommissare"
hatte Wladimir Iljitsch Uljanow, genannt Lenin (1870–1924) den
Vorsitz und damit praktisch die Regierungsmacht übernommen. Die
Sowjetregierung begann, den Großgrundbesitz entschädigungslos zu
enteignen und Industrie und Banken zu verstaatlichen. 1922 schlossen sich die Sowjetrepubliken von Russland, der Ukraine, Weißrussland und Transkaukasus zur „Union der Sozialistischen Sowjetrepubliken" (UdSSR) zusammen. 1924 starb Lenin. Aus den Nachfolge-
kämpfen ging Josif Wissarionowitsch Dschugaschwili, genannt Stalin
(1879–1953) als Sieger hervor und blieb bis zu seinem Tode unum-
strittener Diktator.

Italien	Die Siegermacht Italien hatte im Friedensvertrag von St.-Germain Südtirol, Triest und Istrien zugesprochen bekommen. Nach dem Krieg waren die liberalen politischen Kräfte jedoch nicht in der Lage, die wirtschaftliche Krise zu meistern, es kam zu bürgerkriegsähnlichen Zuständen. Die Nationalisten, an ihrer Spitze der Dichter Gabriele d'Annunzio (1863–1938) agitierten gegen den „verschenkten Frieden". Einer seiner Anhänger, Benito Mussolini (1883–1945) organisierte nationalistische Kampfbünde („Fasci di Combattimento") und führte die „Faschisten" 1922 zu einem „Marsch auf Rom". Der König sah sich gezwungen, ihn mit der Regierungsbildung zu beauftragen und wenig später konnte der „Duce" sein Regime zu einer faschistischen Diktatur ausbauen.
Deutschland	In Deutschland kam im Januar 1919 die erste Wahl zur Nationalversammlung zustande. Die gewählten Abgeordneten versammelten sich in Weimar und wählten zum Reichskanzler den Sozialdemokraten Philipp Scheidemann (1865–1939) und zum Reichspräsidenten den Sozialdemokraten Friedrich Ebert (1871–1925). Sechs Monate später konnte die von der Nationalversammlung ausgearbeitete „Weimarer Reichsverfassung" verabschiedet werden.
Außenpolitik	Dem Außenminister Walther Rathenau (1867–1922) gelang es, bei den internationalen Verhandlungen mit Russland (Rapallo-Vertrag) und den Westmächten ein der Verständigung dienendes Vertrauen zu erwerben. Seine Ermordung im Juni 1922 rief große Erschütterung hervor. Gustav Stresemann (1878–1929), zweimal Reichskanzler und dann Außenminister, handelte 1925 mit seinem französischen Kollegen Aristide Briand (1862–1932) den Vertrag von Locarno aus, der zu einem gewissen Ausgleich führte und Deutschland den Beitritt zum Völkerbund ermöglichte. Stresemann und Briand erhielten für die diplomatische Aussöhnung der „Erbfeinde" gemeinsam den Friedensnobelpreis.
Krisenjahre	Deutschland litt schwer unter den wirtschaftlichen und sozialen Kriegsfolgen. Auch der Übergang vom Obrigkeitsstaat des Kaiserreiches zur Republik fiel schwer, weithin herrschte eine republikfeindliche Gesinnung. Der galoppierenden Inflation, die die Ersparnisse vernichtete und besonders den Mittelstand traf, konnte erst 1923 durch eine Währungsreform Einhalt geboten werden. Es kam zu Unruhen und Aufständen von links wie von rechts. In München erklärte Adolf Hitler (1889–1945) die Reichsregierung für abgesetzt und sich selbst zum Reichskanzler. Sein Putsch brach am 9. November 1923 vor der Feldherrnhalle im Feuer der Polizei zusammen.
Die „goldenen Zwanziger"	Nach der Währungsreform und begünstigt durch die Weltkonjunktur ging es mit der Wirtschaft wieder aufwärts. Besonders die Hauptstadt Berlin entwickelte sich in den „goldenen Zwanzigern" („roaring twenties") zu einem bedeutenden Kulturzentrum. 1925 wurde nach

dem Tod Eberts der 78 jährige frühere Generalfeldmarschall Paul von Hindenburg (1847–1934) zum Reichspräsidenten gewählt.

Auch die Siegermächte hatten schwer unter den Kriegsfolgen zu lei- **Weltwirt-** den. In Großbritannien kämpfte die Industrie mit geschrumpften **schaftskrise** Märkten und gesunkener Kaufkraft, Massenarbeitslosigkeit entstand, immer wieder flammten Streiks auf. In Frankreich war die innenpolitische Situation instabil und durch häufige Regierungswechsel gekennzeichnet. In den USA wurde die nach dem Krieg in Gang gekommene Periode des „Big Business" jäh durch den „Schwarzen Freitag" der New Yorker Börse (25. 10. 1929) beendet. Wichtige Industrien waren durch Überproduktion und Absatzrückgang in Schwierigkeiten geraten, die Anleger ergriff Panik, die Kurse sanken schlagartig. Aus dem Börsenkrach entwickelte sich eine langanhaltende Weltwirtschaftskrise. In den USA konnte der 1932 gewählte demokratische Präsident Franklin Delano Roosevelt (1882–1945) mit seinem New Deal die Depression auffangen.

In Deutschland waren die Parteien nicht in der Lage, die durch den **Ende der** Einbruch der Weltkonjunktur und die sprunghaft angestiegene Ar- **Weimarer** beitslosigkeit entstandene Krise parlamentarisch zu überwinden. **Republik** 1930 ernannte Reichspräsident von Hindenburg ein „Präsidialkabinett" unter dem Reichskanzler Heinrich Brüning (1885–1970), der versuchte, den Staatshaushalt mit Hilfe von Notverordnungen zu steuern. Die Mehrheit des Reichstages wollte das nicht akzeptieren und im Ergebnis der anschließenden Neuwahlen kam die zunehmende innenpolitische Radikalisierung zum Ausdruck. Stärkste Kraft waren inzwischen die Nationalsozialisten geworden und am 30. Januar 1933 ernannte Hindenburg den „Führer" der NSDAP, Adolf Hitler, zum Reichskanzler.

Noch im gleichen Jahr setzte Hitler ein „Ermächtigungsgesetz" durch, **Das Dritte** das praktisch die Abschaffung der parlamentarischen Gesetzgebung **Reich** bedeutete. Staat und Gesellschaft wurden „gleichgeschaltet", Parteien und Gewerkschaften verboten. In Hitlers totalem Führerstaat wurde durch staatliche Investitionen die Arbeitslosigkeit rasch beseitigt. Die Vollbeschäftigung wurde vor allem durch militärische Aufrüstung erreicht. 1935 wurde die allgemeine Wehrpflicht wieder eingeführt. Die „Reichskristallnacht" vom November 1938 offenbarte der Weltöffentlichkeit die rücksichtslose Verfolgung der Juden, die schließlich im Holocaust der Konzentrationslager endete.

In Italien, das 1936 Abessinien besetzt hatte, fand Hitler einen Ver- **Außenpolitik** bündeten. Zusammen mit Mussolini schmiedete er die „Achse Berlin-Rom". Beide unterstützen 1936 im Spanischen Bürgerkrieg General Franco gegen die Kommunisten.

Kriegs-erklärung   Auf seinem Weg zu einem „Großdeutschen Reich" gelang Hitler 1938 der „Anschluss" Österreichs und in der „Sudetenkrise" erreichte er die Abtretung des Sudetenlandes durch das „Münchner Abkommen". England und Frankreich meinten damit die Krise auf friedliche Weise gelöst zu haben. Doch ein halbes Jahr später besetzten deutsche Truppen die restliche Tschechoslowakei und errichteten das „Reichsprotektorat Böhmen und Mähren". Der englische Premierminister Neville Chamberlain (1869–1940) musste erkennen, dass seine „Appeasement"-Politik gescheitert war. Am 1. September 1939 gab Hitler den Befehl zum Einmarsch in Polen, England und Frankreich erklärten entsprechend ihrer Bündnisverpflichtung Deutschland den Krieg.

Kriegsverlauf   Polen wurde innerhalb von 3 Wochen von der deutschen Wehrmacht überrannt. Nach diesem „Blitzkrieg" besetzte Hitler im Frühjahr 1940 Norwegen und Dänemark, um britischen Landungen zuvorzukommen. Im Mai 1940 brachen die deutschen Armeen über die neutralen Staaten Belgien, Luxemburg und die Niederlande in Frankreich ein, das am 17. Juni 1940 kapitulierte. In Nordafrika kam das deutsche „Afrikakorps" den Italienern zu Hilfe. Die Japaner bombardierten 1941 den amerikanischen Flottenstützpunkt Pearl Harbour im Pazifik und Deutschland und Italien erklärten den USA den Krieg.

Kapitulation   Am 22. Juni 1941 brach die deutsche Wehrmacht in die Sowjetunion ein, belagerte Leningrad und stieß bis kurz vor Moskau vor. Doch im Winter 1942/43 musste die 6. deutsche Armee in Stalingrad kapitulieren, das war der Wendepunkt des Krieges. Am 6. Juni 1944 landeten die alliierten Truppen in der Normandie, am 20. Juli 1944 misslang ein Attentat auf Hitler. Ab Januar 1945 fanden die Kämpfe auf deutschem Boden statt. Die Amerikaner und Briten rückten bis zur Elbe vor, die Sowjetarmee eroberte im April 1945 Berlin. Hitler beging Selbstmord. Am 7. Mai 1945 kapitulierte Deutschland bedingungslos. In Ostasien wurde noch gekämpft. Am 6. August warfen amerikanische Bomber Atombomben auf Hiroshima und Nagasaki ab. Am 2. September 1945 kapitulierte auch Japan.

Max Weber (1864–1920)

Nach dem Ersten Weltkrieg (1914–18) war Max Weber einer der ersten Gelehrten, die wieder in das Licht der Öffentlichkeit rückten. Max Weber kam in Erfurt auf die Welt. Als er 5 war, zog die Familie nach Berlin, Weber wuchs als Ältester unter 7 Geschwistern auf. Der Vater war Reichstagsabgeordneter der Nationalliberalen Partei, im Weberschen Hause verkehrten Politiker und Gelehrte wie Theodor Mommsen (1817–1903), Heinrich von Treitschke (1834–1896) und Wilhelm Dilthey (1833–1911). Mit 18 begann Max Weber sein Studium in Heidelberg, das er 2 Jahre später in Berlin fortsetzte. Er hörte Recht, Nationalökonomie, Philosophie und Geschichte. 10 Jahre später habilitierte er sich und 1 Jahr darauf heiratete er Marianne Schnitger. Sie wurde die bestimmende Persönlichkeit in seinem Leben, arbeitete selbst wissenschaftlich und schriftstellerisch und wurde als Frauenrechtlerin bekannt. Nach seinem Tod gab sie seine Schriften heraus, Weber hatte viele Aufsätze aber keine großen Bücher geschrieben. Die Ehe der beiden war kinderlos und eher eine Arbeitsgemeinschaft. In der erotischen Dimension scheint Weber eher mit Else Jaffé, geborene von Richthofen, verbunden gewesen zu sein, die bei ihm studiert hatte und mit einem Nationalökonomen verheiratet war.

Als Weber 30 war wurde er Professor für Nationalökonomie, zunächst in Freiburg im Breisgau, 3 Jahre später an der Universität Heidelberg. Weber hat in dieser Zeit viel geschrieben und angestrengt gearbeitet, er war inzwischen bekannt und gefragt. Nach einem Jahr als Professor in Heidelberg, er war damals 34, erlitt er einen Nervenzusammenbruch. Er musste seine Professur aufgeben, erholte sich nur langsam, konnte einige Reisen unternehmen und einiges schreiben. Dann kam der Krieg, Weber war als Reserveoffizier bei der Lazarettverwaltung in Heidelberg eingesetzt. Anschließend konnte er wieder wissenschaftlich arbeiten, er entwarf Vorschläge für die Revision der Reichsverfassung und 1919 beriet er die deutsche Friedensdelegation in Paris. Im gleichen Jahr, nach 20 Jahren Unterbrechung, konnte er seine akademische Lehrtätigkeit als Professor für Nationalökonomie an der Universität München wieder aufnehmen. Aber es blieb ihm nur noch 1 Jahr, 1920 starb er an einer zu spät erkannten Lungenentzündung, 56 jährig, in München.

Soziologe Weber hat wesentlich dazu beigetragen, dass sich die Soziologie als eigenständige Wissenschaft entwickeln konnte. In seinem Aufsatz „Die Objektivität sozialwissenschaftlicher Erkenntnis" (1904) forderte er, die Wissenschaft müsse frei von Werturteilen sein. Für die Geisteswissenschaften empfahl er besonders die Methode des „Idealtypus". Dies sei ein Instrument, in dem die für eine Fragestellung wichtigen Aspekte zusammengefasst werden können, ohne dabei Werturteile fällen zu müssen. 1909 gründete Max Weber zusammen mit Ferdinand Tönnies und Georg Simmel die „Deutsche Gesellschaft für Soziologie".

Politiker Neben der Wissenschaft galt Webers Interesse der Politik. Er beschäftigte sich vor allem mit der „Sozialen Frage" und dies unter dem Aspekt, dass eine Lösung erforderlich sei, um den deutschen Nationalstaat zu sichern. Seine aufsehenerregende Antrittsvorlesung in Freiburg (1894) stellte er unter das Thema: „Der Nationalstaat und die Volkswirtschaftspolitik". Darin vertrat er die Ansicht, dass sowohl das Bürgertum wie auch die Arbeiterklasse vor den nationalen und weltpolitischen Aufgaben versagt hätten. Weber sah sich als Vorkämpfer einer an Freiheit und Selbstverantwortung orientierten Gesellschaft. Der moderne Kapitalismus erschien ihm als unvermeidliches Schicksal, zugleich aber auch als das gesellschaftliche System, in dem sich individuelle Aktivität und persönliche Freiheit optimal entwickeln können, allerdings bedroht durch zunehmende Bürokratisierung. Durch seine Reformvorschläge für die agrarischen Gebiete Ostdeutschlands kam er in enge persönliche Beziehung zu Friedrich Naumann (1860–1919), dem Sozialreformer und späteren Abgeordneten des Reichtages und der Weimarer Nationalversammlung. Auch nach dem verlorenen Krieg sah Weber die Zukunft des Deutschen Reiches nur in der Erhaltung seines Status als Groß-und Weltmacht. Als Politiker ist er ein Kind seiner Zeit geblieben.

Philosoph

Der Zunft der Fachphilosophen gehörte Max Weber nicht an; er hat kein philosophisches System entworfen. Dennoch galt er vielen Zeitgenossen als großer Philosoph. „Er wurde für mich der leibhaftige Philosoph unserer Zeit", schrieb Karl Jaspers, der ihm 1909, als 26 jähriger, zum ersten Mal in Heidelberg begegnete.

Wirtschafts-ethik

Die Entstehung des Kapitalismus sah Weber in ganz anderem Licht als Marx. In seiner Schrift „Die protestantische Ethik und der Geist des Kapitalismus" (1905) legte er dar, dass für die Entwicklung des modernen Kapitalismus religiöse Ideen ausschlaggebend gewesen seien. Besonders der angelsächsische Puritanismus hat eine neuartige Einstellung zum Wirtschaftsleben entwickelt, die Weber als „innerweltliche Askese" bezeichnete. Für die Puritaner ist die Arbeit von Gott vorgeschriebener Selbstzweck des Lebens überhaupt, der Satz des Paulus „Wer nicht arbeitet, soll nicht essen" gilt für jedermann, Arbeitsunlust ist ein Zeichen fehlenden Gnadenstandes. Im Reichtum als Frucht der Berufsarbeit kommt der Segen Gottes zum Ausdruck. Doch das Streben nach Reichtum nur um des Reichtums willen ist verwerflich. Der „Idealtypus" des kapitalistischen Unternehmers hat mit Protzentum nichts zu tun. Seine streng rationale Lebensführung hat vielmehr einen „asketischen" Zug an sich. Er sieht im Reichtum keinen persönlichen Vorteil, sondern empfindet ihn als Berufserfüllung. In dieser durch religiöse Wertideale entstandenen dynamischen Wirtschaftsordnung wird Kapital durch Gewinnmaximierung auf Kosten des Konsums akkumuliert und so die Produktivität ständig gesteigert. Im puritanischen Ethos sah Weber das Muster einer intellektuell aufrichtigen Lebensführung, auch wenn er selbst die religiösen Dogmen, von denen es ausging, nicht als verbindlich empfand. Weber untermauerte seine Thesen durch die Untersuchung fast aller großen Religionen in seiner Schrift „Wirtschaftsethik der Weltreligionen" (1916) und begründete damit die Religionssoziologie.

Politik als Beruf

In Webers Vortragsmanuskript „Politik als Beruf" (1919) kommt seine politische Philosophie zum Ausdruck. Weber unterscheidet den „berufenen" Politiker und Staatsmann vom Fach-oder Parteibeamten und

Journalisten. Der berufene Politiker wirbt mit leidenschaftlicher Hingabe für eine Sache, seine charismatischen Qualitäten zeigen, dass nur der innerlich Überzeugte auch nach außen überzeugend wirken kann. Der moderne Politiker soll hochmotiviert, aber ohne persönliches Eigeninteresse und ohne Opportunismus, handeln. Das Hauptproblem sah Weber darin, dass es an geeigneten Führerpersönlichkeiten fehlt, wie sie nur durch machtvolle Parlamente hervorgebracht werden können. Nur solche charismatischen Politiker können in der breiten Masse der Wähler Gefolgschaft gewinnen. „Die Politik bedeutet ein starkes, langsames Bohren von harten Brettern mit Leidenschaft und Augenmaß zugleich". Ein großer Politiker handelt eigenverantwortlich, aber er muss auch abtreten, wenn er das Vertrauen der Wähler nicht mehr besitzt.

Der Politiker steht im Spannungsfeld von Verantwortungsethik und Gesinnungsethik. Es ist ein großer Unterschied, ob man unter der gesinnungsethischen Maxime handelt „der Christ tut recht und stellt den Erfolg Gott anheim", oder unter der verantwortungsethischen: dass man für die (voraussehbaren) Folgen seines Handelns aufzukommen hat. Keine Ethik der Welt kommt um die Tatsache herum, dass die Erreichung „guter" Zwecke in zahlreichen Fällen daran gebunden ist, dass man sittlich bedenkliche oder mindestens gefährliche Mittel in Kauf nimmt. Man kann niemand vorschreiben, ob er aus Gesinnungs- oder aus Verantwortungsethik handeln soll. Doch eines kann man sagen, meint Max Weber: Wenn Gesinnungsethiker sich auf die Dummheit der anderen berufen und sagen, die Verantwortung für die Folgen trifft nicht mich, sondern die anderen, dann muss man nach dem inneren Schwergewicht ihrer Ethik fragen und wird feststellen, dass es sich in neun von zehn Fällen um Windbeutel handelt. Wer allerdings als reifer Mensch die Verantwortung für sein Handeln mit voller Seele empfindet, und trotzdem an einem bestimmten Punkt gesinnungsethisch handelt und sagt: „Hier stehe ich, ich kann nicht anders", der verdient unseren Respekt. Insofern sind Verantwortungs- und Gesinnungsethik keine absoluten Gegensätze, sondern Ergänzungen, die zusammen erst den echten Menschen ausmachen, der den „Beruf" zur Politik haben kann.

Verantwortungs- und Gesinnungsethik

Karl Jaspers nannte ihn in seiner Schrift „Max Weber – Politiker, Forscher, Philosoph" „den größten Deutschen unseres Zeitalters". Das zeigt, dass Max Webers Persönlichkeit seine Zeitgenossen außerordentlich beeindruckt haben muss. Jaspers hat seine Begeisterung in späteren Jahren allerdings etwas zurückgenommen und von einem „titanischen Bemühen ins Leere hinein" gesprochen. Heute wird Max Weber kaum noch gelesen, aber mit einzelnen Sentenzen immer noch viel zitiert.

Wirkung

Ludwig Klages (1872–1956)

Wie Max Weber hat auch Ludwig Klages vor allem durch seine faszinierende Persönlichkeit auf seine Zeitgenossen gewirkt. Ludwig Klages wuchs in Hannover auf. Dem Wunsch seines Vaters folgend studierte er Chemie. Nach der Promotion wandte er sich jedoch von den Naturwissenschaften ab und folgte seiner Neigung zur Naturphilosophie. Als er 33 war gründete er in München ein privates „Psychodiagnostisches Seminar". Klages blieb unverheiratet, in München lebte er mit seiner Schwester zusammen, außerdem hatte er damals eine enge, doch wohl mehr freundschaftliche Beziehung zu Franziska Gräfin Reventlow. Manches deutet auch auf homoerotische Neigungen hin. Als der Krieg begann, musste Klages sein Seminar schließen. Wegen eines Lungenleidens musste er nicht zum Militär, so verließ er 1915 Deutschland und ging in die Schweiz. In der Villa des Schweizer Dichters Conrad Ferdinand Meyer (1825–1898) in Kilchberg bei Zürich bot ihm dessen Tochter ein neues Domizil. Dort eröffnete Klages nach dem Krieg auch wieder sein „Seminar für Ausdruckskunde". Hier entstanden seine Werke zur Philosophie und zur Charakterologie, von hier aus unternahm er zahlreiche Vortragsreisen durch ganz Europa. Er erhielt Preise und hielt Gastvorlesungen an den Universitäten in Stuttgart und Berlin, wo man eine Berufung als Ordinarius erwog, doch war ihm seine Unabhängigkeit lieber. In den 30er Jahren war er der „Modephilosoph", galt vielen auch als „völkischer" Denker. Klages starb, 84 jährig, in Kilchberg.

Ausdruckswissenschaft

Klages hat die Charakterologie neu begründet und die Charakterdeutung systematisiert. Dabei kam es ihm auf ein ganzheitliches Erfassen des Individuums an. Für ihn ist der Leib die „Erscheinung der Seele" und die Seele bringt den „Sinn der Leibeserscheinung" zum Ausdruck, Leib und Seele stehen also in einem engen Ausdruckszusammenhang. Die Methode seiner Handschriftendeutung geht nicht von den Formen der Zeichen aus, sondern beruht auf der Bewegungsdeutung der Handschrift. Durch Klages gewann die Graphologie Anerkennung, zumal sie einem Bedürfnis, vor allem der großstädtischen Gesellschaft, entgegen kam: Viele Menschen waren unsicher in der Beurteilung ihrer Mitmenschen. 1896 war Klages Mitbegründer der „Deutschen Graphologischen Gesellschaft", in den folgenden Jahren war er ein gefragter graphologischer Gutachter, auch vor Gericht. Auch der junge Karl Jaspers, damals 19 jähriger Student in München, nahm bei Klages Privatunterricht in Graphologie und war von dessen Persönlichkeit tief beeindruckt.

Lebensphilosophie

Klages war ein Anhänger der Romantik und seine Lebensphilosophie fügte sich, ähnlich wie die Bergsons, in die Gegenströmung zur Aufklärung ein. Klages versucht, sich dem Wertewandel der Moderne entgegenzustellen, er wendet sich gegen Industrialisierung und Verstädterung und die damit verbundene „Entseelung" des Menschen. Er beklagt die Probleme der Massengesellschaft und die zunehmende Belastung der Umwelt durch Verschmutzung und Lärm. Die Menschheit ist vom Untergang bedroht und die Ursache dafür sieht Klages im Geist, in der Ratio. Klages meint, den Begriff des Lebens wieder so hergestellt zu haben, wie ihn auch Nietzsche verstand, als er vom „Dionysischen" sprach. Dieses Leben ist das Leben der „Seele", es ist unbewusst, vollzieht sich in geistfreier Vitalität. In Klages Menschenbild wird das Erdhafte, das Gefühlsmäßige und Sinnliche, kurz das „Unbewusste" ausgespielt gegen die Bewusstheit, den Intellekt, den Geist. Der Verstand kann die „Wirklichkeit" nicht erkennen, die echte Welt muss erlebt werden, sie ist eine „Welt der Bilder".

Im Titel seines Hauptwerkes „Der Geist als Widersacher der Seele" (1929) kommt schlagwortartig der Grundgedanke von Klages' Philosophie zum Ausdruck. Nach Klages' Vorstellung war der Mensch ursprünglich eine Einheit von Leib und Seele, bevor sich der Geist, wie ein Keil dazwischen schiebt, um die beiden zu entzweien. Der Geist kommt von außen, er ist „außerraumzeitliche", „außerkosmisch", eine „Entartungserscheinung". Die vom lebensfeindlichen Geist noch unberührte Seele erlebt die Welt als eine Folge von Bildern, von beseelten Gestalten. Der Geist, vom Willen bestimmt, zerhackt diesen kontinuierlichen Strom und zerlegt das Erleben in eine Anzahl voneinander getrennter „Gegenstände". Die Wissenschaft, besonders die mechanistische Naturwissenschaft, ist die stärkste Ausprägung dieser die Bilder zerstörenden, das Leben abtötenden Funktion des Geistes. Mit seiner Ansicht, der Geist sei ein Feind des Lebens, hat Klages sicher übertrieben und ein Zerrbild entworfen. Damit stieß er auch immer wieder auf Kritik. Klages verteidigte sich (am Schluss seines Hauptwerkes), er habe mit der Beschuldigung, der Geist töte das Leben, auch nur den entarteten Geist treffen wollen.

Widerstreit von Geist und Seele

„Das Bild, das in die Sinne fällt, das und nichts anderes ist der Sinn der Welt!" Den Bildern schreibt Klages einen größeren Wirklichkeitsgehalt zu als den gegenständlichen, durch Abstraktion entstandenen Begriffen. Dabei verweist er auf Goethe: „Man suche nur nichts hinter den Phänomenen: sie selbst sind die Lehre!" Der Erkenntniswille der zivilisierten Menschheit habe den Rhythmus des Menschen, der ursprünglich mit dem Universum übereinstimmt, ins Wanken gebracht. Am intensivsten werden die Bilder im Traum erlebt, dort werden Bilder ohne Sinnesorgane geschaut, im Wachen nur mit deren Hilfe. In beiden Fällen aber werden Bilder geschaut, niemals empfunden. Die Schauung eröffnet den Zugang zu Wirklichkeiten, die sich der begrifflichen Ausformung grundsätzlich entziehen.

Welt der Bilder

„Klages war von den Bildern der Seele so berauscht, dass er den Geist kurzerhand zum Feind des Lebens erklärte", meint Fellmann. Thomas Mann sah darin 1929 ein gefährliches Stück spätromantischer Gegenaufklärung. Seitdem ist es üblich geworden, Klages der ideologischen

Wirkung

Lebensphilosophie zuzurechnen und ihn unter die Wegbereiter der nationalsozialistischen Ideologie einzureihen. Doch Klages, wie auch Spengler, mag zwar antidemokratisch und antisemitisch gedacht haben, war aber keinesfalls ein Anhänger der Rassenlehre. So überrascht es auch nicht, dass Klages nach 1933 von den Nationalsozialisten stark angefeindet wurde.

Stefan George (1868–1933)

Die ersten Jahre des 20. Jahrhunderts bis hin zum Ersten Weltkrieg waren eine geistig bewegte Zeit. In der Politik bestimmten Nationalismus und Imperialismus das Bild, in der Philosophie waren es die verschiedenen Ausprägungen der Lebensphilosophie als eine Reaktion auf den radikalen Vernunftglauben der Aufklärung. In München war die Bewegung besonders zu spüren. „München leuchtet" konnte man damals sagen, während Berlin vom Pomp der „Wilhelminischen Ära" eher überschattet wurde. Ein gutes Beispiel für die Zeitströmung um und nach der Jahrhundertwende war der Kreis der sich um den Dichter Stefan George zusammengefunden hatte. Auch Ludwig Klages gehörte ihm an.

Stefan George wurde in Bingen als Sohn eines Gastwirts geboren. Nach dem Abitur unternahm er Reisen nach Italien und Frankreich. Mit 21 schrieb er sein erstes Gedicht, mit 27 ging er nach Berlin um Philosophie zu studieren. 1892 begründete er dann in München die „Blätter für die Kunst", in denen er eine exklusive, vom Symbolismus geprägte Kunstauffassung vertrat. Zugleich war er der Mittelpunkt eines Freundeskreises der sich „Die Kosmiker" nannte.

„Kosmiker" Dieser kosmischen Runde gehörte auch Ludwig Klages an, zusammen mit dem jüdischen Schriftsteller Karl Wolfskehl (1869–1948), mit Alfred Schuler und Albert Verwey. 1904, nach 7 Jahren enger Freundschaft, zerbrach die „kosmische Runde". Klages trennte sich von George und von Wolfskehl, Schuler trat auf die Seite von Klages. „Wachsende Unterschiede der Weltanschauungen" hatten dazu geführt, so die unterschiedliche Bewertung der Frühgeschichte der Menschheit und der historischen Rolle des Judentums in der Weltgeschichte. Über die kosmische Runde hinaus hatte George über die Jahre hin stets einen Kreis von Bekannten, Freunden und Verehrern um sich geschart. Zu ihnen gehörten Hugo von Hofmannsthal (1874–1929), Lou Andreas-Salomé, die Rainer Maria Rilke (1875–1926) einführte, Roderich, Friedrich und Ricarda Huch (1864–1947), die drei Brüder Grafen Stauffenberg und viele andere. Frauen spielten in Georges Leben keine Rolle, mit Ausnahme der unglücklichen Freundschaft, die ihn eine Zeitlang an die schöne Ida Coblenz in Bingen fesselte. Hingegen schimmert in seinen Gedichtzyklen „ein

Wetterleuchten der Männerliebe ... kunstvoll veredelt ... auf." (Harpprecht)

Auch während des Krieges war George der Überzeugung, dass, gleichgültig wie er ausgehen würde, erst nach seinem Ende die eigentlichen Aufgaben beginnen. Die Not wird die Besten reif machen für die neue Aufgabe, die Errichtung des „neuen reiches". 3 Jahre nach dem Ende des Krieges, schreibt er drei Gesänge, in denen er das Bild des Neuen, Kommenden entwirft. Der erste Gesang gilt den Gefallenen, deren Opfer das Volk erst würdig ist, wenn es die Schmach – nicht der Niederlage, sondern des inneren Verfalls – von sich abgetan hat: „Wenn einst dies geschlecht sich gereinigt von schande / Vom nacken geschleudert die fessel des fröners / nur spürt im geweide den hunger nach ehre: / Dann wird auf der walstatt voll endloser gräber / Aufzucken der blutschein ..." George wirkte zwiespältig auf seine Zeitgenossen. Für seine „Jünger" hatte er etwas Priesterliches, war er ein Künder und Seher, anderen erschien seine Großartigkeit als Pose. **Dichter**

Ab 1931 hält sich George immer öfter in der Schweiz auf, er beginnt sich aus Deutschland zurückzuziehen. Auf den Versuch der Nationalsozialisten, ihn für sich zu vereinnahmen und auf alle Ehrungen antwortet er mit Schweigen. 1933 erkrankte George und musste ins Krankenhaus nach Locarno. Dort starb er, 65 jährig, umgeben von Freunden. In der Kapelle des Dorffriedhofes von Minusio wird er aufgebahrt. Unter den Freunden, die die Totenwache für ihn halten, ist auch Claus Schenk Graf von Stauffenberg (1907–1944), der am 20. Juli 1944 versuchte, Deutschland von Hitler zu befreien. **Ende**

Zu Georges Kreis gehörte eine Zeitlang auch Theodor Lessing (1872–1933). Er entstammte einer jüdischen Familie und war ein Jugendfreund von Ludwig Klages, mit dem zusammen er in Hannover aufwuchs. Lessing studierte Medizin und Philosophie (bei Husserl) in Freiburg und Bonn und folgte später Klages nach München. Bekannt wurde er durch spitze, provozierende Essays mit denen er seine Zeitgenossen attackierte, darunter auch Thomas Mann. Als er 36 war, wurde er Privatdozent für Philosophie an der Technischen Hochschule Hannover. Während des Krieges arbeitete er als Lazarettarzt, 1922 wurde er dann in Hannover Professor für Philosophie. Als Journalist erregte er wiederholt großes Ärgernis, zuletzt als er sich gegen die Wahl Hindenburgs zum Reichspräsidenten wandte, weil er in ihm einen Wegbereiter Hitlers sah. Lessing, der sich öffentlich als Jude und Kommunist bekannte, floh 1933 in die Tschechoslowakei. Noch im selben Jahr wurde er durch die Gestapo in Marienbad ermordet. **Theodor Lessing (1872–1933)**

Lessing und Klages stimmten in ihrer Philosophie überein, auch Lessing sah im Geist die Ursache für den Niedergang der Menschheit. Doch obwohl der Geist eine zerstörerische Wirkung ausübt, ist er nach Lessings Ansicht zugleich auch das einzige „Heilmittel" zur Regeneration der menschlichen Natur. Das war der Punkt, an dem sich Lessings und Klages Ansichten trennten, denn Klages hielt vom Geist als Heilmittel gar nichts. Die Freundschaft der beiden, die 15 Jahre lang dauerte, ging schließlich in die Brüche. Es war Klages, der konstatierte, dass ihren Begegnungen mehr und mehr der „innere Einklang" fehle und der seinen alten Freund schließlich einen „zudringlichen Juden" nannte.

Franziska zu Reventlow 1871–1918 Als „femme fatale" dieser Zeit um die Jahrhundertwende ist Franziska Gräfin zu Reventlow (1871–1918) in Erinnerung geblieben. Sie war die Tochter eines preußischen Landrats und wollte sich mit ihrem ungestümen Temperament nicht so recht einfügen in die Familienkonvention. Als sie 22 war, starb ihr Vater, die Familie wollte nichts mehr von ihr wissen und Franziska ging nach München. Als Schriftstellerin und Übersetzerin konnte sie sich über Wasser halten. Zwei Jahre später bekam sie einen Sohn, den Namen seines Vaters gab sie niemals preis, sie war gewollt eine alleinerziehende Mutter. Franziska zu Reventlow lebte auch weiterhin ihren eigenen Stil mit ständig wechselnden Beziehungen, von der herrschenden gesellschaftlichen Moral hatte sie sich bewusst verabschiedet. Während des Krieges ließ sie sich in der Schweiz, im Tessin, nieder. Nach einem Sturz vom Fahrrad starb sie während der Operation im Alter von 47 Jahren.

Franziska zu Reventlow, die in ihrer Münchner Zeit mit dem Kreis der „Kosmiker" verbunden war, war auch für Ludwig Klages eine Zeitlang Gegenstand einer schwärmerischen Freundschaft. Er sah in ihr eine „heidnische Madonna", eine Hetäre und Mutter, ein strahlendes Bild „nordischen Heidentums in unvermischter Reinheit": „Heidnisch bedeutet uns der Glaube an außerpersönliche Wirklichkeit des glühenden Augenblicks ..."

Thomas Mann (1875–1955)

Zeitgenosse im „leuchtenden München" war auch Thomas Mann. Seine Familie war nach dem Tod des Vaters, eines Lübecker Patriziers, 1893 nach München gezogen. Thomas Mann, der sich in Lübeck mit dem „Einjährigen" (heute „mittlere Reife") begnügt hatte, begann in München mit seinen ersten Gehversuchen als Schriftsteller. Nach einer Italienreise mit seinem älteren Bruder Heinrich Mann (1871–1950) hatte er sein erstes großes Thema gefunden. 1901 erschien sein Roman „Buddenbrooks – Verfall einer Familie", der gleich ein Verkaufserfolg wurde und ihm 1929 den Nobelpreis einbrachte. Als er 30 war heiratete er Katja Pringsheim, schöne und kluge Tochter eines reichen, jüdischen Professors. Der junge Haushalt hatte großbürgerlichen Zuschnitt und im Laufe der Jahre wurden dem Paar 6 Kinder geboren. 1933, nach

370

der Machtergreifung Hitlers, drohte Thomas Mann der Verlust seiner Freiheit und seines Vermögens und so entschloss er sich zur Emigration. 5 Jahre lang hielt sich die Familie in der Schweiz auf. 1938 übersiedelten die Manns dann in die USA, zuerst nach Princeton, später in ein eigenes Haus in Pacific Palisades (Kalifornien). Nach Kriegsende entschlossen sich Thomas und Katja Mann zur Rückkehr nach Europa. In Kilchberg bei Zürich wurden sie heimisch, aber Thomas Mann war nur noch eine kurze Frist zugemessen. 3 Jahre später starb er, wenige Tage nach seinem 80. Geburtstag, im Kantonsspital in Zürich.

Thomas Manns Romanwerke zählen zur Weltliteratur. Er sah sich selbst immer in der Nachfolge Goethes und für viele Zeitgenossen war er, besonders in und nach dem 2. Weltkrieg, der Repräsentant des „anderen" Deutschlands. Neben seinem dichterischen Werk hat er sich auch in zahlreichen Essays den Zeitproblemen gestellt, allerdings nicht immer mit dem gleichen Format, das ihm als Dichter zu eigen war. Als der Erste Weltkrieg hereinbrach, gehörte auch Thomas Mann zu den Kriegsbegeisterten. Durch den Krieg werde sich die deutsche Seele entfalten und damit die deutsche Kultur, die das Gegenteil der westlichen Zivilisation sei. Als Romain Rolland (1866–1944) und andere gegen solchen romantischen Unsinn protestierten, machte sich Thomas Mann daran, seine These zu begründen. Er brauchte dazu 3 Jahre und das Ergebnis waren die „Betrachtungen eines Unpolitischen" (1918), fast 600 Seiten stark, sonst aber beklagenswert schwach, was die politischen Argumente betraf. Es war der „moralisch verkrampfte" (Harpprecht) Protest eines konservativen, national gesinnten deutschen Bürgers, der Begriffe wie Demokratie und Menschenrechte als „generöse Zauber- und Schwindelworte" abtat. 1922 sah sich dann Thomas Mann genötigt in seiner Rede „Von Deutscher Republik" sich von diesen extremen Positionen vorsichtig zurückzuziehen, doch sein Bekenntnis zur politischen Wirklichkeit der Weimarer Republik wirkte nicht so überzeugend wie sein Widerwille gegen weltanschaulichen Fanatismus. „Die Republik ist ein Schicksal, und zwar eines, zu dem ,amor fati' das einzig richtige Verhalten ist", meinte er. Als die NSDAP 1930 einen großen Stimmenzuwachs erzielte, hielt er in Berlin seine antifaschistische „Deutsche Ansprache" und forderte, Bürgertum und Sozialismus müssten zusammenwirken, um den fanatischen Faschismus abzuwehren. Im Exil und in der Nachkriegszeit sah er im Sozialismus „in politischer Hinsicht unsere eigentliche nationale Partei".

Betrachtungen eines Unpolitischen

Für Thomas Mann war die philosophisch gegründete Weltbetrachtung der eigentliche Ausgangspunkt seiner Erzählkunst. In den „Betrachtungen eines Unpolitischen" sprach Thomas Mann von einem Dreigestirn, das seine „geistig-künstlerische Bildung" geprägt habe: Schopenhauer, Nietzsche und Wagner. Das Dreigestirn seiner Jugend wurde später erweitert um Freud und natürlich war es zu allen Zeiten Goethe, der ihn tief beeindruckt hat.

Philosophischer Fundus

Schopen-
hauer

Schopenhauer hat er noch in der frühen Münchner Zeit in Tagen und Nächten gelesen, „wie man wohl nur einmal liest". In der „machtvollen sittlich-geistigen Verneinung und Verurteilung der Welt und des Lebens" fand sich Thomas Mann ganz bestätigt, mitgerissen von einem "metaphysischen Rausch", der „eher leidenschaftlich-mystischer als eigentlich philosophischer Art war." In seinem Essay „Schopenhauer" (1938) verweist Thomas Mann vor allem auf Schopenhauers Ästhetik, seine Theorie des Schönen, die ganz vorzugsweise für Künstler und Kenner der Kunst geschaffen sei. Und er ist beeindruckt von der Stilkunst dieses „Sprachmeisters". Nicht zuletzt aber sieht er in Schopenhauer den „Psychologen des Willens", den „Vater aller modernen Seelenkunde".

Nietzsche

Thomas Mann hatte besonders Nietzsches Behauptung beeindruckt, ein Künstler, der seine Kunst rein erhalten wolle, müsse eine Sonderexistenz abseits der Gesellschaft führen und damit auf manches verzichten. Thomas Mann setzte sich literarisch („Tonio Kröger") mit dieser Maxime auseinander und in seiner Lebensführung ist er ihr weitgehend gefolgt. Nietzsche habe besonders den Lebensbegriff mit einer neuen Schönheit erfüllt und zur geistigen Herrschaft geführt, meint Thomas Mann. In seinem Vortrag „Die Philosophie Nietzsches im Lichte unserer Erfahrung" (1947) betont er, dass die Kultur ein zentraler Begriff in Nietzsches Denken war. „Kultur, das ist die Vornehmheit des Lebens, und mit ihr verbunden, als ihre Quellen und Bedingungen, sind Kunst und Instinkt, während als Todfeinde und Zerstörer von Kultur und Leben Bewusstsein und Erkenntnis, die Wissenschaft und endlich die Moral figurieren." Außerdem war Nietzsche der geborene Psychologe: „Sein Leben war Rausch und Leiden – eine hochkünstlerische Verfassung."

Freud

Auch mit Freuds Lehre und der Psychoanalyse hatte sich Thomas Mann schon früh befasst. Im Mai 1936, aus Anlass von Freuds 80. Geburtstag, erschien Thomas Mann persönlich in der Berggasse 19 in Wien und verlas seinen Vortrag „Freud und die Zukunft". Thomas Mann sprach vom Reich der Mythen, in die der „Tiefenforscher und Psychologe des Triebes", Sigmund Freud, vorgestoßen sei. Er sprach von der Spannung zwischen dem „Bürgerlich-Individuellen" und dem „Mythisch-Typischen" in Freuds Denken, das auch er selbst in seiner Dichtung zu bewältigen suche. „Ihr Zurückdringen in die Kindheit der Einzelseele ist zugleich auch schon das Zurückdringen in die Kindheit des Menschen, ins Primitive, in die Mythik." Und er sprach von der Nähe des Todes: „Das Prinzip der Schönheit und Form entstammt nicht der Sphäre des Lebens ... es steht dem Leben in stolzer Melancholie entgegen und ist im Tiefsten mit der Idee des Todes ... verbunden. Platen sagt: ‚Wer die Schönheit angeschaut mit Augen, ist dem Tode schon anheimgegeben'."

Von Thomas Manns Romanfiguren ist kaum eine der reinen Phantasie entsprungen, alle tragen Züge erlebter Personen oder autobiographische Spuren. Auch die philosophischen Hintergründe sind deutlich erkennbar. Schon in den „Buddenbooks" (1901), diesem „vom Verfallsgedanken überschatteten Kulturgemälde", wird der Einfluss von Nietzsches Verfallspsychologie ebenso deutlich wie Schopenhauers Philosophie der Selbstaufgabe: die zunehmende Verneinung des Willens zum Leben. Im „Tod in Venedig" (1912) war bereits Freuds Einfluss spürbar geworden. Und der „Zauberberg" (1924) ist ohne die Begriffe der Psychoanalyse, von der Analyse bis zur Verdrängung und den Gesetzmäßigkeiten der Traumarbeit kaum vorstellbar. „Tief ist der Brunnen der Vergangenheit ...", mit diesen Worten beginnt der erste Band des Romans „Joseph und seine Brüder" (1934–1943) und hier wird mit der Darstellung des Mythischen besonders deutlich, dass das Werk Freuds für Thomas Mann einen neuen Zugang eröffnet hat. Und schließlich in seinem Spätwerk, einer Art „Lebensbeichte", im „Doktor Faustus – Das Leben des deutschen Tonsetzers Adrian Leverkühn, erzählt von einem Freunde" (1947) wird Nietzsches persönliches Schicksal als Teil der Romanvorlage erkennbar.

Hermann Hesse (1877–1962)

So wie Thomas Mann hatte es auch Hermann Hesse nur bis zum „Einjährigen" gebracht und wurde gleichwohl auch ein großer Dichter. Hermann Hesse kam im württembergischen Calw auf die Welt. Seine Familie war eng mit der Basler Mission verbunden, der Vater leitete das zugehörige Verlagshaus in Calw. Hermann war ein eigenwilliges und schwieriges Kind, Schulzwang war ihm verhasst. Nach dem Besuch der Lateinschule in Göppingen bestand er immerhin das schwäbische „Landexamen" und konnte nun das evangelisch-theologische Seminar im Kloster Maulbronn besuchen. Länger als ein halbes Jahr hielt er es dort allerdings nicht aus; nach verschiedenen Stationen begann er schließlich in Tübingen eine Buchhändlerlehre und arbeitete anschließend in Basel als Buchhändler. Seit früher Jugend hatte er sich im Schreiben versucht und hier in Basel konnte er seinen ersten Roman „Peter Camenzind" (1904) vollenden, der ihm Erfolg und ersten Ruhm einbrachte. Er war nun 27 und fühlte sich ermutigt, als freier Schriftsteller zu leben. In Gaienhofen am Bodensee ließ er sich nieder. Außerdem heiratete er die Baslerin Maria Bernoulli, mit der er 3 Kinder hatte, die aber später in eine Nervenheilanstalt musste und von der er schließlich geschieden wurde. Auch eine zweite Ehe war kein Erfolg und dauerte nur kurze Zeit. Nach 8 Jahren verließ Hesse Gaienhofen und übersiedelte 1912 mit der Familie in die Schweiz, zunächst nach Bern. 1919 suchte er nach den Erschütterungen der letzten Jahre nach radikaler Umkehr und einem Neuanfang und wurde nun allein in Montagnola im Tessin sesshaft. Er lebte in sehr bescheidenen Verhältnissen im „Casa Camuzzi". 1931 konnte er dann in Montagnola ein schönes Haus mit großem Garten beziehen, das ein Freund und Gönner für ihn gebaut hatte. Im gleichen Jahr heiratete er die Kunsthistorikerin Nina Dolbin, geborene Ausländer, die 30 Jahre lang, bis zu seinem Tod, treu an seiner Seite blieb. Dort in Montagnola entdeckte er das Malen als wohltuenden Ausgleich, dort erreichte ihn 1946 die Nachricht, dass ihm der Nobelpreis verliehen worden sei. In Montagnola starb Hermann Hesse im Alter von 85 Jahren.

Literat Seit seinem 13. Jahr war Hermann Hesse klar, dass er ein Dichter werden wollte, und als er mit 27 seinen ersten Roman-Erfolg hatte, wagte er den Sprung in die Selbständigkeit. Die Dichtkunst nährte aber noch nicht ihren Mann und so musste sich der Schriftsteller Hesse mit Artikeln und Buchbesprechungen durchschlagen. Zeitlebens ein großer Leser, wurde er zu einem hervorragenden Kenner der Weltliteratur. Mehr als 1000 Titel mag er in vielen Zeitungen besprochen haben, doch ein „Verriss" war nicht darunter, denn Hesse fand nur Bücher der Rezension wert, die er schätzte.

Ein Unpolitischer Hesse hielt sich bewusst fern von Politik und Gesellschaft, die politischen und sozialen Probleme berührten ihn nicht. In seiner Basler Zeit spricht er davon, dass er fern „dem ganzen Schwindel unseres modernen Lebens" am liebsten irgendwo in einem italienischen Nest als Privatmann leben möchte. Was ihn interessiert, ist „der einzelne Mensch, die Persönlichkeit, das einmalige, nicht normierte Individuum". Als jedoch 1914 der Erste Weltkrieg ausbrach, fühlte er sich so betroffen, dass er sich öffentlich in der „Neuen Zürcher Zeitung" mit einem Aufsatz „O Freunde, nicht diese Töne", gegen den Wahn nationalistischer Besessenheit wandte und an Humanität und Vernunft appellierte. (Zeller) Er war einer der ganz wenigen deutschen Dichter, die sich von Anfang an entschieden gegen Chauvinismus und Barbarei wandten und für den Frieden einsetzten. In der deutschen Presse wurde er deshalb als Verräter und Gesinnungslump beschimpft, was ihn tief verletzte.

Begegnungen Als Mitherausgeber der Münchner Kulturzeitschrift „März" war Ludwig Thoma (1867–1921) sein Kollege und Theodor Heuss (1884–1963) fungierte als Redaktionsleiter. Während des ersten Weltkrieges, als er in Deutschland wegen seiner Protestartikel gegen den Krieg geschmäht wurde, schrieb ihm Romain Rolland (1866–1944) und Hesse fand in ihm einen Weggenossen und Gleichgesinnten, die beiden blieben Freunde bis zu Rollands Tod. Thomas Stearns Eliot (1888–1965) besuchte ihn in Montagnola. Nach 1933 war Hermann Hesse in Montagnola für viele deutsche Emigranten die erste Anlaufstelle. Auch Thomas Mann, den Hesse schon vor dem ersten Weltkrieg bei einem Treffen mit dem gemeinsamen Verleger Samuel Fischer kennengelernt hatte, dem er beim Skiurlaub in St. Moritz wieder begegnet war, kam im ersten Jahr seines bitteren Exils nach Montagnola und fand im Gespräch mit Hesse wohltuendes Verständnis, was zu einer dauernden Freundschaft führte. Freundschaftlich verbunden war Hermann Hesse auch mit André Gide (1869–1951), der Hesses Dichtung verehrte und ihn in Montagnola besuchte.

In Basel, das für ihn die Stadt Jacob Burckhardts und Böcklins war, **Philosophen** las Hesse Schopenhauer und begeisterte sich für Nietzsche. Wie Nietzsche liebt er die Musik, aber sein Lieblingskomponist war nicht Wagner, sondern Chopin. Mit Goethe hat er sich schon während seiner Buchhändlerzeit eingehend beschäftigt, Novalis hatte ihn bezaubert und in der Welt der Romantik fühlte er sich heimisch. Er baute sich ein ästhetisches Weltbild auf, eine Art poetischen Pantheismus, er glaubt an die Welt der Schönheit, die sich in den Werken der Dichter offenbart. Auch mit Sigmund Freuds Lehre hat sich Hesse gründlich beschäftigt. 1916, als er neben den Erschütterungen des Krieges auch noch eine persönliche und eine Ehekrise durchstehen musste, hat er sich sogar selbst einer Psychoanalyse unterzogen. In einem Aufsatz „Künstler und Psychoanalyse" (1918) beschrieb er seine positiven Erfahrungen. 3 Jahre später kam es nochmals zu analytischen Gesprächen mit C. G. Jung in Küsnacht. Hesses dichterisches Werk beruht auf Selbstanalyse und Selbstdarstellung, bewusst bewegt er sich in den Grenzen des eigenen Erlebens. Vereinsamung und Mutlosigkeit hatte er zuweilen schon in jungen Jahren empfunden, er fühlte sich „zur Einsamkeit verdammt". Mit 29 schrieb er die Gedichtzeilen: „Seltsam, im Nebel zu wandern! / Leben ist Einsamsein. / Kein Mensch kennt den andern, / Jeder ist allein."

Aus alledem hat Hesse seine eigene Philosophie entwickelt, wie sie **Weg nach** in seinem Werk vielfach zum Ausdruck kommt. Er nennt sie „still und **innen** beschaulich" und nur im Krieg sei er genötigt gewesen, sie beiseite zu lassen um „gegen die rohe, blutsaufende Dummheit der Menschen" zu protestieren. Im Geleitwort zu seinem Roman „Demian" (1919), der nach Thomas Manns Worten „mit unheimlicher Genauigkeit den Nerv der Zeit traf" und eine „elektrisierende Wirkung" ausübte, hat Hesse seine Philosophie so umrissen: „Ich war ein Suchender und bin es noch, aber ich suche nicht mehr auf den Sternen und in den Büchern, ich beginne die Lehren zu hören, die mein Blut in mir rauscht ... Das Leben jedes Menschen ist ein Weg zu sich selber hin ... kein Mensch ist jemals ganz und gar er selbst gewesen; jeder strebt dennoch es zu werden ... Mancher wird niemals Mensch ... wir können einander verstehen, aber deuten kann jeder nur sich selbst." Den Lockungen des Kollektivismus setzte Hesse die Souveränität der freien Persönlichkeit entgegen, in einer Zeit der Vermassung und Entseelung verwies er auf die Würde und die sittliche Autonomie des einzelnen Menschen und lehrte den „Weg nach innen". „Der Weg der Erlösung ... führt ins eigene Herz, und dort allein ist Gott und dort allein ist Friede." In seiner Schrift „Zarathustras Wiederkehr"

(1919), schreibt er: „... Wenige erkennen ihr Schicksal. Wenige leben ihr Leben. Lernet euer Leben zu leben! Lernet euer Schicksal erkennen! ... Ihr sollt lernen, ihr selbst zu sein ..."

Morgenlandfahrer

Hesses Familie hatte eine besondere Beziehung zu Indien. Sein Großvater mütterlicherseits war Missionar in Indien, seine Mutter wurde dort geboren und auch sein Vater war für einige Jahre als Missionar in Indien, ehe er das Verlagshaus in Calw übernahm. 1911 beschloss Hesse, zusammen mit einem Freund, nach Indien zu fahren. Aber diese „Morgenlandfahrt" (später auch der Titel einer kleinen Prosadichtung) brachte ihm weder die erhoffte innere Befreiung noch die geistige Begegnung mit dem wahren Indien. Erst 10 Jahre später fand er wirklich zurück in die „wahlverwandte Welt indischen Geistes" und schrieb „Siddharta".

Siddharta

„Siddharta" (1922) ist die Geschichte eines Sohnes aus reichem Brahmanengeschlecht, der seine Heimat verlässt, um als Asket die Wahrheit zu finden. Doch die Erkenntnis, nach der er sucht, wird ihm trotz aller Kasteiungen nicht zuteil, auch bei Gautama Buddha findet er sie nicht, so wenig wie in der Welt der Sinne. Ihm wird klar, dass eine Lehre ihm keine Erlösung bringen kann, dass er allein seinen Weg suchen muss, dass er lernen muss, sich selbst zu ergründen. Als Gehilfe des Fährmanns Vaseduva entdeckt er schließlich das Geheimnis des Flusses, die Dauer im Wechsel der Erscheinungen, die Einheit im ewigen Wandel. „... alle Lust, alles Gute und Böse, alles zusammen war die Welt ... wenn er ... das Ganze, die Einheit vernahm, dann bestand das große Lied der tausend Stimmen aus einem einzigen Worte, das hieß Om: die Vollendung." Siddharta ist im Sanskrit der Name dessen, der sein Ziel erreicht hat. Siddharta-Hesse hatte die Harmonie der Welt wiedergefunden. Von dem Buch, das später zum „Kultbuch" wurde, sagte ein indischer Gelehrter, es sei für ihn unfasslich und ergreifend, einen Europäer zu finden, der wirklich ins Zentrum indischen Denkens gelangt sei.

Glasperlenspiel

Hesses großes Spätwerk, das er 1942, mitten im Zweiten Weltkrieg, vollendete, war das „Glasperlenspiel – Versuch einer Lebensbeschreibung des Magisters Ludi Josef Knecht samt Knechts hinterlassenen Schriften". Es schildert das Leben in „Kastalien", einem kleinen Gelehrtenreich, in dem eine Elite versucht, der Überlieferung hoher kultureller Werte zu dienen und eine neue Bildungswelt aufzubauen. Denn das Erreichte und Gewordene ist „... zum Absterben verurteilt, wenn es die Fähigkeit zu weiterem Werden und Sichwandeln verliert". In der Heiterkeit des Glasperlenspiel manifestiert sich diese Haltung. Auch hier klingt an, dass die Wahrheit nicht in einer Lehre zu finden sei, sondern nur „... in der Vervollkommnung deiner selbst ... die Gottheit ist in dir, nicht in den Begriffen und Büchern ... die Wahrheit wird gelebt, nicht doziert." Der Mensch hat seinem eigenen Gesetz zu folgen, aus freier Verantwortung zu handeln und

376

sich für neues Erleben und neue Wagnisse offen und bereit zu halten. In einer Mainacht 1941 hat Hesse nach langer Krankheit diese Gedanken auch in ein Gedicht („Stufen") gefasst: „Wie jede Blüte welkt und jede Jugend / Dem Alter weicht, blüht jede Lebensstufe, / blüht jede Weisheit auch und jede Tugend / Zu ihrer Zeit und darf nicht ewig dauern. / … / Und jedem Anfang wohnt ein Zauber inne, / der uns beschützt und der uns hilft zu leben. / … / Es wir vielleicht auch noch die Todesstunde / Uns neuen Räumen jung entgegensenden, / Des Lebens Ruf an uns wird niemals enden … / Wohlan denn, Herz, nimm Abschied und gesunde!"

1927, in seinem 50. Jahr, schrieb Hermann Hesse den Roman „Der **Steppenwolf** Steppenwolf". Es war die Geschichte Harry Hallers, der, in Geist und Trieb gespalten, „über den Trümmern seines Lebens den zerflatternden Sinn" sucht, und zugleich war es eine Art schonungsloses Selbstbildnis. H. H. erkennt, dass er von außen nichts gewinnen kann, was nicht in seinem eigenen Inneren schon existiert. Einmal wird es ihm gelingen, das Spiel des Lebens besser zu spielen. Im wirren Dunkel erkennt er bereits eine goldene Spur: „Mozart wartet auf mich", mit diesen Worten endet die Geschichte. Hesse ging es darum, „… die große Zeitkrankheit nicht durch Umgehen und Beschönigen zu überwinden, sondern durch den Versuch, die Krankheit selber zum Gegenstand der Darstellung zu machen". Es ging um die Krankheit der Generation nach dem Krieg, die in hohlem, geschäftigen Müßiggang die letzten Reste ererbter Kultur verschleudert. Das Buch wurde mit Begeisterung aufgenommen, aber den größten Erfolg erlebte es nach Hesses Tod, in den 60er Jahren, in der Zeit des Vietnamkrieges, als der „Steppenwolf", ebenso wie „Siddharta", in Amerika zu einem Kultbuch der Jugend wurde.

Max Scheler (1874–1928)

Max Scheler kam in München als Sohn eines protestantischen Vaters und einer jüdischen Mutter auf die Welt. Er studierte in München, Freiburg, und Berlin und habilitierte sich mit 25 in Jena. Anschließend war er dort 11 Jahre lang Privatdozent, bis er wegen eines gesellschaftlichen Skandals von Jena Abschied nehmen musste. Seine Frau hatte eine Nebenbuhlerin geohrfeigt. Scheler ging als Privatdozent nach München und verheiratet sich nach der Scheidung erneut, aber auch das hielt nicht lange und endete ebenfalls in einem Skandal, durch den er seine Lehrbefugnis verlor. Wieder folgte die Scheidung und 12 Jahre später heiratete er ein drittes Mal. In den folgenden Jahren lebte Scheler als Privatgelehrter in München und widmete sich seiner wissenschaftlichen Arbeit. Er hatte sich dem Katholizismus zu gewandt, später aber wieder davon distanziert zugunsten einer pantheistischen Einstellung. 1919 wurde er Professor für Soziologie in

Köln, 1928 nahm er eine Professur an der Universität Frankfurt am Main an, doch im gleichen Jahr starb er im Alter von 54 Jahren. Für seine Schüler war er eine Art „Magier", der durch den Zauber seiner Persönlichkeit wirkte, viel mehr als durch seine Schriften.

Lebens-philosophie

Scheler hat als Lebensphilosoph an Nietzsche und besonders an Bergson angeknüpft, und als Schüler Husserls hat er die Phänomenologie weitergeführt. Während jedoch für Husserl die Phänomenologie die Grundlagenwissenschaft der Philosophie war, sah Scheler in ihr nur ein praktisches Werkzeug. Er wendet es nicht nur auf die Erkenntnislehre, sondern ebenso auf die Ethik, wie auf die Kultur- und Religionsphilosophie, also auf den Bereich der Werte an. Der Mensch strebt nach Zielen und damit nach Werten. Die Werte sind absolute, unveränderliche Wesenheiten. Mit Hilfe der phänomenologischen Methode können sie inhaltlich erfasst und so kann auf ihnen eine Ethik aufgebaut werden.

Wertethik

In seinem Hauptwerk „Der Formalismus in der Ethik und die materiale Wertethik" (1913) entwirft Scheler ein hierarchisches System von a priori gegebenen Werten, die der Mensch durch intentionales Fühlen erfasst. Zuunterst findet sich das bloße sinnliche Fühlen, das Angenehmes und Unangenehmes unterscheidet; darüber die vitalen Werte (Edles-Gemeines), schließlich noch weiter oben rangieren die geistigen Werte der Erkenntnis, des Schönen, des Rechten und schließlich zuoberst die Werte des Heiligen. Scheler war sich mit Kant darüber einig, dass der moralische Wert einer Handlung ausschließlich von der zugrundeliegenden Absicht abhängt. Wer sich sein Leben lang bemüht, Gutes zu tun, ist ein guter Mensch, unabhängig davon, ob es ihm gelingt das Gute zu realisieren.

Person und Liebe

Der Mensch erfährt und realisiert Werte, die über die reinen Vitalwerte hinausgehen, er „transzendiert" die rein biologische Lebenssphäre. Doch auch das reicht noch nicht aus um eine Person zu sein, dazu bedarf es eines gewissen geistigen Niveaus. Solange ein Mensch nur etwas will, weil seine Eltern oder Gleichaltrige es wollen, ist er noch nicht mündig, ist noch keine Person. Eine Person ist er erst, wenn er sich als Herr seines Leibes versteht und durch seinen Leib zu handeln imstande ist. Jede Person hat ihr individuelles, werthaftes Wesen. Unter den Gefühlen nimmt die Liebe einen besonderen Platz ein. Als Liebender ist der Mensch besonders offen gegenüber dem Wertvollen und befreit sich von egoistischen Bindungen. Eine ethische Bedeutung erhält die Liebe, wenn wir eine Person als etwas Wertvolles an sich lieben. In diesem Sinn ist die Liebe absolut und überdauert auch die Veränderungen, die ein Mensch durchmacht. Darum ist auch die Liebe nie abstrakt, sondern stets auf das Individuum in seiner Einmaligkeit gerichtet.

378

Scheler meinte, wir sind „das erste Zeitalter, in dem sich der Mensch **Philosophi-**
völlig und restlos ‚problematisch' geworden ist; in dem er nicht mehr **sche Anthro-**
weiß, was er ist, zugleich aber auch weiß, dass er es nicht weiß". **pologie**
Deshalb sei es so dringlich, eine philosophische Anthropologie zu
entwickeln. Die Anthropologen streben nach einer umfassenden Wissenschaft vom Menschen, weil sie daran zweifeln, dass sich das
menschliche Dasein allein durch den eigenen Entwurf und aus reiner
Vernunft bestimmen lässt. Zur „Conditio humana", zu den Bedingungen, denen der Mensch von Natur aus unterworfen ist, gehört auch
die gefühlte Leiblichkeit. Alles, was wir von der Welt wissen, stammt
aus Empfindungen unserer Sinne. Scheler sieht zwei Möglichkeiten,
das Wesen des Menschen zu bestimmen: „von oben" durch Gott oder
„von unten" durch das Tier. Die Darwinsche Abstammungslehre kann
nur feststellen, dass der Mensch ein Tier unter Tieren ist und wird
damit dem Wesen des Menschen nicht gerecht. „Von oben" definiert
sich der Mensch als von Gott abgeleitet und auch dieser ‚Hochmut'
wird ihm nicht gerecht. Die Anthropologie kann deshalb das Wesen
des Menschen nur im Vergleich mit anderem Leben bestimmen und
kommt zu dem Ergebnis, dass es der Geist ist, mit dem sich der
Mensch von aller Natur wesentlich unterscheidet.

Der Geist, der nicht ans Organische gebunden ist, unterscheidet den **Geist**
Menschen vom Tier, macht ihn zu einem „geistigen Wesen", das nicht
mehr trieb- und umweltgebunden ist. Der Mensch geht nicht im Leben auf, wie das Tier, sondern er ist gegen das Leben gestellt. Der
Geist allein ist jedoch ohnmächtig, nur durch das Leben kann er seine
Ideen verwirklichen, das Leben andererseits wäre ohne den Geist
blind und orientierungslos, beide müssen zusammenwirken. In seinem Werk „Die Stellung des Menschen im Kosmos" (1928) kommt
Scheler zu dem Schluss, der ursprünglich ohnmächtige Geist und der
ursprünglich „dämonische" blinde Lebensdrang müssen sich gegenseitig durchdringen, das Leben muss vergeistigt, der Geist verleben-
digt werden. In diesem Prozess ist der Mensch „Mitarbeiter Gottes".

Helmuth Plessner (1892–1985)

Neben Max Scheler zählen auch Helmuth Plessner und Arnold Gehlen zu den Begründern der modernen Anthropologie. Helmuth Plessner, Sohn eines jüdischen Arztes aus Wiesbaden, studierte Zoologie
und Philosophie, habilitierte sich 1920 bei Scheler in Köln und wurde
1926 außerordentlicher Professor. 1933 wurde er entlassen und
musste emigrieren, zunächst in die Türkei. 1936 wurde er Professor
für Philosophie an der Universität Groningen in Holland, wurde 1943
von den Deutschen erneut entlassen, konnte aber 1946 auf den Lehr
stuhl für Philosophie und Soziologie zurückkehren. Erst 1951, er war
nun 59, kehrte er nach Deutschland zurück und 1 Jahr später heira-

tete er. Bis zu seiner Emeritierung 1963 war er Ordinarius in Göttingen. In den folgenden Jahren entstand ein umfangreiches Werk an philosophischen und soziologischen Schriften. Plessner starb 92 jährig in Göttingen.

Exzentrische Position

Plessner versuchte die Sonderstellung des Menschen zu definieren. Tiere sind durch ihre angeborenen Triebe und Instinkte auf ihre Umwelt hin orientiert, sie leben „aus ihrer Mitte heraus". Der Mensch hingegen hat eine „exzentrische Position", er lebt aus Distanz zu sich und seiner Mitwelt. Der Mensch kann sich als identisch mit sich selbst erkennen. Der Mensch lebt und erlebt nicht nur, sondern er erlebt sein Erleben, er steht gleichsam außer sich selbst, „seine Existenz ist wahrhaft auf nichts gestellt". Er lebt, indem er sein Leben führt; er sucht ins Gleichgewicht zu kommen, weil er nicht im Gleichgewicht steht. Weil der Mensch keine natürliche Umwelt hat, muss er die ihm gemäße Welt erst aufbauen. Die ihm gemäße Welt aber ist die Kulturwelt. Die Kultur gehört als Kompensation für die fehlende Instinktwelt zum natürlichen Bestandteil des Menschen.

Arnold Gehlen (1904–1976)

Der dritte Begründer der philosophischen Anthropologie, Arnold Gehlen, wuchs als Sohn eines Verlegers in Leipzig auf. Er studierte in Köln und war Schüler Max Schelers. Seine akademische Laufbahn begann er 1930 in Leipzig als Privatdozent. Bald nach 1933 wurde er Ordinarius und seine Schriften aus jener Zeit lassen eine Anpassung an die Zeitumstände erkennen. Zwischendurch heiratete er, dann wechselte er 1938 nach Königsberg und 1940 nach Wien, anschließend 1947 an die Hochschule für Verwaltungswissenschaften nach Speyer und schließlich 1962 an die Technische Hochschule Aachen, wo er bis zu seiner Emeritierung lehrte. Er war als scharfzüngiger Redner und Schreiber, auch bei Gegnern, geschätzt, bis er, 72 jährig, in Hamburg starb.

„Mängelwesen"

Wie Gehlen in seinem Hauptwerk „Der Mensch" (1940) darlegt, ist auch für ihn der Mensch nicht ein Tier mit Geist, sondern ein „Sonderentwurf der Natur". Das Tier ist in seine Umwelt „eingepasst", doch der Mensch entbehrt dieser Einpassung. Im Vergleich zum Tier ist also der Mensch ein „Mängelwesen", es fehlt ihm an spezialisierten Fähigkeiten zur Lebensbewältigung, an der Schärfe der Sinne, an echten Instinkten. Diese angeborenen Mängel seiner Existenz gleicht der Mensch durch den Geist als planendes Vorausschauen und durch Technik aus. Er ist ein „weltoffenes" und deshalb notwendigerweise „handelndes Wesen", das auf Entlastungen angewiesen ist. Gerade wegen seines „Unfertigseins" bedarf der Mensch der Stabilisierung durch Erziehung und Selbstzucht. Durch den Mangel an Instinkten ergibt sich beim Menschen ein „Antriebsüberschuss", denn das menschliche Potential treibt ihn über jede bloße Aufgabenerledigung hinaus. Dieser Antriebsüberschuss kann sich konstruktiv und zugleich destruktiv auswirken. Die Antriebsspannung zwischen Erhaltung und Zerstörung wird durch die Kultur stabilisiert, die sich der Mensch schafft und die seine Mängel kompensiert.

Das Thema seiner „Institutionenlehre" hatte Gehlen bei Nietzsche **Institutionen** gefunden, der in „Götzendämmerung" geschrieben hatte: „Unsere Institutionen taugen nichts mehr ... weil wir nicht mehr zu ihnen taugen ... man lebt für heute, man lebt sehr geschwind – man lebt sehr unverantwortlich: dies gerade nennt man Freiheit ... was aus Institutionen Institutionen macht, wird verachtet ... man glaubt sich in Gefahr einer neuen Sklaverei, wo das Wort ‚Autorität' auch nur laut wird". Gehlen plädiert für die Institutionen des menschlichen Zusammenlebens, er sieht in der Ordnung, die von ihnen ausgeht, eine wesentlich Hilfe zum Überleben.

In seinem Spätwerk „Moral und Hypermoral" (1969) setzt sich Geh- **Moral und** len besonders mit den „moralisierenden Intellektuellen" auseinander, **Hypermoral** er sieht in ihnen einen zugleich parasitären und machtgierigen Stand, der ohne Verantwortung weder dient noch herrscht, und dessen einzige Produktivität die unproduktive, ins Leere zielende Reflexion ist. In der Öffentlichkeit tritt auf diese Weise an die Stelle einer differenzierten politischen Argumentation nur noch eine von Gesinnungsethik geprägte moralisierende Betrachtungsweise.

Bertrand Russell (1872–1970)

In England war inzwischen wieder einmal ein Mathematiker unter die Philosophen gegangen. Bertrand Russel kam in Trelleck (Wales) als Spross einer englischen Adelsfamilie auf die Welt. Er verlor seine Eltern früh und verbrachte seine Kindheit im Haus seines Großvaters, des früheren Premierministers Lord John Russell. Bertrand, später der 3. Earl Russell, studierte in Cambridge Mathematik und Philosophie. Das ererbte Vermögen erlaubte es ihm, sich nach dem Examen der wissenschaftlichen Arbeit zuzuwenden und zwischendurch große Reisen zu unternehmen. Als er 22 war verliebte er sich und schloss seine erste Ehe, der später noch 3 weitere folgten. 6 Jahre lang, bis 1916, war er Dozent am Trinity College in Oxford, dann musste er seine Lehrtätigkeit aufgeben, weil er wegen seines Einsatzes für die Wehrdienstverweigerer zu einer Gefängnisstrafe verurteilt worden war. Den Kriegsausbruch 1914 hatte Russel als Katastrophe empfunden und seitdem sich in der Öffentlichkeit immer wieder als aktiver Pazifist betätigt. Illusionen machte er sich nicht: „Nach Kriegsende sah ich, dass alles, was ich getan hatte, außer für mich selbst, völlig nutzlos gewesen war". In den folgenden Jahren bis zum 2. Weltkrieg unternahm Russel einige große Reisen und widmete sich der Schriftstellerei, die nun auch für ihn zum Broterwerb wurde, denn das ererbte Vermögen hatte er teils verschenkt, teils aufgebraucht. Während des 2. Weltkriegs hielt sich Russell mit seiner Familie als Gastprofessor in den USA auf. Zurück in England, erwarteten ihn 1950 eine Reihe von Ehrungen: Er erhielt den britischen „Order of merit" und den Nobelpreis für Literatur. Seine letzten zwanzig Jahre waren für ihn eine schöne Zeit. Er war glücklich in seiner vierten Ehe mit Edith Finch, er reiste und arbeitete, bis er, 98 jährig in seinem Landhaus in Wales starb.

Mathematiker

Russell hatte sich schon während seiner Studienzeit vorgenommen, Bedeutendes auf dem Gebiet der Mathematik zu leisten und das gelang ihm auch. Die Jahre 1895 bis 1901 während seiner Fellowship am Trinity College in Cambridge waren für ihn eine „Zeit intellektueller Berauschtheit". In seinem Buch „The Principles of Mathematics" („Prinzipien der Mathematik", 1903) versuchte er aufzuzeigen, dass die Grundbegriffe und Grundprinzipien der Mathematik mit rein logischen Begriffen und Prinzipien definiert und aus ihnen abgeleitet werden können. Mit diesem Verhältnis zwischen Logik und Mathematik, das „Logizismus" genannt wird, befasste sich dann auch das große, dreibändige Werk das in zehnjähriger Zusammenarbeit mit seinem Lehrer, dem Mathematiker und Philosophen Alfred North Whitehead (1861–1947), entstand und den Titel trug: „Principia Mathematica" (1913). Aufbauend auf den Arbeiten des deutschen Mathematikers Gottlob Frege (1848–1925) wurde hier dargelegt, dass zur Gewinnung mathematischer Sätze außer den Axiomen nur das logische Schließen erforderlich ist und dass auch sprachlich formulierte Gedankenketten in mathematische verwandelt werden können. Mit der Einführung logistischer Symbole können Mehrdeutigkeiten ausgeschaltet werden. Kurz vor Ausbruch des ersten Weltkrieges kam in Cambridge ein junger Österreicher namens Ludwig Wittgenstein zu Russel, der sich für dessen mathematische Theorien interessierte. Nach dem Krieg trafen sich die beiden wieder und Russel, der Wittgenstein für ein Genie hielt, wurde sein Lehrer und Freund.

Sozialist

Die Motive, die Russel zum Anhänger des Sozialismus werden ließen, waren sein Mitgefühl mit den Leiden der Menschheit, seine Friedensliebe, sein Sinn für soziale Gerechtigkeit, sein Aufbegehren gegen Klassenvorurteile und Korruption. Das erste Buch, das Russell überhaupt publizierte, befasste sich mit der deutschen Sozialdemokratie („German Social Democracy", 1896), er schrieb es nach einer Berlin-Reise. Dreimal bewarb sich Russel als Labour-Kandidat um einen Sitz im Unterhaus, doch jedes Mal ohne Erfolg. 1920 nahm ihn eine Delegation der Labour Party mit nach Russland, was dazu führte, dass Russell fortan die Bolschewiken hasste: der russische Kommunismus mit seiner tyrannischen Bürokratie, seinem Spitzelsystem und seiner Unterdrückung der Freiheit war für ihn keine Alternative. Hingegen bedachte er China, das er im nächsten Jahr bereiste, mit großem Lob. Auch später noch sah Russel „im Sozialismus in seiner milderen Form … eine natürliche Weiterentwicklung der christlichen Tradition", doch Marx war für ihn ein Apostel der Spaltung und unglücklicherweise habe der Marxismus unter den Sozialisten gesiegt Russels Tochter und Biographin Kate Tait erinnerte sich, dass ihr Vater sie stets gelehrt habe, wirtschaftliche Ungleichheit sei ungerecht, dass er selbst jedoch diese Ungerechtigkeit zeitlebens hinnahm und sich nie von den aristokratischen Gewohnheiten seiner Erziehung abbringen ließ. Russel organisierte auch in seinen späten Jahren noch Friedensbewegungen und Massenproteste und versuchte in der Kuba-Krise zu vermitteln. Noch mit 90 ging er auf die Straße, um gegen Atomwaffen und den Vietnamkrieg zu demonstrieren.

Schon im Alter von 15 Jahren hatten Russels Zweifel an den christlichen Dogmen von der Willensfreiheit, der Unsterblichkeit der Seele und der Existenz Gottes eingesetzt. Als erstes verwarf er das Dogma der Willensfreiheit, er hielt es für unvereinbar mit den Gesetzen der Dynamik. Mit 17 gab er den Glauben an die Unsterblichkeit der Seele auf und als er 18 war, las er die Autobiographie seines Patenonkels John Stuart Mill (mit dem sein Vater befreundet gewesen war), und als er dort auf die Frage stieß „Wer hat Gott geschaffen?" ließ er auch den Glauben an Gott fallen und wurde Atheist. Doch empfand er damals das Ende seines religiösen Glaubens als einen Verlust, der ihm Angst machte. „Was uns nottut, ist ein neuer Luther. Denn Religionen altern wie die Bäume, wenn sie nicht von Zeit zu Zeit reformiert werden … Wir brauchen eine neue Form, die mit der Wissenschaft im Einklang ist und doch zu einem rechten Leben verhilft", schrieb er in sein Tagebuch. In seinem Vortrag „Warum ich kein Christ bin" (1927) kam er zu dem Schluss, dass Christus an Weisheit und Tugend nicht ganz so hoch stehe wie Buddha oder Sokrates und die organisierte christliche Kirche „der Hauptfeind des moralischen Fortschritts in der Welt war und ist". Im Absolutheitsanspruch des christlich-jüdischen Gottesbegriffs sah Russel die Quelle der Intoleranz in der Welt. **Atheist**

Russels Stärke als Schriftsteller lag darin, dass er auch schwierige Zusammenhänge verständlich darstellen konnte und seine Ironie und sein Humor das Lesen zum Vergnügen machten. Er veröffentlichte etwa 60 Bücher und mehr als 2000 Aufsätze. Er schrieb über die verschiedensten Themen, zum Nobelpreis verhalfen ihm erfolgreiche Bücher wie „Lob des Müßiggangs" („In Praise of Idleness and Other Essays", 1935) und „Marriage and Morals" („Ehe und Moral", 1929). Russel vertrat darin die Ansicht, „dass völlige Treue in den meisten Ehen nicht zu erwarten sei, dass aber Mann und Frau trotz Affären fähig sein sollten, gute Freunde zu bleiben. Allerdings musste er einräumen, dass sich in diesem Bereich bei ihm Theorie und Praxis am wenigsten deckten. Seine 1. Ehe blieb kinderlos und scheiterte nach **Schriftsteller**

16 Jahren, auf dem Papier dauerte sie 27 Jahre. Als er 49 war heiratete er Dora Black, die beiden führten eine partnerschaftliche „offene Ehe" und bekamen zu Russels Freude Kinder, doch da von den insgesamt 4 Kindern 2 nicht von ihm waren, ging die Ehe nach 15 Jahren dann doch auseinander. Die dritte Ehe begann mit einigen glücklichen Jahren und einem kleinen Sohn, aber die Familie hatte, besonders während des Aufenthalts in den USA, eine schwere Zeit durchzumachen und die tapfere Patricia Helen Spence entschied nach 13 Jahren, sie habe nun genug von Russell. In seiner 4. Ehe, die er mit Edith Finch schloss als er 80 war und die bis zu seinem Tod dauerte, fand Russel dann doch noch ein tiefes Glück.

Logischer Atomismus

Als Philosoph entwarf Russel zwar kein System, entwickelte aber eine spezielle Lehre vom Aufbau des Wirklichen die er „logischen Atomismus" nannte. Sie beruhte auf der Annahme, dass nur Naturwissenschaften und Mathematik die Grundlage für sichere Erkenntnis und unbezweifelbare Wahrheiten bieten können. Das Wirkliche sind die einzelnen Sinnesdaten, die untereinander logisch verbunden sind. Es gibt weder Materie, noch Geist noch ein Ich, sondern nur Sinnesdaten. Aus den Sinnesdaten, diesen elementaren Aussagen, lässt sich die Welt logisch aufbauen. Die „Atome" sind in diesem Fall diese kleinsten, nicht weiter analysierbaren Tatsachen, die sich zu komplexeren Sachverhalten zusammenfügen. Die Naturwissenschaft erkennt Sinnesdaten, sonst nichts. Russel folgert daraus, dass sich darin für einen Glauben an Gott oder Unsterblichkeit keine Stütze findet. Die Religion ist auch entbehrlich, ja ein Übel. Sie ist kennzeichnend für einen noch nicht ganz erwachsenen Menschen. Eine richtige Moral müsste ganz anders aussehen als die jetzige, meint Russell. Als Lebensideal genügt ein von Liebe geleitetes und mit Hilfe des Wissens geführtes Leben.

Analytische Philosophie

In dem Bemühen, philosophische Probleme durch sprachliche Analyse zu klären, fand sich Russell mit seinem hochgeschätzten Studienfreund und nachmaligem Professor in Cambridge, George Edward Moore (1873–1958) zusammen. Beide gelten als Wegbereiter der „analytischen Philosophie". Durch die logische Analyse sprachlicher Ausdrücke können Irreführungen durch die Sprache und falsches Formulieren eines Problems vermieden werden. Moore war der Auffassung, dass die normale Alltagssprache ausreicht, um den Sinn philosophischer Begriffe und Probleme zu klären. Er ging vom realistischen Standpunkt des gesunden Menschenverstandes (Common sense) aus und gründete seine Analyse auf den von Russell übernommenen Sinnesdaten. Für Russel war die moderne formale Logik das wichtigste Werkzeug der sprachlichen Analyse.

Geschichte der Philosophie

Während seines Aufenthalts in USA vollendete Russel seine „History of Western Philosophy" („Philosophie des Abendlandes", 1945), die ein großer Erfolg wurde. Albert Einstein, mit dem Russel befreundet war, pries das Buch als „köstliche Lektüre", ein im besten Sinne pädagogisches Werk, das über dem Streit der Parteien und Meinungen steht, und seinen Autor als einen weisen, ehrlichen, tapferen und dabei humorvollen Mann. In der Tat vermittelt die ideenreiche Darstellung dem Leser Kurzweil und Gewinn und beeindruckt durch Kenntnisreichtum, Urteilskraft und unerschrockene Aufrichtigkeit. An Konsequenz und Wahrheitsliebe dürfte Russel keinem Zeitgenossen nachstehen. (Sandvoss) Mit seinem klaren, verständlichen Stil steht Russell, wie J. B. Priestley meint, der großen alten philosophischen Tradition näher, „als die geheimnistuerischen Fachleute, die nur mit anderen geheimnistuerischen Fachleuten verkehren und Probleme lösen, die außer ihnen kein Mensch versteht".

Russel war einer der wenigen modernen Philosophen, die sich aus- **Glück** führlich mit dem Glück befasst haben. In seinem Buch „The Conquest of Happiness" („Eroberung des Glücks", 1930) listet er erst die Ursachen des Unglücks auf: Weltschmerz, der Kampf ums Dasein, der eigentlich nur ein Konkurrenzkampf um den materiellen Aufstieg ist, Langeweile, Ermüdung die durch Selbstquälerei entsteht, Neid und Missgunst, Schuldgefühle und das Schielen auf das Urteil der Leute. Als wichtigste Aktivposten nennt Russel Lebensbejahung und Daseinsfreude, empfangene und gebende Zuneigung, die Freude, die man aus Ehe, Familie und Kindern schöpfen kann, die Befriedigung, die uns die Arbeit gewährt, die Kraft, die wir aus „unpersönlichen Interessen", aus Streben und Entsagung schöpfen können. „Der glückliche Mensch ist derjenige, der die Einheit seines Ichs zu wahren weiß, dessen Persönlichkeit weder in sich gespalten, noch gegen die Außenwelt feindlich gesinnt ist. Ein solcher Mensch fühlt sich als ein Bürger des Alls, der ohne Hemmung die Freuden, die es schenkt genießen kann – unbekümmert von dem Gedanken an den Tod ... In solch inniger, naturbestimmter Vereinigung mit dem Strom des Lebens vollzieht sich die tiefste Beglückung, die wir finden können."

In seiner Autobiographie schrieb Bertrand Russell: „Drei einfache, **Rückblick** doch übermächtige Leidenschaften haben mein Leben bestimmt: Das Verlangen nach Liebe, der Drang nach Erkenntnis und ein unerträgliches Mitgefühl für die Leiden der Menschheit ... Nach Liebe trachtete ich, ... weil sie Verzückung erzeugt, ... weil sie von Einsamkeit erlöst, ... weil ich in der liebenden Vereinigung, in mystisch verkleinertem Abbild die Vorahnung des Himmels erschaute ... ich habe es – am Ende –gefunden. Mit gleicher Leidenschaft habe ich nach Erkenntnis gestrebt ... Liebe und Erkenntnis, soweit sie erreichbar waren, führten empor in himmlische Höhen ... Doch stets brachte mich das Mitleid wieder zur Erde zurück ... So war mein Leben. Ich habe es lebenswert gefunden und ich würde es mit Freuden noch einmal leben."

Ludwig Wittgenstein (1889–1951)

Russel hatte einen bedeutenden Schüler: Ludwig Wittgenstein. Wittgenstein wurde in Wien geboren, sein Vater war ein reicher jüdischer Stahlindustrieller. Wittgenstein begann mit 17 ein Ingenieurstudium an der Technischen Hochschule Berlin, zwei Jahre später setzte er es in Manchester/England fort. Das anschließende Studium der Mathematik und Philosophie in Cambridge wurde durch den Kriegsausbruch unterbrochen. Wittgenstein rückte als Kriegsfreiwilliger zur österreichische Armee ein, kämpfte an der Ostfront und geriet schließlich in Trient in Gefangenschaft. Nach Kriegsende beschloss Wittgenstein, sein väterliches Erbteil seinen 7 Geschwistern zu vermachen und Volksschullehrer zu werden. Es war eine unglückliche Zeit für ihn bis er sich schließlich nach 10 Jahren wieder mit Philosophie befasste und 1929 nach Cambridge zurückkehrte. Erwurde Fellow am Trinity College und als er 50 war, wurde ihm die Ehre zuteil, als Nachfolger G. E. Moores auf den Lehrstuhl für Philosophie berufen zu werden. Das war 1939, ein Jahr vorher hatte Wittgenstein die britische Staatsangehörigkeit erworben. Und dann brach der Zweite Weltkrieg aus. Wittgenstein arbeitete in Lazaretten, konnte aber seine Vorlesungen fortsetzen. 1947 legte er seine Professur in Cambridge vorzeitig nieder. Wittgenstein suchte die Einsamkeit, fernab in Irland und Norwegen. Die folgenden 4 Jahre waren angefüllt mit wissenschaftliche Arbeit, wurden aber auch immer wieder durch Krankheits-Phasen unterbrochen. Wittgenstein war an Prostata-Krebs erkrankt und starb 62 jährig in Cambridge.

Mathematik und Russell Während seines technischen Studiums in England wurde Wittgensteins Interesse auf die reine Mathematik gelenkt. Bertrand Russels „Principles of Mathematics" waren vor kurzem erschienen, in denen auch auf den deutschen Mathematiker Gottlob Frege hingewiesen wurde. Wittgenstein besuchte Frege in Jena und folgte dessen Rat, nach Cambridge zu gehen und bei Russell zu studieren. Die 2 Jahre, die Wittgenstein vor dem Kriegsausbruch in Cambridge verbringen konnte, gaben ihm Gelegenheit zu intensiven Diskussionen mit G. E. Moore und Bertrand Russell. Auch John Maynard Keynes (1883–1946), Nationalökonom und später Regierungsberater, zählte zu seinen Freunden. Russel hielt Wittgenstein damals für das „vielleicht vollkommenste Genie", dem er je begegnet war. Russell erzählt, dass ihn Wittgenstein am Ende des ersten Semesters fragte: „Denken Sie, dass ich ein völliger Idiot bin?" Dazu Russell: „Warum wollen Sie das wissen?" und Wittgenstein antwortete: „Weil ich, wenn ich einer bin, Pilot werde, wenn nicht, Philosoph." Russel riet ihm, kein Pilot zu werden. Während der neun Monate, die Wittgenstein in italienischer Kriegsgefangenschaft bei Monte Cassino zubrachte, konnte er die mathematisch-philosophischen Notizen, die er sich während seines Fronteinsatzes gemacht hatte, zusammenfassen. Er schickte das Manuskript an Russel und 1919 hatten die beiden dann Gelegenheit, sich in Den

Haag zu treffen und die Schrift Zeile für Zeile durchzuarbeiten. Diese „Logisch-philosophische Abhandlung" wurde 1921 publiziert. G. E.-Moore hat sie später, 1929, als Dissertation akzeptiert.

Wittgenstein war der Meinung, dass in der Philosophie viele Probleme durch sprachliche Ungenauigkeit und Schlamperei entstehen und dass es deshalb notwendig sei, eine Sprache zu entwickeln, in der die verschiedenen Arten philosophischen Unsinns nicht ausgedrückt werden können. Bei seiner Untersuchung der Beziehung zwischen Sprache und Welt, zwischen einer Darstellung und dem, was dargestellt wird, musste Wittgenstein eine Menge Begriffe wie Satz, Zeichen, Bild, Gedanke usw. erklären. Er entwirft eine „Bildtheorie des Satzes": „Der Satz ist ein Bild der Wirklichkeit." Wir können die Welt wie ein Mosaik zerlegen und dann durch einfache Sätze wieder zusammenfügen, doch den Sinn der Welt können wir damit nicht beschreiben. Wittgenstein wollte das Wesen eines Satzes und überhaupt jeder Art von Darstellung aufzeigen, um zu bestimmen, was sich sinnvoll sagen lässt und es gegen das Unsagbare abzugrenzen. Anfangs fürchtete er, dass selbst Russel ihn nicht verstand; von Monte Cassino aus schrieb er ihm: „. . . leider hast Du die Hauptsache nicht verstanden, zu dem der ganze Kram mit den logischen Sätzen nur ein einfacher Folgesatz ist. Die Hauptsache ist die Theorie darüber, was durch Sätze gesagt werden kann – d. h. durch die Sprache – (und was auf dasselbe hinauskommt, was gedacht werden kann) und was durch Sätze nicht gesagt, sondern nur *gezeigt* werden kann; das ist, glaube ich, das Kardinalproblem der Philosophie." **Philosophie und Sprache**

Die „Logisch-philosophische Abhandlung" („Tractatus logico-philosophicus"), die 1921 zunächst in einer Zeitschrift veröffentlicht wurde, erschien ein Jahr später als Buch. Sie umfasst ganze 80 Seiten und enthält aphoristische Sätze, die ihrem Gewicht nach nummeriert sind. Das Buch beginnt mit dem 1. Satz: „Die Welt ist alles, was der Fall ist" und im Vorwort erläutert Wittgenstein selbst: „Das Buch behandelt die philosophischen Probleme und zeigt, . . . dass die Fragestellung dieser Probleme auf dem Missverständnis der Logik unserer Sprach beruht. Man könnte den ganzen Sinn des Buches etwa in die Worte fassen: Was sich überhaupt sagen lässt, lässt sich klar sagen; und wovon man nicht reden kann, darüber muss man schweigen." Er räumt ein, dass er vielleicht manches besser hätte ausdrücken können, aber die Wahrheit der mitgeteilten Gedanken hält er für unantastbar und definitiv. „Ich bin also der Meinung, die Probleme im Wesentlichen endgültig gelöst zu haben." **Tractatus**

Von „all dem Geschwätz über Ethik" hält er nichts: „Der Sinn der Welt muss außerhalb ihrer liegen. In der Welt ist alles wie es ist und geschieht alles, wie es geschieht; es gibt *in* ihr keinen Wert . . . Darum kann es auch keine Ethik geben . . . Es ist klar, dass sich Ethik nicht aussprechen lässt. Die Ethik ist transzendental." **Ethik**

Tod und Unsterblichkeit

Zu Tod und Unsterblichkeit meint er: „Der Tod ist kein Ereignis des Lebens, den Tod erlebt man nicht ... Wenn man unter Ewigkeit nicht unendliche Zeitdauer, sondern Unzeitlichkeit versteht, dann lebt der ewig, der in der Gegenwart lebt ... Die zeitliche Unsterblichkeit der Seele des Menschen, das heißt also ihr ewiges Fortleben nach dem Tode, ist nicht nur auf keine Weise verbürgt, sondern vor allem leistet diese Annahme gar nicht das, was man immer mit ihr erreichen wollte. Wird denn dadurch ein Rätsel gelöst, dass ich ewig fortlebe? Ist denn dieses ewige Leben dann nicht ebenso rätselhaft wie das gegenwärtige? Die Lösung des Rätsels des Lebens in Raum und Zeit liegt *außerhalb* von Raum und Zeit."

Vom Sinn des Lebens

„*Wie* die Welt ist, ist für das Höhere vollkommen gleichgültig. Gott offenbart sich nicht *in* der Welt ... Nicht *wie* die Welt ist, ist das Mystische, sondern *dass* sie ist ... Wir fühlen, dass selbst, wenn alle möglichen wissenschaftlichen Fragen beantwortet sind, unsere Lebensprobleme noch gar nicht berührt sind. Freilich bleibt dann eben keine Frage mehr; und eben dies ist die Antwort ... Die Lösung des Problems des Lebens merkt man am Verschwinden dieses Problems. Ist nicht dies der Grund, warum Menschen, denen der Sinn des Lebens nach langem Zweifel klar wurde, warum diese dann nicht sagen konnten, worin dieser Sinn bestand ... Es gibt allerdings Unaussprechliches. Dies *zeigt* sich, es ist das Mystische."

Ende der Philosophie?

Aus dem „Tractatus" muss man eigentlich auf das Ende der Philosophie schließen, denn alle philosophischen Probleme beruhen auf einem „Missverständnis der Logik unserer Sprache", sind demnach nur Scheinprobleme. Alle Antworten, die wir auf sie geben können, sind weder wahr noch falsch, sondern sinnleer, weil schon die Fragen ohne Sinn sind. Wittgenstein räumt auch selbst ein: „Die richtige Methode der Philosophie wäre eigentlich die: Nichts zu sagen, als was sich sagen lässt, also Sätze der Naturwissenschaft – also etwas, was mit der Philosophie nichts zu tun hat." Auch über die Sprache selbst kann man nicht sinnvoll sprechen, weil man aus ihr nicht heraustreten kann. Da aber Wittgenstein selbst von der Sprache handelt, könnte man folgern, dass auch das, was er selbst sagt, sinnlos ist. Und auch das räumt er ein: „Meine Sätze erläutern dadurch, dass sie der, welcher mich versteht, am Ende als unsinnig erkennt, wenn er durch sie – auf ihnen – über sie hinausgestiegen ist. (Er muss sozusagen die Leiter wegwerfen, nachdem er auf ihr hinaufgestiegen ist.) Er muss diese Sätze überwinden, dann sieht er die Welt richtig." Um dies zu erkennen, muss man allerdings zuvor Wittgensteins Gedanken nachgedacht haben.

Philosophische Untersuchungen

Der „Tractatus" war das einzige Buch, das Wittgenstein zu seinen Lebzeiten veröffentlicht hat. Kurz nach seinem Tode gab man aus seinen umfangreichen, nachgelassenen Schriften die „Philosophischen Untersuchungen" („Philosphical Investigations", 1953) heraus.

388

Hier spricht Wittgenstein von „schweren Irrtümern" im „Tractatus". Philosophie wird nun zur Sprachkritik. Er untersucht die Alltagssprache und ihre „Sprachspiele" und stellte fest, dass wir Regeln für ein Spiel festlegen, das aber dann, wenn wir den Regeln folgen, nicht so geht, wie wir angenommen hatten. „Die Philosophie darf den tatsächlichen Gebrauch der Sprache in keiner Weise antasten, sie kann ihn am Ende nur beschreiben, ... auch nicht begründen. Sie lässt alles wie es ist." Das wirkliche Leben ist der Ausgangspunkt des Denkens und zu ihm will Wittgenstein die Philosophie nun zurückführen, indem er sie mit den Tatsachen des Lebens verbindet. Für Russell war das eine „Sammlung von Trivialitäten"; indem Wittgenstein den logischen Standpunkt des „Tractatus" verlassen habe, habe er sich selbst verleugnet.

Bezeichnend ist eine Episode, die sogar Stoff für ein ganzes Buch gab. Im Oktober 1946 wurde Raimund K. Popper eingeladen, im Moral Science Club in Cambridge einen Vortrag über ein „philosophisches Puzzle" zu halten. Hinter dem Thema verbarg sich Wittgensteins These, daß es in der Philosophie vordringlich um die Bekämpfung sprachlicher Missverständnisse und die Auflösung philosophischer Vexierrätsel gehe. Aber Popper war davon überzeugt, daß es echte philosophische Probleme gibt und meinte, er wolle kein Philosoph sein, wenn es nur darum gehe, sprachliche Verwirrungen aufzulösen. Da sprang Wittgenstein auf und hielt einen langen Monolog über Puzzles und wie der Verstand durch Sprache verhext wird. Doch Popper unterbrach ihn, und verlas eine vorbereitete Liste „echter" philosophischer Probleme, z. B. die Gültigkeit moralischer Regeln. Wittgenstein, der am Kamin saß und nervös mit dem Schürhaken spielte, fuhr Popper an: „Geben Sie ein Beispiel für eine moralische Regel!" Und Popper erwiderte schlagfertig: „Man soll einen Gastredner nicht mit dem Schürhaken bedrohen!" Woraufhin Wittgenstein hinausstürmte und die Tür hinter sich zuschlug. Für die anwesenden Zuhörer, unter ihnen Russell, war der Disput der beiden Wiener sicher amüsant, doch für die beiden hatte er eine tiefere Bedeutung.

Popper und der Schürhaken

Albert Einstein (1879–1955)

Albert Einstein, der geniale Physiker, war auch Philosoph. Er wurde in Ulm als Sohn eines kleinen jüdischen Unternehmers geboren. Als die Firma des Vaters in Konkurs ging, verzog die Familie nach München und später nach Mailand. Albert besuchte schließlich die Kantonsschule in Aargau/Schweiz bis zum Mittelschulabschluss. Als er 17 war, begann er mit dem mathematisch-physikalischen Studium an der Eidgenössischen Polytechnischen Hochschule in Zürich, wo man auch ohne Abitur angenommen wurde. Seine erste Anstellung fand er mit 23 am Eidgenössischen Patentamt in Bern als „Experte III. Klasse". Er heiratete eine frühere Studienkollegin, Mileva Maric, und die beiden hatten 3 Kinder, von denen das erste schon vor der Heirat gekommen war. 1905 veröffentlichte der damals 26 jährige Patentamts-Angestellte Einstein 3 Arbeiten zur theoretischen Physik, die ihn weltberühmt machten. 3 Jahre später konnte er sich an der Universität Bern habilitieren, wurde Professor an der ETH Zürich und wurde 1914 als Direktor des Physikalischen Forschungs-Instituts nach Berlin berufen, wo er sich ganz der Forschung widmen konnte. Bereits ein Jahr später publizierte er wieder 3 bahnbrechende wissenschaftliche Arbeiten. Seine Frau war mit den beiden Söhnen in Bern geblieben und die Trennung endete 5 Jahre später mit Scheidung. Seine Cousine, Elsa Einstein, wurde Einsteins zweite Frau. 1921 wurde ihm der Nobelpreis für Physik verliehen. 12 Jahre später, 1933, musste Einstein in die USA emigrieren und erhielt eine Professur am Institute for Advanced Studies in Princeton/New Jersey. Abgesehen von den turbulenten Kriegsjahren konnte er sich dort der wissenschaftlichen Arbeit widmen. Er starb an einem Aorta-Aneurysma im Alter von 76 Jahren im Krankenhaus von Princeton. Seine Asche wurde verstreut, wie es seinem Wunsch entsprach, sein Gehirn aber hatte vorher der Pathologe des Krankenhauses entwendet, weil er dem Rätsel der Einsteinschen Geisteskraft auf die Spur kommen wollte.

Physiker

Von den 3 Abhandlungen, die Albert Einstein im „Wunderjahr"1905 veröffentlichte, befasste sich der Aufsatz „Über einen die Erzeugung und Verwandlung des Lichtes betreffenden heuristischen Gesichtspunkt" mit dem Problem der Strahlung, aufbauend auf Plancks Quantentheorie. Einstein übertrug das Quantenprinzip auf alle Arten strahlender Energie; auch Lichtstrahlen bestehen nicht, wie bisher angenommen, aus Wellen, sondern aus „Lichtkorpuskeln", (Lichtquanten, Photonen). Die Erweiterung der Quantentheorie erfuhr sogleich eine glänzende Bestätigung, weil Einstein damit auch den „lichtelektrischen Effekt" erklären konnte. 1921 wurde ihm dafür der Nobelpreis zuerkannt. In seiner 2. Abhandlung „Zur Theorie der Brownschen Bewegung" lieferte Einstein mit der Berechnung von molekularen Stößen einen abschließenden Beweis für die atomistische Struktur der Materie …

Relativitäts-theorie

In der 3. Abhandlung mit dem Titel „Zur Elektrodynamik bewegter Körper" analysierte er die Begriffe Raum und Zeit und entwickelte seine spezielle Relativitätstheorie. Einstein hatte herausgefunden, dass die Zeit umso langsamer abläuft, je schneller man sich bewegt, immer bezogen auf einen feststehenden Beobachter. Die Zeit ist relativ und das gleiche gilt für den Raum. Raum und Zeit sind also keine absoluten Größen, wie man bisher angenommen hatte. Wann und wo sich etwas ereignet, ist abhängig vom Betrachter; Raum und Zeit sind relativ, also abhängig vom Betrachter. Hingegen ist die Lichtgeschwindigkeit immer konstant und kann durch nichts übertroffen werden. Während Raum und Zeit „relativiert" sind, ist die Lichtgeschwindigkeit eine Naturkonstante.

Einstein wandte die spezielle Relativitätstheorie auch auf die Phänomene von Masse und Energie an und veröffentlichte noch im gleichen
Jahr als Nachtrag seine berühmte Formel $E = mc^2$. Sie besagt, dass
Masse und Energie gleichwertig (äquivalent) sind, Masse kann in
Energie umgewandelt werden und Materie (Masse) ist nichts anderes
als verdichtete Energie. Nach der Formel lässt sich die Energie be-
rechnen, die einer bestimmten Masse entspricht: man muss die Masse
mit dem Quadrat der Lichtgeschwindigkeit (c) multiplizieren. Dieser
unglaublich große Faktor bedeutet, dass bei der Umwandlung von
Masse ungeheure Energien entstehen, wie das im Atomreaktor und
in der Atombombe der Fall ist.

Einstein arbeitete weiter am Ausbau der Relativitätstheorie, es ging **4 Dimen-**
ihm jetzt um das Problem der Gravitation. 1916 konnte er seine All- **sionen**
gemeine Relativitätstheorie veröffentlichen. Mathematisch lässt sie
sich gut darstellen, wenn man zu den üblichen 3 Koordinaten, mit
denen jedes Objekt im Raum eindeutig lokalisiert werden kann, eine
4. Koordinate, nämlich die Zeit, hinzunimmt. Die Welt wird nun
nicht mehr als dreidimensional betrachtet, sondern Raum und Zeit
verschmelzen zu einer vierdimensionalen Raumzeit. Einstein verknüpfte Schwerkraft und Raumzeit. Jede große Masse, wie Erde oder
Sonne, verbiegt die Raumzeit um sich herum. Andere Körper spüren
diese Raumkrümmung und bewegen sich entsprechend. In einem solchen gekrümmten Raum bewegt sich auch das Licht nicht auf einer
Geraden, sondern gebogen. Deshalb wird ein Lichtstrahl beim Passieren großer Massen von diesen abgelenkt. Bei einer Sonnenfinsternis
im Mai 1919 bestätigte sich Einsteins Vorhersage über das Ausmaß
der Ablenkung. Später versuchte Einstein, die allgemeine Relativitätstheorie mit den Grundgesetzen des Elektromagnetismus zusammenzuschließen und so eine „einheitliche Feldtheorie" zu schaffen. Das
ist ihm allerdings nicht mehr gelungen.

Einstein war überzeugter Kriegsgegner, die wichtigste Ursache des **Pazifist**
Krieges sah er im Nationalismus. Er forderte „die bedingungslose Ab-
kehr vom Krieg überhaupt". Der Pazifismus müsse die Rüstung der
Staaten aktiv bekämpfen, in der Kriegsdienstverweigerung sah er einen
Weg. Auch das Beispiel hervorragender Menschen könne den Militarismus bekämpfen, schrieb er an Sigmund Freud. In Amerika wurde
Einstein zwangsläufig stärker in die Politik einbezogen. Er sah sich als
Weltbürger, als „von Affekten nationaler Natur freier Mensch". Doch
unter dem Eindruck der Judenverfolgung wurde er zum Fürsprecher eines neu gegründeten Judenstaates, aber dessen Präsident, wie man
es ihm anbot, wollte er nicht werden. Bertrand Russell arbeitete 1955 eine
Friedenserklärung aus, die Zeit für eine internationale Zusammenarbeit zwischen Kommunisten und Nicht-Kommunisten schien ihm gekommen und er bat Wissenschaftler aus beiden Lagern sein Manifest
zu unterzeichnen. Auch Einstein hatte noch kurz vor seinem Tod einge-
willigt, dieses „Einstein-Russell-Manifest" zu unterschreiben.

Warnung 1939 rückte die Umwandlung von Atomkernen auf der Basis der Einsteinchen Energieformel in den Bereich des Möglichen. Einstein schrieb an Präsident Roosevelt, um ihn auf die Möglichkeit aufmerksam zu machen, dass die Deutschen eine Atombombe bauen könnten und dass entsprechende Gegenmaßnahmen angebracht seien. So kam es, dass der überzeugte Pazifist Einstein den Anstoß zum Bau der Atombombe gab, aus Furcht vor der Hybris der Nationalsozialisten. Der Abwurf der Atombombe auf Hiroshima bedrückte ihn schwer, dass die Wissenschaftler zu dieser schrecklichen Katastrophe beigetragen hatten, empfand er als tiefe Tragik. Die entfesselte Atomkraft habe alles in Frage gestellt und die Menschen müssten ihre Denkweise radikal ändern, meinte Einstein. Es gebe nur einen Weg zu Sicherheit und Frieden, das sei eine Weltregierung.

Philosoph „Das Interesse für Philosophie war bei mir immer da ..." schrieb Einstein an einen Freund. Erkenntnistheorie interessierte ihn besonders, schon in der Schule befasste er sich eingehend mit Kants „Kritik der reinen Vernunft". Von Aristoteles und Hegel hielt er wenig, er bevorzugte Hume und vor allem verehrte er Spinoza. So wie Spinoza sich Gott nicht transzendent vorstellt sondern als allen Dingen innewohnend, so sieht auch Einstein Gott auf diese Weise begreifbar. Mit dieser Begreifbarkeit hängt das Kausalitätsprinzip eng zusammen, in den logischen Gesetzen der Mathematik sieht Einstein ein Abbild der Kausalität der Natur.

Kosmische Religion Einstein ist erfüllt von dem „wunderbaren Anblick" des Bauwerks Natur, das für ihn ein Werk der Vernunft auf dem Gipfel des Erreichbaren darstellt. Die Anschauung der Natur wird für ihn zur Kraftquelle und zur Befreiung aus den Fesseln des Ichs. Das Gefühl, das ihn dabei erfüllt, nennt er „kosmische Religiosität". „Je mehr der Mensch von der gesetzmäßigen Ordnung der Ereignisse durchdrungen ist, um so fester wird seine Überzeugung, dass neben dieser gesetzmäßigen Ordnung für andersartige Ursachen kein Platz ist. Er erkennt weder einen menschlichen noch einen göttlichen Willen als unabhängige Ursache von Naturereignissen an." Die Existenz Gottes kommt nach Einsteins Überzeugung in den ewigen Gesetzen der Natur zum Ausdruck, mit den Niederungen der Menschenwelt hat Gott jedoch nichts zu tun; „Ich glaube an Spinozas Gott, der sich in der Harmonie des Seienden offenbart, nicht an einen Gott, der sich mit den Schicksalen und Handlungen der Menschen abgibt ... Jene mit tiefem Gefühl verbundene Überzeugung von einer überlegenen Vernunft, die sich in der erfahrbaren Welt offenbart, bildet meinen Gottesbegriff."

Max Planck (1858–1947)

Max Planck, einer der großen Wissenschaftler des Jahrhunderts, ent- **Max Planck**
stammte einer alten Gelehrtenfamilie. Als Universitätsprofessor lehrte (1858–1947)
er Physik in München, Kiel und Berlin. Er war Sekretär der Preußischen Akademie der Wissenschaften, erhielt 1918 den Nobelpreis für
Physik und wurde 1930 Präsident der „Kaiser-Wilhelm-Gesellschaft
zur Förderung der Wissenschaften", (später „Max-Planck-Gesell-
schaft"). Als er im „Dritten Reich" gegen die Judenverfolgung protes-
tierte, verlor er alle Arbeitsmöglichkeiten, sein Sohn Erwin gehörte
zu den Widerstandskämpfern des 20. Juli 1944 und wurde hingerichtet. Max Planck hat sich auch mit den philosophischen Grundlagen
physikalischer Erkenntnis und mit dem Verhältnis zwischen Naturwissenschaften und Religion beschäftigt.

Als die damals bekannte Theorie zur Deutung experimenteller Ergeb- **Quanten-**
nisse nicht ausreichte, entwarf er 1900 die radikale Hypothese dass **theorie**
die Wärmestrahlung kein kontinuierlicher Fluss von Energie ist, sondern aus kleinen „Energiepäckchen" besteht, deren Größe sich aus
der Schwingungszahl und einer Konstanten, dem „Wirkungsquan-
tum", errechnet. Planck begründete so die „Quantentheorie". Als Albert Einstein 1905 seine spezielle Relativitätstheorie veröffentlichte,
erkannte er sofort deren Bedeutung. Plancks Einschätzung nach übertraf sie „wohl alles, was bisher in der spekulativen Naturforschung, ja
in der philosophischen Erkenntnistheorie geleistet wurde". Einsteins
Werk sei mit dem von Kopernikus zu vergleichen. „Der Entschiedenheit und Wärme, mit der er für die Relativitätstheorie eintrat, ist wohl
zum großen Teil die Beachtung zuzuschreiben, die sie bei den Fachgenossen so schnell gefunden hat", schrieb Einstein über Planck. So
entfaltete sich zwischen den beiden bald eine lebhafte wissenschaftliche Korrespondenz. Planck war es auch, der die Berufung Einsteins
an die Berliner Akademie der Wissenschaften betrieb und Einstein
wiederum folgte diesem Ruf um so leichter, als er in Berlin der
freundschaftlichen Verbundenheit Plancks versichert sein konnte.

Oswald Spengler (1880–1936)

Oswald Spengler war der Sohn eines Postbeamten in Blankenburg
am Harz. Seine humanistische Schulbildung erhielt er in der
„Franckschen Stiftung" in Halle, anschließend studierte er Mathematik und Naturwissenschaften und befasste sich im Selbststudium eingehend mit Geschichte und Kunstgeschichte. Mit 24 promovierte er
mit einer Dissertation über Heraklit. Als er 28 war begann er seine
Berufslaufbahn als Gymnasiallehrer in Hamburg, 2 Jahre später erbte
er ein kleines Vermögen, das es ihm ermöglichte, 1911 nach München zu übersiedeln und als freier Schriftsteller zu leben. Von da an

arbeitete er an seinem Hauptwerk, „Der Untergang des Abendlandes – Umrisse einer Morphologie der Weltgeschichte". 1918 erschien der erste, 1922 der zweite Band. Zweimal wurde Spengler eine Professur angeboten, aber er lehnte aus Gesundheitsgründen ab. Er starb 56 jährig an einem Herzleiden.

Lebens-philosophie

Als Anhänger Nietzsches wird Spengler der Kategorie „Lebensphilosophie" zugeordnet. „Wahrheiten gibt es für den Geist; Tatsachen gibt es nur in Bezug auf das Leben", schrieb er. Sein Geschichtsbild beschrieb er so: „Es handelt sich in der Geschichte um das Leben und immer nur um das Leben, die Rasse, den Triumph des Willens zur Macht und nicht um den Sieg von Wahrheiten, Erfindungen oder Geld. Die Weltgeschichte ist das Weltgericht: sie hat immer dem stärkeren, volleren, seiner selbst gewisseren Leben Recht gegeben, Recht auf das Dasein … und sie hat immer die Wahrheit und die Gerechtigkeit der Macht, der Rasse geopfert und die Menschen und Völker zum Tode verurteilt, denen die Wahrheit wichtiger war als Taten, und Gerechtigkeit wesentlicher als Macht." Daraus ergab sich für Spengler „ein neuer Ausblick auf die Geschichte und die Philosophie des Schicksals".

Kultur-philosophie

Seine Lehre über die Entwicklung der Kulturen nannte er eine „Morphologie" (Gestaltlehre). Er hatte diesen Begriff von Goethe „entlehnt", der sein großes Vorbild war. Für Spengler waren Kulturen lebendige Organismen, die wachsen und vergehen. Sie durchlaufen vier Phasen, vergleichbar den Jahreszeiten oder den Lebensabschnitten. In der Frühzeit entstehen die grundlegenden Mythen und Symbole. Es folgt ein Abschnitt der Reife, der selbstbewussten Individualität und der produktiven Leistungen. Die nächste Phase bringt den Übergang aus der Kultur in die Zivilisation, die Produktivität stockt, die innere Form geht verloren. Die letzte Phase ist die der weltstädtischen Zivilisation, mit ihr beginnt der Verfall einer Kultur, die seelische Gestaltungskraft erlischt, das Dasein wird problematisch bis zur Sinnlosigkeit, Intellektualismus, Vermassung, Bürokratisierung und Technisierung herrschen vor. Bis jetzt hat es 8 Hochkulturen gegeben: eine ägyptische, babylonische, indische, chinesische, antike, arabisch-magische, mexikanische und abendländisch-faustische. Spengler analysierte die bereits vergangenen Hochkulturen, die jeweils etwa 1000 Jahre lebten. Aus ihrer „Biographie" lässt sich nicht nur die Vergangenheit erklären, sondern im Vergleich zu ihnen lässt sich durch Analogieschlüsse auch die Zukunft unserer gegenwärtigen Kultur voraussagen. Sein Hauptwerk beginnt mit dem Satz: „In diesem Buch wird zum ersten Mal der Versuch gewagt, Geschichte vorauszubestimmen".

Der Untergang des Abendlandes

Er kommt zu dem Ergebnis, dass unsere Kultur, die „faustische", in das Stadium der Zivilisation, der Erstarrung, eingetreten ist und dem Untergang entgegengeht. Die Moderne ist weit entfernt von der Höhe der mittelalterlichen Kultur, der Intellekt hat über den Instinkt trium-phiert, Rationalismus, Bürokratie und Technik sind an der Macht, in den Städten lebt ein kulturloser Pöbel. Aus dieser Situation wird sich ein „Cäsarismus" entwickeln, der die reine Macht verkörpert und die Macht des Geldes und der Ideologien aus der zivilisatorischen Früh-phase verdrängt. Die Massen, deren Kultur zum Fellachentum herab-gesunken ist, folgen wechselnden Machthabern. 12 Jahre vor 1933 prophezeite er: „Zu einem Goethe werden wir Deutschen es nicht wieder bringen, aber zu einem Cäsar." Das Ergebnis seiner Analyse fasste er zusammen im Titel seines Hauptwerkes, den er bereits 1912 formulierte: „Der Untergang des Abendlandes". Im Anklang an Nietz-sches „amor fati" schloss er sein Buch mit den Sätzen: „Wir haben nicht die Freiheit, dies oder jenes zu erreichen, aber die, das Notwen-dige zu tun oder nichts." Wer dem Schicksal gehorcht, führt, wer sich gegen das Schicksal wehrt, wird mitgerissen.

In seiner Abhandlung „Preußentum und Sozialismus" (1920) schrieb **„Preußen-**
Spengler, „altpreußischer Geist und sozialistische Gesinnung ... sind **tum und**
ein und dasselbe". Preußentum bedeutet: „Die Macht gehört dem **Sozialismus"**
Ganzen, ... Jeder erhält seinen Platz. Es wird befohlen und gehorcht.
Dies ist ... autoritativer Sozialismus, dem Wesen nach illiberal und antidemokratisch ..." Preußen sei ein wirklicher Staat in der an-spruchsvollsten Bedeutung des Wortes, es gebe hier streng genom-men keinen Privatmann, ganz im Gegensatz zum englischen Libera-lismus, der in Deutschland verachtet wurde. Spengler hatte schon während des Krieges davon gesprochen, es gehe um die Entschei-dung, welche Zivilisation künftig dominiert: „der anglo-amerikani-sche, beutesuchende Kapitalismus oder der preußische und wohlor-ganisierte Sozialismus." Von da an war es nur noch ein kleiner Schritt bis zu der These eines Moeller van den Bruck (1876–1925), dass der Weltkrieg ein Krieg zwischen Liberalismus und Sozialismus gewesen sei: „Wir haben den Krieg gegen den Westen verloren. Der Sozialis-mus hat ihn gegen den Liberalismus verloren." Für Moeller wie für Spengler ist der Liberalismus der Erzfeind. Das "Dritte Reich" (der Titel von Moellers letztem Buch, 1923, den die Nationalsozialisten als Schlagwort benutzten, obwohl sie seine Bücher zum Teil verbo-ten) sollte den Deutschen einen Sozialismus geben, der ihrer Natur angepasst war und frei von den liberalen Ideen des Westens. So kam es dann auch. Im Kampf gegen den Liberalismus standen Konserva-tive und Sozialisten in einer gemeinsamen Front. (Hayek) „Konservati-ver Sozialismus" war das Schlagwort, das die Atmosphäre vorberei-tete, in der der „Nationalsozialismus" gedeihen sollte.

In seinem Buch „Jahre der Entscheidung" (1933) schrieb Spengler, kein **„Jahre der**
anders Land sei, schon durch seine geographische Lage, in solchem **Entschei-**
Maße handelnd und leidend in das Weltschicksal verflochten, wie **dung"**
Deutschland. Die Deutschen, denen die historische Stärke der Briten abgehe, litten an Angst, Feigheit und Unkenntnis. Das Volk der Dichter

und Denker sei im Begriff zum Volk der Schwätzer und Hetzer zu werden. Spenglers große Sorge war die Gefahr einer „farbigen Weltrevolution". Er rechnete vor, dass das Bevölkerungswachstum bei den farbigen Rassen doppelt so groß ist, wie bei den weißen. Und die Farbigen sind keine Pazifisten. Die größte Gefahr sei, wenn sich eines Tages Klassenkampf und Rassenkampf zusammenschließen. In der „Abdankung" der weißen Rasse vor den farbigen Völkern sah Spengler den Untergang der Kultur. Immer noch verachtete er die Demokratie und er verhöhnte den Rechtsstaat, war aber dann vom aufkommenden nationalsozialistischen Unrechtsstaat tief enttäuscht. Als es ernst wurde, hat sich Spengler eindeutig von der Nazi-Barbarei distanziert und allen Versuchen widersetzt, die ihn vereinnahmen wollten. Die gegenseitige Abneigung war jedenfalls so stark, dass die nationalsozialistischen Machthaber Spenglers Schriften auf den Index setzten.

Thomas Mann nimmt Stellung

Für die Zeitgenossen war „Der Untergang des Abendlandes" Pflichtlektüre und löste leidenschaftliche Polemiken aus. Bezeichnend ist die Stellungnahme von Thomas Mann, der Spengler für die Verleihung des Nietzsche-Preises vorschlug. Der „Untergang des Abendlandes" sei „ein Buch voller Schicksalsliebe und Tapferkeit der Erkenntnis", in dem man „die großen Gesichtspunkte findet, die man heute als deutscher Mensch braucht". Dieses Urteil revidierte er allerdings wenig später radikal. Ob er sich mit seinen eigenen „Betrachtungen" in eher peinlicher Nähe sah oder ob er sich durch Spengler zu wenig estimiert fühlte, jedenfalls hielt er Spengler später in seinem Aufsatz „Die Lehre Spenglers" (1924) für „Nietzsches klugen Affen", und mokierte sich über die „oberlehrerhafte Phantasielosigkeit des Spenglerschen Fatalismus".

Wirkung

Andere urteilten positiver. Georg Simmel hielt Spenglers Geschichtsphilosophie für die bedeutendste seit Hegel und Egon Friedell sprach mit großer Bewunderung von seiner „funkelnden Geistigkeit". Im übrigen entsprach Spenglers Kulturpessimismus der Zeitstimmung. Für das Bürgertum war Spenglers Geschichtsfatalismus nach dem Ende des Kaiserreiches insofern attraktiv, als man der Mühe enthoben wurde, die Ursachen der Niederlage kritisch analysieren zu müssen. (Fellmann) Zum Teil sah man darin auch eine „konservative Revolution". Konservatismus bedeutete damals die Ablehnung von Demokratie und Republik. Auch in Amerika erzielte Spenglers Buch in der Zeit nach dem Ersten Weltkrieg einen unglaublichen Erfolg. Die Amerikaner bestätigte es in ihrem selbstgefälligen Glauben, dass der Westen (damit meinten sie das alte Europa), erledigt sei. („The decline of the West" hieß das Buch auf Englisch).

Houston Stewart Chamberlain (1855–1927)

Zehn Jahre bevor Spengler an seinem „Untergang des Abendlandes" zu arbeiten begann, hatte eine andere kulturphilosophische Geschichtsdeutung Aufsehen erregt. Um die Jahrhundertwende erschien Houston Stewart Chaimberlains Werk „Die Grundlagen des XIX. Jahrhunderts"(1899) und vom Oberlehrer bis zu Kaiser Wilhelm II. wurde das Buch eifrig studiert. Houston Stewart Chamberlain (1855–1927), Sohn eines englischen Admirals, studierte in Genf Naturwissenschaften, siedelte 1885 nach Dresden und 1899 nach Wien über. In erster Ehe war er mit einer Halbjüdin verheiratet. Schließlich wurde Deutschland zu seiner Wahlheimat. Er war ein begeisterter Anhänger Richard Wagners und heiratete 1908 dessen Tochter Eva. Fortan, bis zu seinem Tode, lebte er in Bayreuth.

Rassenlehre als Geschichtsdeutung

Der französische Dichter Joseph Arthur Comte de Gobineau (1816–1882), Diplomat und Verehrer Richard Wagners, hatte 1855 seinen „Essais sur l'inégalité des races humaines" („Versuch über die Ungleichheit der Menschenrassen") veröffentlicht und die These aufgestellt, die arische Rasse sei allen anderen überlegen, nur sie sei kulturschöpferisch. Das Ideal des arischen Herrenmenschen, der über die anderen Rassen zu herrschen habe, sah er in der Renaissance verkörpert. Chamberlain fand Gobineaus Werk „genial" und machte sich als erster daran, eine Deutung der Geschichte auf der Basis der Rassenlehre auszuarbeiten. Die abendländische Geschichte sah er als den „unaufhörlichen Konflikt zwischen den vergeistigten und kulturschaffenden Ariern und selbstsüchtigen und und materialistischen Juden". Die letzten überlebenden Arier waren die Germanen. Die Grundlagen einer leistungsfähigen Gesellschaft sah Chamberlain im Christentum und einem rassereinen Germanentum. Die beiden Hauptfeinde des deutschen Volkes mit seinem wertvollen „arischen" Blut waren für ihn die katholische Kirche und das auf Rassenmischung ausgerichtete Judentum. Chamberlein meinte, „dass Jesus der jüdischen Rasse nicht angehörte, kann als sicher behauptet werden", wie auch seine ethische Lehre zeige. Daher sei es nur natürlich gewesen, dass Christus zum Gott der Germanen wurde.

Wirkung

Im Gefolge von Spencers Evolutionsphilosophie wurden um die Jahrhundertwende vielfach rassistische Theorien diskutiert, sodass der große Erfolg von Chamberlains „Grundlagen" einer Zeitströmung entsprach. Und nicht nur Kaiser Wilhelm II. las begierig Chamberlains Schriften, sondern später auch Adolf Hitler, der sie inseinem Buch „Mein Kampf" zitierte. 1924 begegneten sich die beiden persönlich in Bayreuth.

Arnold Toynbee (1889 – 1975)

Mit dem Schicksal der Kulturen befasste sich einige Zeit nach Spengler auch Arnold Toynbee (1889 – 1975). Toynbee wurde in London geboren, studierte in Oxford und Athen und trat mit 26 in den diplomatischen Dienst ein. 1919 nahm er als Delegierter an der Pariser Friedenskonferenz teil und auch nach dem Zweiten Weltkrieg beriet er das britische Außenministerium bei der Friedenskonferenz. Er übernahm eine Professur für internationale Geschichte zunächst an der Universität London, dann an der London School of Economics. Die 12 Bände seines Hauptwerkes „A study of History" („Der Gang der Weltgeschichte") entstanden zwischen 1934 und 1961. Als er 67 war, zog er sich von der Lehrtätigkeit zurück. Toynbee, der als Universalhistoriker par Excellence galt, starb 86 jährig in New York.

Der Gang der Weltgeschichte Obwohl Toynbee nur wenig jünger war als Spengler, gehörte er doch bereits der nächsten Generation an, war nicht mehr repräsentativ für die unmittelbare Nachkriegszeit. Seine internationale Wirkung entfaltete Toynbees Werk sogar erst nach 1945. Toynbee war ein Anhänger von Henri Bergsons Lebensphilosophie. In seiner Geschichtsphilosophie stützt er sich stärker als Spengler auf exakte Forschung. Er will einen universalen Sinnzusammenhang in der Geschichte der Menschheit deutlich machen. Wie Spengler will auch Toynbee die Ursachen vom Aufstieg und Untergang von Kulturen herausfinden und auf diese Weise Zukunftsaussichten erkennen. Auch er geht vom Vergleich der Kulturen (bei ihm sind es 21) aus, aber bei ihm unterliegen sie nicht einem gesetzmäßigen, „biologischen" Rhythmus, sondern es sind die Menschen, die weitgehend ihre Entwicklung gestalten. Nicht an Schicksalsschläge oder Katastrophen gehen Kulturen zugrunde, sondern an ihrem eigenen Versagen. Die historischen Abläufe werden durch „Herausforderung und Antwort" („challenge and response") bestimmt. Es kommt darauf an, wie der Mensch, die Gruppe, die Nation geistiger oder materieller Not durch schöpferische Leistung begegnen. „Wohlergehen ist zivilisationsfeindlich". Anders als Spengler waren für Toynbee die Kulturen nicht radikal getrennt, vielmehr befruchteten sie sich gegenseitig; er war auch nicht pessimistisch, sondern versprach sich von der Überwindung kolonialistischer und imperialistischer Tendenzen doch einiges für die Zukunft; und im Zusammenstoß der weißen Rasse mit farbigen Völkern sah er keine Untergangsdrohung, sondern ein verheißungsvolles Neuland der Geschichte.

José Ortega y Gasset (1883 – 1955)

Der Lebensphilosophie zugewandt war auch der spanische Philosoph José Ortega y Gasset. Er wurde als Sohn eines Journalisten in Madrid geboren, studierte Jura und Philosophie in Bilbao und Madrid und ging nach seiner Promotion nach Deutschland. 4 Jahre hielt er sich in Leipzig, Berlin und Marburg auf, beschäftigte sich gründlich mit Kant, ebenso mit Hegel und Nietzsche und schließlich erklärte er Deutschland zu seiner „geistigen Heimat". 1910, er war nun 27, wurde er Professor für Metaphysik an der Universität Madrid. Als 1936 der spanische Bürgerkrieg ausbrach, ging er ins Ausland. Er lebte in Frankreich, den Niederlanden, Portugal und Südamerika. Ortega arbeitete als Journalist und Schriftsteller. 1949 konnte er seine Lehrtätigkeit in Madrid fortsetzen. Es waren ihm noch 6 Jahre beschieden, dann starb er in Madrid im Alter von 72 Jahren.

Neben der Philosophie gehörte die Politik zu Ortegas großen Leidenschaften. Seit 1914 setzte er sich für ein republikanisches Spanien ein und wurde später in die Nationalversammlung gewählt. 1923 errichtete der General Miguel Primo de Rivera (1870–1930) nach einem „Marsch auf Madrid" eine Militärdiktatur, die bis 1930 dauerte. Obwohl Ortega einen gewissen geistigen Einfluss auf Primo de Rivera und seine antikommunistische Bewegung, die „Falange", ausübte, blieb er überzeugter Individualist und wurde zum Gegner des Diktators. Ortega, der führende Kopf der republikanischen Intelligenz, hatte besonders unter der Jugend eine große Gefolgschaft. 1936, als dann der Bürgerkrieg begann, ging Ortega in die Emigration. Nach dem Ende des Bürgerkrieges wurde 1939 der General Francisco Franco (1892–1975) Staatschef und „Caudillo" (Führer). Ortega konnte trotzdem 1949 nach Spanien zurückkehren. **Politik**

Für Ortega war das Thema der Philosophie das Leben. In seiner Schrift „Um einen Goethe von innen bittend" (1932) denkt sich Ortega „in Goethe hinein" und kommt zu dem Schluss: „Goethe beschäftigt sich unaufhörlich mit seinem eigenen Leben, weil das Leben Beschäftigung mit sich selbst ist ... Leben heißt, es mit etwas zu tun haben – mit der Welt und mit sich." „Leben ist der Inbegriff dessen, was wir sein können, mögliches Leben; aber es ist auch Wahl unter den Möglichkeiten ... Umstände und Entscheidung sind die beiden grundlegenden Elemente, aus denen sich das Leben aufbaut." Ortega war am Menschen und an der Geschichte orientiert. Sein philosophisches Interesse galt besonders der geistigen Situation Europas. Nach Ortegas Vorstellung hatte jedes Volk und jede Epoche eine spezifische Wahrheit und Aufgabe, entsprechend den zeitgeschichtlichen Voraussetzungen. Aus diesem „Perspektivismus" heraus entwickelte er seine Analysen und Betrachtungen zu den Erscheinungen der Gegenwart. **Lebensphilosophie**

Ortegas Hauptwerk „La rebelión de las masas" („Der Aufstand der Massen"), erschien 1930, also noch vor Ausbruch des Bürgerkriegs und auf dem Höhepunkt von Ortegas republikanischem Engagement. Das Buch beginnt mit der Feststellung, dass das öffentliche Leben **Der Aufstand der Massen**

Europas entscheidend durch das „Heraufkommen der Massen zur vollen sozialen Macht" bestimmt wird. Die Herrschaft der Massen zeigt sich zunächst darin, dass alles überfüllt ist: die Städte mit Menschen, die Häuser mit Mietern, die Hotels mit Gästen ... Was früher kein Problem war, ist es jetzt unausgesetzt: einen Platz zu finden.

Masse „Die Gesellschaft ist immer eine dynamische Einheit zweier Faktoren, der Eliten und der Massen. Das sind keine sozialen, sondern menschliche Kategorien. Die Eliten sind Individuen ... von spezieller Qualifikation. Die Masse ist die Gesamtheit der nicht besonders Qualifizierten. ... Masse ist der Durchschnittsmensch." Masse ist jeder, der sich nicht selbst einen besonderen Wert beimisst, der sich selbst für Durchschnitt hält und „sich in seiner Haut wohlfühlt, wenn er merkt, dass er ist wie alle." Der Massenmensch ist der gewöhnliche Mensch und charakteristisch für die Gegenwart ist, „dass die gewöhnliche Seele sich über ihre Gewöhnlichkeit klar ist, aber die Unverfrorenheit besitzt, für das Recht der Gewöhnlichkeit einzutreten und es überall durchzusetzen." Der Massenmensch dehnt seine Lebenswünsche ungehemmt aus und ist grundsätzlich undankbar gegen alles, was sein reibungsloses Dasein ermöglicht hat. Die Masse neigt immer dazu, aus Lebensbegierde die Grundlagen ihres Lebens zu zerstören.

Elite „Es ist nicht die Masse, sondern der große Einzelne, der seinem Wesen nach in Dienstbarkeit lebt. Sein Leben ist ihm schal, wenn er es nicht im Dienst für etwas Höheres verbraucht. Er sieht in der Notwendigkeit des Dienens keine Last. Das ist adeliges Leben. Leben erkennt man am Anspruch an sich selbst, an den Verpflichtungen, nicht an den Rechten: ‚Noblesse oblige'." Ortega glaubte an eine elitär und individualistisch geprägte Gesellschaft. In der Propagierung der Gleichheit aller Menschen sah er die Ursache für den Zusammenbruch des Kulturgefüges und den Grund, warum die moderne Masse in eine ungerichtete Aggression „umkippte", wie sie im Faschismus zum Ausdruck kam.

Krise Europa befinde sich in einer Krise durch das Aufkommen unqualifizierter Massen, die über sich selbst nicht entscheiden können. Egoismus und Trägheit drohen alle Lebensbereiche zu nivellieren. Der Massenmensch möchte die Stelle der Eliten besetzen, hat sie auch oft schon besetzt, ohne dass er die Einstellung der Elite hat. „Der Führung der Gesellschaft hat sich ein Menschentyp bemächtigt, den die Prinzipien der Kultur kalt lassen."

Aufstand „In einer guten Ordnung der öffentlichen Angelegenheiten ist die Masse der Teil des Gemeinwesens, der nicht aus sich handelt. Das ist ihre Bestimmung. Sie kamen zur Welt, um geführt, beeinflusst, gegliedert zu werden ... Erhebt die Masse Anspruch auf selbständiges Handeln, so steht sie gegen ihr eigenes Schicksal auf; da es eben dies ist, was sie jetzt tut, spreche ich von dem Aufstand der Masse. Denn das einzige, was mit Fug und Recht Rebellion genannt werden kann, ist die Auflehnung des Menschen gegen seine Bestimmung, sein Abfall von sich selbst."

Die größte Gefahr, die heute die europäische Kultur bedroht, sieht Ortega in der Verstaatlichung des Lebens, dass sich der Staat in alles einmischt. „Die Gesellschaft schafft den Staat als ein Werkzeug, um besser zu leben. Darauf stellt sich der Staat über sie, und die Gesellschaft muss beginnen, für den Staat zu leben." **Staat**

Die einzige Möglichkeit, die vom Massengeist bedrohte europäische Kultur zu retten, sieht Ortega in der Philosophie. Deshalb muss „wieder eine wahrhafte Philosophie zur Herrschaft kommen." „Damit die Philosophie herrsche, ist es nicht nötig, dass die Philosophen herrschen, wie Platon zuerst forderte, noch auch, dass die Herrscher philosophieren, wie er später bescheidener erstrebte." Es genüge, dass die Philosophie existiert und die Philosophen Philosophen sind, und nicht Politiker. **Rettung durch Philosophie**

Seine lange und großartige Vergangenheit hat Europa auf eine Lebensstufe geführt, wo alles sich vergrößert hat; aber seine Strukturverhältnisse die aus der Vergangenheit herüber dauern, sind zwerghaft und hemmen die Expansionskräfte der Gegenwart. Nationalgedanke und Nationalgefühl waren seine bezeichnendsten Erfindungen. Nun sieht es sich gezwungen, sich selbst zu überwinden. Doch kann Europa selbst zu einer Nationalidee werden. Die Europäer können nur leben, wenn sie in eine große, gemeinsame Aufgabe hineingestellt sind. Fehlt diese, so werden sie gewöhnlich und schlapp; die Seele geht ihnen aus den Fugen. Ortega sah die Lösung in einem europäischen Nationalstaat. Er hat Spaniens Philosophie und Geisteswissenschaften aus der Isolation befreit und zum Anschluss an Europa geführt. **Europa**

Ludwig von Mises (1881–1973)

Untergangsstimmung einerseits und Ideologiegläubigkeit andererseits kennzeichneten das erste Drittel des 20. Jahrhunderts. Nationalismus und Sozialismus waren die vorherrschenden Ideologien, als ein Nationalökonom begann, die Position des Liberalismus streitbar zu vertreten.

Ludwig Edler von Mises wurde in Lemberg als Sohn eines Eisenbahningenieurs geboren. Er studierte an der Universität Wien und wurde mit 25 zum Dr.jur. promoviert. Anschließend war er 30 Jahre lang bei der Kammer für Handel, Gewerbe und Industrie in Wien tätig. In dieser Zeit habilitierte er sich als Privatdozent für Nationalökonomie.

Nach dem 1. Weltkrieg, den er als Hauptmann der österreichischen Artillerie mitmachte, war er neben seiner Kammertätigkeit außerordentlicher Professor an der Universität Wien. Berühmt war sein „Privatseminar", eine Diskussionsrunde besonderes qualifizierter junger Wissenschaftler. Bei seinen Schülern und Kollegen galt er als „eingefleischter Junggeselle", doch als er 44 war, hatte er eine junge, 35 jährige Witwe kennengelernt, mit der er bis an sein Lebensende aufs innigste verbunden blieb. Margit Sereny, geb. Herzfeld, gebürtige Hamburgerin und eine bekannte Wiener Schauspielerin, hatte ihren ungarischen Mann schon früh verloren und musste sich mit ihren 2 Kindern allein durchschlagen. Ihre Tochter, Gitta Sereny, wurde später eine bekannte englische Schriftstellerin („Das deutsche Trauma", „Albert Speer"). Ludwig von Mises erhielt 1934 einen Ruf an das Institut Universitaire des Hautes Études Internationales in Genf. 1938, nach dem „Anschluss" Österreichs übersiedelte er endgültig nach Genf und entschloss sich nun auch endlich, sein Junggesellendasein aufzugeben. Margit von Mises (1890–1993) war eine großartige Frau, die ihrem Mann bis an sein Lebensende eine unverzichtbare Hilfe war. 1940 emigrierten die beiden in die USA. Mises, damals 59, hatte es trotz der Hilfe guter Freunde nicht leicht, dort Fuß zu fassen und schließlich auch in einer fremden Sprache zu schreiben. 24 Jahre lang war er Gastprofessor an der Universität New York, er empfing noch viele Ehrungen, ehe er 92 jährig in New York starb.

**National-
ökonom**

Ludwig von Mises war in erster Linie Nationalökonom und stand in der Tradition der „Österreichischen Schule". Deren Begründer, Carl Menger (1840–1921) und Eugen von Böhm-Bawerk (1851–1914) waren seine Lehrer. Obwohl Mises ein überragendes Fachwissen besaß, wurde ihm nie eine ordentliche Professur angeboten. Für seine Kollegen war er ein Außenseiter, dessen originelles Denken dem Zeitgeist zuwiderlief und dessen pessimistische Prognosen nicht geschätzt wurden – obwohl er am Ende Recht behielt. Mises war 30, als er sein erstes großes Werk, die „Theorie des Geldes und der Umlaufmittel" (1912) veröffentlichte. Er untersucht darin wie sich eine Veränderung der Geldmenge auf die Preise auswirkt und legt dar, dass übermäßige Kreditschöpfung zu Geldwertverfall, Kapitalvernichtung und zum Zusammenbruch führt. Das Werk war damals als „das hervorragendste Buch über Geldtheorie allgemein anerkannt". (Hayek) Einer der Rezensenten war ein junger Engländer namens John Maynard Keynes, der seine Bewunderung allerdings insofern einschränkte, als er später einräumte, dass seine Deutsch-Kenntnisse begrenzt waren. „Vielleicht wäre der Welt viel Leiden erspart geblieben, wenn Lord Keynes etwas mehr Deutsch gelernt hätte", meinte dazu F. A. von Hayek.

**Sozial-
philosoph**

Mises beschränkte sich in seiner Sichtweise nie auf die Wirtschaftswissenschaft, sondern das Wesentliche an seinem Werk war immer die Gesamtschau der gesellschaftlichen Entwicklung, wie sie auch

Max Weber anstrebte, mit dem ihn freundschaftliche gegenseitige Achtung verband. Was Mises anderen Sozialwissenschaftlern voraus hatte, war allerdings die tiefgreifende Kenntnis der ökonomischen Theorie. „Wenn ich in der Geistesgeschichte nach ähnlichen Gestalten ... suche, fände ich sie nicht unter den Professoren, selbst nicht bei Adam Smith, sondern muss ihn mit Denkern wie Voltaire oder Montesquieu, Tocqueville und John Stuart Mill vergleichen", urteilte sein Schüler Friedrich August von Hayek. Mises' Rückkehr zum klassischen Liberalismus lief dem herrschenden Trend völlig zuwider. Im Wien der Zeit vor dem zweiten Weltkrieg vertraten die meisten jüdischen Intellektuellen sozialistische Ideen. „Aber ein jüdischer Intellektueller, der den Kapitalismus rechtfertigte, erschien den meisten als eine Art Monstrosität", mochte seine Sachkenntnis auch noch so hoch geschätzt werden, wie das bei Mises der Fall war. (Hayek)

Mises legt dar, dass die Grundidee des Sozialismus schon um die **Marxismus** Mitte des 19. Jahrhunderts klar entwickelt gewesen war. Die Wissenschaft hat schon damals nachgewiesen, dass die Ideen der „utopischen Sozialisten" die in sie gesetzten Erwartungen nicht erfüllen können. Dann allerdings habe Marx mit seiner dialektischen Methode einen Ausweg gesucht. Marx bestreitet die Logik wissenschaftlichen Denkens, das Denken sei von der Klassenzugehörigkeit des Denkers abhängig, die Argumente gegen den Sozialismus entsprängen dem „ideologischen Überbau" des bürgerlichen Denkens. Außerdem führe der historische Prozess mit Notwendigkeit zum Sozialismus, deshalb gezieme es der Wissenschaft, auf alle Untersuchungen über sein Wesen zu verzichten. Und da der Marxismus die Erfüllung uralter Wunschträume versprach, wurde er zur Glaubenssache und es war ihm ein unvergleichlicher Erfolg beschieden.

Mises war nicht bereit, sich an das Marx'sche Verdikt zu halten, er **Sozialismus** war der erste Nationalökonom, der sich nach Marx wissenschaftlich mit dem Sozialismus auseinandersetzte. Sein Buch „Die Gemeinwirtschaft – Untersuchungen über den Sozialismus" erschien 1922 und wurde später unter dem Titel „Socialism" ins Englische übertragen. „Sozialismus ist Überführung der Produktionsmittel aus dem Sondereigentum in das Eigentum der organisierten Gesellschaft, des Staates", definierte er. Eigentum ist Verfügungsmöglichkeit, es kommt nicht darauf an, in welcher Form sich die Eigentumsübertragung vollzieht: „Auch die Beschränkung der Befugnisse des Eigentümers ist ein Mittel der Sozialisierung." In einer Planwirtschaft ohne Privateigentum und ohne freie Wahl des Konsums und der Beschäftigung, also ohne die Preisbildung auf echten Märkten, ist ein rationaler Einsatz der Produktionselemente unmöglich, das Rationalprinzip kann sich nicht auswirken. Eine sozialistische Wirtschaftsordnung muss zum Chaos führen, weil in ihr nicht gerechnet werden kann.

Gleichheit Die Menschen sind von Natur aus verschieden veranlagt, sie sind also nicht gleich. An den demokratischen Einrichtungen jedoch sollen alle gleichmäßig teilnehmen. Das bedeutet Gleichheit vor dem Gesetz und Chancengleichheit. Der Sozialismus jedoch fordert darüber hinaus die Gleichheit der Einkommen, ohne Rücksicht auf die Folgen. Für diese Art von Gleichheit sind die Massen leicht zu gewinnen, Demagogen haben da leichtes Spiel.

Eigentum Auf die Bedeutung des Privateigentums (er nannte es „Sondereigentum" im Gegensatz zum Gemeineigentum) hat Mises in seinem Buch „Kritik des Interventionismus" (1929) besonders hingewiesen. In der auf dem Privateigentum an den Produktionsmitteln beruhenden Gesellschaftsordnung wird die Produktion durch den Markt gelenkt. Eigentümer kann nur der sein und bleiben, der Eigentum täglich durch Bewährung auf dem Markt neu erwirbt. Die Ungleichheit der Einkommen und Vermögen ist Bedingung für den Wohlstand aller, nur durch die Ungleichheit des Eigentums entsteht der Ansporn, soviel als möglich mit dem geringsten Aufwand zu erzeugen. Privates Eigentum ist zugleich die Voraussetzung für die Demokratie. Stattdessen zielen nahezu alle wirtschaftspolitischen Maßnahmen dahin, „… das Sondereigentum … Schritt für Schritt zu beseitigen und an die Stelle der kapitalistischen Gesellschaftsordnung eine sozialistische zu setzen", schrieb Mises. Die herrschende Ideologie, der Sozialismus, scheitere jedoch an seiner Undurchführbarkeit. Jeder Schritt, der vom Privateigentum an den Produktionsmitteln wegführt, setzt die Produktivität herab und bringt somit Elend und Not.

Liberalismus Die Vorzüge des Liberalismus gegenüber dem Sozialismus beschrieb Mises in seinem Buch „Liberalismus" (1927). Der Liberalismus will die friedliche, ungestörte Entwicklung des Wohlstandes für alle. „Leid zu mindern, Freude zu mehren, das ist sein Ziel." Nur der Liberalismus kann die Welt befrieden. Wenn überall Privateigentum besteht, werden Grenzen unwichtig. Die Freiheit ist ein Produkt des Liberalismus. Und Freiheit bedeutet vor allem auch Freiheit vom Staat, deshalb hatten die Liberalen des 19. Jahrhunderts Beschränkungen der Staatsgewalt gefordert. Ein Problem sieht Mises allerdings darin, dass man den Liberalismus nicht ohne Nationalökonomie verstehen kann.

„Kathedersozialisten" Als Mitglied der Deutschen Gesellschaft für Soziologie war Mises auch mit dem deutschen Wissenschaftsbetrieb vertraut, von dem er allerdings auf seinem Fachgebiet nichts hielt. Die deutschen Professoren der „Wirtschaftlichen Staatswissenschaften" kannten nach seiner Meinung das wirtschaftswissenschaftliche Schrifttum kaum und das klassische englische schon gar nicht. Diesen „Kathedersozialisten" waren Nationalökonomen als undeutsch, als Staatsfeinde, als Interessenvertreter der Unternehmer und als Freihändler verdächtig. Die meisten von ihnen sympathisierten mit den Sozialdemokraten und paktierten später mit den Nationalsozialisten. Für Mises war ein typisches Beispiel der Soziologe Werner Sombart (1863–1941): „Als es Mode war, Marxist zu sein, hat er sich zum Marxismus bekannt. Als Hitler ans Ruder kam, schrieb er, dass der Führer seine Weisungen von Gott empfange."

Das erste Buch, das Mises in englischer Sprache veröffentlichte, hieß **Etatismus** „Omnipotent Government" (1944) Es ging auf ein deutsches Manuskript zurück, das seine Frau unter seinen nachgelassenen Schriften fand und das 1939/40 in Genf niedergeschrieben wurde, aber nicht mehr publiziert werden konnte. Es hieß ursprünglich „Vom Wesen und Werden des Nationalsozialismus – ein Beitrag zur Befriedung Europas" und wurde schließlich 1978 unter dem Titel „Im Namen des Staates oder die Gefahren des Kollektivismus" vom Verlag Bonn Aktuell mit einem Vorwort von Alfred Müller-Armack (1901–1978) veröffentlicht. Seit jeher haben Regierungen versucht, das Marktgeschehen zu beeinflussen, und nie haben sie damit das erreicht, was sie angestrebt haben. Seit die klassische Nationalökonomie die Rolle des Marktes entdeckte, weiß man, dass der Interventionismus, die Eingriffe des Staats in die Wirtschaft, scheitern müssen. Staatseingriffe erzeugen Bürokratie und lähmen die Initiative. Für diesen „Etatismus", der im 19. Jahrhundert den Liberalismus verdrängte, ist der „neue Gott" der Staat, er soll den Bürger in allen Belangen führen und bevormunden, alles Heil wird vom Staat erwartet. Am stärksten ist der Etatismus im Sozialismus ausgeprägt. Die Sozialdemokratie vertrat ein Programm, das zur Staatsallmacht, zum totalen Staat führen musste.

Um 1900 herum war fast jedermann im deutschen Sprachgebiet Eta- **National-** tist oder Staatssozialist. Und die andere herrschende Ideologie war **sozialismus** der Nationalismus. Die Ideen des deutschen Nationalismus sind lange vor 1914 erdacht worden. So stand der Nationalsozialismus im Grunde schon vor dem 1. Weltkrieg fertig da. Das deutsche Volk war nationalistisch und sozialistisch. Einer Partei, die beides verband, musste der Sieg zufallen. Was Hitler gelang, war die straffe Zusammenfassung aller nationalistischen Kräfte.

Dass der Kapitalismus für viele ein ausgesprochenes Feindbild war, **Kapitalismus** veranlasste Ludwig von Mises immer wieder, gegen die vorherrschende Unkenntnis und die Vorurteile anzugehen. 1956, er war jetzt 75, erschien seine Schrift „The Anti-Capitalistic Mentality" („Die Wurzeln des Antikapitalismus", 1958). Der Kapitalismus hat es zuwege gebracht, dass der „kleine Mann" zum souveränen Verbraucher aufgestiegen ist, dass er als Kunde über Quantität und Qualität der Produktion und damit auch über den Erfolg der Unternehmer entscheidet. Doch obwohl der Kapitalismus Wohlstand gebracht hat wird er verabscheut. Die Gründe sieht Mises in Unwissenheit und Neid der weniger Erfolgreichen, die auch dem Vorurteil der Intellektuellen zugrunde liegen. Sie verdammen den Kapitalismus, weil er die Stellung, die sie selbst gerne haben möchten, anderen zugewiesen hat. Es heißt, der Kapitalismus sei ungerecht, die Natur habe allen Menschen die gleichen Rechte verliehen. Doch es gibt kein Geschenk der Natur an die Menschen, es waren die Menschen selbst, die den Wohlstand geschaffen haben, durch Geschicklichkeit, Arbeitsteilung und den Einsatz von Kapital, das durch Sparen gebildet wurde. Es ist nicht so, dass die einen arm sind, weil die anderen reich sind. Wollte man die Gleichheit der Einkommen durchsetzen, würden alle ärmer werden. So paradox es klingen mag, auch die Armen haben das, was ihnen zufließt, nur weil es Reiche gibt.

Die bessere Idee

Die beiden Systeme der sozialen Ordnung, Kapitalismus und Sozialismus, die sich gegenüberstehen, sind Gegensätze, zwischen denen man sich entscheiden muss, einen Weg dazwischen gibt es für Mises nicht. Dass der Kapitalismus nicht als die bessere Alternative gesehen wird, hat seine Ursache vor allem in der Unkenntnis wirtschaftlicher Zusammenhänge. Mises war ein begnadeter Lehrer. Er konnte die schwierigsten ökonomischen Tatbestände mit einfachen Worten begreiflich machen und ein großes Publikum in seinen Bann schlagen. So folgte er 1958 einer Einladung nach Argentinien und hielt in Buenos Aires auf Englisch 6 Vorlesungen. Mises sprach wie gewöhnlich frei, ohne Manuskript, doch sein Vortrag wurde mitgeschnitten und niedergeschrieben. Frau von Mises fand die Niederschrift später im Nachlass und machte sich daran, sie zu redigieren. Sie hat die Vorlesungen 1979 veröffentlicht: „Economic Policy – Thoughts for Today and Tomorrow". 1983 erschienen sie in Deutschland unter dem Titel „Vom Wert der besseren Ideen".

Human Action

Kurz vor seiner Emigration nach Amerika konnte Ludwig von Mises sein Hauptwerk „Nationalökonomie – Theorie des Handelns und Wirtschaftens" (1940) vollenden. Durch den Krieg blieb es jedoch im deutschen Sprachraum praktisch unbekannt. In Amerika machte sich Mises daran, den Stoff neu zu bearbeiten. Das Buch erschien 1949 unter dem Titel „Human Action" und war in den USA ein großer Erfolg. Seine Sozialphilosophie wird hier umfassend und geschlossen dargestellt. Mises legt dar, dass die Nationalökonomie nicht nur eine Spezialwissenschaft ist, sondern dass sie auch „imstande ist, das menschliche Handeln zu leiten". Er behandelt die wirtschaftlichen Grundlagen der Marktwirtschaft, und einer Reihe anderer gesellschaftlicher Systeme und setzt sich mit den Einwänden auseinander, die von anderen Disziplinen gegen die Vernunft des ökonomischen Gedankengangs vorgebracht wurden. In der Marktwirtschaft ist jeder frei und doch dient jeder allen. Die Marxisten aber verstehen den Markt nicht. Eingriffe in den Markt werden als sozialpolitische Maßnahmen bezeichnet, ihrer Wirkung nach müsste man sie jedoch antisozial nennen. Das einzige Mittel, um Vollbeschäftigung zu erreichen, ist ein von Eingriffen freier Arbeitsmarkt. Arbeitslosigkeit ist keine Erscheinung des Kapitalismus, sondern

Folge einer angeblich arbeitnehmerfreundlichen Politik der Parteien und Gewerkschaften.

Auf seine Weise war Ludwig von Mises ein Lebensphilosoph, wie die **Leben und** Gedanken zeigen, die er am Schluss seines Hauptwerkes ausbreitet: **Glück** Die Menschen haben sich immer wieder die Frage gestellt: Wozu das alles, was ist der Sinn dieses Treibens und Schaffens? Steht doch am Ende unentrinnbar für jeden der Tod und die Auflösung in Nichts. Nie kann das menschliche Handeln zu voller Befriedigung führen, hinter jedem gestillten Begehren tauchen neue Bedürfnisse auf. „Doch über alle solche Gedanken schreitet das Leben siegreich hinweg. Zu leben und dann zu sterben ist nun einmal unsere Natur. Doch zunächst leben wir und das Leben zieht uns in seinen Bann. Wir müssen dem eingeborenen Drang folgen, dass wir nicht leiden wollen, dass wir das Glück suchen." Was die Zukunft birgt, wird uns immer unbekannt bleiben, es kann gar nicht anders sein. Wüssten wir im Voraus, was die Zukunft bringt, könnten wir nicht mehr handeln. In diesem Sinne, dass er zu handeln und zu wählen hat, ist der Mensch frei. Unfrei ist er insofern, als sein Handeln einer unentrinnbaren Verknüpfung von Mittel und Zweck unterliegt. In der Feststellung und Erforschung dieses Tatbestandes liegt der Beitrag der Nationalökonomie. Es hängt von den Menschen ab, ob sie von diesen Erkenntnissen Gebrauch machen wollen. „Wenn sie aber darauf verzichten sollten, in ihrem Handeln den Ergebnissen des wissenschaftlichen Denkens Rechnung zu tragen, werden sie nicht die Nationalökonomie zertrümmern, sondern die Gesellschaft, die Kultur und das Menschentum."

Für Ludwig von Mises war Universitätslehrer der erstrebenswerteste **Wirkung** Beruf. Doch frühzeitig erkannte er, dass es ihm als Liberalen verwehrt sein würde, eine ordentliche Professur im deutschen Sprachgebiet zu bekommen. So baute er sich auf seine Weise eine starke, einflussreiche Stellung auf. In der Zeit nach dem ersten Weltkrieg war er praktisch das ökonomische Gewissen Österreichs. Neben seinen grundlegenden wissenschaftlichen Arbeiten war es seine Bedeutung als Lehrer, die sein Wirken auszeichnete. Ein ganze Reihe seiner Schüler wurden später selbst berühmte Wissenschaftler, darunter Friedrich August von Hayek, Fritz Machlup, Gottfried von Haberler und Oskar Morgenstern. Mises war sich darüber im Klaren, dass seine „Theorien den Niedergang der großen Kulturen erklären, ihn aber nicht aufhalten. Ich wollte Reformer werden, doch ich bin nur der Geschichtsschreiber des Niedergangs geworden." Mises sagte den Zusammenbruch des planwirtschaftlichen Sozialismus voraus und behielt Recht, wenn er es auch nicht mehr selbst erlebte.

Joseph Alois Schumpeter (1883–1950)

Zur gleichen Zeit wie Ludwig von Mises nahm auch Alois Schumpeter am Seminar Böhm-Bawerks teil. Die beiden Studienkollegen gingen jedoch getrennte Wege. Mises schwamm gegen den Strom und wurde ein Liberaler, Schumpeter verfügte „in seiner brillanten Art, über eine Anpassungsfähigkeit, die den jeweiligen intellektuellen Moden schnell entgegenkam" (Hayek); er wurde Sozialist. Später, in den USA, trafen sich die beiden wieder.

Joseph Alois Schumpeter wurde in dem kleinen Ort Triesch bei Iglau in Mähren geboren. Er studierte an der Universität Wien Rechtswissenschaften und Nationalökonomie, konnte sich mit 26 habilitieren und erhielt eine Professur in Cernowitz. Anschließend war er 6 Jahre lang, bis zum Kriegsende, Professor in Graz. 1919 wurde er in einem sozialdemokratischen Kabinett österreichischer Finanzminister, aber offenbar war er den Sozialisten zu konservativ und den Konservativen zu sozialistisch, jedenfalls blieb er nur 6 Monate lang Minister. Er wurde dann Präsident einer Wiener Privatbank, bei deren Zusammenbruch er 1924 sein ganzes Vermögen verlor. 1925 übernahm er den Lehrstuhl für Finanzwissenschaften an der Universität Bonn und 7 Jahre später, er war nun 49, folgte er einem Ruf an die Harvard University. Er war dreimal verheiratet, seine erste Ehe wurde geschieden, seine zweite Frau starb im Kindbett. Schumpeter starb, 67 jährig, an einem Schlaganfall in seinem Landhaus in Connecticut.

„Schöpferische Zerstörung"
Schumpeters „Theorie der wirtschaftlichen Entwicklung" (1912) ist zu entnehmen, dass er vom „Ideal des freien Wettbewerbs" wenig hielt, er fand, dass das bestehende hohe Konsumniveau vor allem der Konzentration des Kapitals in den marktbeherrschenden Konzernen zu verdanken sei und er konnte sich vorstellen, dass eine Planwirtschaft der Wettbewerbswirtschaft überlegen ist. Zugleich schilderte er, dass der Wettbewerb aus einem ständigen Prozess der „schöpferischen Zerstörung" besteht, neue Produkte und neue Verfahren, „Innovationen", zerstören die alten, eine ständige technische Revolution ist im Gang. Der technische Fortschritt, durch den der Wohlstand gemehrt wird, ist das Werk des dynamischen, schöpferischen Unternehmers, der sich am Markt durchsetzt und zugleich die weniger innovative Konkurrenz in den Bankrott treibt. So entstehen schließlich Großunternehmen, in denen nicht mehr die kämpferische Initiative des Unternehmers gefragt ist, sondern ausgeklügelte Planungsverfahren.

Konjunkturtheorie
1939 veröffentlichte Schumpeter eine große konjunkturtheoretische Untersuchung: „Business Cycles". Das Wirtschaftswachstum erfolgt in unregelmäßigen Schüben von Innovation, Kapitalnachfrage, Wachstumskrisen, Überangebot, und Preisverfall, dem dann eine neue Welle folgt. Konjunkturzyklen sind die typische Wachstumsform der kapitalistischen Wirtschaft. Schumpeter untersuchte gründlich die

bereits bekannten Konjunkturzyklen, und fügte neu hinzu die Wellen der „Innovation". Zeiten starker Konjunktur sind auch immer Zeiten neuer Produkte, neuer Techniken, neuer Märkte.

In seinem 1942 erschienenen Hauptwerk „Capitalism, Socialism and Democracy" („Kapitalismus, Sozialismus und Demokratie") beschäftigt sich Schumpeter eingehend mit Marx, den er trotz aller Irrtümer und Unzulänglichkeiten für einen großen Theoretiker mit richtigen Schlussfolgerungen hält. Marxens Prognose von der unvermeidlichen Verelendung der Massen sei zwar unhaltbar, doch seine Lehre, dass der Sozialismus unvermeidbar ist, bleibe davon unberührt. Das kapitalistische System werde zwar nicht unter seinen Fehlschlägen zusammenbrechen, doch gerade seine Erfolge würden bewirken, dass die sozialen Einrichtungen untergraben und Bedingungen geschaffen werden, die schließlich zum Sozialismus führen. Der Prozess, der den Kapitalismus zerstört, spielt sich im „soziologisch-psychologischen Überbau" ab, der Rationalismus habe der „individualistischen Demokratie", der „Freiheit für alle", zum Siege verholfen und die metaphysischen Ideen zerstört. Dieser Zersetzungsprozess des Kapitalismus schafft die Voraussetzungen für die sozialistische Gesellschaftsordnung. **Sozialismus und Kapitalismus**

Die moderne Demokratie entstand zwar gleichzeitig und in ursächlichem Zusammenhang mit dem Kapitalismus, doch ist damit nicht gesagt, dass sie auch mit dem Kapitalismus zugrunde gehen muss. Schumpeter erwartet sich die Aufrichtung einer sozialistischen Ordnung auf demokratischem Wege. Er stellt sich eine Diktatur nicht *durch* das Proletariat, sondern *über* das Proletariat in den Fabriken vor, das allerdings bei Wahlen souverän wäre. Und zugleich fügt er selbst an: „Praktische Notwendigkeit mag dazu führen, dass sich die sozialistische Demokratie letzten Endes als größerer Trug erweist, als die kapitalistische Demokratie je gewesen ist … Jedenfalls wird jene Demokratie keine gesteigerte persönliche Freiheit bedeuten." **Demokratie**

John Maynard Keynes (1883–1946)

Noch mehr als Schumpeter hat Keynes dazu beigetragen, dass sich neben der klassischen eine „neue Ökonomie" entwickelte. John Maynard Keynes wurde in Cambridge geboren, sein Vater arbeitete und lehrte an der Universität. Der junge Keynes studierte in Cambridge Mathematik und Philosophie und wurde mit 26 als Nationalökonom in den Lehrkörper des King's College gewählt, dem er bis zu seinem Tode angehörte. Im 1. Weltkrieg leitete er die Devisenabteilung des britischen Schatzamtes und 1919 nahm er an den Friedensverhandlungen in Versailles teil. Er war ein einflussreicher Wirtschaftspublizist und anerkannter Währungsexperte. Als Finanzexperte sicherte er sich durch Börsenspekulationen seine finanzielle Unabhängigkeit. Als er

42 war, heiratete er eine russische Primaballerina und die Hochzeitsreise führte ihn in die Sowjetunion, deren Wirtschaftssystem er anschließend allerdings scharf verurteilte. Auch im 2. Weltkrieg war Keynes für das Schatzamt tätig, er entwarf die Grundzüge einer internationalen Wirtschaftsordnung für die Nachkriegszeit. Kurz nach Kriegsende erlag er, 63 jährig, einem Herzschlag.

Friedens-politik

Keynes war kein aktiver Politiker, hatte aber als Wirtschaftsexperte großen politischen Einfluss. Bei der ersten großen Gelegenheit zu politischer Einflussnahme, den Friedensverhandlungen 1919, konnte er sich allerdings nicht durchsetzen. Durch eigene Berechnungen war Keynes zu dem Ergebnis gekommen, dass Deutschland niemals imstande sein würde, die von den alliierten Politikern geforderten Leistungen aufzubringen. Keynes konnte sich jedoch nicht durchsetzen und musste die Hoffnung aufgeben, dass ein gerechter und brauchbarer Vertrag zustande kam. Er wollte sich nicht „an der Verwüstung Europas weiden" und verließ die Konferenz. Seine Enttäuschung fand ihren Niederschlag in seiner Schrift „True Economic Consequences of the Peace", die noch 1919 erschien.

Geldpolitik

Mit seinem Buch „A Treatise on Money" (1930, „Vom Gelde", 1932) legte Keynes einen Entwurf der Geldtheorie vor. Schon 1923 hatte er gegen den Goldstandard plädiert. Er war dagegen das britische Pfund wieder an den Goldwert zu binden, weil er in der bestehenden schwierigen Wirtschaftslage eine Deflation (sinkende Preise, abnehmende Nachfrage, verminderter Geldumlauf), und damit einen weiteren Rückgang der Produktion und der Beschäftigung befürchtete. Inflation (steigende Preise, Kaufkraftverlust des Geldes) hielt er für das geringere Übel, womit er gegen das Tabu der Geldwertstabilität verstieß, ebenso wie er von der liberalen „Laissez-faire"- Wirtschaftspolitik abrücken wollte und eine staatliche Beeinflussung der Wechselkurse vorschlug. Er hielt staatliche Lenkungsmaßnahmen für erforderlich. Als Währungsexperte leitete er 1944 die britische Delegation in Bretton Woods, konnte sich allerdings mit seinen Vorstellungen weder hier noch bei den Verhandlungen 1946 in Savannah, als die Weltbank und der Internationale Währungsfonds gegründet wurden, durchsetzen.

Deficit spending

Noch während der Weltwirtschaftskrise von 1929/30 herrschte die Auffassung vor, in Krisenzeiten die Staatsausgaben zu beschneiden und das Defizit des Staatshaushaltes so gering wie möglich zu halten. Keynes vertrat seit Jahren die gegenteilige Meinung. Er wollte Massenarbeitslosigkeit durch monetäre Maßnahmen bekämpfen und vor allem die Investitionstätigkeit durch öffentliche Arbeitsbeschaffung stützen. In seinem Hauptwerk „The General Theory of Employment, Interest and Money" („Allgemeine Theorie der Beschäftigung, des Zinses und des Geldes", 1936) zielt er auf eine Abkehr vom klassischen Wirtschaftliberalismus. In „überschüssigem" Sparkapital sieht er vor allem einen Nachfrageausfall (und nicht etwa nur notwendiges

410

Kapital für Investitionen). Und da Bezieher niedrigerer Einkommen relativ mehr für Konsumausgaben aufwenden, ist er für eine Einkommensumverteilung zugunsten der wirtschaftlich schwächeren Schichten. Nach klassischer Vorstellung stellt sich das Gleichgewicht, das zur Vollbeschäftigung führt, von selbst ein. Keynes meint, es kann auch zu einem Gleichgewicht bei gleichzeitiger Arbeitslosigkeit kommen, weil die Arbeitskosten ihre Flexibilität nach unten aufgrund starrer Tarifverträge eingebüßt haben. Durch die Arbeitslosigkeit ist dann die Gesamtnachfrage zu gering. Diese „Nachfragelücke" soll der Staat durch erhöhte Staatsausgaben schließen, auch wenn er deshalb mehr Schulden machen muss („deficit spending"). Keynes meint, es würde zu lange dauern, bis sich die „Selbstheilungskräfte" der Wirtschaft auswirken, sie wirken nur auf lange Sicht und „in the long run we all are dead" („Auf lange Sicht sind wir alle tot").

Keynes meint, die Nationen müssten lernen, sich durch ihre Inland- **Vollbeschäf-** politik Vollbeschäftigung zu verschaffen, er geht also bei seinen **tigung** Überlegungen von einer „geschlossenen Volkswirtschaft" aus. Doch schon zu seiner Zeit, und im Zeitalter der Globalisierung erst recht, spielt in der Realität die Außenwirtschaft, Export und Import, eine wichtige Rolle. Wenn den Konsumenten mehr Kaufkraft zur Verfügung steht, dürfte ein großer Teil davon in die Nachfrage nach ausländischen Gütern fließen, ohne dass die Beschäftigung im Inland davon profitiert.

Keynes geht von der richtigen Einsicht aus, dass die wahre Ursache **„Keynesia-** der Massenarbeitslosigkeit zu hohe Reallöhne sind. Die Herabset- **nismus"** zung der Geldlöhne durch eine Auseinandersetzung mit den Gewerkschaften zu erreichen, sei aber praktisch aussichtslos. Daraus folgert er, dass die Reallöhne durch einen Prozess der Geldentwertung verringert werden müssen. Das ist der Kern seiner Vollbeschäftigungspolititk. Wenn die Gewerkschaften auf zu hohen Geldlöhnen bestehen, muss die Geldmenge vermehrt werden, damit die Preise ansteigen und damit die Reallöhne sinken. In der Praxis zeigt sich aber, dass Keynes' Trick, mit dem er die Gewerkschaften überlisten wollte, nicht funktioniert. Die Gewerkschaften wollen die sinkende Kaufkraft durch immer neue Lohnerhöhungen einholen, sodass eine progressive Inflation entsteht. (Hayek) Die These der „Keynesianer", daß Lohnerhöhungen die Nachfrage fördern, stimmt also nicht. Wachsende Staatsschulden und verstärkte Umverteilung stützen nicht die Konjunktur, sondern verstärken die Inflation. Schon Ludwig von Mises wies sehr früh darauf hin, die Idee, mit deficit spending und forcierter staatlicher Ausgabenpolitik die Arbeitslosigkeit zu bekämpfen, müsse in Inflation und langfristig in einer Steigerung der Arbeitslosigkeit enden. Trotz solcher Einwände steigt die Zahl der Keynes-Anhänger heute eher wieder an. Besonders die „Globalsteuerungsideologie", wie sie in den sechziger und siebziger Jahren praktiziert wurde, scheint nach wie vor attraktiv.

Ideologien an der Macht

Marxismus

Lehre

Im „Kommunistischen Manifest" (1847) hatten Marx und Engels das Ziel des Kommunismus formuliert: Das Organisationsprinzip der bisherigen Gesellschaft, das Privateigentum, muss beseitigt werden. Damit entsteht eine neue, klassenlose, kommunistischen Gesellschaft, in der es keinen Staat mehr gibt und die soziale Gleichstellung aller Menschen erreicht ist. Der historische Prozess führt unausweichlich zum Sozialismus. Der endgültige Zusammenbruch des Kapitalismus wird durch die Revolution und die Diktatur des Proletariats herbeigeführt. Diese Revolution unter kommunistischer Führung muss weltweit stattfinden. Diese von Marx als „historischer Materialismus" ausgeprägte Form des Kommunismus, der „Marxismus", wurde zur Glaubenssache, erfuhr jedoch mancherlei Abwandlungen und Variationen. Was richtig ist, bestimmte die offizielle Doktrin, die von der jeweiligen zur Macht gelangten kommunistischen Partei festgelegt wurde.

Marxismus – Leninismus

Die bedeutsamste Version der marxistischen Lehre war die von Lenin zum „Marxismus-Leninismus" ausgeformte Doktrin. Lenin passte den Marxismus den besonderen Verhältnissen Russlands an und baute die Organisation der kommunistischen Partei (KPdSU) aus. Er verurteilte den „Reformismus" der Sozialisten in den westlichen kapitalistischen Ländern, der den Ausbruch der Revolution behindere. Der Beginn der proletarischen Weltrevolution habe in Russland begonnen, Revolutionen in den entwickelteren Staaten würden folgen.

Lenin

Wladimir Iljitsch Uljanow (1870–1924), der sich seit 1901 Lenin nannte, stammte aus einer bürgerlichen Familie, studierte Jura und wurde Rechtsanwalt in St. Petersburg. Er schloss sich der Opposition gegen das Zaren-Regime an und wurde für 3 Jahre nach Sibirien verbannt. Dort hatte er Gelegenheit, die Lehren von Karl Marx gründlich zu studieren. Anschließend emigrierte er in die Schweiz. Nachdem 1917 in Russland die Revolution ausgebrochen war, verhalf ihm die deutsche Heeresleitung zur Rückkehr. Lenin organisierte die Oktoberrevolution, übernahm die Führung der radikalen Bolschewiki und wurde anschließend als Vorsitzender des Rates der Volkskommissare praktisch Diktator der „Union der Sozialistischen Sowjetrepubliken" (UdSSR). Lenin starb mit 54 Jahren, sein Nachfolger wurde schließlich Josef Wissarionowitsch Dschugaschwili (1879–1953), genannt Stalin, der nach blutigen „Säuberungen" bis zu seinem Tod unangefochtener

412

Diktator blieb. In der Doktrin des „Stalinismus" hatte er festgeschrieben, was ihm zur weiteren Festigung der bolschewistischen Herrschaft notwendig erschien.

Nach dem Ende des 2. Weltkrieges blieben die von der UdSSR besetzten Gebiete Ost – und Mitteleuropas unter kommunistischen Regimen im sowjetischen Einflussbereich, der „Ostblock" war entstanden. In China hatte 1949 nach dem Sieg im Bürgerkrieg die kommunistische Partei ebenfalls die Macht übernommen. Der daraus entstandene Ost-West-Konflikt dauerte bis 1989, bis zum Ende des „Kalten Krieges". 1990 verbot Boris Jelzin die KPdSU und mit dem Zerfall der Sowjetunion war auch das Ende des kommunistischen Regimes in Russland gekommen. **Ostblock**

Faschismus

Benito Mussolini (1883–1945), von Beruf Lehrer, trat mit 17 der sozialistischen Partei bei. Er war Redakteur der Zeitschrift „Klassenkampf", gab aber bei Kriegsaubruch 1914 seine Parteimitgliedschaft auf weil die Sozialisten für Neutralität waren und er für den Kriegseintritt Italiens gegen Österreich-Ungarn agitieren wollte. 2 Jahre war er Soldat, dann, 1919, gründete er aus Verbitterung über den „verlorenen Frieden" in Mailand den „Fascio di Combattimento" (Kampfbund), aus dem später die „Faschistische Partei" wurde. 1922 organisierte er den „Marsch auf Rom" und zwang den König, ihn mit der Regierungsbildung zu betrauen. Als „Duce" (Führer) errichte er eine Diktatur. Er verminderte die Arbeitslosigkeit und gewann Italien neue Kolonialgebiete in Afrika hinzu. Mussolini lehnte sich immer stärker an Hitler an („Achse Berlin-Rom"). 1940 trat Italien an der Seite Deutschlands in den Krieg ein. 1945, nach der Niederlage Deutschlands, wurde Mussolini von italienischen Partisanen erschossen. **Mussolini**

Die politische Ideologie des italienischen Faschismus war extrem nationalistisch, antiliberal und antimarxistisch, auf das Führerprinzip und die Herrschaft einer Elite abgestellt Das liberale und demokratische Denken sollte durch den korporativen Faschismus verdrängt werden, die alte Parole Freiheit, Gleichheit, Brüderlichkeit sollte durch die Formel Ordnung, Autorität und Gerechtigkeit abgelöst werden. (Fenske) Dem Staat kommt die dominierende Rolle zu. Der Begriff Faschismus wurde auch auf andere rechtsradikale Bewegungen angewandt, die in der Zwischenkriegszeit in anderen europäischen Ländern entstanden. Besonders die Marxisten benutzten den Begriff, um die „Konterrevolution" zu diffamieren. Für die harten Diktaturen dieser Zeit mag der Begriff des Totalitarismus zutreffender erscheinen, der auch das sowjetische Regime einschließt. **Lehre**

413

Nationalsozialismus

Lehre

Nationalismus und Sozialismus waren schon vor und nach dem ersten Weltkrieg in Deutschland die vorherrschenden ideologischen Strömungen. Der Nationalsozialismus verband beide in seiner „Weltanschauung" und tat noch einiges dazu. „Du bist nichts, Dein Volk ist alles!" war das Schlagwort für das Ende der individuellen Freiheit. Vor allem aber wurden „Volk und Rasse" zu Leitbegriffen. Die arische Rasse war wertvoller als alle anderen, und das deutsche Volk als Träger der nordischen Rasse, die innerhalb der Arier den höchsten Rang einnahm, war dazu bestimmt, zum Herrn der Welt aufzusteigen. Den extremsten Gegensatz zur deutschen Herrenrasse stellte die jüdische Rasse dar, die mit ihrem zerstörerischen Charakter die Existenz der Industrievölker bedrohte.

Hitler

Dieses Glaubensbekenntnis stand für alle Welt zu lesen in Hitlers Buch „Mein Kampf". Adolf Hitler (1889–1945), dem es nicht gelang, sich im Wien der Vorkriegszeit eine bürgerliche Existenz aufzubauen, zog mit 25 als Freiwilliger in den Krieg. Nach dem Krieg wurde er von der Reichswehr als Schulungsredner eingesetzt und entdeckte dabei seine außerordentliche rhetorische Begabung, durch die er Menschen mitreißen konnte. Er stieß in München zur „Nationalsozialistischen Deutschen Arbeiterpartei" (NSDAP), übernahm bald deren Leitung, organisierte mit dem „Marsch zur Feldherrnhalle" in München einen Staatsstreich, der allerdings blutig niedergeschlagen wurde. In der anschließenden Festungshaft schrieb er sein Programm in dem Buch „Mein Kampf" nieder. 1933 wurde die NSDAP die stärkste Partei und Hitler wurde Reichskanzler und in kurzer Zeit der „größte Führer aller Zeiten", der als Diktator herrschte. Sein Ziel war ein Eroberungskrieg und die „Endlösung der Judenfrage". Sein Judenhass führte zu den unvorstellbaren Schrecken des Holocaust und der Krieg endete nach 6 Jahren mit der Zerstörung Deutschlands. Hitler besiegelte seine Niederlage mit dem Selbstmord, und das deutsche Volk hatte nach seiner Vorstellung auch nichts anderes verdient, als ausgelöscht zu werden, doch gelang es ihm gottlob nicht, sein Volk vollends in den Untergang zu reißen.

Utopien

Die totalitären Staaten, in denen sich die utopischen Ideologien des 20. Jahrhunderts manifestiert hatten, endeten alle in Krieg und Zerstörung. Die Ideologien selbst aber, Marxismus, Sozialismus und Nationalismus, haben überlebt.

414

Nachkriegszeit (1945–2004)

Auf Initiative der USA wurden am 26. Juni 1945 in San Francisco die **Potsdamer** Vereinten Nationen (UNO) gegründet. Kurze Zeit später trafen sich **Konferenz** die Sieger, der britische Premierminister Winston Churchill (1874–1965), der neue amerikanische Präsident, Harry S. Truman (1884–1972) und der sowjetische Staatschef Josif W. Stalin (1879–1953) zur „Potsdamer Konferenz". Sie beschlossen, Deutschland in 4 Besatzungszonen und Berlin in 4 Sektoren aufzuteilen, und durch einen alliierten Kontrollrat zu verwalten. Unter den Besatzungsmächten fanden die „Entnazifizierung" und die Nürnberger Kriegsverbrecherprozesse statt.

Mit dem Ende der Anti-Hitler-Koalition wurden die Spannungen zwi- **Ost-West-** schen einem globalen, von der kommunistischen Ideologie bestimm- **Konflikt** ten Machtanspruch der Sowjetunion und den auf Demokratie und freien Welthandel in einer einzigen Welt („one world") gerichteten Bestrebungen der USA immer stärker. Im Ost-West-Konflikt, im „Kalten Krieg", kämpften die USA und die Sowjetunion fortan um die Vorherrschaft.

In den westlichen Besatzungszonen Deutschlands begann das ameri- **Währungs-** kanische Hilfsprogramm (ERP), der „Marshall"-Plan, zu wirken. Die **reform** Einführung der „Deutschen Mark", durch die Währungsreform von 1948, nutzte der deutsche Direktor der Wirtschaftsverwaltung, Ludwig Erhard (1897–1977), zugleich zu einer Liberalisierung und zur Beendigung der Kriegs-Bewirtschaftung. Die Sowjetunion sah das als Bestätigung für die Absicht der Westalliierten, einen deutschen Weststaat zu bilden. Sie kündigte ihre Mitarbeit im Alliierten Kontrollrat auf und verhängte eine Blockade über Berlin. Die Amerikaner und Briten versorgten über eine „Luftbrücke" die Menschen in den Berliner Westsektoren.

Im Mai 1949 wurde das Grundgesetz der „Bundesrepublik Deutsch- **Deutsche** land" verkündet, am 14. August fanden die ersten Bundestagswahlen **Teilung** statt, aus denen die CDU als stärkste Partei hervorging. Erster Bundeskanzler wurde der 73 jährige Konrad Adenauer (1876–1976), Wirtschaftsminister wurde Ludwig Erhard, zum Bundespräsidenten wurde der Liberale Theodor Heuss (1884–1963) gewählt. Im Oktober des gleichen Jahres konstituierte sich in der sowjetischen Besatzungszone die „Deutsche Demokratische Republik" (DDR), womit die deutsche Teilung besiegelt war. Der „Eiserne Vorhang" trennte Ost und West.

Wirtschafts-
wunder
Ludwig Erhards erfolgreiche Wirtschaftspolitik, bewirkte in der Bundesrepublik Deutschland einen raschen Aufschwung. Zu diesem „Wirtschaftswunder" trug neben der Förderung durch den „Marshall"-Plan auch die Eingliederung der vielen Flüchtlinge aus Ostdeutschland bei, die durch einen „Lastenausgleich" erleichtert wurde.

Koreakrieg
Noch während der Berliner Blockade wurde 1949 die NATO (North Atlantic Treaty Organization) als Verteidigungsbündnis gegen die sowjetische Expansion gegründet. Im gleichen Jahr eroberten die Kommunisten in China die Macht. Die „Volksrepublik Korea", die in der sowjetischen Besatzungszone entstanden war, provozierte immer wieder Grenzzwischenfälle mit der „Republik Korea" in der vormaligen amerikanischen Besatzungszone. Daraus entstand der Koreakrieg (1950–1953), den die USA und UN-Truppen zwei Jahre lang führten.

Rüstungs-
wettlauf
Seit 1949, als aus der Sowjetunion die erste Atombombenexplosion gemeldet wurde, befanden sich die beiden Blöcke in einem atomaren Rüstungswettlauf. Die USA setzten die Wiederbewaffnung der Bundesrepublik Deutschland durch, die 1955 der NATO beitrat. Im gleichen Jahr gründete die Sowjetunion mit ihren Satelliten-Staaten den „Warschauer Pakt". Auch die Weltraumfahrt war zur Rivalität zwischen Ost und West geworden. Die Russen schossen 1957 mit dem „Sputnik" den ersten künstlichen Erdsatelliten ins Weltall, ein Schock für die USA und Anlass für gewaltige Anstrengungen, den sowjetischen Vorsprung aufzuholen. 12 Jahre später, 1969, betrat der erste Amerikaner den Mond.

Ost-West-
Konflikt
Die Strategie, die der amerikanische Präsident Dwight D. Eisenhower (1890–1969) und sein Außenminister John Foster Dulles (1888–1959) mit einem „roll back" gegenüber dem Ostblock einschlugen, wurde durch die Notwendigkeit begrenzt, einen Atomkrieg zu vermeiden. So mussten die USA dem Volksaufstand am 17. Juni 1953 in der DDR und der Niederschlagung des Ungarischen Aufstands 1956 tatenlos zusehen. Der sowjetische Staats-und Parteichef Nikita S. Chruschtschow (1894–1971) sah sich durch den „Sputnik"-Erfolg gestärkt und forderte den Abzug der Westalliierten aus Westberlin. Die Westmächte beugten sich nicht, aber konnten nicht verhindern, dass 1961 die Berliner Mauer gebaut wurde. 1962 wagte Chruschschow eine weitere Konfrontation mit der Stationierung von sowjetischen Raketen auf Kuba. Dem jungen amerikanischen Präsidenten John F. Kennedy (1917–1963) gelang es, die Kuba-Krise erfolgreich zu beenden. 1963 besuchte Kennedy das durch die Mauer getrennte Berlin und sprach die denkwürdigen Worte: „Ich bin ein Berliner". 1968 erstickten sowjetische Truppen den hoffnungsvollen demokratischen Aufbruch des „Prager Frühlings". Der sowjetische Parteichef Leonid Breschnew (1906–1982) rechtfertigte den Einmarsch in die Tschechoslowakei mit seiner Doktrin, eine Bedrohung des sozialistischen Weltsystems durch Reformen in einem sozialistischen Land könne nicht geduldet werden.

Nach dem Rückzug der Franzosen war Indochina geteilt worden. Das **Vietnam** kommunistische Regime in Nordvietnam, unterstützt von der Sowjetunion und von China, führte einen offenen Guerillakrieg gegen Südvietnam. Die USA fürchteten, dass nach einer kommunistischen Eroberung Südvietnams weitere Staaten der Region folgen würden und griffen in den Konflikt ein. Er endete mit einem Debakel für die USA. Erst 1973 konnten nach einem Waffenstillstand die letzten US-Truppen abziehen. Die Kommunisten setzten sich auch in Kambodscha und Laos durch.

1979 begann die Sowjetunion mit der Invasion des blockfreien Afghanistans, um das dortige kommunistische Regime gegen „islamische Freiheitskämpfer" zu schützen. In Europa war das militärische Gleichgewicht durch die Installation neuer sowjetischer atomarer Mittelstreckenraketen gestört worden. Mit dem „NATO-Doppelbeschluss" von 1979 konnten die Sowjets schließlich zu Abrüstungsgesprächen bewegt werden. Unter Ronald Reagan (1911–2004), seit 1981 Präsident, erhöhten die USA ihre Rüstungsanstrengungen beträchtlich. „Frieden durch Stärke" war sein Mottto und sein Ziel war, die Sowjetunion „totzurüsten". Die Nachrüstung infolge des NATO-Doppelbeschlusses überforderte die Kapazität der Sowjetunion, der Afghanistan-Krieg musste erfolglos beendet werden, die wirtschaftlichen Schwierigkeiten wuchsen. Michail Gorbatschow (* 1931), seit 1985 Generalsekretär der KPdSU, vollzog einen Politikwechsel. 1986 in Reyjkavik und ein Jahr später in Washington trafen sich Reagan und Gorbatschow zu Abrüstungsvereinbarungen. Der „Kalte Krieg" war zu Ende. Es gab nicht mehr zwei Blöcke, die sich unversöhnlich gegenüberstanden. Von den beiden „Supermächten" war nur eine übriggeblieben.

Ende des „Kalten Krieges"

Mit dem Ende des Kalten Krieges und durch die Entwicklung der **Globali-** Technik beschleunigten sich die Globalisierungstendenzen. Die Welt **sierung** wurde zu einem einzigen großen Markt, mit Zonen sehr unterschiedlicher Prosperität, aber mit der Möglichkeit diese Gefälle durch einen liberalen Welthandel verstärkt auszugleichen.

Während die Wirtschaft der westlichen Industriestaaten wuchs, ver- **Sowjetunion** schlechterte sich die wirtschaftliche Situation der Sowjetunion rapide. Eine Umkehr war notwendig und Michail Gorbatschow, seit 1988 Staatsoberhaupt, vollzog sie. Er verkündete Glasnost (Öffentlichkeit der Diskussion) und Perestroika (Umgestaltung der Gesellschaft), Liberalisierung der Medien und Privatisierung der Märkte. Im Zuge seiner Reformpolitik wurden 1991 der wirtschaftliche (RGW) und der militärische (Warschauer Pakt) Verbund des Ostblocks und schließlich die UdSSR selbst aufgelöst. Russland, die Ukraine und Weißrussland gründeten die „Gemeinschaft unabhängiger Staaten" (GUS). Der erste Präsident Russlands wurde 1991 Boris Jelzin (* 1931) der die Kommunistische Partei auflöste und konsequent marktwirtschaftliche

Verhältnisse aufbaute. Wladimir Putin (* 1952), seit 1. Januar 2000 Jelzins Nachfolger, setzte dessen Politik fort.

USA Nach dem Ende des Zweiten Weltkriegs erlebten die USA einen starken wirtschaftlichen Aufschwung. Die Monroe-Doktrin war längst vergessen, die USA waren die westliche Vormacht, das „Bollwerk gegen den Bolschewismus", und füllten mit ihrem Engagement diese Führungsrolle in der westlichen Allianz voll aus. Von den Krisen, die während des Ost-West-Konflikts zu bestehen waren, brachte der Vietnamkrieg (1960–1973) die stärkste Belastung. Noch während der Konflikt eskalierte wurde John F. Kennedy (1917–1963), charismatischer Präsident seit 1960, drei Jahre nach seinem Amtsantritt ermordet. Die Verstrickung in den Vietnamkrieg konnte auch Kennedys Nachfolger, Lyndon B. Johnson (1908–1973) nicht lösen, sie fand erst 1973 im Pariser Waffenstillstandabkommen ihr Ende. Präsident Richard Nixon (1913–1994), in dessen Amtszeit das erreicht werden konnte, musste allerdings 1974 wegen der Watergate-Affäre zurücktreten.

Die Vereinigten Staaten steckten in einer Periode der Niedergeschlagenheit und des Selbstzweifels, als 1981 Ronald Reagan (1911–2004) der 40. Präsident wurde. Er brachte durch drastische Steuersenkungen und eine straffe Geldpolitik die Wirtschaft in Schwung und gab den Amerikanern ihr Selbstvertrauen zurück. Sein Ziel eines ausgeglichenen Haushalts erreichte er allerdings nicht, weil er sich schließlich zu einem immensen Rüstungsaufwand entschloss. Die erhöhten Staatsschulden waren der Preis für das Ende des Kalten Krieges. Der Erfolg der „Reaganomics", mit verstärkter wirtschaftlicher Dynamik und einem „Beschäftigungswunder" wirkt bis heute nach. Unter Reagans Nachfolger, George Bush (* 1924) führten die USA 1991 an der Spitze einer Koalition aus 26 UNO-Staaten den „Golfkrieg", um den Angriff des Diktators Saddam Hussein (* 1937) auf Kuwait zurückzuschlagen.

China Sun Yat-sen (1866–1925), ein Arzt, der zum Revolutionär wurde, hatte 1912 den letzten Kaiser abgesetzt, die Republik ausgerufen und weitreichende Reformen eingeleitet. In der folgenden Periode der Bürgerkriege versuchte sein nationalistischer Nachfolger Tschiang Kai-schek (1887–1975) den Einfluss der Sowjetunion zurückzudrängen, doch 1949 siegten die Kommunisten und er musste sich mit den Resten seiner Armee nach Taiwan (Formosa) absetzen. Mao-Tse-tung (1893–1976) proklamierte die sozialistische Volksrepublik China. Seit 1964 ist China Atommacht, 1972 wurde die Volksrepublik in die UNO aufgenommen. Nach Maos Tod wurden die Folgen der radikalen „Kulturrevolution" überwunden und eine neue Wirtschaftspolitik bemühte sich um vorsichtige Reformen und mehr Marktorientierung. 1979 wurden diplomatische Beziehungen zu den USA aufgenommen, 1984 besuchte Präsident Ronald Reagan China, 1997 stattete der chinesische Staatspräsident Jiang Zemin (* 1926) Washington einen Besuch ab.

Auch die Siegermacht Großbritannien litt unter den Kriegsfolgen und **Großbri-** einem seit langem andauernden wirtschaftlichen Niedergang. Der **tannien** 1945 vollzogene Regimewechsel zu einer Labour-Regierung, die eine sozialistische Politik mit staatlicher Lenkung, Verstaatlichung der Industrie und Ausbau des Wohlfahrtsstaates verfolgte, verschärfte die wirtschaftliche Misere. Parallel dazu ging die unvermeidliche Ablösung des Empires durch den lockeren Staatenverbund des Commonwealth vor sich. Indien hatte 1947 durch den dreißigjährigen gewaltlosen Widersand von Mahatma Ghandi (1869–1948) seine Unabhängigkeit erlangt. Aus Ägypten zogen sich die Briten schrittweise zurück, endgültig 1956, nach ihrer gescheiterten Intervention in der Suez-Krise.

1976 stand Großbritannien kurz vor dem Staatsbankrott. Der Tiefpunkt war 1978 im „winter of discontent" erreicht, damals ging es England schlechter als dem besiegten Deutschland. Das änderte sich, als die Konservativen 1979 mit Margaret Thatcher (* 1925) die Regierung übernahmen. Thatcher konnte eine langwierige Machtprobe mit den militanten Gewerkschaften für sich entscheiden und harte Reformen durchsetzen, um den Staatshaushalt zu sanieren und die Wirtschaft zu liberalisieren. Sie löste einen Prozess des Umdenkens aus und am Ende der 11 jährigen Ära Thatcher erfreute sich das Land beispielhafter wirtschaftlicher Wettbewerbsfähigkeit und Stabilität die sich weit in die Zukunft hinein auswirkte und von der auch noch der Labour-Politiker Tony Blair (* 1953), der 1997 Premierminister wurde, profitieren konnte.

Frankreich war Schlachtfeld gewesen und hatte unter der deutschen **Frankreich** Besetzung zu leiden. Doch am Ende gehörte es zu den Siegermächten und wusste diese Position auch zu nutzen. Die IV. Republik, die sich 1947 mit einer neuen Verfassung konstituierte, hatte zunächst mit den Krisen zu kämpfen, die durch die Kolonien ausgelöst wurden. Um seinen Besitz in Indochina kämpfte Frankreich bis 1954 acht Jahre lang verlustreich und vergeblich. 1957 wurden Tunesien und Marokko in die Unabhängigkeit entlassen. 1958 gab sich das Land eine neue Verfassung. Der erste Präsident der V. Republik wurde General Charles de Gaulle (1890–1970). Er beendete den Algerienkrieg und entließ das Land in die Selbständigkeit. Unter seiner Ägide strebte Frankreich eine Führungsrolle in Westeuropa an. Zusammen mit Konrad Adenauer bewirkte er die deutsch-französische Aussöhnung und eine neue Periode enger Freundschaft. Sein Ziel, an die historische „Grande Nation" anzuknüpfen, manifestierte sich allerdings auch in mancherlei Alleingängen gegenüber den anderen Europäern und in einer bewussten Abgrenzung zu den USA. Jacques Chirac (* 1932), seit 1995 Staatspräsident, versuchte später diese Politik fortzuführen.

Deutschland	1966 ging mit der Kanzlerschaft Ludwig Erhards in Deutschland auch die Zeit der bürgerlichen Koalition zu Ende, die CDU verlor ihre beherrschende Stellung. 1966 bis 1969 regierte eine große Koalition aus CDU und SPD mit der Folge einer „außerparlamentarisch Opposition". Wie in den USA und Frankreich gab es 1968 auch in Deutschland Studenten-Revolten nach marxistischem Denkmuster. Protestiert wurde gegen den Vietnam-Krieg, die „unbewältigte Vergangenheit", die bürgerliche Gesellschaft und die autoritären Strukturen an den Universitäten. 1969 begann dann mit Bundeskanzler Willy Brandt (1913–1992) die Zeit der sozial-liberalen Koalition, die bis 1982 dauerte, als Helmut Kohl (* 1930) aufgrund eines konstruktiven Misstrauensvotums Bundeskanzler wurde und 16 Jahre lang mit einer CDU/CSU/FDP-Koalition regierte.
Europäische Integration	Am Anfang der europäischen Integration stand die deutsch-französische Aussöhnung, und ein Kerneuropa, bestehend aus 6 Staaten (Frankreich, Italien, Deutschland, Benelux), die 1957 mit den „Römischen Verträgen" die Europäische Wirtschaftsgemeinschaft (EWG) gründeten. Es entstanden ein gemeinsamer Markt, die Kommission mit Bürokratie in Brüssel, das Europäische Parlament in Straßburg. Die wirtschaftliche Vereinigung vollzog sich rasch, die erhoffte politische Union blieb aus. Der Konzeption einer Stärkung der supranationalen Institutionen stand die Vorstellung de Gaulles von einem „Europa der Vaterländer" gegenüber. 1972 wurde die Europäische Gemeinschaft (EG), wie sie nun hieß, um Großbritannien, Irland und Dänemark erweitert, später kamen noch Griechenland, Portugal und Spanien hinzu, so dass 1986 die EG 12 Mitglieder umfasste. Mit dem Maastrichter Vertrag von 1993 wurde die Europäische Union (EU) geschaffen, mit dem Beitritt Österreichs, Schwedens und Finnlands waren es nun 15 Mitglieder. 2002 wurde die neue Euro-Währung eingeführt und ein Jahr später wurde die Osterweiterung durch die Aufnahme der ehemaligen Ostblockstaaten beschlossen, sodass die EU dann 23 Mitglieder umfasst.
Deutsche Wiedervereinigung	Mit dem Ende des Kalten Krieges, dem Rückzug der Russen aus Afghanistan und ihrer geschwächten Position die sich auch entsprechend auf die DDR auswirkte, war für kurze Zeit eine Situation entstanden, die den deutschen Bundeskanzler Helmut Kohl zur Initiative ermutigte. Mit der Hilfe des amerikanischen Präsidenten Bush und mit der Duldung durch den russischen Präsidenten Gorbatschow kam der Prozess der deutschen Wiedervereinigung in Gang. Am 3. Oktober 1990 trat die DDR der Bundesrepublik Deutschland bei. Bereits während der 16 Jahre Kohl-Regierung hatte sich ein „Reformstau" in Deutschland aufgebaut. Man „lebte über seine Verhältnisse" und beschleunigt durch die Anforderungen der Wiedervereinigung zeigten sich Strukturschwächen, die 1998 mit dem Regimewechsel zu einer rot-grünen Koalition unter Bundeskanzler Gerhard Schröder (* 1944) wesentlich verstärkt wurden. Die Regierung war schließlich

zu einer Reformpolitik gezwungen, die besonders bei den im Korporatismus erstarrten Gewerkschaften auf Widerstand stieß. Es fehlte an Einsicht und Tatkraft.

Am 11. September 2001 zerstörten islamistische Selbstmordattentäter das New Yorker World-Trad-Center. Die USA und die westliche Welt sahen sich einer Welle des Terrorismus von ungeahnter Gewalt gegenüber, die von islamischen Fundamentalisten gesteuert wurde. In der Verfolgung dieses Terrorismus gingen die USA, unterstützt von der NATO, zunächst gegen Afghanistan vor. George W. Bush (* 1946) seit 2001 42. Präsident der USA, forderte im September 2002 vor der UN-Vollversammlung den Irak auf, auf Massenvernichtungswaffen zu verzichten und die Unterstützung des internationalen Terrorismus zu beenden. Im April 2003 begannen die USA, zusammen mit wenigen Verbündeten, einen neuen „Golfkrieg" gegen Irak und besetzten das Land. Sie hofften, mit der Demokratisierung des Irak zugleich auch den seit 1945 schwelenden Krisenherd des Israel-Palästina-Konflikts zu entschärfen und den Mittleren Osten dauerhaft zu befrieden.

11. September 2001

Existenzphilosophie

Karl Jaspers (1883–1969)

Karl Theodor Jaspers wuchs in Oldenburg auf, der Vater war ein angesehener Jurist und Bankdirektor. Schon der Säugling machte den Eltern wegen seiner schwachen Gesundheit Sorgen. Später zeigte sich, dass es sich um eine Erkrankung von Lunge und Nieren und um Herzinsuffizienz handelte. Dem Jüngling vermachte man nur noch eine begrenzte Lebenszeit. Aber Jaspers, Zeit seines Lebens von der Krankheit gezeichnet, hielt sich mit eiserner Disziplin in den Grenzen, die ihm dadurch vorgegeben waren. Er studierte Jura in Heidelberg, München und Berlin, entschloss sich dann aber zum Studium der Medizin, das er mit 25 in Heidelberg abschloss. In Heidelberg lernte er Gertrud Mayer, die Schwester eines Studienfreundes, kennen, die beiden heirateten und seine Frau war Jaspers bis zu seinem Tod die wertvollste Hilfe und Gefährtin. Jaspers arbeitete als unbezahlter Assistent an der Heidelberger Psychiatrischen Klinik. Als er 30 war erschien seine „Allgemeine Psychopathologie" (1913), es war das erste Lehrbuch dieses Forschungsgebietes und machte ihn berühmt.

Aber Jaspers zog es zur Philosophie. Er hatte schon früh begonnen, die großen Philosophen zu lesen und obwohl er das Fach nicht studiert hatte, wurde er 1922 schließlich – er war nun 40 – zum Ordinarius für Philosophie in Heidelberg bestellt, nicht gerade zur Freude seines Fachkollegen. 1933 begann dann für Karl Jaspers eine schwere Zeit, denn seine Frau war Jüdin. Hannah Arendt, die bei ihm promoviert hatte und mit ihm befreundet war, fragte ihn damals, ob er nicht auch emigrieren wolle. Aber Jaspers meinte, diese Operette sei schnell vorüber, doch musste er bald erkennen, wie sehr er sich getäuscht hatte. 1937 wurde er zwangsweise pensioniert, 1943 erhielt er Schreibverbot. Die Angst vor der Deportation wurde für Karl und Gertrude Jaspers zum ständigen Begleiter, die Zyankali–Kapsel war stets griffbereit. Am 14. April 1945 sollte der Abtransport stattfinden – doch am 30. März wurde Heidelberg von den Amerikanern eingenommen. Im Nachkriegsdeutschland galt Jaspers als ein Repräsentant des besseren Deutschland, deshalb wurde es ihm von vielen übelgenommen, dass er 1948 einen Ruf der Universität Basel annahm und in die Schweiz übersiedelte. Zwanzig Jahre publizistischer und wissenschaftlicher Arbeit waren ihm noch beschieden. Am 90. Geburtstag seiner Frau starb Karl Jaspers 86 jährig in Basel.

Mit seinem Werk „Psychologie der Weltanschauungen" (1919) legte Jaspers das erste Werk der modernen Existenzphilosophie vor und vollzog damit für sich selbst den Übergang von der Psychologie zur Philosophie. Nach langer Pause, angefüllt mit intensiver Arbeit, folgte dann 1931 die Schrift „Die geistige Situation der Zeit". Massengesellschaft, moderne Technik, Mechanisierung der Arbeit, Bürokratisierung und Nivellierung zerstören die eigentliche Daseinswelt des Menschen, in der er Halt an sozialen Bindungen und der Überlieferung findet. „Heute ist der Zerfall am fühlbarsten darin, dass immer mehr Menschen sich nicht verstehen, sich begegnen und auseinanderlaufen, gleichgültig gegeneinander, dass keine Treue und Gemeinschaft mehr fraglos und verlässlich ist", meint Jaspers. 1932 erschien sein dreibändiges Werk „Philosophie", bis heute das umfassendste Werk der Existenzphilosophie; er ergänzte es durch die Schriften „Vernunft und Existenz" (1935) und „Existenzphilosophie" (1938). **Von der Psychologie zur Philosophie**

Den Begriff der Existenz verdankte er Kierkegaard, er schien ihm das zu fassen, worum er sich bislang in Unruhe bemüht hatte. Von gleicher Energie war für ihn jedoch der Begriff der Vernunft, die ihm durch Kant immer klarer geworden war. „Existenzphilosophie ist das alle Sachkunde nutzende, aber überschreitende Denken, durch das der Mensch er selbst werden möchte". Der Mensch ist immer mehr, als er von sich wissen kann. Jaspers nennt als eine Grunderfahrung „Ich kann zu mir selber kommen", und das bedeutet für ihn, dass er mögliche Existenz ist. Existenz ist ein Sein, das dem ganzen Weltsein gegenübersteht, sie ist der dunkle Grund unserer selbst, „das Innerste des Inneren". Sie ist in philosophischer Sprache das, was in mythologischer Sprache Seele heißt. Sie ist frei und verwirklicht sich nur im Tun. Existenz ist immer mit einer „Situation" verbunden. Was aus dem einzelnen Menschen wird, ist situationsbedingt durch die Menschen, die ihm begegnen und durch die Glaubensmöglichkeiten, die an ihn appellieren. Existenz ist Geschichtlichkeit, doch nicht identisch mit Zeitlichkeit. Geschichtlichkeit ist Einheit von Zeit und Ewigkeit, ist Zeit in der Ewigkeit. Existenz wird getragen durch etwas „Umgreifendes". **Existenzphilosophie**

Wir erfassen das Seiende als etwas, das uns als Gegenstand gegenübersteht, unser denkendes Dasein unterliegt der Subjekt-Objekt-Spaltung. Das Sein als Ganzes kann aber weder Subjekt noch Objekt sein, es ist mehr, es übersteigt alles Seiende, es ist das „Umgreifende". Für Jaspers ist dieser von ihm geschaffene Begriff der Schlüssel zu seinem Gesamtwerk. So wie das menschliche Sein kann auch das Ganze der Welt nicht durch Wissen erfasst werden. Das Ganze ist unfasslich. Die Welt und alles, was in ihr ist, werden umfasst von diesem letzten, absoluten Umgreifenden. Jaspers nennt es Transzendenz, es ist „das Umgreifende schlechthin." **Das Umgreifende**

Wir können ausgehen von dem Sein, in dem und durch das wir sind, und können darüber hinausschreiten. Dieses Transzendieren führt **Transzendenz** uns zur Transzendenz, zur Gottheit. Transzendenz ist nicht gegenständlich, sie ist das schlechthin Verborgene. Sie ist nicht zu denken, nur in Symbolen zu erfassen. Alles kann Chiffre, Symbol der Transzendenz sein. In das Umgreifende selbst kann man nicht eindringen, doch lässt sich die Existenz des Menschen erhellen, mit Hilfe der Begriffe Kommunikation und Freiheit.

Kommuni-
kation

„Niemand kann allein selig werden." Existenz kann sich nur verwirklichen in der Verbundenheit mit anderem Selbstsein. Solche Verbundenheit nennt Jaspers Kommunikation. Die Quelle der Kommunikation ist Liebe, existentielles Geöffnetsein für den anderen Menschen. „Erst in der Kommunikation wird der Zweck der Philosophie erreicht: das Innewerden des Seins, die Erhellung der Liebe, die Vollendung der Ruhe." Und erst in der Kommunikation verwirklicht sich die Wahrheit.. „Wahrheit ist, was uns verbindet", was also unsere Kommunikation fördert.

Grenzsitua-
tionen

Es gibt Situationen, in denen der Mensch radikal auf sein Selbst zurückgeworfen wird. In diesen „Grenzsituationen", wie Jaspers sie nennt, erfahren wir unsere Existenz unmittelbar. Es sind Situationen, die nicht geändert oder umgangen werden können, wie Tod, Leiden, Kampf, Schuld. In den Grenzsituationen begreifen wir die Einmaligkeit unseres Selbst und müssen uns klar darüber werden, wer wir selbst sind und was uns wesentlich ist. Wir müssen Entscheidungen treffen, auch wenn es keine letzte Gewissheit gibt, wir müssen auch im Scheitern zu uns selbst finden. Erst im Scheitern wird das Sein voll erfahren. Doch hinter jedem Scheitern steht die Transzendenz, die Unvergänglichkeit und Unendlichkeit Gottes.

Tod und
Sterben

Der Tod ist die äußerste dieser Grenzsituationen, er ist unausweichlich, seine Bewältigung kann uns niemand abnehmen. Werden wir uns bewusst, dass wir jeden Augenblick sterben können, dann müssen wir uns fragen, ob das, was wir tun und wollen, noch wesentlich ist. Zu den Grundfragen der Philosophie gehört nicht nur, wie das Leben zu führen sei, sondern auch wie zu sterben sei. Nur wenige Philosophen haben ohne Zugehörigkeit zu einer Glaubensgemeinschaft, auf sich allein vor Gott stehend, den Satz verwirklicht: Philosophieren heißt sterben lernen. Seneca, Boethius und Bruno gehören dazu. Sie sind Wegweiser für uns. Die Unbedingtheit, deren Menschen als Menschen fähig waren, gibt uns wirkliche Ermutigung.

Gott

Gott ist kein Gegenstand des Wissens, auch nicht der sinnlichen Erfahrung. Er ist unsichtbar, kann nicht geschaut, nur geglaubt werden. Der Glaube kommt aus der Freiheit des Menschen. Der Mensch, der sich wirklich seiner Freiheit bewusst wird, wird sich zugleich Gottes gewiss. Das Freisein des Menschen nennen wir auch seine Existenz. Gott ist für mich gewiss mit der Entschiedenheit, in der ich existiere. Er ist gewiss nicht als Wissensinhalt, sondern als Gegenwärtigkeit für

424

meine Existenz: Als Existenz sind wir auf Gott – die Transzendenz – bezogen und dies durch die Sprache der Dinge, die sie zu Chiffren oder Symbolen werden lässt.

Zur Kirche hatte Jaspers keine Bindung. „Unsere Eltern erzogen uns ohne Kirche. Niemand lehrte uns beten. Von Gott war nicht die Rede", schreibt er in seiner Autobiographie „Schicksal und Wille". (Saner) Erst im Alter hat er die Kirche bejaht, obwohl er ihr im eigenen Leben weiterhin fremd blieb. Die Idee des Christentums, dass Gott Mensch geworden ist, hielt er für Gotteslästerung. „Dass Gott ist, ist genug", meinte er. **Kirche**

Zu Jaspers' Spätwerken gehört „Der philosophische Glaube angesichts der Offenbarung" (1962). Wer eingesehen hat, dass sich das Sein jedem Zugriff entzieht, der wird sich von der Illusion der Philosophien und Religionen freimachen, die glauben, es mit einem lebendigen oder begrifflichen Seienden identifizieren zu können. Er braucht deshalb Religionen nicht zu verwerfen, aber er erkennt sie als Bildsprache, als vielfach ausdeutbare Chiffre und kann sie gerade deshalb verstehen als Versuche, sich dessen zu vergewissern, was doch unsagbar bleiben muss. **Philosophischer Glaube**

Jede Philosophie hat auch einen politischen Bezug. „Erst mit meinem Ergriffenwerden von der Politik gelangte meine Philosophie zu vollem Bewusstsein bis in den Grund der Metaphysik", bekannte Jaspers. Philosophie war für ihn an sich politisch, „denn sie ermutigt die Freiheit, lebt nur in Freiheit und wirkt für Freiheit", und erst mit der politischen Freiheit wird der Mensch, der er selbst ist. Zu den Utopisten, die Platos Politik anhängen, zählte Jaspers nicht. Bei Plato hat die Bevölkerung zu gehorchen und wird regiert, bei Plato ist nur Diktatur möglich. „Wir aber haben uns anvertraut der Möglichkeit, aus den Völkern heraus mit den Völkern Staaten zu bilden, die man demokratisch nennt." Den Marxismus mit seinem Anspruch den Globus in ein „Reich der Freiheit" zu verwandeln, verwarf er als „pseudowissenschaftliche Prophetie". **Philosophie und Politik**

In seiner Schrift „Die Schuldfrage" trat er 1946 der Weltmeinung entgegen, die dem deutschen Volk eine Kollektivschuld anlasten wollte. Moralisch schuldig ist, wer aktiv an Kriegsverbrechen beteiligt hat. Politisch haftbar ist hingegen, wer (aus Angst um sein Leben) in „schuldvoller Passivität" das Geschehene geduldet hat. Auf sein Buch „Die Atombombe und die Zukunft des Menschen" (1958) reagierte die Linke mit heftigen Angriffen, erklärte ihn zum Philosophen der CDU und der NATO, und zum Handlanger des Klassenfeinds. Aber auch die Rechte hatte keine Freude an ihm. 1960 betonte er den Vorrang der Freiheit vor der Einheit und der Wiedervereinigung und forderte damals eine Deutschland-Politik, die von zwei deutschen Staaten ausgeht. Auch mit seinem Buch „Wohin treibt die Bundesre- **Wohin treibt die Bundesrepublik?**

publik", das 1966 erschien, und mit seiner Attacke gegen Kurt Georg Kiesinger und die große Koalition schuf er sich neue Feinde, er galt als verbittert und voller Rachegefühle. So zog sich Jaspers mehr und mehr zurück und suchte nach der hektischen Zeit des Wiederaufbaus den „... wunderbaren Anachronismus: Ruhe und Freiheit und nichts als Philosophieren".

Geschichts-philosophie

In seinem Werk „Vom Ursprung und Ziel der Geschichte" (1949) entwickelt Jaspers den Gedanken einer gemeinsamen „Achsenzeit" der Menschheitsgeschichte. Den entscheidenden Umbruch in der Weltgeschichte sieht er in der Zeit um 500 v. Chr. Gleichzeitig und unabhängig voneinander vollzieht sich in China, Indien, Iran, Palästina und Griechenland ein Prozess geistiger Neuorientierung. Der Mensch wird sich seines Seins im Ganzen, seiner selbst und seiner Grenzen bewusst. In dieser Zeit werden die Grundkategorien hervorgebracht, in denen wir bis heute denken, und es entstehen die Ansätze der Weltreligionen. Das Ziel der Geschichte ist es, Freiheit zu erringen. Der Sozialismus will dies mit einer auf Gleichheit beruhenden Massenorganisation der Lebens- und Arbeitswelt erreichen. Entscheidend ist, ob er sich im Besitz des Totalwissens vom Lauf der Geschichte dünkt, sodass Seine Totalplanung in Diktatur umschlagen wird, oder ob er seine Idee schrittweise im Miteinander einer freien Demokratie umsetzen will. Im 20. Jahrhundert ist erstmals die Einheit der Welt faktisch möglich, doch auch hier ist entscheidend, ob sie als Weltimperium mit Gewalt erzwungen werden soll, oder als Weltordnung aufgrund gemeinsamer freier Beschlüsse.

Geschichte der Philo-sophie

„Der Ursprung des Philosophierens liegt im Verwundern, im Zweifel, im Bewusstsein von Verlorenheit ... Es beginnt mit einer den Menschen ergreifenden Erschütterung, und immer sucht er aus der Betroffenheit heraus ein Ziel. Platon und Aristoteles suchten aus der Verwunderung das Wesen des Seins. Descartes suchte in der Endlosigkeit des Ungewissen das zwingend Gewisse. Die Stoiker suchten in den Leiden des Daseins die Ruhe der Seele. Die Geschichte der Philosophie ist für Jaspers ein Reich der Vernunft, aus dem die großen Denker aller Zeiten zu uns sprechen, sie stehen für ihn „in der Zeit über der Zeit". (Saner) In seinem Werk „Die großen Philosophen" (1957) wird der Rang deutlich, den er ihnen zumisst: Konfuzius, Buddha, Sokrates und Jesus sind für ihn die „maßgebenden Menschen"; Plato, Augustin und Kant sind „die fortzeugenden Gründer des Philosophierens" und zu den „aus dem Ursprung denkenden Metaphysikern" zählt er Anaximander, Heraklit, Parmenides, Plotin, Anselm, Spinoza, Laotse und Nagarjuna. Seine geplante, großangelegte „Weltgeschichte der Philosophie" hinterließ er als Fragment.

Weg-gefährten

1920, bei einer Geburtstagsfeier für Husserl in Freiburg, lernte Jaspers dessen Assistenten Martin Heidegger kennen. Die beiden wurden Freunde. Heidegger war für Jaspers der einzige in der Philosophenzunft, mit dem er ernsthaft reden konnte. 1922 verbrachten sie in Heidelberg bei intensiven Gesprächen Tage großer Gemeinsamkeit und Nähe. Doch 1933, als Heidegger sich auf die Seite der National-sozialisten schlug, zerbrach die Freundschaft. Ihr persönlicher Kontakt und ihr umfangreicher Briefwechsel brachen ab, erst 10 Jahre später, nach dem Kriege, wurde die Korrespondenz wieder sporadisch aufgenommen. Beide litten darunter, aber das alte Einvernehmen war dahin. Dass Jaspers von Heideggers charismatischer Art zu philosophieren trotzdem noch fasziniert war, zeigt die Tatsache, dass er sich bis zu seinen letzten Tagen Notizen über Heidegger machte. Dort ist auch sein Urteil über Heidegger nachzulesen: „Unter den Zeitgenossen der erregendste Denker, herrisch, zwingend, geheimnisvoll – aber dann leer loslassend." Eine treue Freundin war für das Ehepaar Jaspers bis zuletzt Hannah Arendt. Die umfangreiche Korrespondenz zeigt, dass auch während des Krieges und über den Ozean hinweg die Verbindung nie abriss.

1967 wurde Jaspers Schweizer Bürger. In Deutschland war er mit **Wanderer** allen Gruppen, den linken wie den rechten, zerfallen, er hatte das Gefühl „bloß Wanderer zu sein und kein politisches Vaterland zu haben." Verlass war allein auf die Vernunft, auf die hin zu leben und zu denken der Einzelne wagen musste. „Vom unabhängigen Denken" war der Arbeitstitel seines letzten Buches.

Martin Heidegger (1889–1976)

Martin Heideggers Heimat war das badische Meßkirch, sein Vater war Küfermeister und Mesner an der katholischen St.-Martins-Kirche. Der Stadtpfarrer verhalf dem armen aber begabten Jungen zu einem Stipendium für künftige Theologiestudenten und so bekam er einen Platz im erzbischöflichen Konvikt in Konstanz und später in Freiburg im Breisgau. Dort begann er mit dem Studium der Theologie, brach aber nach 2 Jahren die Priesterausbildung ab und studierte Philosophie. Mit 26 konnte er sich habilitieren, aber inzwischen war der Krieg ausgebrochen und Heidegger musste einrücken. Er war allerdings nur beschränkt tauglich und landete im Innendienst. 1917 heiratete er Elfriede Petri, Studentin der Nationalökonomie, Offizierstochter und evangelisch. Der Ehe, die bis zum Ende hielt, entsprossen 2 Söhne. Als Philosoph hatte Heidegger in Edmund Husserl einen verehrten Lehrer gefunden, er wurde dessen Assistent. Seine Vorlesungen und sein Lehrerfolg als Privatdozent erregten Aufsehen, er galt damals schon als „heimlicher König der Philosophie". (Safranski) In Todtnauberg baute er sich eine Hütte, die sein Zufluchtsort blieb, auch als er noch im gleichen Jahr einen Ruf als Professor für Philosophie an die Universität Marburg annahm. Dort blieb er 5 Jahre, in dieser Zeit entstand sein wichtigstes Werk. Dann ging er als Nachfolger Husserls nach Freiburg.

Sein und Zeit „Sein und Zeit", Heideggers berühmtestes und umfangreichstes Werk, erschien 1927. Die bisherige Philosophie hat immer nur nach dem Seienden gefragt und dabei das Sein vergessen, durch das alles Seiende erst ein Seiendes ist. Dieser „Seinsvergessenheit" will Heidegger abhelfen, indem er der Frage nach dem Sinn von Sein nachgeht. Dazu muss er das Sein des Menschen, sein Dasein untersuchen. Als Dasein ist der Mensch in die Welt „geworfen". Im Gegensatz zu anderem Seienden kann der Mensch sein Dasein freiwillig und bewusst auf sich nehmen. Dieses selbstgewählte und bewusste Dasein nennt Heidegger „Existenz", die Grundbestimmungen der Existenz „Existenzialien".

Existenz Zum Wesen der menschlichen Existenz gehört, dass sie in ihrem Sein noch nicht festgelegt, ist, dass sie sich erst verwirklichen muß. Deshalb ist der Mensch für sein Leben verantwortlich, die Verwirklichung der eigenen Existenz kann ein Zu-sich-selbst-finden sein oder ein Sich-selbst-verlieren. Um zu existieren muss der Mensch Möglichkeiten ergreifen, muss wählen. Er kann so wählen, dass er zu sich selbst findet, oder er kann sich die Möglichkeiten des Existierens von anderen aufzwingen lassen, in diesem Fall ist seine Existenz uneigentlich. Wer liest was *man* liest, wer meint, was *man* meint, handelt wie Jedermann und Niemand. Mit seiner Unterscheidung zwischen eigentlicher und uneigentlicher Existenz hat Heidegger die aktuelle Identitätskrise beschrieben.

Tod
Zeit
Transzendenz Die Grunderfahrung bei dem in die Welt geworfenen Dasein ist die Angst vor dem Selbstsein (Lebensangst) und vor dem Nicht-sein-können (Todesangst). In der Angst, wenn ihm sein eigenes Dasein entgleitet, begegnet der Mensch dem Nichts. Menschliche Existenz ist ein Hinausstehen in das Nichts (Heidegger spricht von „Ek-sistenz", das heißt „Hinaus-Stehen"). In der radikalen Erfahrung der Angst wird sich der Mensch des eigenen Todes bewusst. Der Tod ruft uns zur Übernahme der eigenen Existenz auf, zum eigentlichen und eigenen Leben in Freiheit und Selbstverantwortung. Das menschliche Dasein bestimmt sich so aus dem „Sein zum Tode". Die Betrachtung des Todes ist zugleich der Schlüssel, um die Zeit, die Zeitlichkeit, als Horizont des menschlichen Seins freizulegen. Zeit hat die gleiche Struktur wie Dasein. Im „Zeitigungsmodus der Zeitlichkeit" zeigt sich schließlich der Sinn von Sein. In der christlichen Philosophie führt Transzendenz zu Gott. Für Heidegger gehört jedoch auch Gott zum Seienden, über das er hinaus-fragt. Er ist A-theist in dem Sinne, dass sein Fragen auch über Gott hinausführt.

Im Dritten
Reich Heidegger, der schon zuvor für den Nationalsozialismus Partei ergriffen hatte, ganz in Übereinstimmung mit seiner Frau, wurde 1933 zum Rektor der Universität Freiburg gewählt. Er war damals 44 und hielt

eine flammende Rektoratsrede zum Thema „Die Selbstbehauptung der deutschen Universität". An der Hochschulreform, die die Gleichschaltung der Universitäten nach dem Führerprinzip zum Ziel hatte, beteiligte er sich. Dass über seinem Engagement für die Nazis einige menschliche Verbindungen zerbrachen, focht ihn offenbar nicht an. Sein Lehrer Edmund Husserl wurde als Jude beurlaubt und als er 1938 starb, ging Heidegger nicht zu seinem Begräbnis. Die seit 13 Jahren bestehende Freundschaft mit Karl Jaspers, dessen Frau Jüdin war, zerbrach. Hannah Arendt, ebenfalls Jüdin und seit Marburger Tagen Heidegger eng verbunden, emigrierte in die USA. Aber Heideggers aktives Eintreten für den Nationalsozialismus dauerte nicht viel länger als ein Jahr und endete in mancherlei Zwistigkeiten und mit seinem Rücktritt vom Rektoramt. Nach 1934 wurde Heidegger von den Nazis fallengelassen und kritisch überwacht.

1933 war es Heidegger „um die Reinheit der revolutionären Bewegung", um die „Erneuerung des abendländischen Geistes nach dem Tode Gottes" gegangen. (Safranski) Nun beschäftigt er sich mit Hölderlin und Nietzsche und „Platons Lehre von der Wahrheit". Höderlin ist für Heidegger der „Dichter des Dichters", der am klarsten verkörpert, was Heidegger unter Dichtung versteht. Heidegger schreibt über die Sprache, Sprache ist für ihn das Medium, „in dem das Sein, sich lichtend, zur Sprache kommt", sie ist „das Haus des Seins". Eingehend befasst er sich mit Heraklit und Parmenides, bei denen er noch das Seinsverständnis findet, das die spätere Metaphysik verschüttet hat. Neben der Frage nach dem Sein beschäftigt Heidegger vor allem die Frage nach der Wahrheit. Heidegger übersetzt das griechische Wort „aletheia" mit „Unverborgenheit". Das Unverborgensein ist ein Zug des Seienden selbst. Wir können das, was Wahrheit ist, nur denken, wenn wir versuchen das Sein selbst zu denken. In Heideggers Formulierung: „Das Wesen der Wahrheit ist die Wahrheit des Wesens." In der Abhandlung „Die Frage nach der Technik" (1954) bezeichnet er die moderne Technik als eine universale Form der „Vernutzung", des „Verbrauchs" von Welt. Er nennt diesen gewaltsamen, weltverbrauchenden Umgang mit dem Seienden „Gestell". „Das Gestell ist eine Schickung des Geschickes wie jede Weise des Entbergens." Heidegger sieht darin *die* Gefahr der Menschheitsgeschichte überhaupt. 1969 erscheint „Zur Sache des Denkens". „Die Leidenschaft des Denkens hat Heideggers ganzes Leben einzigartig geprägt", meint Hannah Arendt.

Wahrheit
Denken
Technik

„Das Spiegel-Spiel der weltenden Welt entringt als das Gering des Ringes die einigen Vier in das eigene Fügsame, das Ringe ihres Wesens. Aus dem Spiegel-Spiel des Gerings des Ringes ereignet sich das Dingen des Dinges." (Aus „Das Ding") Solche Sätze klingen, obwohl sie kein Fremdwort enthalten, doch befremdend. Wegen seiner zum Teil rätselhaften Sprache haben auch Heideggers Hauptwerk „Sein und Zeit", so heißt es, nur wenige gelesen und noch weniger verstan-

Sprache

den. (Schwanitz) Für Golo Mann war diese Art des Philosophierens Wortgaukelei, ein Miteinander von Tiefsinn und geistigem Betrug. Auch Karl Jaspers fand sich mit Heideggers Sprache nicht zurecht, „Sein und Zeit" hat er nur auszugsweise gelesen, er blieb immer wieder stecken. In seinen Notizen vermerkte er das Urteil eines Studenten nach einer Heidegger-Vorlesung: „Er ist sehr kompliziert. Er ist kompliziert, weil er nichts zu sagen hat. Aber dass er nichts zu sagen hat, sagt er hervorragend."

Nach dem Kriege

Die Rückkehr zur Normalität nach dem Krieg war schwierig. Heidegger musste sich einem „Bereinigungsausschuss" der Universität stellen. Er bekundete jedoch kein Schuldgefühl, hatte wohl auch keines. Er empfand allenfalls Scham über einen Irrtum, dem er kurze Zeit angehangen hatte. (Safranski) Heidegger bat, ein Gutachten von Jaspers einzufordern, in dem allerdings dann auch Sätze wie dieser standen: „Wer als reifer Mensch im Jahre 1933 die innere Überzeugung hatte, die nicht nur in einem politischen Irrtum wurzelte, sondern in einem durch den Nationalsozialismus gesteigerten Daseinsgefühl, der wird nicht rein, außer infolge einer Umschmelzung, die vielleicht tiefer gehen muss als alle anderen." Die französische Militärverwaltung verfügte Heideggers Pensionierung bei vermindertem Ruhegehalt und ein Lehrverbot bis 1949. 1951 wurde er emeritiert.

Renaissance in Frankreich

Dennoch gelangte Heidegger nach dem Krieg zu neuem Ruhm und zwar vor allem in Frankreich. „Phönixgleich entstieg er der Asche, verwandelt in den Kronzeugen der Existentialphilosophie Jean Paul Sartres und der Meister postmodernen Denkens." (Ott) Sartres Existenzialismus knüpft an die Idee des „Sich-selbst-Entwerfens" aus „Sein und Zeit" an. Heidegger ging es jedoch vor allem um das Sein, insofern ist er wohl nicht eindeutig der Existenzphilosophie zuzurechnen. Den Existentialismus Sartres hat Heidegger ausdrücklich als Missverständnis bezeichnet.

Die letzten Jahre

1966 führte Rudolf Augstein ein „SPIEGEL-Gespräch" mit Heidegger, das nach dessen Tod unter dem Titel „Nur noch ein Gott kann uns retten" veröffentlicht wurde. Es ging um Heideggers Befürchtung, dass „die planetarische Bewegung der neuzeitlichen Technik eine Macht ist", der wir nicht gewachsen sind. Der Denker wusste keinen Rat. Es ging aber auch um Heideggers Aussagen aus dem Jahr 1933 von der „Größe und Herrlichkeit dieses Aufbruchs" und „Nicht Lehrsätze und Ideen seien die Regeln eueres Seins. Der Führer selbst und allein ist die heutige und künftige Wirklichkeit und ihr Gesetz." Solche Sätze würde er heute nicht mehr schreiben, meinte Heidegger. Anlässlich seines 80. und 85. Geburtstages wurde sein Werk in der Öffentlichkeit gewürdigt. 1976 starb er im Alter von 86 Jahren in Freiburg, in seiner Heimatstadt Meßkirch wurde er bestattet.

Wirkung

Heidegger gilt als einer der einflussreichsten Denker, aber auch als einer der umstrittensten. Die einen halten ihm vor, sie könnten dem

Getön seiner oft dunklen Sätze keinen vernünftigen Sinn abgewinnen, er entweiche ins Dunkle. Seine Anhänger finden, er habe eine zweitausendjährige (Fehl-) Entwicklung der Philosophie abgeschlossen und einen neuen Anfang gesetzt. Über keinen philosophischen Autor unseres Jahrhunderts ist so viel veröffentlicht worden, wie über Heidegger, noch zu seinen Lebzeiten waren es über 2.000 Titel.

Hannah Arendt (1906–1975)

Hannah Arendt kam als einziges Kind jüdischer Eltern in Hannover auf die Welt. Sie war noch ein Baby, als die Eltern wieder in ihre alte Heimat nach Königsberg übersiedelten. Als sie 7 war starben der Vater und der Großvater. Die sensible Hannah zog sich in sich selbst zurück, für die Mutter, die politisch engagiert und eine große Verehrerin Rosa Luxemburgs war, wurde das Kind „schwierig und undurchsichtig". Mit 14 las Hannah Kants „Kritik der reinen Vernunft" und beschloss, Philosophie zu studieren. Mit 18 begann sie ihr Studium der Philosophie, zunächst in Marburg bei Heidegger, dann in Freiburg bei Husserl und schloss es 1928 ab mit der Promotion bei Jaspers in Heidelberg. Ein Jahr später heiratete sie in Berlin ihren Studienfreund Günter Stern (1902–1992; später Günther Anders), doch die beiden lebten sich auseinander. Anders' Freunde waren meist Kommunisten, Arendt engagierte sich bei den Zionisten. 1933 musste Anders flüchten, aber auch für Hannah Arendt begann noch im gleichen Jahr der Weg in die Emigration. 7 Jahre verbrachte sie in Frankreich, dort lernte sie auch Heinrich Blücher kennen, den sie nach der Scheidung von Anders 1940 heiratete. Ein Jahr später konnten die beiden nach den USA emigrieren. Hannah Arendt baute sich eine neue Existenz auf, als Journalistin, Lektorin und Professorin an verschiedenen Universitäten. Nach dem Krieg unternahm sie häufig Reisen nach Europa. Sie war 69, als sie in ihrer New Yorker Wohnung der Tod durch Herzinfarkt ereilte.

Das Kapitel „Heidegger" hat Arendts Leben wohl am stärksten geprägt. Als sie mit 18 nach Marburg kam, war sie von der charismatischen Ausstrahlung des jungen Professors fasziniert und wurde seine Geliebte. Nach einem Jahr der Heimlichkeiten hielten die beiden eine räumliche Trennung für die beste Lösung und Hannah Arendt gelangte durch Heideggers Empfehlung als Doktorandin zu Karl Jaspers nach Heidelberg. Das war der Anfang einer lebenslangen tiefen Freundschaft zwischen dem Ehepaar Jaspers und Hannah Arendt. Gemeinsam war ihnen außer der Freude am Philosophieren auch die Verbindung zu Heidegger, von dem sie selbst nach dessen schockierendem Auftritt als Freiburger Rektor 1933 nicht loskamen. Es war Heideggers eigenwillige Art zu philosophieren, mit der sie sich immer wieder auseinandersetzten.

Heidegger

431

Die amouröse Bindung an Heidegger war für Hannah Arendt längst zu Ende, in Heinrich Blücher hatte sie alles gefunden, was sie sich ersehnt hatte und was sie in einem Brief an ihn so ausdrückte: „Immer noch scheint es mir unglaubhaft, dass ich beides habe kriegen können, die ‚große Liebe' und die Identität mit der eigenen Person ... Und ich habe doch das eine erst, seit ich auch das andere habe. Weiß aber nun endlich auch, was Glück eigentlich ist." Doch von der gefühlsmäßigen Bindung an Heidegger kommt sie nie los, nach dem Krieg besucht sie ihn wieder in Freiburg, über die Jahre hinweg entsteht ein umfangreicher Briefwechsel. Für Heidegger ist sie immer noch der wohl vertrauteste Gesprächspartner und seine Schülerin. Dass sie selbst inzwischen eine anerkannte und berühmte Philosophin ist, scheint er gar nicht zu bemerken.

Existenz-philosophie Zu den ersten philosophischen Arbeiten, die Hannah Arendt publiziert, gehörte ein Essay „Was ist Existenzphilosophie?" (1946). Der Existenzialismus war auch in Amerika Mode geworden, zumal sich Sartre gerade dort aufhielt. Sartre betonte das gesellschaftliche Engagement des Existentialismus, während Arendt davon sprach, dass in der deutschen Version des Existenzialismus das vereinzelte menschliche Sein als der Ort der Wahrheit dargestellt wird, im Gegensatz zum unwahren gesellschaftlichen Ganzen. Jaspers habe diese Tendenz überwunden, während für Heidegger das eigentliche Selbst das Erbe Gottes übernommen habe, womit die Conditio Humana verfehlt werde. Wer so die gewöhnliche Welt des „man" zurückweise, gebe den Boden der Menschlichkeit preis. Mit Jaspers hingegen, der den Menschen als ein Wesen beschreibt, das mehr ist als sein Selbst und mehr will als sich selbst sei die Existenzphilosophie „aus der Periode ihrer Selbstischkeit herausgetreten", urteilt Hannah Arendt.

Totalita-rismus Mit ihrem Buch „The Origins of Totalitarism"(1951; deutsch: „Elemente und Ursprünge totaler Herrschaft", 1955) wurde Hannah Arendt berühmt. Das Buch handelt auf über 1000 Seiten von „den Ursprüngen und Elementen der totalen Herrschaft, wie wir sie als eine ... neue ‚Staatsform' im Dritten Reich und im bolschewistischen Regime kennengelernt haben. Die Ursprünge liegen in dem Niedergang und Zerfall des Nationalstaates und dem anarchischen Aufstieg der modernen Massengesellschaft." Die Elemente, die in diesem Zerfallsprozess frei werden, werden in den ersten beiden Teilen des Buches, die vom Antisemitismus und vom Imperialismus handeln, bis in ihre historischen Ursprünge zurückverfolgt. Der dritte Teil analysiert ihre Kristallisation in der totalitären Staatsform, vom Staatsapparat bis zu den Konzentrationslagern. „Es liegt am Menschen und nicht an einem dunklen Verhängnis, was aus ihm wird ... weil die Einsicht unsere politische Denkungsart klärt und dadurch erneuert, ist das Buch geschrieben ... Es macht keine Vorschläge und gibt keine Programme, es will ... nur historische Erkenntnis", schreibt Karl Jaspers in seinem Geleitwort.

432

1958 erscheint Arendts Buch „The Human Condition" in den USA, 2
Jahre später in Deutschland unter dem Titel „Vita activa oder vom
tätigen Leben". „Vita activa" im ursprünglichen Sinne meint Arbeiten,
Herstellen und Handeln. Es sind diese drei Grundtätigkeiten, die
Arendt eingehend analysiert. Sie kritisiert die Reduktion tätigen Lebens auf Arbeit und Konsum und sie möchte die Sphäre eines politisch tätigen Lebens zurückgewinnen, so wie in der griechischen Polis, wo das politische Handeln im Mittelpunkt des Bewusstseins stand.
„Weltentfremdung und nicht Selbstentfremdung, wie Marx meinte,
ist das Kennzeichen der Neuzeit." Die Entwurzeltheit und die Verlassenheit des Massenmenschen und damit das Phänomen der Weltentfremdung werden sich immer weiter ausbreiten, meint Arendt. Die
alte humanistische Vorstellung von einem Weltbürgertum hält sie für
eine Utopie, und die alte sozialistische Vorstellung von gesellschaftlichem Eigentum ist für sie noch schlimmer als eine Utopie, ist ein
Widerspruch in sich selbst.

1961 ging Hannah Arendt als Berichterstatterin für den „New Yorker"
nach Jerusalem, um über den Eichmann – Prozess zu berichten. Sie
wollte ergründen, was es mit einem der Hauptverantwortlichen für
den Holocaust auf sich hatte. Ihre Artikelserie wurde später als Buch
publiziert („Eichmann in Jerusalem – ein Bericht von der Banalität
des Bösen"). „Das Beunruhigende an der Person Eichmanns war doch
gerade, dass er war wie viele und dass diese vielen weder pervers
noch sadistisch, sondern schrecklich und erschreckend normal waren
und sind", meinte Arendt und löste damit heftige Kontroversen aus.

Hannah Arendt, die sich selbst weder links noch rechts einordnete,
die keine Theorie entwickeln sondern immer nur vertreten wollte,
was ihr richtig erschien, gilt trotzdem als eine bedeutende politische
Theoretikerin. Dass sie in ihrer Totalitarismustheorie von Gemeinsamkeiten zwischen Nationalsozialismus und Stalinismus ausging,
nahmen ihr besonders die marxistisch orientierte westdeutsche Linke
und die 68er übel. Und dass sie mit ihrem Eichmann-Bericht der
Vorstellung widersprach, man könne die Menschen einfach in Gut
und Böse einteilen, brachte ihr auch viel Kritik ein. Dennoch ist ihre
Analyse des Wesens totalitärer Herrschaft aktuell geblieben und wird
heute eher wieder stärker beachtet.

Hans-Georg Gadamer (1900–2002)

Hans-Georg Gadamer wurde in Marburg als Sohn eines Professors
der Naturwissenschaften geboren. Nachdem sein Vater an die Universität Breslau berufen worden war, wuchs Gadamer in Breslau auf.
Als er 18 war, war der Krieg zu Ende und er konnte Philosophie,
Germanistik und Geschichte studieren in Breslau, München und Mar-

burg, wo er auch in Philosophie promovierte. Er heiratete und ging dann noch für ein Semester nach Freiburg zu Husserl und begegnete dort auch Martin Heidegger. Mit Heidegger ging Gadamer zurück nach Marburg, widmete sich dem Studium der klassischen Philologie und habilitierte sich 1929 bei Heidegger mit einer Arbeit über Platon. In den nächsten 6 Jahren widmete er sich einem Lehrauftrag für Ästhetik und Ethik an der Universität Marburg. 1937 wurde Gadamer Professor in Marburg und folgte 2 Jahre später einem Ruf an die Universität Leipzig. Nach dem Kriege, 1947, ging er für 2 Jahre nach Frankfurt und 1949 wurde er als Nachfolger von Karl Jaspers an die Universität Heidelberg berufen, dort lehrte Gadamer bis zu seiner Emeritierung 1968. In den folgenden Jahren führte er seine Lehrtätigkeit im Ausland, vor allem in den USA, weiter. Gadamer starb im Alter von 102 Jahren in Heidelberg.

Hermeneutik In seinem Hauptwerk „Wahrheit und Methode – Grundzüge einer philosophischen Hermeneutik" (1960) folgt Gadamer der Tradition Schleiermachers und Diltheys, doch seine Hermeneutik geht weit über die „Kunstlehre des Verstehens und der Auslegung" und die klassischen Methoden der Textauslegung hinaus. Gadamer betrachtet die Hermeneutik als einen universalen Aspekt der Philosophie, als Verstehen im Medium der Sprache und eine vernünftige Aneignung der Tradition. Das Verstehen ist grundlegend für das menschliche Dasein: Nur von seinem eigenen „Deutungshorizont" aus, der „in steter Bildung begriffen" ist, kann der Mensch sich und seine Umwelt verstehen. Jedes Verstehen ist ein Auslegen und zugleich ein Sich-selbst-Verstehen.

Sprache Das hermeneutische Verstehen vollzieht sich über die Sprache, über Gespräche, bei denen man allerdings aufeinander eingehen muss. Wer spricht, setzt sich auch der Gefahr des Missverständnisses aus. Deshalb brauchen wir die Kunst der Hermeneutik, um den Sinngehalt des Gesagten oder Geschriebenen zu erfassen, der tote Buchstabe allein genügt nicht. Verstehen ist auf die Erfahrung von Wahrheit gerichtet, die jeder wissenschaftlichen Methodik vorausgeht und durch „Wirkungsgeschichte" bestimmt wird. Die Geschichtlichkeit menschlicher Welterfahrung und die Sprachlichkeit machen das „unauflösbare Gewebe der Bildungsgeschichte des Menschen" aus.

Vorurteil Für das Verstehen ist der historische Ort des Verstehenden und damit sein „Vor-Urteil" von Bedeutung. Im „Vorurteil" kommt die Lebens- und Bildungsgeschichte des verstehenden Subjekts zum Ausdruck, es ist die Vorbedingung für geschichtliches Verstehen und nicht negativer Ausdruck eines Missverstehens, wie im üblichen Sprachgebrauch. „Auslegen heißt gerade: die eigenen Vorbegriffe mit ins Spiel bringen, damit die Meinung des Textes für uns wirklich zum Sprechen gebracht wird."

Besonders der Kunst kommt ein eigenes Wahrheitspotential zu, das **Kunst** das Methodische übersteigt. In der Begegnung mit der Kunst erfahren wir eine Sinn- und Lebenswahrheit, die das Ganze unseres Selbstverständnisses berührt.

Jean Paul Sartre 1905–1980

Jean-Paul Sartre kam in Paris auf die Welt und war der Sohn eines Marineoffiziers, der ein Jahr nach der Geburt seines Sohnes starb. Die Mutter zog wieder in ihr Elternhaus und dort, bei seinen Großeltern, wuchs Jean-Paul auf. Er studierte an der École normale supérieur und mit 26 wurde er Gymnasiallehrer für Philosophie in Le Havre, später in Laon und schließlich in Paris. 1933 war er zu einem Studienaufenthalt in Berlin und konnte sich dort mit den Schriften von Husserl und Heidegger befassen. 1939, als der Krieg begann, musste er einrücken. Er geriet in deutsche Kriegsgefangenschaft, konnte aber 1941 aus dem Lager entkommen und nach Paris zurückkehren. Dort schloss er sich dann dem Widerstandskreis „Socialisme et liberté" an. Als freier Schriftsteller, Journalist, Philosoph und Dramatiker war er ungeheuer produktiv, Schreiben war seine Leidenschaft von Jugend an. Seit 1945 galt er als eine „intellektuelle Institution". 1948 wurden seine Schriften vom Vatikan auf den Index verbotener Bücher gesetzt. 1964 wurde ihm der Nobelpreis für Literatur verliehen, aber er lehnte ihn ab. Noch in seinen letzten Jahren, als er schon fast erblindet war, schrieb er wie ein Besessener. Sartre war 75, als er in einem Pariser Krankenhaus starb. Dem Trauerzug folgten 50.000 Menschen.

1929 bestand Sartre das Staatsexamen an der École normale supé- **Simone de** rieur, als Erster von 27 Prüflingen, mit nur knappem Vorsprung vor **Beauvoir** einer Kommilitonin, die er in der Abschlussklasse kennengelernt (1908–1986) hatte, Simone de Beauvoir. Sie philosophierten gemeinsam, sie teilten ihre Überzeugungen und sie verliebten sich ineinander. Ihre Liebe sahen sie als eine Bindung, die zugleich dem anderen vollständige Freiheit lässt, die bestimmt ist durch Aufrichtigkeit und rückhaltlose Offenheit, die der Versuchung widersteht besitzen und beherrschen zu wollen. Dieser programmatische Entwurf blieb nicht ohne Anfechtungen durch die Wirklichkeit des eigenen Empfindens, aber die Gemeinsamkeit hielt ein Leben lang. Simone de Beauvoir, als Schriftstellerin anerkannt und berühmt, war eine engagierte Vertreterin der Frauenbewegung, ihr Buch „Das andere Geschlecht" (1949) wurde zum Klassiker.

1943, in der Zeit der deutschen Besatzung, erschien in Paris Jean-Paul **Existenz-** Sartres über 1000 Seiten umfassendes philosophisches Hauptwerk: **philosophie** „L'être et le néant" („Das Sein und das Nichts"). Er nannte es einen „Versuch der phänomenologischen Ontologie". Heideggers Einfluss war unverkennbar, Sartre hat Heidegger 1952 auch einmal in Freiburg besucht, dennoch ist Sartres Existentialismus deutlich anders. Nach Sartres Vorstellung befindet sich der Mensch in einer Situation, in der alle metaphysischen Sicherheiten verloren gingen, und er nicht mehr darauf vertraut, dass der Welt ein Sinn eignet, der seine Existenz trägt und umgreift. Der Mensch „ist" nicht etwas in dem Sinne, in dem Dinge sind, er ist vielmehr zunächst nichts. Bei Sartre ist Existenz einfaches, pures, nacktes Sein an sich, etwas, was einfach ist. Es gibt keine außerhalb der menschlichen Existenz liegende Instanz, die diese Existenz rechtfertigt. Deshalb ist ein wesentliches Merkmal dieser Existenz die Kontingenz, das „Nicht-Notwendige", Zufällige. Der einzelne Mensch erfährt sich selbst als Verkörperung des Zufalls. Er muss sich erst, gleichsam in beständiger Schöpfung, aus dem Nichts zu dem machen, was er ist.

Freiheit und Verantwortung

Diese Selbstverwirklichung des Menschen geschieht im freien Entwurf, er hat die volle Freiheit, sie zu gestalten. „Der Mensch ist zur Freiheit verurteilt", er muss sein Leben immer wieder neu gestalten. Die Fähigkeit, sich für etwas zu entscheiden und es in die Tat umzusetzen, ist die Grundlage menschlicher Freiheit. Autoritäten oder die Annahme eines Gottes lehnte Sartre ab, solches sind Modelle für unentschlossene und schwache Menschen. Wer sich nicht auflehnt gegen sein Schicksal, macht keinen Gebrauch von seiner Freiheit. Die Freiheit des Einzelnen findet ihre Grenze einzig an der Freiheit der anderen. Durch die Freiheit sind wir gezwungen, unser ganzes Leben lang Entscheidungen zu treffen, zu wählen. Es gibt keine Werte oder Normen, nach denen wir uns richten können. Durch das was er tut, wählt der Mensch sich selbst und er darf niemals seine Verantwortung für das was er tut, leugnen. Er allein ist für sein Tun verantwortlich, er kann sich auf niemand berufen, insbesondere auf keinen Gott. (Sartre ist Atheist.) Und er ist nicht nur für sich, sondern auch für die anderen verantwortlich.

Existenzialismus und Humanismus

Mit seinem Vortrag von 1946 „Ist der Existenzialismus ein Humanismus?" löste Sartre eine breite kontroverse Diskussion aus. Er hatte sich gegen den Vorwurf zu wehren, dass er in schwieriger Zeit ethische Normen schwäche, indem er es jedem einzelnen überlässt, über ihre Gültigkeit zu entscheiden. Sartre entgegnete, da wir Gott ausgeschaltet haben, muss es wohl jemand geben, der die Werte erfindet. Wir finden uns unter einem leeren Himmel, auch auf keine Gemeinschaft können wir uns verlassen, und so bleibt uns nichts anderes übrig, als durch unser Tun die Werte in die Welt zu setzen. So ist der Existentialismus ein Humanismus, weil „wir den Menschen daran erinnern, dass es außer ihm keinen anderen Gesetzgeber gibt und dass er in seiner Verlassenheit über sich selbst entscheidet ..." Für Sartre ist die Existenz des Menschen gleichbedeutend mit Freiheit. Niemand vermag zu sagen, warum ich existiere, aber meine Freiheit bestimmt die Werte, die meiner Existenz Sinn geben. Die Selbstgewissheit des Ich gründet in dem Bewusstsein meiner selbst. Dieses Bewusstsein ist da, noch bevor es erkannt wird. Existenzialismus bedeutet, das Leben nicht als etwas Abgeschlossenes anzusehen, sondern als einen ständigen Entwurf. Deshalb postuliert Sartre als Grundsatz des Existenzialismus: „Die Existenz geht der Essenz voran". In der traditionellen Ontologie hieß es seit Plato genau umgekehrt, dass die Essenz, (das Wesen, das besagt was etwas ist) der Existenz (der Tatsache, dass etwas ist) vorausgeht. Weil existieren nichts anderes heißt, als sich sein Dasein zu erschaffen, geht für Sartre die Existenz dem Wesen voraus.

Sartre, typischer und traditionsbewusster französischer „écrivain", schrieb mit Vorliebe im Café, an „Tischen, die niemand gehören", in einer Art von Einsamkeit und Abstraktion. Als er 33 war veröffentlichte er seinen ersten und bedeutendsten Roman, der ihn berühmt machte: „La nausée" („Der Ekel", 1938). Es ist der erste Roman des Existentialismus und er trägt unverkennbar autobiographische Züge. Der Held, Antoine Roquentin, lebt in einer Provinzstadt, ist ein Einzelgänger und Außenseiter, für den das Leben plötzlich seine Selbstverständlichkeit verliert. Ein immer stärkerer Ekel vor Dingen und Menschen treibt ihn zur Selbsterforschung. 25 Jahre später schreibt Sartre wieder eine Autobiographie, „Die Wörter" (1964). Mit Ernüchterung und Heiterkeit beschreibt er nun seinen Wahn, durch Schreiben der Kontingenz seines Daseins entrinnen zu können. Besonders eindrucksvoll ist Sartres dramatisches Werk, in den Jahren nach dem Krieg war er auch in Deutschland einer der meistgespielten Autoren und viele seiner Stücke sind noch heute in Erinnerung: „Die Fliegen" (1943), „Geschlossene Gesellschaft" (1944), „Die ehrbare Dirne" (1946), „Das Spiel ist aus" (1947), „Die schmutzigen Hände" (1948), „Der Teufel und der liebe Gott" (1951), „Die Eingeschlossenen von Altona" (1959), „Die Troerinnen" (1965).

Schriftsteller und Dramatiker

Für Sartre war es eine Selbstverständlichkeit, sich politisch zu engagieren, wenn auch die Art seines Engagements, gemessen an seinem Kampf für die Freiheit, nicht frei von Widersprüchen war. Nach dem Kriege hat sich Sartre immer stärker dem Kommunismus zugewandt. „Die Freiheit der Kritik ist in der UdSSR total", behauptete er 1954 nach einem Besuch in der Sowjetunion. Er verteidigte Stalin, Mao, Castro und die Rote Armee Fraktion in Deutschland. (1974 besucht er den Terroristen Andreas Baader im Gefängnis in Stammheim). 1956 hatte ihn der Ungarnaufstand dann doch etwas wankend in seiner Begeisterung gemacht und 1968, nach der Unterdrückung des Prager Frühlings brach er dann endgültig mit dem Kommunismus, zumindest soweit er sowjetischer Herkunft war. Sartre ist gegen den Algerienkrieg und gegen den Vietnamkrieg. Er schließt sich 1968 der Studentenrevolte an und bezichtigt den Staat der Feigheit und de Gaulle der Mordhetze, ohne deshalb mit der Staatsgewalt in Konflikt zu kommen, denn de Gaulle meint: „Einen Voltaire verhaftet man

Politisch engagiert

nicht." Bis zu seinem Ende bleibt für Sartre der Marxismus die „unüberschreitbare Philosophie unserer Zeit".

Was Sartre zu einem Symbol und für viele zu einer moralischen Instanz werden ließ, war seine Moralität, „die keiner metaphysischen Versicherung bedarf, um Gewalt, Unrecht und Unterdrückung anzuklagen". (Hackenesch). Die Widersprüche und Irrtümer in seinem moralischen und politischen Handeln forderten aber auch heftige Kritik heraus. Wie konnte er ein totalitäres System wie den Stalinismus verteidigen, das seinem Anspruch auf Freiheit mit zynischer Gewalt begegnet? Seine Philosophie hat Sartre auch in seine Dramen verpackt und damit den Nerv der Zeit getroffen. Obwohl er weder als Philosoph noch als Künstler durch seine Größe bestach, wirkte er doch faszinierend, weil in ihm etwas von der verborgenen Strömung der Zeit sichtbar wurde. (Biemel).

Albert Camus (1913–1960)

Als 1943, während des Krieges, sein Theaterstück „die Fliegen" uraufgeführt wurde, begegnete Sartre bei dieser Gelegenheit zum ersten Mal Camus persönlich. Die beiden waren sich einig in der Bejahung der Freiheit und der Notwendigkeit gemeinsamen Handelns, zunächst in der Résistence-Zeitschrift „Combat".

Albert Camus war ein Algerienfranzose, der Sohn in Algerien lebender französischer Eltern. In Algier studierte er auch, und zwar Philosophie. Sein Ziel war das Lehramt, doch wurde er nicht zugelassen, weil er Tuberkulose hatte. So wurde er Journalist. Er schrieb Romane und Theaterstücke, die er zum Teil selbst inszenierte. Während des Krieges gehörte er der Résistance an, dem Widerstand gegen die deutsche Besatzungsmacht. Der Roman „L'Ètranger" (1942; „Der Fremde") war sein erster großer literarischer Erfolg. 5 Jahre später folgte der Roman „La Peste" (1947; „Die Pest"), ein Plädoyer für die Solidarität der Menschen im Kampf gegen den Tod und die Tyrannei. 1957 erhielt Camus den Nobelpreis für Literatur. Ein Autounfall setzte seinem Leben im Alter von 47 Jahren ein jähes Ende, sein Werk blieb unvollendet.

Als Philosoph wird Camus häufig dem französischen Existentialismus zugerechnet, was aber genau genommen nicht zutrifft. Seine Philosophie hat Camus vor allem in der Abhandlung „Le Mythe de Sisyphe" (1942; „Der Mythos von Sisyphos – ein Versuch über das Absurde") dargelegt. Mit dem Begriff des Absurden kennzeichnet Camus die Konfrontation von Mensch und Welt. Der Mensch, der sich der eigenen Sterblichkeit bewusst wird, steht der überdauernden Welt, der undurchdringlichen Natur und der Unmenschlichkeit der Mitmenschen gegenüber, die er als absurd empfindet. Eine metaphysische Erklärung für die so wahrgenommene Welt gibt es nicht. In Sisyphos, der von den Göttern zu einer sinnlosen Arbeit verurteilt wurde, sieht Camus ein Gleichnis für die Situation des Menschen in einer absurden, gottverlassenen Welt. Doch selbst im Bewusstsein der Vergeblichkeit seines Tuns bejaht Sisyphos, dieser ewige Rebell, das Leben und Camus beschließt sein Buch mit dem Satz: „Wir müssen uns Sisyphos als einen glücklichen Menschen vorstellen."

Der Mensch verlangt nach einer sinnvollen Welt, findet aber keinen Sinn vor. So steht er vor der Frage, ob das Leben die Mühe lohnt, gelebt zu werden. „Das Herz in mir, das kann ich empfinden und urteilen, dass es ist. Die Welt kann ich berühren und urteilen, dass sie ist. Da muss meine Wissenschaft Halt machen, und der Rest ist Konstruktion." Camus kann nur feststellen, dass die Welt ohne Sinn und Vernunft und das Leben absurd und hoffnungslos ist. Der Gedanke an Selbstmord liegt nahe, an dieser äußersten Grenze muss sich entscheiden, ob das Leben im Ganzen einen Sinn hat. Aber Sinn kann nicht verordnet werden, vielmehr muss jeder für sich zu einer Antwort finden. Das Ideal des absurden Menschen ist die Gegenwart, die Folge der Augenblicke vor einer hellsichtigen Seele, nur diese Zeit meines Lebens gilt. Der Tod ist durch Verachtung zu besiegen. Der Hoffnung beraubt zu sein und dennoch nicht zu verzweifeln, macht die Größe des Menschen aus.

Lohnt das Leben?

Die Betrachtung des Absurden ist für Camus der Anlass zur Revolte, bei der es um die Frage geht, ob der Mensch ohne religiöse Transzendenz und ohne aufklärerische Ratio seine eigenen Werte zu schaffen vermag. In seinem Essay „L'homme révolté" (1951; „Der Mensch in der Revolte") durchstreift Camus die Geschichte und verurteilt die Idee, die Geschichte habe einen ihr eigenen, absoluten Sinn, wie es Hegel und Marx postuliert haben. Sie haben alle Werte an das Ende der Geschichte verlegt und damit den Terror gerechtfertigt. Camus leugnet nicht die Geschichte, aber er verurteilt den Messianismus der Geschichtsphilosophie, der Gewalt hervorbringt und Gewalt legitimiert. Gegen die „deutschen Ideologien" setzt er ein „mittelmeerisches Denken", das sich an Schönheit und Maß orientiert.

Revolte

Sartre und Camus waren befreundet, bis sie sich 1954 wegen politischer Differenzen überwarfen. Camus war Idealist, Moralist, Antikommunist, Sartre stand dem Marxismus nahe und bemühte sich um ein Bündnis mit den Kommunisten. (Beauvoir) So wurde Sartre zum erbitterten Gegner von Camus, vor allem wegen dessen Kritik am „Geschichtsmessianismus" des Marxismus.

Sartre und Camus

Als Journalist engagierte sich Camus für die arabische Bevölkerung Algeriens gegen die Kolonialmacht Frankreich, setzte sich aber zur gleichen Zeit für die in Algerien lebende französische Bevölkerung

Wirkung

ein, um dem Morden in Algier ein Ende zu machen. Er setzte sich für die Republikaner im Spanischen Bürgerkrieg und für die Aufständischen in Berlin 1953 und in Budapest 1956 ein. Für die kommunistische Linke Frankreichs war Camus stets ein ideologischer Feind, ein Bourgeois. Für die Rechte dagegen war er ein Zersetzer oder ein Linker. Camus selbst sah sich nicht in diesem Rechts-Links-Schema. Seine Parteinahme richtet sich gegen die Tyrannei, als Künstler, Schriftsteller und Philosoph versteht er sich als unabhängiger Kämpfer. Sein Denken in einem atheistischen Humanismus und seine Kritik an totalitären Systemen wirken bis heute nach.

Maurice Merleau-Ponty
(1908–1961)

Zu Sartres Freunden gehörte neben Camus auch sein alter Studienkollege, der Philosoph Maurice Merleau-Ponty, der mit Sartre zusammen die Zeitschrift „Les temps modernes" herausgab. Merleau-Ponty kommt in seiner phänomenologischen Analyse zu dem Schluss, dass die menschliche Wahrnehmung und das menschliche Verhalten schon „im vorhinein" dem Sinnlosen einen Sinn geben. Für ihn steht also nicht das Fremdsein und das Absurde als Grunderlebnis im Vordergrund, sondern eine schon „a priori" gegebene Vertrautheit. Damit stand er im Gegensatz zu der Philosophie von Camus, doch noch mehr trennte die beiden ihre politische Überzeugung, über der sie sich schließlich entzweiten. Für Camus war Merleau-Ponty ein „Stalinist". Aber auch Sartre und Merleau-Ponty überwarfen sich schließlich. Die Gulags in der Sowjetunion offenbarten den Terror des Stalinismus und die beiden konnten sich nicht auf eine gemeinsame publizistische Linie einigen. Am Ende sieht es so aus, dass der „Stalinist" Merleau-Ponty sich immer mehr vom Kommunismus distanziert, während ihm der „Anarchist" Sartre immer näher rückt. (Hackenesch)

Neomarxismus

Die Frankfurter Schule

1923 gründeten marxistische Intellektuelle in Frankfurt das „Institut Institut
für Sozialforschung", das der Frankfurter Universität angegliedert fürSozial-
wurde und bereits ein Jahr später einen Neubau beziehen konnte. forschung
Finanziert wurde es von Felix J. Weil, dem einzigen Sohn eines wohlhabenden, nach Argentinien ausgewanderten jüdischen Getreide-
großhändlers. Weil wollte eine Einrichtung nach dem Vorbild des
Moskauer Marx-Engels-Instituts schaffen, die vor allem dem Studium
und der Vertiefung des wissenschaftlichen Marxismus dienen sollte.
Erster Direktor des Instituts wurde der „Vater des Austromarxismus"
Carl Grünberg, doch der eigentliche Aufschwung des Instituts setzte
ein, als 1930 Max Horkheimer die Leitung übernahm. Horkheimer
formulierte die Ziele des Instituts und stellte eine enge Verbindung
zu dem neugegründeten „Institut für Psychoanalyse" her. Marx und
Freud sollten die Leitbilder sein.

Nachdem die meisten Mitarbeiter des Instituts der kommunistischen Emigration
Partei angehörten und die führenden Köpfe Juden waren, wurde 1933 und Rück-
das Frankfurter Institut von den neuen nationalsozialistischen Macht- kehr
habern „wegen staatsfeindlicher Umtriebe" geschlossen. Horkheimer
hatte dem schon vorgebaut durch ein Zweiginstitut in der Schweiz,
von dort aus konnte das Institut dann in die USA übersiedeln, wo es
Horkheimer 1934 unter der Bezeichnung „Institut of Social Research"
an der Columbia Universität in New York weiterführte. Neben Horkheimer gehörten Theodor W. Adorno, Herbert Marcuse, und Erich
Fromm zum Institut. 1946, kurz nach Kriegsende, wurde Horkheimer
von Vertretern der Stadt Frankfurt und vom Rektor der Frankfurter
Universität gebeten, mit seinem Institut nach Frankfurt zurückzukehren. So geschah es und 1951 konnte das Institut einen Neubau am
alten Platz beziehen. Horkheimer und seine Kollegen konnten nun
wichtige Positionen an Hochschulen besetzen und wurden als
„Frankfurter Schule" zu einflussreichen Lenkern der öffentlichen Meinung. 1958 übernahm Adorno die Leitung des Instituts, sein Assistent
war Jürgen Habermas, der die Tradition der Frankfurter Schule später
eigenständig weiterführte.

Die Theorie der Frankfurter Schule versteht sich als „Neomarxismus". Neo-
Wie bei Marx bezieht sie sich auf die Gesellschaft als Ganzes, doch marxismus
nachdem sich die Voraussagen von Karl Marx als falsch erwiesen
hatten, muss Marxens Theorie angepasst werden, wie dies auch Lenin

schon hatte tun müssen. Das Proletariat hatte die ihm zugedachte Rolle, die kapitalistische Gesellschaft zu überwinden, nicht erfüllt. Deshalb ist nun nicht mehr das Proletariat, sondern die „progressive Klasse" der Vorkämpfer des Kommunismus. Ihre Aufgabe ist es, der breiten Masse das „richtige Bewusstsein" als revolutionäre Klasse beizubringen.

Kritische Theorie

Nachdem der Marxismus durch Stalins brutale Methoden diskreditiert schien, war es zweckmäßig, nicht mehr von Neomarxismus zu sprechen. Stattdessen verwendet man eine neue Formel und spricht von „kritischer Theorie". Das Ziel ist die Veränderung der Gesellschaft als Ganzes. Es geht nicht nur darum, Missstände zu beheben, sondern um den uneingeschränkten Kampf gegen das Bestehende, ausgehend von folgender Grundannahme: In der modernen Industriegesellschaft der Bundesrepublik hat sich eine neue Form totaler Herrschaft herausgebildet, die latent faschistisch ist und in der die parlamentarische Demokratie nur noch eine Fassade ist. Mit Marx soll die Befreiung von wirtschaftlicher und politischer, mit Freud die Befreiung von individueller Unterdrückung durch die eigene Triebstruktur, erreicht werden. Mit dieser Optik aus der Verschmelzung von Marxismus und Psychoanalyse erscheint nun alles verrätselt, erhält alles eine doppelte Bedeutung, eine offenbare und eine verborgene. „Die Verblendung der spätkapitalistischen Gesellschaft" sollte deutlich gemacht und überall das „Verdrängte" und „Verschleierte" entlarvt werden. (Schwanitz) Mit Adornos Dialektik ließ sich praktisch alles als Faschismus entlarven

Herrschaft durch Sprache

Der Erfolg der Frankfurter Schule ist zum großen Teil auf ihre geschickte Wortstrategie zurückzuführen. Demokratisierung, Emanzipation, Repression und andere Schlagworte wurden zur Alltagssprache. Vor allem aber wurden die revolutionären Ziele mit scheinbar sozialen und menschenfreundlichen Begriffen versehen und alles was diesen Zielen entgegenstand, konnte mühelos durch eine konstruierte Verbindung zum Faschismus abgewertet und diffamiert werden. Die bürgerliche Ordnung in der Bundesrepublik wurde als unhaltbar, repressiv und latent faschistisch verteufelt. Besonders Adornos Sprache wirkte prägend und löste eine Nachahmungsepidemie aus. Weil er alles in einen „universalen Verblendungszusammenhang" stellte, war seine Sprache zugleich unverständlich und suggestiv. „Mit ihrem labyrinthischen Satzbau gewann sie etwas Priesterlich-Rätselhaftes, … ihre interessante Unverständlichkeit teilte das Publikum in Eingeweihte und Außenseiter:" (Schwanitz) Vor allem ging es um die Eroberung des Meinungsmarktes, die immer mehr eine Form der moralischen Nötigung gelang. Mit der Vorstellung im Hintergrund „Wir sind die Guten, die anderen sind die Bösen" und der damit verbundenen moralischen Differenzierung wurde die „Political Correctness" nicht selten durch eine Art Meinungsterror durchgesetzt.

442

So gelang es der „Frankfurter Schule" in den fünfziger und sechziger Jahren den Marxismus, der in der Realität längst widerlegt und von der Kriegsgeneration als Gefahr erkannt worden war, nicht nur zu rechtfertigen und wieder gesellschaftsfähig zu machen, sondern ihn als herrschende geistige Mode unter Studenten und jungen Intellektuellen einzuführen. Als dann in der Zeit der großen Koalition in Bonn die APO, die außerparlamentarische Opposition, in Verbindung mit Notstandsgesetzgebung und Vietnamkrieg die Atmosphäre aufheizte, schien für die Studenten die Zeit gekommen, auf die Straße zu gehen um die „sexuelle, moralische, intellektuelle und politische Revolution in einem" in Gang zu bringen. **Marxismus wird Mode**

Von den Theoretikern der Frankfurter Schule, die als die geistigen Führer betrachtet wurden, wurde nun Stellungnahme und Aktion gefordert. Adorno schreckte vor der Gewalt zurück und weigerte sich, sich an die Spitze der Bewegung zu stellen. Marcuse aber wurde zum philosophischen Kopf und Ideengeber der revoltierenden Studenten. Er predigte die „große Verweigerung" und „repressive Toleranz", Intoleranz gegen Andersdenkende. Gewaltanwendung erklärte er für legitim, um die „etablierte strukturelle Gewalt" zu zerbrechen. Protestiert wurde gegen die liberale, bürgerliche Gesellschaft, gegen den Vietnam-Krieg und gegen die USA. Demonstrationen, Straßenschlachten, Hausbesetzungen, bis hin zum späteren RAF-Terrorismus, konnten zwar keine offene Revolution erreichen, bewirkten aber langfristige, tiefgreifende gesellschaftliche Veränderungen. **Studentenrevolte 1968**

Was stattfand war eine „Kulturrevolution". (Schelsky) Soziologie und Politologie waren ihre wissenschaftlichen Treibriemen. Die totale Emanzipation und die „Befreiung von einem falschen Bewusstsein" zeigt sich in der Auflösung von Bindungen an Tradition und Werte. Die Familie verliert als Institution an Bedeutung, ihr grundgesetzlich geschützter Vorrang wird relativiert durch die eheliche Gleichstellung von Schwulen und Lesben. Autorität wird abgebaut, „Demokratisierung" schränkt persönliche Verantwortung ein, von Eliten darf nicht mehr gesprochen werden. Aus dem Sozialen wird eine Staatsreligion gemacht, der Einzelne fühlt sich entpflichtet und in krassem Egoismus bestätigt, die Nächstenliebe bleibt dabei auf der Strecke. Die antiautoritäre Erziehung wird herrschende pädagogische Doktrin, was in der Praxis bedeutet, dass keine Erziehung mehr stattfindet. Die Verteufelung des Leistungsgedankens hat besonders in den Schulen eine verheerende Wirkung. Heute sehen sich die Lehrer unerzogenen Kindern von unerzogenen Eltern gegenüber, denen Strebsamkeit, Durchhaltevermögen, Pflicht und Disziplin Attribute des verhassten Establishments waren. (Lott) **Kulturrevolution**

In der Praxis der Öffentlichkeit hat sich eine verordnete Sprachregelung durchgesetzt, obwohl solche „political correctness"mit der Meinungsfreiheit, die zu den Grundbedingungen einer liberalen Demo- **Political Correctness** kratie gehört, unvereinbar ist. Alle die nicht „politisch korrekt" denken, werden als Faschisten betrachtet und durch Diffamierungskampagnen ausgegrenzt, wie prominente Beispiele zeigen.

Geistig-kulturelle Hegemonie

Die Macht behauptet, wer imstande ist, seine Sprachregelung durchzusetzen. So verbirgt sich hinter der Auseinandersetzung um die Vorherrschaft der Meinungen der Kampf um die „geistig-kulturelle Hegemonie" (Rohrmoser), den die Linken in der Öffentlichkeit weitgehend für sich entscheiden können, nicht zuletzt dank einer gewissen Anpassungsbereitschaft der bürgerlichen Parteien. Die Linke konnte diese Meinungsmacht vor allem auch deshalb erlangen, weil sie unablässig die These verbreitete, dass in der Bundesrepublik eine neue Rechte hochkommt und die Freiheit vom Rechtsextremismus, vom Faschismus bedroht ist. Im Sprachgebrauch gilt die Gleichung konservativ = rechts und rechts = rechtsextrem und rechtsextrem = faschistisch. Als demokratisch legitimiert gelten nur noch linke oder linksliberale Positionen. Wenn es nur noch diesen letzten Feind gibt, nämlich den Faschismus, und nicht mehr auch den Kommunismus, dann muss sich jeder wahre Demokrat in die Front des Antifaschismus einreihen. (Rohrmoser) Dass der Faschismus allenthalben lauert, hatte Adorno lange genug gepredigt.

Marsch durch die Institutionen

Die Etablierung einer linken – so wenig wie einer rechten – Hegemonie war weder zu Adenauers oder Erhards, noch nicht einmal zu Helmut Schmidts Zeiten möglich. In der Aufbauzeit der Bundesrepublik herrschten in allen Parteien noch konservative Einstellungen und Tugenden vor. Erst seit in der SPD die alte Führungsschicht durch eine Generation abgelöst wurde, die der linken Kulturrevolution von 1968 entstammt, gibt es ein sozialistisches Übergewicht, wie es bei den Grünen von Anfang an der Fall war. Die „Achtundsechziger" haben ihren „Marsch durch die Institutionen" erfolgreich hinter sich gebracht, bis in die Bundesregierung hinein. Die Einnahme institutioneller Bastionen durch die „68er" betrifft ebenso die Justiz und vor allem die Medien. Dieses Netzwerk bestimmt weitgehend die veröffentlichte Meinung.

Max Horkheimer (1895 – 1973)

Max Horkheimer wurde als Sohn eines wohlhabenden jüdischen Textilfabrikanten in Stuttgart-Zuffenhausen geboren. Der Vater wollte, dass sein Sohn einmal die Fabrik übernimmt und so wurde Horkheimer 1914 Juniorchef. Er sah in dieser Zeit auch manches Elend in der Arbeiterschaft und er begann, sich mit dem Marxismus zu beschäftigen. Horkheimer entschloss sich schließlich, der väterlichen Fabrik den Rücken zu kehren und Psychologie, Philosophie und Nationalökonomie zu studieren, zunächst in München und Freiburg, wo er

444

Husserl und Heidegger hörte, dann in Frankfurt, wo er promovierte. 3 Jahre später konnte er sich habilitieren und wurde Privatdozent in Frankfurt. Er heiratete „Maidon", (Rose Christine Riekher), die 8 Jahre ältere Privatsekretärin seines Vaters, bei der er sich geborgen fühlte. 1930 wurde er zum Ordinarius für Sozialphilosophie und gleichzeitig zum Direktor des Instituts für Sozialforschung berufen. 1933 floh er zunächst in die Schweiz, emigrierte ein Jahr später nach USA und führte dort das Institut für Sozialforschung an der Columbia Universität in New York weiter. 1940 übersiedelte er nach Californien und 1949 kehrte er dann mit dem Institut nach Frankfurt zurück. 1960 wurde er emeritiert und zog sich nach Montagnola oberhalb Luganos zurück. Er starb im Alter von 78 Jahren in Nürnberg.

Als wichtigster Text der „Kritischen Theorie" gilt das von Horkheimer und Adorno gemeinsam verfasste Werk „Dialektik der Aufklärung – Philosophische Fragmente" (1947). Neben einer Auseinandersetzung mit dem Faschismus wird hier eine Theorie der Massenkultur entworfen, die die Kehrseite des technischen und sozialen Fortschritts aufzeigen soll. Der Begriff der „Aufklärung" soll in diesem Zusammenhang die Vernunft bezeichnen, die zum Opfer ihrer eigenen Herrschaftsansprüche wird. Und als „Dialektik" bezeichnen es die Autoren, wenn sich diese Vernunft in ihre eigenen Netze verstrickt. In der „Kulturindustrie" sehen sie eine „Aufklärung als Massenbetrug". Doch dieses in der Kulturindustrie gescholtene Modell wendet das Institut nach dem Kriege selber in Perfektion an. Noch niemals hat eine Gruppe von Intellektuellen einen so starken Gebrauch von den Massenmedien gemacht und damit einen so großen Erfolg zu verzeichnen gehabt, wie die Vertreter der kritischen Theorie. Der kulturelle und der politische Journalismus von heute wäre ohne den Jargon der kritischen Theorie gar nicht mehr denkbar. **Dialektik der Aufklärung**

In seinen späteren Schriften „Eclipse of reason" (1947; „Zur Kritik der instrumentellen Vernunft") zeigt sich Horkheimer als pessimistischer und skeptischer Mahner. Das moderne wissenschaftliche Denken verliert mehr und mehr die Fähigkeit, neben der Effektivität der Mittel auch die Vernünftigkeit der Zwecke zu beurteilen. Nur in der Selbstkritik kann sich Vernunft heute noch treu bleiben. Die Philosophie sollte deshalb heute vor allem die „Methode der Negation" üben, „die Denunziation dessen, was gegenwärtig Vernunft heißt". **Instrumentelle Vernunft**

Horkheimers und seiner Kollegen politischer Einfluss in den fünfziger und sechziger Jahren kann kaum überschätzt werden. Bezeichnend dafür ist ein Vorfall aus dem Jahr 1963. Damals sollte der Lehrstuhl für Politikwissenschaft an der Frankfurter Universität besetzt werden. Auf dem ersten Platz des Berufungsvorschlags der Universität stand Golo Mann, damals 54, ausgewiesener Historiker, Sohn von Thomas Mann. Golo Mann erhielt den Lehrstuhl jedoch nicht, denn Horkheimer rief den Kultusminister an und sein Anruf genügte, um die Beru- **Politischer Einfluss** fung zu verhindern. Seine Begründung war, Golo Mann sei ein „heimlicher Antisemit". Dabei kannten die beiden sich gut, schon aus der Zeit als die Horkheimers in Pacific Palisades neben den Manns wohnten. Außerdem war Golo Manns Mutter auch Jüdin. Doch die Frankfurter Schule nahm für sich in Anspruch, allein zu bestimmen, wie „Vergangenheitsbewältigung", ihr großes Thema, zu geschehen habe (schließlich standen auch finanzielle Fördermittel auf dem Spiel) und wer Antisemit und Faschist sei. Golo Mann hatte in einem Essay über Antisemitismus auf das Böse in allen Menschen verwiesen, wie das später auch Hannah Arendt in ihrem Eichmann-Report tat, während für Horkheimer Antisemitismus eine Krankheit war, für die allein die Befallenen verantwortlich waren. (Albrecht)

Theodor W. Adorno (1903–1969)

Auch Theodor Wiesengrund-Adorno stammte aus großbürgerlichen Verhältnissen. Sein Vater, ein jüdischer Weingroßhändler in Frankfurt a. M., hatte die Sängerin Maria Calvelli-Adorno della Piana geheiratet. Der begabte Theodor begann mit 17 an der Frankfurter Universität Philosophie, Musikwissenschaft und Soziologie zu studieren. 1924 schloss er sein Studium mit der Promotion ab. Er ging dann für 2 Jahre nach Wien, um bei Alban Berg Komposition zu studieren und lernte dort auch Arnold Schönberg kennen. 1931 konnte sich Adorno in Frankfurt habilitieren, doch 1933 wurde ihm als „Halbjude" die Lehrbefugnis entzogen. Er ging nun nach England, um dort seine akademische Karriere fortzusetzen. Außerdem heiratete er Gretel Karplus, eine promovierte Chemikerin. 1938 emigrierten die beiden in die USA. Im Institut Horkheimers, den er seit Frankfurter Tagen kannte, fand Adorno ein neues Betätigungsfeld. 1941 ging er zusammen mit Horkheimer nach Los Angeles, wo die beiden gemeinsam an der „Dialektik der Aufklärung" arbeiteten. Gemeinsam kehrten sie auch 1949 nach Frankfurt zurück. Adorno, zunächst außerplanmäßiger Professor, wurde 1957 Ordinarius für Philosophie und Soziologie an der Universität Frankfurt und zugleich als Nachfolger Horkheimers Direktor des Instituts für Sozialforschung.

Minima Moralia 1951 erschien Adornos Schrift „Minima Moralia", eine Sammlung von Aphorismen und kurzen Texten im Stile Nietzsches. Für Adorno ist das Leben „zur Sphäre des Privaten und dann bloß noch des Konsums" geworden. So zeigt sich die Wahrheit des Lebens nur noch in „entfremdeter Gestalt". Mit diesen „Reflexionen aus dem beschädigten Leben" versucht Adorno wenigstens noch eine Ahnung des unbeschädigten Lebens wachzuhalten. Die Kraft des denkenden Subjekts zeigt sich nur noch in einer Kritik, die die Gesellschaft ihrer Unfähigkeit überführt, Vernunft zu verwirklichen. Freiheit lässt sich nur im Aufweis konkreter Unfreiheit, also negativ bestimmen. (Höffe)

In seiner Schrift „Jargon der Eigentlichkeit" (1964) rechnet Adorno mit seinem langjährigen Gegner Heidegger ab, kritisiert dessen „weihevolle Sprachsauce voller vager religiöser Gestimmtheit und existentialistischem Pathos". Auch in seinem Hauptwerk „Negative Dialektik" (1966) rechtfertigt Adorno gegenüber der Ontologie Heideggers seine eigene Art des Philosophierens. Selbst nicht frei von Manierismen sucht Adorno „mit der Kraft des Subjekts den Trug konstitutiver Subjektivität zu durchbrechen": Negativ dialektisch ist für Adorno ein Denken, das sich selbstkritisch gegen den „Herrschaftscharakter der Begriffe" wendet. Die Rechenschaft über ein durch negative Dialektik geprägtes Denken, wie sie Adorno in seinem Buch geben will, bleibt allerdings unvollständig. Sie führt ihn zur Rechenschaft darüber, was ein Kunstwerk ist und damit zu seiner „Ästhetischen Theorie"(1970). Dieses letzte Werk konnte er nicht mehr vollenden, es wurde aus seinem Nachlass heraus publiziert. Adorno will darin die Kunst in ihrer Eigengesetzlichkeit bestimmen und darlegen, wie sie in gesellschaftliche Prozesse eingebunden ist. **Negative Dialektik**

Obwohl Adorno und seine Kollegen den Schutz der amerikanischen Demokratie genossen hatten, blieben sie unverändert auf ihre Kritik der kapitalistischen Wirtschaftsform fixiert und dachten nicht daran, ihr Weltbild etwa durch eine Theorie der liberalen Demokratie zu ergänzen. (Höffe) Hannah Arendt zum Beispiel, die auch ins Exil gehen musste, verfuhr da ganz anders: sie kam zu einer bemerkenswerten Philosophie des Politischen durch ihre Analyse des nationalsozialistischen und des stalinistischen Totalitarismus. Ihr Urteil über Adorno war nicht gerade schmeichelhaft, denn man habe entdeckt, „dass Wiesengrund (Halbjude und einer der widerlichsten Menschen, die ich kenne) versucht hat, sich gleichzuschalten. Er und Horkheimer haben jahrelang jeden Menschen in Deutschland, der sich gegen sie stellte, des Antisemitismus bezichtigt oder gedroht, sie würden es tun", schrieb sie an Karl Jaspers. Adorno war für sie der Typ eines Intellektuellen, mit dem sie nichts anfangen konnte, sie hielt ihn für einen geistreichen Vielschwätzer. **Auf Marxismus fixiert**

In seinen letzten Jahren sieht sich Adorno immer öfter dem Vorwurf ausgesetzt, er verweigere sich der Praxis. In der Zeit des studentischen Aufruhrs von 1968 wird er aufgefordert, ein Gutachten zugunsten der Flugblätter der Berliner „Kommune I" abzugeben, was er verweigert. Einen Vortrag an der freien Universität Berlin kann er erst nach heftigen Protesten halten. Im Mai 68 wird die Frankfurter Universität unter der Führung von Adornos Assistenten Krahl besetzt und nach der Verwüstung des Rektorats schließlich von der Polizei geräumt. Adorno muss sich anhören, wie Daniel Cohn-Bendit einen seiner Kollegen beschimpft: „So ein reaktionäres Schwein wie Sie habe ich noch nie erlebt. Man sollte Sie kastrieren!" Adornos Vorlesung wird mehrfach gestört, Studentinnen stürmen mit nacktem Busen das Podium. Im Januar 1969 besetzen Studenten sein Institut, **Das Ende**

Adorno muss die Polizei rufen. Im Juli findet dann der Prozess gegen den Anführer, seinen Assistenten Krahl statt. Adorno löst Empörung aus, als er darum bittet, seine Befragung rasch zu Ende zu führen, weil er zu einem Ferienaufenthalt in die Schweiz wolle. Dort stirbt er wenige Tage später an einem Herzinfarkt im Alter von 66 Jahren.

Herbert Marcuse (1898–1979)

Herbert Marcuse war der Sohn eines wohlhabenden jüdischen Unternehmers in Berlin. Er studierte Philosophie und Literaturgeschichte und promovierte 1922 in Freiburg. Zurück in Berlin heiratete er, wurde vom Vater mit einer Wohnung und einer Beteiligung an einem Buchantiquariat ausgestattet und unterhielt einen linken Salon. Als er Heideggers „Sein und Zeit" gelesen hatte, übersiedelte er mit Frau und Kind nach Freiburg und wurde Heideggers Assistent. Die „Konkretheit" in Bezug auf eine Revolution, die er jedoch bei Heidegger vergeblich suchte, fand Marcuse schließlich in den neu editierten Schriften von Marx. Marcuses geplante Habilitation lehnte Heidegger ab und auf Empfehlung von Husserl stieß Marcuse 1933 schließlich zu Horkheimers in die Schweiz emigriertem Institut. Zusammen mit dem Institut ging Marcuse in die USA. Von 1942 bis 1950 war er als Sektionschef im US-Aussenministerium und in der Spionageabwehr tätig. Dann war er einige Jahre Lektor an den Universitäten Columbia und Harvard, wurde schließlich 1954 Professor für Politikwissenschaft an der Universität in Waltham (Mass.) und später Professor für Sozialphilosophie an der University of California in San Diego, wo er bis zu seiner Emeritierung lehrte. 1965 wurde er als Honorarprofessor an die Freie Universität Berlin berufen. Marcuse starb 81 jährig während einer Vortragsreise in Starnberg. 2003 wurde seine Urne aus den USA zurückgeholt und auf dem Dorotheenstädtischen Friedhof in Berlin beigesetzt.

Kritische Theorie

Schon in den ersten Nachkriegsjahren war ein Widerspruch erkennbar zwischen Horkheimer/Adorno, die mit amerikanischer Hilfe das „Institut für Sozialforschung" in Frankfurt wieder aufbauen wollten, und Herbert Marcuse, der am Ziel der Revolution unverrückbar festhielt. Marcuse sah die Welt in ein „sowjetisches" und ein „neofaschistisches" Lager gespalten und für ihn gab es keinen Zweifel, wo die kritische Theorie hingehörte. Die kommunistischen Parteien waren für ihn die einzige antifaschistische Macht und nur mit ihrer und der Sowjetunion Hilfe war die kritische Theorie zu verwirklichen. In seiner Studie „Die Gesellschaftslehre des sowjetischen Marxismus" (1957) beschrieb er die sowjetische Politik als ausgesprochen defensiv, die internationalen Spannungen konnten demnach nur durch den Kapitalismus der USA verursacht sein.

In seinem Werk „Eros und Kultur – ein philosophischer Beitrag zu Sigmund Freud" (1955) stellt Marcuse fest, dass eine Veränderung durch die revolutionäre Macht der ausgebeuteten Klassen in weite Ferne gerückt ist, das Proletariat wurde im Wohlfahrtsstaat integriert. Dennoch sei die Unterdrückung keineswegs verschwunden. Die zeitgenössische Gesellschaft ist durch die Herrschaft des Wohlfahrtskapitalismus verformt und folgt als letztem Ziel erotischen Strebens Freuds Todestrieb: einer Destruktion im Dienst verweigerter Herrschaft. Eine nicht repressive Kultur werde erst in einer vollständig herrschaftsfreien Gesellschaft möglich.

Eros und Kultur

Marcuses Hauptwerk „Der eindimensionale Mensch – Studien zur Ideologie der fortgeschrittenen Industriegesellschaft" (1964) beschreibt die Unfreiheit des Einzelnen in unserer industrialisierten Gesellschaft. Marcuse sieht in dieser Gesellschaft einen neuen Totalitarismus triumphieren, der auf einer ökonomisch-technischen Gleichschaltung und dem alles beherrschenden Prinzip der Produktivität beruhe. So entsteht ein Konformismus des Denkens, verkörpert im „eindimensionalen Menschen". Die Eindimensionalität durch die Reduktion der Vernunft auf „technologische Rationalität" führt zu einem nie zuvor erreichten Manipulationspotential moderner Gesellschaften. Marcuses Werk wurde zu einem „"Kultbuch" der Studentenbewegung in ihrem Kampf gegen das „Establishment".

Der eindimensionale Mensch

Während seiner Berliner Zeit wurde Marcuse zur Leitfigur der Studentenbewegung. Das Vokabular der linken Studenten war von den Schriften Marcuses geprägt und es gab auch einige spektakuläre öffentliche Auftritte. Die Studenten erwarteten von ihm politische Perspektiven, denn er war für offene politische Stellungnahmen bekannt. Über die Bedeutung der richtigen Wortwahl bei der „Darstellung des Feindes" hatte Herbert Marcuse bereits in den USA nachgedacht. So lieferte er für die Auseinandersetzung die Schlagworte, wie „Establishment", „Manipulation", „repressive Toleranz".

Wirkung

Erich Fromm (1900–1980)

Erich Fromm kam in Frankfurt am Main auf die Welt und war das einzige Kind streng jüdisch-othodoxer Eltern, die beide aus Rabbiner-Familien stammten. Er studierte Soziologie, Psychologie und Philosophie in Frankfurt und Heidelberg, wo er 1922 promovierte. In Heidelberg lernte er die jüdische Psychoanalytikerin Frieda Reichmann kennen und er beschloss, sich zum Psychoanalytiker ausbilden zu lassen. Dann heiratete er Frieda Reichmann und machte 1927 eine eigene Praxis auf. 1930 schloss er sich dem Institut für Sozialforschung an und war gleichzeitig Dozent am Frankfurter Psychoanalytischen Institut. 1933 emigrierte Fromm in die USA, arbeitete bis 1939 an Horkheimers Institut in New York mit und wurde später Professor an den Universitäten Mexiko, Michigan und New York. Fromm starb 80 jährig in Muralto im Kanton Tessin.

Marxismus und Psychoanalyse

Fromm gehörte zu den „Linksfreudianer", die den Versuch unternahmen Freudsche Trieblehre und Marxsche Klassentheorie zu kombinieren. Nach Fromms Vorstellung wiederholt sich im Machtgefälle der Klassengesellschaften für die Beherrschten die infantile Situation. Die Herrschenden sind die Starken, gegen die man sich vergebens auflehnt, um deren Wohlwollen man sich besser durch Unterwerfung bemüht. Im übrigen hielt Fromm in seiner „radikalen marxistischen Sozialpsychologie" konsequent daran fest, dass die Ökonomie das Schicksal des Menschen sei und dass sich das quasi-neurotische Verhalten der Massen nicht durch Analysieren, sondern nur durch Veränderung ihrer Lebensbedingungen heilen lässt. Neurosen und Aggressivität werden durch den Kapitalismus verursacht, in einer ‚vernünftigen' (sozialistischen) Gesellschaft würden sie sicher stark zurückgehen oder ganz verschwinden.

Populäre Werke

Neben weiteren wissenschaftlichen Publikationen wie „Anatomie der menschlichen Destruktivität" (1973) verfasste Fromm auch zu seiner Zeit vielgelesene Sachbücher: „Psychoanalyse und Ethik – Bausteine zu einer humanistischen Charakterologie" (1947), „Die Kunst des Liebens" (1956), „Haben oder Sein – Die seelischen Grundlagen einer neuen Gesellschaft" (1976)

Ernst Bloch (1885–1977)

Der Philosoph Ernst Bloch gehörte zwar nicht dem Institut für Sozialforschung an, doch verband ihn vieles mit dessen Mitgliedern, vor allem die Präferenz der Utopie teilte er mit Herbert Marcuse. Ernst Bloch studierte Philosophie, obwohl sein Vater, ein Eisenbahnbeamter in Ludwigshafen, das gar nicht gerne sah. Nach dem Studium in München und Würzburg lebte er als freier Schriftsteller. 1938 emigrierte er mit seiner Frau und seinem kleinen Sohn erst in die Tschechoslowakei, dann in die USA. Dort arbeitete er an seinem philosophischen Hauptwerk, während seine Frau als Architektin für den Unterhalt der Familie sorgte. Nach seiner Rückkehr, er war nun 63, erhielt er zum ersten Mal einen Ruf als Ordinarius für Philosophie, und zwar von der Universität Leipzig. Dort lehrte er von 1948 bis 1956. Er war in der DDR hoch angesehen, doch gab es auch Konflikte mit der Parteiführung. Nach dem Bau der Berliner Mauer 1961 entschloss sich Bloch, von einer Reise in die Bundesrepublik nicht mehr in die DDR zurückzukehren. Er erhielt eine Gastprofessur an der Universität Tübingen und lebte und arbeitete in Tübingen bis zu seinem Tode im Alter von 92 Jahren.

Der Ausgangspunkt von Blochs Philosophie ist die Sehnsucht eines jeden Menschen, mit anderen so zu leben, dass ein echtes „Wir" entsteht. Dieses Wir stellt er sich wie Karl Marx vor in einem „Sozialismus" oder in der „Aufhebung der Entfremdung". Das kommt schon in seinem Frühwerk „Der Geist der Utopie" (1918) zum Ausdruck, das ganz dem revolutionär-utopisch-messianischen Marxismus der Oktoberrevolution von 1918 entspricht. (Helferich) **Geist der Utopie**

In den 3 Bänden seines 1.600 Seiten umfassenden Hauptwerkes „Das Prinzip Hoffnung" (1954–1956) unterstreicht er die Dimension des Utopischen, beginnt mit der Beschreibung der Wunschbilder und endet mit den „Grundrissen einer besseren Welt". Das Buch schließt mit dem Kapitel „Karl Marx und die Menschlichkeit". Im Blick auf sein eigenes Schicksal in der DDR hätte man eigentlich eine kritischere Haltung Blochs zum Marxismus erwarten können. Aber offensichtlich hielt er an seinem lebenslangen Credo fest, dass die marxistische Ideologie des Proletariats und die von ihr organisierten Gesellschaften „überhaupt kein falsches Bewusstsein haben können". (Schelsky) Bloch hat niemals einen Zweifel daran gelassen, dass „konkrete Utopie" für ihn letzlich immer die „klassenlose Gesellschaft" der marxistischen Doktrin bedeutete. **Prinzip Hoffnung**

Für Bloch hat die Utopie vor allem auch eine politische Funktion. Seine eigene politische Funktion bestand in der DDR darin, gegen das funktionärsverkrustete System zu opponieren, zugleich aber die marxistischen Grundlagen zu verteidigen. Auch im Westen bleibt er der ideologisch bewährte Marxist, der Vietnam verurteilt, aber Kritik an der Niederschlagung des Prager Frühlings nur dem „eigenen Lager", den Marxisten, zubilligt. Die 68er Studenten sahen ihre Vorstellungen von einer veränderten Gesellschaft nicht zuletzt in der messianischen Philosophie Blochs ausgedrückt. Bloch, zeitlebens ein „Jugendbewegter", für den die „Unreife ein Lebensprinzip" war (Schelsky), konnte mit seiner Lehre von der Utopie eine große Glaubensgemeinde westdeutscher Linksintellektueller und Sozialisten hinter sich scharen. **Wirkung**

Jürgen Habermas (* 1929)

Jürgen Habermas wurde in Düsseldorf geboren und wuchs in Gummersbach in einem kleinstädtischen Beamtenhaushalt auf. Mit 20 begann er sein Studium der Philosophie und Geschichte in Göttingen und setzte es in Zürich und Bonn fort. Nach der Promotion heiratete er und ging nach Frankfurt an das Institut für Sozialforschung als Adornos Assistent. Adorno konnte ihn allerdings nicht habilitieren, denn Horkheimer war dagegen, Habermas war ihm zu politisch. So wurde Habermas schließlich in Marburg habilitiert und erhielt eine außerordentliche Professur in Heidelberg. 1964 kehrte Habermas dann nach Frankfurt zurück und übernahm dort den Lehrstuhl Horkheimers. 11 Jahre lang arbeitete er am Max-Planck Institut für Sozialwissenschaften in München und von 1982 an war er wieder Ordinarius in Frankfurt bis zu seiner Emeritierung 1994.

Kritische Theorie

Seit Mitte der 60er Jahre wurde das Bild der Frankfurter Schule entscheidend von Jürgen Habermas geprägt. Habermas hat sich mit den radikalen Vertretern der kritischen Studentengeneration nicht vorbehaltlos identifiziert. Er setzte nicht auf Revolution, sondern auf Demokratie. Anders als Horkheimer will Habermas zeigen, dass in der bürgerlichen Gesellschaft selbst die Möglichkeit zu ihrer Kritik angelegt ist. Erst die neuzeitliche bürgerliche Gesellschaft hat eine Struktur herausgebildet, die eine kritische Theorie ermöglicht. Erst in dieser modernen Ausprägung der Demokratie gibt es ein Verständnis von Öffentlichkeit, das ein vernünftiges Gespräch zwischen den Bürgern ermöglicht und dem Ideal der griechischen Polis nahe kommt. Habermas, der den Marxismus ursprünglich für eine Konzeption hielt, die den Ansprüchen einer kritischen Sozialwissenschaft gerecht wird, steht nun bei aller Sympathie dem Entwurf von Marx zunehmend kritisch gegenüber und hält ihn für die Ausarbeitung seiner eigenen Konzeption nicht mehr für eine geeignete Grundlage.

Psychoanalyse

Geeignet erscheint ihm eine Wissenschaft, die Verstehen und Selbstreflexion in einem ist, nämlich die Psychoanalyse. Er denkt dabei weniger an Freuds Absicht, mit der Psychoanalyse einen Beitrag zur Medizin zu liefern. Von diesem „Selbstmissverständnis" Freuds müsse man sich lösen. Für Habermas ist das Wertvolle an der Psychoanalyse die eigentümliche Form des Verstehens im psychoanalytischen Gespräch. Die Psychoanalyse ist für ihn eine besondere Ausprägung der Kunst des Verstehens, vor allem weil sie auf Selbstreflexion abzielt.

Theorie des kommunikativen Handelns

In seinem Hauptwerk „Theorie des kommunikativen Handelns" (1981, 2 Bde., 1.165 Seiten) versucht Habermas, die moderne Gesellschaft mit Hilfe eines rekonstruierten Vernunftbegriffes zu analysieren, der sich ohne Zutun der Wissenschaft und der Philosophie in der Kultur der Moderne herausgebildet hat. Er entwickelt seine Gesellschaftstheorie auf der Basis einer ausführlichen theoriengeschichtlichen Betrachtung. Die normativen Grundlagen der Gesellschaft liegen in der Sprache. Es ist die Sprache, die als Verständigungsmittel soziale Interaktion erst ermöglicht. Nur auf dem vertrauten Hintergrund der Lebenswelt ist die Verständigung der Menschen untereinander möglich. Das Wissen der Lebenswelt ist in der Sprache enthalten.

Diskurs

Wenn sich bei den Regeln sprachlichen Handelns Zweifel an der Berechtigung irgendwelcher Äusserungen ergeben, verlässt man die Ebene kommunikativen Handelns und führt einen Diskurs. Diskurse

452

kommen zustande, wo es keine selbstverständliche Übereinstimmung mehr gibt. Man muss sich nur darauf einigen nach welchen Regeln das sprachliche Handeln stattfinden soll. In seiner Abhandlung „Moralbewusstsein und kommunikatives Handeln"(1983) weist Habermas darauf hin, dass sich in einem gewaltfreien Diskurs auch moralische Ansprüche rechtfertigen lassen („Diskursethik"). Ob es in der Praxis möglich ist, die gegensätzlichen Interessenstandpunkte zu überwinden und in einem solchen Diskurs Übereinstimmung aller mit allen herzustellen, stößt allerdings schon wegen des Zeitaufwands auf Zweifel. So hält von Krockow das ganze für eine „akademische Seminaridee".

Auch Habermas, für den die Sprache so wichtig ist, pflegt in der **Sprachlicher** Tradition Adornos eine künstlich-geklügelte, eher nebelhaft-schwe- **Ausdruck** bende Sprache: „Der Konflikt erschüttert die Glaubwürdigkeit des herrschaftslegitimierenden Weltbildes, weil es das Institutionensystem eines, wie nun erkennbar ist, historisch überholten Grades der Repressivität rechtfertigt", schreibt er zum Beispiel über „Kommunikationssperren". (Sontheimer)

Für Habermas war es selbstverständlich, sich auch politisch zu enga- **Politisches** gieren, er nennt sich selbst einen Linken und ist seit jeher ein maß- **Engagement** geblicher Wortführer der Linksintellektuellen, wie sich bei vielen Gelegenheiten gezeigt hat. So entfachte er 1986 den „Historikerstreit" aufgrund eines Artikels, in dem der Berliner Geschichtsphilosoph Ernst Nolte von Auschwitz wie vom Archipel Gulag gesprochen hatte. Habermas warf den konservativen Historikern „Geschichtsrevisionismus" vor. Als 1998 Martin Walser in seiner Friedenspreis-Rede die „Instrumentalisierung" von Auschwitz kritisierte und darob mit Ignaz Bubis in Streit geriet, meldete sich auch Jürgen Habermas zu Wort und verurteilte Walser wegen seiner Rede und wegen seiner Ablehnung des Holocaust-Denkmals.

Obwohl die Repräsentanten der Frankfurter Schule den amerikani- **Antiamerika-** schen Kapitalismus verdammten und dem Marxismus anhingen, sind **nismus** sie doch nicht in die Sowjetunion, sondern in die USA emigriert. Den traditionellen Antiamerikanismus, der in den Thesen Marcuses so deutlich zum Ausdruck kam, hat auch später Jürgen Habermas weiter gepflegt, besonders nach dem 11. September 2001. In seiner Abhandlung „Der gespaltene Westen" (2004) schreibt er, nicht der Terrorismus habe den Westen gespalten, sondern die Politik der US-Regierung. Habermas wirft ihr vor, sie habe mit Amerikas besten Traditionen gebrochen und beunruhige deshalb vor allem diejenigen, die sich mit diesen Traditionen identifiziert hätten. Offenbar denkt er da besonders an die Frankfurter Schule mit ihrer marxistischen Tradition. Ein US-Präsident, der seine täglichen Amtsgeschäfte mit einem Gebet beginnt, ist für Habermas ein typisches Beispiel für religiösen Fundamentalismus. In der Irakfrage räumt Habermas zwar eine mangelnde

Effizienz der Vereinten Nationen ein, doch rechtfertige das noch nicht einen Präventivkrieg. Habermas ist offenbar überzeugt, dass sich auch die Diktatoren dieser Welt eines Tages seinem Ideal einer Kantschen Weltbürgerverfassung anschließen werden, lässt aber offen, was in der Zwischenzeit geschehen soll. Habermas plädiert als Gegenmodell gegen die USA für ein Kerneuropa, von dem er sich mehr Staatsinterventionismus und mehr Skepsis gegenüber dem Markt verspricht.

Sozialphilosophie

F. A. von Hayek (1899–1992)

An Ludwig von Mises' Überzeugungen knüpfte dessen Schüler F. A. von Hayek an, der vor allem in der Nachkriegszeit seine Wirkung entfaltete. Friedrich August von Hayek wurde in Wien geboren, sein Vater war Arzt und nebenbei Professor für Botanik. Der junge Hayek war kaum 18, da musste er zu einem k.u.k. Feldartillerie-Regiment einrücken, denn es war Krieg. Zur Ablegung der Matura (Abitur) erhielt er Fronturlaub. Unterwegs begegnete der Fähnrich Hayek seinem Cousin, dem Fähnrich Wittgenstein (der damals den „Tractatus" im Tornister trug). Nach dem Krieg studierte Hayek Jura in Wien, interessierte sich aber nicht weniger auch für Psychologie und Nationalökonomie. Er bekam Mises' „Gemeinwirtschaft" in die Hände und das Buch beeindruckte ihn sehr. Ein Studienjahr verbrachte er in den USA, dann promovierte er in Wien zum Dr. jur., anschließend zum Dr.rer.pol. und 1929 konnte er sich habilitieren. Inzwischen hatte ihn Ludwig von Mises in sein „Privatseminar" eingeladen und Mises war es auch, der Hayek half, das österreichische Institut für Konjunkturforschung zu gründen. Hayek hatte außerdem inzwischen eine Familie gegründet und war Vater von 2 Kindern.

1931 wurde Hayek die Professur für Politische Ökonomie und Statistik an der London School of Economics angetragen. Für Hayek, 31, war das ein „unglaublicher Glücksfall". Er übersiedelte mit seiner Familie nach London, wurde 1938 britischer Staatsbürger und lehrte an der LSE bis 1950. Sein Abschied von London fiel mit einer Lebenskrise zusammen. Er hatte seine Jugendliebe wiedergetroffen, die auch verheiratet war, und nun, da die Kinder groß waren, wollten die Beiden zusammenleben und Hayek liess sich scheiden. Nach 20 Jahren London folgten für Hajek nun 12 Jahre als Professor für Moral and Social Sciences an der University of Chicago. 1962 nahm er dann einen Ruf auf den Lehrstuhl Euckens an der Universität Freiburg im Breisgau an. Nach seiner Emeritierung lehrte er 5 Jahre lang an der Universität Salzburg, kehrte dann aber nach Freiburg zurück. 1974 wurde ihm der Nobelpreis für Wirtschaftswissenschaften verliehen. 18 Jahre später starb er im Alter von 93 Jahren in Freiburg.

Sein erstes größeres Werk als Nationalökonom, „Geldtheorie und Konjunkturtheorie" veröffentlichte Hayek 1929, zwei Jahre später erschien „Preise und Produktion". Wie Mises hat auch Hayek meistens den Zeitgeist gegen sich, der eindeutig zum Sozialismus tendiert.

National-ökonom

455

Aber Hayek folgt seinem Credo, wie er es später in einer Vorlesung „On being an Economist" (1944) formulierte: Die größte Gefahr für den Ökonomen sei, auf Kosten der Wahrheit öffentlichen Beifall erheischen zu wollen; stattdessen habe er die Pflicht, den unangenehmen Tatsachen ins Auge zu sehen und sie zu durchdenken, ohne auf Sympathie für seine Bemühungen zu schielen.

Contra Keynes

Bereits 1931, als Hayek als erster Ausländer an die LSE berufen worden war, setzte er sich mit dem neu erschienenen „Treatise on Money" von Keynes auseinander. Seit dieser Zeit führten die beiden einen „Methodenstreit", waren die herausragenden Repräsentanten zweier gegensätzlicher Wirtschaftsphilosophien, deren Wettstreit die wirtschaftliche Entwicklung vieler Industriestaaten bestimmte. Hayek begegnete Keynes zum ersten Mal 1928, damals bewunderte er ihn wegen seiner Stellungnahme gegen den Versailler Friedensvertrag. Trotz der gegensätzlichen Auffassungen in der Sache verband die Beiden stets persönliche Achtung. 1941 veröffentlichte Hayek „The Pure Theory of Capital" („Die reine Theorie des Kapitals"). Das Thema hatte ihn 8 Jahre lang beschäftigt, er wollte über die bislang vorwiegend statischen Vorstellungen hinaus die dynamischen Entwicklungen im Wirtschaftsablauf einbeziehen. Er verweist auf die Rolle, die Erwartungen im Wirtschaftsprozess spielen und er zeigt die Grenzen der Geldmengenpolitik auf. Für Hayek kommt es nicht darauf an, was man auf kurze Sicht tun *kann*, sondern was man tun *sollte*. Was auf kurze Frist vorteilhaft erscheint, kann langfristig enorm schädlich sein. Er wendet sich gegen Keynes' Vorstellung, die Politik nur auf kurzfristigen Erwägungen aufzubauen, wirft ihm vor, mit seiner Vollbeschäftigungspolitik die Inflation zu fördern und weist nach, dass die Theorie der Globalgrößen versagen muss.

Sozialphilosoph

Doch der Zeitgeist verschließt sich solchen Einwendungen und bleibt auf der Seite von Keynes. Für Hayek wird immer deutlicher, welch wichtige Rolle die philosophischen Hintergründe der Ökonomie spielen. Die Weltwirtschaftskrise ist längst in eine politisch-moralische Krise übergegangen, für die ökonomische Deutungen allein nicht mehr ausreichen. Hayek beschäftigt sich mit einem großen, sozialphilosophischen und erkenntnistheoretischen Entwurf, der später in seiner Schrift „Missbrauch und Verfall der Vernunft" („The Abuse and Decline of Reason", 1959) seinen Niederschlag findet. Der Nationalökonom wird zum Sozialphilosophen.

Totalitarismus

In seiner Studie „Freedom and the Econcomic System" (1938) befasst sich Hayek mit den Gemeinsamkeiten der faschistischen und kommunistischen totalitären Systeme, die beide von bestimmten Ideologien ausgehen. Für Hayek ist der Nationalsozialismus vor allem eine sozialistische Bewegung, die im Antiliberalismus der Bismarck-Ära und im „Kathedersozialismus" ihre Wurzeln hat. Als 1939 der Krieg ausbricht, bietet Hayek der britischen Regierung seine Dienste im Kampf gegen Deutschland an und verweist darauf, dass er weder Jude noch Sozialist sei und die Entwicklung in Deutschland gründlich studiert habe. Während des Krieges empfand es Hayek als seine Pflicht, wenn er schon nicht gegen die Nazis kämpfen könne, „... wenigstens die Ideen (zu) bekämpfen, welche den Nazismus hervorbringen."

So entstand ein Werk, das weniger auf theoretische Tiefe angelegt war, aber um so mehr Kraft, Mut und Klarheit ausstrahlte: „The Road to Serfdom" („Der Weg zur Knechtschaft"). Es erschien Anfang 1944 in England und Hajek widmet es „Den Sozialisten in allen Parteien". Er will vor allem den englischen Intellektuellen, die dem Sozialismus anhängen, vor Augen führen, dass die von ihnen erstrebte Planwirtschaft weder mit der Demokratie, noch mit dem Rechtsstaat vereinbar ist. Der kollektivistische, sozialistische Staat zwingt den Bürgern seine eigene Moral auf und regelt das Leben der Einzelnen „von der Wiege bis zur Bahre". Der Wohlfahrtsstaat bewirkt einen Entmündigungsprozess und muss schließlich in der Planwirtschaft enden, die ihrerseits in die Diktatur führt. Persönliche Freiheit und Wohlstand können nur vom Wettbewerbssystem des freien Marktes garantiert werden. Das Buch wurde noch während des Krieges in England (und wenig später auch in den USA) zum Bestseller und auch John Maynard Keynes nennt es großartig, findet sich moralisch und philosophisch mit Hayek in tiefer Übereinstimmung, wenn er auch in Bezug auf ökonomische Planung anderer Meinung ist.

Der Weg zur Knechtschaft

Hayek versucht zu ergründen, warum unter den Intellektuellen gerade der Sozialismus so viele Anhänger hat und kommt zu dem Schluss, dass es sein spekulativer Charakter ist der den Sozialismus so attraktiv macht, während der Liberalismus pragmatisch orientiert ist; es fehlt eine „liberale Utopie". So macht er sich daran, die philosophischen Grundlagen darzustellen, auf denen sich eine freie Gesellschaft weiterentwickeln kann. An seinem 60. Geburtstag schließt Hayek das Manuskript zu seinem bedeutendsten Werk ab und nennt es „Die Verfassung der Freiheit" („The Constitution of Liberty", 1960). Wir müssen wissen, woran wir glauben und was wir verteidigen und erhalten wollen, meint Hayek. Für ihn ist es allein die individuelle Freiheit, durch die die Bewahrung und die Fortentwicklung der Zivilisation sichergestellt werden kann.

Philosophie der Freiheit

„Freiheit bedeutet nicht nur, dass der Mensch sowohl die Gelegenheit als auch die Last der Wahl hat; sie bedeutet auch, dass er die Folgen seiner Handlungen tragen muss ... Freiheit und Verantwortung sind untrennbar." Individuelle Freiheit bringt Vorteile für die ganze Gesellschaft; es sind immer die Innovationen einiger weniger, von denen die fruchtbaren Impulse ausgehen, die die Gesellschaft voranbringen. Die Freiheit des einen lässt sich mit der Freiheit des anderen aber nur vereinbaren, wenn bestimmte Rechtsregeln eingehalten werden. Die „Freiheit unter dem Gesetz" ist eine Ordnung ohne Befehl.

Freiheit und Verantwortung

Gleichheit	Gleichheit vor dem Gesetz ist die einzige Art von Gleichheit, die die Freiheit fördert. Alle anderen Arten von Gleichheit rufen unvermeidlich in vieler Hinsicht Ungleichheit hervor. Aus der Tatsache, dass die Menschen sehr verschieden sind, folgt, dass gleiche Behandlung zu einer Ungleichheit in ihren tatsächlichen Positionen führen muss.
Soziale Gerechtigkeit	„Ich habe mich 10 Jahre mit dem Begriff ‚soziale Gerechtigkeit‘ befasst und festgestellt, dass für eine Gesellschaft freier Menschen dieses Wort überhaupt keinen Sinn hat. Gemeint ist heute vor allem Verteilungsgerechtigkeit. Viele sind mit der derzeitigen Methode der Verteilung nicht zufrieden, haben aber keine Vorstellung, welche Methode gerechter wäre …" Oft ist es nichts anderes als der Neid, der in das respektable Kleid der „Sozialen Gerechtigkeit" gekleidet wird, um Umverteilung zu begründen, mehr Gleichheit zu erzwingen und die Freiheit zu verringern. Wenn wirklich alle unerfüllten Wünsche zu einem Anspruch an die Gemeinschaft werden, ist es mit der persönlichen Verantwortung zu Ende.
Intellektuelle Irrtümer	In der Auseinandersetzung mit den intellektuellen Irrtümern sieht Hayek die größte Herausforderung der Zeit. Auch der Sozialismus entspringt für ihn vor allem einem intellektuellen Irrtum und die Verteidiger der liberalen Idee sollten deshalb ihren Gegnern nicht Unehrlichkeit oder unmoralische Ziele vorwerfen, sondern sich bemühen, sie in wissenschaftlicher Diskussion zu überzeugen.
Spontane Ordnung	In seiner Nobelpreisrede 1974 setzt er sich mit der „Anmaßung des Wissens" auseinander. Was mit der Autorität wissenschaftlicher Gewissheit vorgetragen wird, erweist sich in vielen Fällen als intellektuelle Anmaßung, die verkennt, dass die Gesellschaft auf gewachsenen Erfahrungen und Institutionen beruht. Es sei überheblich und unrealistisch, wenn manche Intellektuelle meinten, die traditionelle Moral könne durch eine selbsterfundene, bessere ersetzt werden. Die Nationalökonomie lehrt, wie in der spontanen Ordnung des freien Marktes viel mehr Wissen genutzt wird, als eine Einzelperson je besitzen kann. Es ist diese spontane Ordnung, dieser sich selbst ordnende Prozess, den Adam Smith die unsichtbare Hand genannt hat. Diese Regeln des Marktaustausches sind nicht erfunden, sondern gefunden worden, sind evolutionär entstanden.
Eigentum und Familie	Wir müssen einsehen, dass die Ordnung, in der wir heute leben, nicht unsere Schöpfung ist, sondern dass sie aus einem unpersönlichen Entwicklungsprozess entstanden ist, der uns außer der Vernunft auch eine moralische Überzeugung vermittelt hat, die viele Dinge einschließt, vor allem aber zwei Einrichtungen: Das Privateigentum und die Familie. Die Gesellschaften die sich diesen ererbten Moralregeln, nämlich den Traditionen des Privateigentums und der Familie, verpflichtet fühlten, waren in der Lage, viel mehr Menschen am Leben zu erhalten und sich schneller auszudehnen. Wir verdanken un-

sere Zivilisation und unseren Wohlstand diesen ethischen Traditionen, die wir nicht bewusst geschaffen haben, die sich vielmehr über die Jahrhunderte hin entwickelt haben.

„Alle die modernen dominierenden Ideen – Planwirtschaft mit gerechter Güterverteilung, Selbstbefreiung von Verdrängungen und konventioneller Moral, willfährige Erziehung als Mittel zur Freiheit, Ersetzung des Marktes durch staatliche Zwangsgewalt – sind auf Aberglauben gegründet, der vor allem mit den Namen Karl Marx und Sigmund Freud verbunden ist. Die Menschen glauben, sie wüssten mehr, als sie in Wirklichkeit wissen und diese Überschätzung haben wir ironischerweise dem Zeitalter der Vernunft zu verdanken", meint Hayek. Der Mensch ist nicht Herr seines Schicksals und wird es nie sein. Der Fortschritt seiner Vernunft führt ihn ins Unbekannte und Unvorhersehbare, wo er neue Dinge lernt. **„Überheblichkeit der Vernunft"**

Es geht um Freiheit unter der Herrschaft des Gesetzes. Gleichheit vor dem Gesetz führt zu der Forderung, dass alle Menschen gleichermaßen an der Gesetzgebung beteiligt sein sollen. Auch für die Liberalen ist es natürlich wünschenswert, dass nur das zum Gesetz wird, was die Mehrheit anerkennt. Das bedeutet aber nicht, dass ein Gesetz schon deshalb gut ist, weil es die Zustimmung der Mehrheit gefunden hat. Deshalb ist es das Ziel der Liberalen, die Mehrheit zu überreden, in der Gesetzgebung gewissen Grundsätzen zu folgen. Für den doktrinären Demokraten hingegen bildet die Tatsache, dass die Mehrheit etwas will, bereits einen ausreichenden Grund, es auch für gut zu halten. Dennoch ist Demokratie unverzichtbar, denn es ist die einzige Methode der friedlichen Änderung, die die Menschen bisher erfunden haben. Seine Rechtsphilosophie und seine Demokratietheorie hat Hayek in seinem dreibändigen Werk "Recht, Gesetzgebung und Freiheit" („Law, Legislation and Liberty", 1979) noch einmal ausführlich dargelegt. **Liberalismus und Demokratie**

1988, er ist jetzt 89, legt Hayek sein letztes Werk vor: „Die verhängnisvolle Anmaßung: Die Irrtümer des Sozialismus" („The fatal Conceit", 1988) Noch einmal breitet er die Argumente gegen den Sozialismus und für eine freie Marktwirtschaft aus, setzt sich mit Marx und Rousseau auseinander, ebenso wie mit den Intellektuellen und ihrer Vorstellung eines „vernünftigen Sozialismus", die sich auf ihre Unwissenheit in Wirtschaftsfragen gründet. Hayek schildert die Ursprünge von Freiheit, Eigentum und Gerechtigkeit. **Verhängnisvolle Anmaßung**

Noch während des Krieges, 1944, ergriff Hayek die Initiative, eine „liberale Internationale" zu gründen, eine Gesellschaft, in der sich liberale Historiker, Sozial- und Wirtschaftswissenschaftler zu gemeinsamen Aktionen zusammenfinden sollten. So entstand die „Mont Pèlerin Society", benannt nach dem Ort oberhalb des Genfer Sees, an dem Ostern 1947 die erste Zusammenkunft stattfand. Zu den ersten **Mont Pèlerin Society**

Teilnehmern gehörten Ludwig von Mises, Walter Eucken, Milton Friedman, Karl Raimund Popper und Wilhelm Röpke. Später gehörte auch Ludwig Erhard dazu.

Einfluss auf die Politik

Als 1945 nach dem gewonnenen Krieg in England die ersten Parlamentswahlen stattfinden, unterstützt Hayek den Kriegspremier Churchill im Wahlkampf, der mit Hayeks Argumenten gegen den Sozialismus ficht, aber die „Labour Party" gewinnt. In Großbritannien gehörte Hayek dem Beirat von Keith Josephs „Centre for Policy Studies", einem konservativen „Think Tank", an und die Gründung des „Institute of Economic Affairs" ging auf seine Anregung zurück. Seine 1980 veröffentlichen Essays mit ihren Forderungen nach radikaler Inflationsbekämpfung, Beschneidung der Gewerkschaftsmacht und Wiederherstellung des Markt- und Preissystems lesen sich wie eine Programmschrift für die beginnende Thatcher-Ära. Auf der Lektüre-Liste, die Keith Joseph für die Chemikerin und angehende konservative Politikerin Margret Thatcher zusammengestellt hatte, standen Hayeks Werke ganz oben. Und Margaret Thatcher schreibt nach 10 jähriger Regierungszeit Hayek zu seinem 90. Geburtstag, wie sehr sie sich seinen Ideen verbunden fühlt und wie viel geistige Orientierung sie ihm verdankt. In den USA gehört Hayek gemeinsam mit Ronald Reagan und mit Alexander Solschenizyn als „Honorary Fellow" der „Hoover Institution" in Stanford an. Auch Präsident Reagan zählt Hayek zu den Autoren, die seine und seiner Mitstreiter Ideen geformt haben.

Hayek und Erhard

Zu Deutschland war Hayeks Verbindung vor seiner Freiburger Zeit nicht sehr eng, sein engster Gesprächspartner war Walter Eucken gewesen, der aber bereits 1950 starb. Hayek schätzte Ludwig Erhard und seine liberale Wirtschaftspolitik sehr, und das eigentliche Wunder an Deutschlands Wiederaufstieg sah er darin, dass die anderen Verantwortlichen Ludwig Erhard gewähren ließen. In Hayeks Augen hatte Ludwig Erhard viel größere Verdienste um die Wiederherstellung einer freien Gesellschaft, als ihm in Deutschland und im Ausland zugestanden wurde. Erhard wiederum wandte sich kurz vor seinem Tode bei der Feier seines 80. Geburtstags an Hayek mit den Worten: „Ich habe Ihre Bücher geradezu verschlungen. Sie haben der Freiheit, die auch ich meine, ein Denkmal gesetzt und sprechen mit mir aus einem Geiste." Unter den jüngeren deutschen Politikern ließ sich der baden-württembergische Ministerpräsident Hans Filbinger von Hayeks Ideen inspirieren und führte 1976 seinen Wahlkampf mit der Parole „Freiheit statt Sozialismus". Und für Franz Josef Strauß und seine Umgebung war „Der Weg zur Knechtschaft" Pflichtlektüre.

Karl Popper 1902–1994

F. A. von Hayek wurde 1935 auf einen 3 Jahre jüngeren Wiener Landsmann aufmerksam. Er las dessen Buch „Die Logik der Forschung", war davon begeistert und lud den Autor zu einem Vortrag nach London ein. Es handelte sich um einen damals unbekannten Schullehrer namens Popper.

Karl Raimund Popper kam im Himmelhof bei Wien auf die Welt. Seine Eltern waren beide jüdischer Abstammung, aber zum Protestantismus übergetreten. Schon als Kind hatte es Karl die große Bibliothek des Vaters, eines Rechtsanwalts, angetan. Mit 16 verließ er die Mittelschule und begann auf eigene Faust als Gasthörer an der Universität zu studieren. Sein jugendlicher Idealismus führte ihn zu einer kommunistischen Jugendgruppe, aber schon bald warf er sich selbst vor, dass er zu unkritisch gewesen war und zu wenig über den Marxismus nachgedacht hatte. Das machte ihn zum Anti-Marxisten. Popper zog in ein Studentenheim, die Eltern hatten inzwischen durch die Inflation ihr Vermögen verloren. Er holte das Abitur nach, wurde nun ordentlicher Student, absolvierte aber zur gleichen Zeit eine Tischlerlehre. 1924 legte er sein Examen als Volksschullehrer ab, 1928 promovierte er und 1930 wurde er Hauptschullehrer. In diesem Jahr heiratete er „Hennie" (Josefine Anna Henninger), eine Lehrer-Kollegin, mit der er seit 5 Jahren befreundet war. 1936 konnte er auf Einladung Hayeks zu einer Vortragsreise nach England fahren und Hayek half auch mit, dass ihm im gleichen Jahr ein Lehrauftrag für Philosophie in Neuseeland angeboten wurde. 9 Jahre verbrachten die Poppers dort in Christchurch, „am Ende der Welt". Dann kam Hayeks Angebot, an die London School of Economics zu kommen und in den folgenden 23 Jahren, bis zu seiner Emeritierung, war Popper ordentlicher Professor an der LSE. Im Rückblick sah er sich in dieser Zeit als „der glücklichste Philosoph". Inzwischen war er von der Queen in den Ritterstand erhoben worden. Sir Karl Popper blieb weiterhin wissenschaftlich tätig, zog sich aber in das ländliche Kenley, südlich von London, zurück. Er starb im Alter von 92 Jahren in London.

1919 bestätigte eine Sonnenfinsternis Einsteins Vorhersage über die Lichtablenkung durch große Massen. Newtons Physik, die als unumstößlich gegolten hatte, war damit durch Einsteins Gravitationstheorie überholt. Für den jungen Popper, damals 17, war das ein Schlüsselerlebnis. Offenbar war keine Theorie unwiderleglich. Popper empfand das auch, als er zur gleichen Zeit mit der Psychoanalyse in Berührung kam, bei der jeder neue Fall nur als Bestätigung dessen angesehen wurde, was man zu wissen glaubte. Ihm selbst war es mit der marxistischen Theorie genauso ergangen. Popper kam zu der Überzeugung, dass jede Theorie nur ein Vermutungswissen liefert, das einer kritischen Überprüfung ausgesetzt werden muss. Einstein hatte sich dieser Forderung gestellt. Ganz anders war es mit der Psychoanalyse oder

der marxistischen Geschichtstheorie, die den Anschein erweckten, praktisch alles erklären zu können. So kam Popper schon damals zu dem Schluss, dass der Wissenschaftler zu einer kritischen Einstellung verpflichtet ist, dass er stets nach kritischen Überprüfungen suchen muss.

Logik der Forschung

In seinem ersten großen Werk „Logik der Forschung – zur Erkenntnistheorie der modernen Naturwissenschaft" (1934) verwarf Popper das Induktionsprinzip, wonach man aus dem Besonderen von Einzelbeobachtungen auf allgemeine Gesetzmäßigkeiten schließen kann. Er wies nach, dass es in der Wissenschaft keine gesicherten Erkenntnisse gibt und etwas nur so lange als wahr gilt, bis es durch eine andere Wahrheit widerlegt, „falsifiziert", wird. Theorien, lassen sich überhaupt nicht endgültig beweisen, wohl aber widerlegen. Deshalb ist ihr Wahrheitsgehalt immer nur vorläufig. Um den Satz „Alle Schwäne sind weiß" zu beweisen, müsste man alle Schwäne kennen, die jemals gelebt haben, was unmöglich ist; aber zu seiner Widerlegung genügt ein einziger schwarzer Schwan, der einem vor Augen kommt. (Spinnler)

Fortschritt

Wissenschaft kann für Popper nichts anderes sein als Versuch und Irrtum (trial and error), kühnes Entwerfen von Theorien und erbarmungslose Kritik daran. Zugleich mit seiner Kritik an der Induktions-Methode lieferte Popper aber auch ein positives Argument. In der Anerkennung der Fehlbarkeit unseres Vermutungswissens liegt zugleich die Möglichkeit des Fortschritts. Wir brauchen nicht enttäuscht zu sein, wenn unsere Theorien falsifiziert werden, sondern wir können aus unseren Fehlern lernen. Popper fand, dass die erkenntnistheoretische Einsicht, die er damit formuliert hatte, schon vor 2500 Jahren von Xenophanes ausgesprochen worden war: „Nicht vom Beginn an enthüllten die Götter den Sterblichen alles, aber im Laufe der Zeit finden wir suchend das Bess're. Sichere Wahrheit erkannte kein Mensch und wird keiner erkennen …"

Kritischer Rationalismus

Popper hat für seine Philosophie die Bezeichnung „Kritischer Rationalismus" gewählt. Darin soll die prinzipielle Widerlegbarkeit allen empirischen Wissens zum Ausdruck kommen. Poppers Methode ist die Falsifikation: Alle Hypothesen müssen immer wieder Tests unterworfen werden. Die Falsifizierbarkeit gilt als Kriterium für die Wissenschaftlichkeit einer Aussage. Für Popper ist der kritische Rationalismus eine „moralische Pflicht … zur dauernden Selbstkritik, zum dauernden Lernen, zu dauernden kleinen Verbesserungen unserer Einstellung, unserer Urteile – auch der moralischen – und unserer Theorien". In den ersten Londoner Jahren hatte es Popper nicht leicht. Seine Denkweise war vielen englischen Philosophen wenig sympathisch. Das lag nicht zuletzt am vorherrschenden Einfluss von Wittgensteins Philosophie.

Bei seinem Besuch in England 1936 hielt Popper auch einen Vortrag über „Das Elend des Historizismus". Für Popper ist die „Lehre von der geschichtlichen Notwendigkeit" der reinste Aberglaube und bleibt es, wie sehr sie sich auch als wissenschaftlich gebärden mag. Während der Jahre in Neuseeland fasste Popper seine Kritik am Historizismus in einer Abhandlung („The Poverty of Historicism") zusammen, die allerdings erst 1944 mit Hilfe Hayeks erscheinen konnte. Die Weltgeschichte hat keinen Sinn, ihr Verlauf lässt sich weder deuten noch voraussagen. Der Historizismus verleitet die Menschen dazu, ihre individuelle Verantwortung für die Gestaltung ihres Lebens preiszugeben um einem unabänderlichen Schicksal zu folgen, das angeblich in der Geschichte waltet. Unter Berufung auf einen „Zeitgeist" wird die universale Gültigkeit moralischer Normen bestritten. Doch weder Natur noch Geschichte können uns sagen, wie wir leben sollen, das können nur wir selber. Wir sind die Schöpfer unseres Geschicks. Für Popper war die Arbeit an diesem Buch und an seinem Hauptwerk in diesen Jahren sein Kriegsbeitrag zur Verteidigung der demokratischen Freiheit gegen totalitäre Ideen.

Elend des Historizismus

Sein bekanntestes Werk, „Die offene Gesellschaft und ihre Feinde", schrieb Popper ebenfalls in Neuseeland nieder. Die stammesgebundene, kollektivistische Gesellschaft nennt er geschlossen, die Gesellschaftsordnung aber, in der sich die Individuen persönlichen Entscheidungen gegenübersehen, ist eine offene Gesellschaft. Der 1. Band seines Werkes handelt vom „Zauber Platons", ist aber in Wirklichkeit eine flammende Kampfansage. Popper sieht in Platon mit seiner Utopie vom vollkommenen Staat den Propagandisten eines antidemokratischen, totalitären und rassistischen Führerstaates, wie ihn dann Kommunismus und Faschismus verwirklicht haben. An Platons Größe als Philosoph zweifelte Popper nicht, aber er wollte die Elemente in Platons Philosophie zerstören, die Unheil anrichteten. „Wenn wir die Welt nicht wieder ins Unglück stürzen wollen, müssen wir unsere Träume der Weltbeglückung aufgeben. Dennoch können und sollen wir Weltverbesserer bleiben, ... wir müssen uns mit der nie endenden Aufgabe begnügen, Leiden zu lindern und vermeidbare Übel zu bekämpfen."

Die offene Gesellschaft

Platons Grundfrage „Wer soll den Staat regieren?" weist Popper zurück und fragt stattdessen, wie können politische Institutionen so organisiert werden, dass schlechte Herrscher keinen oder möglichst geringen Schaden anrichten und wir sie ohne Blutvergießen wieder loswerden können? Das ist nur in einer offenen, demokratischen Gesellschaft der Fall, die sich auf diese Weise von jeder Form der Tyrannei unterscheidet, auch von der Tyrannei der Volksherrschaft. Nur in einer Demokratie können unfähige Regierende abgewählt werden.

Demokratie

Der 2. Band trägt den Titel „Falsche Propheten: Hegel, Marx und die Folgen". Hier rechnet Popper mit den „orakelnden Philosophen" ab,

Falsche Propheten

463

und weist ihren „historizistischen Aberglauben" zurück, der Verlauf der Geschichte lasse sich aufgrund allgemeiner Entwicklungsgesetze voraussagen. Er hält nichts von Geschichtsphilosophen, die über den Verlauf der Geschichte und den Weltgeist spekulieren, statt individuelle politische Verantwortung zu übernehmen. Das sind für ihn „Tiefschwätzer", die an der Zerstörung der Vernunft arbeiten. Kein Wunder, dass er damit aneckte, besonders bei Adorno.

Positivismus-streit

1961 fand in Tübingen eine Tagung der „Deutschen Gesellschaft für Soziologie" statt. Popper hielt das Hauptreferat und Theodor W. Adorno das Korreferat. Der „Kritische Rationalismus" stand gegen die „Kritische Theorie" der „Frankfurter Schule", deren Vertreter meinten, nicht nur die Frage was wir tun können, sondern auch die Frage was wir tun sollen wissenschaftlich fundiert beantworten zu können. Allgemein erwartete man eine heftige Kontroverse, aber es kam zu keiner wirklichen Auseinandersetzung. Adorno wollte es im Nachhinein jedoch nicht dabei bewenden lassen und begann nun, gemeinsam mit Jürgen Habermas, eine publizistische Auseinandersetzung. Sie verurteilten Popper als „Positivist" (der nur die Tatsachen und das wissenschaftlich Gesicherte gelten lässt), womit sie sagen wollten, dass er das herrschende Gesellschaftssystem verteidigt, vor der Macht kapituliert und die Utopie diffamiert. Popper beteiligte sich nicht an der Kontroverse, in dem Feindbild, das die beiden Dialektiker aufbauten, hätte er sich wohl auch gar nicht wiedererkannt. Er hielt das Ganze für „einen Eiertanz von … grotesker Unwichtigkeit." Popper hatte mit seiner Wissenschaftslehre ja immer *für* kritische Argumente und gegen leere Worte und Anmaßung geworben. Immerhin bewirkte die Kampagne der Frankfurter Schule, dass man sich in Deutschland mit Poppers Philosophie kaum auseinander setzte.

Politische Philosophie

„Mit 17 Jahren war ich Anti-Marxist. Ich begriff den dogmatischen Charakter des Marxismus und seine unglaubliche intellektuelle Anmaßung", schrieb Popper in seiner Autobiographie. Er sah sich als Liberaler und als „common sense-pluralist". In seiner politischen Philosophie wollte er sich jedoch nicht auf Kritik beschränken. So entwarf er eine Methode, die er „Stückwerk-Technologie" („piecemeal engineering") nannte. Methoden, die sich bewusst als „Stückwerk" und „Herumbasteln" verstehen, sind nach Poppers Vorstellung in Verbindung mit kritischer Analyse das beste Mittel zur Erlangung praktischer Resultate. Helmut Schmidt sah in Poppers Methode das Programm für einen sozialdemokratischen Reformismus, musste später allerdings überrascht zur Kenntnis nehmen, das sich Popper anerkennend über Margret Thatchers Neoliberalismus äußerte.

Mont Pèlerin Gesellschaft

Auch Popper war 1947 der Einladung Hayeks gefolgt und nahm an den Zusammenkünften der Mont Pèlerin Gesellschaft teil. Seine politischen Vorstellungen waren allerdings nicht so scharf umrissen wie die Hayeks. Er sei immer um eine Versöhnung von Liberalen und

Sozialisten bemüht gewesen, meinte Popper, und schlug Hayek auch Russell und andere Sozialisten als Mitglieder vor. Ein solches Konzept eines ideologisch unverbindlichen Debattierklubs war allerdings gerade das, was Hayek verhindern wollte. Doch solche Meinungsunterschiede taten der Freundschaft der Beiden keinen Abbruch. 1974 schrieb Popper in seinem Glückwunschbrief zum 75. Geburtstag an Hayek: „Ich war nie ein großer Bewunderer Deines Cousins Wittgenstein. Aber was er sagte, bevor er starb, kann, so glaube ich, nicht besser ausgedrückt werden: ‚Sagt ihnen, dass ich ein wundervolles Leben hatte!' Beide, Du und ich, hatten und haben immer noch wundervolle Leben."

Kurz vor seinem Tod konnte Popper noch ein Buch abschließen, dem er den Titel gab „Alles Leben ist Problemlösen" (1996) Darin spricht er die großen Probleme, mit denen er sich als Philosoph auseinandergesetzt hat, noch einmal an. Wo Rationalismus nicht greifen kann, ist Irrationalismus in Form von Dogmen, Glaubenssätzen und Doktrinen am Werk. Irrationalismus kann man nicht widerlegen, man kann ihn aber als solchen kennzeichnen und vermeiden. Im Leben wird uns nichts geschenkt, außer der Vernunft, die uns befähigt, kritisch und mutig gravierende Irrtümer möglichst zu vermeiden. **Alles Leben ist Problemlösen**

Wilhelm Röpke (1899–1966)

Bei der Tagung des „Vereins für Sozialpolitik" 1926 in Wien lernte F. A. von Hayek einen gleichaltrigen deutschen Kollegen kennen, mit dem er sich sofort gut verstand und mit dem ihn fortan eine lebenslange Freundschaft verband. Wilhelm Röpke, ein Arztsohn, wurde in Schwarmstedt in der Provinz Hannover geboren. Nach dem Studium der Staatswissenschaften habilitierte er sich in Marburg. Es folgten ein Studienjahr in den USA und eine Professur in Graz und 1929 wurde er Ordinarius in Marburg. Röpke machte sich sehr rasch als Wirtschaftswissenschaftler einen Namen und war auch Berater der Regierung Brüning. 1930 warnte er öffentlich eindringlich vor dem Nationalsozialismus, was ihn nach der „Machtübernahme" 1933 seinen Lehrstuhl kostete. Noch im gleichen Jahr verließ er Deutschland und wurde Ordinarius für Nationalökonomie an der Universität Istanbul. 1937 folgte er einem Ruf an das Institut Universitaire des Hautes Ètudes Internationales nach Genf und lehrte dort bis zu seinem Tod. Röpke war verheiratet und hatte 3 Kinder. Freundschaftlich verbunden war er mit Ludwig von Mises während gemeinsamer Jahre in Genf, mit F. A. von Hayek, mit dem zusammen er die Mont-Pèlerin-Gesellschaft ins Leben rief und mit Walter Eucken in Freiburg.

Die Warnung, die Wilhelm Röpke vor den Wahlen 1930 öffentlich aussprach, war ein Menetekel: „Niemand, der am 14. September na- **Ein früher Warner** tionalsozialistisch wählt, soll später sagen können, er habe nicht gewusst, was daraus entstehen könnte. Er soll wissen, dass er Chaos statt Ordnung, Zerstörung statt Aufbau wählt. Er soll wissen, dass er für den Krieg nach innen und nach außen für sinnlose Zerstörung stimmt." Röpkes prophetische Worte entsprangen seiner liberalen Überzeugung und der Weitsicht eines Nationalökonomen, der sich stets über sein Fachgebiet hinaus mit gesellschaftspolitischen und sozialphilosophischen Fragen beschäftigt hatte.

Die Lehre von der Wirtschaft

1937 war Röpkes Buch „Die Lehre von der Wirtschaft" erschienen. Es war leicht verständlich geschrieben und wird deshalb noch heute viel gelesen. Die „moderne Ökonomie" mit ihrem enormen Aufwand an Mathematik hielt er für einen „riesenhaften szientistischen Leerlauf" bei dem der Blick für das Wesentliche und der Überblick über die großen Zusammenhänge verloren geht. Röpke war ein konsequenter Gegner des Interventionismus. Freihandel und globale Integration tragen nicht nur zur Förderung des Wohlstandes bei, sondern wirken auch friedensstiftend. Er plädierte für eine neue Wirtschaftspolitik gegen den Kollektivismus, die aber auch die Fehler des Laisserfaire – Liberalismus korrigiert. Er nannte sie „Der dritte Weg", eine Kombination von Freiheit und Ordnung.

Wettbewerb

Wettbewerb ist für Röpke das grundlegende Element der freien Wirtschaft, er regt zur Leistung an und steuert und ordnet den Wirtschaftsprozess ... „Nicht die Arbeitsteilung als solche und nicht einmal der Markt allein ist es, der zur Solidarität der Interessen führt, sondern eine besondere Anordnung, die die Menschen bewusst treffen und angestrengt aufrecht erhalten müssen, nämlich die Konkurrenz." Der Widerstreit der Interessen kann auf die Dauer nur durch ständig wirksame und lautere Konkurrenz seinen Ausgleich finden. In der wachsenden Bedeutung der Großbetriebe und Monopole sieht Röpke eine große Gefahr, die nur durch konsequente Wettbewerbspolitik in Schach gehalten werden kann.

Wohlfahrtsstaat

Röpke verwarf die Vollbeschäftigungstheorie und die makroökonomische Globalsteuerung von Keynes und warnte eindringlich vor den schädlichen Auswirkungen des Wohlfahrtsstaates. Eine umfassende staatliche Sozialpolitik, die dem Einzelnen alle Lebenssorgen abnehmen, ihn lückenlos betreuen möchte und dabei das Gefühl der Selbstverantwortung abtötet, ist ein Irrweg. Wenn der Staat 30–40 Prozent des Volkseinkommens in Anspruch nimmt, wird die Marktwirtschaft zersetzt, Finanzpolitik wird zum Fiskalsozialismus, der die Einkommensverwendung sozialisiert. Der Wohlfahrtstaat von heute beschränkt sich nicht mehr auf Sozialfürsorge, sondern hat als Ziel die möglichst vollkommene Gleichheit von Einkommen und Vermögen. An die Stelle des Mitgefühls tritt der Neid. Neben dem Wohlfahrtsstaat ist es die schleichende Inflation, die den Industrieländern besonders zu schaffen macht, eine Folge des Keynesianismus und seiner Vollbeschäftigungspolitik, aber auch der Lohnpolitik, die das Argument der Produktivitätssteigerung ständig missbraucht hat.

Marktwirtschaft setzt Privateigentum voraus. Eigentum grenzt die individuelle Sphäre der Entscheidung und Verantwortung gegen andere ab und es bietet Schutz gegenüber der politischen Gewalt. Möglichst viele Menschen sollten dazu befähigt werden, ein auf Eigentum gegründetes Leben mit möglichst viel Selbständigkeit zu führen. Dazu ist Dezentralisierung und die Förderung kleiner Produktionseinheiten erforderlich. **Eigentum**

Während des Krieges versuchte Röpke von Genf aus als Publizist Einfluss zu nehmen. Röpke und seine Frau Eva übersetzten Hayeks „Road to Serfdom" und bemühten sich um die deutsche Ausgabe. Röpkes Bücher, die illegal auch nach Deutschland gelangten, waren für die Deutschen die sie in die Hände bekamen, eine geistige Zuflucht. In seiner Trilogie „Gesellschaftskrisis der Gegenwart" (1941), „Civitas Humana" (1944) und „Internationale Ordnung" (1945) machte Röpke deutlich, wie der Totalitarismus die Menschen versklavt und worauf eine Gesellschaft freier Menschen gründet. **Kriegsjahre**

In den 100 Jahren von 1814 bis 1914 herrschte überwiegend Frieden, der liberale Kapitalismus bewirkte Fortschritt und steigenden Wohlstand in einem bisher nie gekannten Ausmaß. Dann folgte der jähe Absturz aus gesichert geglaubten Höhen. Die Ursachen für die „Gesellschaftskrisis der Gegenwart" (1941) sieht Röpke in wachsender Orientierungslosigkeit. Die Kirche hat weitgehend ihre Autorität verloren, es entstand eine Pseudotheologie der Staatsgläubigkeit. Man beugte sich der Macht und dem Erfolg und war aus Feigheit dumm geworden. Es entstand ein unverhüllter Sozialismus, der weniger den Interessen der Massen als denen jener Intellektuellen entspricht, denen der sozialistische Staat die ersehnten Machtstellen verheißt. Vermassung, Proletarisierung und Zentralisierung taten ihre Wirkung, am schwerwiegendsten war der Verfall der Familie. Eine geistig-moralische Wandlung sei erforderlich. Auch das kapitalistische Wirtschaftssystem war von Fehlentwicklungen wie Konzentration und Machtzusammenballung gekennzeichnet. Der dadurch hervorgerufene Antikapitalismus führte zum Sozialismus und Kollektivismus, die Demokratie mündete im Totalitarismus. **Gesellschaftskrisis**

Die Entwicklung in Deutschland nach dem Kriege und seit der Währungsreform begleitete Röpke aktiv als Publizist. Bundeskanzler Adenauer, der gegenüber Ludwig Erhards Marktwirtschaftspolitik noch unsicher war, beauftragte 1950, kurz vor Ausbruch der Korea-Krise, Wilhelm Röpke als Wirtschaftswissenschaftler von internationalem Ruf mit einem Gutachten zu der Frage: „Ist die deutsche Wirtschaftspolitik richtig?". Röpkes Expertise war eine glänzende Rechtfertigung der Erhardschen Wirtschaftspolitik, sodass auch Adenauer nicht um- **Gutachten** hin konnte, sie anzuerkennen. Sie half Erhard während des Koreakrieges, die Forderungen nach einer Rückkehr zur Planwirtschaft zurückzuweisen.

Jenseits von Angebot und Nachfrage
Für Röpke entscheidend sind die Dinge „jenseits von Angebot und Nachfrage", von denen Sinn, Würde und innere Fülle des Daseins abhängen. In seinem Buch mit diesem Titel fasste er 1958 seine philosophische Weltsicht zusammen, die in einer Laudatio treffend so beschrieben wurde: „Das Maß der Wirtschaft ist der Mensch. Das Maß des Menschen ist sein Verhältnis zu Gott." Freiheit bedarf der moralischen Bindung und der Selbstdisziplin. Der Mensch braucht überschaubare Lebensverhältnisse, in denen er sich als Person geschätzt und geborgen fühlt und Sinn und Würde des Lebens und der Arbeit unmittelbar erlebt. Diese Werte sah Röpke im Christentum verkörpert. Der freie Mensch, der sich moralischen Normen verpflichtet fühlt, entspricht dem christlichen Menschenbild. (Starbatty)

Vorbilder
Wer den freien Menschen bejaht, muss auch den freien Markt wollen. Die Marktwirtschaft ist die einzige Wirtschaftsordnung, die mit der Freiheit des Menschen und mit der Herrschaft des Rechts harmoniert. Der freie Mensch stützt sich auf die Kraft und die Bewegungsfreiheit des Individuums, für die Sozialisten ist jedoch das Kollektiv das sinngebende Element. Die Gesellschaft braucht eine beispielgebende Gruppe von Führenden, die sich dem Ganzen verpflichtet fühlt, eine „Nobilitas naturalis", „Aristokraten des Gemeinsinns"; eine Elite die ihren „Adelstitel" aus Leistung und moralischem Vorbild herleitet.

Überwindung der Krise
Es geht darum, die geistig-religiöse Krise zu überwinden, die sich in jedem einzelnen vollzogen hat und die auch nur in der Seele jedes einzelnen überwunden werden kann. Seit einem Jahrhundert hat der Mensch den verzweifelten Versuch unternommen, ohne Gott auszukommen. Da der Mensch aber offenbar nicht in einem religiösen Vakuum leben kann, klammert er sich an Ersatzreligionen, an Ideologien, an Wunschträume. Der Einzelne gilt immer weniger, Masse und Kollektiv gelten immer mehr, die Macht des Staates wächst ungebändigt weiter. Was man noch Freiheit nennt ist allzu oft Zügellosigkeit, Einzel- und Gruppenegoismus. Die Krise des Staates geht einher mit der Zersetzung des Gemeinsinns und der schwindenden Achtung vor dem Eigentum. Es geht darum, wieder zu einer Gesamtordnung zu finden, die nicht nur die Unvollkommenheiten und Härten der Wirtschaftsfreiheit durch Gesetze korrigiert, sondern auch dem Menschen die seiner Natur gemäße Existenz nicht verweigert. Der Einzelne kann nur dann volle Erfüllung seiner Natur finden, wenn er sich willig einer Gemeinschaft einfügen und sich ihr solidarisch verbunden fühlen kann.

Walter Eucken (1891–1950)

Der gleiche freundschaftlich-kollegiale Umgang, der sich zwischen Hayek und Röpke entwickelt hatte, verband die Beiden seit Ende der zwanziger Jahre auch mit dem Freiburger Nationalökonomen Walter Eucken. Dessen Heimatstadt war Jena. Sein Vater war der Philosoph Geheimrat Professor Rudolf Eucken (1846–1926), der 1908 den Nobelpreis für Literatur erhielt. Walter Eucken schloss sein Studium der Nationalökonomie in Kiel, Jena und Bonn 1913 mit der Promotion ab. Dann war er 4 Jahre als Frontoffizier im Krieg. 1920 heiratete er seine Kommilitonin Edith Erdsiek und 1921 konnte er sich in Berlin habilitieren. 1925 folgte er einem Ruf der Universität Tübingen als Ordinarius für Volkswirtschaftslehre. Zwei Jahre später übernahm er den gleichen Lehrstuhl an der Universität Freiburg im Breisgau. In Freiburg durchlebte er auch die schwierigen Kriegsjahre, gefährdet durch seine Verbindung zum Widerstand. Im Frühjahr 1950 reiste Eucken nach London, Hayek hatte ihn zu Vorträgen an der London School of Economics eingeladen. In London erlitt Eucken einen Herzanfall und starb, 59 jährig, im Hotel.

Grundlagen der Nationalökonomie

Eucken sucht eine Ordnung, die nicht allein wirtschaftlich leistungsfähig ist, sondern die auch ein eigenverantwortliches Leben in Freiheit ermöglicht. Zunächst geht er daran, durch eingehende Analyse wirtschaftlicher Tatbestände die theoretische Grundlage für seine Überlegungen zu schaffen. Er hatte das Manuskript zu seinem Hauptwerk gerade abgeschlossen, als der Zweite Weltkrieg ausbrach. 1940 wurden dann „Die Grundlagen der Nationalökonomie" veröffentlicht. Eucken befasst sich darin mit den Faktoren, die den Wirtschaftsprozess bestimmen und arbeitet „Idealtypen" der Wirtschaftssysteme heraus: die „Zentral geleitete Wirtschaft" und die „Verkehrswirtschaft". Er beschreibt die verschiedenen Marktformen und die Hauptformen der Geldwirtschaft. Er analysiert die Konjunkturschwankungen und das Problem der wirtschaftlichen Macht.

Grundsätze der Wirtschaftspolitik

Nach der Entwicklung der Theorie und der Methode verwandte Eucken die nächsten 10 Jahre darauf, ein Werk über ihre Anwendung auszuarbeiten. Als er 1950 starb, war das Manuskript zu seinem zweiten Hauptwerk „Grundsätze der Wirtschaftspolitik" nahezu abgeschlossen, seine Frau konnte es mit Hilfe seiner wissenschaftlichen Freunde fertig stellen, sodass es 1952 erschien.

Ordnungspolitik als Lebensphilosophie

Ausgangspunkt seiner Überlegungen sind für Eucken die Freiheit und die Würde des Menschen. Er strebt eine wirtschaftliche Ordnung an, die dem Wunsch der Menschen entspricht, das eigene Schicksal zu gestalten. Es geht ihm um eine „Lebensphilosophie der Tat" (Karen Horn). Der Laissez-faire-Liberalismus, wie er bis zum 1. Weltkrieg in Deutschland vorherrschte, ist für ihn unzureichend, weil die Marktteilnehmer dazu neigen dem unbequemen Wettbewerb auszuweichen und ihn durch Kartelle und Monopole auszuschalten. Der Staat muss verhindern, dass solche privaten Machtpositionen entstehen. Mindestens ebenso schädlich ist jedoch der Interventionismus, sind die ständigen Staatseingriffe beispielsweise durch Subventionen, Konjunktursteuerung und keynesianische Nachfragepolitik. Das Ziel der Wirtschaftspolitik muss es sein, eine Ordnung zu schaffen, die den Menschen grundsätzlich ihre Freiheit im wirtschaftlichen Handeln gewährleistet, andererseits aber staatliche oder private wirtschaftliche Machtkonzentrationen verhindert. Wirtschaftspolitik ist für Eucken Ordnungspolitik, nicht mehr, aber auch nicht weniger. (Gerken)

Wettbewerb
Für eine Wirtschaftspolitik, die dieser Forderung gerecht wird, ist das zentrale Instrument der Wettbewerb. Der Staat muss für eine Wirtschaftsordnung sorgen, in der das Wettbewerbsprinzip voll wirksam ist. Er darf selbst nicht in den Wirtschaftsprozess eingreifen, etwa durch Subventionen, die das Preisgefüge verzerren. Zugleich muss er Kartelle und Unternehmensfusionen, die den Wettbewerb beschränken, unterbinden. Es darf kein Behinderungswettbewerb entstehen, sondern es muss Leistungswettbewerb herrschen. Der Wettbewerb sorgt für die bestmögliche Güterversorgung und schützt die Bürger vor der Willkür staatlicher oder privater Macht.

„Konstituierende Prinzipien"
Eucken nennt die Voraussetzungen, die für eine funktionsfähige Wettbewerbsordnung gegeben sein müssen: Das Preissystem muss aufgrund vollständiger Konkurrenz uneingeschränkt funktionieren; der Geldwert muss stabil gehalten werden, denn Inflation verzerrt die Preise und verfälscht ihre Signalwirkung, die Knappheiten anzeigen soll; jedermann muss freien Marktzutritt haben; der Bestand des Privateigentums muss garantiert sein und es muss uneingeschränkte Vertragsfreiheit bestehen. Jeder Marktteilnehmer muss für seine Handlungen haften und die Wirtschaftpolitik bedarf der Stetigkeit. Diese Voraussetzungen müssen insgesamt gegeben sein, es ist also eine „ordnungspolitische Gesamtentscheidung" erforderlich.

Einkommensverteilung
Ordnungspolitik im Sinne Euckens verknüpft die Teilbereiche, die bisher nebeneinander bestanden. Ordnungspolitik ist Wirtschafts- Sozial- und Umweltpolitik in einem. Auch für die Einkommensverteilung gilt die Wettbewerbsordnung. Anonyme Preisbildung im Wettbewerb ist auf jeden Fall der willkürlichen Verteilung durch den Staat vorzuziehen. Soziale Härten, die in keinem System ganz zu vermeiden sind, können durch einen progressiven Einkommensteuertarif ausgeglichen werden. Außerdem muss den Bürgern Selbsthilfe durch private Vorsorge möglich sein.

Sozialpolitik
Auch soziale Gerechtigkeit und soziale Sicherheit können vor allem durch die Konzeption der Marktwirtschaft gesichert werden. Die Verteilung, die sich im Wettbewerb ergibt, hält Eucken auch für gerecht. Er macht deutlich, „dass Sozialpolitik in erster Linie Wirtschaftsord-

nungspolitik zu sein hat". Vor allem soll die private Initiative des Einzelnen gestärkt werden, nur wo dies nicht möglich ist, soll der Staat eingreifen.

Massenarbeitslosigkeit ist für Eucken ein Problem, das kein Staat hinnehmen kann, aus moralischen wie aus sozialen Gründen und auch um die gesellschaftliche Stabilität nicht zu gefährden. Eine interventionistische Wirtschaftspolitik ist allerdings ungeeignet zur Bekämpfung der Arbeitslosigkeit. Die Lösung sieht Eucken darin, dass auch auf dem Arbeitsmarkt die Wettbewerbsordnung durchgesetzt wird. Die monopolistischen Verbände – auf der Arbeitnehmer- wie auf der Arbeitgeberseite – müssen entmachtet werden, der Lohn muss als Knappheitsindikator wirken können. **Arbeitslosigkeit**

Staatlichen Handlungsbedarf sieht Eucken allerdings im Umweltbereich. Die Wirtschaftsakteure berücksichtigen ja nicht die Kosten, die der Gesamtwirtschaft durch Umweltverschmutzung oder z. B. durch Zerstörung von Wäldern entstehen. **Umweltschutz**

Die Forschungs- und Lehrgemeinschaft von Volkswirten und Juristen, die später als „Freiburger Schule" mit ihrem „Ordoliberalismus" (gleichbedeutend mit „Neoliberalismus") über Deutschland hinaus bekannt wurde, entwickelte sich seit 1933. Am Beginn stand die wissenschaftliche Zusammenarbeit von Walter Eucken mit dem Juristen Franz Böhm (1895–1977). 1948 gründeten die beiden unter dem Titel „Ordo" ein „Jahrbuch für die Ordnung von Wirtschaft und Gesellschaft". Zu Euckens Weggefährten gehörte außer Hayek und Röpke auch Alexander Rüstow (1885–1963), der 1933 in die Türkei emigrierte und 1945 Professor für Soziologie in Heidelberg wurde. Nach 1933 beginnt eine schwierige Zeit. Die Freunde Röpke und Rüstow gehen in die Emigration. Mit Hayek, der Eucken in den dreißiger Jahren stets besucht, wenn er in Deutschland ist, muss er gegen Ende des Krieges die Korrespondenz einstellen, es ist zu gefährlich. Nach dem Kriege nimmt Walter Eucken als einziger Wissenschaftler aus Deutschland auf Einladung Hayeks an der Gründungsversammlung der Mont Pèlerin Society teil. **Die Freiburger Schule**

Der Anregung Dietrich Bonhoeffers (1906–1945) folgend und in Kontakt mit Carl Goerdeler (1884–1945), befasste sich Walter Eucken zusammen mit seinen Kollegen Constantin von Dietze (1891–1973) und Adolf Lampe (1897–1948) mit der Frage einer Neuordnung der Nachkriegswirtschaft. Dietze und Lampe werden 1944 verhaftet, Eucken wird von der Gestapo verhört und entgeht der Verhaftung nur knapp. **Widerstand im 3. Reich**

Nach Kriegsende arbeitete Eucken für die französische und die amerikanische Militärregierung einige Gutachten aus. Bei einer Anhörung der Sonderstelle Geld und Kredit am 6. November 1947 begegneten **Soziale Marktwirtschaft** sich Walter Eucken und Ludwig Erhard und beide waren der Ansicht, dass eine Währungsreform nur als Teil einer umfassenden Wirtschaftsreform einen Sinn habe. Ludwig Erhards Vorstellungen von einer freien Wirtschaft deckten sich mit der Wirtschaftsordnung, die Walter Eucken entworfen hatte, sodass der Ordoliberalismus als Grundmuster von Erhards Sozialer Marktwirtschaft gelten kann.

Milton Friedman (1912–2006)

Als F. A. von Hayek 1950 an die Universität von Chicago ging, erfüllte sich seine Erwartung, dort in einem Kreis kongenialer Kollegen arbeiten zu können. Zu ihnen gehörte auch Milton Friedman, den Hayek bereits kannte und der auf seine Einladung hin als Gründungsmitglied der Mont Pèlerin Society angehörte. Milton Friedman wurde in Brooklyn/N.Y. geboren, seine Eltern waren aus Bessarabien in die USA eingewandert. Als Student der Wirtschaftswissenschaften gewann er einen Mathematikpreis und ein Staatsstipendium. Nach seinem Studienabschluss an der Universität von Chicago blieb er dort als Forschungsassistent, schrieb für Wirtschaftszeitschriften, und arbeitete eine Zeitlang im Nationalen Büro für Wirtschaftsforschung in Washington. Anschließend war er Dozent an der New Yorker Columbia-Universität und in dieser Zeit heiratete er. Die Friedmans haben einen Sohn und eine Tochter. Mit 36 erhielt Friedman einen Ruf an die Universität von Chicago, wo er bis 1983 lehrte. Er war einer der herausragenden Repräsentanten der Chicagoer Schule der Wirtschaftswissenschaften. 1976 wurde er mit dem Nobelpreis für Wirtschaftswissenschaften ausgezeichnet. Seither ist er als Senior Research Fellow der Hoover Institution an der Stanford University in Kalifornien tätig.

Monetarismus Als Nationalökonom versuchte Friedman besonders den Ursachen der Inflation auf den Grund zu kommen und kam zu dem Schluss, dass die Inflation ein Phänomen der Notenpresse, ein monetäres Phänomen ist. Inflation entsteht nur dann, wenn die Geldmenge spürbar schneller wächst als die produzierte Gütermenge. Je schneller die Geldmenge je Produktionseinheit wächst, desto höher ist die Inflationsrate. Es gibt nur ein Heilmittel gegen die Inflation: ein langsameres Wachstum der Geldmenge und es sind die Regierungen bzw. die Notenbanken, die die Geldmenge bestimmen. Friedmans Geldmengentheorie, „Monetarismus" genannt, fand als Mittel der Inflationsbekämpfung großes Interesse. Anders als bei Keynes sollte die Geldpolitik nicht über den Zinssatz, sondern über die Steuerung der Geldmenge erfolgen. Eine Politik stetigen Geldmengenwachstums gewährleistet, dass sich auch Beschäftigung und Preisniveau stetig entwickeln. So wurde die große Depression 1929/30 durch eine falsche Geldpolitik der Regierung verursacht, wie Friedman in seinem Werk „A Monetary History of the United States" (1963) darlegt.

Wie Hayek war auch Friedman ein strikter Gegner von Keynes, der meinte, dass Vollbeschäftigung nur mit staatlichen Eingriffen erreicht werden kann. Friedman hingegen ist der Ansicht, dass es gerade diese staatlichen Eingriffe sind, die die Störungen im Wirtschaftsprozess überhaupt erst verursachen. Die Alternative entweder Inflation oder mehr Arbeitslosigkeit ist falsch. (So wie Bundeskanzler Helmut Schmidt in den 70er Jahren gesagt hatte: „Lieber 5 % mehr Inflation, als 5 % mehr Arbeitslosigkeit".) Höhere Arbeitslosigkeit ist meist das Ergebnis höherer Inflation, nur selten ist sie der vorübergehende Nebeneffekt einer Anti-Inflationspolitik. **Contra Keynes**

Auch Milton Friedman ist ein Anhänger der Philosophie der Freiheit. In seinem bekanntesten Werk „Capitalism and Freedom" (1962; „Kapitalismus und Freiheit") schreibt er: „Das Fundament der liberalen Philosophie ist der Glaube an die Würde des Einzelnen, an seine Freiheit zur Verwirklichung seiner Möglichkeiten in Übereinstimmung mit seinen persönlichen Fähigkeiten, mit der einzigen Einschränkung, dass er nicht die Freiheit anderer Personen beschränke, das Gleiche zu tun." Es geht ihm vor allem auch um wirtschaftliche Freiheit, denn ein wettbewerblich organisierter Markt von Gütern und Ideen führt nicht nur zu mehr Wirtschaftswachstum, sondern auch zu mehr individueller und politischer Freiheit. **Philosophie der Freiheit**

Staatliche Eingriffe in die private Sphäre sind die größte Bedrohung für diese Freiheit. Der Hauptfehler dirigistischer Regierungsmaßnahmen liegt darin, dass versucht wird, die Menschen dazu zu zwingen, gegen ihre eigenen unmittelbaren Interessen zu handeln, um einem angenommenen Gemeininteresse zu dienen. Man setzt die Belange von Außenseitern an die Stelle der Belange der persönlich Beteiligten. Entweder sagen die einen den anderen, was für sie gut sei, oder der Staat nimmt den einen um den anderen geben zu können. Die Hilfe des Staates tötet die Selbsthilfe ab. Wir werden die Freiheit nur bewahren können, wenn wir uns über die Bedrohung klar werden, und unsere Mitmenschen davon überzeugen können, dass die freiheitlichen Einrichtungen einen sichereren Weg zu den erwünschten Zielen bilden als die Zwangsgewalt des Staates. **Dirigismus**

Wirtschaftliche Freiheit ist eine Voraussetzung für politische Freiheit. Friedman ist überzeugt, dass die Ideen der menschlichen, der persönlichen und der politischen Freiheit, die sich gegenseitig ergänzen, ihre größte Blüte in den USA erreichten. Die größte Bedrohung der Freiheit ist die Konzentration von Macht, sei es in der Hand der Regierung oder bei anderen. Nur wenn man darauf vertraut, dass die Bürger die Freiheit haben und nutzen, ihr Leben selbst in die Hand zu nehmen und ihre eigenen Wertvorstellungen zu realisieren, kann **Freiheitliche Gesellschaft** eine Gesellschaft auf den höchsten Stand der Entwicklung gebracht werden. Eine Gesellschaft, die die Gleichheit – im Sinne von Gleichheit des Ergebnisses – vor die Freiheit stellt, wird letztlich weder Gleichheit noch Freiheit haben. Hingegen bietet eine freiheitliche Gesellschaft jedem die gleichen Chancen; wer heute benachteiligt ist, kann morgen ein Privilegierter sein. Freiheit bietet fast jedem ein erfülltes und besseres Leben.

Sozialpolitik Friedman ist überzeugt, dass der Wohlfahrtsstaat, der auf staatlichen Zwangsmaßnahmen beruht, früher oder später zum Scheitern verurteilt ist. In seinem Buch „Free to Choose" (1980; „Freiheit, die ich meine") steht der Satz: „Die Erfahrung sollte uns lehren, immer auf der Hut zu sein, unsere Freiheit zu schützen, wenn man die Ziele der Regierung scheinbar der Wohltätigkeit dienen ... Die größeren Gefahren für die Freiheit lauern in schleichenden Beeinträchtigungen durch die missionarischen Eiferer, die keine Sachkenntnis haben." Friedman schlug eine „Negativsteuer" vor: jedem, der selber nicht genügend verdient, sollte vom Finanzamt ein Zuschuss überwiesen werden. Auf diese Weise würden nur die wirklich Bedürftigen Geld vom Staat erhalten, über das sie frei verfügen können. Der beschämende Zustand der Entmündigung würde beseitigt, denn im Sozialstaat entscheiden die Wohlfahrtsbeamten, was für die Leute gut ist.

Bildung Friedman betont, dass Ausbildung nicht immer identisch mit Bildung ist. Er meint, viele glänzend ausgebildete Leute sind ungebildet, und viele Gebildete haben ihre Bildung nicht auf Schulen gewonnen. Die wachsende Rolle des Staates bei der Finanzierung und Verwaltung des Ausbildungswesens, habe nicht nur zu einer ungeheueren Verschwendung von Steuergeldern, sondern auch zu einem Leistungsabfall im Erziehungswesen geführt, der bei mehr freiwilliger Zusammenarbeit vermieden werden könnte.

Einfluss auf die Politik Friedmans Vorstellungen hatten verschiedentlich auch auf die Politik großen Einfluss. Er war wirtschaftspolitischer Berater bei US Präsident Nixon und beriet die chilenische und die israelische Regierung. Auch US Präsident Ronald Reagan und die britische Premierministerin Margret Thatcher ließen sich von seinen Ideen inspirieren. Von Ludwig Erhards Wirtschaftspolitik sprach Friedman stets mit großem Respekt.

Ludwig Erhard (1897–1977)

In F. A. von Hayeks Augen hatte Ludwig Erhard viel größere Verdienste um die Wiederherstellung einer freien Gesellschaft, als ihm in Deutschland und im Ausland zugestanden wurde. In der Tat waren es nicht nur wirtschaftspolitische Weichenstellungen, die Ludwig Erhard zum „Vater des deutschen Wirtschaftswunders" werden ließen, sondern es war die Philosophie der Freiheit, die seinen Vorstellungen von der Gesellschaft zugrundelag.

Ludwig Erhards Eltern betrieben in Fürth ein Textilgeschäft. Als Dreijähriger hatte er eine Kinderlähmung zu überstehen, die am linken Fuß bleibende Spuren zurückließ. Sein Weg schien vorgezeichnet, er sollte später einmal das elterliche Geschäft übernehmen, und so begann er nach dem „Einjährigen" mit einer Kaufmannslehre. Doch inzwischen war der Krieg ausgebrochen. 1916 wurde Erhard eingezogen und kam – auf eigenen Wunsch – trotz seiner Behinderung an die Front. Kurz vor Kriegsende wurde er in Flandern schwer verwundet. Ludwig Erhard, bei Kriegsende 22, hatte noch unter seiner Verwundung zu leiden und tat sich als Einzelhandelskaufmann schwer. So begann er an der neugegründeten Handelshochschule in Nürnberg zu studieren und die Beschäftigung mit der Wissenschaft fesselte ihn immer mehr. Erhard schloss sein Studium an der Universität Frankfurt mit der Promotion zum Dr.rer.pol. ab und arbeitete anschließend an einem Wirtschaftsforschungsinstitut. Er heiratete eine Kommilitonin, Luise Lotter, Kriegerwitwe und Nachbarstochter. Die beiden hatten eine Tochter.

1942 gründete Erhard sein eigenes „Institut für Industrieforschung". Im Rahmen seiner Beratungs- und Forschungstätigkeit befasste er sich auch mit der brisanten Frage, wie es in der Wirtschaft nach einem verlorenen Krieg weitergehen könnte. Er verfasste eine Denkschrift mit dem Titel "Kriegsfinanzierung und Schuldenkonsolidierung", die er im Juli 1944 auch an Carl Goerdeler sandte. Darin sprach er sich dafür aus, die künftige Friedenswirtschaft möglichst bald „... aus den Fesseln staatlicher Bevormundung zu lösen ... Das erstrebenswerte Ziel bleibt in jedem Falle die freie, auf echtem Leistungswettbewerb beruhende Marktwirtschaft." 1945, nach Kriegsende, wurde Erhard als parteiloser Fachmann bayerischer Wirtschaftminister. Zwei Jahre später leitete er die „Sonderstelle Geld und Kredit". 1948 wurde er zum Direktor für Wirtschaft der „Bizone" bestellt und gelangte damit unversehens in eine Schlüsselstellung.

Die westlichen Alliierten bereiteten inzwischen eine Währungsreform vor. Mit dem Geldschnitt sollte dem Schwarzmarkt ein Ende gesetzt werden, aber man war sich darüber klar, dass noch für lange Zeit eine strenge Planwirtschaft mit gelenkten Preisen und gelenkter Produktion notwendig sein würde. Erhard indes war der Ansicht, dass eine Währungsreform wirkungslos wäre, wenn man nicht zugleich auch die Preise freigeben und einen freien Markt zulassen würde. Im Frankfurter Wirtschaftsrat, dem Parlament der Bizone, stieß er dabei auf den erbitterten Widerstand der SPD, die der Meinung war, bei einem freien Markt müssten unter den gegenwärtigen Verhältnissen Millionen verhungern. Als die Alliierten kurzfristig den 20. Juni 1948 als Termin für die Währungsumstellung festsetzten, entschloss sich

Währungs-reform

Erhard zu handeln. Zusammen mit dem Geldumtausch verfügte er zugleich die weitgehende Aufhebung der Bewirtschaftung und des Preisstopps. Als ihn General Clay, der amerikanische Militärgouverneur, aufgebracht zur Rede stellte, wie er es wagen könne, alliierte Gesetze und Vorschriften abzuändern, antwortete Erhard: „Ich habe sie nicht abgeändert, ich habe sie abgeschafft."

Philosophie der Freiheit

Diese mutige Tat, die die Initialzündung zum späteren deutschen „Wirtschaftswunder" war, konnte Erhard nur durchstehen, weil er aus tiefer Überzeugung handelte. Sein philosophisches Weltbild, das auch sein akademischer Lehrer Franz Oppenheimer (1864–1943) mitgeprägt hatte, beruhte auf der Freiheit des Einzelnen und seinem Verantwortungsbewusstsein, auch dem Gemeinwesen gegenüber. Erhard setzte sein Vertrauen in einen freien, „mündigen" Bürger, in dessen Initiative und dessen Einsicht.

Wirtschafts-politische Grundsätze

Es ist keineswegs so, dass Ludwig Erhard eine Wirtschaftspolitik realisierte, die von anderen konzeptionell erdacht worden war, etwa von Eucken, Hayek oder Röpke. Erhard hat seine Politik aufgrund einer eigenen vorausbedachten Konzeption betrieben und er ist dabei nicht nur von den Erkenntnissen der Nationalökonomie geleitet worden. Besonders seine Frühschriften zeigen das Eigenständige seiner politischen Position. (Wünsche) Doch die Grundelemente seiner Wirtschaftskonzeption sind die gleichen, wie sie auch Walter Eucken als Ordnungspolitik konzipiert hat: freie Preisbildung, freier Wettbewerb, in dem sich unternehmerische Initiative entfalten kann, Privateigentum, Vertragsfreiheit und stabiler Geldwert. Der Staat soll nur das tun, was nur der Staat tun kann. Er soll die entsprechende Rechtsordnung garantieren, aber nicht direkt in den Wirtschaftsprozess eingreifen.

Soziale Marktwirt-schaft

Erhard, der zunächst nur von Marktwirtschaft sprach, dann von einer „wirklich ,sozialen' Marktwirtschaft", hat schließlich für seine wirtschaftspolitische Konzeption etwa seit 1950 den eingängigen Begriff „Soziale Marktwirtschaft" verwendet, den andere, vor allem Alfred Müller-Armack (1901–1976), schon vor ihm verwendet hatten. Die Einführung der Sozialen Marktwirtschaft widersprach nicht nur der vorherrschenden Meinung und den Vorstellungen der alliierten Besatzungsmächte, sondern ebenso der an Dirigismus gewöhnten deutschen Verwaltung und nicht zuletzt der zum Teil sehr kartellfreundlichen deutschen Industrie. Doch durch Erhards Standfestigkeit und Beharrlichkeit wurde sie zu einem einzigartigen Erfolgsmodell. F. A. von Hayek sagte einmal: „Ich habe Erhard bewundert, weil er das Richtige erkannt hat, ohne auf komplizierten Wegen dahinzukommen ... Unter allen Ökonomen, die ich gekannt habe, ... bin ich keinem ... begegnet, der einen solchen Instinkt für das, was richtig ist, gehabt hat, wie Ludwig Erhard."

476

Erhard war kein Parteimann, er war in keine Partei eingetreten und fühlte sich über dem Parteienstreit stehend. Nach der Währungsreform suchte er sich die Partei aus, von der er sich am ehesten versprach, dass sie seine gesellschafts- und wirtschaftspolitischen Vorstellung durchsetzen könnte. Das war nach seiner Einschätzung weniger die FDP als kleine Partei, sondern eher die CDU/CSU als große Volkspartei. So verband er sich mit der CDU, der es mit seine Hilfe gelang, die erste Bundestagswahl 1949 zu gewinnen. Auch in den folgenden beiden Jahrzehnten war Erhard die „Wahllokomotive" für die CDU. 1949 wurde Erhard der erste Wirtschaftsminister der neugegründeten Bundesrepublik Deutschland und blieb es 14 Jahre lang. Von 1963 bis 1966 war er als Nachfolger Konrad Adenauers (1876–1967) Bundeskanzler in einer schwierigen Zeit des Übergangs. 11 Jahre später, kurz nach seinem 80. Geburtstag, starb Ludwig Erhard in Bonn. **Parteilos**

Wirtschaften ist für Erhard kein Selbstzweck. Man wirtschaftet, um das Leben führen zu können, das man führen möchte und das Ziel einer Wirtschaftsordnung liegt jenseits des Ökonomischen: es dient der gesellschaftlichen Harmonie und einer Gerechtigkeit, die nur an sittlichen Werten ausgerichtet sein kann. Die Soziale Marktwirtschaft ist für Erhard „Ausfluss einer spezifischen, nicht nur ökonomischen, sondern weitaus umfassenderen Denkweise". Die „narzisstische Verliebtheit von Ökonomen in Dogmen und rechenhafte Methoden" hat Erhard als unzureichend empfunden, die Wirklichkeit werde damit nicht erklärt. **Sozial-philosophie**

Erhard bezeichnete sich selbst gelegentlich als „Ordoliberalen" vor allem weil er mit der ordoliberalen Zielsetzung einig ging, dass Freiheit sowohl gegen den Staat als auch gegen private Macht verteidigt werden muss. Er war auch mit den Ordoliberalen einig, dass der Freiheit Grenzen gesetzt werden müssen, damit die Freiheit einiger nicht zur Unfreiheit anderer wird. Doch sollte das nach Erhards Ansicht nicht durch den Staat geschehen, sondern der Einzelne selbst muss diese Grenzen aufgrund seiner Verantwortung setzen. Nur die durch eigene Verantwortung gesetzten Grenzen geraten mit dem Freiheitsbegriff selbst nicht in Widerspruch und deshalb kommt es darauf an, die Verantwortung zu stärken. **Freiheit und Verantwortung**

Erhard folgt hier den Vorstellungen von Adam Smith, dass die Menschen von Natur aus „sozial" denken und handeln, weil sie – bis hin zur Aufopferung für andere – danach streben, von ihren Mitmenschen günstig beurteilt zu werden. Erhard folgert daraus, dass freiheitliche Ordnungspolitik die natürliche soziale Orientierung der Menschen verstärken und fördern und sie davon abhalten muss, die Verantwortung für sich selbst auf andere zu übertragen. Damit sich Freiheit nicht von Verantwortung löst, muss jede wirtschaftliche Handlung an private Haftung gebunden bleiben. **Adam Smith' „Theorie der ethischen Gefühle"**

Gesell-
schafts-
politik

Gegen Ende seiner Kanzlerschaft musste Ludwig Erhard voller Enttäuschung feststellen dass mit wachsendem Wohlstand auch immer mehr Begehrlichkeit um sich griff. Die Adenauersche Gefälligkeitsdemokratie hatte bereits mit ihren Wahlgeschenken die öffentlichen Haushalte nahezu überfordert und ebenso wucherten die Forderungen egoistischer Gruppen. Die Menschen waren offenbar nicht mehr bereit, den Preis für den Wohlstand durch Leistung und Arbeit zu entrichten, sondern verlangten immer mehr Genuss ohne Anstrengung. Erhard versuchte, mit dem Begriff der „formierten Gesellschaft" seine Gesellschaftspolitik noch einmal griffig zu formulieren. Seine Vision galt einer neu geordneten kooperativen Gesellschaft, die das Leitbild des Gemeinsinns gleichwertig neben die individuellen Freiheiten stellt und den Gruppenegoismus in Schranken hält. Aber er drang damit schon nicht mehr durch, ebenso wie seine Maßhalteappelle kein ausreichendes Echo fanden.

Verfälschte
Konzeption

Schon 1962 hatte Erhard in einem seiner vielen Maßhalteappelle mehr Gemeinsinn eingefordert. Man muss dem Irrwahn entfliehen, dass man öffentlich oder privat mehr verbrauchen kann, als man an Gütern erzeugt. Es ist ein Wahnwitz, die vermeintliche Ungerechtigkeit der Vermögensverteilung durch eine Überforderung der Volkswirtschaft heilen zu wollen. Wir betreiben eine Sozialpolitik, die vielleicht das Gute will, aber mit Gewissheit das Böse – nämlich die Zerstörung einer guten Ordnung – schafft. Konjunkturen kommen nicht als Fluch oder Segen über uns, sondern sind immer Ausfluss unseres eigenen richtigen oder falschen Verhaltens, mahnt Erhard. Erst recht nach seiner Zeit wurde dann Erhards Konzeption der Sozialen Marktwirtschaft immer mehr verfälscht durch zunehmenden Dirigismus, Reglementierungen und einen überbordenden Sozialstaat. „Fiskalsozialismus verdrängte die Marktwirtschaft". (Richebächer)

Sozialpolitik

Eine freiheitliche Wirtschaftspolitik ist zugleich die beste Sozialpolitik, das war die Überzeugung Ludwig Erhards. Er meinte, „dass die Marktwirtschaft als solche sozial ist, nicht dass sie erst sozial gemacht werden muss." (Hayek) Eine Wirtschaftsordnung die „Wohlstand für alle bringt", löst auch die sozialen Probleme optimal. Und Ludwig Erhards „Wirtschaftswunder" hat gezeigt, dass ein freiheitliches Wirtschaftssystem allen anderen überlegen ist. Aber dann setzte sich immer mehr das große Missverständnis der Sozialpolitiker aller Parteien durch. Sie meinen, eine Marktwirtschaft sei umso sozialer, je mehr Sozialpolitik betrieben wird, je mehr soziale Wohltaten von Staats wegen verordnet werden. Und Sozialpolitiker denken einseitig, sie interessiert nur die große Umverteilungsmaschine. Wie das Sozialprodukt zustande kommt, ob die Bedingungen dafür richtig sind, interessiert sie überhaupt nicht, dafür sollen gefälligst die Unternehmer sorgen. Heute versteht man unter Sozialer Marktwirtschaft etwas gründlich anderes, als Ludwig Erhard darunter verstand. Nicht zuletzt wird der Abstand zu Erhards Vorstellungen in der bedenkenlosen riesigen Staatsverschuldung deutlich, die mit dem Versorgungsstaat einherging. Erhard lehnte strikt jede Staatsverschuldung ab, vor allem wegen der negativen Auswirkungen auf die Währung.

Welche Aufgaben dem Bürger und welche dem Staat zuzuordnen sind, dafür hatte Ludwig Erhard eine klare Leitlinie formuliert: „Ich will mich aus eigener Kraft bewähren, ich will das Risiko des Lebens selbst tragen, will für mein Schicksal selbst verantwortlich sein. Sorge Du, Staat, dafür, dass ich dazu in der Lage bin." **Bürger und Staat**

Oswald von Nell-Breuning (1890–1991)

Ganz andere, geradezu entgegengesetzte Vorstellungen von der Wirtschaft als Ludwig Erhard entwickelte die Katholische Soziallehre. Mit der Einführung der Sozialen Marktwirtschaft nach dem Zweiten Weltkrieg sei die große Chance vertan worden, die Vermögensverteilung gerechter zu gestalten. Oswald von Nell-Breuning, der „Nestor der katholischen Soziallehre", schrieb darüber am 7.3.1970 in der „Süddeutschen Zeitung": „Die nach dem Zweiten Weltkrieg von christlichen Politikern wieder restaurierte kapitalistische Gesellschaftsordnung findet in dem unabhängigen gelehrten Analytiker aus der bescheidenen Zelle des Frankfurter Jesuitenhauses ihren schärfsten christlichen Kritiker, der diese Ordnung nicht als ‚neoliberal' anerkennt, sondern als ‚neoliberales TamTam mit Worten'. Die Vermögensverteilung in der Bundesrepublik ist in seinen Augen ‚nichts als ein Skandal'."

Oswald von Nell-Breuning, Sohn eines Gutsbesitzers, fühlte schon früh die Berufung zum Priester. Als er 21 war, trat er in den Jesuitenorden ein. 1928 promovierte er mit einer Dissertation „Grundzüge der Börsenmoral" an der Universität Münster zum Dr. theol. Im gleichen Jahr wurde Nell-Breuning als Professor für Moraltheologie, Kirchenrecht und Gesellschaftswissenschaften an die Philosophisch-Theologische Hochschule St. Georgen in Frankfurt am Main berufen. Nationalökonomische Kenntnisse erwarb er sich als Mitglied des Wissenschaftlichen Beirats bei der Verwaltung für Wirtschaft und beim Bundeswirtschaftsministerium, dem er von 1948 bis 1965 angehörte. Nell-Breuning hat etwa 1.800 Schriften verfasst, sein bekanntestes Werk, „Kapitalismus – kritisch betrachtet – Zur Auseinandersetzung um das bessere ‚System'", erschien 1986. Oswald von Nell-Breuning starb im Alter von 101 Jahren in Frankfurt.

Als Student hat Nell-Breuning den „deutschen Gewerkschaftsstreit" miterlebt. Katholische Arbeiter hatten sich vom atheistischen Klima freier Gewerkschaften abgestoßen gefühlt und christliche Gewerkschaften gegründet. Dass sie darin auch evangelische Arbeiter auf- **Kirche und Arbeiter** nehmen wollten, trug ihnen den Tadel der Katholischen Kirche ein, worüber sich Nell Breuning empörte. Die Arbeiter wieder an die Kirche heranzuführen, wurde für ihn zur Lebensaufgabe. Den Gewerkschaften blieb er stets als Ratgeber und Fürsprecher eng verbunden.

„Quadragesimo anno" Nell-Breuning war 40, als ihm in geheimer Mission der Auftrag zuteil wurde, an der geplanten päpstlichen Enzyklika mitzuarbeiten, die 1931 in Erinnerung an die erste Sozialenzyklika unter dem Titel „Quadragesimo anno" („Nach vierzig Jahren") veröffentlicht wurde. Die Enzyklika befasst sich mit dem Eigentum und betont, es habe sowohl eine Individual- wie eine Sozialfunktion. Ferner wird Lohngerechtigkeit gefordert und auf das Subsidiaritätsprinzip verwiesen. Der Papst spricht von einer kapitalistischen Klassengesellschaft, die eine Klasse verfügt über das Kapital, die andere nur über ihre Arbeitskraft, doch beide Klassen seien aufeinander angewiesen. Das Ziel sei eine klassenfreie Gesellschaft, die jedoch nicht näher beschrieben wird. Der Kommunismus wird verworfen und auch der Sozialismus sei mit der christlichen Gesellschaftsauffassung nicht vereinbar. Schließlich wird noch eine sittliche Erneuerung angemahnt.

Katholische Soziallehre Die katholische Soziallehre begann offiziell 1891 mit der päpstlichen Enzyklika „Rerum novarum", die sich mit der sozialen Frage und der Arbeiterfrage befasste. Die Soziallehre umfasst vor allem die Texte der päpstlichen Enzykliken und die Pastoralkonstitution des Zweiten Vatikanischen Konzils. In der Einführung zu seinem Buch „Soziallehre der Kirche" (1977) weist Nell-Breuning darauf hin, dass die katholische Soziallehre zwar in katholischen Kreisen stark an Geltung verloren habe, dafür aber in nicht-katholischen Kreisen, insbesondere beim freiheitlich-demokratischen Sozialismus zu hoher Wertschätzung aufgestiegen sei. So sei das „Godesberger Programm" der SPD von 1965 im gesellschaftspolitischen Teil „ein knapp gefasstes Kompendium der Katholischen Soziallehre". Die Lehräußerungen der Kirche seien überdies ständig im Wandel, es sei ein „Gefüge von offenen Sätzen". Der Wahrheitsanspruch dürfe nicht allzu weit gespannt werden, Aussagen, die immer und überall aktuell sind, gebe es nur ganz wenige.

Marxismus Es gleicht einem Omen, dass Nell-Breuning 72 Jahre nach Marx in der gleichen Stadt geboren wurde und das gleiche Gymnasium besucht hat. Karl Marx und seine Theorien werden für ihn zum beherrschenden Thema seiner wissenschaftlichen und politischen Arbeit. Er beklagt, dass „... die zutreffende ... Entlarvung der kapitalistischen Klassengesellschaft nicht von einem christlichen Sozialwissenschaftler ... geleistet worden ist, sondern einem Atheisten und Materialisten vorbehalten blieb". Mit Karl Marx stimmt er darin überein, dass wir über die Welt nicht geistreich philosophieren, sondern sie verändern und gegebenenfalls umkrempeln sollten. „Und wenn die Welt sich dem widersetzt, dann genügt es nicht, ihr mit guten Worten zuzureden, dann haben wir alle unsere Macht einzusetzen und dafür zu kämpfen."

Den Begriff „Kapitalismus", den er von Karl Marx übernommen hat, nennt Nell-Breuning ein Schlagwort, in dem die Menschen bündeln, was sie ungerecht und verabscheuungswürdig finden. Er versteht darunter auch den Liberalismus und die Marktwirtschaft. Wie er in seinem Werk „Kapitalismus – kritisch betrachtet" (1986) darlegt, ist für ihn unsere gegenwärtige Wirtschaftsverfassung eine kapitalistische Klassengesellschaft, in der das Kapital die beherrschende und die Arbeit eine dienende Rolle spielt. Die Arbeitnehmer tragen zum Produkt mehr bei, als ihrem Lohn entspricht und dieser Teil ihres Beitrags zur Wertschöpfung wird ihnen vorenthalten, er fließt dem Profit der Kapitalisten zu. Nell-Breuning übernimmt hier uneingeschränkt die Theorien von Karl Marx. **Kapitalismus-Kritik**

Nell-Breuning rühmt die Leistungsfähigkeit der kommunistischen Wirtschaft in der Sowjetunion, sie leiste mehr als unsere. Die überwältigende sowjetische Aufbauleistung erkläre sich nicht zuletzt aus der kommunistischen Motivation. Sozialisierung ganzer Wirtschaftszweige und eine dirigistische Wirtschaftspolitik müssten dem Kapitalismus durchaus nicht abträglich sein, das zeige das Beispiel Frankreichs. Auch bei uns bestehen zentralverwaltungsgelenkte Wirtschaftssektoren, wie die Rüstung oder die staatlichen Infrastrukturinvestitionen nebeneinander, die privatkapitalistische Wirtschaft könne ohne sie gar nicht existieren, meint Nell-Breuning. **Sowjetunion als Vorbild**

Es sei durchaus möglich, das Verhältnis zwischen Arbeit und Kapital nicht auf der Grundlage des Lohnarbeitsverhältnisses zu regeln, sondern durch Anteile an der Wertschöpfung nach einem bestimmten Schlüssel. Ein solcher lasse sich zwar nicht genau bestimmen, falls sich der vereinbarte als unbillig erweise, habe man eben Pech gehabt. Sozialleistungen sollte man nicht als Belastung ansehen, sondern als leistungssteigernd und wirtschaftsfördernd. Eine Leistungsgesellschaft sei unmenschlich. Wie Karl Marx wendet sich auch Nell-Breuning gegen die Entfremdung der Arbeiter im existierenden Privatkapitalismus, er nennt sie allerdings Entmenschlichung, nachdem er Marxens Menschenbild für unannehmbar hält. Arbeit sei keine Ware, deshalb sei die Bezeichnung Arbeitsmarkt anstößig und entwürdigend. Andererseits sei der Arbeitsmarkt aber unentbehrlich, um Angebot und Nachfrage zum Ausgleich zu bringen. **Arbeit und Kapital**

Für die Vermögensbildung in Arbeitnehmerhand setzte sich Nell-Breuning ebenso ein, wie für die Mitbestimmung. Er ging zunächst von der Vorstellung aus, die Mitbestimmung der Arbeitnehmer könne auf dem Weg über die Vermögensbeteiligung am Unternehmen hergestellt werden. Später betont er jedoch, der Anspruch auf Mitbestimmung leite sich aus der Arbeit des Arbeitnehmers her. **Vermögens-bildung und Mitbestim-mung**

Arbeitszeit	Die steigende Arbeitsproduktivität regte Nell-Breuning zu der Vision an, dass in Zukunft zur Produktion des Konsumgüterbedarfs ein Tag in der Woche ausreicht und die restliche Zeit zur Verbesserung der Lebensumstände dienen kann. Die Gewerkschaftspolitik der 35-Stunden-Woche hat er voll unterstützt, später allerdings mit der kritischen Anmerkung versehen, Bedingung dürfe nicht der volle Lohnausgleich sein, aus Solidarität mit den Arbeitslosen. Offenbar geht Nell-Breuning von der Vorstellung aus, dass die Menge an vorhandener Arbeit begrenzt ist. Deshalb meint er, es würden mehr Güter als benötigt erzeugt, nur weil es zu viel Arbeitskräfte gibt. Auch in den begrenzten Ressourcen sieht er eine Gefahr.
Dynamische Rente	Nell-Breuning hatte die „Dynamische Rente" befürwortet und zur Vorlage beim Bundeskanzler empfohlen. Adenauer führte sie 1957 als Wahlgeschenk ein, obwohl Ludwig Erhard entschieden davor warnte, nicht nur wegen ihrer inflationären Wirkung, sondern weil es den Staat überfordern musste, wenn ihm immer mehr Aufgaben der individuellen Lebenssicherung aufgebürdet würden.
Wirkung	Die katholische Soziallehre hat sicher wesentlich dazu beigetragen, der Sozialen Marktwirtschaft eine ganz andere Richtung zu geben, als sie ursprünglich von Ludwig Erhard beabsichtigt war. Herausragende Exponenten dieser neuen Richtung sind in der CDU die Sozialpolitiker Norbert Blüm und Heiner Geissler, der sich als Jesuitenzögling Nell-Breuning wohl besonders verbunden fühlt und mit Vorliebe von „Turbokapitalismus" spricht. Auch bei Nell-Breuning ist die Einseitigkeit des Sozialpolitikers deutlich ausgeprägt. Mit den wesentlichen Funktionen eines freien Marktes und freier Preisbildung, und mit den Auswirkungen staatlicher Befehlswirtschaft hat er sich nicht auseinandergesetzt. Als Durchschnittsleser lassen einen die Texte von Nell Breuning ohnehin zum Teil recht ratlos und verwirrt zurück, weil er nicht selten im nächsten Satz in Frage stellt, was er vorher gerühmt hat. Man könnte ihn als Marxisten bezeichnen, wenn er nicht immer wieder versichern würde, dass man Marx überwinden müsse. Jedenfalls hat man den Eindruck, dass er voll auf Marx fixiert ist. Liberale Denker von Adam Smith bis zu Hayek oder Eucken, die immerhin alle von der Würde des Menschen ausgehen, die auch Nell-Breuning so sehr betont, kommen bei ihm gar nicht vor.

Viktor E. Frankl (1905–1997)

Kein Philosoph, sondern ein Psychiater hat die Frage nach dem Sinn gestellt.

Viktor Emil Frankl entstammte einer Wiener Beamtenfamilie jüdischer Herkunft. Schon als Schüler interessierte er sich für Psychologie und

Psychotherapie, er korrespondierte sogar mit Sigmund Freud, der ihm prompt jeden Brief beantwortete. Sein Studium absolvierte er an der Universität seiner Heimatstadt. 1930 promovierte er zum Doktor der Medizin, 19 Jahre später, 1949, zum Doktor der Philosophie. In der Zeit dazwischen arbeitete er in einer von ihm gegründeten Jugendberatungsstelle und als Facharzt für Neurologie und Psychiatrie an der neuropsychiatrischen Universitätsklinik. Als 1938 die Judenverfolgung einsetzte, blieb Frankl seiner Eltern wegen in Wien. 1941 heiratete Frankl die 23 jährige Krankenschwester Tilly Grosser. Die beiden Brautleute, mit dem Judenstern an der Brust, waren das letzte jüdische Paar, dem die nationalsozialistischen Behörden die Heirat erlaubten. Neun Monate später fand die erwartete Deportation ins KZ statt. Tilly starb dort, Frankl überlebte. 1945 kehrte er nach Wien zurück und in den nächsten 25 Jahren war er Vorstand der Wiener neurologischen Poliklinik. 1970 wurde er Professor für Logotherapie an der U. S. International University in San Diego (Kalifornien). Er war Gastprofessor an den Universitäten Harvard, Dallas (Texas), Stanford und Pittsburgh. 1947 heiratete er seine zweite Frau Elli, die Krankenschwester Eleonore Katharina Schwindt, die ihm bis zu seinem Tode eine liebevolle Gefährtin und wertvolle Helferin war. Die beiden hatten eine Tochter. Frankl war ein begeisterter Bergsteiger, sogar zwei Klettersteige wurden nach ihm benannt und noch mit 80 kletterte er in den Felswänden herum. 1995 hielt er seine letzte Vorlesung an der Wiener Universität, 2 Jahre später starb er im Alter von 92 Jahren in Wien.

1942 wurden Frankl und seine Frau, frisch verheiratet, gemeinsam mit Frankls Eltern, in das Konzentrationslager Theresienstadt deportiert. Hier musste Frankl von seinem 81 jährigen Vater Abschied nehmen. Der Vater war schon halb verhungert und als Frankl sah, dass der Todeskampf einsetzte, konnte er ihm noch eine Ampulle Morphium spritzen, die er ins Lager geschmuggelt hatte. Frankl und seine Frau wurden weiter nach Auschwitz transportiert. Dort wurden Männer und Frauen getrennt und Frankl sah seine Frau zum letzten Mal. Erst im August 1945 erfuhr er, dass Tilly in Bergen- Belsen gestorben war, Auch Frankls Mutter war in Auschwitz in der Gaskammer umgekommen, in Auschwitz starb auch sein Bruder. Frankl selbst hatte 3 Jahre in 4 Konzentrationslagern verbracht, war fast am Fleckfieber gestorben, konnte dann aber nach der Befreiung 1945 doch nach Wien zurückkehren. Noch im gleichen Jahr schrieb er sich die grauenvollen KZ – Erlebnisse von der Seele. Er diktierte das Buch in 9 Tagen. In Amerika erreichte es unter dem Titel „Man's Search for Meaning" mehrere Millionen Auflage, die Kongressbibliothek in Washington bezeichnete es als eines der einflussreichsten Bücher in Amerika. In Deutschland erschien es zunächst unter dem Titel „Ein Psychologe erlebt das KZ", der später in „. . . trotzdem Ja zum Leben sagen" geändert wurde.

... trotzdem Ja zum Leben

Ärztliche Seelsorge

Von den Kameraden im KZ aufgefordert, entwickelte Frankl Gedanken zu der verzweifelten Situation, in der sie alle steckten. Es kostete ihn Überwindung, aber er sprach davon, dass er nicht daran dächte, die Hoffnung aufzugeben, obwohl die Aussicht zu überleben gering sei. Er sprach von dem inneren Reichtum, den die Erinnerung ausmacht, „was Du erlebt hast, kann keine Macht der Welt Dir rauben", und er sprach davon, dass menschliches Leben immer und unter allen Umständen Sinn habe, auch noch in Leiden und Sterben. „Auch die Aussichtslosigkeit kann dem Sinn und der Würde unseres Kampfes nichts anhaben." Die im KZ formulierten Gedanken fasste Frankl in seinem Buch „Ärztliche Seelsorge" (1946) zusammen und diese Konzeption, Menschen zu helfen, damit sie sinnvoll leben können, bildete die Grundlage seiner „Logotherapie".

Logotherapie

Frankls Logotherapie wird die „dritte Wiener Richtung der Psychotherapie" genannt. Freuds Psychoanalyse sieht den Menschen vor allem lustorientiert, durch die Befriedigung von Lust wahrt er sein inneres Gleichgewicht. Bei Adlers Individualpsychologie ist die Machtorientierung bestimmend, um Minderwertigkeitsgefühle zu kompensieren. Für Frankl ist es jedoch weder der Wille zur Lust, noch der Wille zur Macht, sondern der Wille zum Sinn, zum Logos, der den Kern des menschlichen Wesens ausmacht, der Handeln, Denken und Fühlen des Menschen bestimmt. Aufgabe der Logotherapie (als einer Behandlungsmethode) und der Existenzanalyse (als dem zugehörigen Menschenbild) ist es, den Willen zum Sinn im Menschen anzuregen, ihn wiederzubeleben, falls er verschüttet ist, Beistand zu geben bei der Sinnfindung und zu helfen, seelische Entgleisungen zu regulieren. Das Streben nach Sinn sieht Frankl als das Allermenschlichste an, im Gegensatz zu Freud, der an die Prinzessin Bonaparte geschrieben hatte: „Im Moment, da man nach Sinn und Wert des Lebens fragt, ist man krank …" Wer im Leben keinen Sinn findet, ist unzufrieden und ablehnend sich selbst und anderen gegenüber, wer sein Leben als sinnvoll empfindet ist zufrieden und lebensstark.

Auf der Suche nach dem Sinn

Heute wird nicht mehr, wie zu Freuds Zeiten, die sexuelle Frage verdrängt, sondern die Sinnfrage. Und die Patienten kommen nicht mehr wie zu Alfred Adlers Zeiten mit ihren Minderwertigkeitskomplexen zum Psychiater, sondern mit einem Sinnlosigkeitsgefühl, mit einem Leeregefühl, das man „existentielles Vakuum" nennen könnte. Es ist dieses Leiden am sinnlosen Leben, das auch bereits junge Leute unter 30 befällt. Die Frage nach dem Sinn seines Lebens stellt sich wohl jeder irgendwann. In der Routine des Alltags spielt sie keine Rolle, aber auch im Wohlstand geraten die Menschen in Lebenskrisen. Der Wohlfahrtsstaat ist imstand, praktisch alle Bedürfnisse zu befriedigen, nur das Sinnbedürfnis geht leer aus. Es sind meist Menschen denen es rein äußerlich gut geht, die glücklich sein könnten, die es aber nicht sind, weil sie am Sinn ihres Lebens zweifeln oder den Sinn ihres Lebens verloren haben. Ohne einen Sinn zu sehen, kann der Mensch nicht handeln, ja nicht einmal leben wollen. „Sinnlosigkeit zu ertragen ist die größte Pein."

Dem Menschen wohnt das tiefe Bedürfnis inne, in seinem Leben, in jeder Lebenssituation, einen Sinn zu finden – und hinzugehen und ihn zu erfüllen. Kein Therapeut kann einem Kranken sagen, was der Sinn ist. Sehr wohl aber, dass das Leben einen Sinn hat, und dass es diesen Sinn auch behält, unter allen Bedingungen und Umständen, Es gibt keine Lebenssituation, die wirklich sinnlos wäre. Der Mensch ist imstande, auch eine ausweglose Situation, menschlich gesehen, noch in eine Leistung zu verwandeln. Für Frankl gibt es drei Möglichkeiten, dem Leben einen Sinn abzugewinnen: Die Tat, die wir setzen, ein Werk, das wir schaffen, aber auch dadurch, dass wir etwas erleben – etwas oder jemanden erleben, und jemand in seiner ganzen Einmaligkeit und Einzigartigkeit erleben, heißt ihn lieben. Sinn kann nicht gegeben, sondern muss gefunden werden. Jeder muss für sich selbst den Sinn finden. Im Erfüllen von Sinn verwirklicht der Mensch sich selbst. **Der Wille zum Sinn**

Um solcher Sinnerfüllung willen, ist der Mensch auch bereit, zu leiden. Auch noch im Leiden lässt sich Sinn finden, und sei es der Sinn des Opfers. Auch wenn wir mit einem unabänderlichen Schicksal, einer unheilbaren Krankheit zum Beispiel, konfrontiert sind, können wir dem Leben einen Sinn abringen durch die menschlichste unserer Fähigkeiten: Der Fähigkeit, das Leid in eine menschliche Leistung zu transfigurieren. Gerade in Grenzsituationen seines Daseins ist der Mensch aufgerufen, Zeugnis davon abzulegen wessen er fähig ist. Wenn wir eine Situation nicht ändern können, ist uns abverlangt, uns selbst zu ändern, nämlich zu reifen, zu wachsen, über uns selbst hinauszuwachsen. Und das ist bis in den Tod möglich. Selbst ein Sterbender hat noch die Möglichkeit, „sein Sterben in einen sinnvollen Akt umzugestalten, und zwar durch das Wie. Es kommt nicht darauf an was man leidet, sondern wie man es auf sich nimmt." **Vom Sinn des Leidens**

Es gibt eine Selbst- Transzendenz menschlicher Existenz. Menschsein weist allemal über sich selbst hinaus auf etwas, das nicht wieder es selbst ist – auf etwas, oder auf jemanden: auf einen Sinn, den zu erfüllen es gilt, oder auf anderes menschliches Sein, dem wir da liebend begegnen. Im Dienst an einer Sache oder in der Liebe zu einer Person erfüllen wir Sinn und verwirklichen uns damit selbst. Je mehr man aufgeht in seiner Aufgabe, je mehr man hingegeben ist an seinen Partner, um so mehr ist man Mensch, um so mehr kommt man zu sich selbst. Sich selbst verwirklichen kann der Mensch also eigentlich nur in dem Maße, in dem er sich selbst vergisst. In dem was heute als „Selbstverwirklichung" angepriesen wird, sieht Frankl hingegen „ein manipulatives Tarnwort für übersteigerten Egoismus". **Transzendenz**

Glück

Glück ist eine Wirkung, man kann nicht direkt nach Glück streben, dann verliert man es. Man muss nach einem Sinn streben, dann stellt sich Glück als Folge eines Grundes ein. Je mehr es dem Menschen um Lust geht, um so mehr vergeht sie ihm auch schon. Je mehr er nach Glück jagt, um so mehr verjagt er es auch schon. Was der Mensch wirklich will, ist letzten Endes nicht das Glücklichsein an sich, sondern ein *Grund*, um glücklich zu sein. Sobald nämlich ein Grund zum Glücklichsein gegeben ist, stellt sich das Glück von selber ein. Glück muss er-folgen und kann nicht er-zielt werden. „Die Tür zum Glück geht nach außen auf": am glücklichsten macht es den Menschen, andere Menschen glücklich zu machen.

Vergänglichkeit

Der Mensch sieht meistens nur das Stoppelfeld der Vergänglichkeit, aber er übersieht die vollen Scheunen der Vergangenheit – er übersieht, was er alles ins Vergangensein hineingerettet hat, wo es nicht unwiederbringlich verloren ist, sondern unverlierbar geborgen bleibt. Der Mensch lebt so, dass er alles hineinschafft in die Vergangenheit, dort sind alle Erlebnisse, alles Leiden, unverlierbar geborgen. Frankl zitierte gern einen alten Wandspruch: „Sonnige leuchtende Tage – nicht weinen, wenn sie vergangen sind, sondern lächeln, dass sie gewesen sind."

Religion

Über sein persönliches Verhältnis zur Religion wollte Frankl nicht sprechen, es gehörte für ihn zum Intimsten wie Lieben und Sterben. Sein Biograph Längle beschreibt ihn als einen tief religiösen Menschen. Für Frankl war Gott „der Partner unserer intimsten Selbstgespräche". Über den Glauben, meint Frankl, könne man nicht sprechen, ohne dass er zur Sache gerinnt. Religiöse Bekenntnisse waren für ihn relativ bedeutungslos, obgleich er „unerhörten Respekt vor echter Religiosität" hat. „Anonyme Christen", die in christlicher Gesinnung außerhalb der Kirche leben, sind für ihn die echteren, ihr Christentum ist existentiell und nicht öffentlich. „Nicht am Bekenntnis, an ihren Taten werdet Ihr sie erkennen." Gott repräsentiert sich im Sinn und das Organ, mit dem der Mensch in seiner Lebenswirklichkeit den Sinn ausfindig machen kann, ist das Gewissen.

Gewissen und Schicksal

Werte sind relativ. Absolut hingegen ist nur eines und das ist das Gebot unseres Gewissens. Und dieses Gewissen gebietet, dass wir uns unter allen Bedingungen und Umständen unserem Schicksal stellen – wie immer es auch sein mag. Unser Gewissen fordert von uns, dass wir dieses Schicksal gestalten, dass wir handeln, dass wir das Schicksal in die Hand nehmen, wo dies möglich ist. Dass wir aber auch bereit sind, dieses Schicksal auf uns zu nehmen, wenn dies nötig ist, und dass wir dann das aufrechte Leiden echten Schicksals leisten. Haben wir uns dem Schicksal aber einmal gestellt, so haben wir das Unsere getan.

486

Wie notwendig es für den Menschen ist Sinn zu suchen und für sich **Konfor-** selbst zu finden, hat Frankl in dem vielzitierten Satz umrissen: „Im **mismus** Gegensatz zum Tier sagen dem Menschen keine Instinkte, was er muss, und im Gegensatz zum Menschen von gestern sagen dem Menschen von heute keine Traditionen mehr, was er soll. Nun, weder wissend was er muss, noch wissend was er soll, scheint er nicht mehr recht zu wissen, was er will. So will er denn nur das, was die andern tun – Konformismus! Oder aber er tut nur das, was die anderen wollen – von *ihm* wollen – Totalitarismus!"

Bereits 1946, als es alles andere als populär war, setzte sich Frankl **Kollektiv-** für Versöhnung ein und trat der These von der Kollektivschuld entge- **schuld** gen. „Wer von Kollektivschuld spricht, setzt sich selbst ins Unrecht." Schuld kann nur persönlich sein und die Pauschalverurteilung spricht auch unschuldigen Menschen Schuld zu. Für Frankl gibt es nur gute und schlechte Menschen, in allen Lagern. Als ihn ein ehemaliger SS- Offizier bewegt ansprach, wieso gerade er den Mut aufbrächte, öffentlich gegen pauschale Verurteilung zu wenden, antwortete ihm Frankl: „Sie können es nicht, Sie würden pro domo sprechen. Ich aber bin der ehemalige Häftling 119104, ich kann es tun und deshalb *muss* ich es tun." Das klang ganz anders als die hasserfüllte Art der Vergangenheitsbewältigung, die Horkheimer und Adorno zelebrierten, oder die Unversöhnlichkeit von Bubis bei seinem Streit mit Walser. Das klang ähnlich wie bei Golo Mann oder Hannah Arendt.

Im März 1988, 50 Jahre nach dem „Anschluss" Österreichs, rief **Versöhnung** Frankl erneut, wie schon so oft, zur Versöhnung auf. Den über 20.000 Menschen, die auf dem Wiener Rathausplatz versammelt waren, rief er zu: „Der Nationalsozialismus hat den Rassenwahn aufgebracht … Aber … es gibt eigentlich nur zwei Menschenrassen und das ist die Rasse der anständigen Menschen und die Rasse der unanständigen Menschen und die Rassentrennung geht quer hindurch durch alle Nationen … Gefahr … droht anderswo … die anständigen Menschen sind in der Minorität; die Gefahr liegt dort wo ein Regime die unanständigen Menschen an die Oberfläche schwemmt und dafür sorgt, dass die negative Auslese einer Nation ans Ruder kommt. Das ist die eigentliche Gefahr, aber davor ist von vornherein keine einzige Nation gefeit und in diesem Sinne wage ich die Behauptung, dass grundsätzlich jede Nation holocaustfähig ist."

Frankls Logotherapie und seine damit verbundene Lebensphilosophie **Wirkung** entfaltete besonders in Amerika eine große Wirkung. An der U.S. International University in San Diego (Kalifornien) wurde eigens für Frankl ein Lehrstuhl für Logotherapie eingerichtet. Von seinem KZ- Bericht „Man's Search for Meaning" wurden in Amerika über 9 Millionen Exemplare verkauft, in Deutschland erreichte das Buch gerade eine zweite Auflage. Von den 29 Universitäten, die ihm die Ehren- doktorwürde verliehen, waren 18 nord- und südamerikanische, aber keine einzige deutsche. Dass Frankl in Deutschland so wenig beachtet wurde, hängt sicher damit zusammen, dass das intellektuelle Meinungsbild der Nachkriegszeit in Deutschland von der Frankfurter Schule geprägt wurde, in deren Weltbild Frankl wohl nur als Störenfried empfunden werden kann, besonders was seine Auffassung von Vergangenheitsbewältigung betrifft. Frankls Bücher sind in 31 Sprachen erschienen, darunter Japanisch und Chinesisch. Frankl selbst hat das Anliegen seines Lebens mit dem einen Satz umrissen: „Ich habe den Sinn meines Lebens darin gesehen, anderen zu helfen, in ihrem Leben einen Sinn zu sehen." Und das ist ihm gelungen.

Helmut Schelsky (1912 – 1984)

Die Soziologie hat zum Teil die Rolle übernommen, die früher der Philosophie ausschließlich vorbehalten war. In der Interpretation empirischer Daten schlägt sich nieder, was man als Sozialphilosophie bezeichnen kann.

Helmut Schelsky wurde in Chemnitz geboren und studierte in Königsberg und Leipzig Soziologie. Er war ein Schüler von Arnold Gehlen. 1939 konnte er sich in Königsberg habilitieren, aber dann brach der Krieg aus und Schelsky war 4 Jahre lang als Infanterist an der Ostfront. 1945 gründete er in Flensburg den Suchdienst des Deutschen Roten Kreuzes. Inzwischen war er verheiratet und hatte 2 Söhne. 1949 wurde er Direktor der Akademie für Gemeinwirtschaft in Hamburg, 3 Jahre später Ordinarius für Soziologie an der Universität Hamburg. 1960 ging er dann als Ordinarius nach Münster und übernahm gleichzeitig die Leitung der Sozialforschungsstelle in Dortmund. Er war Gründungsbeauftragter der Reform- Universität Bielefeld und errichtete hier die erste und einzige Fakultät für Soziologie in Deutschland. 3 Jahre lang war er ordentlicher Professor für Soziologie in Bielefeld, dann kehrte er an die Universität Münster zurück. Nach seiner Emeritierung übernahm er eine Honorarprofessur für Rechtssoziologie an der Universität Graz. Schelsky starb im Alter von 71 Jahren in Münster.

Die skeptische Generation
In seinem Buch „Die skeptische Generation" (1957) beschreibt Schelsky die Generation der Nachkriegszeit, die Jugend der 50er Jahre, als kritischer, skeptischer und illusionsloser im Vergleich zu den Generationen vorher. Ihre nüchterne Einstellung macht sie frei zu einer ungewöhnlichen Lebenstüchtigkeit, es ist eine Generation der „vorsichtigen, aber erfolgreichen jungen Männer". Doch in den „Halbstarken"-Krawallen deutet sich bereits ein neues Verhalten der Jugend an und Schelsky erwartet eine Welle „sinnloser Ausbruchsversuche aus der in die Watte manipulierter Humanität ... und allgemeiner Wohlfahrt gewickelten modernen Welt". 10 Jahre später muss

Schelsky konstatieren, dass inzwischen ein Generationsbruch von der „skeptischen Generation" zur „Generation des Jugendprotestes" stattgefunden hat. Das Protestverhalten und das „Emanzipations"-Bedürfnis richtet sich gegen die vorangegangene skeptische Generation, ihren Wirklichkeitssinn und ihre pragmatische Handlungseinstellung. „Trau keinem über Dreißig" ist die neue Devise. In der Protestgeneration ist die ideologische Weltsicht wieder zum Zuge gekommen, von der sich die skeptische Generation befreit hatte.

1971 schrieb Schelsky einen Artikel in der FAZ mit der Überschrift **System-** „Die Strategie der Systemüberwindung – der lange Marsch durch **überwindung** die Institutionen". Er analysiert darin die revolutionäre Strategie der radikalen Linken, die im Zuge der „Kulturrevolution" das Ziel verfolgt, in den Institutionen der „Sozialisation" und der „Kommunikation" die Macht zu ergreifen. In den Schulen und Universitäten, in der Erwachsenenbildung und den Medien, strebt sie die mehrheitliche Besetzung der entscheidenden Positionen mit ihren Gesinnungsgenossen an. Die Grundwerte der Aufklärung, das „sogenannte Gute", sollen zum Instrument von Herrschaft und Terror umfunktioniert werden. Der „Tugendterror", wie ihn Hegel bei Robespierre diagnostiziert hat, gehört zum Grundsatz dieser Strategie. Durch exzessive Beanspruchung werden die individuellen Freiheits- und Grundrechte der Person zu einem Angriffsinstrument auf die legitimen Aufgaben des Staates selbst umfunktioniert. Außerdem werden unter der Devise „mehr Soziale Gerechtigkeit" übersteigerte Sozialforderungen durchgesetzt und es wird damit „die Belastbarkeit der Wirtschaft getestet".

2 Jahre später stellte Schelsky die Frage „Mehr Demokratie oder mehr **Mehr Demo-** Freiheit?" (FAZ vom 20.1.1973) Anlass war die von Bundeskanzler **kratie?** Willy Brandt in seiner Regierungserklärung ausgegebene Devise „Mehr Demokratie wagen!" Schelsky meint, dass sich in der Bundesrepublik eine Polarisierung zwischen zwei Blöcken ausgebildet hat: Dem Streben nach mehr „Demokratisierung" steht das Prinzip der die individuelle Freiheit sichernden Gewaltenteilung gegenüber. Es geht um die Frage, wie die Herrschaft der politischen Gewalt so beschränkt werden kann, dass die Freiheit der individuellen Lebensführung nicht beeinträchtigt wird. Herrschaftsbeschränkung durch mehr Demokratie kann in einer extremen Ausprägung, wie sie Rousseau formuliert hat, zum egalitären Totalitarismus und dem Verlust der individuellen Freiheit führen. Bei einer Herrschaftsbeschränkung durch institutionelle Gewaltenteilung, wie sie Montesquieu vorschlug, bleiben hingegen die individuellen Freiräume gesichert. Mehr Demokratie bedeutet im Massenzeitalter auch mehr Konflikte und weniger Rationalität. Politische Entscheidungen werden personifiziert und an Galionsfiguren festgemacht. Verstärkt wird diese Entwicklung durch „Opinion Leaders", die sachlich erworbenes Berufsprestige für Parteizwecke einsetzen. Die Demokratisierung der Institutionen wie Kirche, Schule, Hochschule, bedeutet deren polarisierende Politisierung.

Das betreffende Personal wird nach Zugehörigkeit zu politischen Lagern ausgewählt, die Sachverantwortung schwindet. Notwendig ist eine vernünftige Balance zwischen beiden Prinzipien, wie sie im Begriff der „freiheitlich demokratischen Grundordnung" gemeint ist.

Die Arbeit tun die anderen
Aufsehen erregte Schelsky mit seinem Buch „Die Arbeit tun die anderen – Klassenkampf und Priesterherrschaft der Intellektuellen" (1975) Ein neuer „Klassenkampf" zeichnet sich ab: Der Klasse der „Produzenten von lebenswichtigen Gütern" steht die neue Klasse der „Sinn-Vermittler" und „Heilslehrer" gegenüber. Ihr Tätigkeitsfeld umfasst die Bereiche Bildung, Öffentlichkeit und Information, sie zielt darauf ab, das Bewusstsein der anderen zu beherrschen. Die Sinn- und Heilsvermittler verzichten auf die Auseinandersetzung mit der Alltagswirklichkeit nach der einfachen Formel: „Die Arbeit tun die anderen, ... wir verheißen mehr Glück und Heil". Diese „Reflexionselite" der linken Ideologen hat in den vergangenen Jahren nur ihre eigenen, nicht aber die Interessen der für Industriestaaten existenznotwendigen Gruppe der Angestellten und Arbeiter vertreten. Der Begriff der Leistung wird abgewertet, das zu überwindende Gesellschaftssystem wird als „Leistungsgesellschaft" diffamiert. Die Galionsfigur der linken Intellektuellen war für Schelsky Ernst Bloch, den er mit seiner Schrift „Die Hoffnung Blochs" (1979) attackierte.

Sozialreligion
Die neue Klasse der „Heils- und Sinnvermittler" stützt sich auf einen Lebensanspruch, der noch tiefer greift als eine Ideologie, den man „religiös" nennen kann. Die neue Sozialreligion ersetzt die jenseitige Heilsverheißung durch eine diesseitige, sie verspricht einen Endzustand der Gesellschaft, in dem Furcht und Leiden, Gewalt und Schicksalsschläge nicht mehr vorhanden sind. Diese neue Religiosität macht sich die Dauerhaftigkeit des religiösen Grundbedürfnisses zunutze, das nach der Aufklärung nicht mehr befriedigt wird. Was erreicht werden soll, ist die vollständige Abhängigkeit des Einzelmenschen von der „Gesellschaft", er wird zum Kollektivwesen, das beliebig lenkbar ist. Die sozialpsychologisch erzeugte Hilflosigkeit schafft erst den ängstlichen und unsicheren Menschen in einem Umfang, wie ihn die realen Verhältnisse in keiner Weise bedingen. So entsteht eine neue Form des „Untertanen": der „betreute Mensch".

Selbständige und Betreute
Schelskys Leitthema, „Der selbständige und der betreute Mensch" war auch der Titel einer Aufsatzsammlung, die 1976 erschien. Eine langfristige Politik muss zwischen den beiden Grundverhaltensmustern der „Selbständigen" und der „Betreuten" wählen. „Selbständige" sind für Schelsky Menschen, die in ihrer beruflichen Arbeit eine gewisse Verfügungsfreiheit und Freude an ihrer Tätigkeit haben, und die imstande sind, eine individuelle Lebensplanung zu entwickeln. In diesem Sinne können nicht nur Freiberufler und Mittelständler, sondern ebenso höhere Beamte und Angestellte, die Mehrzahl der Facharbeiter und viele angelernte und ungelernte Arbeiter „Selbstän-

dige" sein. Diese soziale Selbständigkeit beruht im Grunde auf einer moralischen Selbständigkeit, auf der Bereitschaft, Verantwortung zu übernehmen. „Betreute" sind jene, die solche Selbständigkeit scheuen und sich der Herrschaft der Betreuer unterwerfen oder nach ihren Lebensumständen unterwerfen müssen.

Schelskys Vorstellung vom Selbständigen geht zurück auf die Auffassung von Kant, der in der „Metaphysik der Sitten" die Freiheit der Person darstellt und sie ausdrücklich als Selbständigkeit bezeichnet: „Selbständigkeit bedeutet, seine Existenz und Erhaltung ... eigenen Rechten und Kräften ... verdanken zu können". In seiner berühmten Definition „Was ist Aufklärung" hat Kant zum Ausdruck gebracht, dass mündig und selbständig ist, wer selber denkt. Dietrich Bonhoeffer hat den Begriff der Mündigkeit gegen die religiöse und politische Bevormundung wieder aufgegriffen. In den letzten Jahren aber haben die „Frankfurter Schule" und viele neomarxistische Intellektuelle aus dieser Mündigkeitsforderung in einer einseitigen Interpretation der Aufklärungsphilosophie eine Protestbewegung gegen das vermeintlich prinzipienlose Establishment gemacht. **Philosophischer Hintergrund**

Die hilfreich gemeinte Betreuung der sozial Schwachen schlägt auf die Dauer in eine Herrschaft der sozialen Betreuer um, die dann ein politisches Eigeninteresse daran haben, die Betreuten materiell und vor allem in ihrem Selbstverständnis hilflos und hilfsbedürftig, also unselbständig, zu erhalten. Die Betreuer sind diejenigen, die heute ohne großes personales Existenzrisiko leben können, als Hochschullehrer, Lehrer und Studenten, als Journalisten im öffentlichen Rundfunk, als Medienbeherrscher, Sozialbetreuer und Organisationsfunktionäre, deren „verborgene Herrschaftsgier" deshalb durchaus verständlich ist. Soziale Bevormundung und betreuende Entmündigung führen zu einer egoistischen Anspruchshaltung aller gegen den Staat. **Betreuungsherrschaft**

In seinem Buch „Funktionäre" nahm Schelsky das Thema 1982 noch einmal auf. Besonders in den Gewerkschaftsfunktionären sah Schelsky eine Gefährdung des Gemeinwohls. Sie waren für ihn Kapitalisten neuen Stils, die sich mit den gewerkschaftseigenen Großunternehmen zu einer einflussreichen Wirtschaftsmacht entwickelten. Schelsky tadelte besonders die „antidemokratische Verbindung von Gewerkschafts- und Parteifunktionär". Gewerkschaftsfunktionäre sitzen in großer Zahl in den Parlamenten oder auf Regierungsbänken. Von Gewaltenteilung zwischen politischer und gewerkschaftlicher Macht kann da keine Rede mehr sein. Der politische Einfluß der mitregierenden aber öffentlich verantwortungslosen Funktionäre führt dazu, dass die Erneuerungsfähigkeit des Staates erstarrt und die Fähigkeit zu ideenreicher Zukunftsgestaltung verloren geht. **Gewerkschaftsfunktionäre**

In seiner Schrift „Rückblicke eines Anti-Soziologen" (1981) ging Schelsky mit dem eigenen Fach ins Gericht. Er beobachtete, wie viele Fachkollegen die wissenschaftliche Distanz verloren, zum Werkzeug der Betreuerklasse wurden und der Priesterherrschaft der Intellektuellen den Weg bereiteten. Auch mit einer Soziologie, in der seiner Meinung nach der konkrete Mensch zur Restkategorie systemtheoretischer Konstrukte wurde, wollte er nichts mehr zu tun haben. In seinem Rückblick rief er auch noch einmal die Zeit in Erinnerung, als seine eigene Generation aus dem Krieg heimgekehrt war und sich intensiv mit den brennenden Fragen beschäftigte: Wie sind wir in diese Lage geraten? Wo lagen unsere Irrtümer und unsere Schuld?, Wo müssen wir umdenken und was müssen wir tun? „Wer heute noch die Ansicht vertritt, diese aus dem Krieg kommende Generation habe ‚ihre Vergangenheit nicht bewältigt', hat diese Jahre 1945 – 1948 unter der deutschen Bevölkerung nicht miterlebt oder verdrängt", schrieb er. Das Ergebnis dieser Vergangenheitsbewältigung führte zum Aufbau der Bundesrepublik Deutschland, zu dem auch Schelsky an seinem Platz einen Beitrag geleistet hat. (Messelken)

Elisabeth Noelle (* 1916)

Die empirische Sozialforschung hat in den letzten 50 Jahren einen enormen Aufschwung genommen. Die Theorien, die sie entwickelt, um ihre Ergebnisse zu erklären, lehnen sich an die ideengeschichtliche Entwicklung an. Die Grenzen zur Philosophie sind fließend, wie das Beispiel von Elisabeth Noelle zeigt.

Elisabeth Noelle wurde in Berlin als Tochter eines Fabrikbesitzers geboren. Ihre Schulzeit verbrachte sie in Berlin und in Salem am Bodensee und als sie 19 war begann sie Geschichte, Philosophie, Zeitungswissenschaft und Amerikakunde zu studieren. 1937 ging sie für 1 Jahr als Austauschstudentin an die Journalistenschule der Universität von Missouri in Columbia/USA. Über Japan, China und den vorderen Orient kehrte sie nach Berlin zurück und promovierte mit dem Thema „Meinungs- und Massenforschung in den USA" zum Dr. phil. Anschließend war sie Redakteurin bei einer Wochenzeitung, doch wurde ihr auf Veranlassung von Goebbels fristlos gekündigt. Bis zum Kriegsende konnte sie sich als Journalistin anonym durchschlagen. 1946 heiratete sie den Journalisten und späteren Bundestagsabgeordneten Erich Peter Neumann und gründete mit ihm zusammen in Allensbach am Bodensee das Institut für Demoskopie. 1965 wurde sie zum Professor an der Universität Mainz berufen und baute dort das Institut für Publizistik auf, das sie bis zu ihrer Emeritierung 1983 leitete. Sie war 13 Jahre lang Gastprofessorin an der Universität von Chicago und später an der Universität München. Nachdem 1973 ihr Mann gestorben war, heiratete sie 1979 den Kernphysiker Prof. Heinz

Maier-Leibnitz, der inzwischen ebenfalls verstarb. Seit der Gründung leitet Elisabeth Noelle das Institut für Demoskopie in Allensbach.

Das Allensbacher Institut war das erste Meinungs- und Marktforschungsinstitut in Deutschland. Noelles Vorbild war George Horace Gallup (1901–1984) und sein 1935 gegründetes „American Institute of Public Opinion". Das Institut für Demoskopie Allensbach entwickelte sich rasch zu einem leistungsfähigen Unternehmen und konnte seine führende Stellung behaupten. In der Öffentlichkeit ist es besonders durch seine erstaunlich präzisen Wahlprognosen bekannt geworden. Neben der Markt- und Mediaforschung nehmen auch Themen zur Sozialforschung und politische Umfragen einen breiten Raum ein. Diese empirische Sozialforschung aufgrund einer komplizierten Methodenlehre findet ihren Niederschlag in zahlreichen Publikationen, mit denen Elisabeth Noelle und das Allensbacher Institut tagespolitische und zeitgeschichtliche Ereignisse begleiten. Da sie Ideologie für den Feind der Erkenntnis halten, ist es ihr Ziel, aus Ideologiefragen Sachfragen zu machen.

Empirische Sozialforschung

Mit ihrem Buch „Die Schweigespirale – Öffentliche Meinung – unsere soziale Haut" (1980) deckte Elisabeth Noelle, veranlasst durch die linksliberal ausgerichteten bundesdeutschen Meinungsmacher, eine seit langem bekannte Erscheinung auf, die aber noch nie so deutlich beschrieben worden war. Menschen fürchten die Isolierung. Es ist schön, auf der richtigen Seite zu sein, aber fürchterlich, ausgegrenzt zu werden. Die Isolationsfurcht veranlasst die Menschen, immer wachsam zu verfolgen: Wie denken die anderen? Der Mensch hat eine „soziale Haut", durch die er unablässig die Meinungen in seiner Umwelt beobachtet. Und wenn er feststellt, die Menschen in seiner Umgebung denken anders als er, dann wird er schweigen, denn er will sich durch seine Ansicht nicht isolieren. Die anderen hingegen, die sich von der Meinung aller getragen fühlen, werden immer lauter. Wie in einer Spirale werden die einen immer stiller und die anderen landen schließlich ganz oben im Prozess des Ringens um die öffentliche Meinung. Diesen Vorgang gibt es in jeder Gruppe, er hat nichts mit Wahrheit, sondern mit Herrschaft zu tun.

Die Schweigespirale

Öffentliche Meinung geht zuerst von den Medien, dann aber auch von Nachbarschaftsbeziehungen aus. Jeder, er mag sich noch so sehr wehren, ist dem Druck des Meinungsklimas ausgesetzt. Auf Ruhm und Reichtum kann leichter verzichtet werden, als auf die Wärme, die alle umfasst und alle zusammenhält. Schon John Locke hatte festgestellt: „Niemand aber entgeht der Strafe und dem Tadel und dem Missfallen seiner Umwelt, der gegen die Mode und Ansicht derjenigen Gemeinschaft verstößt, der er angehört." So verschweigt die Mehrheit der Bevölkerung aus Angst vor sozialer Isolation ihre tatsächlichen Ansichten und überlässt einflussreichen Minderheiten das Feld der politischen Willensbildung.

Öffentliche Meinung

Mut und Einsamkeit John Locke beschrieb den Anpassungsdruck so: „Das muss ein Unmensch sein, dem es nichts ausmacht, wenn andere über ihn schlecht denken. Viele Menschen haben die Einsamkeit gesucht, aber nicht einer unter Zehntausend erträgt es, wenn die anderen sich von ihm abkehren." Für Elisabeth Noelle ist die Auseinandersetzung mit der Einsamkeit ein wesentlicher Charakterzug. Nur wer Einsamkeit ertragen kann, bringt den Mut auf, sich auch gegen Mehrheitsmeinungen durchzusetzen. Wer sich dagegen vor gesellschaftlicher Isolation fürchtet, wird sich anpassen: Das ist, auf einen kurzen Nenner gebracht, ihre Theorie der öffentlichen Meinung.

Politische Koordinaten Obwohl immer wieder eingewandt wird, dass das grobe Raster von „links" oder „rechts" heute nicht mehr taugt, zeigt die empirische Sozialforschung eindeutig die Gültigkeit dieser Koordinaten. In mehr als 30 Ländern auf 5 Kontinenten antworten die Menschen bei repräsentativen Bevölkerungsumfragen wie selbstverständlich auf die Frage nach ihrem politischen Standort mit einer genauen Angabe auf der Skala von links nach rechts. Mit dem politischen Standort, auch das ist ein Ergebnis der Sozialforschung, sind auch überall die gleichen Wertvorstellungen verbunden.

Linke Werte Ablehnung von Autorität, Mitbestimmung, der Wunsch nach menschlicher Nähe, das Bemühen „um eine Gesellschaft, die weniger unpersönlich und menschlicher ist", sind eher linke Werte. An der Spitze des linken Wertesystems steht der Begriff der Gleichheit. Für den einzelnen bedeutet das die Betonung von Sicherheit und Geborgenheit, zugleich wird aber auch die Passivität begünstigt und der Sozialneid gefördert.

Rechte Werte Die Rechtsstehenden nennen die Aufrechterhaltung von Recht und Ordnung als wichtiges Ziel, doch auch Religiosität bedeutet ihnen viel. Der oberste Wert auf der rechten Werteskala aber ist die Freiheit. Das bedeutet auch Entscheidungsfreiheit und Selbstverantwortung für den einzelnen, begünstigt die Risikobereitschaft, fordert zur Aktivität heraus und bietet eine größere Chance zu persönlichem Glück.

Freiheit und Gleichheit – ein Antagonismus Die große Parole der französischen Revolution „Freiheit, Gleichheit, Brüderlichkeit" enthielt gewissermaßen einen Sprengsatz, nämlich den Antagonismus von Freiheit und Gleichheit. Im Frankreich der Revolution wurde schon bald die Freiheit der Gleichheit geopfert und die Brüderlichkeit spielte nie wirklich eine Rolle. Doch die Parole wirkte weiter, trotz aller Einwände. Schon Goethe, ein Zeitgenosse der Revolution, meinte: „Gesetzgeber oder Revolutionäre, die Gleichheit und Freiheit zugleich versprechen, sind entweder Phantasten oder Scharlatane." Max Horkheimer präzisierte das Verhältnis der beiden Werte: „Je mehr Freiheit, desto weniger Gleichheit; je mehr Gleichheit, desto weniger Freiheit." Und der Oxforder Philosoph Isaiah Berlin unterschied zwischen dem sozialistischen Weg, für den

494

die Gleichheit wichtig ist, und dem liberalen Weg, auf dem die Freiheit den Vorrang hat. Zwischen den beiden Werten lasse sich keine Harmonie herstellen, man müsse zwischen beiden wählen und das sei eine existentielle Entscheidung. Zur Zeit der Wiedervereinigung gaben 65 % der Westdeutschen der Freiheit den Vorrang vor der Gleichheit, nach der Wiedervereinigung waren es nur noch 43 %. In Ostdeutschland hatte für 61 % die Gleichheit Priorität, wie die Allensbacher Demoskopen feststellten.

Als Elisabeth Noelle 1999 der Hanns-Martin-Schleyer-Preis verliehen wurde, gab sie ihrem Vortrag den Titel: „Zauber der Freiheit", ein Ausdruck, den Max Weber in seiner Freiburger Antrittsvorlesung gebraucht hatte. Freiheit wird hier als mit Verantwortung verknüpfte Entscheidungsfreiheit verstanden. Die Ergebnisse der Allensbacher Untersuchungen haben gezeigt, dass die Menschen mit großer subjektiver Entscheidungsfreiheit am Arbeitsplatz immer fröhlicher, gesünder, aktiver und sozial freundlicher waren. „Es muss die Wirkung dieses subjektiven Freiheitsgefühls sein, das diese zauberhafte Wirkung – Heiterkeit, Gesundheit, Freude an der Arbeit, Hilfsbereitschaft – auslöst." Menschen mit starkem subjektivem Freiheitsgefühl sind glücklicher. Wer mit Freiheit lebt, muss Entscheidungen treffen, braucht dazu Kraft und entwickelt dabei seine Fähigkeiten und sein Selbstbewusstsein. Und Selbstbewusstsein scheint die wichtigste aller Quellen für ein glückliches Lebensgefühl zu sein. Menschen die in Gesellschaften leben, die schon lange eine freiheitliche Verfassung haben, – die Engländer und die Amerikaner – empfinden den Zauber der Freiheit unbewusst. Rund 70 % der Amerikaner und Engländer gaben Anfang der 90er Jahre der Freiheit den Vorzug gegenüber der Gleichheit. Bei uns in Deutschland waren es zur gleichen Zeit 39 %. Im Zweifelsfall muss die Freiheit den Vorrang haben, sie ist der erste, der oberste Wert der Demokratie. „In der existentiellen Entscheidung für den Vorrang der Freiheit entscheidet sich, ob Deutschland eine aktive Zukunft hat, fähig, die ringsum aufgehäuften Schwierigkeiten zu überwinden. Hier entscheidet sich, ob die politische Ordnung in Deutschland den Menschen hilft, glücklich zu sein, den Zauber der Freiheit zu erleben."

Vom Zauber der Freiheit

Wird der Gegenpol zur Freiheit, die Gleichheit stärker betont, schränkt man die Freiheit entsprechend ein. Unsere Zeit hat den Wert der Gleichheit zu hoch getrieben. Gleichheit macht nicht glücklich, das wusste schon Tocqueville. Eine Gleichheitsgesellschaft produziert nicht mehr Glück, paradoxerweise aber mit Sicherheit mehr Neid. Das lässt sich auch an der freiheitlichen Wettbewerbsgesellschaft in den USA ablesen. „Amerika ist eine Gesellschaft ohne jenen Sozialneid, der bei uns so viel Schaden stiftet. Auch arme Leute halten Reiche und deren Privilegien für einen Teil der gegebenen Ordnung der Welt. Wir dagegen pflegen eine ausgeprägte Unkultur des Neides"

Gleichheit macht nicht glücklich

Wirtschaft und Freiheit Was für den einzelnen gilt, gilt auch für die Volkswirtschaft. Ein freiheitliches Wirtschaftssystem macht die Gesellschaft glücklicher. Es ist nicht so, dass ein Wirtschaftssystem mit vielen Freiheitselementen die Reichen glücklich macht, und eines mit vielen Gleichheitselementen die einfachen Leute. Vielmehr macht ein Wirtschaftssystem mit einem hohen Freiheitsgrad die ganze Bevölkerung glücklicher und aktiver und eine Wirtschaftsordnung mit vielen Elementen der Umverteilung im Interesse der Gleichheit macht die ganze Gesellschaft passiv und freudloser.

Ergebnisse der Glücksforschung Um glücklich zu sein, muss man die Verantwortung für sein Tun übernehmen. Nicht durch Genuss wird man glücklich, man erreicht das Glück nur über die Anstrengung, die die Kräfte wachsen und das Selbstbewusstsein zunehmen lässt, bis das selbstgesetzte Ziel erreicht ist und man sich sagen kann, das ist mir gelungen. Der Weg zum persönlichen Glück besteht darin, sich ganz einer Aufgabe zu verschreiben, sich selbst über seinem Werk zu vergessen.

John Rawls (1921 – 2002)

John Borden Rawls wurde in Baltimore/Maryland als 2. von 5 Kindern geboren. Er studierte an der Princeton University, bis er 1943 zur Armee eingezogen wurde und er die nächsten 3 Jahre im Pazifik, auf den Philippinen und in Japan verbrachte. Er besuchte Hiroshima nach dem Abwurf der Atombombe, und diese Erfahrung veranlasste ihn, eine Offizierskarriere auszuschlagen. Nach der Heimkehr promovierte er in Princeton in Moralphilosophie und heiratete. Seine Frau Margaret und er hatten 4 Kinder. Rawls begann seine akademische Lehrtätigkeit in Princeton. Ein Stipendium ermöglichte ihm einen Studienaufenthalt am Christchurch – College in Oxford, wo ihn der liberale Theoretiker und Historiker Isaiah Berlin beeindruckte. Zurück in den USA ging er zunächst an die Cornell University, dann folgte er einem Ruf als Professor für Politische Philosophie an die Harvard University, wo er während der nächsten 40 Jahre lehrte. Rawls starb im Alter von 81 Jahren in Lexington/Massachusetts.

Gesellschaftsvertrag Rawls' Hauptwerk umfasst 600 Seiten und erschien 1971: „A Theory of Justice" („Eine Theorie der Gerechtigkeit", 1975) Für Rawls ist Gerechtigkeit die wichtigste Tugend sozialer Institutionen und bestimmend für die Grundordnung einer Gesellschaft. Er geht von einem fiktiven Gesellschaftsvertrag aus und stellt sich vor, dass in einem ursprünglichen Zustand von Gleichheit und Freiheit die Beteiligten nach rationalen Gesichtspunkten die elementaren Prinzipien der Gesellschaft aushandeln. Die Gesellschaft ist ein System der Zusammenarbeit, dessen Gewinne – und Lasten – so zu verteilen sind, dass jeder einen möglichst großen Vorteil davon hat. Zur Verteilung kommen jene gesellschaftlichen Grundgüter, die als Bedingungen unterschiedlichster Lebenspläne für jedermann unverzichtbar sind: 1. Rechte und Freiheiten; 2. Chancen und Macht; 3. Einkommen und Wohlstand.

Die Verteilung erfolgt entsprechend dem Grundsatz der „Gerechtigkeit als Fairness" nach zwei Gerechtigkeitsprinzipien: 1. Jedermann soll gleiches Recht auf das umfangreichste System gleicher Grundfreiheiten haben, das mit dem gleichen System für alle anderen verträglich ist. Hier geht es um politisch-rechtliche Gleichheit und um die Maximierung individueller Freiheit. 2. Soziale und wirtschaftliche Ungleichheiten sind so zu gestalten, dass (a) vernünftigerweise zu erwarten ist, dass sie zu jedermanns Vorteil dienen, und (b) sie mit Positionen und Ämtern verbunden sind, die jedem offen stehen. Hier geht es um sozio-ökonomische Gerechtigkeit, um Chancengleichheit und jedermanns Vorteil. Es geht nicht nur um formale Chancengleichheit, sondern um faire Chancen: Menschen mit ähnlichen Fähigkeiten sollten ähnliche Lebenschancen haben. Ungleichheiten sind nur dann gerechtfertigt, wenn sie auch den am schlechtesten Gestellten Vorteile bringen. **Gerechtigkeit als Fairness**

Rawls Prinzipien entsprechen einem liberalen und sozialen Rechtsstaat, einer demokratischen Ordnung und einer sozialen Marktwirtschaft. In seinem späteren Werk „Political Liberalism" (1993) („Politischer Liberalismus", 1998) nimmt Rawls noch einige Korrekturen vor. Er geht nicht mehr von einer allgemeinen Gerechtigkeitsvorstellung aus, sondern sucht nach einem vernünftigen übergreifenden Konsens. In seiner Schrift „The Law of peoples" (1999) weitet Rawls seine Gerechtigkeitstheorie auf die Ordnung des Völkerrechts aus. Rawls' Theorie begründet die Gerechtigkeitsgrundsätze, die den liberalen Rechts- und Sozialstaat bestimmen. Eine ungebundene, sich frei entfaltende Marktwirtschaft lehnt Rawls jedoch aus Gerechtigkeitsgründen ab. Seine Gerechtigkeitstheorie mit ihren wohlfahrtsstaatlichen Konsequenzen begegnet allerdings auch Einwänden. Um Rawls' Ideal zu realisieren, muss der Staat immer wieder in das Leben der Bürger eingreifen und die Umverteilung verletzt die wohlerworbenen Rechte der Eigentümer. Rawls' Modell eines unparteiischen, wertpluralistischen, quasi anonymen Staates erscheint zu sehr losgelöst von den praktischen Gegebenheiten. So meint auch F. A. Hayek, dass Rawls' Konzept zwar zunächst „unerhört plausibel" erscheint, dass die Konsequenz daraus aber eine geplante Wirtschaft wäre. Rawls scheint ihm etwas ändern zu wollen, das man doch nicht ändern kann. **Charakteristik**

Robert Spaemann (* 1927)

Robert Spaemann wurde in Berlin geboren. Er studierte Philosophie, Geschichte, Theologie und Romanistik an den Universitäten Münster, München, Fribourg/Schweiz und Paris. Er promovierte in Münster und war dann 4 Jahre lang Verlagslektor. 1962 habilitierte er sich für Philosophie und Pädagogik in Münster und erhielt einen Ruf als Ordinarius für Philosophie und Pädagogik an die Universität Stuttgart. 1969 wechselte er nach Heidelberg und von 1973 bis zu seiner Emeritierung 1992 lehrte er als Professor für Philosophie an der Universität München. Gastprofessuren führten ihn an die Universitäten Rio de Janeiro, Salzburg und Paris.

Ethik

Für Spaemann sind Fragen der Ethik das zentrale Thema seiner Philosophie. Er sucht Antworten bei den Philosophen der Antike und beschäftigt sich besonders mit Rousseau („Rousseau – Bürger ohne Vaterland", 1980), der für ihn den Umbruch zur Moderne markiert. Auch das Denken der Gegenwart braucht die Metaphysik als sichere Basis, denn „es gibt keine Ethik ohne Metaphysik". Rousseau hat damit begonnen, den Menschen nicht von seinem Telos, seiner universalen Zielgerichtetheit her, sondern von der reinen Natur her zu begreifen. Dieser „Teleologieabbau" setzt sich über die Evolutionstheorie bis heute fort. Für Spaemann ist damit jedoch der Mensch und sein Weltverhältnis nicht angemessen beschrieben. Die menschliche Natur ist auf eine transzendierende „Unbedingtheit" hin geordnet. Spaemanns Kritik an der Abkehr von einem teleologischen Naturverständnis in der Neuzeit führt ihn zu einem Neuansatz. Die Hinordnung zur Natur erfordert ein Verhältnis von Mensch und Natur, das nicht allein als Naturbeherrschung verstanden wird. Eine menschenwürdige Existenz ist nur zu bewahren, wenn der „Reichtum des Lebendigen als ein Wert an sich" respektiert wird. Auch „Vernunft heißt Versöhnung mit dem, was vor ihr ist: Natur".

Moralische Grundbegriffe

In seiner Schrift „Moralische Grundbegriffe" (1982) handelt Spaemann von Ethik, Erziehung, Bildung, Gesinnung und Verantwortung. Moralisches, heißt es, versteht sich von selbst, dennoch muß auch von Selbstverständlichem immer wieder gesprochen werden, weil es immer wieder bestritten wird. „Ich würde mir nicht anmaßen, die Leute zu belehren, wenn andere sie nicht irreführten", schrieb Rousseau. Der Streit um „gut" und „böse" beweist, dass die Ethik strittig ist, er zeigt auch, dass bestimmte Handlungsweisen besser sind als andere, wie wir alle wissen. Die philosophische Ethik soll dieses Wissen zu größerer Klarheit bringen und gegen Einwände verteidigen. Ehe wir etwas sollen, müssen wir wissen, was wir wollen. Die Frage „Was ist das höchste Gut?" um die sich die Ethik dreht, meint im Grunde „Was ist eigentlich das letzte Ziel unseres Strebens?".

Die früheste Antwort darauf hieß, wir wollen Lustgewinn und Unlust-vermeidung, wir wollen uns wohlfühlen. Die Einsichten, die dieser „Hedonismus" bietet, verdirbt er allerdings selbst wieder, weil die Konzentration auf den eigenen Lustgewinn dem wirklichen Glück im Wege steht. Was wir eigentlich wollen, ist gar nicht Lustgewinn, son-dern in erster Linie Realität, das wirkliche Leben, und in dem sind Lust und Schmerz gemischt. Das Gute hat damit zu tun, dass wir Wirklichkeit erfahren und ihr gerecht werden. Nur an der Wirklich-keit können wir unsere Kräfte entwickeln und damit wiederum hängt jede tiefere Freude zusammen. Aufgabe der Erziehung ist es, das Kind an eigenständige und widerständige Wirklichkeit heranzuführen. Freude hat einen Gegenstand oder einen Inhalt, sie erfährt nur der, der imstande ist, von sich selbst abzusehen und sich an etwas oder über etwas zu freuen.

Lustprinzip und Reali-tätsprinzip

Gerechtigkeit bedeutet, eine „Symmetrie" in den Beziehungen von Menschen anzuerkennen und zwar dort, wo es um die Verteilung knapper Güter geht. Symmetrie bedeutet nicht einfache Gleichheit aller, sondern heißt, dass Assymetrie der Rechtfertigung bedarf. Es gibt jedoch auch noch Höheres als Gerechtigkeit. Was erfordert das Wohlwollen, die Bereitschaft, der Wirklichkeit anderer Menschen ge-recht zu werden? Max Weber hat die beiden Handlungsalternativen mit den Begriffen „Gesinnungsethik" und „Verantwortungsethik" cha-rakterisiert. Alle solche Überlegungen scheinen jedoch durch eine einfache Antwort überflüssig zu werden: Was jemand tun soll, sagt ihm sein Gewissen. Doch auch das Gewissen hat nicht immer recht. Und es kann kein Kriterium geben, sich darüber Gewissheit zu ver-schaffen, denn sonst würde keiner mehr irren. Doch gibt es ein Indiz für die Echtheit einer Gewissensentscheidung: der Betreffende muss bereit sein, eine unangenehme Alternative in Kauf zu nehmen. Man darf und muss einen Menschen einsperren, der durch Verbrechen die Welt verbessern will; doch man verstößt gegen die Menschenwürde, wenn man jemand zwingen will, gegen sein Gewissen zu handeln.

Gerechtigkeit und Gewissen

Die älteste bekannte moralische Faustregel ist die „Goldene Regel": „Was du nicht willst, dass man dir tu', das füg auch keinem andern zu". Was eine Handlung gut macht, ist nicht allein die gute Absicht, es bedarf auch der guten Gesinnung. Letzten Endes sind nicht die Handlungen gut, sondern die Menschen. Was den Menschen gut macht, ist seine grundsätzliche Bejahung der Wirklichkeit, die in der christlichen Tradition „Liebe" genannt wird. Das Christentum hat das Wertgefühl gesteigert, es hat die Möglichkeit eingeschränkt, auf un-schuldige Weise Unrecht zu tun oder Gutes zu unterlassen. Der Mensch kann die eigene Begrenzung als Schuld anerkennen. Es gibt nicht nur Gerechtigkeit, es gibt auch Versöhnung und Verzeihung.

Liebe und Verzeihung

In seinem Hauptwerk „Glück und Wohlwollen – Versuch über Ethik" (1989) befasst sich Spaemann mit der antiken Ethik als „Kunstlehre

Glück und Wohlwollen

des Lebens". Ihr Thema ist „Eudaimonia", das Gelingen des eigenen Lebens, das jeder will, und von dem doch den meisten nicht klar ist, worin es besteht. In der neuzeitlichen Ethik jedoch ist die eigene Glückseligkeit einem höheren Maßstab unterworfen, der erst über die „Glückswürdigkeit" entscheidet. Die Anerkennung anderer Menschen als Person ist für Spaemann mehr als „die bloße Solidarität der Gattung". Er findet dafür den alten Begriff des „amor benevolentiae", der Liebe, Anerkennung und Zuwendung bedeutet. Diesen Begriff des „Wohlwollens" hat Spaemann ins Zentrum seiner Ethik gestellt. Den anderen in seiner Person als Selbst achten, die „unbedingte Zustimmung" zu ihm, nennen wir „Wohlwollen". Es zeigt sich vor allem in der Bereitschaft, dem bedrohten Leben zu Hilfe zu kommen. Glück und gelingendes Leben können nie direkt intendiert und für sich Zweck des Handelns sein. Man kann Glück nicht anstreben, es stellt sich als Folge ein. Menschliches Glück, ein relatives Gelingen des Lebens, beruht auf einer von inneren und äußeren Faktoren abhängigen Balance. Als dauerhafte Erfüllung ist es unerreichbar, weil die Menschen an ihre Endlichkeit gebunden sind und „vom Schmerz des Ungenügens" nicht loskommen.

Hermann Lübbe (* 1926)

Hermann Lübbe, wurde als Sohn eines Beamten in Aurich/Ostfriesland geboren. Nach dem Krieg, 1947, konnte er mit dem Studium der Philosophie, Theologie und Sozialwissenschaften beginnen, er absolvierte es an den Universitäten Göttingen, Münster und Freiburg, wo er 1951 promovierte. In diesem Jahr verheiratete er sich mit Grete Grothues, die beiden haben 4 Kinder. 5 Jahre später habilitierte er sich in Erlangen. Lübbe war Dozent und Professor für Philosophie in Erlangen, Hamburg, Münster, Köln und Bochum. Er war Mitglied des Gründungsausschusses der Reform-Universität Bielefeld und war dort 4 Jahre lang Ordinarius für Sozialphilosophie. Von 1966 bis 1970 gehörte er der SPD-Landesregierung von Nordrhein-Westfalen als Staatssekretär für Hochschulangelegenheiten und im Staatsministerium an. 1971 folgte er einem Ruf als ordentlicher Professor für Philosophie und Politische Theorie an die Universität Zürich. Dort lehrte er in den nächsten 20 Jahren bis zu seiner Emeritierung im Jahr 1991. Seither hat sich Lübbe wiederholt mit Buchveröffentlichungen und Artikeln zu Wort gemeldet.

Politische Philosophie „Politische Philosophie in Deutschland" (so der Titel einer seiner Publikationen aus dem Jahr 1963) war ein Schwerpunkt, dem sich Lübbe als Philosoph und Publizist besonders widmete. Weitere Themen waren unter anderen der Totalitarismus und die moderne Industriegesellschaft, sowie „Freiheit statt Emanzipationszwang – die liberalen Traditionen und das Ende der marxistischen Illusionen" (1991). Lübbe setzte sich mit der Frankfurter Schule auseinander und hat mit Jürgen Habermas über die Jahre hin manchen Disput geführt. In seinem Essay „Ich entschuldige mich – das neue politische Bußritual" (2001) beklagt Lübbe den „Eifer vergangenheitspolitischer Aufdeckung von Untaten" und bezieht Position gegen übereifrige Vergangenheitspolitiker. So ist nach seiner Meinung auch Ernst Nolte im „Historikerstreit" zu Unrecht attackiert worden. Die neue Zivilbußpraxis sei eine unangebrachte Einladung zur Larmoyanz und Nabelschau. Auch damit handelte sich Lübbe heftige Kritik linker Intellektueller ein. Die politische Philosophie, meint Lübbe, durchziehen liberale und totalitäre Tendenzen. In geistigen Kämpfen und „ideenpolitischen Frontenbildungen" geht es nie allein um den sachlichen Aussagegehalt, sondern auch um ideologische Positionen und praktische Einflussnahmen.

In seinem Werk „Philosophie nach der Aufklärung – von der Notwendigkeit pragmatischer Vernunft" (1980), das mit zu seinen wichtigsten zählt, legt Lübbe dar, dass die Aufklärung beendet ist, weil sie ihre wesentlichen Ziele erreicht hat. Nunmehr gilt es, das Erreichte zu sichern, dazu bedarf es einer pragmatischen Vernunft und eines aufgeklärten Common sense. Diese These hat zur Fehde mit der Frankfurter Schule beigetragen, die Lübbe ohnehin seit den sechziger Jahren begleitet. Die Frankfurter Schule ist der Meinung die Aufklärung sei gescheitert und sei deshalb radikal erneuerungsbedürftig. Außerdem schätzt sie den Common sense gering, was wohl zu ihrer antiwestlichen Einstellung gehört. Die Moralismen, die seit der 68er Studentenbewegung und seit den 70er Jahren die Bundespolitik beeinflussten, achten in ihrer „Überspannung des Gewissens" die Gesetze und Gewohnheiten gering und beschwören ständig das Gegenbild totalitärer Gesellschaften. **Aufklärung**

Lübbe setzt sich mit der ideologischen Selbstermächtigung zur Gewalt auseinander, und erinnert an Lenins Wort: „Uns ist alles erlaubt". Was die ideologische Selbstermächtigung kleiner Terrorgruppen bedeuten kann, zeigt sich daran, dass sie für die Gesellschaft einen Ausnahmezustand bewirken können, bei dem im Bewusstsein der Bürger Freiheit und Sicherheit in ein Konkurrenzverhältnis zueinander geraten und man befürchten muss, dass die Rückkehr zur Normalität auf Kosten der Freiheit erfolgt. Der Terror trägt die eigenen Überzeugungen von Moral und Tugenden in die Politik und verlangt moralische Zustimmung zu ihnen. Können sich liberale Systeme auf Dauer derer erwehren, die den politischen Ausnahmezustand als Dauerzustand proklamieren? Die Antwort ist wohl nicht bei Gesetzen und Polizei zu finden, sondern hängt von der öffentlichen Zustimmung ab, „mit der wir unsere öffentliche Ordnung in ihren Prinzipien gegen die Gebildeten unter ihren Verächtern zu stützen bereit sind." **Ideologische Selbstermächtigung**

In seinem Essay „Politischer Moralismus – der Triumph der Gesinnung über die Urteilskraft" (1987) beschreibt Lübbe auch die Nazi- **Politischer Moralismus**

Täter als Täter aus Gesinnung und moralischer Überzeugung. Auch die Mitläuferschaften in totalitären Systemen beginnen meist mit einem Engagement aus arglosem, jugendbewegtem Idealismus, führen aber schließlich in ein moralisches Dilemma, das niemand lange aushält, ohne Schaden an seiner Selbstachtung zu nehmen. Um die eigene moralische Identität wiederherzustellen, wählt man dann meistens den Ausweg, dass man an das zu glauben beginnt, dem man bislang lediglich nicht widersprochen hat. Der politische Wille, die Bedingungen totalitärer Herrschaft zu überwinden, gehört zu den grundlegenden Voraussetzungen der zweiten deutschen Demokratie. Lübbe betont, dass die deutsche Nachkriegspolitik von Anfang an auf einer uneingeschränkten Verneinung des nationalsozialistischen Regimes und seiner moralistischen Überspannung gründete. Diese Negation, meint Lübbe, war die wichtigste Wurzel der Legitimität der Bundesrepublik. Das spricht gegen die Behauptungen der „kritischen Generation", die seit Mitte der sechziger Jahre ständig die Vergangenheitsbewältigung als unzureichend anklagt. Ihr neuer Political-Correctness – Moralismus fördert die Selbstprivilegierung, die beansprucht, das Gewissen zu sein, das die jeweils anderen haben sollten. (Odo Marquard) Dieser überschüssige Moralismus wirkt sich auf den politischen Lebenszusammenhang destruktiv aus. Die politische Diskussion wird zum Diskurs wechselseitiger Ankläger und Empörer,.

Faschismus-kritik

Die Faschismuskritik, die sich, besonders im akademischen Milieu in der Zeit der 68er Bewegung auszubreiten begann, war Ausdruck einer generationstypischen Empörung. Sie führte Anfang der siebziger Jahre im Schul- und Hochschulmilieu zu Verfallserscheinungen bei den bis dahin üblichen Standards von Ordnung, Sauberkeit, Arbeitsdisziplin und sozialer Rücksichtnahme, bis hin zur bewussten Verletzung von Anstand und Scham. Wer dagegen Stellung nahm, verfiel der Faschismuskritik, denn die Sekundärtugenden, deren Verlust beklagt wurde, wären auch KZ-Wächter-Tugenden gewesen (wie Oskar Lafontaine Helmut Schmidt bescheinigte). Der moralisierende Anspruch der Faschismusbekämpfer hält auch zivilen Ungehorsam als Beweis für definitv erlangte antifaschistische Reife.

Moralismus der Intellektuellen

Institutionentreue und Regelkonvenienz machen die Normalität der Politik und des Rechtslebens aus, bieten allerdings kaum Ausnahmesituationen, an denen sich der Moralismus der Intellektuellen entfalten könnte. Literarischer Rang einerseits und moralisch-politische Urteilskraft andererseits sind zwei verschiedene Dinge und es ist unwahrscheinlich, dass das eine das andere automatisch begründet, wie auch das Beispiel Ernst Blochs zeigt, der schrieb (und meinte): „Ubi Lenin, ibi Jerusalem". Die Neigung nimmt zu, auf die Herausforderung von Gegenwartsproblemen moralisierend zu reagieren und den neuen Moralisten fällt es nicht schwer, Sachfragen in moralische Fragen zu verwandeln. Politischer Moralismus ist die Selbstermächtigung zum Verstoß gegen das gemeine Recht und den moralischen Com-

502

mon sense unter Berufung darauf, dass die eigene Sache nach ideologischen Maßstäben moralisch besser sei. Politische Moralisten treten dem Gegner nicht mit Argumenten entgegen, sondern bezweifeln seine moralische Integrität.

Mit dem Thema Europa befasste sich Lübbe 1994 eingehend in seinem Buch „Abschied vom Superstaat – Vereinigte Staaten von Europa wird es nicht geben". Seit Churchills Züricher Rede (1946) wird immer wieder die Vorstellung beschworen, Europa könnte ein Bundesstaat nach dem Modell der USA werden. Dabei wird übersehen, dass Churchill zwar zur Gründung der „Vereinigten Staaten von Europa" aufrief, aber dabei davon ausging, dass Großbritannien selbst diesem Bundesstaat natürlich nicht beitreten werde. Der Vorstellung, Europa könne ein Gemeinwesen eigenständiger Staaten, also eine Föderation sein, wie die USA oder die Bundesrepublik, sind besonders die Briten entgegengetreten. Der mit einem Bundesstaat verbundene Souveränitätsverzicht kommt für sie nicht in Frage. Die Europäische Union wird kein „Staat" sein, denn dazu fehlen ihr wichtige Voraussetzungen. Auch im gegenwärtigen europäischen Einigungsprozess haben die nationalen Orientierungen ihre politische und staatsbildende Kraft keineswegs eingebüßt, das zeigt nicht zuletzt die deutsche Wiedervereinigung, die unter der Prämisse des Rechts auf Selbstbestimmung stattfand. Die Legitimität der Europäischen Union beruht auf den gleichgerichteten Interessen ihrer Mitgliedsländer, nicht aber auf dem selbstbestimmten Willen eines europäischen Staatsvolkes, das es gar nicht gibt. Auch das Europäische Parlament repräsentiert kein Staatsvolk. Die entscheidenden Kompetenzen liegen beim Ministerrat. Die Herausforderungen, denen sich Europa gegenüber sieht, ließen sich auch durch ein Netz von Verträgen beantworten. Für einen weitergehenden Zusammenschluss in gebietskörperschaftsanalogen Institutionen bedarf es der Evidenz der Zweckmäßigkeit. Europa, als neuartiges Gebilde, ist noch unvollendet.

Europa

In seinem Buch „Lebenssinn der Industriegesellschaft – über die moralische Verfassung der wissenschaftlich-technischen Zivilisation" (1990).weist Lübbe auf den Zusammenhang von Freiheit und Lebenssinn hin: „Freiheit wird als die Notwendigkeit erfahren, sie durch Selbstbestimmung zu sinnvollem Tun in Sinn, in Lebenssinn zu verwandeln. Und aus Freiheit Sinn zu machen – das ist es unter anderem, was wir Kultur in der anspruchsvollsten Bedeutung des Wortes nennen." Je freier wir leben, umso entschiedener sind wir mit der Herausforderung konfrontiert, selbstbestimmt Freiheit in Sinn zu verwandeln. Glück ist etwas, was man nicht direkt wollen kann. Lebensglück kann man nicht direkt anstreben, es wird einem als Folge eines sinnvollen Tuns zuteil, insbesondere wenn dieses Tun unsere Kräfte fordert, physisch, psychisch und moralisch.

Glück und Lebenssinn

Günter Rohrmoser (* 1927)

In enger Anlehnung an die Soziologie auf der einen und an die politische Philosophie auf der anderen Seite befasst sich die Sozialphilosophie mit den gesellschaftlichen Verhältnissen. Im linken Spektrum hat sich besonders die kritische Theorie der Frankfurter Schule mit sozialphilosophischen Themen beschäftigt, die konservative Seite wird vor allem von Günter Rohrmoser vertreten. Rohrmoser wurde in Bochum geboren, dort verbrachte er auch seine Schulzeit. Er studierte Philosophie, Theologie, Geschichte, Germanistik und Nationalökonomie an den Universitäten Münster und Tübingen. 1961 habilitierte er sich in Köln, war dann Ordinarius für Philosophie in Münster und Honorarprofessor in Köln. Seit 1976 ist er Ordinarius für Sozialphilosophie an der Universität Stuttgart-Hohenheim und außerdem Gastprofessor für politische Philosophie an der Universität Stuttgart.

Frankfurter Schule

In seinem Buch „Das Elend der kritischen Theorie – Theodor W.Adorno, Herbert Marcuse, Jürgen Habermas " (1970) setzte sich Rohrmoser mit den Repräsentanten der Frankfurter Schule auseinander. Die Auseinandersetzung mit der Frankfurter Schule und den Folgen der Kulturrevolution von 1968 blieb für ihn ein beherrschendes Thema, so auch in seinem Buch „Zeitzeichen" (1977). Die neomarxistischen Thesen der Frankfurter Schule fasste Rohrmoser so zusammen: In der Industriegesellschaft der Bundesrepublik habe sich eine neue Form totalitärer Herrschaft gebildet und die repräsentative Demokratie sei nur Fassade, die Bundesrepublik sei eine Gesellschaft ohne Vernunft, zu dieser „geschichtslosen" Gesellschaft gebe es keine Alternative. Rohrmoser merkt dazu an, dass die Väter der Frankfurter Schule bis heute die Antwort schuldig geblieben sind, wie die Gesellschaft im Ganzen, durch wen, auf welches Ziel hin, mit welchen Mitteln erfolgreich verändert werden könnte.

Kulturrevolution

Die praktischen Konsequenzen der kritischen Theorie, meint Rohrmoser, haben zu einer weitgehenden Rehabilitierung des klassischen Marxismus und Kommunismus in der Bundesrepublik geführt und müssen notwendigerweise im Anarchismus enden. Bezeichnend ist vor allem der Anspruch des Marxismus, allein über die angemessenen Voraussetzungen zur Analyse und zur Interpretation der gesellschaftlichen Realität zu verfügen. Dementsprechend wurde im Zuge der neomarxistischen Kulturrevolution von 1968 das Sinngebungsmonopol in unserer Gesellschaft beansprucht. Die CDU hat diese Dimension des politischen Kampfes bis heute nicht verstanden, meint Rohrmoser. Die konservative Philosophie, die als Gegenreaktion auf die neomarxistische Kulturrevolution betrachtet wurde, war im Grunde genommen nicht konservativ, sondern im klassischen Sinne liberal (Hermann Lübbe, Odo Marquard).

In seinem Buch „Kampf um die Mitte – Der moderne Konservativismus nach dem Scheitern der Ideologien" (1999) geht Rohrmoser von der Vorstellung aus, dass in Deutschland Wahlen nur aus der Mitte gewonnen werden können und das Land nur aus der Mitte regiert werden kann. Deshalb drängen alle Parteien in die Mitte, aber keiner weiß so recht, was unter „Mitte" zu verstehen ist. Rohrmoser versucht, dem Begriff Inhalt zu geben.

Kampf um die Mitte 1999

Konservativ ist, wer nicht ideologisch, sondern geschichtlich denkt. Moderner Konservativismus bedeutet nicht das Vermeiden oder Verhindern von notwendigen Veränderungen, sondern die unideologische, kompetente Verwirklichung der Veränderungen, die geschichtlich fällig und notwendig sind. Der moderne Konservativismus ist selbstkritisch, das heißt, dass er die Prinzipien des klassischen Liberalismus bejaht, ohne die eine Gesellschaft in der Moderne gar nicht denkbar ist. Es geht um eine neuartige Symbiose von Konservativismus und Liberalismus.

Moderner Konservativismus

Dieser moderne Konservatismus muss aber auch sein Verhältnis zur Religion und vor allem zum Christentum revidieren, er muss zu den christlichen Wurzeln zurückfinden. Die Renaissance der Weltreligionen ist kein Zufall. Die innere Stabilität, die eine Gesellschaft braucht, kann nur aus dem Begreifen der Wahrheit einer Religion kommen. Allenthalben werden verlorengegangene „Werte" eingefordert. Doch man muss sich die Frage stellen, aus welchen inneren Kräften heraus das Ethos und die Werte erwachsen, die eine Gesellschaft oder eine Nation beseelen sollen. Das Christentum ist bisher die Quelle gewesen, aus der alles Ethos der abendländisch-europäischen Welt genährt wurde, und niemand war bisher in der Lage, hierfür einen Ersatz zu benennen. „Die Alternativen zum Christentum kennen wir. Daraus sind die totalitären Experimente hervorgegangen, die wir im 20- Jahrhundert erlebt haben: Der Nationalsozialismus mit dem Holocaust und der Kommunismus mit – wie wir heute wissen- 100 Millionen Toten."

Christentum

Der moderne Konservativismus muss durchdrungen sein von einem reformatorischen Erneuerungswillen, Die neue Dimension des modernen Konservativismus ist nicht mehr die Ideologie oder die Politik, sondern die Kultur. Das was nach 1968 versäumt wurde, hat wahrscheinlich heute viel größere Erfolgschancen, denn dem Konservativismus kommt heute eine viel fundamentalere Rolle zu als damals. Es geht nicht mehr nur um die geistig-politische Orientierung bestimmter gesellschaftlicher Gruppen, sondern um die Grundlagen des Zusammenlebens überhaupt. Der Konservativismus darf sich heute nicht mehr als Ideologie gegen Sozialismus und Liberalismus verstehen, sondern als Lösungskonzept für die aus Sozialismus und Liberalismus resultierenden Kulturprobleme.

Konservative Erneuerung

Vergangen- heitsbewälti- gung	In der Frankfurter Schule vertrat Horkheimer im Gegensatz zu Adorno zuletzt den Standpunkt, die Massenverbrechen des NS-Regimes müssten in die universelle Leidensgeschichte der Menschheit eingeordnet werden. Diese Position vertritt auch Rohrmoser. Für Adorno jedoch war „die Pflege des deutschen Schuldbewusstseins das zentrale Herrschaftsmittel in Deutschland seit 1945" (Johannes Gross) Er reduziert die Geschichte nur auf einen Teil vor und einen Teil nach dem Holocaust, der für ihn das Resultat abendländisch – europäischer Überlieferungen ist. Das führt jedoch zu einem Vakuum und zur Selbstauslöschung des deutschen Bewusstseins. Rohrmoser verweist auf die Debatte um Martin Walser und meint, dass der Eindruck von der Instrumentalisierung des Holocaust schon jetzt zu einer gewissen Indifferenz geführt hat. Es besteht die Gefahr, dass diese Art der Vergangenheitsbewältigung zu einem leerlaufenden Ritual wird.
Geistige Wende	Mit seinem Buch „Geistige Wende – Christliches Denken als Fundament des modernen Konservativismus" (2000) ruft Rohrmoser auch die Erinnerung an Helmut Kohls Aufruf zur „geistig-moralischen Wende" aus dem Jahr 1982 in Erinnerung. Die konservative Erneuerung, die darunter verstanden wird, fand jedoch nie statt. Rohrmoser meint, dass dem die Absicht des Koalitionspartners F.D.P. entgegenstand, der eine „konservative Gegenrevolution" verhindern wollte, sodass sich bei Helmut Kohl schließlich das Kalkül des Machterhalts durch die Koalition durchsetzen musste. Doch umso dringlicher mahnt Rohrmoser heute eine geistige Wende im Sinne einer christlichen Erneuerung an, um dem Verfall unserer Gesellschaft entgegenwirken. Die Krise des Rechts- Sozial- und Kulturstaates in Deutschland hängt für ihn mit dem Prozess der Entchristlichung zusammen, der sich beschleunigt fortsetzt.
Erneuerung aus dem Geist des Christentums	Die Kulturrevolution von 1968 ist noch nicht zu Ende. Ging es anfangs gegen die bürgerliche Kultur als solche, so ging es schließlich gegen alles, was nach 1945 noch von der traditionellen, nationalen und christlichen Kultur übrig geblieben ist. Das Bürgertum hat es nicht vermocht, auf diese Prozesse eine adäquate, nämlich kulturelle Antwort zu geben. Es hat sich vielmehr dieser Entwicklung angepasst und unterworfen. Notwendig ist eine Erneuerung unserer Kultur aus dem Geist des Christentums. Das Christentum hat einst die größte kulturrevolutionäre Umgestaltung der Weltgeschichte zustande gebracht, durch die auch die Deutschen geprägt wurden. Es gilt, die verdeckten christlichen Wurzeln wieder auszugraben. Bei den – meist konservativen – Christen, besteht allerdings die Gefahr, dass sie sich immer mehr zurückziehen und von der Politik abwenden. Diese Gefahr wächst in dem Maße, in dem die offizielle Theologie die zeitgeistkonformen linken Tendenzen rechtfertigt und spirituelle Bedürfnisse unbefriedigt lässt. Die modernen Theologen verhalten sich auch „politisch korrekt". „Sie sprechen nicht mehr über Sünde …

506

und Glauben ... sondern nur noch über die Ausbreitung der Menschenrechte ... und den Dialog der Religionen."

Odo Marquard (* 1928)

Odo Marquard wurde in Stolp in Pommern geboren. Er kam auf eine Adolf-Hitler-Schule, und, „solide ausgebildet einzig in Weltfremdheit", wie er selbst schreibt, landete er schließlich beim Volkssturm und in Kriegsgefangenschaft. Sein Abitur konnte er in Hessen nachholen und anschließend Philosophie, Germanistik und Theologie studieren, zunächst in Münster, wo der Philosoph Joachim Ritter (1903 – 1974) sein Lehrer war. Zu den Schülern Ritters gehörten auch Hermann Lübbe und Robert Spaemann. Nachdem Ritter für 3 Jahre nach Istanbul gegangen war, promovierte Marquard in Freiburg, kehrte aber dann als Privatdozent nach Münster zurück, wo er sich entschloss, zu heiraten und Vater zu werden. 1965 wurde er dann ordentlicher Professor für Philosophie an der Universität Gießen und blieb es 28 Jahre lang bis zu seiner Emeritierung 1993. Er sieht sich selbst als einen heiteren Skeptiker und beschreibt seinen Weg zur Philosophie so: „Sie stieß mir zu. Ich kam in die Philosophie wie die Wespe in die Cola-Flasche: weil ich intellektuell naschhaft bin und die Philosophie süß zu sein schien, und weil, als ich merkte, dass sie ernst und gefährlich ist, es schon zu spät war, noch herauszukommen."

Philosophie und Erfahrung

Von seinem Lehrer Ritter habe er gelernt, dass Lebenserfahrung unersetzlich ist für die Philosophie, schreibt Marquard in seinem Essay „Abschied vom Prinzipiellen" (1981). „Erfahrung ohne Philosophie ist blind; Philosophie ohne Erfahrung ist leer." Marquard rechnet sich zur „skeptischen Generation", wie sie Schelsky beschrieben hat. Der Erfolg der Frankfurter Schule hat ihn zunächst beeindruckt, doch in der Zeit der 68er „Studentenbewegung" wurde ihm klar, dass hier die in der Nationalsozialistenzeit weitgehend ausgebliebene Revolte gegen den Diktator stellvertretend nachgeholt wurde durch den Aufstand gegen das, was 1945 an die Stelle der Diktatur getreten war. Die Demokratie wurde zum nachträglichen Empörungsziel eines gegen die totalitäre Diktatur versäumten Aufstandes. Hinfort verwandte Marquard einen guten Teil seiner skeptischen Energie darauf, die Gesellschaftsphilosophie der Linken und der „Frankfurter Schule" in Frage zu stellen. Seine Gedanken und Überlegungen legte er in einer Reihe glänzend formulierter Essays nieder.

Zukunft braucht Herkunft

„Philosophie ist, wenn man trotzdem denkt". In seinem Essay „Zukunft braucht Herkunft – Philosophische Betrachtungen über Modernität und Menschlichkeit" (1988) geht Marquard der Frage nach „wie ist Neues überhaupt möglich?" und kommt zu dem Schluss: nicht ohne das Alte. Dass sich die moderne Welt so rasch verändert, erzeugt Unbehagen, denn für zu viel Veränderung ist das Menschenleben zu kurz. Die knappste unter allen knappen Ressourcen ist unsere Lebenszeit. Wir haben einfach nicht die Zeit, die meisten Dinge unseres Lebens neu zu regeln. Darum müssen wir herkömmlich leben, müssen überwiegend das bleiben, was wir schon waren: Zukunft braucht Herkunft. Die moderne Welt ist schnell, aber die Menschen sind langsam. Um diese Spannung auszuhalten, müssen wir uns die Möglichkeit bewahren, langsam zu leben. Dabei hilft uns unser historischer Sinn für Kontinuitäten, für Kunst, Kultur und Traditionen, für Institutionen wie die Familie. Gerade der langsame Mensch ist so der schnellen Welt gewachsen. Auch gegen die Informationsflut der modernen Medien können wir uns wehren und zwar durch einen Rückgriff aufs Mündliche. Man kann Lektüre beispielsweise durch Gespräch ersetzen. Je schneller die Modernisierungen werden, desto notwendiger werden die langsamen Menschen, die neue Welt braucht die alten Fertigkeiten. Menschlichkeit ohne Modernität ist lahm; Modernität ohne Menschlichkeit ist kalt.

„Philosophie des Stattdessen" Marquard hat eine Kompensationstheorie der Geisteswissenschaften entwickelt, die er in seinem Essay „Philosophie des Stattdessen" (1998) beschreibt. Charles Percy Snow hatte 1959 behauptet, dass Naturwissenschaften und Geisteswissenschaften auseinandertreiben. Marquard hält dem entgegen, dass die Geisteswissenschaften die Geschichtslosigkeit der exakten Naturwissenschaften ausgleichen. Je moderner die Welt wird, desto mehr bedarf sie der Geisteswissenschaften. Diese Rolle als Kompensation und Korrektiv haben die Geisteswissenschaften auch gegenüber jener Geschichtsphilosophie, die an ein universales Geschichtsziel glaubt.

Theodizee Der Kompensationsbegriff kommt philosophisch aus der „Theodizee", wie sie Leibniz formulierte: Gott hat die Übel der Welt durch Annehmlichkeiten kompensiert. Es gibt jedoch keineswegs nur angenehme, sondern auch unangenehme Kompensationen, negative Erhaltungssätze, wie den Satz von der Erhaltung der Konfusion, oder den Satz von der Erhaltung der Naivität, oder den Satz von der Erhaltung des moralischen Empörungsaufwandes. Das Quantum an moralischer Empörung bleibt konstant, verminderte Empörung hier wird ersetzt durch vermehrte Empörung dort. Je mehr man Gewissen *ist*, desto weniger Gewissen braucht man zu *haben*. Man erspart sich das Tribunal, indem man sich selbst zum Tribunal macht.

Apologie der Bürgerlichkeit Zu einer Philosophie, die etwas auf sich hält, gehört es heutzutage offenbar, dass sie gegen das Bürgerliche ist. Marquard stellt dem eine „Apologie der Bürgerlichkeit" (1994) entgegen. Philosophen wie Marcuse oder Bloch betrachteten die bürgerliche Weimarer Republik als „Verrat an der Utopie" und auch nach dem Zweiten Weltkrieg kultivierten Philosophen in der Bundesrepublik den Angriff auf die bürgerliche Welt. Durch die Frankfurter Schule und die 68er Studentenbewegung wurde der Marxismus zur philosophisch herrschenden Lehre, mit der man gegen die „spätbürgerliche Welt", gegen den „Spätkapitalismus" antrat. Bürgerlichkeit ist schlimm, Verweigerung der Bürgerlichkeit ist gut, war die Parole. In unserer gegenwärtigen Welt steht es schlimm, jedoch nicht weil es zu viel, sondern weil es zu wenig Bürgerlichkeit gibt, meint Marquard. Marx sah in der bürgerlichen Welt totale Entfremdung, Adorno sprach von einem totalen Verblendungszusammenhang. Wir haben die Chance, zur Moderne in ihrer liberalsten Gestalt, einer bürgerlichen Gesellschaft, zurückzukehren. Die Repression, die der Marxismus der bürgerlichen Welt vorwirft, ist in ihr nicht zu finden, ist hingegen im Sozialismus perfektioniert worden. Darum spricht alles für die Bürgerlichkeit.

Marquard hält gegenüber der Moderne an der Aufklärung fest. Wo **Aufklärung** der Mensch bemerkt, dass er endlich ist und seine Handlungskapazitäten beschränkt sind, empfehlen sich „provisorische Lebensorientierungen", die Annahme des „Schicksals", des „Zufälligen"; und „Unverfügbaren", alles dessen, was sich der menschlichen Machbarkeit entzieht. Das heißt nicht, dass man sich in alle Umstände fügen soll, aber man soll den Blick lenken auf die überschaubaren und deshalb lösbaren Probleme. So kann man auch einer Welt zustimmen, die nicht zur Vollkommenheit tendiert, denn ihre Fehler werden durch andere Vorzüge kompensiert.

Ralf Dahrendorf (* 1929)

Als Vordenker des Liberalismus gilt der Soziologe und Politiker Ralf Gustav Dahrendorf. Er wurde in Hamburg geboren, sein Vater war Journalist, SPD-Abgeordneter der Hamburger Bürgerschaft und Reichstagsabgeordneter. Ralf Dahrendorf studierte Philosophie und klassische Philologie in Hamburg und promovierte dort 1952 zum Dr.phil. mit einer Dissertation über Karl Marx. Anschließend studierte er ein Jahr lang Soziologie an der London School of Economics und erwarb den englischen Doktortitel (Ph.D.). Im nächsten Jahr habilitierte er sich an der Universität Saarbrücken und 1958 erhielt er einen Ruf als Professor für Soziologie an die Akademie für Gemeinwirtschaft in Hamburg. 2 Jahre später wurde er Professor an der Universität Tübingen und 1966 wechselte er an die Universität Konstanz. Neben seiner akademischen verfolgte Dahrendorf auch eine politische Karriere. 1947 war er der SPD beigetreten, aber 20 Jahre später wechselte er zu den Liberalen. Er wurde 1968 für die F.D.P. in den Landtag von Baden-Württemberg gewählt und ein Jahr später in den Bundestag. Walter Scheel holte ihn als parlamentarischen Staatssekretär ins Auswärtige Amt und kurze Zeit später wurde Dahrendorf Mitglied der Europäischen Kommission in Brüssel. 1974, er war nun 47, wurde

Dahrendorf zum Rektor der London School of Economics berufen und blieb es 10 Jahre lang. In dieser Zeit heiratete er zum zweiten Mal, nachdem seine erste Ehe geschieden worden war. Für 3 Jahre kehrte er auf seinen Lehrstuhl in Konstanz zurück, dann wurde er für die nächsten 10 Jahre, bis 1997, Rektor („Warden") am St. Antony's College und Prorektor der Universität Oxford. 1988 wurde Dahrendorf britischer Staatsbürger und 1992 ernannte ihn die Queen zum „Baron of Clare Market in the City of Westminster". Lord Dahrendorf ist Mitglied des britischen Oberhauses.

Der moderne soziale Konflikt
Dahrendorfs Buch „Der moderne soziale Konflikt – Essay zur Politik der Freiheit" (1992) war 6 Jahre vorher in englischer Fassung („The Modern Social Conflict", 1988) erschienen. In dieser Arbeit sieht Dahrendorf die „Summe seiner Sozialwissenschaft". Er befasste sich darin mit Revolutionen und Lebenschancen, mit Bürgerrechten und sozialen Klassen, und mit der Politik in der industriellen Gesellschaft. Der moderne soziale Konflikt hat es mit Bürgerrechten für alle in einer Welt zunehmend vielfältiger und reicher Wahlchancen zu tun. In vielen Ländern wurde die Sozialpolitik vorangetrieben zur Gemeinschaftsverpflichtung anstelle der Einzelinitiative. Und das geschah zu einer Zeit, als manche Länder es sich schon nicht mehr leisten konnten.

Korporatismus
Die Institutionalisierung des Klassenkampfes hat zum Korporatismus geführt. Er besteht aus einem vielfach verschachtelten Kartell von Organisationen und bewirkt Erstarrung statt Bewegung. Der Korporatismus verbündet sich allzu leicht mit der Bürokratie und beide rauben der Verfassung der Freiheit ihren Wesenskern, nämlich die Fähigkeit, Wandel ohne Revolution hervorzubringen.

Krisen der Demokratie
In seinem Buch „Die Krisen der Demokratie" (2002) beschreibt Dahrendorf Bedrohungen der Demokratie durch die Globalisierung, durch neue populistische Bewegungen und die Apathie der Wähler. Viele wichtige politische Entscheidungen sind in Räume ausgewandert und haben sich in Dimensionen verlagert, die über den Nationalstaat hinausgehen. Außerdem ist eine Tendenz zum Autoritarismus – nicht zu verwechseln mit Totalitarismus – erkennbar. Totalitäre Regierungen üben ein Gewaltregime aus. Autoritäre Regierungen hingegen leben von der Apathie der Bürger, die ihren eigenen „privaten" Interessen nachgehen, während eine Nomenklatura das öffentliche Interesse in ihr eigenes verwandelt, um ihre Macht zu erhalten. Diese Nomenklatura besteht aus Funktionären, solchen der Parteiapparate, aber auch solchen der internationalen Organisationen.

Suche nach einer neuen Ordnung
Die Welt heute ist für Dahrendorf haltlos und entfesselt („a runaway world"). In seinem Buch „Auf der Suche nach einer neuen Ordnung" (2003) legt er dar, dass der Kompass durch diese ungewisse Landschaft die Freiheit sein sollte, Freiheit als Tätigkeit, die Lebenschancen wirklich macht. Tätige Freiheit ist sein durchgängiges Thema. An-

dere, die vor allem die Gleichheit wollen, vergessen oft unterwegs die Freiheit. Doch Ungleichheit ist ein Element der Freiheit. „Wir müssen vorangehen in das Unbekannte, Ungewisse und Unsichere, wobei wir die Vernunft, die uns zu Gebote steht, dazu nutzen, beide, Sicherheit und Freiheit zu schaffen", hatte Popper gesagt.

„Den meisten Menschen ist es noch nie so gut gegangen wie heute", stellte der britische Premierminister Harold Macmillan 1957 fest. Aber sind wir deshalb auch glücklicher? Das subjektive Wohlbefinden der Menschen scheint am größten zu sein, wenn sie um ihre Rechte und Wünsche kämpfen müssen. Besser als durch das persönliche und unwägbare Glück lässt sich Wohlstand durch den Begriff der Lebenschancen beschreiben. Lebenschancen sind Optionen, sind Wahlmöglichkeiten. Nie zuvor hatten so viele Menschen so große Lebenschancen und das Ziel ist, mehr Lebenschancen für noch mehr Menschen zu schaffen Die Freiheit ist die Leitidee allen Fortschritts der menschlichen Dinge. Voraussetzung für eine freiheitliche Ordnung sind die Demokratie als Lebensform, die Herrschaft des Rechts und eine Bürgergesellschaft. **Lebens-chancen**

Die Bürgergesellschaft ist die Welt der freiwilligen Zusammenschlüsse, in denen wir uns mit anderen zusammentun, um gemeinsame Interessen zu pflegen. Das kann eine Blaskapelle so gut wie ein Sportverein oder eine Hilfsorganisation sein. Sie alle sind getragen von wachen und aktiven Bürgern, von Demokraten. Die Bürgergesellschaft („civil society") ist gekennzeichnet durch die Vielfalt ihrer Elemente und Organisationen, sie ist höflich, tolerant und gewaltlos, vor allem aber bürgerlich und zivil. Wo die Verfassung der Freiheit herrscht, ist die Bürgergesellschaft das normale Lebensmedium der Menschen. Vor allem die USA kennen die starken Elemente der von Tocqueville bereits eindringlich beschriebenen Bürgergesellschaft. Sie kennen auch so etwas wie eine Zivilreligion. Wenn die Bedrohungen wirklich ernst werden, schließt sich das Land in einer Weise zusammen, die in großen Teilen Europas undenkbar ist. **Bürger-gesellschaft**

Der Nationalstaat und die Demokratie klassischen Zuschnitts bleiben das Rückgrat der Verfassung der Freiheit. Ausschlaggebend für die Lebenschancen der Einzelnen sind nach wie vor nationalstaatliche Politiken. Nationalstaat bedeutet nicht prinzipiell ethnische Homogenität, ein Nationalstaat kann seine Bürgerrechte Menschen vielfältiger Herkunft und Orientierung anbieten. Die USA und Indien sind dafür große, modellhafte Beispiele. Auf nationalstaatlicher Ebene ist die Demokratie eine vorzügliche Regierungsform, während sie jenseits des Nationalstaates wohl kaum praktikabel ist. **National-staaten**

Die große Hoffnung vieler Liberaler, dass zivilisierte, demokratische Gemeinwesen es Menschen verschiedener Herkunft und Überzeugung erlauben, friedlich als Bürger zusammenzuleben, hat sich nicht **Multikultu-relle Gesell-schaft** erfüllt. Die erhoffte Vielfalt in der Gemeinsamkeit findet nicht statt. Auch in Gesellschaften, in denen alle großzügige Bürgerrechte genießen, sortieren sich Gruppen zu möglichst homogenen Einheiten. Der Balkan ist dafür ein Beispiel. Aber auch in London, der vielleicht am besten funktionierenden multikulturellen Stadt, weiß man dennoch genau, wo die Westinder oder die Chinesen wohnen.

Europa Die Europäische Union ist keine Demokratie und ist auch nach dem sogenannten Verfassungsvertrag nicht auf dem Wege dorthin. Das Europäische Parlament verdient diesen Namen nicht, seine Funktionen sind zu begrenzt und von den Regierungen geborgt. Europa hat kein Staatsvolk, das die Grundlage jeder Demokratie bildet, keine europäische Sprache, keine europäische öffentliche Meinung, keinen von allen für verbindlich gehaltenen Maßstab der staatlichen Zuständigkeiten. Gesetze werden im Ministerrat, hinter verschlossenen Türen, beschlossen, was keineswegs den Prinzipien einer Demokratie entspricht.

Globali-
sierung Die EU macht allerdings deutlich, dass immer mehr Entscheidungen jenseits der Grenzen des Nationalstaates fallen, von den Finanzmärkten bis zu internationalen Institutionen. Keiner dieser Entscheidungsprozesse ist demokratisch. Die Vorstellungen eines Weltparlaments und einer Weltregierung gehören einstweilen ins Reich der Utopie. Eine Weltdemokratie wird es nicht geben, wohl aber ist eine Welt der Demokratien denkbar, ebenso wie eine Weltherrschaft des Rechts.

Supermacht
USA Vereinbarungen zwischen Staaten halten nur, wenn hinter ihnen eine Sanktionsmacht steht. Heute gibt es nur eine Supermacht, die solche Sanktionen durchsetzen kann, die USA. Dass sie eine demokratische Macht ist und den Werten ihrer Gründer verpflichtet bleibt, ist ein entscheidender Vorteil. Dass gleichwohl ein Ungleichgewicht der Macht besteht, können manche nur schwer akzeptieren. Für Europa wäre es sicher der falsche Weg, wollte es sich von den USA distanzieren, sich von antiamerikanischen Ressentiments leiten lassen oder gar versuchen, eine Art Gegenmacht aufzubauen. Ein solcher Versuch muss scheitern, denn Macht besteht nicht nur aus bloßer Größe und Europa könnte sicher kein vergleichbares Gewicht erreichen, denn es ist so künstlich wie die Währung die es sich gegeben hat. Ein Weg voran ist nur realistisch, wenn Europa damit beginnt, sich auf die USA rückhaltlos als Verbündeter einzulassen, nicht aus Taktik sondern in Anerkennung gemeinsamer Wertbezüge. Erst dann kann mit der Supermacht darum gerungen werden, wie die Anwendung und Durchsetzung gemeinsamer Werte erfolgen soll. Dieses Sich-Einlassen und zugleich Beeinflussen gilt nicht nur für Recht und Verteidigung, sondern auch für die Wirtschaft, und auch da ist es ein großer Vorteil, dass die Supermacht für eine liberale Wirtschaftsordnung eintritt, die sich in der Zeit der Globalisierung vielfältig bewährt hat.

Das wirtschaftliche Zukunftsmodell ist für Dahrendorf eine Marktwirtschaft ohne Wenn und Aber – in Verbindung mit einer gesicherten Grundausstattung für jedermann. So beschreibt er es in seinem
Artikel „Wirtschaftlicher Erfolg und soziale Wirkung" (FAZ
24.12.2004) Der Begriff der „Sozialen Marktwirtschaft" sollte das
eine nicht durch das andere ergänzen, sondern er beschreibt ein Konzept, in dem sich das Soziale im Markt und durch den Markt ergibt.
Soziale Marktwirtschaft im Sinne von Ludwig Erhard hat sehr wenig
mit Sozialpolitik im heutigen Sinne zu tun. Heute versteht man darunter ein „Programm der Unvereinbarkeiten", wie es Konrad Adenauer für die Union sukzessive eingeführt und wie es die SPD in
ihrem Godesberger Programm von 1960 übernommen hat: „Ludwig
Erhard plus katholische Soziallehre". Dahrendorf will zurück zu einer
freien Marktwirtschaft, will aber zugleich jedem Bürger eine Grundausstattung sichern, sodass sich eine Balance zwischen Eigenverant-
wortung und sozialem Netz ergibt. Die entscheidende Frage ist, wie
die sozialen Ziele, die dank einer florierenden Marktwirtschaft finan-
zierbar sind, definiert werden sollen. Dahrendorf schlägt ein hohes
Maß an individueller Wahl- und Entscheidungsfreiheit und daher
auch an Selbstbeteiligung vor, verbunden mit einer Art garantiertem
Grundeinkommen für jeden Bürger, das mit den Elementen der „negativen Einkommensteuer" realisiert werden kann, wie sie Wolfram
Engels schon 1987 als „Bürgersteuer" vorgeschlagen hat.

Mancur Olson (1932–1998)

Mancur Lloyd Olson, geboren in Grand Folks (North Dakota/USA),
studierte Wirtschaftswissenschaften und wurde 1963 an der Universität Harvard promoviert. Er war Rhodes Stipendiat am University College in Oxford und Assistenzprofessor in Princeton. 1967 ging er als
Staatssekretär in die Politik und bereitete den ersten Sozialbericht vor.
Olson war verheiratet und hatte 3 Kinder. 1969 nahm er einen Ruf
als Distinguished Professor of Economics an der Universität von Ma-
ryland an. Dort übernahm er die Leitung des von ihm mitgegründeten
Center on Institutional Reform and the Informal sector (IRIS), das er
zu einem einflussreichen „think tank" in der Beratung von Entwick-
lungsländern ausbaute. Olson starb im Alter von 66 Jahren an einem
Herzinfarkt.

Olson lehnte entschieden jede Form von Marktbeherrschung ab und
war der Meinung, dass nur offene Märkte in der Lage seien, allgemeinen Wohlstand zu schaffen. Sein besonderes Interesse galt der Entstehung und der gesellschaftlichen Wirkung von Interessengruppen. Damit befasste er sich in seinem Werk „The Logic of Collective Action:
Public Goods and the Theory of Groups" (1965) F. A. von Hayek fand
das Buch so wichtig, dass er es in seinem Seminar an der Universität

Freiburg behandelte und so die deutsche Übersetzung auf den Weg brachte. („Die Logik des kollektiven Handelns – Kollektivgüter und die Theorie der Gruppen", 1968). Es ist schwierig, Leute in Gruppen zu organisieren, um gemeinsame Interessen durchzusetzen, denn organisierte Lobbygruppen produzieren öffentliche Güter, von deren Konsum niemand ausgeschlossen werden kann, wenn sie einmal da sind. Wenn ein Bauernverband beispielsweise Importbeschränkungen durchsetzt, so profitieren alle Bauern davon, auch die nichtorganisierten. Das reizt zum „Trittbrettfahren", nämlich am Nutzen zu partizipieren, ohne sich am Aufwand zu beteiligen. Die Schlagkraft einer Interessengruppe nimmt mit ihrer Größe ab, da das einzelne Mitglied immer weniger Anreiz sieht, sich zu engagieren. Große Gruppen, wie z. B. alle Steuerzahler, werden sich deshalb kaum organisieren.

Das „Olson-Syndrom"

Als Olson in den fünfziger Jahren in Oxford studierte, wunderte er sich darüber, dass die Siegermacht England große wirtschaftliche Probleme hatte und unter der „britischen Krankheit" litt, während das besiegte Deutschland ein „Wirtschaftswunder" erlebte. 1955 unternahm Olson eine Reise nach Deutschland, um diesem Rätsel auf die Spur zu kommen. 30 Jahre später schrieb er seine Lösung nieder in seinem Buch „The Rise and Decline of Nations" (1982) („Aufstieg und Niedergang von Nationen – ökonomisches Wachstum, Stagflation und soziale Starrheit", 1985). Seine These war, in stabilen, demokratisch verfassten Gesellschaften sammeln sich Interessengruppen (z. B. Wirtschaftsverbände, Gewerkschaften usw.) zu einem immer dichteren Geflecht an. Diese Interessengruppen, die sich zu „Verteilungskoalitionen" zusammenschließen, streben für ihre Mitglieder nach einem größeren Anteil am Sozialprodukt, ohne Rücksicht auf die sozialen Kosten, die sie damit der Gesellschaft insgesamt aufbürden. Solche „Verteilungskoalitionen" vermindern die Fähigkeit der Wirtschaft, sich Veränderungen anzupassen. Sie verringern die wirtschaftliche Dynamik und verstärken Regulierungen, Bürokratie und politische Marktinterventionen.

„Britische Krankheit" und deutsches „Wirtschaftswunder"

Länder mit langer demokratischer Koalitionsfreiheit ohne Umbruch leiden am meisten unter solchen wachstumshemmenden Organisationen. So hatte sich in Großbritannien ein solch umfassendes Netzwerk von Sonderinteressengruppen entwickelt, dass das Land an einer „institutionellen Sklerose" litt und man von der „britischen Krankheit" sprach. Länder jedoch, deren Verteilungskoalitionen durch totalitäre Regierungen oder Besatzungsmächte kraftlos waren oder beseitigt wurden, wuchsen relativ schnell, wenn wieder eine stabile Rechtsordnung errichtet worden war. So erklärte Olson das „Wirtschaftswunder" der besiegten Deutschen und der Japaner nach dem zweiten Weltkrieg. Und er sagte zugleich voraus, dass beide bei fortgesetzter Stabilität mehr und stärkere Verteilungskoalitionen ansammeln werden, die ihre Wachstumsraten ungünstig beeinflussen.

Die Symptome der Erstarrung, die Olson beschreibt, können jedoch durchbrochen werden. So hat Präsident Ronald Reagan in den USA 1982 eine Wende eingeleitet, die zu einem langjährigen Aufschwung führte. In Neuseeland, das im Wohlfahrtsstaat erstarrt und praktisch bankrott war, hat eine sozialdemokratische Regierung eine Radikalkur eingeleitet: Freie Marktwirtschaft wurde konsequent in allen Bereichen durchgesetzt, Staatsbetriebe wurden privatisiert, der öffentliche Dienst rationalisiert, Sozialleistungen wurden abgebaut, die Flächentarife abgeschafft, das Steuersystem drastisch vereinfacht. Ein Wirtschaftsboom war die Folge. Doch das herausragendste Beispiel dafür, wie man eine große Industrienation aus der Erstarrung des Wohlfahrtsstaates herauslösen kann, gab Margaret Thatcher in Großbritannien. Sie änderte nicht nur die ökonomischen Rahmenbedingungen und brach die Macht der Gewerkschaften, sondern sie zielte vor allem darauf ab, das Denken und die Einstellung der Menschen wieder zu mehr Selbstverantwortung und Freiheit hinzuführen. Tony Blair profitiert bis heute davon. Deutschland jedoch verharrt seit Jahrzehnten in der Erstarrung.

Heilung ist möglich

1991, am ersten Tag des Putsches gegen Michail Gorbatschow, rief bei Olson ein Journalist an und wollte wissen, ob die festgefahrene Sowjetwirtschaft nicht am besten durch eine aufgeklärte Diktatur flottgemacht werden könnte, die dem Land eine Marktwirtschaft aufzwingt. Olson hatte keine schnelle Antwort parat, aber er machte sich an die Arbeit und so entstand sein letztes Buch, das erst nach seinem Tode erschien: „Power and Prosperity" („Macht und Wohlstand – kommunistischen und kapitalistischen Diktaturen entwachsen", 2002). Gesellschaften, deren Organisationen für kollektives Handeln nach einer Katastrophe zerstört wurden, könnten schnell wachsen, wenn wieder rechtliche Ordnung einkehre. Doch genau diese Zerstörung der Interessengruppen habe in Russland nicht stattgefunden, die alten Seilschaften bestünden nach wie vor. Um zu einer wachsenden Marktwirtschaft zu kommen, müssten zuerst individuelle Eigentumsrechte wieder garantiert werden, das kann nur der Staat durch eine entsprechende Rechtsordnung. Er muss zugleich dafür sorgen, dass Räuberein, auch durch Sonderinteressen, die Lobbyisten durchsetzen, unterbleiben. Solche Bedingungen sind am besten in sicheren, das Recht respektierenden Demokratien zu erfüllen.

Macht und Wohlstand

Meinhard Miegel (* 1939)

Meinhard Miegel wurde in Wien geboren. Er studierte zunächst Musik, dann ab 1958 Philosophie, Soziologie und Recht in Washington D.C., Frankfurt/Main und Freiburg. 1961 wurde er an der Georgetown University in Washington zum Bachelor of Arts graduiert, ein Jahr später promovierte er in Frankfurt zum Dr. jur. Außerdem verheiratete er sich mit Sue Olive Deane, die beiden haben 2 Söhne. Seine Berufslaufbahn begann Miegel 1970 als Syndikus und Assistent der Geschäftsführung bei dem Düsseldorfer Chemiekonzern Henkel & Cie. Damals gehörte der Henkel-Geschäftsführung auch Kurt Biedenkopf an und als dieser 1973 als Generalsekretär in die CDU-Zentrale nach Bonn wechselte, folgte ihm auch Meinhard Miegel dorthin. 1977 trat Kurt Biedenkopf als CDU – Generalsekretär zurück und nun gründeten Biedenkopf und Miegel gemeinsam das „Institut für Wirtschaft und Gesellschaft" (IWG) in Bonn. Meinhard Miegel ist seither Geschäftsführer und wissenschaftlicher Leiter des IWG. 1992 übernahm Miegel eine außerplanmäßige Professur an der Universität Leipzig.

„Think Tank" Das unabhängige, privat finanzierte "Institut für Wirtschaft und Gesellschaft Bonn" entwickelte sich rasch zu einer angesehenen Forschungsstätte, einem „think tank", der neben Auftragsforschung vor allem die Politik mit eigenen kritischen Stellungnahmen begleitete. Die Studien, die Kurt Biedenkopf und Meinhard Miegel vorlegten, markieren die früh erkannten, aber ungelöst gebliebenen Probleme, die sich in der Bundesrepublik Deutschland im Laufe der Jahre zu einem Reformstau aufbauten. 1978: „Wege aus der Arbeitslosigkeit" und „Wohnungsbau am Wendepunkt"; 1979: „Die programmierte Krise – Alternativen zur staatlichen Schuldenpolitik"; 1981: „Sicherheit im Alter – Plädoyer für die Weiterentwicklung des Rentensystems"; 1983: „Die verkannte Revolution – Einkommen und Vermögen der privaten Haushalte", „Arbeitsmarktpolitik auf Irrwegen – Zur Ausländerbeschäftigung in der Bundesrepublik Deutschland"; 1985: „Gesetzliche Grundsicherung, Private Vorsorge – Der Weg aus der Rentenkrise"; 1989: „Investieren in Deutschland – die Bundesrepublik als Wirtschaftsstandort". Mit diesen und vielen anderen Publikationen, die immer auch fundierte Lösungsvorschläge für die anstehenden Probleme enthielten, blieb Miegel jedoch ein einsamer „Rufer in der Wüste".

Das Ende des Individualismus Eigentlich ging es nur um ein Gutachten über Ursachen und Folgen der Geburtenarmut in Deutschland. Neben Tabellen und Grafiken wurden auch alle demographischen Theorien aufgelistet, aber eben diese Erklärungsversuche überzeugten Miegel nicht, er fand, es müsse noch eine tiefere, alle Erscheinungen verbindende Ursache geben. So kam er über eine historisch-kulturphilosophische Betrachtung zu einer umfassenden Theorie, die er 1993 zusammen mit Stefanie Wahl in dem Buch „Das Ende des Individualismus – die Kultur des Westens zerstört sich selbst" aufzeichnete. Der Individualismus zeigte sich als eine selbstzerstörerische Ideologie und diese Theorie lieferte wie ein Passe-Partout Erklärungsmuster für die wesentlichen Zeiterscheinungen.

516

In der Lebensordnung der Natur, gekennzeichnet durch große Frucht- barkeit und große Sterblichkeit, ist individuelles Leben dem Leben der Gattung nachgeordnet. Das gilt auch für die längste Zeit der Menschheitsgeschichte, bis der Mensch beginnt, die Naturordnung sukzessive durch eine selbst erdachte Kulturordnung zu ersetzen, in der sein individuelles Leben größeren Bestand haben soll. Der Begriff der Freiheit kommt auf, als Anspruch gegenüber Gemeinschaft und Göttern auf ein eigenes Ich, und ist Ansporn zu besonderen individuellen Leistungen. Schon für Sokrates ist nicht mehr die Gemeinschaft, sondern der Einzelne das höchste Ideal. Ehe und Familie gelten eher als Last, die Entvölkerung griechischer Städte ist etwa um 100 v. Chr. soweit fortgeschritten, dass lebenswichtige Funktionen nur noch mit Hilfe von Fremden aufrecht erhalten werden können, Griechenlands Macht verlischt. 300 bis 400 Jahre später wiederholt sich die gleiche Entwicklung mit erstaunlicher Parallelität im antiken Rom.

Wie es in einer individualistischen Kultur aussieht, zeigt unsere ei- gene Gesellschaft. Die Verstädterung verstärkt noch die Vereinzelung, Massenkommunikation schwächt die Gemeinschaft, individueller Wohlstand macht unabhängig von der Gemeinschaft, vor Lebensrisiken schützt weitgehend der Staat, materieller Genuss und „Selbstverwirklichung" als Ausdruck eines übersteigerten Egoismus werden zu Lebenszielen, Autorität wird abgelehnt. Kinder passen nicht in diesen Rahmen bedingungsloser Ich-Entfaltung. Gegen Kinder sprechen die berufliche Karriere und der eigene Lebensstil, materielle Gründe sind mit Abstand das geringste Gegenargument. Die Kultur eines übersteigerten Individualismus ist der eigentliche und einzige Grund für die sinkende Fruchtbarkeit und die Geburtenarmut in den hochindustrialisierten Ländern. Und mit dem Bevölkerungsschwund wird zugleich die ethnische und kulturelle Identität zerstört.

Um die Entwicklung zu stoppen, kann man die Geburtenrate erhö- hen, vermehrt Zuwanderer aufnehmen oder alles lassen wie es ist. Die große Mehrheit der Bevölkerung erwartet von einem weiteren Geburtenrückgang mehr Nachteile als Vorteile, hält den Zuwandereranteil bereits jetzt schon für zu hoch, lehnt es aber zugleich ab, mehr Kinder aufzuziehen, als in den letzten 20 Jahren. Das heißt, die Bevölkerung erwartet objektiv Unmögliches und wird sich enttäuscht mit der Realität vertraut machen müssen: Die Zahl der Deutschen nimmt ab, die Zahl der Zuwanderer steigt, ebenso wie der Anteil der ältern Menschen, der Anteil der Kinder und Jugendlichen fällt. In einem Jahrhundert etwa dürfte der Punkt erreicht sein, dass die Deutschen durch Menschen anderer Kultur verdrängt sind und unsere kulturelle Identität erloschen ist. Doch ehe dieser Punkt erreicht ist, werden sich unsere Lebensbedingungen verschlechtern, und welche Alternative wir auch wählen, sie wird uns erhebliche Opfer abverlangen.

Ein deutsches Problem

Diese negative demographische Entwicklung, die Miegel beschreibt, ist in Deutschland besonders ausgeprägt. Damit eine Bevölkerung zahlenmäßig auf dem gleichen Stand bleibt, ist eine Geburtenrate (durchschnittliche Kinderzahl je Frau) von 2,1 erforderlich. Deutschland liegt mit 1,3 weit darunter. Frankreich hat mit 1,9 eine bedeutend höhere Rate und in den USA entspricht die Geburtenrate mit 2,1 genau der Reproduktionsrate. Und es ist keineswegs so, dass in den USA ethnische Randgruppen die Geburtenstatistik bestimmen, sondern es ist die weiße amerikanische Mittel- und Oberschicht, die den Ausschlag für den Kinderreichtum gibt. Damit findet auch die Vermutung keine Bestätigung, Kinderarmut könnte eine direkte Folge des Wohlstands sein. Es sieht vielmehr so aus, dass vor allem wir Deutschen das Problem haben, wieder zu einer gemeinschaftsorientierten, familienfreundlichen Kultur zurückzufinden, in der das Individuum der Gemeinschaft nicht mehr über- sondern gleichgeordnet ist.

Die deformierte Gesellschaft

Die Summe aus 25 Jahren Wirtschafts- und Sozialforschung hat Miegel in seinem Buch „Die deformierte Gesellschaft – Wie die Deutschen ihre Wirklichkeit verdrängen" (2002) zusammengetragen. Es ist ein Kompendium der Versäumnisse und Missstände deutscher Politik, wie es in dieser Prägnanz und Übersichtlichkeit sonst nirgends zur Verfügung steht. Die Jahre des Überflusses sind für Deutschland endgültig vorbei, die Wachstumsraten werden einen Bruchteil des Gewohnten betragen, das soziale Netz wird grobmaschiger. Der dramatische Wandel, in dem wir uns befinden, wurde seit langem prognostiziert, doch die Deutschen und vor allem ihre Politiker, haben die Realitäten verdrängt. Dementsprechend schwierig gestaltet sich der bereits zwangsläufig in Gang gekommene Anpassungsprozess.

Gewerkschaften

Seit den sechziger Jahren überstiegen die Lohnforderungen der Gewerkschaften fast ausnahmslos die realen wirtschaftlichen Möglichkeiten, doch wagte niemand, ihnen entgegenzutreten. Das konnte nur zur Inflation führen und mit der Einführung des Euro wurde ein Teil des Geldschaums weggeblasen, der aufgrund der gewerkschaftlichen Lohnpolitik geschlagen worden war. Bescheidenere Abschlüsse wären den Interessen der Arbeitnehmer dienlicher gewesen, doch den Gewerkschaften war ihr Verbandsinteresse wichtiger. Sie beklagen die ungleiche Vermögensverteilung, haben aber selbst versäumt, die Vermögensbildung bei den Arbeitnehmern und damit ihre Teilhabe am Kapital zu fördern. Die Arbeitnehmer müssen der Tatsache Rechnung tragen, dass ein erheblicher Teil ihrer stattlichen Einkommen eben nicht von ihnen erarbeitet wird, sondern die Frucht von Wissen und Kapital ist, die sie das Glück haben, nutzen zu können. Ludwig Erhards Ziel war es, durch die Bildung individueller Vermögen die Menschen „dem verderblichen Einfluss des Kollektivs zu entreißen": Der privaten Vorsorge sollte der Vorrang eingeräumt, aus dem Untertan sollte ein mündiger Bürger werden. Stattdessen ist mit der Explosion des Sozialstaates die Abhängigkeit immer größer geworden.

Nach der Massenarmut bis Mitte des 20. Jahrhunderts hat eine beispiellose Wohlstandsexplosion stattgefunden. Als diese Phase stürmischen Wirtschaftswachstums in den siebziger Jahren zu Ende ging, wollte man sich damit jedoch nicht abfinden. Man erinnerte sich der Katastrophenstrategien von John Maynard Keynes und der Staat bemühte sich, mit kreditfinanzierten Konjunkturprogrammen die Wirtschaft anzuheizen. Mehr als ein Strohfeuer erreichte er allerdings nicht, doch gelang es auf diese Weise, innerhalb von 10 Jahren den Wert der Mark um 40 % herunterzuwirtschaften, die Staatsschulden annähernd zu verdoppeln, und die Arbeitslosenquote zu verfünffachen. Statt sich auf die Realitäten einzurichten und zur Normalität zurückzukehren, wird noch immer den hohen Wachstumsraten von ehemals nachgetrauert. Und es wird die Frage der Armut wieder lebhaft diskutiert, wobei es sich nicht um die existentielle Not früherer Zeiten handelt, die längst überwunden ist, sondern es geht um relative Armut, die sich nach dem Durchschnitt definiert und deshalb nie verschwinden wird. Man beschwört die wachsende Kluft zwischen Arm und Reich, doch die Armen haben heute viermal so viel wir vor 50 Jahren. Man spricht von der Beseitigung der Armut, aber gemeint ist die Forderung nach materieller Gleichheit.

Rückkehr zur Normalität?

Die zunehmende Verunsicherung der Menschen lässt befürchten, dass sie unter Preisgabe individueller Freiheiten noch stärker kollektive Sicherheit unter den Fittichen des Staates suchen. Doch die Lösung liegt nicht in noch größerer staatlicher Vormundschaft, sondern in einer durch freiwillige Aktivitäten geprägten Bürgergesellschaft. Die Kultur freiwilligen Teilens und individuellen Engagements muss zurückgewonnen werden. Die bestehende individuelle Wohlhabenheit und die individuell verfügbare Zeit bieten dazu die besten Voraussetzungen.

Bürgergesellschaft

Samuel P. Huntington (* 1927)

Samuel Phillips Huntington wurde in New York geboren. Er studierte in Yale und Chicago Politikwissenschaft und promovierte an der Harvard University in Cambridge/Massachusetts. In Harvard begann er 1950 seine akademische Laufbahn mit einer Dozentur und 12 Jahre später erhielt er dort den Lehrstuhl für Internationale Beziehungen. Inzwischen hatte er geheiratet, er hat 2 Kinder. Huntington wurde Mitarbeiter am renommierten „Centre for International Affairs" und leitete dieses Institut von 1978–1989. Seitdem ist er Direktor des „John M. Olin Institute for Strategic Studies" in Harvard. Er gehörte dem Nationalen Sicherheitsrat als Koordinator an und wurde 1985 an das „Institute for Defense Analysis" berufen.

1993 publizierte Huntington in der Zeitschrift „Foreign Affairs" einen Artikel unter der Überschrift „Clash of Civilisations?", der eine welt-

Kampf der Kulturen

weite Diskussion auslöste. 3 Jahre später veröffentlichte er unter dem gleichen Titel (jedoch diesmal ohne Fragezeichen) ein 600 Seiten starkes Buch, das 1996 auch in Deutschland erschien: „Der Kampf der Kulturen – Die Neugestaltung der Weltpolitik im 21. Jahrhundert". Huntington vertritt darin die These, dass sich künftig nicht mehr, wie im 19. Jahrhundert die Staaten, oder wie im 20. Jahrhundert die Ideologien, bekämpfen werden, sondern dass es im 21. Jahrhundert die Kulturkreise (civilisations) sein werden, die aufeinanderprallen. Nationalstaaten werden zwar die mächtigsten Akteure auf dem Globus bleiben, aber die grundsätzlichen Konflikte der Weltpolitik werden zwischen Nationen und Gruppierungen aus unterschiedlichen Kulturen auftreten. Der Zusammenprall der Kulturen wird die Weltpolitik beherrschen.

Kulturelle Identität

In der Welt nach dem Kalten Krieg und im Zeitalter der Globalisierung sind die wichtigsten Unterscheidungen zwischen Völkern nicht mehr ideologischer, politischer oder ökonomischer, sondern kultureller Art. Die Menschen suchen Antwort auf die Frage wer sind wir? Und sie finden die Antwort in den Dingen, die ihnen am meisten bedeuten, in dem was wir Kultur nennen. Kulturelle Identität hat für die meisten Menschen höchste Bedeutung und deshalb zählen auch deren Symbole so viel für sie, wie Kreuze, Halbmonde oder sogar Kopftücher. Das wichtigste Merkmal der verschiedenen Kulturen ist die Religion.

Kulturelle Weltordnung

Eine auf kulturellen Werten basierende Weltordnung ist im Entstehen begriffen. Die einzelnen Länder gruppieren sich um die Führungs- oder Kernstaaten ihrer Kultur. Huntington unterscheidet 8 große Kulturkreise: Den Westen (hauptsächlich die Vereinigten Staaten und Europa); den Konfuzianismus (hauptsächlich China); Japan; den Islam; den Hinduismus; die slawische Orthodoxie; Lateinamerika; Afrika.

Westliche Kultur

Die westliche Kultur ruht auf drei Säulen: der Griechisch-römischen Antike, der jüdisch-christlichen Religion und der Aufklärung. Die Aufklärung bedeutet in diesem Zusammenhang vor allem die Trennung von Religion und Staat. Nur so konnten die Werte entstehen, die die westliche Kultur so einzigartig machen: individuelle Freiheit, politische Demokratie, Rechtsstaatlichkeit, Menschenrechte. Sie ermöglichten es dem Westen, seine Modernität (und den technischen Fortschritt) weltweit zu expandieren und dadurch Gegenstand des Neides anderer Gesellschaften zu werden.

Westliche Universalität

Die Menschen des Westens sind von der Universalität ihrer Kultur überzeugt und glauben, dass ihre überlegene, wenngleich schwindende Macht ihnen die Verpflichtung auferlegt, diese Kultur über die ganze Erde zu verbreiten. Viele im Westen glauben, dass die kulturelle Verschiedenheit durch das Heranwachsen einer gemeinsamen, westlich orientierten Weltkultur überwunden werden kann. Das jedoch hält Huntington für einen gefährlichen Irrtum, weil dadurch die Konflikte verschärft werden. Aufgabe der Politik sei es nicht, andere Kulturen nach dem Bild des Westens umformen zu wollen, sondern die einzigartigen Qualitäten der westlichen Kultur zu erhalten.

Der Islam hat andere kulturelle Wurzeln. Auf der einen Seite sind es **Der Islam** Familie, Sippe und Stamm, auf der anderen Seite ist es vor allem die Religion die mit Kultur und Staat eine Einheit bildet. Eine Aufklärung hat nicht stattgefunden. Die Religion beherrscht das ganze Leben ohne Einschränkung. Es ist eine Religion, die „Ungläubige" eher verachtet, die eher der Pflicht zur Rache anhängt als der Nächstenliebe. Zunehmend greifen Muslime den Westen nicht darum an, weil er sich zu einer irrigen Religion bekennt, sondern darum, weil sie ihn für gottlos halten. In ihren Augen sind Laizismus und Irreligiosität schlimmere Übel als das Christentum an sich.

Worum es gegenwärtig geht, ist vor allem die Auseinandersetzung **Islam contra** zwischen dem Islam und dem Westen. Die Muslime sind sich darin **Westen** einig, dass es fundamentale Unterschiede zwischen ihrer und der westlichen Kultur gibt. Die Menschen im Islam sind von der Überlegenheit ihrer Kultur überzeugt. Und gerade deshalb sind sie von der Unterlegenheit ihrer Macht besessen: Sie beneiden den Westen wegen seiner Überlegenheit in wirtschaftlich-technischer und natürlich auch militärischer Hinsicht. Den Individualismus, Inbegriff der westlichen Kultur, halten sie für die Quelle allen Übels. (Fatima Mernissis) „Die Amerikaner", sagte ein ägyptischer Regierungsbeamter, „kommen her und wollen, dass wir so sind wie sie. Sie verstehen nichts von unseren Werten und unserer Kultur." 1998 prognostizierte Huntington weltweite, gewalttätige Auseinandersetzungen zwischen Muslimen und Nichtmuslimen.

Das asiatische Wirtschaftswachstum und der muslimische Bevölke- **Machtver-** rungsdruck werden sich in den kommenden Jahrzehnten destabilisie- **schiebungen** rend auf die etablierte, westlich dominierte internationale Ordnung auswirken. Auch die Entwicklung in China wird eine massive Machtverschiebung bewirken. Möglicherweise könnte es auch Indien gelingen, durch rapides wirtschaftliches Wachstum sich als ein Hauptakteur der Weltpolitik zu präsentieren.

Der Westen sollte sich damit abfinden, dass seine Kultur einzigartig, **Überleben** aber nicht universal ist, und er sollte sich untereinander einig sein, **des Westens** um diese Kultur zu erneuern und vor der Herausforderung durch nichtwestliche Gesellschaften zu schützen. Ein weltweiter Kampf der Kulturen kann nur vermieden werden, wenn die Mächtigen dieser Welt eine globale Politik akzeptieren und aufrechterhalten, die unterschiedliche kulturelle Wertvorstellungen berücksichtigt. Die vornehmste Aufgabe der führenden Politiker des Westens ist daher nicht, andere Kulturen nach dem Bild des Westens umformen zu wollen, was nicht in ihrer schrumpfenden Macht liegt, sondern die einzigartigen Qualitäten der westlichen Kultur zu erhalten, zu schützen und zu erneuern. Weil sie das mächtigste Land des Westens sind, fällt diese Aufgabe überwiegend den USA zu.

Who are we? Entscheidend für die kommenden Auseinandersetzungen wird sein, ob es Amerika gelingt, seine nationale Identität zu bewahren. Damit befasst sich Huntingtons 2004 erschienenes Buch: „Who are we? – Die Krise der amerikanischen Identität". Es geht vor allem um das Problem der Integration von Minderheiten. Wo diese einen gewissen Umfang erreicht haben, tendieren sie nicht mehr zur Anpassung, sondern zu Forderungen, wie etwa Zweisprachigkeit im öffentlichen Leben. Es findet ein „Kampf der Kulturen" im Innern statt.

Das amerikanische Credo Für die Amerikaner spielen Rasse und Ethnizität heute fast keine Rolle mehr, sie betrachten ihr Land als eine multiethnische, multirassische Gesellschaft. Wichtigstes und prägendes Element der amerikanischen Identität ist das ursprünglich von Thomas Jefferson formulierte „Amerikanische Credo" mit den Prinzipien der Freiheit, Gleichheit und Demokratie, der Menschenrechte und des Privateigentums. Dieses Credo war das Produkt der angloprotestantischen Kultur der Siedler. Schlüsselelemente dieser Kultur sind: die englische Sprache; das Christentum; religiöses Engagement; englische Vorstellungen von Rechtsstaatlichkeit, von der Verantwortlichkeit der Regierenden und von den Individualrechten. Die Siedler waren geprägt von Individualismus, hoher Arbeitsmoral und der Überzeugung, dass der Mensch die Fähigkeiten und die Pflicht hat, einen Himmel auf Erden, eine „Stadt auf dem Berge" zu schaffen.

Individualismus und Arbeitsethik Der Protestantismus betont, dass es wichtig ist zu arbeiten und dass es in der Verantwortung jedes einzelnen liegt, ob er im Leben Erfolg hat oder scheitert. Zum Protestantismus gehört auch die Überzeugung, dass es ganz klare Leitlinien dafür gibt, was gut und böse ist und dass diese unter allen Umständen anwendbar sind. Die Amerikaner sind davon überzeugt, dass Erfolg im Leben in erster Linie von den eigenen Talenten und dem eigenen Charakter abhängt. Präsident Bill Clinton hat das so formuliert: „Der amerikanische Traum, mit dem wir alle aufgewachsen sind, ist einfach aber mächtig: Wenn du hart arbeitest und dich an die Spielregeln hältst, dürftest du die Chance erhalten, so weit zu kommen, wie deine von Gott verliehenen Fähigkeiten dich bringen." In Amerika ist der Maßstab für gesellschaftliches Ansehen, dass man arbeitet und mit Arbeit Geld verdient. Die Demoskopen zeigen, dass Amerikaner nicht nur mehr arbeiten als andere Völker, sondern auch mehr Befriedigung in ihrer Arbeit finden. Anders als in anderen westlichen Industriestaaten empfinden die Amerikaner die Abhängigkeit von „Regierungsalmosen" als ein Stigma.

Im 20. Jahrhundert nannte Daniel Bell „Individualismus, Leistung und **Freiheit und** Chancengleichheit" als die zentralen Werte des amerikanischen Cre- **Gleichheit** dos. In Amerika sei „die Spannung zwischen Freiheit und Gleichheit, die die großen politischen Debatten in Europa geprägt hat, abgelöst worden durch einen Individualismus, der beide einschließt". Gleich- heit wird als Gleichheit der Chancen und der Achtung, nicht des Ergebnisses und der Lebensumstände verstanden.

Die Amerikaner waren immer ein sehr religiöses, überwiegend christ- **Ein religiöses** liches Volk. Der Wortlaut ihrer Verfassung ist zwar strikt weltlich, **Volk** aber ihre Autoren waren davon überzeugt, dass die republikanische Regierung, die sie schufen, nur Bestand haben konnte, wenn sie fest in Moral und Religion verwurzelt war. Schon für Tocqueville war Amerika „in der Welt der Ort, wo die christliche Religion am meisten wirkliche Macht über die Seelen bewahrt hat ... (hier) verschmilzt die Religion ... mit allen nationalen Gewohnheiten und mit fast allen vaterländischen Gefühlen; das verleiht ihr eine besondere Kraft." Das kommt zum Ausdruck in der amerikanischen „Zivilreligion" mit der die Amerikaner ihre säkulare Politik und ihre religiöse Gesellschaft in Einklang bringen.

Zwischen 1820 und 1924 kamen etwa 34 Millionen Europäer als **Immigration** Einwanderer nach Amerika. Alle blieben und assimilierten sich weit- **und Assimi-** gehend an die amerikanische Gesellschaft, ihre Kinder und Enkel fast **lation** vollständig. Von 1965 bis 2000 kamen 23 Millionen neue Immigran- ten, diesmal die meisten aus Lateinamerika und Asien. Das zentrale Problem, das dadurch für die USA entsteht, ist nicht die Immigration selbst, sondern Immigration ohne Assimilation. Viele der neuen Ein- wanderer sind nicht integrationsfähig oder nicht integrationswillig. (Europäische Industrieländer haben das gleiche Problem.) Auf aggres- sive Weise werden Gruppenidentitäten behauptet, die auf Rasse und Ethnizität beruhen. Als Patriot ist Huntington zutiefst besorgt, dass auf diese Weise die Einheit und Stärke seines Landes verloren gehen könnte. Die Amerikaner sollten sich wieder für die Traditionen und Werte der angloprotestantischen Kultur engagieren, die ihren Bürgern aller Rassen, Ethnien und Religionszugehörigkeiten über drei Jahr- hunderte hin Freiheit, Einheit, Macht und Wohlstand gesichert hat.

In diesem Multikulturalismus, der bei vielen Intellektuellen und Poli- **Multikultu-** tikern populär geworden ist, sieht Huntington eine Bedrohung für die **ralismus** amerikanische Identität. Seit den siebziger Jahren versuchen Multikul- turalisten die herrschende angloprotestantische Kultur Amerikas durch andere, vor allem von verschiedenen rassischen Gruppen ge- prägte Kulturen zu ersetzen. Der Multikulturalismus steht seinem We- sen nach in Opposition zur europäischen Zivilisation, er ist im Grunde eine antiwestliche Ideologie. Für die Multikulturalisten ist Amerika nicht eine Gesellschaft mit einer einzigen, alles durchdrin- genden Nationalkultur und soll es auch nicht sein, sondern für sie ist

Amerika ein Mosaik verschiedener Kulturen. Im Bildungswesen ist es den Muttikulturalisten schon gelungen weitgehend Einfluss zu nehmen, doch wurde dadurch auch eine Gegenbewegung provoziert. Die große Mehrheit der Amerikaner lehnt solche Angriffe auf das amerikanische Credo und die amerikanische Leitkultur ab.

11. September 2001

Der 11. September 2001 mit der Zerstörung des World Trade Centers in New York durch islamische Terroristen hat für Huntington auf dramatische Weise das Ende der ideologischen Konflikte des 20. Jahrhunderts und den Beginn einer neuen Ära angezeigt, in der die Menschen sich in erster Linie nach den Begriffen von Kultur und Religion definieren. Amerikas Feinde sind heute der von der Religion angetriebene militante Islam und potentiell der unideologische chinesische Nationalismus. Für die Amerikaner gewinnt in diesem Zusammenhang die religiöse Komponente ihrer Identität neue Bedeutung. Die überwältigende Mehrheit des amerikanischen Volkes möchte die amerikanische Identität, wie sie seit Jahrhunderten besteht, bewahren und stärken.

Hans Küng (* 1928)

Der Schweizer Hans Küng wurde als ältestes von 7 Kindern in Sursee im Kanton Luzern geboren. In Luzern besuchte er das Gymnasium und als er 20 war begann er mit dem Studium der Philosophie und Theologie an der Päpstlichen Universität Gregoriana in Rom. 1954 wurde er zum Priester geweiht. Es folgten 2 Jahre des Studiums an der Sorbonne in Paris, die er mit der Promotion zum Dr. theol. abschloss. 2 weitere Jahre war er als Seelsorger in Luzern tätig und nach einer Assistentenzeit an der Universität Münster erhielt er 1960 einen Ruf als Ordinarius für Fundamentaltheologie an die Universität Tübingen. 1962 ernannte ihn Papst Johannes XXIII. zum offiziellen theologischen Konzilsberater. Anschließend war Küng 17 Jahre lang in Tübingen Professor für Dogmatik und ökumenische Theologie und Direktor des Instituts für ökumenische Forschung. 1980 wurde ihm die kirchliche Lehrerlaubnis entzogen. Küng war bis zu seiner Emeritierung 1996 noch fakultätsunabhängiger Professor und widmet sich seither der Leitung der von ihm gegründeten „Stiftung Weltethos für interkulturelle und interreligiöse Forschung".

Theologische Schriften

Mit zahlreichen Schriften, die sich auch kritisch mit der katholischen Kirche auseinandersetzten, bestimmte Küng zu einem guten Teil die öffentliche Diskussion. Besonders seine populären, in verständlicher Sprache geschriebenen Werke machten ihn bekannt wie kaum einen anderen Theologen, so unter vielen anderen die Bücher „Menschwerdung Gottes" (1970), „Christ sein" (1974) „Existiert Gott?" (1978),

„Ewiges Leben" (1982) „Christentum und Weltreligionen" (1984), „Weltethos für Weltpolitik und Weltwirtschaft" (1997).

Noch während des 2. Vatikanischen Konzils (1962–1965) begann Küng mit der Arbeit an seinem Werk „Kirche" (1967), das ihn bekannt machte, in dem er seine eigenen Vorstellungen von Kirche darlegte und forderte, dass kirchliche Tätigkeit und Lehre auf Christus selbst zu gründen habe. Das brachte ihn in einen ernsten Gegensatz zur Kurie und die Glaubenskongregation verbot 1967 die Schrift, die allerdings trotzdem mit großem Erfolg weiter verkauft wurde. 1970 löste Küng eine scharfe innerkatholische Kontroverse aus, als er in seinem Buch „Unfehlbar?- Eine Anfrage" die Dogmen vom Primat und von der Unfehlbarkeit des Papstes in Frage stellte. Auch seine weiteren Bücher stießen auf kirchliche Kritik. 1979 bot dann seine Schrift „Kirche- gehalten in Wahrheit" den Anlass, Küng die „Missio Canonica", die kirchliche Lehrerlaubnis zu entziehen. Er blieb Priester und Professor, durfte aber keine Theologen mehr ausbilden. Küng setzte sich in seinen Publikationen auch weiterhin mit dem Vatikan auseinander, besonders mit Kardinal Ratzinger, dem heutigen Papst Bendict XVI.

Konflikt mit der Amtskirche

Sein Buch „Projekt Weltethos", das Küng 1990 veröffentlichte, sah er als eine „Programmschrift" an. Nach dem Versuch einer Zeitanalyse kommt er zu dem Schluss, dass gerade heute der Mensch eines grundlegenden Orientierungswissens bedarf und begründet die Notwendigkeit eines Ethos für die Gesamtmenschheit. „Kein Weltfriede ohne Religionsfriede" ist seine These und so fordert er die Religionen der Welt auf, in einen Dialog miteinander einzutreten. 1991 bekräftigte er vor dem World Economic Forum in Davos seine Forderung mit der Devise „Kein Frieden unter den Religionen ohne Dialog zwischen den Religionen" und weiter fügte er an: „Kein Dialog zwischen den Religionen ohne Grundlagenforschung in den Religionen". So begann er, eine Trialogie der monotheistischen Weltreligionen zu erarbeiten und legte 1991 den Band „Das Judentum", 1994 „Das Christentum" und 2004 den Band „Der Islam" vor.

Weltethos

„Die Menschheit kann sich immer weniger leisten, dass die Religionen auf dieser Erde Kriege schüren und nicht Frieden stiften, Fanatisierung betreiben und nicht Versöhnung suchen, Überlegenheiten praktizieren und nicht den Dialog", meint Küng. Die Welt, in der wir leben hat nur dann eine Chance zum Überleben, wenn in ihr nicht länger widersprüchliche und sich bekämpfende Ethiken bestehen, meint Küng. Die Welt braucht ein Grundethos, gewiss keine Einheitsreligion und Einheitsideologie, aber einige verbindende und verbindliche Normen, Werte, Ideale und Ziele. Küng organisierte 1993 in Chigaco einen Kongress zum Thema Weltethos, an dem mehr als 100 religiöse Glaubensgemeinschaften teilnahmen. Der Kongress verabschiedete die von Küng verfasste „Erklärung zum Weltethos" und am

Ethische Verpflichtung

Ende des Kongresses zog Küng das Fazit: Das Weltethos ist schon da! Die „Erklärung" enthält die Verpflichtungen auf eine Kultur der Gewaltlosigkeit und der Ehrfurcht vor allem Leben, der Solidarität und eine gerechte Wirtschaftsordnung, der Toleranz und ein Leben in Wahrhaftigkeit, der Gleichberechtigung und der Partnerschaft von Mann und Frau. Es darf keine neue Weltordnung ohne ein Weltethos geben und jeder Mensch muss menschlich behandelt werden.

Empirische Erkenntnisse

Wenn man das Weltethos der empirischen Sozialforschung unterzieht, bestätigt sich allerdings der Küng'sche Optimismus nicht. Elisabeth Noelle berichtete 1999 auf dem Wiener Kulturkongress über ein amerikanisches Forschungsprojekt zu diesem Thema. Der amerikanische Sozialforscher Ray Funkhouser kam zu dem Ergebnis, dass es zwar auf einer sehr hohen Abstraktionsebene eine Übereinstimmung gibt. Bei hohem Abstraktionsgrad ist es klar, dass Freiheit besser ist als Despotie, Gerechtigkeit besser als Ungerechtigkeit, Glück besser als Elend. Aber sobald man konkreter wird, tun sich zwischen den Kulturen tiefe Unterschiede auf. Das beginnt schon bei den Menschenrechten. Die Vorstellungen von guten und bösen Menschen sind sehr verschieden. Und wie sollen Kulturen, die auf Christlichkeit und Nächstenliebe gegründet sind, mit Kulturen, die auf dem Gedanken der Rache gründen, sogar auf der Pflicht zu Rache und Vergeltung, koexistieren? Es ist ja sehr überzeugend, mit Hans Küng zu sagen: Die Globalisierung erfordert ein globales Ethos. Aber die Frage bleibt offen, wie man mit den tief in den Kulturen eingepflanzten, durch empirische Forschung belegten Unterschieden fertig wird.

Otfried Höffe (* 1943)

Otfried Höffe wurde in Leobschütz/Oberschlesien geboren. Nach dem Wehrdienst begann er sein Studium der Philosophie, Geschichte, Theologie und Soziologie in Münster und setzte es fort in Tübingen, Saarbrücken und an der Universität München, wo er promovierte und 5 Jahre später sich auch für Philosophie habilitierte. Zwischendurch war er 1 Jahr lang als Visiting Scholar an der Columbia University in New York. Seine akademische Laufbahn begann er 1978 als Ordinarius für Ethik und Sozialphilosophie an der zweisprachigen Universität Fribourg/Schweiz. 14 Jahre später wechselte er als ordentlicher Professor für Philosophie an die Universität Tübingen. Seit 2002 ist er zugleich Gastprofessor an der Universität Sankt Gallen/ Schweiz.

Politische Philosophie

Höffe hat sich in zahlreichen Publikationen mit einer breiten Palette philosophischer Themen befasst. Besonders bemerkenswert sind seine „Kleine Geschichte der Philosophie" (2001) und seine Werke „Immanuel Kant" (1983) und „Kants Kritik der reinen Vernunft – Die

Grundlegung der modernen Philosophie" (2003). Der Schwerpunkt seines Interesses liegt bei der politischen Philosophie. Höffe ist Gründer und Leiter der „Forschungsstelle Politische Philosophie" in Tübingen.

Mit seinem Werk „Politische Gerechtigkeit – Grundlegung einer kritischen Philosophie von Recht und Staat" (1987) will Höffe eine „Neuvermessung des Gerechtigkeitsdiskurses" vornehmen. Politische Gerechtigkeit, so lautet seine These, ist eine für jedermann vorteilhafte und daher zustimmungsfähige Verteilung notwendiger Freiheitsbeschränkungen. Die Meinungen über das, was gerecht und ungerecht ist, laufen jedoch weit auseinander. Das Gerechtigkeitsprinzip des Wirtschaftsliberalismus heißt „Jedem nach seinen Leistungen", das des Rechtsstaates „Jedem nach seinen gesetzlichen Rechten" und der Sozialismus schließlich fordert, „jeden nach seinen Bedürfnissen" zu behandeln. Auch Unterscheidungen wie die zwischen der Gerechtigkeit für die einzelne Person und der moralischen Qualität von Institutionen der Rechts- und Staatsordnung sind von Bedeutung. Schließlich spielt es eine Rolle, welche Begriffe, zum Beispiel Glück oder Freiheit, bei den entscheidenden Abwägungen den Vorrang haben sollen. Sobald die Gerechtigkeitsprinzipien in Form einer demokratischen Verfassung institutionalisiert und durch vielfältige Gewaltenteilung abgesichert sind, könnte man die Aufgabe, politische Gerechtigkeit zu realisieren, für gelöst halten. Moderne demokratische Gesellschaften sind jedoch nicht nur durch ihren Pluralismus, sondern gleichermaßen durch ihre Dynamik gekennzeichnet, die immer wieder zu Veränderungen führt, sodass das Erkennen und die Verwirklichung politischer Gerechtigkeit ein fortwährender Prozess bleibt.

Politische Gerechtigkeit

Durch die fortschreitende Globalisierung hat sich unsere Welt in vielfacher Hinsicht verändert. Höffe kommt in seinem Buch „Demokratie im Zeitalter der Globalisierung" (1999) zu dem Ergebnis, dass sich ein globaler Handlungsbedarf ergeben hat, der mit den hergebrachten Strukturen souveräner Einzelstaaten nicht zu bewältigen ist. Er sieht die Lösung in einer globalen Rechts-. und Staatsordnung, die sich den Bedingungen der freiheitlichen Demokratie unterwirft, und die weiter bestehenden Einzelstaaten subsidiär ergänzt. Für Höffe sind die Stufen politischer Gerechtigkeit universal gültig: Willkür und Gewalt müssen durch Regeln abgelöst werden, für die eine öffentliche Gewalt verantwortlich ist und diese Gewalt ist als qualifizierte Demokratie zu gestalten. Deshalb brauchen wir zusätzlich zu den demokratischen Einzelstaaten eine demokratisch verfasste Weltordnung, eine subsidiäre und föderale Weltrepublik. Eine Weltordnung ohne Weltstaat reicht nicht aus. Auch die Hegemonie, wie sie derzeit die einzige Supermacht, die USA, verkörpern, hält Höffe für keine gute Lösung, sie ist immer der Gefahr der Parteilichkeit ausgesetzt und entbehrt der wechselseitigen freien Zustimmung aller Beteiligten. Gegen die Behauptung, einen Weltstaat zu verlangen sei unrealis-

Für eine Weltrepublik

527

tisch, zitiert Höffe Rousseau: „Was schert der Irrtum der Menschheit die Wahrheit und was ihre Barbarei die Gerechtigkeit? Suchen wir nicht nach dem, was getan wurde, sondern danach was man tun soll." (Wenn man bedenkt, was Rousseaus Ideen in der französischen Revolution an blutigem Terror angerichtet haben, fragt man sich allerdings, ob Höffe mit diesem Zeugen gut beraten ist.) Höffe ist sich klar darüber, dass eine Weltdemokratie auch Weltbürgertugenden braucht, als da sind ein Welt-Rechtssinn, ein Welt-Gerechtigkeitssinn, ein Welt-Bürgersinn und ein kultureller Welt-Gemeinsinn. Schließlich zählt Höffe noch die Einwände auf, die gegen diese „realistische Vision" einer globalen Herrschaft von Recht, Gerechtigkeit und Demokratie vorgebracht werden können: lebensfernes Ideal, schwärmerische Utopie, Mangel an exekutiver Macht, Überforderung der egoistisch motivierten Menschen. Er bleibt trotzdem Optimist.

Politische Ethik

Die Forderung Höffes, dass das Demokratie-Prinzip überall akzeptiert wird, dürfte sicher mit am schwersten durchzusetzen sein. Da eine Weltdemokratie auch verantwortliche Bürger braucht, die diese Demokratie tragen, befasst sich Höffe mit der Frage, wie diese beschaffen sein müssen in seinem Buch „Wirtschaftsbürger, Staatsbürger, Weltbürger – Politische Ethik im Zeitalter der Globalisierung" (2004). Wo Bürgertugenden und eine Bürgergesellschaft das Gemeinwesen bestimmen, erscheinen die öffentlichen Gewalten nicht länger als Obrigkeit und die Menschen sind im politischen Sinn nicht länger Untertanen. In einer solchen „Zivilgesellschaft" (civic society) engagieren sich die Bürger vor allem auch in nicht-staatlichen Organisationen. Zur Selbstverantwortung und Selbstverwirklichung der Bürger gehört die Arbeit, sie ist mehr als nur Mittel zum Lebensunterhalt. Deshalb bleibt auch die Vollbeschäftigung ein wichtiges Ziel und eine Politik, die die der Vollbeschäftigung hinderlichen Strukturprobleme wie Überregulierung oder überzogene Tarifbestimmungen verdrängt, verstößt gegen die Gerechtigkeit. Die Bürgergesellschaft sollte auch durch ein größeres Maß ergänzender direkter Demokratie gestärkt werden. Ein demokratisches Staatswesen sollte aus drei Säulen bestehen, die keineswegs gleich stark sein müssen: einer repräsentativen, einer bürgergesellschaftlichen und einer direkten Demokratie.

Peter Sloterdijk (* 1947)

Peter Sloterdijk wurde in Karlsruhe geboren. Er studierte Philosophie, Germanistik und Geschichte zunächst in München, dann an der Universität Hamburg, wo er auch promovierte. Sloterdijk lehrt seit 1992 als Professor für Philosophie an der Karlsruher Hochschule für Gestaltung und an der Wiener Akademie der bildenden Künste. Gastprofessuren führten ihn nach Paris, Zürich und New York. Seit 2002 ist er zusammen mit Rüdiger Safranski Gastgeber des „Philosophischen Quartetts" im ZDF.

Im Medienzeitalter scheint es unvermeidlich, dass auch Philosophie in den Sog der Showmaster und Talkrunden gerät. Sloterdijk ist durch seine Fernsehauftritte eine Art philosophischer „Nationalmoderator" geworden. Er ist ein Sprachkünstler, der pointiert zu formulieren versteht, der Wortkreationen und Satzkonstruktionen hervorbringt, um die ihn sogar Adorno beneidet hätte. Alles was er sagt, klingt ungemein wissenschaftlich, aber man weiß nie so genau, was sich dahinter verbirgt. Es könnte immerhin auch das Nichts sein, mit dem sich Sloterdijk eingehend befasst hat. Man ist nie ganz sicher, ob seine Formulierungen ernsthaft oder ironisch gemeint sind, denn ein Übertreibungskünstler ist er auch, wie ihm sein Verlagslektor bescheinigt. Provokation gehört zu seinen Stilmitteln und hat sich immer wieder bewährt, um Aufmerksamkeit zurückzugewinnen. Philosophische Botschaften im eigentlichen Sinne sind hingegen eher spärlich vorhanden.

Der Philosoph als Entertainer

Für seine „Kritik der zynischen Vernunft" (2 Bde.,1983) nennt Sloterdijk einen Anlass und einen Grund. Vor 200 Jahren erschien Kants „Kritik der reinen Vernunft", das war für ihn der Anlass. Der Grund war ein modernisiertes Bewusstsein, das seine Aufklärung gelernt, aber nicht vollzogen hat. Dieses aufgeklärte, falsche Bewusstsein nennt Sloterdijk Zynismus. Die zynische Vernunft diagnostiziert Sloterdijk vor allem unter den ehemals engagierten Aufklärern der 68er Generation. Aufklärung läuft über Aufheiterung. Auf den annähernd 1000 Seiten seines Buches breitet Sloterdijk eine illustrierte Mischung aus satirischem Wissen, geschichtlicher Berichterstattung, Analysen und Meditationen aus. Er will damit das „sapere aude!", den Wahlspruch der Aufklärung, wieder in Erinnerung rufen. Damals, als er das Buch schrieb, meint Sloterdijk heute, hatte die Linke für ihre Kritik noch ein Drehbuch, wenn es auch um ein halbes Jahrhundert verrutscht war. „Heute hingegen fehlt ein Spielplan für die Linke." Die Altersgruppe der 68er, die jetzt in Stellung ist, „bildet die verwirrteste Generation der deutschen Geistesgeschichte ... die verwirrte Generation kann nur Verwirrung weitergeben. Das tut sie erfolgreich."

Kritik der zynischen Vernunft

1999 publizierte Sloterdijk seinen Essay „Regeln für den Menschenpark – Ein Antwortschreiben zu Heideggers Brief über den Humanismus". Es handelte sich um den Text des Vortrags, den er 1997 in Basel gehalten und 1999 bei einer Philosophie-Tagung in Elmau wiederholt hatte. Wer heute nach der Zukunft des Humanismus fragt, will im Grunde wissen, ob Hoffnung besteht, der aktuellen Verwilderungstendenzen beim Menschen Herr zu werden, meint Sloterdijk. Er bezieht sich dabei auf Heideggers Brief über den Humanismus, den dieser 1946 an Jean Beaufret schrieb. Das Wort Humanismus habe seinen Sinn verloren, meinte Heidegger, der Humanismus sei der ei-

Regeln für den Menschenpark

gentlichen Denkaufgabe nicht gerecht geworden. Auch in der Gegenwartskultur vollzieht sich der Kampf zwischen zähmenden und bestialisierenden Impulsen, von denen Heidegger gesprochen hatte, „angesichts eines Zivilisationsprozesses, in dem eine Enthemmungswelle anscheinend unaufhaltsam rollt". Sloterdijk fragt, ob die langfristige Entwicklung zu einer genetischen Reform der Gattungseigenschaften führen wird, ob die „Anthropotechnologie" bis zur Merkmalsplanung vordringt oder ob man pränatale Selektion vollziehen wird – und meint, dass sich dies als ein Diskurs über Menschenhütung und Menschenzucht erweist. Seit Platon wird so über Regeln für den Betrieb von Menschenparks gesprochen.

Die Sloter-dijk-Debatte Für die Meister des Feuilletons waren Sloterdijks Formulierungen ein willkommener Anlass zu einer großangelegten „Sloterdijk-Debatte", die sich durch die „schamlose Strategie der Falschleser" (Sloterdijk) zu einem „Sloterdijk-Habermas-Skandal" ausweitete. Habermas hatte eine publizistische Kampagne gegen Sloterdijks „Grenzüberschreitung" angeregt. Sloterdijk sprach von gezieltem Rufmord und „linksfaschistischer Agitation". Er warf Habermas vor, er habe statt *mit* ihm *über* ihn gesprochen und damit gegen die Grundprinzipien seiner eigenen Diskursethik verstoßen und holte zu einer Generalabrechnung mit der „Kritischen Theorie" aus. Mit der Frankfurter Schule hatte sich Sloterdijk schon seit langem auseinandergesetzt. „Ihr Vorurteil lautet, dass aus dieser Welt nur böse Macht gegen das Lebendige kommen könne. Hierin gründet die Stagnation der Kritischen Theorie. Die Offensivwirkung des Sichverweigerns hat sich längst erschöpft. Das masochistische Element hat das kreative überflügelt."

Sphären Wenn man vom Menschen und über die Menschen reden will, muss man über Sphären reden, in ihnen ist der Einzelne immer schon auf den Anderen hin angelegt. Deshalb gibt Sloterdijk seinem großen, dreibändigen Werk den Titel „Sphären" mit den Untertiteln „Blasen", „Globen" und „Schäume". Er versucht darin, unter philosophisch-anthropologischem Blickwinkel eine Zusammenschau der unterschiedlichen Weisheitstraditionen um den „beseelten Raum" der Gattungsgeschichte auszuloten. Am Ende kommt Sloterdijk zu dem Schluss, unsere Gesellschaft befinde sich „jenseits der Not" und stößt damit auf den Widerspruch von Journalisten, die gerade eine neue Armutsdiskussion ausbreiten. Sloterdijk meint dazu: „Nutzen wir die Verwöhnungspause, die mit der aktuellen Rezession kommt, für eine Untersuchung über Bewusstseinsverzerrungen … Die aktuelle Verwöhnkultur betrifft nicht mehr eine winzige Adelsgruppe, sondern den größten Teil der Population". Von dem beispiellosen kollektiven Luxus, der damit verbunden ist, wird nicht gesprochen, „stattdessen müssen ständig neue Mangelfiktionen publiziert werden". Die 3 Bände der „Sphären" umfassen 2.600 Seiten, das sind rund 1 Million Wörter. Sloterdijk hat damit immerhin den Nachweis erbracht, dass er, am Umfang seines Werkes gemessen, ein „großer" Philosoph ist.

Gegenwartsprobleme

Freiheit und Gleichheit

Die Wirkung philosophischer Theorien und ideengeschichtlicher Zusammenhänge reicht unmittelbar in die Gegenwart herein. Philosophen haben sich nicht nur mit der Frage beschäftigt, „was die Welt im Innersten zusammenhält", oder wie man persönliches Glück erlangen kann, sondern zu allen Zeiten war auch das Problem, wie Menschen am besten zusammenleben können, ein wichtiges Thema für sie. So haben sich die Philosophen intensiv mit dem Staat, der Politik und der Wirtschaft auseinandergesetzt.

Zwei Denkrichtungen sind dabei in der westlichen Philosophie erkennbar geworden, die sich deutlich unterscheiden und die sich bis in die unmittelbare Gegenwart hinein auswirken. Im Idealfall befinden sie sich in einem gewissen Gleichgewicht, meistens aber bezeichnen sie divergierende Grundeinstellungen und bedeuten entsprechende unterschiedliche Handlungsmaximen. Sie lassen sich mit den Stichworten Freiheit und Gleichheit grob kennzeichnen und ihre Wurzeln reichen weit zurück. **Zwei Denkrichtungen**

Zum ersten Mal deutlich erkennbar werden die verschiedenen Denkrichtungen im unterschiedlichen Politik- und Staatsverständnis von Platon und Aristoteles. Platon, Idealist und Utopist, entwirft das Bild von einem idealen Staat, in dem die Philosophen die Könige sind, die Herrschenden im Kommunismus leben und das Volk mit Politik nichts zu tun hat. Individualismus gilt ihm als Egoismus, der Einzelne ist nichts anderes als ein Glied der Gemeinschaft. Aristoteles hingegen, Realist und Rationalist, hält Platons idealen Staat für eine Utopie. Mit der Vorstellung von einem Staat, in dem alle Menschen Brüder sind und eine wundervolle Liebe aller zu allen ausbricht, kann man zwar Begeisterung erwecken. Aber die Politik kann nicht die Menschen machen, sondern muss sie so nehmen wie sie von Natur aus sind, ungleich und keineswegs durchweg tugendhaft. Die Unterschiede in der Denkweise von Platonikern und Aristotelikern sind über die Jahrhunderte hin erkennbar geblieben. Das begann bei den Kirchenvätern und in der Scholastik, mit Augustinus als Anhänger Platons und Thomas von Aquin als ausgesprochenem Aristoteliker. Vor allem aber im Zeitalter der Aufklärung zeigt sich, dass die deutsche und europäische Philosophie dem Idealismus Platons den Vorzug gibt, während in der angelsächsischen Welt die Vorliebe für Aristoteles größer ist. **Platon und Aristoteles**

531

Locke und Rousseau

Für John Locke und andere liberale Denker ist die Freiheit des Individuums der höchste Wert, Privateigentum und ein durch Gewaltenteilung kontrollierter Staat sollen sie garantieren. Diese Vorstellungen haben durch Thomas Jefferson in der amerikanischen Verfassung ihren Niederschlag gefunden und wurden die Grundlage des freiheitlichen, demokratischen Staatswesens der USA. In Europa hingegen setzte sich vor allem die idealistische Denkweise Rousseaus durch, der von Platon schwärmte und die Freiheit des Individuums einem „Gemeinwillen" unterordnete. Das Ergebnis war zunächst Robespierres blutige Schreckensherrschaft in der Französischen Revolution.

Freiheit und Gleichheit

Im Schlachtruf der französischen Revolution „Freiheit – Gleichheit – Brüderlichkeit!" werden Freiheit und Gleichheit zugleich gefordert, doch erweist sich schon bald, dass es sich um ein Gegensatzpaar handelt: Je mehr Gleichheit, desto weniger Freiheit und umgekehrt. In Frankreich wurde schon kurz nach der Revolution die Freiheit der Gleichheit geopfert. Das Spannungsverhältnis zwischen Freiheit und Gleichheit war auch Tocqueville bewusst, als er die Demokratie in Amerika untersuchte. Er fand, dass das demokratische Bewusstsein der Amerikaner beides umschließt: individuelle Freiheit als höchstes Gut und Gleichheit als Gleichheit der Chancen. In Europa hingegen gewann der Sozialismus, wie ihn Karl Marx als Mischung aus Rousseau und Hegel zusammengebraut hatte, die Oberhand. Zwar trat freiheitliches Denken mit der Philosophie von Hayek und Popper später noch einmal deutlich in Erscheinung, aber im Grunde blieb, vor allem im Nachkriegsdeutschland, utopisches, sozialistisches Denken, wie es die Frankfurter Schule propagierte, beherrschend.

USA und Europa

Die Verfassungswirklichkeit und das Lebensgefühl in den USA beruhen ungebrochen auf den Idealen, wie sie in der amerikanischen Verfassung und in der Unabhängigkeitserklärung niedergelegt wurden und wie sie aus den Ideen der englischen Aufklärung, vornehmlich aus der Philosophie von John Locke, hervorgegangen sind. Die Wurzeln dieser Staatsphilosophie lassen sich bis zu Aristoteles zurückverfolgen. Ihr höchster Wert ist die Freiheit. Ein ganz anderer Wertekanon hat sich in Deutschland und Europa herausgebildet, hier sind die dominierenden Werte Gleichheit und Sicherheit. Die ideengeschichtliche Spur beginnt bei Platons Staatsutopie und führt über absolutistische Strukturen und deren Auflösung durch Rousseau hin zu den großen Ideologien von Marxismus und Faschismus und endet bei der Frankfurter Schule und den 68ern.

Rechts und links

Die beiden unterschiedlichen Denkrichtungen in der westlichen Welt sind durch den Gegensatz von Freiheit und Gleichheit gekennzeichnet und das entspricht im politischen Sprachgebrauch dem Unterschied von „rechts" und „links". „Aus der Gleichheit erwachsen die linken, aus der Freiheit die rechten Werte", wie Elisabeth Noelle darlegte. Im rechten Wertesystem ist Freiheit der oberste Wert. Das bedeutet auch Entscheidungsfreiheit für den Einzelnen, verbunden mit Selbstverantwortung, und es begünstigt Wagnis- und Risikobereitschaft. Im linken Wertesystem steht der Begriff der Gleichheit an der Spitze. Für den einzelnen bedeutet das die Betonung von Sicherheit und Geborgenheit.

„Warum ist die Verteidigung der Freiheit gegen die Versuchung der Gleichheitsutopie so wichtig?" fragt die Sozialforscherin Elisabeth Noelle und gibt selbst die Antwort: die linken Werte, die der Utopie der Gleichheit folgen, begünstigen eher die Passivität des Individuums, die rechten Werte mit der Freiheit als oberstem Wert fördern eher die Aktivität. „Das könnte für den Ausgang des Ringens zwischen rechten und linken gesellschaftlichen Lösungen wichtig sein. Die neuere empirische Sozialforschung, die sich mit psychologischem Wohlbefinden befasst, setzt Aktivierung durch Überwindung von Schwierigkeiten und Entwicklung von Selbstkontrolle obenan für ein erfolgreiches, glückliches persönliches Leben, und wahrscheinlich auch für eine erfolgreiche stabile Gesellschaft. Die fortlaufende gesellschaftspolitische Güterabwägung zwischen rechten und linken Werten gewinnt dabei eine Schlüsselbedeutung. Politische Wertesysteme müssen auch nach ihrem Potential, Menschen zu aktivieren, beurteilt werden." Freiheitlich geprägte Gesellschaften, wie beispielsweise in den USA, sind besser gerüstet für den unvermeidlichen Daseinskampf, sind selbständiger und verantwortungsbewusster, und sie sind glücklicher.

Gleichheit gegen Freiheit

Besonders deutlich wirkt sich der Antagonismus von Freiheit und Gleichheit im Wirtschaftssystem aus. In Deutschland hat nach dem Zweiten Weltkrieg Ludwig Erhard bewusst auf ein freiheitliches Wirtschaftssystem gesetzt und der damit verbundene Leistungswille und die Leistungsfreude haben zu den Erfolgen des „Wirtschaftswunders" geführt. Dann haben die Sozialpolitiker mit ihrer Gleichheitsutopie immer mehr Einfluß gewonnen. Sie nährten die Illusion, daß man beides haben könne, einen sozialistischen Versorgungsstaat und zugleich das Wohlstandsniveau einer freiheitlichen Wirtschaftsverfassung. Doch beides zugleich kann man nicht haben, wie der Zusammenbruch der sozialistischen Befehlswirtschaften im ehemaligen Ostblock bewies. Volkswirtschaften, die auf den „sozialen Errungenschaften" sozialistischer Wirtschaftssysteme beharren, müssen das zwangsläufig mit Wohlstandseinbussen bezahlen, und zwar aller sozialen Schichten.

Wirtschaftssysteme

Heute steht Deutschland vor dem Problem, die verheerenden Auswirkungen eines überzogenen Sozialstaates wieder zurückzuschrauben. Wie sehr die „Verteilungskoalitionen" einer verkrusteten, korporatistischen Wirtschaft die wirtschaftliche Entwicklung lähmen, kann man bei Mancur Olson nachlesen. Der Weg aus einem Versorgungsstaat zurück zu einer effizienten freiheitlichen Wirtschaftsordnung ist

Rückkehr zu Erhards Marktwirtschaft?

schwierig und schmerzlich. In der Nachkriegszeit gibt es jedoch ein Beispiel, bei dem dies besonders überzeugend gelungen ist. Es war die englische Premierministerin Margaret Thatcher, die ab 1979 mit beispielloser Energie die damals staatsbedrohende Macht der englischen Gewerkschaften brach, den Staatshaushalt ausglich, die Wirtschaft liberalisierte und ihre Landsleute zum Umdenken, hin zu mehr Selbstverantwortung und Freiheit, bewog. Helmut Kohl hingegen war es 1983 in Deutschland nicht gelungen eine „geistig-moralische Wende" herbeizuführen.

Liberale Wirtschaftspolitik

Wenn man die Nachkriegsgeschichte betrachtet, muß man feststellen, daß sozialistische Wohlfahrtspolitik oder „deficit spending" nach dem Muster von Keynes noch nie einen dauerhaften Aufschwung zustande gebracht haben. Immer war es liberale, freiheitliche Wirtschaftspolitik, die das Elend besiegte und zu Wohlstand führte. Dafür gibt es eine Reihe von überzeugenden Beispielen besonders aber diese drei: Ludwig Erhards deutsches „Wirtschaftswunder" in den fünfziger Jahren, in Großbritannien Margaret Thatchers „Thatcherismus" in den achtziger Jahren und wenig später Ronald Reagans „Reaganomics", eine liberale Wirtschaftspolitik, mit der er 1981–1989 in den USA einen langanhaltenden, dauerhaften Aufschwung bewirkte.

Ende des Wohlfahrtsstaates

Linke Politik hat Deutschland in eine schwere Krise geführt. Doch aus der Krise heraus erwächst die Chance zu einer neuen Konzeption des Sozialstaates, in der Freiheit, Selbstverantwortung und Eigeninitiative wieder zum Tragen kommen und die sich von der Illusion löst, ein Höchstmaß an Gleichheit sei zugleich ein Höchstmaß an Gerechtigkeit. Das Ende des Wohlfahrtsstaates ist unausweichlich, meint Alois Glück, der Präsident des Bayerischen Landtags.

Spannungsfeld

Das Spannungsfeld zwischen Freiheit und Gleichheit wird naturgemäß bleiben. Aber es kommt entscheidend darauf an, welche Art von Gleichheit man sich wünscht, ob man von Rechts- und Chancengleichheit ausgeht, oder materielle Gleichheit das Ziel ist. Eine Gesellschaft, die auf den Vorrang der Freiheit verzichtet, muss sich damit abfinden, dass sie gegenüber freiheitlichen Gesellschaften in vieler Hinsicht benachteiligt ist.

Europa und Amerika

Mentalitätsunterschiede

Zwischen den USA und Europa sind Unterschiede in der Mentalität, in der allgemeinen Lebensauffassung und im Staatsverständnis, unverkennbar. Sie erklären sich aus den Unterschieden in der Werteordnung. In Deutschland und in Europa dominieren linke Werte, Sicherheit geht vor Freiheit, die Deutschen wollen lieber in einem Land leben, das ihnen große Sicherheit bietet, eine Sicherheit, die man sich vom Staat erwartet. Verantwortung wird, wo immer es geht, auf den Staat abgewälzt, und in der Staatsgläubigkeit sind noch die Spuren des Untertanengeistes früherer Jahrhunderte erkennbar. In den USA hat sich, wie in keinem anderen Land der Welt, von den Tagen der ersten Siedler an, ein freiheitlicher Geist erhalten. Die Einwanderer kamen aus Europa, vor allem Protestanten aus England und Holland, aber später auch viele Deutsche, und suchten nicht nur ihr materielles Glück, sondern auch persönliche Freiheit, Befreiung von Zwängen, unter denen sie zum großen Teil im alten Europa gelitten hatten. Heute wie damals sind die Menschen in den USA bereit zum Risiko, um ihre Chancen wahrzunehmen.

Das alles schlägt sich auch ganz konkret im Zustand einer Volkswirtschaft nieder. Der große Unterschied zwischen der Wirtschaft in Deutschland und den USA ist der Freiheitsgrad. Die USA werden von den Statistikern in der Kategorie der freien Länder eingestuft, während Deutschland gerade noch als „überwiegend frei" bezeichnet wird. Das was Ludwig Erhard als soziale Marktwirtschaft vorschwebte, eine freie Marktwirtschaft mit einer gesicherten Wettbewerbsordnung, in der das Soziale von selbst am besten zum Tragen kommt, war der freien Marktwirtschaft wie sie in Amerika praktiziert wird, recht nahe. „Wenn es heute ein Land gibt, das die Soziale Marktwirtschaft verwirklicht hat, dann sind es die USA", meinte die deutsche Wirtschaftskorrespondentin Carola Kaps, als sie nach 26 Jahren aus den USA zurückkam. Was in Deutschland inzwischen aus der Sozialen Marktwirtschaft geworden ist, diese durch einen überbordenden Sozialstaat und durch „Fiskalsozialismus" verfälschte Marktwirtschaft, ist weit von einer wirklich freiheitlichen Wirtschaftsordnung entfernt. Das Ergebnis zeigt sich im heutigen Zustand der deutschen Wirtschaft, die in vieler Hinsicht im internationalen Vergleich zum Schlusslicht geworden ist. Große Konzerne können sich im Sog der Globalisierung wenigstens teilweise aus den Fesseln von Dirigismus und Korporatismus lösen, aber der Mittelstand bleibt immer mehr auf der Strecke. Dennoch erklären deutsche Politiker aller Parteien gebetsmühlenartig immer wieder: „Wir wollen keine amerikanischen Verhältnisse!"

Wirtschaft

In der Politik wird immer die Wertegemeinschaft zwischen den USA und Europa beschworen. Natürlich gibt es eine es große Zahl gemeinsamer Werte. Aber der Rang, der den einzelnen Werten beigemessen wird, die Werteordnung, ist so verschieden, dass darin ein tiefgreifender Dissens zum Ausdruck kommt. Dass sich das auch auf das deutsch-amerikanische Verhältnis auswirken muss, erscheint nur logisch, wenn es auch lange Zeit nicht offen in Erscheinung trat.

Wertegemeinschaft

In der Zeit nach dem Krieg war das Verhältnis zu den USA für viele Deutsche durch Dankbarkeit geprägt. Die Amerikaner waren die Sieger, aber sie waren auch Befreier. Es gab kein neues Versailles, sondern die Luftbrücke und den Marshall-Plan. Und Kennedy rief vor

Deutschland und Amerika

dem Schöneberger Rathaus „Ich bin ein Berliner!" Diese Dankbarkeit
war eine Sache der älteren Generation. Auch in den sechziger Jahren
noch, während des Disputs zwischen Gaullisten und Atlantikern, war
die Mehrheit der Deutschen der Ansicht, dass das Bündnis mit Amerika unser bester Schutz und Amerika unser bester Freund ist. Das
erwies sich auch später noch als richtig, denn ohne die USA hätte es
keine Wiedervereinigung gegeben. In den neunziger Jahren kam
dann eine Trendwende. Noch 1995 hatten auf die Frage, „welches
Land ist der beste Freund Deutschlands?" über 50 % der Deutschen
geantwortet: Die USA. Dann stürzte die Kurve steil nach unten und
im März 2003, kurz vor Ausbruch des Irak – Krieges, waren es nur
noch 11 % (FAZ 23. 7. 03)

11. Septem-
ber 2001
Es gab ein Zwischenhoch freundschaftlicher Empfindungen, mit viel
Sympathie für die Amerikaner nach dem schrecklichen Terrorangriff
auf das World Trade Center vom 11. September 2001. Aber schon
kurze Zeit später zeigte sich, dass viele Deutsche die Gefühle der
Amerikaner nicht nachvollziehen konnten. Der Terrorangriff traf die
Amerikaner mitten ins pulsierende Herz ihres Landes, seit 150 Jahren
hatte es keinen Krieg mehr in ihrem eigenen Land gegeben. „Nine-
Eleven" (der 11. Tag des 9. Monats – 2001) war für die Amerikaner,
mehr noch als Pearl Harbour, zum Trauma der Verwundbarkeit geworden. Viele Deutsche haben nicht begriffen, dass sich die Amerikaner seither bedroht fühlen. Und die Amerikaner ihrerseits konnten
nicht verstehen, warum nicht auch zwischen den Völkern die Freundschaft zählt, so wie sie einzelne Menschen verbindet. Als sie sich in
Bedrängnis sahen und Freunde brauchten, fühlten sie sich im Stich
gelassen, gerade von denen, denen sie so viel geholfen hatten. Und
als sich dann die Auseinandersetzung mit dem Irak zuspitzte, zeigte
sich, dass man mit einer Mischung aus Kriegsfurcht und Antiamerikanismus in Deutschland Wahlen gewinnen kann.

„Underdog-
Syndrom"
Man hat den Eindruck, dass der Antiamerikanismus in Deutschland
einer Art „Underdog-Syndrom" entspringt. Besonders Linksintellektu-
elle fühlen sich den in ihren Augen geistig eher primitiven Amerikanern moralisch haushoch überlegen. Diese Intellektuellen halten sich
für die besseren Menschen, wissen alles besser und haben Recht.
Umso mehr ärgert es sie, dass ausgerechnet diese Amerikaner das
Geld und die Macht haben, die doch eigentlich ihnen gebühren würden. Auf die Realitäten müssen sie dabei keine Rücksicht nehmen,
das haben sie schon bei Platon gelernt. Aber der Antiamerikanismus
speist sich wohl nicht nur aus Neid und Arroganz der Intellektuellen.
Viele Europäer ertragen Amerika deshalb nicht, weil dieses Land für
etwas steht, was ihnen selbst nicht gelingt und das zudem der europäischen Sozialromantik zuwiderläuft: wirtschaftlicher Erfolg, Dynamik
durch Vorrang des Individuums, wenig Staat, Vertrauen auf Markt und
Konkurrenz.

Bei den Europäern wird der Antiamerikanismus der Deutschen nur **Frankreich**
noch von dem der Franzosen übertroffen. Nach dem Kriege hat ihn
besonders de Gaulle gepflegt, aufgrund seiner Utopie von der Wiederbelebung der „Grande Nation". Im Vorfeld des Irak-Krieges sah
Chirac seine große Chance, auf den Spuren de Gaulles Machtpolitik
zu betreiben und den gaullistischen Traum zu verwirklichen. Europa
soll unabhängig und gleichberechtigt neben den Vereinigten Staaten
agieren, freilich unter Führung der Franzosen.

Obwohl uns die „Pax americana" immerhin 60 Jahre Frieden ge- **Hegemonie**
bracht hat, glaubt das alte Europa, für die Welt gibt es keine größere
Gefahr als Amerikas Hegemonie und Übermacht. Konflikte sollen gewaltlos, im Rahmen des Rechts beigelegt werden. Die UNO soll alles
richten. Aber die UNO kann es nicht, denn sie hat keine Gewalt.
Recht kann nur wirksam werden, wenn es durchgesetzt wird. Dabei
sollte man froh sein, dass die Supermacht USA wirklich von freiheitlichen Werten und demokratischen Grundsätzen geleitet wird. Aufgrund dieser Werte ist sie überhaupt erst zur Supermacht geworden.
Wäre die vormalige Sowjetunion zur alleinigen Supermacht aufgerückt, hätte es wohl anders ausgesehen. Aber für den europäischen
Antiamerikanismus ist das kein Argument. So wie es aussieht, haben
sich Europa und die USA auseinandergelebt. Solange sich die Wertvorstellungen nicht wieder annähern, werden sich die Freunde von
einst fremd bleiben.

Die Europäische Union ist sicher kein echtes Gegengewicht zur Su- **Europäische**
permacht USA, wie es sich manche europäische Politiker wünschen. **Union**
Sie hat noch genug eigene Probleme zu lösen. Die ursprüngliche,
vor allem deutsche Vorstellung von einem Bundesstaat scheint zwar
überwunden, doch auch der Verfassungsentwurf 2004 – der allerdings inzwischen abgelehnt wurde – zeigt einen Umfang an Kompetenzen, der „... an die Kompetenzfülle eines Bundesstaates zumindest heranreicht". (Möstl) Diese Regelungsdichte hätte das noch un-
gelöste Problem eines vernünftigen Verhältnisses zwischen Erweiterung und Vertiefung weiter erschwert, sodass die Ablehnung des
Verfassungsentwurfs durch die Volksabstimmungen in Frankreich und
den Niederlanden durchaus als Chance gesehen werden kann.

In der tiefen Krise, in die Europa durch das Scheitern des Verfassungs- **Zurück zu**
entwurfs geraten ist, wird offenbar, dass auch in Europa die beiden **Freiheit und**
Denkrichtungen links oder rechts miteinander in Widerstreit stehen. **Demokratie**
Bisher haben linke Vorstellungen in Brüssel dominiert. Das Gleich-
heitsstreben, das euphemistisch als „Harmonisierung" etikettiert
wurde, hat zu einer enormen Bürokratisierung mit zum Teil grotesken
Auswüchsen geführt, zu Interventionismus und zu einer riesigen Umverteilung, deren Kostenlast auf die Dauer nicht mehr tragbar ist. In
der Krise kommt zum Ausdruck, dass „die Umverteiler aller Länder
und aller Ideologien" einen schweren Rückschlag erlitten haben,

meint Vaclav Klaus, der tschechische Präsident, und sieht darin zugleich die Chance, zu den ursprünglichen Werten von Freiheit und Demokratie zurückzukehren. Gegenüber der antiliberalen und marktfeindlichen Haltung von Ländern wie Deutschland und Frankreich kommt nun vielleicht die andere Denkrichtung wieder stärker zum Zug, die eine freiheitliche Gestaltung anstrebt, wie sie offenbar in der liberalen und marktfreundlichen Position Großbritanniens und verschiedener kleiner Länder zum Ausdruck kommt. So eröffnet sich vielleicht die Chance eines konsequenten Rückbaus zu weniger Bürokratie und einer Beschränkung auf gemeinsame Verteidigungspolitik, gemeinsame Außenpolitik und einen gemeinsamen Markt.

Kampf der Kulturen?

Huntingtons These vom Aufeinanderprallen der Kulturen, besonders von der Frontstellung zwischen dem Islam und dem Westen, war nicht als Prophezeiung, sondern als Warnung gedacht. Ein weltweiter Kampf der Kulturen kann nur vermieden werden, wenn sich eine globale Politik durchsetzt, die unterschiedliche kulturelle Wertvorstellungen akzeptiert, meinte Huntington. Der Westen sollte nicht andere Kulturen nach seinem Bild umformen wollen, sondern sich darauf beschränken, die einzigartige Kultur der westlichen Welt zu erhalten. Solchen Überlegungen kann man sicher zustimmen, doch liegt das Problem darin, dass sie von allen akzeptiert werden müssen.

Islam als Bedrohung

Was aber gegenwärtig die Szene beherrscht, ist die Bedrohung durch einen weltweiten Terrorismus, der offenbar vor allem von islamischen Fundamentalisten ausgeht. Immer neue terroristische Gewaltakte verstärken das Gefühl der Bedrohung durch den Islam. Elisabeth Noelle berichtete darüber: Mit der schrecklichen Geiselnahme in Beslan änderte sich die Einstellung der deutschen Bevölkerung schlagartig. Hatten vorher nur 44 % gemeint, dass es einen Kampf der Kulturen gäbe, so waren es danach 62 % Den Islam empfinden die Deutschen als fremd und bedrohlich, sie verbinden damit Vorstellungen wie Unterdrückung der Frau, Terror, fanatisch, radikal und rückwärtsgewandt. Die Deutschen richten sich darauf ein, dass sie die Bedrohung durch den Islamismus auf absehbare Zeit begleiten wird. „Mit zusammengebissenen Zähnen sieht die Bevölkerung der Bedrohung entgegen – eine Zeitenwende". (FAZ 15. 9. 2004).

Demokratisierung

Die Amerikaner versuchen die Krisenregion des Nahen Ostens durch Demokratisierung zu befrieden, so in Afghanistan und im Irak. Skeptiker bezweifeln, dass das möglich sein wird, andere Vorschläge haben sie aber nicht. Demokratisierung braucht Zeit, berechtigt aber doch zu mehr Hoffnung als andere Vorstellungen. Man sollte nicht vergessen, was den Amerikanern in Deutschland und Japan nach dem 2.

Weltkrieg gelungen ist. Auch der Kampf gegen die Armut in der Dritten Welt ist nicht in erster Linie eine Geldfrage. Demokratisierung und die Auflösung totalitärer Strukturen sowie Hilfe zur Selbsthilfe sind wichtiger, aber auch schwieriger. Im Grunde bleibt immer nur die Hoffnung auf wachsende Einsicht bei allen Beteiligten, wie sie auch in den verschiedenen Weltmodellen zum Ausdruck kommt.

So setzt Otfried Höffe seine Hoffnung darauf, dass im Zuge der Globalisierung eine Weltrepublik entsteht. Eine globale Rechts-. und Staatsordnung, die sich den Bedingungen der freiheitlichen Demokratie unterwirft, soll die weiter bestehenden Einzelstaaten subsidiär ergänzen. Das Problem ist auch hier die Frage, ob alle bereit sind, sich einer Demokratisierung zu fügen und wer in der Lage ist, die vereinbarte Ordnung durchzusetzen. Auch Hans Küngs „Projekt Weltethos" setzt voraus, dass der geforderte Dialog zwischen den Religionen von allen Seiten ernsthaft gewollt wird und dass die bestehenden tiefen Unterschiede in der praktischen Lebensauffassung damit überbrückt werden können. **Weltrepublik und Weltethos**

Besonders dort, wo der Glaube zum Dogma wird, entsteht ein Toleranz-Problem. Dogma bedeutet ja, dass anderes für falsch, ja verwerflich oder gar verboten erklärt wird. Wenn nun verschiedene religiöse Dogmen, die sich gegenseitig ausschließen, nebeneinander stehen, wie soll es da zum Gespräch und zur Toleranz kommen? Kann man nicht einfach etwas glauben und davon überzeugt sein, ohne dass es zum Dogma erklärt wird? Oder bietet der Glaube ohne Dogma weniger Halt? Wie setzen sich die Kirchen, beispielsweise die katholische oder der Islam, mit diesem Problem auseinander? Nun könnte man sagen, durchbrechen wir die Dogmen, vergessen wir sie. Dann gibt es einfach nur Glaubenslehren und Überzeugungen, die sehr wohl nebeneinander existieren können, zumal sie vieles gemeinsam haben. Doch ein Dogma aufzugeben, bedeutet Macht aufzugeben. Und das fällt den institutionalisierten Religionen offensichtlich schwer. **Dogmen**

Das Problem liegt also vor allem im Nebeneinander dogmatischer Religionen. Es gibt große Weltreligionen, für die das Dogma nie ein Problem war, sie hatten keines, sie hatten nur tiefe Überzeugungen. Dazu gehört der Buddhismus und der Konfuzianismus. Beim Christentum ist es schon schwieriger. Die Aufklärung hat ihm Grenzen gezogen, die es im praktischen Leben auch respektiert. Dass die Kirchen ihre Glaubensüberzeugungen nicht mehr als Dogmen sehen, davon kann aber wohl noch keine Rede sein. Das gilt für die katholische wie für die protestantische Kirche und nicht zuletzt auch für das orthodoxe Judentum. Am weitesten gelöst von Dogmen haben sich die vielen christlichen Glaubensgemeinschaften in USA, die dadurch keineswegs an Überzeugungskraft eingebüßt haben. Das ist ein Prozess, der Europa noch bevorsteht. Am stärksten dogmatisiert ist ohne Zweifel der Islam, der als Glaubenslehre auf diese Weise leicht zu **Religionen im Widerstreit** einem Fanatismus führt, der bei den anderen Religionen nicht mehr zu finden ist.

Dogmen abbauen

Wenn es stimmt, dass Kulturen zu einem wesentlichen Teil von den vorherrschenden Religionen geprägt werden, dann hängt viel davon ab, ob diese Religionen auf starre Dogmen fixiert sind. Es sind die intoleranten Dogmen, die die Wucht des Aufpralls zwischen den Kulturen ausmachen. Dogmen abbauen heißt ja nicht, seine Überzeugungen aufgeben, aber es bedeutet Toleranz üben gegenüber Andersdenkenden. Ein solches Umdenken braucht sicher Zeit, aber es ist die Voraussetzung für ein friedliches Miteinander in einer globalisierten Welt.

Auf der Suche nach dem Glück

Glück und Lebenssinn

Was die Philosophen über das Glück herausgefunden haben, ist von recht unterschiedlicher Art, dementsprechend beantworten sie die Frage, wie der Mensch zu persönlichem Glück findet, ganz verschieden. **Die Philosophen und das Glück**

Für Pythagoras findet der Mensch Glück im Streben nach Tugend. Das findet auch Sokrates. Nur der tugendhafte Mensch wird jederzeit glücklich sein. Glückseligkeit kommt nicht durch Reichtum, lehrte Demokrit. Freude muss man aus sich selbst schöpfen, von Emotionen muss man sich freihalten, dann erlangt man Ataraxia, den heiteren Gleichmut der Seele. Etwas radikaler dachten Kyniker wie Diogenes. Der Mensch kann das Glück nur erlangen, wenn er nach seiner Natur und nach seinen natürlichen Bedürfnissen lebt, er muss sich unabhängig machen von äußeren Gütern, wer nichts besitzt, dem kann auch nichts genommen werden. **Pythagoras Demokrit Diogenes**

Dass das Ziel allen menschlichen Strebens das Glück ist, hat Aristoteles deutlich ausgesprochen und viele andere haben es nach ihm bekräftigt. Das Geheimnis der Glückseligkeit (Eudaimonia) liegt für Aristoteles darin, dass man seine Fähigkeiten entfalten und benutzen kann. Als Realist räumt Aristoteles ein, dass man nicht nur tugendhaft handeln, sondern dass man auch „in guten äußeren Verhältnissen" leben muss, um glücklich zu sein. Er verweist darauf, dass schon Solon meinte, glücklich sei, wer, mit äußeren Gütern mäßig bedacht, die schönsten Taten verrichtet und besonnen lebt. **Aristoteles**

Auch Epikur, der bis heute fälschlicherweise als Beispiel für Genusssucht gilt, plädierte für Selbstgenügsamkeit. „Alles, was der Körper will, ist: nicht frieren, nicht hungern, nicht dürsten. Alles was die Seele will, ist: Nicht Angst haben." Man nimmt, was kommt, aber man vermisst nicht, was man nicht erlangen kann. Den Luxus genießt am meisten, wer seiner am wenigsten bedarf. Man soll versuchen, so viel Freude und Vergnügen wie möglich einzuheimsen, Freundschaften pflegen und den Rest mit Würde tragen. **Epikur**

Die Stoiker waren skeptischer und fanden, man dürfe sich nicht auf die freudvolle Seite des Lebens verlassen, besser sei es von vorneherein mit dem Schlimmsten zu rechnen und diesem mit Gleichmut zu begegnen. Für die Stoiker findet sich das Glück in einem naturgemä- **Die Stoiker** ßen, durch Vernunft geregelten Leben, es bedeutet Gesetzestreue, Pflichtbewusstsein, Entsagung und Härte gegen sich selbst. Glück heißt Selbstüberwindung in jeder Lage, mit „stoischer Ruhe", und Pflichterfüllung im Dienste der Menschheit. Glückseligkeit kann der Weise nur erreichen, wenn er sich weder durch Todesfurcht und körperliche Schmerzen, noch durch Leidenschaften oder äußere Übel aus der Bahn werfen lässt, betont Cicero. Für Seneca kommt es darauf an, mit den gegebenen Verhältnissen, wie immer sie sind, zufrieden zu sein und ja zu sagen zu seiner eigenen Lage. Glücklich ist ein Leben, das mit unserem eigenen Wesen übereinstimmt. Für Epiktet ist besonders schlimm dran, wer nicht fähig ist, Unrecht zu ertragen und wer den Genüssen nicht entsagen kann. „Ertrage und entsage!" war sein Motto. Kaiser Marc Aurel, der letzte große Stoiker, sieht den Weg zur Glückseligkeit darin, dass man dem göttlichen Teil in sich folgt, und sich auf seine wohlbeschaffene Seele stützt, in die man sich jederzeit zurückziehen kann.

Christentum und Glück

Mit dem vordringenden Christentum ändern sich die Vorstellungen vom Glück. Für die christlichen Philosophen gibt es im irdischen Leben überhaupt kein Glück, sondern wir dürfen Glück nur im Jenseits erwarten. Augustinus meint, glücklich ist, wer Gott begehrt und ihn im Glauben besitzt, denn Gott ist die Wahrheit. Wer seine Begierde überwindet, findet Friede. Auch für den Islam ist das höchste Ziel die Erlösung und nicht das irdische Glück. Thomas von Aquin spricht von dem stillen, dauerhaften Glück des Verstehens, wenn die Seele gewahr wird, dass in ihr die gesamte Ordnung des Weltalls und seiner Ursachen eingeschrieben ist. Doch selbst dabei habe man das Gefühl, dass man in diesem Leben nicht zum wahren Glück vorstoßen kann, das in Gott liegt. Noch weltabgewandter sieht Blaise Pascal das Glück. Das Glücksbegehren des Menschen kann nur in einem anderen Leben, jenseits der verderbten Welt, erfüllt werden und nur der Glaube hilft weiter.

Spinoza

In der Liebe zu Gott, im Bewusstsein selbstlos zu handeln und ein gutes Leben zu führen sieht Spinoza das größte Glück. Die geistige Liebe zu Gott ist zugleich auch „amor fati", eine Liebe zum unabänderlichen Schicksal. Der Einsicht in die Notwendigkeit entspringen die Seelenstärke und der Gleichmut, mit der wir alle Wendungen des Schicksals ertragen können.

Locke Hume

In den Zeiten der Aufklärung stand man dem Glück mit einer gewissen Skepsis gegenüber, war aber wieder dem irdischen Dasein zugewandt. John Locke war davon überzeugt, dass das Streben nach eigenem Glück für die Menschen der stärkste Antrieb ist und dass Glück die größte Freude ist, deren wir fähig sind. Gut nennen wir das, was in uns Freude weckt oder den Schmerz verringert. Nach wahrem Glück zu streben und unsere Leidenschaften zu beherrschen ist auch die Voraussetzung der Freiheit. David Hume meinte, dass alle Men-

542

schen nach Glück streben, darüber herrscht Einigkeit, aber nur wenige sind in diesem Streben erfolgreich.

Vollends skeptisch in Bezug auf das Glück war Voltaire. „Die Menschen suchen ihr Glück, ohne zu wissen, auf welche Art sie es finden können … Das vollkommene Glück ist unbekannt, für den Menschen ist es nicht geschaffen … Nur Hochmut und Anmaßung kann verlangen, dass es uns besser ergehen soll, als es uns ergeht." Auch Rousseau zweifelt daran, ob wir wissen, was das Glück ist. Aber er sieht den Weg zum Glück darin, dass wir unser Wollen und unser Können ins Gleichgewicht bringen, dass wir das Übergewicht unserer Wünsche vermindern, wenn sie unsere Fähigkeiten übersteigen. **Voltaire Rousseau**

Mit Skepsis betrachtet auch Kant das Glück, nach dem zwar jedermann strebe, aber von dem niemand sagen könne, was er eigentlich wünsche und wolle. Das Glück ist in dieser Welt nicht das letzte Maß, es steht unter den Bedingungen des kategorischen Imperativs. Das Maß an Glückseligkeit, das dem Einzelnen zuteil wird, dürfte überdies kaum seinem Maß an Glückswürdigkeit, also an Tugend, entsprechen. Für Hegel schließlich war persönliches Glück kein Thema: Das Leben ist nicht zum Glück, sondern zu Leistungen geschaffen. „Die Weltgeschichte ist nicht der Boden des Glücks." Das was man gemeinhin Glück nennt, sah Schopenhauer nur negativ. Die Abwesenheit von Schmerzen sei „der Maßstab des Lebensglücks. Kommt zu einem schmerzlosen Zustand noch die Abwesenheit der Langeweile, so ist das irdische Glück im wesentlichen erreicht." Schopenhauer war Pessimist, er meinte das beste sei, keine Wünsche zu haben, dann könne man auch nicht enttäuscht werden. **Kant Hegel Schopenhauer**

J. S. Mill sah das Glück des Menschen im Erfolg im tätigen Leben, in dem er seine Fähigkeiten und Begabungen voll entfalten kann und für Spencer liegt im Streben nach persönlichem Glück zugleich die oberste Bedingung für das Glück der Allgemeinheit. Das sah auch Feuerbach so: „Deine erste Pflicht ist, Dich selbst glücklich zu machen. Bist Du glücklich, so machst du auch andere glücklich." Auf solche Art erfüllt sich auch das „Streben nach Glück" („pursuit of happiness"), von dem in der amerikanischen Unabhängigkeitserklärung die Rede ist. Tocqueville fand, die Amerikaner hätten das bereits realisiert. Die geistige Ungleichheit sei zwar gottgegeben, doch das demokratische System Amerikas sorge dafür, dass die geistigen Fähigkeiten, wenn auch ungleich, gleiche Chancen vorfinden. **Mill Spencer Feuerbach Tocqueville**

Dann begann mit Marx eine Periode, in der die Philosophen das persönliche Glück einfach links liegen ließen. Ihnen war es viel wichtiger, die Menschheit insgesamt zu beglücken, in der Vorstellung, wenn es allen gleich gut geht, müssten auch alle gleich glücklich sein. Das erwies sich allerdings in der Realität als Irrtum. Bei den Nachfahren von Marx, den Meistern der Frankfurter Schule, war von **Glück im Kollektiv** persönlichem Glück überhaupt nicht mehr die Rede. Auch für die meisten modernen Philosophen war persönliches Glück kein Thema. Bertrand Russell war einer der wenigen, der sich eingehend damit befasste und den Glücklichen als einen Menschen beschrieb, der die Einheit seines Ichs zu wahren weiß, der im Strom des Lebens die Freuden, die das Leben schenkt, genießen kann, unbekümmert vom Gedanken an den Tod.

Glück und Sinn

Dem Glück mit am nächsten auf der Spur war schließlich Viktor Frankl mit seiner „technischen" Beschreibung: Glück ist eine Wirkung, man kann nicht direkt nach Glück streben, dann verliert man es. Man muss nach einem Sinn streben, dann stellt sich Glück als Folge eines Grundes ein. Was der Mensch wirklich will, ist letzten Endes nicht das Glücklichsein an sich, sondern einen *Grund*, um glücklich zu sein. Sobald nämlich ein Grund zum Glücklichsein gegeben ist, stellt sich das Glück von selber ein. Am glücklichsten macht es den Menschen, andere Menschen glücklich zu machen.

Spielarten des Glücks

Glück, wie wir es uns wünschen, hat verschiedene Dimensionen. Die wichtigste ist sicher die, dass man mit sich selbst im Reinen ist. Doch klingt das viel leichter, als es zu realisieren ist. Eine weitere Dimension des Glücks liegt in der „Seligkeit des Gebens": „Willst Du glücklich sein im Leben, / trage bei zu andrer Glück; denn die Freude, die wir geben, / kehrt ins eigne Herz zurück." Ein stilles Glück gewährt die Freundschaft, die eine starke Stütze im Leben sein kann. Eine dritte und wohl die geläufigste Dimension ist das Glück in der Liebe. Sofern sie sich auf die Erfüllung sinnlichen Begehrens beschränkt, wird ihr wohl zu Recht nur begrenzte Lebensdauer attestiert. Doch die richtige Liebe, die sich so schwer beschreiben lässt, ist „die einzig wirkliche und bleibende Erfahrung unseres Lebens", das Gegenteil von Angst, die Quelle von Glückseligkeit und Energie, meint Elisabeth Kübler-Ross. Es fällt uns jedoch schwer, die Menschen so zu lieben, wie sie sind und zu begreifen, dass das Gefühl, das wir suchen, im Geben liegt und nicht im Empfangen.

Die große Liebe

Die große Liebe ist das größte Glück, das einem begegnen kann. Sie kann einschlagen, wie es der wortgewaltige Schiller beschrieben hat: „Das ist der Liebe heiliger Götterstrahl, / der in die Seele schlägt und trifft und zündet. / Wenn sich Verwandtes zum Verwandten findet, / da ist kein Widerstand und keine Wahl: /Es löst der Mensch nicht, was der Himmel bindet." Das Problem liegt darin, „dass die Liebe unaufhörlich wachsen muss, wenn sie nicht abnehmen soll," so jedenfalls hat es André Gide ausgedrückt. Allerdings muss man das auch bewusst wollen, es geschieht nicht von allein. Deshalb gibt es, wie so oft im Leben, zwei Möglichkeiten. Es kann sein, dass das lodernde Feuer der Verliebtheit in der Routine des Alltags erkaltet. Es kann aber auch sein, dass man das Glück hat und die Verliebtheit in eine „langanhaltende Glut liebevoller Zuwendung und einen (lebenslangen) Prozess gemeinsamen Wachstums" mündet, wie es der amerikanische Psychologe Needleman formuliert hat. Viele Zeitgenossen halten die große Liebe für ein Romanklischee, was angesichts der Scheidungsraten auch plausibel scheint. Doch es gibt sie wirklich, ich kann es bezeugen.

Was die Philosophen lehren, gibt viele Anregungen. Auch sonst ist über **Fazit** Glück viel geschrieben worden, und in neuerer Zeit bemüht man sich, die Sache wissenschaftlich in den Griff zu bekommen. Über einige Ergebnisse der Glücksforschung berichtet Elisabeth Noelle. Sie weist auch darauf hin, dass die politischen Systeme durchaus nicht ohne Einfluss auf persönliches Glück sind. Die rechten Werte, indem sie zur Aktivität herausfordern, begünstigen eher persönliches Glück als die linken Werte, die eher zur Passivität verleiten und den Neid fördern. Dennoch ist die Vorstellung vom Glück eine ganz persönliche Sache, man muss selbst herausfinden, was einen glücklich macht und die Lösung für sich selbst suchen, ebenso wie man die „richtige" Philosophie oder den rechten Glauben für sich selbst finden muss.

Philosophie und Glaubenslehren

Es gibt verschiedene Wege, das Leben zu bestehen, ein gewisses Maß an Glückseligkeit zu erreichen und Frieden der Seele zu gewinnen.

Der einfachste Weg ist, an der Oberfläche des Lebens dahinzugleiten. **Aktiv und** Das kostet wenig Anstrengung, solange es das Schicksal gut mit ei- **unbeschwert** nem meint. Man ist ständig in Bewegung, man arbeitet oder vergnügt sich, zum Nachdenken bleibt keine Zeit. Es ist sicher der Weg vieler Millionen Menschen, vor allem in der modernen, zivilisierten Welt. Solange sie keinen existentiellen Erschütterungen ausgesetzt sind, kann diese Art der Lebensführung durchaus zu einem guten Ende führen. Gelegentlich mag die Angst vor dem Tod und dem Sterben aufblitzen, aber auch die lässt sich durch Aktivität überspielen und verdrängen. In schlimmen Zeiten und bei persönlichen Schicksalsschlägen endet dieser Weg allerdings leicht in Hilflosigkeit, Auswegslosigkeit und Verzweiflung.

Der Königsweg zur Lebensbewältigung scheint für viele der Weg des **Glauben** Glaubens zu sein. Glaube an Gott in einer bestimmten Form und einer bestimmten Religion gibt Kraft und Stärke, auch schwierige Lebenssituationen zu bestehen. Das Bedürfnis zur Zwiesprache mit einem persönlichen Gott scheint tief in uns angelegt. Aber auch der Glaube kann durch harte Schicksalsschläge auf die Probe gestellt werden und kann zerbrechen. Schreckliche Ereignisse können Zweifel an der Gerechtigkeit Gottes auslösen, sodass man aus der Verzweiflung nicht mehr herausfindet. Der Gläubige kann allerdings auch zum Fanatiker werden. Das führt dann zu Auseinandersetzungen in der Gesellschaft die gefährlich sind und vermeidbar wären. Wer sich als Gläubiger einer Religion anschließt, muss natürlich auch zum Gehorsam gegenüber dem Dogma, z. B. der Katholischen Kirche, bereit sein. Wer sich diesem Gehorsam nicht zu unterwerfen vermag, hat es schwer. Ob er sich nun seinen eigenen Glauben zurechtlegt, oder auf den Glauben an ein höheres Wesen ganz verzichtet, in beiden Fällen mag der Weg der Philosophie für ihn hilfreich sein.

Philosophie   Der dritte Weg ist also der des Philosophen, den Vernunft und Zweifel daran hindern, zum einfachen Glauben zu finden. Mensch und Gott ist seit Jahrtausenden das große Thema der Philosophie und unter den Philosophen sind alle Spielarten des Glaubens vertreten, vom Atheisten, für den es kein höheres Wesen gibt, bis zum Monotheisten, der nur an den einen Gott glaubt.

Gott und   Die Vorstellung, dass ein göttliches Wesen existiert, war den antiken
Mensch   Philosophen gemeinsam. Bei Heraklit war es das göttliche Urfeuer, bei Aristoteles der „erste Beweger", der in sich selbst ruhende, betrachtende Geist, bei den Stoikern war es die pantheistische Vorstellung, dass Gott mit dem Inbegriff allen Seins zusammenfällt. Die Stoa und Epikur hatten den Sinn des menschlichen Lebens im Diesseits gesucht. Die Schöpfung aus dem Nichts, wie sie das alte Testament lehrt, war eine der griechischen Philosophie völlig fremde Vorstellung. Wenn Platon oder Aristoteles von der Schöpfung sprachen, so dachten sie dabei an einen Urstoff, dem Gott die Form gab. Nur diese Form entstammt dem Willen Gottes. Nach der christlichen Lehre jedoch war Gott vor allem der allmächtige Schöpfer, der durch seinen Willen die Welt aus dem Nichts geschaffen hat. Alles andere war Geschaffenes (Kreatur). Zwischen Schöpfer und Geschöpf besteht eine tiefe Kluft. Der Mensch muss in Demut den Willen des göttlichen Schöpfers erfüllen. Die von den Griechen gepriesenen Tugenden erschienen demgegenüber eher als Hochmut.

Pantheisten   Man muss sich Gott nicht unbedingt als gütigen Vater oder als strengen Richter vorstellen. Wer nicht an einen persönlichen Gott glaubt, sondern Gott in allen Dingen sieht und Ehrfurcht vor einer göttlichen Kraft empfindet, die die Welt bewegt ohne dass er ihr einen Namen gibt, wird Pantheist genannt. Pantheisten (wie beispielsweise Spinoza oder Goethe) waren der Überzeugung, dass Gott und die Welt nicht zweierlei seien, sondern alles in der Welt ein Teil Gottes sei.

Deisten   Für die Zeit der Aufklärung in der man bemüht war, die Religion mit der Herrschaft der Vernunft in Einklang zu bringen, war der „Deismus" typisch. Ein Deist glaubt zwar an Gott, lehnt aber die verschiedenen Religionen und Theorien ab. Voltaire galt dafür als typisches Beispiel. Gott hat die gesetzmäßige, vernunftbestimmte Welt geschaffen, greift aber in den Weltenlauf nicht ein. Die göttliche Offenbarung war für Voltaire die

Natur, ein intelligenter Mensch braucht als moralische Stütze nicht die Religion, die von den Priestern oft genug missbraucht wurde.

Viele Philosophen waren „Agnostiker" die zu der Erkenntnis gekom- **Agnostiker** men sind, dass wir vom Jenseits nichts wissen können, aber eben deshalb auch nicht ausschließen können, dass es doch einen Gott gibt. Die Einsicht, dass es etwas Unerkennbares gibt, zu dem uns der Weg versperrt ist, hat zuletzt Kant in aller Deutlichkeit formuliert. Kant hat für die Philosophie das Problem auf den Punkt gebracht: Er glaubt nicht an einen persönlichen Gott, aber er ist überzeugt, dass die Religion notwendig ist. Einmal, weil die Menschen ein Bedürfnis haben, zu glauben, und zum anderen weil Religion der beste Weg ist, um Moral zu begründen und damit das Zusammenleben in der Gesellschaft zu ermöglichen.

Das Mittel für den Philosophen, das Leben zu bewältigen sind nicht **Ethik und** göttliche Gebote oder Verbote, sondern ethische Maßstäbe, die er **Lebens-** aus seinem Inneren heraus entwickelt. Er weiß, dass er den Mut ha- **führung** ben muss, sein Schicksal anzunehmen und zu tragen. Dieser „Dritte Weg" kostet sicher am meisten Kraft. Immer wieder müssen Zweifel bestanden, immer wieder muss der gefundene Weg von neuem be- schworen werden. Aber für Menschen, die diese Kraft aufbringen, kann es auch der Weg sein, der durch Gleichmut und Seelenstärke am sichersten allen Freuden und Leiden gewachsen ist.

Die Philosophie hat die Grenzen unseres Wissens und unserer Ge- **Grenzen der** wissheit festgestellt und stößt damit selbst an ihre Grenze. Wer meint **Philosophie** die Philosophie sollte uns die Wahrheit liefern, verlangt von der Phi- losophie etwas, was sie nicht leisten kann. Die Wahrheit können wir nur im eigenen Innern finden. Aber die Philosophie hat uns drei Be- reiche aufgezeigt, in denen wir sie finden können.

Wenn wir 1. davon ausgehen, dass es jenseits dieser Grenzen wirk- **Drei Alter-** lich nichts gibt, dann sehen wir unser Dasein beschränkt auf unsere **nativen** erkennbare Welt. Wir können aber 2. auch annehmen, dass es jen- seits der Grenzen unserer Erkenntnis etwas gibt, von dem uns unser Gefühl sagt, dass es existiert, auch wenn es unser Verstand nicht zu erkennen vermag, eine Urkraft, die alles bewegt und die in allem erkennbar ist und die uns Ehrfurcht einflößt. Mit diesem Gefühl müs- sen wir uns begnügen. Schließlich können wir 3. davon ausgehen, dass es auch jenseits unseres Wissens eine Gewissheit gibt, die aus dem Glauben kommt. Solcher Glaube ist am stärksten, wenn er sich an einen persönlichen Gott richtet. Zwischen diesen drei Bereichen kann sich jeder bewusst entscheiden, oder sich ohne sein Zutun in dem einen oder anderen Bereich finden. Und natürlich kann er seine Befindlichkeit auch ändern.

Goethes Faust zum Beispiel hat sich so entschieden: „Der Erdenkreis ist mir genug bekannt, / Nach drüben ist die Aussicht uns verrannt; / Tor!

Wer dorthin die Augen blinzelnd richtet, / sich über Wolken seinesgleichen dichtet! /Er stehe fest und sehe hier sich um; / dem Tüchtigen ist diese Welt nicht stumm; / Was braucht er in die Ewigkeit zu schweifen; / Was er erkennt, lässt sich ergreifen; / Er wandle so den Erdentag entlang; / Wenn Geister spuken, geh er seinen Gang, / Im Weiterschreiten find er Qual und Glück, / Er! Unbefriedigt jeden Augenblick."

Schicksal und Lebensführung

Schicksal und Bestimmung Liegt es in unserer Hand, unser Leben zu gestalten, oder ist uns alles vorherbestimmt? Ob Willensfreiheit oder Determinismus, auch auf diese Frage muss jeder die Antwort selbst finden. „Das ist Bestimmung", meinte Konfuzius, wenn von den Schicksalsschlägen die Rede war, die einem der Himmel schickt. Die Menschen müssen ihre Rolle im Leben hinnehmen. Auch die Stoiker sahen im Schicksal (Fatum) den Ablauf eines Geschehens, das im großen Weltenplan vorherbestimmt (determiniert) ist. Sein Schicksal kann der Mensch nicht ändern, aber wie er es trägt, hängt von ihm ab.

Willensfreiheit Epiktet, einer der späten Stoiker, hat sich allerdings von dieser Schicksalsergebenheit gelöst. Für ihn ist der Mensch ein Willenswesen, als einzigem von allen Wesen ist ihm die Gestaltung seines Daseins selbst überlassen. Er war ein Anhänger der Willensfreiheit, wie es auch die Epikureer schon gewesen waren: Der Mensch ist Herr seines Lebens und kann es in Freiheit gestalten, wie es ihm beliebt. Auch unter den christlichen Philosophen gab es noch Anhänger der Willensfreiheit, die wie Pelagius der Meinung waren, der Mensch werde frei und ohne Sünde geboren und könne sich nach dem Vorbild Christi seine Seligkeit selbst erwirken. Thomas von Aquin sah in der Willensfreiheit die Voraussetzung sittlichen Handelns. Der Wille zum Guten macht einen Menschen zum guten Menschen.

Augustinus Dem setzte Augustinus mit dem Dogma von der Erbsünde ein Ende. Die Menschen sind seit Adams Sündenfall nicht mehr frei, sie müssen ihrer Natur nach sündigen und sind dadurch dem Tode verfallen.

Amor fati Spinoza war der Ansicht, wir können nur dann alle Wendungen des Schicksals mit Gleichmut und Seelenstärke ertragen, wenn wir einsehen, dass alles mit Notwendigkeit nach dem ewigen Beschluss Gottes erfolgt und wir dieses unabänderliche Schicksal bejahen. Zu dieser „amor fati", der uneingeschränkten Liebe zum Schicksal, bekennt sich auch Nietzsche. Wir müssen in Freiheit bejahen, was notwendig geschehen muss.

Pragmatismus Für Kant verbürgt das moralische Gesetz in uns auf praktische Weise die Freiheit des Willens: „Du kannst, denn du sollst!" Für den Pragmatiker James hingegen ist der Streit, ob Schicksal oder freier Wille herrscht, müßig. Auf die praktischen Konsequenzen kommt es an. Hayek meint, der Mensch ist nicht Herr seines Schicksals und wird es nie sein. Sartre wiederum findet, wer sich nicht auflehnt gegen sein Schicksal, macht keinen Gebrauch von seiner Freiheit.

In diesem Widerstreit der Meinungen sucht Frankl nach Übereinstimmung. Für ihn steht obenan das Gebot unseres Gewissens, das von uns fordert, dass wir uns dem Schicksal stellen, unter allen Umständen und allen Bedingungen. Wir müssen unser Schicksal in die Hand nehmen und es gestalten, soweit uns dies möglich ist. Und wir müssen bereit sein, es auf uns zu nehmen, wo wir nichts ändern können. Haben wir uns dem Schicksal gestellt, so haben wir das Unsere getan. **Gewissen und Schicksal**

Die Frage, die sich so viele Menschen bei Schicksalsschlägen voller Erbitterung stellen: „Warum gerade ich?" wird uns das Schicksal nie beantworten. Aber in unserer Hand liegt es, wie wir das Schicksal bestehen. Man kann das auch etwas pathetischer ausdrücken mit den Worten Emanuel Geibels, die Felix Dahn seinem Ostgotenroman „Ein Kampf um Rom" vorangestellt hat: „Wenn etwas ist gewaltger als das Schicksal, so ist's der Mut, der's unerschüttert trägt." **Warum gerade ich?**

Jeder wird sich einmal fragen: Was habe ich erreicht? Die Antwort muss er selber für sich finden, sie entspricht der Aufforderung „Erkenne dich selbst!", wie sie am Apollo-Tempel in Delphi zu lesen war. Was man erreicht hat, wird man an den Zielen messen, die man sich gesetzt hat. Ziele wechseln, auf kurze wie auf mittlere Frist. Nur wenige werden das Glück haben, frühzeitig ein langfristiges Lebensziel zu finden und daran festzuhalten. Wer sich nichts vornimmt und ziellos dahintreibt, wird auch wenig erreichen. Wer seine Ziele zu hoch steckt, liegt dabei jedenfalls besser, aber riskiert große Enttäuschungen. Da muss man wohl auf Aristoteles zurückgreifen, der den goldenen Mittelweg empfohlen hat. Man sollte den Mut haben, sich große, weite Ziele zu stecken, die aber realistisch sein müssen. Die Psychologen weisen darauf hin, dass unser Unbewusstes unzählige Informationen enthält über den Sinn unseres Lebens, die Aufgaben, die wir uns gestellt haben und die Ziele, die wir erreichen wollen. **Lebensziele**

Am Ende wird man bescheidener und ist schon froh, wenn man einigermaßen über die Runden gekommen ist. Was am Schluss wirklich zählt, hat Jacob Burckhardt so beschrieben: „Mein Freund, einmal wirst Du Dir überlegen, was Wert und Glück Deines Lebens gewesen sind. Du wirst dann vielleicht einigen Grund haben, mit Stolz auf das zu sehen, was Du in Deinem Beruf voran gearbeitet hast. Ich möchte aber glauben, dass der Wert von all dem in dieser Stunde hinter Dir versinkt und dass es Dir vielmehr darauf ankommt, inwieweit es Dir gelungen ist, geliebten Menschen lieb gewesen zu sein und nach Deiner Phantasie gelebt zu haben." **Was zählt**

Tod und Sterben

Wer bewusst lebt, der wird sich auch immer wieder mit dem Gedanken an den Tod auseinandersetzen. „Tod und Leben ist Bestimmung", lehrte Konfuzius, wir sollen den Tod ohne Erschütterung hinnehmen. Das große Beispiel dafür gab Sokrates: Er hatte keine Furcht vor dem Tod, denn vielleicht ist der Tod nicht das größte Übel, sondern das größte Glück. Für den guten Menschen gibt es kein Übel, weder im Leben noch im Tod. Platons Aufzeichnungen über die Apologie und das Sterben des Sokrates lasen die Menschen bis in späte Jahrhunderte und lernten an ihm, zu sterben in der Ruhe des Hinnehmens, weil sie ihr Schicksal annahmen, sei es auch noch so unheilvoll. Auch für Epikur war der Tod kein Übel, er begegnete ihm nüchternen Sinnes: Solange wir sind, ist der Tod nicht da, und sobald er da ist, sind wir nicht mehr. Für Seneca kommt es darauf an, dass wir das Leben richtig gebrauchen und unsere Zeit nicht vergeuden. Der Gedanke an den immer drohenden Tod hilft uns dabei, uns dem Wesentlichen zuzuwenden. Der Weise wird, wenn der letzte Tag kommt, nicht zögern, festen Schrittes zum Tode zu gehen.

Sterben lernen

„Philosophieren heißt Sterben lernen". An diesen alten Satz, den schon Cicero zitiert hat, erinnert Montaigne. Der Tod ist die große und letzte Bewährung des Lebens, mit der der Mensch sich erhöhen oder erniedrigen kann. „Haben wir standhaft und ruhig zu leben gewusst, so werden wir ebenso zu sterben wissen." Aber es ist nicht der Tod, der uns beunruhigt, sondern das Sterben. Sterben zu wissen, befreit uns von aller Unterwerfung und allem Zwang. Es kommt darauf an, bereit zu sein. Was Menschen erfahren haben, die klinisch tot waren und wieder zum Leben erweckt wurden, teilt Elisabeth Kübler-Ross mit: sie haben nun keine Angst mehr vor dem Tod und erinnern sich daran, dass sie im Tod ein tiefes Gefühl der Ganzheit erlebten, in dem sie sich mit allen Dingen und allen Menschen verbunden fühlten. Die Bewältigung des Todes kann uns niemand abnehmen und wenn wir uns bewusst sind, dass wir jeden Augenblick sterben können, wird unser Tun und Wollen auf das Wesentliche gelenkt. Deshalb, meint Jaspers, gehört zu den Grundfragen der Philosophie nicht nur, wie das Leben zu führen sei, sondern auch wie zu sterben sei. Nur wenige Philosophen haben ohne Zugehörigkeit zu einer Glaubensgemeinschaft, auf sich allein vor Gott stehend, den Satz verwirklicht: Philosophieren heißt sterben lernen. Sokrates, Seneca, Boethius und Bruno gehören dazu, sie sind Wegweiser für uns. Die Unbedingtheit, mit der sie ihren Weg gegangen sind, gibt uns wirkliche Ermutigung.

Fazit

Keine Angst also vor dem Tod. Gehen wir bewusst unseren Weg, ohne auf den Beifall anderer zu schielen, hüten wir uns vor dem Selbstmitleid, wenn es uns schlecht geht und versuchen wir möglichst unabhängig zu bleiben von materiellen Dingen. Halten wir es mit dem schwäbischen Theologen Friedrich Christoph Oetinger und seinem Stoßgebet: „Herr, gib mir den Mut, Dinge zu ändern, die ich ändern kann, und gib mir die Gelassenheit, Dinge hinzunehmen, die ich nicht ändern kann, und gib mir die Weisheit, das eine vom anderen zu unterscheiden." Folgen wir dem Rat Viktor Frankls und akzeptieren wir unser persönliches Schicksal, dann haben wir das Unsere getan. Erinnern wir uns an die Gedanken von Ludwig von Mises: Nie kann das menschliche Handeln zu voller Befriedigung führen, hinter jedem gestillten Begehren tauchen neue Bedürfnisse auf. „Doch über alle solche Gedanken schreitet das Leben siegreich hinweg. Zu leben und dann zu sterben ist nun einmal unsere Natur. Doch zunächst leben wir und das Leben zieht uns in seinen Bann. Wir müssen dem eingeborenen Drang folgen, dass wir nicht leiden wollen, dass wir das Glück suchen."

Meine Freunde, die Philosophen

Vom „Trost der Philosophie" hat Boethius gesprochen und für Karl Jaspers waren Sokrates, Buddha, Konfuzius und Jesus die „maßgebenden Menschen". Aber es ist nicht nur der Trost und das Vorbild, das mich immer wieder in meinen Aufzeichnungen blättern lässt. Ich habe dort Freunde gefunden, die mir Mut geben, an denen ich mich aufrichten kann und die mir ans Herz gewachsen sind, weil ihre Gedanken meinen Empfindungen entsprechen. **Trost und Vorbild**

Es sind nicht die großen Utopien, die mich faszinieren, viel mehr schlägt mich in seinen Bann der nüchterne und lebensnahe Sinn eines Aristoteles, oder die Art wie Epikur lebensfroh und tapfer sein Schicksal in die Hand nahm. Auch der Stolz und die Menschenverachtung eines Heraklit haben etwas Faszinierendes an sich. Und ich bin angetan von der menschlichen Würde und der moralischen Stärke der großen Stoiker Seneca, Marc Aurel und Montaigne. **Keine Utopien**

Teilzuhaben an großen Gedanken erfüllt „das Gemüt mit immer neuer Bewunderung und Ehrfurcht", wie es Immanuel Kant ausgedrückt hat. Zu solch großen Gedanken gehört die Vorstellung der Unendlichkeit, wie sie Nikolaus von Kues als erster beschrieben hat, und für die Giordano Bruno standhaft in den Tod gegangen ist. Man kann bewundernd teilhaben an Spinozas tiefer Weltsicht, der Gott in uns und allen Dingen sieht. Auch mit Philosophen, die im Schatten standen, wie Ludwig Feuerbach, kann man gut Freund werden. **Weite und Tiefe**

Und wenn ich mich wieder dem Weltgetriebe zuwende, folge ich gerne der Spur von John Locke, Adam Smith, Edmund Burke, John Stuart Mill und Alexis de Tocqueville, deren Ideen und Vorstellungen sich weit mehr bewährt haben, als alle Utopien. Ich bewundere den weiten Blick und den Lebensmut von Karl Jaspers ebenso wie das große Herz von Viktor Frankl. Und solange noch die Ideen freiheitlicher Denker wie Ludwig von Mises oder F. A. von Hayek lebendig sind, können wir hoffen, nicht im Sumpf öder Gleichmacherei zu versinken. **Mut zur Freiheit**

551

Quellenverzeichnis

Abaelard, Peter: Der Briefwechsel mit Heloisa, 1989
Abendroth, Walter: Schopenhauer, 1967
Albert, Karl: Einführung in die philosophische Mystik, 1996
Albert, Karl: Lebensphilosophie, 1995
Albrecht, C. u. a.: Die intellektuelle Gründung der Bundesrepublik, 1999
Arendt, Hannah: Elemente und Ursprünge totaler Herrschaft, 2001
Arendt, Hannah: Eichmann in Jerusalem, 2001
Arendt, Hannah: Menschen in finsteren Zeiten, 2001
Arendt, Hannah: Vita activa oder vom tätigen Leben, 1960
Arendt, Hannah: Was ist Existenzphilosophie?, 1990
Arendt/Blücher: Briefe 1936–1968, 1996
Arendt/Jaspers: Briefwechsel 1926–1969, 1986
Aristoteles: Metaphysik, 2002
Aristoteles: Die Nikomachische Ethik, 2000
Armstrong, Karen: Nah ist und schwer zu fassen der Gott, 1993
Aster, Ernst von: Geschichte der Philosophie, 1998
Augustinus: Bekenntnisse, 1955
Azzam, Hamdy: Der Islam – Plädoyer eines Moslem, 1981

Baader, Roland: Totgedacht, 2002
Baader, Roland, Hg.: Ludwig-von-Mises-Brevier, 2000
Bacon, Francis: Novum Organum, o. J.
Bacon, Francis: Essays, 1940
Baier, Horst Hg.: Freiheit und Sachzwang – Beiträge zu Ehren Helmut Schelskys, 1977
Baier, Horst Hg.: Helmut Schelsky, 1986
Ballestrem, Karl Graf: Adam Smith, 2001
Barth, Hans: Der konservative Gedanke , 1958
Barth/Goedeckemeyer: Die Stoa, 1946
Behrens, Roger: Kritische Theorie, 2002
Béguin, Albert: Blaise Pascal, 1959
Benzenhöfer, Udo: Paracelsus, 1997
Bergson, Henri: Schöpferische Entwicklung, 1972
Bernard/Raulff: Theodor W. Adorno Minima Moralia neu gelesen, 2003
Biedenkopf/Miegel: Die programmierte Krise, 1979
Biedenkopf/Miegel: Investieren in Deutschland, 1989
Biedenkopf/Miegel: Wege aus der Arbeitslosigkeit, 1978
Biedenkopf/Miegel: Wohnungsbau am Wendepunkt, 1978
Biemel, Walter: Heidegger, 2002
Bien, Günther: Glück, was ist das?, 1999
Bloch, Ernst: Spuren, 1985
Bloch, Ernst: Das Prinzip Hoffnung, 3 Bde., 1968
Blumenberg, Werner: Marx, 1962

Boenke, Michaela: Schelling, 1995
Boerner, Peter: Goethe, 1968
Bordt, Michael: Platon, 1999
Bormann, Karl: Platon,, 1973
Breier, Karl-Heinz: Hannah Arendt zur Einführung, 2001
Brunkhorst/Koch: Herbert Marcuse zur Einführung , 1987
Buchheim, Thomas: Aristoteles, 1999
Buddha, Gautama: Die Reden des Buddha, 1922
Büttner, Hermann, Hg.: Das Büchlein vom vollkommenen Leben, 1907
Burke, Edmund: Vom Erhabenen und Schönen, 1989
Burke/Gentz: Über die Französische Revolution, 1991

Camus, Albert: Der Fremde, 1952
Camus, Albert: Der Mythos von Sisyphos, 1986
Camus, Albert: Die Pest, 1952
Carter/Muir: Bücher, die die Welt verändern, 1967
Cassirer, Ernst: Idee und Gestalt, 1971
Chinmoy, Sri: Veden, Upanishaden, Bhagavadgita, 1994
Cicero: Briefe und Reden, 1960
Cicero: Cato d. Ältere über das Alter, 1983
Cicero: De officiis – vom pflichtgemäßen Handeln, 1976
Cicero: De re publica, 2001
Cicero: Gespräche in Tusculum, 1991
Cicero: Über das Fatum – de fato, 1959
Cicero: Vom höchsten Gut und vom größten Übel, 1957
Curzon u.a.: Wilhelm Röpke- Symposion, 1980

Dahrendorf, Ralf: Auf der Suche nach einer neuen Ordnung, 2003
Dahrendorf, Ralf: Brauchen wir Europa? (Europa 2000), 1996
Dahrendorf, Ralf: Der moderne soziale Konflikt, 1992
Dahrendorf, Ralf: Die Krisen der Demokratie, 2002
Dahrendorf, Ralf: Über Grenzen – Lebenserinnerungen, 2002
Damm, Sigrid: Das Leben des Friedrich Schiller – eine Wanderung, 2004
Darwin, Charles: Entstehung der Arten, 1912
DeCrescenzo, Luciano: Alles fließt, sagt Heraklit, 1997
DeCrescenzo, Luciano: Die Zeit und das Glück, 2000
DeCrescenzo, Luciano: Die Vorsokratiker, 1985
DeCrescenzo, Luciano: Von Sokrates bis Plotin, 1988
Deleuze, Gilles: Henri Bergson zur Einführung, 2001
Demandt, Alexander: Kleine Weltgeschichte, 2003
Demandt, Alexander: Sternstunden der Geschichte, 2001
Dermenghem, Emile: Mohammed, 1980
Derrida, Jacques: Vom Geist – Heidegger und die Frage, 1988
Descartes, René: Bericht über die Methode, 2001
Descartes, R.: Meditationen über die Grundlagen der Philosophie, 1956
Dewey, John: Die Erneuerung der Philosophie, 1989
Dewey, John: Mensch oder Masse, 1939
Diels, Hermann: Die Fragmente der Vorsokratiker, 1957
Diogenes Laertius: Leben und Meinungen berühmter Philosophen, 1998
Doering, Detmar Hg.: David Hume Brevier, 2003

Döring, Eberhard: Karl R. Popper – Einführung, 1987
Duden: Philosophie, 2002
Durant, Will : Kulturgeschichte der Menschheit, 18 Bde., 1985

Ebeling, Hans: Heidegger – Geschichte einer Täuschung, 1989
Eckermann, J. P.: Gespräche mit Goethe, 1949
Engels, Wolfram u. a.: Mehr Mut zum Markt, 1984
Engels, Wolfram u. a.: Mehr Markt schafft Wohlstand, 1987
Epiktet: Wege zum Glück, 1991
Epikur: Philosophie der Freude, 1988
Erhard, Ludwig: Deutsche Wirtschaftspolitik, 1962
Erhard, Ludwig: Wohlstand für alle, 1990
Ertl, Georg: Karl Marx wie ihn niemand kennt, 1980
Ettinger, Elzbieta: Hannah Arendt – Martin Heidegger, 1998
Eucken, Walter: Die Grundlagen der Nationalökonomie, 1950
Eucken, Walter: Grundsätze der Wirtschaftspolitik, 1952
Eysenck u. a.: Die Grundlagen des Spätmarxismus, 1977

Fassmann, Kurt Hg.: Die Grossen der Weltgeschichte, 13 Bde., 1979
Fellmann, Ferdinand: Gelebte Philosophie in Deutschland, 1983
Fellmann, Ferdinand: Geschichte der Philosophie im 19. Jahrh., 1996
Fellmann, Ferdinand: Lebensphilosophie, 1993
Fellmann, Ferdinand: Orientierung Philosophie, 2001
Ferber, Rafael: Platon, 1995
Fernau, Joachim: Rosen für Apoll (Geschichte Griechenlands), 1982
Fichte/Schulte: Fichte, 1996
Fiedler/Sandmeyer: Die sechs Weltreligionen, 2005
Figal, Günter: Sokrates, 1995
Finster/Heuvel: Gottfried Wilhelm Leibniz, 1990
Fischer: Wu Wei – Lebenskunst des Tao, 1994
Flusser, David: Jesus, 1968
Frankl, Viktor E.: Das Leiden am sinnlosen Leben, 1977
Frankl, Viktor E.: Der Mensch vor der Frage nach dem Sinn, 1979
Frankl, Viktor E.: Der Wille zum Sinn, 1996
Frankl, Viktor E.: Logotherapie und Existenzanalyse, 1987
Frankl, Viktor E.: Theorie und Therapie der Neurosen, 1970
Frankl, Viktor E.: ... trotzdem Ja zum Leben sagen, 1995
Frankl, Viktor E.: Lebenserinnerungen, 1995
Frenzel, Ivo: Nietzsche, 1978
Freud, Sigmund: Abriß der Psychoanalyse, 1953
Freud, Sigmund: Das Unbewußte, 1940
Freud, Sigmund: Der Witz und seine Beziehung zum Unbewußten, 1992
Freud, Sigmund: Zur Psychopathologie des Alltagslebens, 1954
Friedell, Egon: Kulturgeschichte Griechenlands, 1949
Friedell, Egon: Kulturgeschichte der Neuzeit, 1927
Friedell, Egon: Kulturgeschichte Ägyptens und des alten Orients, 1936
Friedlein, Curt: Geschichte der Philosophie, 1992
Friedman, Milton: Chancen, die ich meine, 1980
Friedman, Milton: Geld regiert die Welt, 1992
Friedman, Milton: Kapitalismus und Freiheit, 1976

Friedrich, Volker: Philosophische Leitsätze, 2000
Friedrich der Große: Mein Leben und meine Zeit, 1937
Fromm, Erich: Die Furcht vor der Freiheit, 1941
Fromm, Erich: Die Kunst des Liebens, 1956
Fromm, Erich: Haben oder Sein, 1976
Fromm, Erich: Leben zwischen Haben und Sein, 1993
Fromm, Erich: Über die Liebe zum Leben, 1983
Fromm, Erich: Sigmund Freud, 1981
Fukuyama, Francis: Konfuzius und Marktwirtschaft, 1995

Gadamer, Hans-Georg: Der Anfang der Philosophie, 1996
Geier, Manfred: Karl Popper, 2003
George, Stefan: 1868–1968, Der Dichter und sein Kreis, 1968
George, Stefan: Gedichte, 1940
Gerhardt, Volker: Friedrich Nietzsche, 1999
Gerken, Lüder Hg.: Walter Eucken und sein Werk, 2000
Geyer, C. F.: Epikur zur Einführung, 2000
Gleich, Sigismund von: Von Thales bis Steiner, 1920
Gleichauf, Ingeborg: Hannah Arendt, 2000
Giebel, Marion: Augustus, 1984
Giebel, Marion: Cicero, 2002
Giebel, Marion: Ovid, 2003
Giebel, Marion: Seneca, 2003
Göbel, Dieter: Das Abenteuer des Denkens, 1982
Goethe, Johann Wolfgang : Werke, 21 Bände, 1882
Goetz, Wolfgang: Goethe – Biographie, 1938
Greiß/Meyer, Hg.: Wirtschaft, Gesellschaft Kultur, Festgabe für Alfred
  Müller-Armack, 1961
Grünbein, Urs: Descartes, 2003
Grunow: Führende Worte, 4 Bde., 1961
Gumnior/Ringguth: Max Horkheimer, 1973

Habermann, Gerd: Hayek – Philosophie der Freiheit, 1999
Habermann, Gerd: Röpke-Brevier, 1999
Habermann, Gerd: Vision und Tat – Ein Ludwig- Erhard-Brevier, 2000
Habermas, Jürgen: Der gespaltene Westen, 2004
Habermas, Jürgen: Technik und Wissenschaft als 'Ideologie', 1968
Habermas, Jürgen: Theorie des kommunikativen Handelns, 2 Bde., 1981
Habermas, Jürgen: Theorie und Praxis, 1971
Habermas, Jürgen: Zeitdiagnosen, 2003
Habermas/Derrida: Philosophie in Zeiten des Terrors, 2004
Hackenesch, Christa: Jean-Paul Sartre, 2001
Haemmerling, Konrad: Mensch – Maß aller Dinge, 1948
Hahne, Peter: Schluss mit lustig, 2004
Hammermeister, Kai: Hans-Georg Gadamer, 1999
Hayek, F. A. von: Der Weg zur Knechtschaft, 1971
Hayek, F. A. von: Die Verfassung der Freiheit, 1971
Hayek, F. A. von: Die Überheblichkeit der Vernunft, 1985
Hayek, F. A. von: Die verhängnisvolle Anmaßung, 1996
Hegel, G. Wilh. F.: Einleitung in die Geschichte der Philosophie, 1940

Hegel, G. Wilh. F.: Phänomenologie des Geistes, 1981
Hegel, G. Wilh. F.: Der Staat, 1934
Heidegger/Jaspers: Briefwechsel 1920–1963, 1990
Heidegger, Martin: Der Feldweg, 1978
Heidegger, Martin: Die Technik und die Kehre, 1996
Heidegger, Martin: Existenzialismus, 1995
Heidegger, Martin: Sein und Zeit, 2001
Heidegger, Martin: Über den Humanismus, 2000
Heidegger, Martin: Was heisst Denken?, 1984
Heidegger, Martin: Was ist das, die Philosophie?, 1956
Held, Klaus: Heraklit, Parmenides und der Anfang von Philosophie, 1980
Helferich, Christoph: Geschichte der Philosophie, 2002
Hemleen, Johannes: Galilei, 1975
Hennecke, Hans Jörg: Friedrich August von Hayek, 2000
Hentschel, Volker: Ludwig Erhard, 1996
Heraklit: Fragmente, hg. von Bruno Snell, 1936
Hereth, Michael: Montesquieu zur Einführung, 1995
Hereth, Michael: Tocqueville zur Einführung, 1991
Herrmann, Fritz: Heraklit – Über das All, 1958
Herzfeld: Geschichte in Gestalten, 1963
Hesse, Hermann: Siddharta, 1950
Hirschberger, Johannes: Geschichte der Philosophie, 2 Bde., 1948
Höffe, Otfried: Demokratie im Zeitalter der Demokratisierung, 1999
Höffe, Otfried: Den Staat braucht selbst ein Volk von Teufeln, 1988
Höffe, Otfried: Gerechtigkeit – eine philosophische Einführung, 2001
Höffe, Otfried: Immanuel Kant, 2000
Höffe, Otfried: Kants Kritik der reinen Vernunft, 2003
Höffe, Otfried: Kleine Geschichte der Philosophie, 2001
Höffe, Otfried: Politische Gerechtigkeit, 2002
Höffe, Otfried: Wirtschaftsbürger, Staatsbürger, Weltbürger, 2004
Höffe, Otfried, Hg.: Klassiker der Philosophie Bd. II, 1995
Hohmann, Karl Hg.: Ludwig Erhard, 1988
Holmsten, Georg: Jean-Jacques Rousseau, 1972
Holmsten, Georg: Voltaire, 1978
Homer: Ilias und Odyssee, 1912
Horkheimer, Max: Zur Kritik der instrumentellen Vernunft, 1997
Horkheimer/Adorno: Dialektik der Aufklärung, 1969
Horster, Detlef: Jürgen Habermas zur Einführung, 1999
Hossenfelder, Malte: Antike Glückslehren, 1996
Hossenfelder, Malte: Epikur, 1998
Hügli/Lübcke Hg: Philosophie im 20. Jahrhundert, 2 Bde., 1993
Hügli/Lübcke Hg.: Philosophie-Lexikon, 1997
Huntington, Samuel P.: Der Kampf der Kulturen, 1997
Huntington, Samuel P.: Who are we?, 2004
Huntington/Harrison: Streit um Werte, 2000
Husserl, Edmund: Ideen zu einer reinen Phänomenologie, 1928

Jacobs, Wilhelm G.: Johann Gottlieb Fichte, 1998
Jacoby, Edmund: 50 Klassiker Philosophen, 2002
James, William: Der Pragmatismus, 1994

James, William: Was ist Pragmatismus?, 1994
Jaspers, Karl: Antwort zur Kritik wohin treibt die Bundesrepublik, 1967
Jaspers, Karl: Einführung in die Philosophie, 1973
Jaspers, Karl: Die geistige Situation der Zeit, 1932
Jaspers, Karl: Die großen Philosophen, 1997
Jaspers, Karl: Die maßgebenden Menschen, 1975
Jaspers, Karl: Der philosophische Glaube, 1962
Jaspers, Karl: Kleine Schule des philosophischen Denlens, 1965
Jaspers, Karl: Max Weber, 1958
Jaspers, Karl: Notizen zu Martin Heidegger, 1978
Jaspers, Karl: Philosophie, 1948
Jaspers, Karl: Philosophische Autobiographie, 1977
Jaspers, Karl: Psychologie der Weltanschauungen, 1954
Jaspers, Karl: Was ist der Mensch? Philosophisches Denken für alle, 2000
Jaspers, Karl: Was ist Philosophie?, 1976
Jaspers, Karl: Wohin treibt die Bundesrepublik?, 1966
Jay, Martin: Dialektische Phantasie, 1981
Jung, C. G.: Bewußtes und Unbewußtes, 1957
Jung, C. G.: Der Mensch und seine Symbole, 1968
Jung, C. G.: Welt der Psyche, 1954
Jung, Matthias: Sokrates – Tod, wo ist Dein Stachel?, 2001
Jung, Werner: Georg Simmel zur Einführung, 1990

Kallscheuer u. a.: Peter Sloterdijks „Kritik der zynischen Vernunft", 1987
Kant, Immanuel: Kritik der reinen Vernunft, 1938
Kant, Immanuel: Kritik der praktischen Vernunft, 1974
Kant, Immanuel: Kritik der Urteilskraft, 1974
Kant, Immanuel: Metaphysik, 1952
Kant, Immanuel: Zum ewigen Frieden, 1984
Kaufmann, E.-M.: Sokrates, 2000
Kersting, Wolfgang: John Rawls zur Einführung , 1993
Keynes, John Maynard: The Economic Consequences of the Peace, 1920
Keynes, J. M.: The General Theory of Employment Interest and Money, 1936
Keynes, John Maynard: Vom Gelde (A Treatise on Money), 1932
Kierkegaard, Sören: Entweder – Oder, Teil 1 u. 2, 1988
Kierkegaard, Sören: Das Tagebuch des Verführers, 1960
Kirchhoff, Jochen: Kopernikus, 2000
Klages, Ludwig: Der Mensch und das Leben, 1937
Klages, Ludwig: Ursprünge der Seelenforschung, 1952
Klein, Heribert: Oswald von Nell-Breuning, , 1989
Knischek, Stefan Hg: Lebensweisheiten berühmter Philosophen, 2002
Kob/Messelken: In Memoriam Helmut Schelsky, 1984
Köhler/Saner Hg.: Hannah Arendt / Karl Jaspers – Briefwechsel, 1985
Koesters, Paul-Heinz: Deutschland deine Denker, 1984
Koesters, Paul-Heinz: Ökonomen verändern die Welt, 1984
Konfuzius: Gespräche, 1998
Konzelmann, Gerhard: Mohammed, 1980
Kosick, Rolf: Die Frankfurter Schule , 2001
Kotowski, Elke-Vera: Theodor Lessing und Ludwig Klages, 2000
Krockow, Christian von: Einspruch gegen den Zeitgeist, 2003

Krohn, Wolfgang: Francis Bacon, 1987
Kruse, Alfred: Geschichte der volkswirtschaftlichen Theorien, 1953
Kübler-Ross/Kessler: Geborgen im Leben, 2001
Kühn, Manfred: Kant – eine Biographie, 2003
Külp u.a.: Gedenkband für Walter Eucken, 2000
Küng, Hans: Der Islam, 2004
Küng, Hans: Existiert Gott?, 1981
Küng, Hans: Große christliche Denker, 1994
Küng, Hans: Projekt Weltethos, 1991
Küng, Hans: Spurensuche – die Weltreligionen auf dem Weg, 2001
Küng, Hans: Weltethos für Weltpolitik und Weltwirtschaft, 1997
Kulmer, Eva-Maria: Lebensweisheit des Buddha, 1999

Längle, Alfried: Viktor Frankl – ein Porträt, 1998
Laitenberger, Volkhard: Ludwig Erhard, 1986
Laotse: Tao Te King, 1979
Lauxmann, Frieder: Profile großer Denker, 1998
Lauxmann, Frieder: Wonach sollen wir uns richten?, 2002
Le Bon, Gustave: Psychologie der Massen, 1982
Lehmann, Johannes: Buddha, 1980
Lichtenberger, Henri: Goethe, 1949
Lilje, Hanns: Martin Luther, 1968
Locke, John: Gedanken über Erziehung, 1970
Locke, John: Zwei Abhandlungen über die Regierung, 1977
Löwenstein, Hubertus: Seneca – Kaiser ohne Purpur, 1975
Löwith, Karl: Heidegger – Denker in dürftiger Zeit, 1960
Lohmann, Hans-Martin: Sigmund Freud, 1998
Lott, Bernhard Heinrich: Schule am Abgrund, 2004
Lübbe, Hermann: Abschied vom Superstaat, 1994
Lübbe, Hermann: Ich entschuldige mich, 2003
Lübbe, Hermann: Philosophie nach der Aufklärung, 1980
Lübbe, Hermann: Politischer Moralismus, 1987
Lück/Miller Hg.: Illustrierte Geschichte der Psychologie, 1999
Luther, Martin: Werke, 1908
Lutz, B. Hg.: Metzler Philosophen Lexikon, 1988

Macchiavelli, Niccolo: Der Fürst, 1990
Macho, Thomas H.: Wittgenstein, 1996
MacIntyre, Alasdair: Herbert Marcuse, 1970
Maier/Rausch/Denzer: Klassiker des politischen Denkens, 2 Bde., 1968
Manfred, A. S.: Rousseau – Mirabeau – Robespierre, 1989
Mann, Golo: Nietzsches unsterbliche Gedanken, 1992
Mann, Klaus: Schopenhauer, 1938
Mann, Thomas: Freud und die Psychoanalyse, 1991
Marc Aurel: Selbstbetrachtungen, 1949
Marcuse, Herbert: Das Ende der Utopie, 1967
Marcuse, Herbert: Der eindimensionale Mensch, 1967
Marcuse, Herbert: Gespräche mit Herbert Marcuse, 1978
Marcuse, Herbert: Kultur und Gesellschaft, 1968
Marcuse, Ludwig: Meine Geschichte der Philosophie, 1981

Marcuse, Ludwig: Philosophie des Glücks, 1972
Marcuse, Ludwig: Sigmund Freud, 1972
Marquard, Odo: Abschied vom Prinzipiellen, 1995
Marquard, Odo: Apologie des Zufälligen, 1986
Marquard, Odo: Individuum und Gewaltenteilung, 2004
Marquard, Odo: Philosophie des Stattdessen, 2000
Marquard, Odo: Skepsis und Zustimmung, 1994
Marquard, Odo: Zukunft braucht Herkunft, 2003
Mensching, Gustav: Allgemeine Religionsgeschichte, 1940
Meister Eckehart: Schriften, 1934
Meister Eckehart: Deutsche Predigten und Traktate, 1963
Messer: Geschichte der Philosophie, 5 Bde., 1927
Metzinger, Udo M.: Die Huntington – Debatte, 2000
Miegel, Meinhard: Arbeitsmarktpolitik auf Irrwegen, 1984
Miegel, Meinhard: Die deformierte Gesellschaft, 2002
Miegel, Meinhard: Die sowjetische Wirtschafts- und Sozialpolitik, 1987
Miegel, Meinhard: Die verkannte Revolution, 1983
Miegel, Meinhard: Sicherheit im Alter, 1981
Miegel, Meinhard: Soziale Sicherheit bei leeren Kassen, 2003
Miegel, M./Wahl, Stefanie: Das Ende des Individualismus, 1993
Miegel, M./Wahl, Stefanie: Gesetzliche Grundsicherung, 1985
Miegel, M./Wahl, Stefanie: Solidarische Grundsicherung, 1999
Mill, John Stuart: Principles of political economy, 1883
Mises, Ludwig von: Die Bürokratie, 1997
Mises, Ludwig von: Die Gemeinwirtschaft, 1932
Mises, Ludwig von: Economic-Policy, 1979
Mises, Ludwig von: Erinnerungen, 1978
Mises, Ludwig von: Human Action – A Treatise on Economics, 1949
Mises, Ludwig von: Im Namen des Staates, 1978
Mises, Ludwig von: Kritik des Interventionismus, 1976
Mises, Ludwig von: Nationalökonomie, 1940
Mises, Ludwig von: Notes and Recollections, 1978
Mises, Ludwig von: Vom Wert der besseren Ideen, 1983
Mises, Margit von: Ludwig von Mises, 1981
Möstl, Markus: Verfassung für Europa, 2005
Möbuß, Susanne: Sartre, 2000
Montaigne, Michel: Die Essais, 1984
Montaigne, Michel: Ausgewählte Schriften, 1908
Montaigne, Michel: Vom richtigen Leben und Sterben, 1948
Montesquieu: Meine Gedanken – mes pensées, 2000
Montesquieu: Vom Geist der Gesetze, 1965
Müller-Armack, A.: Genealogie der Sozialen Marktwirtschaft, 1974
Münkler, Herfried: Thomas Hobbes, 2001
Mylius, Johan de: Kierkegaard, 2002

Needleman, Jacob: Das kleine Buch der großen Liebe, 2000
Nell-Breuning, O. v.: Kapitalismus – kritisch betrachtet, 1986
Nell-Breuning, O. v.: Soziallehre der Kirche, 1977
Nell-Breuning, O. v.: Arbeitsmarkt und Menschenwürde, 1980
Neumann, Uwe: Augustinus, 1998

Neumann, Uwe: Platon, 2001
Nicolaisen , Peter: Thomas Jefferson, 1995
Nietzsche, Friedrich: Werke, 2000
Nitschke, Peter: Politische Philosophie, 2002
Noelle-Neumann, E.: Die Schweigespirale, 1980
Noelle-Neumann, E.: Eine demoskopische Deutschstunde, 1983
Noelle-Neumann, E.: Gleichheit macht nicht glücklich, 1994
Noelle-Neumann, E.: Umfragen in der Massengesellschaft, 1963
Noelle-Neumann, E.: Vom Zauber der Freiheit, 1999
Noelle-Neumann, E.: Werden wir alle Proletarier? , 1978
Noelle-Neumann/Köcher: Die verletzte Nation, 1987
Noelle-Neumann/Maier-Leibnitz: Zweifel am Verstand, 1987
Noelle-Neumann/Strümpel: Macht Arbeit krank?, 1984
Nolte, Ernst: Martin Heidegger, 1992

Oech, Roger von: Was würde Heraklit tun?, 2002
Oberndörfer u. a.: Klassiker der Staatsphilosophie, 2 Bde., 1971
Olson, Mancur: Aufstieg und Niedergang von Nationen, 1991
Olson, Mancur: Die Logik des kollektiven Handelns, 1998
Olson, Mancur: Macht und Wohlstand, 2002
Oppermann, Hans: Caesar, 1968
Ortega y Gasset, José: Aufstand der Massen, 1960
Ortega y Gasset, José: Triumph des Augenblicks, 1983

Padover, Saul K.: Karl Marx in seinen Briefen, 1981
Pascal, Blaise: Größe und Elend des Menschen, 1949
Pascal, Blaise: Gedanken, 1956
Pernoud, Regine: Heloise und Abaelard, 1994
Pieper, Annemarie: Aristoteles, 1995
Pilling/Schilling/Springer: Friedrich Schiller, 2002
Peirce/James/Dewey: Pragmatismus – ausgewählte Texte, 1975
Platon: Werke, Band 1–6, 1957
Platon: Apologie des Sokrates, 1987
Plessner, Helmuth: Zwischen Philosophie und Gesellschaft, 1953
Plutarch: Griechische und römische Heldenleben, 1996
Pogge, Thomas W.: John Rawls, 1994
Popper, Karl R.: Alle Menschen sind Philosophen, 2004
Popper, Karl R.: Alles Leben ist Problemlösen, 1996
Popper, Karl R.: Die offene Gesellschaft, 2 Bde., 1977
Prinz, Alois: Beruf Philosophin – Hannah Arendt, 2002
Puntsch, Eberhard: Zitatenhandbuch, 2 Bde., 1986

Raddatz, Fritz: Karl Marx – der Mensch und seine Lehre, 1975
Ranke: Perikles, 1942
Rapp, C.: Aristoteles zur Einführung, 2001
Redhead/Starbatty: Politische Denker, 1988
Richebächer, Kurt: Im Teufelskreis der Wirtschaftspolitik, 1980
Röd Hg: Geschichte der Philosophie Bd. 13, 2002
Röpke, Wilhelm: Civitas Humana, 1949
Röpke, Wilhelm: Die Gesellschaftskrisis der Gegenwart, 1942

Röpke, Wilhelm: Die Lehre von der Wirtschaft, 1951
Röpke, Wilhelm: Internationale Ordnung , 1945
Röpke, Wilhelm: Jenseits von Angebot und Nachfrage, 1958
Röpke, Wilhelm: Maß und Mitte, 1950
Rohde, P. P.: Kierkegaard, 2000
Rohrmoser, Günter: Augustinus – Vater des Abendlandes, 1995
Rohrmoser, Günter: Das Elend der kritischen Theorie, 1970
Rohrmoser, Günter: Geistige Wende, 2000
Rohrmoser, Günter: Geistiges Vakuum – Spätfolgen der Kulturrevolution,
   1997
Rohrmoser, Günter: Kampf um die Mitte, 1999
Rohrmoser, Günter: Nietzsche als Diagnostiker der Gegenwart, 2000
Rohrmoser, Günter: Philosophie in der Kulturkrise, 1993
Rohrmoser, Günter: Zeitzeichen, 1977
Rosen, Klaus: Marc Aurel, 1997
Rousseau, J.-J.: Bekenntnisse, 1971
Rousseau, J.-J.: Contrat social, 1948
Rousseau, J.-J.: Die neue Heloise, 1920
Rousseau, J.-J.: Emil oder über die Erziehung, 1978
Russell, Bertrand: Philosophie des Abendlandes, 1953
Russell, Bertrand: Denker des Abendlandes, 1991
Russell, Bertrand: Eroberung des Glücks, 1977
Russell, Bertrand: Lob des Müssiggangs, 1972
Russell, Bertrand: Moral und Politik, 1954

Saner, Hans: Jaspers, 1999
Safranski, Rüdiger: Das Böse oder das Drama der Freiheit, 1997
Safranski, Rüdiger: Friedrich Schiller, 2004
Safranski, Rüdiger: Nietzsche – Biographie seines Denkens, 2000
Safranski, Rüdiger: Ein Meister aus Deutschland – Heidegger, 2000
Safranski, Rüdiger: Schopenhauer, 1998
Safranski, Rüdiger: Wieviel Globalisierung verträgt der Mensch?, 2003
Safranski, Rüdiger: Wieviel Wahrheit braucht der Mensch?, 1998
Sandvoss, E. R.: Sokrates und Jesus, 2001
Sandvoss, E. R.: Russell, 1980
Sartre, Jean-Paul: Das Sein und das Nichts, 1952
Sartre, Jean-Paul: Der Ekel, 1981
Sartre, Jean-Paul: Die Wörter, 1965
Sartre, Jean-Paul: Dramen, 1961
Sartre, Jean-Paul: Wahrheit und Existenz, 1998
Scheible, Hartmut: Theodor W. Adorno, 2002
Scheler, Max: Die Stellung des Menschen im Kosmos, 1995
Scheler, Max: Philosophische Weltanschauung, 1954
Scheler, Max: Schriften zur Anthropologie, 1994
Scheler, Max: Vom Ewigen im Menschen, 1933
Schelsky, Helmut: Die Arbeit tun die anderen, 1975
Schelsky, Helmut: Die Hoffnung Blochs, 1979
Schelsky, Helmut: Die skeptische Generation, 1963
Schelsky, Helmut: Der selbständige und der betreute Mensch, 1976
Schelsky, Helmut: Funktionäre, 1982

Schelsky, Helmut: Rückblicke eines „Anti-Soziologen", 1981
Schelsky, Helmut: Soziologie der Sexualität, 1955
Schelsky, Helmut: Systemüberwindung, 1973
Schelsky/Gehlen: Soziologie, 1955
Schiller, Friedrich: Werke, 4 Bde., 1919
Schoeck u.a.: Der Spätmarxismus und sein Publikum, 1976
Schöllgen, Gregor: Max Weber, 1998
Schonauer, Franz: Stefan George, 1960
Schopenhauer, Arthur: Metaphysik der Sitten, 1998
Schopenhauer, Arthur: Die Welt als Wille und Vorstellung, 2 Bde., 1923
Schopenhauer, Arthur: Wege zum Glück, 1998
Schopenhauer, Arthur: Parerga und Paralipomena, 1977
Schröder, Gerhard Hg.: Ludwig Erhard zum 75. Geburtstag, 1972
Schulte, Günter: Hegel, 1998
Schulte, Günter: Kant, 1998
Schulte, Günter: Schnellkurs Philosophie, 2002
Schultz, Hans Jürgen: Letzte Tage – Sterbegeschichten, 1983
Schultz, Uwe: Immanuel Kant, 2003
Schultz, Uwe: Montaigne, 1989
Schumpeter, Joseph A.: Kapitalismus, Sozialismus und Demokratie, 1950
Schwanitz, Dietrich: Bildung, 1999
Schwarzschild, Leopold: Der rote Preuße, 1954
Schweppenhäuser, G.: Theodor W. Adorno zur Einführung, 2000
Seidel, Helmut: Spinoza zur Einführung, 1994
Seneca: Briefe an Lucilius über Ethik, 2000
Seneca: Über die Ausgeglichenheit der Seele, 1984
Seneca: Vom glücklichen Leben, 1990
Seneca: Von der Kürze des Lebens, 1977
Seneca: Von der Ruhe der Seele, 1991
Simmel, Georg: Philosophie des Geldes, 1900
Sloterdijk, Peter: Die Verachtung der Massen, 2000
Sloterdijk, Peter: Kritik der zynischen Vernunft Bd. 1 + 2, 1983
Sloterdijk, Peter: Luftbeben an den Quellen des Terrors, 2002
Sloterdijk, Peter: Regeln für den Menschenpark, 1999
Sloterdijk, Peter: Sphären Bd. 1 – Blasen, 1998
Sloterdijk, Peter: Sphären Bd. 2 – Globen, 1999
Sloterdijk, Peter: Sphären Bd. 3 – Schäume, 2004
Smart, Ninian: Weltgeschichte des Denkens, 2002
Snell, Bruno, Hg.: Heraklit – Fragmente, 1989
Smith, Adam: Der Wohlstand der Nationen, 1982
Smith, Adam: Der Weg zum Wohlstand Hg. Habermann, 2002
Solomon/Higgins: Eine kurze Geschichte der Philosophie, 2003
Spaemann, Robert: Glück und Wohlwollen – Versuch über Ethik, 1998
Spaemann, Robert: Moralische Grundbegriffe, 1999
Spaemann, Robert: Philosophische Essays, 1994
Specht, Rainer: Descartes, 2001
Specht, Rainer: John Locke, 1989

Spengler, Oswald: Der Untergang des Abendlandes, 2 Bde. , 1923
Spierling, Volker: Kleine Geschichte der Philosophie, 1990
Spinoza, Baruch de: Das Endliche und Unendliche, 1958
Spinoza, Baruch de: Die Ethik, Schriften, Briefe, 1976
Spinoza, Baruch de: Kurze Abhandlung von Gott, 1922
Spinoza, Baruch de: Theologisch-politischer Traktat, 1994
Stackelberg: Humanistische Geisteswelt, 1956
Steenblock, Volker: Kleine Philosophiegeschichte, 2002
Stein: Kulturfahrplan, 2001
Stevens, Anthony: C. G. Jung, 1999
Stirner, Max: Der Einzige und sein Eigentum, 1972
Störig, Hans Joachim: Kleine Weltgeschichte der Philosophie, 1968
Störig, Hans Joachim: Kleine Weltgeschichte der Wissenschaft, 1954
Strauß, David Friedrich: Das Leben Jesu, 1874
Streminger, Gerhard: Hume, 1986
Stubbe- Da Luz, Helmut: Montesquieu, 1998
Suhr, Martin: Platon, 1997

Themel, Cathleen: Karl Popper, 1994
Thiel, Udo: John Locke, 1990
Thukydides: Der grosse Krieg, 1938
Thurher u. a.: Geschichte der Philosophie 20. Jahrhundert, 2002
Tocqueville, Alexis de: Über die Demokratie in Amerika, 1985
Tresmontant, Claude: Paulus, 1959

Volpi, Franco Hg.: Werklexikon Philosophie , 2004
Voltaire: Candide oder der Optimismus, 1913
Voltaire: Für Wahrheit und Menschlichkeit, 1939
Voltaire: Henriade, 4 Bde., 1810
Voltaire: Oeuvres choisies, 1879
Vries, Theun de: Spinoza, 1999

Warburton, Nigel: Philosophie, Die Klassiker, 2000
Weate, Jeremy Hg: Das illustrierte Buch der Philosophie, 1999
Weber, Max: Schriften zur Sozialgeschichte und Politik, 1997
Wehr, Gerhard: Jakob Böhme, 1971
Weigall: Alexander der Grosse, 1941
Weinberger/Krawietz: Helmut Schelsky, 1985
Weischedel, Wilhelm: Der Gott der Philosophen, 2 Bde., 1985
Wells, H. G.: Die Geschichte unserer Welt, 1953
Wickert, Johannes: Einstein, 2000
Wiedmann, Franz: Hegel, 1965
Wiggershaus, Rolf: Die Frankfurter Schule, 1986
Wiggershaus, Rolf: Jürgen Habermas, 2004
Wittgenstein, Ludwig: Tractatus logico-philosophicus, 1936
Wittmann, Walter: Kreuzzug gegen die Realität, 1983
Wöhrle, Georg: Epiktet für Anfänger, 2002
Wuchterl/Hübner: Wittgenstein, 1979
Wünsche, H. F.: Ludwig Erhards Gesellschafts- und Wirtschaftskonzep-
tion, 1986

Zechner, Franz: Buddha: Die vier edlen Wahrheiten, 2000
Zehnpfennig, Barbara: Platon zur Einführung, 2001
Zemb, J. M.: Aristoteles, 1999
Zimmer, Robert: Burke zur Einführung, 1995
Zippelius, Reinhold: Geschichte der Staatsideen, 2003
Zitelmann, Arnulf: Immanuel Kant – Lebensgeschichte, 1996

Personenregister

Augustus 9, 110, 112, 113, 114, 115, 120
Aurelian 115
Averroes 161

B

Babeuf, Francois 317
Bach, Johann Sebastian 199
Bacon, Francis 10, 164, 194, 195, 196, 202, 210, 238
Bacon, Roger 164
Bakunin, M. A. 316, 318
Barnabas 135
Beaufret, Jean 529
Beauvoir, Simone de 435, 439
Bell, Daniel 523
Benedict XVI., Papst 525
Bentham, Jeremy 300
Berg, Alban 446
Bergson, Henri 11, 343, 344, 345, 346, 348, 378
Berkeley, George 222, 223
Berlin, Isaiah 494, 496
Bernays, Martha 351
Bernhard von Clairvaux 158
Bias 40, 47
Biedenkopf, Kurt 516
Bismarck, Otto von 324, 325, 4
Blair, Tony 419, 515
Bloch, Ernst 12, 347, 450, 451, 490, 502, 508
Blücher, Fürst 263
Blücher, Heinrich 431
Blüm, Norbert 482
Boccaccio, Giovanni 170
Böhm, Franz 402, 408, 471
Böhm-Bawerk, Eugen von 402
Böhme, Jakob 10, 196, 197, 198, 279
Boethius 140, 424, 551
Boetie, Etienne de la 188
Boleyn, Anna 175, 180
Bonaparte, Prinzessin Marie 355, 484
Bonhoeffer, Dietrich 471, 491
Bora, Katharina von 182
Borgia, Lukrezia 169
Borgia, Rodrigo 169
Borgia, Cesare 169, 176, 177
Brandt, Willy 420, 489

Brentano, Clemens 270
Breschnew, Leonid 416
Breuer, Josef 351, 352
Briand, Aristide 360
Brion, Friederike 264
Brüning, Heinrich 361, 465
Bruno, Giordano 10, 190, 191, 192, 193, 216, 279, 424, 550, 551
Brutus 109, 110, 111, 120
Bubis, Ignaz 453
Buccleuch, Herzog 226
Buddha 9, 16, 28, 30, 31, 39, 168, 291, 376, 383, 426, 551
Buff, Charlotte 264
Burckhardt, Jacob 178, 326, 549
Burke, Edmund 10, 227, 230, 231, 232, 233, 234, 245, 551
Burrus 123
Bush, George 418
Bush, George W. 421

C

Caesar 9, 105, 106, 107, 108, 109, 110, 111, 117, 118, 119
Caligula 115, 122
Calpurnia 107, 110
Calvin, Johannes 179, 185
Camus, Albert 12, 313, 316, 438, 439, 440
Caracalla 138
Carl August, Herzog 273
Cassius 109, 111, 114
Cassius Dio 114
Castro 437
Catilina 117
Cato 103, 108, 109
Cavour, Camillo Graf 295
Chadidja 148
Chamberlain, Houston Stewart 397
Chamberlain, Neville 362
Charcot, Jean Martin 351
Charlotte, Königin von Preußen 216
Chatelet, Marquise de 237
Chesterfield, Lord 235
Chirac, Jacques 419, 537
Chlodwig 152

F

Fatima 148, 151
Fechner, Gustav Theodor 338
Fellmann, Ferdinand 367
Ferdinand I. 179
Ferdinand II. 181
Feuerbach, Ludwig 11, 309, 313, 314, 315, 316, 318, 543, 551
Fichte, Johann Gottlieb 11, 272, 273, 274, 275, 276, 277, 278, 279, 280, 281, 287
Filbinger, Hans 460
Fließ, Wilhelm 355
Fourier, Charles 317
Fox, Charles James 231, 232, 233
Franco, Francisco 361, 399
Frankforter, der 168
Frankl, Viktor E. 12, 482, 483, 484, 485, 486, 487, 488, 544, 549, 551
Franklin, Benjamin 258
Franz Ferdinand, Erzherzog 358
Franz II., Kaiser 263
Frege, Gottlob 382, 386
Freud, Sigmund 11, 292, 326, 351, 352, 353, 354, 355, 356, 371, 372, 391, 441, 442, 449, 459, 483, 484
Friedell, Egon 45, 167, 197, 206, 253, 263, 279, 289, 293, 396
Friedman, Milton 12, 460, 472, 473, 474
Friedrich I. Barbarossa 153
Friedrich I. von Preußen 200
Friedrich II. der Große 200, 237, 255
Friedrich III. von Sachsen 182
Friedrich II. 153
Friedrich V. v. d. Pfalz 180
Friedrich von Hohenzollern 200
Friedrich Wilhelm, Kurfürst 200
Friedrich Wilhelm I. von Preußen 200
Friedrich Wilhelm III. von Preußen 263
Friedrich Wilhelm IV. von Preußen 295
Fromm, Erich 12, 441, 449, 450
Funkhouser, Ray 526

G

Gadamer, Hans Georg 12, 433, 434
Galilei, Galileo 193, 194
Gallienus 138
Gallio 124
Gallup, George Horace 493
Garibaldi, Giuseppe 295
Gehlen, Arnold 11, 379, 380, 381, 488
Geibel, Emanuel 549
Geiserich 141
Geissler, Heiner 482
Gellert, C. F. 93
Georg III. von England 233
George, Stefan 11, 201, 222, 258, 259, 261, 347, 368, 369, 421, 493
Gerken, Lüder 470
Germanicus 122
Ghandi, Mahatma 419
Gide, André 375, 544
Gladstone, William 323
Glück, Alois 534
Gneisenau, A. Graf 263
Gobineau, Comte de 397
Goerdeler, Carl 471, 475
Goethe, Johann Wolfgang 11, 40, 41, 52, 88, 145, 193, 214, 252, 263, 264, 265, 266, 267, 268, 269, 272, 273, 274, 277, 280, 286, 287, 333, 367, 371, 375, 394, 395, 399, 494, 546, 548
Gorbatschow, Michail 417, 420, 515
Gorgias 64, 73
Gracchus, Gaius 104
Gracchus, Tiberius 104
Gregor VII. 153
Gross, Johannes 506
Grünberg, Carl 441
Grünewald, Matthias 170
Gustav II. Adolf von Schweden 180
Gutenberg, Johannes 170

H

Haberler, Gottfried von 407
Habermas, Jürgen 12, 441, 451, 452, 453, 454, 464, 501, 504, 530

Rudolf von Habsburg 154
Rüstow, Alexander 471
Russell, Bertrand 11, 42, 51, 76, 79, 207, 279, 346, 381, 382, 384, 385, 386, 389, 391, 465, 544

S

Safranski, Rüdiger 270, 271, 330, 427, 429, 430, 529
Saint-Simon, Graf von 297
Salomo 17
Sartre, Jean Paul 12, 313, 316, 351, 432, 435, 436, 437, 438, 439, 440, 549
Saul 17
Saulus 134, 135
Savonarola, Girolamo 169, 173, 176
Scharnhorst, G. J. D. von 263
Scheel, Walter 509
Scheidemann, Philipp 359, 360
Scheler, Max 11, 377, 378, 379
Schelling, Friedrich 11, 272, 277, 278, 279, 280, 281, 282
Schelsky, Helmut 12, 443, 451, 488, 489, 490, 491, 492, 507
Schiller, Friedrich 11, 42, 231, 264, 265, 267, 269, 270, 271, 272, 273, 280, 284, 286, 544
Schlegel, August Wilhelm 270
Schlegel, Friedrich 270
Schleiermacher, Friedrich 286, 315
Schliemann, Heinrich 32, 33
Schmidt, Helmut 444, 464, 502
Schmitt, Carl 316
Schnitger, Marianne 363
Schönberg, Arnold 446
Schopenhauer, Arthur 11, 28, 88, 89, 275, 281, 287, 288, 289, 290, 291, 292, 343, 352, 371, 372, 375, 543
Schopenhauer, Johanna 287
Schröder, Gerhard 420
Schumpeter, Joseph Alois 12, 230, 408, 409
Schwab, Gustav 32
Schwanitz, Dietrich 217, 221, 430, 442

Scipio 103, 108
Seneca 10, 97, 121, 122, 123, 124, 125, 126, 127, 131, 187, 424, 542, 550, 551
Sereny, Gitta 402
Sereny, Margit 402
Servilia 109
Shakespeare, William 180
Siddharta Gautama 29, 30, 376, 377
Sigismund 154, 156, 200
Simmel, Georg 11, 346, 347, 348, 363, 396
Sloterdijk, Peter 13, 275, 528, 529, 530
Smith, Adam 10, 225, 226, 227, 228, 229, 230, 232, 258, 284, 297, 300, 301, 403, 458, 477, 482, 551
Snow, Charles Percy 508
Sokrates 9, 46, 60, 62, 65, 66, 67, 68, 69, 70, 71, 73, 74, 76, 87, 90, 95, 132, 172, 189, 266, 327, 383, 426, 517, 541, 550, 551
Solon 9, 35, 36, 37, 38, 39, 84, 103, 190, 541
Solschenizyn, Alexander 460
Sombart, Werner 347, 405
Sophokles 32, 33, 60, 62
Spaemann, Robert 12, 498, 499, 500, 507
Spencer, Herbert 11, 299, 302, 303, 304, 344, 543
Spengler, Oswald 11, 368, 393, 394, 395, 396, 397, 398
Spinoza, Baruch de 10, 209, 210, 211, 212, 213, 214, 216, 218, 249, 266, 278, 279, 392, 426, 542, 546, 548, 551
Stalin 359, 412, 415, 437
Starbatty, Joachim 468
Stateira 99
Stauffenberg, Graf von 368, 369
Stein, Charlotte von 265
Stein, Frhr. von 263, 265
Stern, Günter 431
Steuben, Friedrich Wilhelm von 259
Stirner, Max 11, 315, 316

Vom gleichen Verfasser sind erschienen:

Frei sein und dienen
Der Weg zur freiheitlichen Bürgergesellschaft
320 Seiten, gebunden mit Schutzumschlag, 2006
Olzog Verlag, München

Glück und Sinn
Über Ethik, Moral und Lebensführung
320 Seiten, gebunden mit Schutzumschlag, 2007
Olzog Verlag, München

Die Philosophen und ihre Kerngedanken
Ein geschichtlicher Überblick
Hörbuch in 5 Folgen mit je 3 CD's, 2006
Lau – Verlag, Reinbek